गाँधी की अहिंसा दृष्टि

गाँधी की अहिंसा दृष्टि

मनोज कुमार
अमित कुमार विश्वास

वाणी प्रकाशन

वाणी प्रकाशन
4695, 21-ए, दरियागंज, नयी दिल्ली 110 002

फ़ोन : +91 11 23273167 फ़ैक्स : +91 11 23275710

शाखाएँ

अशोक राजपथ, पटना 800 004, बिहार

कॉफ़ी हाउस कैम्पस, महात्मा गांधी मार्ग, इलाहाबाद 211 001, उत्तर प्रदेश

महात्मा गांधी अन्तरराष्ट्रीय हिन्दी विश्वविद्यालय, वर्धा 442 001, महाराष्ट्र

सुल्तानिया रोड, मोतिया पार्क, भोपाल 462 001, मध्य प्रदेश

www.vaniprakashan.com
marketing@vaniprakashan.in
sales@vaniprakashan.in

GANDHI KI AHIMSA DRISHTI
by Manoj Kumar
Amit Kumar Bishwas

ISBN : 978-93-89563-55-9
Gandhian Literature/Philosophy

प्रथम संस्करण 2020

मूल्य : ₹ 895

सिटी प्रेस, दिल्ली-110 095 में मुद्रित

वाणी प्रकाशन का लोगो मक़बूल फ़िदा हुसेन की कूची से

सह–अस्तित्वपूर्ण जीवन की स्थापना में जुड़े अहिंसावादियों को...

शान्ति की स्थापना में जुड़े अध्येताओं के लिए इस पुस्तक में प्रकाशन विभाग, भारत सरकार से प्रकाशित सम्पूर्ण गाँधी वाङ्मय (सौ खण्डों) में से गाँधीजी द्वारा प्रतिपादित अहिंसा सम्बन्धी विचार को भी ज्यों–का–त्यों साभार उद्धृत किया गया है।

पुरोवाक्

मानव जाति के इतिहास में हिंसा और अहिंसा दोनों ही अवधारणाएँ साथ–साथ चलती रही हैं और यह प्राचीन काल से वर्तमान तक उसी प्रकार से प्रचलित भी है। सुप्रसिद्ध मनोवैज्ञानिक मैक्डूगल ने मनुष्य की मूल प्रवृत्तियों में हिंसा और अहिंसा के बीज प्रस्तुत किये हैं। उसके बाद सिगमंड फ्रायड ने जीवन और मृत्यु को सारी मूल प्रवृत्तियों में समेट दिया। यों तो धर्मग्रन्थों में भी सत्य और असत्य के साथ ही हिंसा और अहिंसा, दया और निर्दयता आदि का द्वैत पाया गया है। गीता और श्रीमद्भगवत पुराण में भी हिंसा और अहिंसा के आधार पर मानव सभ्यता की एक मौलिक दृष्टि उपस्थित की गयी है। श्रीरामचरितमानस में भी अच्छाई और बुराई, शुभ और अशुभ दोनों के बीच के संघर्ष को सभ्यता के विकास में महत्त्वपूर्ण कड़ी माना है। इसमें स्पष्ट कहा गया है कि 'सुमति कुमति सब कें उर रहहीं। नाथ पुरान निगम अस कहहीं।। जहाँ सुमति तहँ सम्पति नाना। जहाँ कुमति तहँ बिपति निदाना।। अर्थात् पुराण और वेद में उल्लिखित है कि सुबुद्धि (अच्छी बुद्धि) और कुबुद्धि (खोटी बुद्धि) सबके हृदय में रहती है, जहाँ सुबुद्धि है, वहाँ नाना प्रकार की सम्पदाएँ (सुख की स्थिति) रहती हैं और जहाँ कुबुद्धि है वहाँ परिणाम में विपत्ति (दुःख) रहती है। यदि हम हिंसा के इतिहास को देखना चाहें तो आदिमानव के समय से ही इसे मत्स्य न्याय, मल्ल युद्ध के रूप में भी देख सकते हैं। बाद में प्रस्तर युग और नवीन प्रस्तर युग में पत्थर और नुकीले पत्थर से मनुष्य आपस में एक–दूसरे से लड़ते थे और फिर एक समय ऐसा आया कि जब हम काष्ठ के हथियारों यानी धनुष–बाण, मुद्गर आदि से संघर्ष करने लगे इसके बाद धातु युग में धातु से निर्मित तलवार, भाला, बरछी, बघनखा आदि हथियारों से लड़ाइयाँ होने लगीं। इसी क्रम में आगे औद्योगिक क्रान्ति काल में बारूद युग (गन पाउडर एज) में बन्दूक, तोप, बम आदि के द्वारा युद्ध होने लगे पर आज आधुनिक युग में आण्विक अस्त्र–शस्त्र से युद्ध होने की बात की जा रही है जो मनुष्य की पूरी सभ्यता को संहार की ओर ले जायेगी। शायद अब हम इसके आगे

नहीं जा सकते इसीलिए न सिर्फ़ युद्ध के विकल्प को, बल्कि हिंसा के विकल्प को हमें ढूँढ़ने की ज़रूरत है।

यों तो विज्ञान ने मानव को जहाँ सुख–सुविधा सम्पन्न बनाया वहीं विनाश के तत्त्व को भी उपजाया। अणु–शक्ति का यदि सदुपयोग हम कर पाये तो भौतिक सुख–समृद्धि का पारावार नहीं रहेगा लेकिन यदि हमने मैत्री और अहिंसा को विस्मृत कर दिया तो यही विज्ञान मानवीय–सभ्यता के लिए भस्मासुर बन जायेगा। अतः विज्ञान के साथ अहिंसा का समन्वय कोई पागलपन नहीं बल्कि सृष्टि–रक्षा का प्रथम–सूत्र है। बाह्यजगत की साधना ने विज्ञान को जन्म दिया लेकिन अहिंसा का उद्भव और विकास धर्म साधना से ही हुआ है चाहे वह भगवान बुद्ध की करुणा, महावीर की आत्यन्तिक अहिंसा और ईसा मसीह का अत्यतम मानव–प्रेम रहा हो। गाँधी, जिन्होंने अहिंसा को एक सामाजिक–आर्थिक–राजनीतिक आयाम दिया, भी मूलतः एक धार्मिक व्यक्ति ही थे। प्रमुख अहिंसावादियों यथा : मार्टिन लूथर किंग, लाजा दो वास्तो, फ्यूजी गुरुजी, डोलची, विनोबा आदि की धार्मिक निष्ठाएँ सुविदित ही हैं। जिस प्रकार पृथ्वी की रचना करने वाले परमाणुओं के बीच यदि संयोजन शक्ति मौजूद न हो तो यह पृथ्वी टूटकर टुकड़े–टुकड़े हो जाये, उसी प्रकार चेतन प्राणियों में भी ऐसी संयोजन–शक्ति है जो समाज–व्यवस्था को क़ायम रखती है। यह शक्ति है–प्रेम या अहिंसा की। इस शक्ति के दर्शन हम पिता–प्रभु, भाई–बहन, तथा भिन्न–भिन्न के बीच करते हैं। जहाँ प्रेम है, अहिंसा है, वहाँ जीवन है; जहाँ घृणा और विद्वेष है, वहाँ मृत्यु का निमन्त्रण है। यद्यपि वर्तमान समाज–रचना बुद्धिपूर्वक स्वीकार की हुई अहिंसा के आधार पर खड़ी नहीं है फिर भी सारे संसार में मानव जाति एक दूसरे की अनुमति के कारण ही जीवित है और लोगों की सम्पत्ति सुरक्षित रहती है। यदि ऐसा न होता तो संसार में केवल अत्यन्त क्रूर, नृशंस और भयंकर गिने–चुने लोग ही जीवित रहते। परन्तु ऐसी बात नहीं है। समाज में परिवार जिस प्रकार वात्सल्य, दाम्पत्य आदि के प्रेम बन्धनों से परस्पर बँधा रहता है उसी प्रकार राष्ट्र में भी मानव समूह प्रेम के बन्धनों में बँधा है। फिर भी आश्चर्य है कि अहिंसा के नियम की सर्वोपरिता स्वीकार नहीं करते।

मानव सभ्यता के लिए प्रारम्भ से ही अहिंसा को शक्ति के विकास में एक आवश्यक तत्त्व के रूप में देखा गया है। इसे विश्व जन के हित में मानव धर्म के रूप में मानकर सार्वभौम अहिंसा का विचार प्रस्फुटित हुआ है। वेद, उपनिषद्, गीता आदि ग्रन्थों में 'महाधर्म के रूप में अहिंसा' को शस्त्र के रूप में अपनाया गया और दुनिया के धर्म शास्त्रों के सभी धर्मों की सूची में अहिंसा को एक सर्वोपरि स्थान दिया गया है, लेकिन

आज वर्तमान युग में हिंसा और अहिंसा दोनों धाराएँ चल रही हैं। मेरी विनम्र बुद्धि में हिंसा और हिंसक युद्ध का गति तत्त्व समाप्त हो गया है लेकिन अभी तक विश्व स्तरीय अहिंसा की स्थापना व्यापक रूप में नहीं हो सकी है। जब समाज में अहिंसक शक्ति की बात होती है तो लोग भद्रम्–भद्रम् कहकर इससे अपना पिण्ड छुड़ा लेते हैं पर इसे व्यावहारिक नहीं मानते हैं। इसका मतलब है कि अहिंसा की स्थापना के लिए हमने उस प्रकार बौद्धिक और शारीरिक श्रम नहीं किया है जितना कि हमने हिंसा को शक्तिमान बनाने के लिए किया है। इसलिए आज के अशान्ति के माहौल में ज़रूरत आन पड़ी है कि हर नगर, मुहल्ले, गाँव में यदि 10–20 समर्पित लोगों की शान्ति सेना बन जाये तो वहाँ अशान्ति हो ही नहीं सकती। शान्ति सेना के हृदय निर्मल हो एवं जान को जोख़िम में डलकर अशान्ति रोकने की तैयारी हो। शान्ति सैनिक ऐसे होंगे जिन पर उभय पक्ष का विश्वास भी हो एवं जो क्रियाशील तथा समर्पण के भाव से शान्ति कार्य में लग सकें।

आज जागतिक स्तर पर अहिंसा के विचार को लोग स्वीकार तो करते हैं, लेकिन उस दिशा में बढ़ने के लिए विश्व सरकार की स्थापना का केवल स्वप्न लोक की बात मानते हैं। हालाँकि आधुनिक विश्व में परमाणु बम के आविष्कर्ता आइंस्टीन को लें, या आधुनिक इतिहास के सबसे बड़े विद्वान अर्नाल्ड जे. टॉयनबी को लें या विज्ञान–समाज विज्ञान के अध्येता बर्ट्रेंड रसेल, एच.जी. वेल्स, लियो टॉलसटॉय आदि जैसे लोगों ने विश्व सरकार की कल्पना को साकार करने के लिए जागतिक अहिंसा को आवश्यक माना है, लेकिन अहिंसा की स्थापना के लिए अन्ध और संकीर्ण राष्ट्रवाद के नाम पर दुनिया में लगभग साढ़े पाँच हज़ार छोटे और बड़े युद्ध हो चुके हैं, लेकिन अहिंसा की स्थापना के लिए सम्राट अशोक द्वारा अहिंसक राज्य की स्थापना के सिवाय कोई दूसरा उदाहरण नहीं मिलता है। जागतिक अहिंसा को सशक्त करने के लिए संरचनात्मक अहिंसा आवश्यक है। जिसका अर्थ है कि दुनिया के सारे लोगों को रोटी, कपड़े, आवास, शिक्षा और स्वास्थ्य की उपलब्धता के बिना जागतिक अहिंसा की स्थापना केवल एक कोरी कल्पना मात्र है। इसलिए गाँधीजी ने दिल्ली में स्वतन्त्रता के पूर्व एक राष्ट्रीय संगोष्ठी में कहा था कि यदि विश्व सरकार नहीं बनती है तो मेरा जीना ही व्यर्थ है। उनके परम शिष्य विनोबा भावे ने भी 'जय जगत' का उद्‌घोष प्रस्तुत किया था, जो अभी तक एक स्वप्न लोक की चीज़ के रूप में दिखायी पड़ती है। इसी प्रकार डॉ. राममनोहर लोहिया, लोकनायक जयप्रकाश नारायण, एम.एन. रॉय जैसे कई महान नेताओं ने विश्व सरकार की स्थापना पर इसलिए ज़ोर दिया

है कि जिसके फलस्वरूप कम–से–कम भारत और पाकिस्तान का एक महासंघ बने। विश्व सरकार की स्थापना की दिशा में महापण्डित राहुल सांकृत्यायन ने '22वीं सदी' और वेंडेल एल. विल्की, की 'वन वर्ल्ड' और एच. जी. वेल्स, बर्ट्रेंड रसेल, इंग्लैंड के पूर्व प्रधानमन्त्री हैरोल्ड जे. लॉस्की और मैकमिलन आदि चिन्तकों ने भी इसका समर्थन किया है। मानव जाति को संकीर्ण राष्ट्रवाद और संकीर्ण साम्प्रदायिक धर्मवाद से लड़ने के लिए अहिंसा एक अचूक हथियार के रूप में इस्तेमाल हो सकती है। मनुष्य की स्वाभाविक वृत्ति प्रेम यानी अहिंसा की ओर रहती है। यदि ऐसी बात नहीं होती तो मानवता के इतिहास की दिशा ही दूसरी होती। असभ्यता से सभ्यता, युद्ध से शान्ति, आदमख़ोर से निरामिष–संस्कृति, दण्डविधान में प्रतिकार एवं प्रतिशोध से सुधार का प्रयास आदि अहिंसा की ओर बढ़ते हुए प्रयासों का सूचक है।

अहिंसा को दृष्टिगत रखते हुए तैयार की गयी प्रस्तुत पुस्तक जहाँ एक ओर अहिंसा के सैद्धान्तिक पक्ष की व्याख्या प्रस्तुत करती है वहीं दूसरी ओर आन्तरिक स्तर पर स्वराज में अहिंसा का स्थान, जीवदया के अलावा वैश्विक स्तर पर अहिंसा की उपादेयता को भी रेखांकित करती है। प्रो. मनोज कुमार मेरे विनम्र विद्यार्थी रहे हैं, शान्ति सेना पर उन्होंने पीएच.डी. हेतु शोध प्रबन्ध तैयार किया था। अपने सार्वजनिक जीवन में शान्ति सेना का उन्होंने प्रयोग भी किया, मैं उनके इस सद्प्रयास के लिए उन्हें बहुत सारी शुभकामनाएँ देता हूँ। डॉ. अमित कुमार विश्वास, जो इस पुस्तक के सहलेखक हैं, यों तो वे संचार के अध्येता हैं, लेकिन गाँधी से बड़ा संचारक कौन हुआ। संचार के बिना न तो समाज बनता है और न ही समाज में परिवर्तन हो सकता है। गाँधी के विभिन्न सैद्धान्तिक पक्षों को समझने की इनकी उत्कठ इच्छा शक्ति के लिए मैं इन्हें बधाई देता हूँ।

अन्त में आज जिस प्रकार से दुनिया में युद्ध के वातावरण निर्मित हो रहे हैं, मानवता कराह रही है, ऐसे में मानवता को सिर्फ़ और सिर्फ़ अहिंसा के मार्ग से ही बचाया जा सकता है। अन्ध भौतिकतावाद और पूँजीवादी वैश्वीकरण के बदले गाँधीवादी समाजवाद के अलावा दुनिया में कोई विकल्प नहीं दिखता, नान्यः पन्था...

वर्धा **प्रो. रामजी सिंह**

22.08.2019

प्ररोचना

सभ्यता के मानवीकरण का यत्न है गाँधी की अहिंसा

महात्मा गाँधी बीसवीं सदी के एक ऐसे चिन्तक एवं प्रयोक्ता हैं जिन्होंने अपना सम्पूर्ण जीवन सत्य और अहिंसा के प्रयोग में बिताया और अपने जीवन की आहुति दे दी। अहिंसा के व्यावहारिक प्रयोग ने उन्हें जगत में महामानव के रूप में प्रतिष्ठित कर दिया। अहिंसा का सिद्धान्त गाँधी जीवन का श्वास था। अपने जीवन के प्रत्येक क्षेत्र (गृहस्थ, सामाजिक, आर्थिक एवं राजनीतिक) में, अहिंसक साधनों का प्रयोग करते हुए उन्होंने सत्य की साधना की। गाँधी की 150वीं जयन्ती के निमित्त उनके समग्र जीवन दर्शन और सभ्यता दृष्टि को समकालीन सन्दर्भों में देखना व समझना होगा। आज जब हम गाँधी पर विचार कर रहे हैं तो स्वतन्त्रता आन्दोलन केन्द्र में नहीं है अपितु सम्पूर्ण विश्व की व्यवस्था और मानव मात्र की स्वतन्त्रता का विचार महत्त्वपूर्ण है।

आज सवाल है कि यह दुनिया हमारी नयी पीढ़ी को कैसे सुरक्षित मिलेगी? सबसे बड़ा प्रश्न यह भी है कि जलवायु परिवर्तन, हिंसा, आतंकवाद, नस्लवाद आदि के दुष्चक्र से दुनिया को कैसे बचाया जा सकता है? ईर्ष्या, द्वेष, अहंकार, लालच से मुक्त एक ऐसा विश्व आने वाली पीढ़ी को दे सकें, जिसमें वह सुरक्षित, स्वस्थ और शान्तिमय जीवन जी सके। इसके लिए यह आवश्यक है कि गाँधी दर्शन को वैकल्पिक सभ्यता के रूप में समझने की कोशिश की जाये। भारत में आदि काल से ही अहिंसा की अविछिन्न और गहरी परम्परा रही है। भारतीय धर्मों में अहिंसा को सबसे बड़ा कर्तव्य माना गया है और यह 'सोऽहं तत्त्वमऽसि' जीवन की आध्यात्मिक एकता में विश्वास को निरूपित करता है। अहिंसा को मनुष्य के बलिदानमय जीवन के पाँच नैतिक सद्गुणों (सत्य, अहिंसा, प्रेम, सेवा और शान्ति) में से एक बताया गया है।

विगत चार सौ वर्ष औद्योगिकीकरण और पुनर्जागरण के रहे हैं। इस कालखण्ड में आधुनिकतावादी सोच ने हज़ारों–हज़ार वर्ष की सभ्यता और मनुष्य के समक्ष अस्तित्व का संकट खड़ा कर दिया है। इतना संत्रास और भय का वातावरण मानव जाति के इतिहास में कभी नहीं रहा है, तो स्वाभाविक है कि इस संत्रास से निकलने के लिए मार्ग तलाशने होंगे और यह प्रतिस्पर्धा, आधिकारिता तथा अन्यों को शासित करने की मनोवृत्ति से नहीं आ सकता है। आज मानवीय सभ्यता के लिए ज़रूरी है कि करुणा, दया, परोपकार, संवेदना युक्त मनुष्य के हित और कल्याण पर आधारित व्यवस्था के बारे में विचार किया जाये और ऐसी स्थिति में गाँधी एकमात्र विकल्प के रूप में दिखायी देते हैं।

महात्मा गाँधी हिंसा से त्रस्त विश्व और हिंसामूलक सभ्यता के स्थान पर अहिंसा पर आधारित सभ्यता दृष्टि के प्रस्तावक हैं। एक ऐसे सामाजिक परिदृश्य के अभिकल्पक हैं, जिसमें मनुष्य के लिए मनुष्य, साधन न होकर साध्य होगा और क्रियाशील मनुष्य के लिए येन–केन–प्रकारेण साध्य की सिद्धि लक्ष्य न होकर, सत्य साधनों से ही सिद्धि प्राप्त होगी, इस विश्वास का दृढ़ीकरण है। इसीलिए गाँधी की दृष्टि में अहिंसा, हिंसा का अभाव या निषेध नहीं है अपितु विधायात्मक अवधारणा है, एक सकारात्मक सभ्यता दृष्टि है जो सबके हित और कल्याण पर निर्भर है, जो कर्तव्यों पर आधारित समाज व्यवस्था का प्रतिपादन करता है। आधुनिक समाज व्यवस्था अधिकार केन्द्रित समाज व्यवस्था है। आधिकारिता युक्त मनुष्य की निर्मिति के प्रयास में मानव समाज, स्वार्थ से वशीभूत होकर अन्ततः एक अनुपस्थित तत्त्व हो गया है। समाज तो केवल कर्तव्यभाव से जीवित रहता है। त्यागपूर्वक उपभोग की दृष्टि अपरिहार्य एवं प्राथमिक आवश्यकताओं की पूर्ति मनुष्य के अधिकार का मूल है। यह संसार मनुष्य केन्द्रित नहीं है अपितु जीव केन्द्रित है और चेतन है। ऐन्द्रिक कामनाओं की पूर्ति की अपेक्षा बौद्धिक, चैतसिक अभीप्साओं की पूर्ति प्राणी मात्र का लक्ष्य है। गाँधी की अहिंसा निर्वैरता और निर्भयता के समाज की निर्मिति है। यह दूसरों के दुःख को समझने और दुःखी जन के दुःख को दूर करने के उद्यम का सिद्धान्त है। यह एक ऐसी जीवन प्रणाली है जो मनुष्य को पशु सुलभ ऐन्द्रिक जीवन से मुक्त करते हुए मानवीय गुणों से सम्पन्न करती है। भारतीय दर्शन की दृष्टि से विचार किया जाये तो यह पशु से पशुपति होने की यात्रा है। आहार, निद्रा, भय, मैथुन इत्यादि मूल जैविक

अभिवृत्तियों से नियन्त्रित होना ही पशुता है। इन वृत्तियों पर नियन्त्रण तथा नियमन करते हुए चैतसिक आनन्द की खोज पशुपति होना है। गाँधी के विचारों को हमें इन्हीं सन्दर्भों में देखना चाहिए।

इतिहास के कालक्रम में गाँधी को देखना आन्दोलनकारी गाँधी को देखना है, लेकिन वे अपने जीवन की परिपक्वावस्था (पैंसठ वर्ष की उम्र प्राप्त करने के बाद) में जीवन के लक्ष्य को स्पष्ट करते हुए कहते हैं कि मेरा एकमात्र उद्देश्य केवल और केवल रचनात्मक कार्यक्रम है। वस्तुतः गाँधी का रचनात्मक कार्यक्रम सृजन, संरक्षण और संहार का एक त्रिक् है। शत्रु बुद्धि का नाश, मनुष्य के शाश्वत् षड् रिपुओं यानी मोह, मद, मत्सर, ईर्ष्या, द्वेष, क्रोध इत्यादि विचार के नाश से ही सम्भव होगा। वैचारिक अभिवृत्तिजन्य दोषों से मुक्ति उपदेश से नहीं, कर्म से ही सम्भव है। इसलिए गाँधी व्यक्ति निर्माण के साधन के रूप में रचनात्मक कार्यक्रम की प्रस्तावना करते हैं। गाँधी के रचनात्मक कार्य लोक संस्कार का उपक्रम है। प्राकृत को विकृत बनाने की यूरोपीय जीवन प्रणाली, गाँधी के लिए मनुष्य विरोधी सभ्यता है इसलिए यह आसुरी सभ्यता है। प्राकृत को सांस्कृत बनाना, प्रकृति को संस्कृत करना केवल और केवल विधायात्मक रचनात्मक दृष्टिकोण से ही सम्भव है और रचनात्मकता, निर्वैरता, अभय, परदुःखकातरता के दिव्य भाव से सम्पन्न मनुष्य के द्वारा ही साध्य है। गाँधी की अहिंसा पर आधारित सभ्यता दृष्टि मशीनीकरण के स्थान पर मानवीकरण का यत्न है। हिंसा के हथियारों के विरुद्ध सत्य, शील, स्नेह, दया इत्यादि मानवीय गुणों की विजय का उद्घोष है और अन्ततः कहा जा सकता है कि यह प्रत्येक मनुष्य के द्वारा उसकी स्वराज की सिद्धि का संकल्प है।

गाँधी की अहिंसा दृष्टि पर आधारित इस पुस्तक में अहिंसा के सम्पूर्ण सन्दर्भों को समझने की कोशिश की गयी है। इसमें गाँधी के अहिंसा सम्बन्धी उन विचारों को भी समाहित किया गया है जो प्रश्नोत्तर शैली और जीवदया से भी सम्बन्धित हैं। प्रथम विश्वयुद्ध में अंग्रेज़ों का साथ देने के कारण गाँधी पर जो आरोप लगाये गये थे और इसे अहिंसा की दृष्टि से ग़लत माना गया था, इस पर गाँधी के दृष्टिकोण को शामिल किया गया है। गाँधी ने व्यापक और व्यावहारिक सन्दर्भों में अहिंसा को न सिर्फ़ अपने जीवन का धर्म बनाया बल्कि उन्होंने समाज, जीवन और परिवार के सम्पूर्ण सन्दर्भों में अहिंसा के प्रयोग किये। दरअसल गाँधी का जीवन ही अहिंसा की प्रयोगशाला है। हम आशा करते हैं कि यह

पुस्तक अहिंसा सम्बन्धी धुंध को दूर करने में मददगार साबित होगी क्योंकि वर्तमान हिंसायुक्त परिदृश्य में यह सवाल और वाज़िब हो गया है कि हम गाँधी–विचारों को नयी पीढ़ी में कैसे संचारित करें। मुझे विश्वास है कि यह पुस्तक समाज को दिशा देने और अहिंसा सम्बन्धी नवाचारी उपक्रम का अधिष्ठान बन सकेगा और यह जीवन से जुड़े ज़रूरी सवालों पर मौलिक ढंग से सोचने वाले पाठकों, लेखकों, शिक्षकों, शोधकर्ताओं और विद्यार्थियों के लिए भी उपयोगी होगी।

वर्धा
26 सितम्बर, 2019

प्रो. रजनीश कुमार शुक्ल
कुलपति
महात्मा गाँधी अन्तरराष्ट्रीय
हिन्दी विश्वविद्यालय, वर्धा

अनुक्रम

प्रस्तावना 21

खण्ड एक

अहिंसा : अर्थ और व्यवहार 63
अहिंसा : संयम एवं प्रेम की शक्ति 70
अहिंसा सामाजिक गुण 77
कौटुम्बिक क्षेत्र में अहिंसा का प्रयोग 81
अहिंसा की समस्या 83
सच्ची अहिंसा : राजा महेन्द्र प्रताप का पत्र 86
सत्य का पालन 88
मनुष्य है परोपकारी प्राणी 90
अहिंसा की सीख 92
दुर्व्यवहार करने पर अहिंसा का प्रयोग 95
शान्तिवादियों के साथ बातचीत 99
अहिंसा का मर्म 102
नित्य व्यवहार की अहिंसा 105
अहिंसा का व्यावहारिक रूप 105
त्याग के रास्ते से ही पृथ्वी पर शान्ति 112
हिंसा बनाम अहिंसा 114
तलवार बनाम आत्मा 118
मन का विकार 120
अपहरण से रक्षा 121

हिंसा बनाम अहिंसा 122
हिंसक और अहिंसक फ़ौज 125
फ़ौज और अहिंसा की तालीम 127
वीर पूजा 131
अहिंसा का व्यवहार 133
मुसलमान के सन्दर्भ में मतभेद 135
अहिंसा बनाम कायरता 140
कायरता और हिंसा 142
विचार और आचरण की अहिंसा 147
विचारों की अराजकता 150
अहिंसा की परीक्षा 152
अहिंसा पर वाडिया को जवाब 154
अहिंसा की सीमा 159
अख़बार में तथ्यों को तोड़–मरोड़कर पेश करने की हिंसा 160
लम्पटता का विज्ञापन 162
तलवार का न्याय 163
दण्ड–संहिता का आतंक 165
विधवा विवाह 167
सत्य और अहिंसा के विरुद्ध 170
गाँधी के अहिंसा सम्बन्धी वक्तव्य 174
अहिंसा परमो धर्मः 184
क्या राम रक्तपात के दोषी थे? 188
नील की प्रतिमा और अहिंसा 190
नील की प्रतिमा–सम्बन्धी सत्याग्रह 194
विद्यार्थियों का हड़ताल और अहिंसा 197
व्यायाम में अहिंसा का स्थान 201

खण्ड दो

स्वराज और अहिंसा 205

अहिंसक स्वराज 212
क्रियाशील शक्ति के रूप में अहिंसा 214
अंग्रेज़ों के चले जाने पर 220
अहिंसा और खादी 222
चरखा–स्वराज–अहिंसा 225
प्रतिज्ञा के प्रति सच्चे बने रहना 228
अहिंसा की विजय 232
अहिंसा से स्वराज, धर्मराज्य 236
अहिंसा के सम्बन्ध में क्या करें? 238
अपने प्रति सच्चे रहना है सफलता की शर्त 243
बुद्धियुक्त अहिंसा 247
कांग्रेस और अहिंसा 249
ख़ून–ख़राबा 250
सरकार की दमन नीति 252
राजद्रोह का कर्तव्य 258
सत्याग्रह राजद्रोह नहीं है 260
सत्य पर दृढ़ता 263
देश हित और असत्य 264
अहिंसा और सविनय अवज्ञा 266
आपत्ति का उत्तर 268
अहिंसा की विजय 270
क्या यह न्याय है? 271
हिंसा और अहिंसा साथ–साथ नहीं चल सकती 272
सिख और तलवार 276
यदि सच है तो अपराध है 279

खण्ड तीन

जीवदया 283
जीवो जीवस्य जीवनम् 286

मनुष्य का दोष	287
अहिंसा–प्रकरण	292
जैन अहिंसा	295
प्रवृत्ति और निवृत्ति	300
व्यक्तिगत और सामाजिक धर्म	301
हिंसा मानव शक्ति का दुरुपयोग है	303
अहिंसा की समस्याएँ	307
क्रोधी मित्र को जवाब	310
जीवदया परिषद् में भाषण	312
रेशम में अहिंसा	314
अहिंसा की जटिल समस्याएँ	316
कुत्तों को मारना	317
आवारा कुत्तों को मारना	320
दया धर्म का पालन	324
जीवों को मारना	327
छोटे जीवों की रक्षा	332
मनुष्य के प्रति दयाभाव रखकर प्राणियों की जान बचायें	335
बन्दरों का त्रास	338
बन्दरों के विषय में	340
साँप को मारना	342
अहिंसा का पालन	345
बकरों की बलि चढ़ाना	347
वेदों में गो–बलि	348
गो–रक्षा का उपाय	350
अखिल भारतीय गो–रक्षा मण्डल में गाँधी के वक्तव्य	356
गो–रक्षा	358
बैल हमारा भाई	363
गोवर्धन	364
वृन्दावन	366

पशुपालन का आर्थिक महत्त्व 368

भौतिक और नैतिक गन्दगी 370

खण्ड चार

स्वराज और हिंसावादिता 375

आतंकवाद का सिद्धान्त 384

हितों का संघर्ष 385

हिंसावादिता 389

बम और छुरी 391

लन्दन में हुई हत्या 393

हत्या का अभिशाप 396

पंजाब के मृत्यु–दण्ड के मामले 399

जलियाँवाला बाग़ हत्याकाण्ड 401

जलियाँवाला बाग़ के सम्बन्ध में सन्देश 403

भगतसिंह और उनके साथियों को फ़ाँसी दिये जाने पर गाँधी... 405

कानपुर के दंगों पर गाँधी का वक्तव्य 407

कानपुर के दंगों पर, कराची कांग्रेस की विषय–समिति में गाँधी... 408

खण्ड पाँच

युद्ध और शान्ति 411

जीवन का धर्म : अहिंसा और सत्य 415

युद्ध के प्रति गाँधी का दृष्टिकोण 420

युद्ध के विरुद्ध युद्ध 426

युद्ध के कारण 429

युद्ध या शान्ति 432

फिजी फिजीवालों के लिए 435

अहिंसक प्रतिरोध 436

अहिंसात्मक प्रतिरोध 440

राष्ट्रीय स्तर पर अहिंसा का पालन 444

अहिंसा और आत्मरक्षा	449
अहिंसा और स्वतन्त्रता	451
अहिंसा का प्रभाव	453
अहिंसा और घबराहट	457
ब्रिटेन को नैतिक सहायता	460
यदि मैं चेक होता	464
नाजीवाद का नग्न रूप	469
हिटलरशाही का मुक़ाबला	472
अहिंसा और यहूदी	475
एडोल्फ हिटलर को गाँधी का पत्र–1	481
एडोल्फ हिटलर को गाँधी का पत्र–2	483
महिलाएँ तथा युद्ध	486
फिलिस्तीन समस्या का समधान	487
लड़ाई का अर्थ	488
बड़ी शक्तियाँ	490
जर्मन आलोचकों को जवाब	493
आलोचनाओं का जवाब	495
इण्डोनेशिया के राजदूत से अपनी रक्षा के सम्बन्ध में बातचीत	498
टिमोथी टिंगफांग ल्यू, वाई. टी. यू. और पी. सी. शूको से गाँधी...	499

प्रस्तावना

अहिंसा शब्द की व्युत्पत्ति हिंसि–हिंसायाम् (जान से मारना, चोट पहुँचाना) मूल शब्द के साथ प्रत्यय अङ् (अ) और टाप् (आ) तथा उपसर्ग नञ् से हुई है। नञ् नकारात्मक और सकारात्मक अर्थ को प्रदर्शित करता है। अहिंसा के स्थूल नकारात्मक अर्थ में हानि रहित, घाव रहित आदि का अर्थ बोध होता है। सूक्ष्म नकारात्मक अर्थ में मानव के छः घातक शत्रुओं कामेच्छा, लालच, गर्व, कपट, असत्य, आसक्ति का उल्लेख मिलता है। भारत में अहिंसा की अविछिन्न और गहरी परम्परा रही है। भारतीय धर्मों का उपदेश इससे ही शुरू होता है कि 'अहिंसा सबसे बड़ा कर्तव्य' है। ''सोऽहं तत्त्वमऽसि' जीवन की आध्यात्मिक एकता में विश्वास को निरूपित करता है। रिज डेविड्स ने कहा है कि अहिंसा का प्रथम प्रयोग छान्दोग्यनिषद में हुआ है।

नकारात्मक शब्दावली में हिंसा नहीं करना, चोट नहीं पहुँचाना, हत्या नहीं करने को हम अहिंसा मान लेते हैं। पद्म पुराण में अहिंसा को प्रथम पुष्प कहा गया है। महाभारत का अनुशासन पर्व अहिंसा पर्व है। कई विद्वानों का मानना है कि सभी धर्मों की उत्पत्ति अहिंसा से हुई है। समाज को अहिंसामय बनाने की युक्ति के रूप में मनुस्मृति यह व्याख्या करता है कि जो मनुष्य निरापराधी प्राणियों को अपने सुख के लिए दूसरे को दुःख देता है, हिंसा करता है, वह न तो इस जन्म में और न तो मरने के बाद स्वर्ग को प्राप्त कर सकता है। हम देखते हैं कि गाँधी के धार्मिक विचारों पर उनके वैष्णव परिवार का गहरा प्रभाव पड़ा है। इसके साथ ही जहाँ एक ओर गाँधी रस्किन के 'अन्टू दिस लास्ट', थोरो के 'सिविल डिसऑबेडिएन्स' बाइबिल के 'सरमन ऑन द माउण्ट' तथा टॉल्सटॉय के 'ब्रेड लेबर' से प्रभावित हुए वही दूसरी ओर हिन्दू संस्कृति की आध्यात्मिक परम्परा और गीता के निष्काम कर्मयोग से उन्हें प्रेरणा मिली। गाँधी के

भीतर सभी धर्मों के प्रति आदर और सम्मान का भाव भी उनके पारिवारिक परिवेश के कारण उत्पन्न हुआ है।

अहिंसा जैनागम का प्राण माना गया है। रामधारी सिंह दिनकर लिखते हैं कि वेद भोगवाद की प्रवृत्ति के साथ–साथ अहिंसा का सिखावन है। उन्होंने यहाँ तक कहा कि जैन तीर्थंकरों और बुद्ध का जन्म ही नहीं हुआ होता अगर भारतीय परम्परा में अहिंसा अनुपस्थित रही होती। 'संस्कृति के चार अध्याय' में ये श्रीकृष्ण की अहिंसा को वैदिक यज्ञ और बुद्ध की अहिंसा के बीच की कड़ी मानते हैं क्योंकि श्रीकृष्ण ने यज्ञ के अर्थ के स्वरूप को ही परिवर्तित कर दिया। भारतीय हिन्दू धार्मिक परम्पराओं के अलावा इस्लाम भी बराबरी और भाईचारे का धर्म है। इसमें 'ख़ुदापरस्ती का खमीर' छिपा रहता है। बलिदान के गाथाओं से इस्लाम भरा हुआ है। गिरी प्रवचन उदारता और क्षमा को धर्म का आधार मानता है। बाइबिल सच्ची शान्ति के सात रीतियों का वर्णन करता है। इसलिए गाँधी कहते हैं कि ईसाई धर्म, कृतघ्न के प्रति भी करुणा प्रदर्शित करने का धर्म है।

गाँधी, अहिंसा को हिन्दू धर्म की अद्वितीय देन मानते हैं। वे स्वीकार करते हैं कि अहिंसा की बात सभी धर्मों में कही गयी है, लेकिन इसकी सर्वोच्च अभिव्यक्ति और प्रयुक्ति उन्हें हिन्दू धर्म में मिली है। वे कहते हैं कि हिन्दू धर्म के अलावा ईसाई धर्म में और इस्लाम में भी अहिंसा सन्निहित है। हिन्दू धर्म मात्र मानवजाति के एकत्व में ही विश्वास नहीं करता बल्कि वह समस्त प्राणी जगत को एक मानता है। गोपूजा, लोकोपकारी वृत्ति के विकास में हिन्दू धर्म का अद्वितीय योगदान है। यह प्राणी जगत के एकत्व और उसकी पवित्रता का परिणाम है वर्णाश्रम के नियम की खोज भी सत्य की खोज का ही नतीजा है। (यंग इंडिया, 20.10.1947, पृ. 352 एवं हरिजन 27.04.1947, पृ. 126)।

याज्ञवल्क्य स्मृति अहिंसा को सार्वभौमिक धर्म मानते हुए अहिंसा के दस लक्षणों को निरूपित करता है–गरुड़ पुराण धर्म आचरणों की व्याख्या करता है। इसके एक छन्द में कहा गया है कि–'अहिंसा सत्यमस्तेयं शौचमिन्द्रियनिग्रहः। दानं दमो दया क्षान्तिः सर्वेषां धर्म साधनम्।'

अग्निपुराण अहिंसा को परम आनन्द तथा परम सुख प्रदाता के रूप में अभिव्यक्त करता है। महाभारत अहिंसा परमो धर्मः के रूप में अहिंसा की गरिमा को रेखांकित करता है कि–'वेदाभ्यास तपो ज्ञानमिन्द्रियाणां च संयमः। अहिंसा गुरुसेवा च निःश्रेयस्करं परम्।'

महाभारत में अहिंसा को परम धर्म, परम तप, सर्वोच्च सत्य कहा गया है, जहाँ से सभी धर्मों की उत्पत्ति हुई है। यह सभी धर्मों की मातृभूमि है, इसलिए कहा भी गया है कि –'अहिंसा परमो धर्मस्तथाहिंसा परो दमः/ अहिंसा परमं दानमहिंमा परमं तपः।'

आचारांगसूत्र में अहिंसा के आधारों की व्याख्या की गयी है कि बिना आत्मसंयम के अहिंसा जीवित नहीं रहती है। कहा गया है कि, 'इति कम्मं परिण्णाय सव्वसो सेण हिंसति। संजमति णे पगब्भीति।' सम्यक दृष्टि तथा समानता के विचार जो अहिंसा का मूलभूत आधार है इसमें एक व्यक्ति दूसरों को स्वयं की तरह समझता है। ईशावास्योपनिषद प्रतिपादित करता है कि–'यस्तु सर्वाणि भूतायात्मन्येवानुपश्यति/सर्वभूतेषु चात्मानं ततो न विजुगुप्सते।'

श्रीमद्‌भगवद्‌गीता में श्रीकृष्ण अर्जुन से योगी तथा उत्कृष्ट व्यक्ति के बारे में कहते हैं कि आत्मज्ञानी जो विनम्रता और ज्ञान को धारित करता है वह गाय, गज, कुत्ता और चाण्डाल को भी सम्यक् दृष्टि से देखता है। कहा गया है कि, 'विद्याविनयसम्पन्ने ब्राह्मणे गवि हस्तिनि। शुनि चैव श्वपाके च पण्डिताः समदर्शिनः।' इसलिए समता को अहिंसा का चिरस्थायी स्रोत कहा गया है। ऐसा व्यक्ति सुख और दुःख को एक पैमाने से नापता है। जैसा वह अपने लिए वैसा योगी के लिए, वही सर्वोच्च है, यह समता की भावना है–'आत्मौपम्येन सर्वत्र समं पश्यति योऽर्जुन। सुखं वा यदि दुःखं स योगी परमो मतः।'

भारतीय धर्म अहिंसा के दैवीय स्वरूप की चर्चा करता है। अहिंसा को ईश्वर से अभिन्न मानता है। वामनपुराण के गुणों में अहिंसा को भगवान विष्णु के समकक्ष माना गया है। भगवान शंकर ने भगवान विष्णु की प्रशंसा में धर्म त्याग, तप, सत्य, अहिंसा, दया से विष्णु को परिपूर्ण बताया है। जैन तीर्थंकर ने भी अहिंसा के दैवीय स्वरूप का समर्थन किया है। कहा गया है कि–अहिंसा भूतानां जगति विदितं ब्रह्मपरमम्।

श्रीभागवतपुराण में अहिंसा पवित्र कर्तव्य है। विष्णु तथा ब्रह्मपुराण में भी विष्णु की व्यापकता की चर्चा है। आचार्य मनु अहिंसा को धर्म और कर्तव्य कहते हैं : 'अहिंसा सत्यमस्तेयं शौचमन्द्रियनिग्रहः। एतं सामासिकं धर्म चातुर्वर्ण्ये ब्रवीन्मनुः।'

अहिंसा के निम्न आधार हैं–समत्व दृष्टि, तितिक्षा, आत्म–समता, आत्मानुशासन, मन की शुद्धता, अनिच्छा (अभिलाषाहीनता), तप, परोपकार

आदि। समभाव यह समान दृष्टि व्यक्ति के सहन शक्ति तथा शालीनता से सम्बन्धित है। यह सभी जीवों में समान दृष्टि का बोध कराता है। स्वयं की तरह दूसरों के लिए दुःखी होता है। अपने में सबको और सबमें अपने को देखने की भावना निहित होती है। तितिक्षा या सहन शक्ति शुभ साधन है। इसके बिना शाश्वत या क्षणिक सफलता असम्भव है। जब हम अपनी पीड़ा को सह जाने की शक्ति पैदा करते हैं तो यह तितिक्षा कहलाता है। स्कन्धपुराण आत्म समता को व्याख्यायित करता है। वह जो सभी जीवों में स्वयं को देखेगा, वह किसी को भी हानि नहीं पहुँचाएगा। इसलिए स्पष्ट कहा गया है कि, 'आत्मवत्सर्वभूतेषु य हिताय प्रवर्तते। अहिंसैषा समाख्याता वेदसंविहिता च या।'

गाँधी की दृष्टि में अहिंसा साधन है और सत्य साध्य। दूसरी ओर अहिंसा साध्य भी है उसी तरह धर्म साधन और साध्य दोनों है। धर्म की अलग–अलग परिभाषा की गयी है! धर्म वह सत्ता या शक्ति है जिसके द्वारा सम्पूर्ण विश्व एकसूत्र में बँधता है। यह सम्पूर्ण विश्व को धारण किया हुआ है–'धरति धारयति वा लोकम् इति धर्मः।'

महाभारत धर्म की परिभाषा निम्न प्रकार से करता है– 'धारणाद् धर्ममित्याहुर्धर्मो धारयते प्रजाः।' अर्थात् जिसे हम स्वाभाविक रूप से स्वीकार करते हैं वह धर्म है। यह प्रत्येक मानव द्वारा धारण किया जाता है। महाभारत यह भी कहता है कि, 'अद्रोहः सर्वभूतेषु कर्मणा मनसा गिरा। अनुग्रह च दानं च सतां धर्मः सनातनः।' (वनपर्व) अर्थात् सभी प्राणियों के प्रति मन, वचन तथा कर्म से शत्रुता का लोप। करुणा इसमें निहित है। इसी कारण अहिंसा को सर्वोच्च धर्म की संज्ञा दी गयी है। 'अहिंसा परमो धर्मः।' वेद में भी कहा गया है कि– 'अहिंसा परमो धर्मः इति वेदेषु गीयते।'

धर्म में क्षमा की महिमा का वर्णन है। पृथ्वी क्षमा के कारण ही चिर स्थायी है। कहा गया है–'क्षमा अहिंसा, क्षमा धर्मः, क्षमा चेन्द्रियनिग्रहः। क्षमा दया क्षमा यज्ञः क्षमयेव घृतं जगत्।' क्षमा विश्व का सर्वोच्च गुण है। इसलिए कहा गया है कि, 'क्षमा धर्मोऽनुतमः।' क्षमा विशिष्ट अथवा गुणी व्यक्ति की शक्ति है। विधुर भी क्षमा की महिमा का वर्णन करते हैं– 'क्षमा हि परमं बलम्। क्षमा गुणो हीशक्तानां सतां भूषणं क्षमा'। दया अहिंसा का कर्म रूप में प्रकटीकरण है। पद्मपुराण में कहा गया है–'न दया सदृशो धर्मः न दया सदृशं तपः। न दया सदृशं दानं न दयासदृशं सखा।'

मैत्री भी अहिंसा का रूप है। यह उत्तम चित्त की अवस्था है। यह अहिंसा का प्रमुख साधन भी है। सन्तोष के बारे में सामान्य रूप से कहा जाता है कि 'सन्तोष परमं सुखम्'–सन्तुष्टि, सन्तोष अहिंसा की परिणति है। यह चित्त की वह अवस्था है जिसमें इच्छाओं का बिलकुल लोप हो जाता है। तृष्णा के नाश में सन्तोष का प्रस्फुटन होता है। अहिंसा सन्तोष का फल भी है। जो श्लोक गाँधी के सर्वोदय के मूल भाव में है।

सभी के सुखी, निरोगी होने की कामना भविष्य पुराण में की गयी है–'सर्वे भवन्तु सुखिनः सर्वे सन्तु निरामयाः। सर्वे भद्राणि पश्यन्तु मा कश्चिद् दुःखभागभवेत्।' इसमें सभी प्राणियों के शुभ और कल्याण की कामना की गयी है। भारतीय धार्मिक कर्मकाण्ड के प्रारम्भ में अन्तरिक्ष, आकाश, पृथ्वी, जल वनस्पति देव आदि, सभी के शान्ति की कामना करता है। यह पर्यावरण का विधान भी प्रस्तुत करता है। कहा गया है कि– 'ऊँ द्यौः शान्तिरन्तरिक्षं शान्तिः पृथ्वी। शान्तिरापः शान्तिः ओषधयः शान्तिः। वनस्पतयः शान्तिविश्वेदेवाः शान्तिर्ब्रह्म शान्तिः सर्वंः शान्तिः शान्तिरेव शान्तिः सा मा शान्तिरेधि/ऊँ शान्तिः शान्तिः शान्तिः ऊँ।'

उपनिषद् के चौथे भाग में आत्मविद्या या रहस्यविद्या की व्याख्या की गयी है। यह मोक्ष की प्राप्ति का भी चित्रण करता है, जबकि पहला मन्त्र मोह, त्याग और कर्तव्य पालन का उपदेश है। 'ईशावास्यमिदं सर्वं यत्किञ्च जगत्यां जगत्। तेन त्यक्तेन भुञ्जीथा मा गृधः कस्यस्विद्धनम्।' अर्थात् निरपेक्ष भाव से धन की इच्छा न रखते हुए ईश के परम सत्ता में विद्यमान वस्तुओं का उपभोग करने की शिक्षा देता है, जिसमें त्याग सन्निहित है। एकरूपता या समानता जिससे हम घृणा पर विजय प्राप्त कर सकते हैं, के सम्बन्ध में ईशावास्योपनिषद् प्रतिपादित करता है–'यस्तुसर्वाणि भूतानि आत्मन्येवानुपश्यति। सर्वभूतेषु चात्मानं ततो न विजुगुप्सते।'

केनोपनिषद् में कहा गया है–'तस्मै तपो दमः कर्मेति प्रतिष्ठा वेदाः सर्वांगानि सत्यमायतनम्।' उपनिषद् यह भी कहता है कि जैसा कोई कुछ करता या सोचता है वैसा ही वह बन जाता है। यथाकारी तथा भवति। छान्दोग्योपनिषद् अहिंसा को त्याग की दक्षिणा के रूप में सूत्रबद्ध करता है। 'अथ यत्तपो दानमार्जवमहिंसा सत्यवचनमितिक ता अस्य दक्षिणाः।' त्यागी के चार संगिनियों–स्मृति, दया, क्षमा तथा अहिंसा को माना गया है–'स्मृतिर्दया क्षान्तिरहिंसा पत्नीसंयाजाः।' स्थिर चित्तता यानी धैर्य व अहिंसा बौद्ध धर्मावलम्बियों के प्रयोग में निहित है। धम्मपद कहता है कि,

'खन्ती परमं तपो तितिक्खा निब्बाणं परमं वदन्ति बुद्धा/न हि पब्बजितो परुपघाती न समणो होति पर विहेठयन्तो।' अर्थात् धैर्य परम तप है जो व्यक्ति अहिंसा से परिपूर्ण संयमित जीवन व्यतीत करते हैं वे कभी दुःखी नहीं होते। "न तेन अरियो होति येन पाणनि हिंसति/अहिंसा सब्बपाणानं अरियोति पवुच्चति।" यानी प्राणियों की हिंसा नहीं करने वाला वीर होता है। चर–अचर किसी प्राणी का घात नहीं करना, कष्ट नहीं पहुँचाना, मारने की प्रेरणा नहीं देना, जो हिंसा से दूर रहता है वही ज्ञानी है। महात्मा बुद्ध के उपदेशों का सार तीन स्तरों पर समाहित है–1. चार आर्य सत्य 2. अष्टांगिक मार्ग और 3. प्रतिसमुत्पाद।

जैन सर्वमान्य साहित्य प्रश्न व्याकरण में अहिंसा को "दीवों ताणं सरणं गइं पटूट्ट" के रूप में ज्ञानदायक तथा सभी जीवों का उद्धारक मानता है। यह अहिंसा की साठ उपमाओं में "अहिंसा परमो धर्म; एष धर्म समातनः, अहिंसा परमं सुखम्" बौद्ध और जैन मत का प्रसार ही ब्राह्मण धर्म की रुढ़ियों, जाति प्रथा और हिंसा के विरुद्ध क्रान्तिकारी विद्रोह था। जैन दर्शन में अहिंसा प्रमुख सिद्धान्त है। उनका विश्वास है कि संसार असंख्य शरीरधारी आत्माओं से बना है जो स्थूल और दृश्य है या सूक्ष्म और अदृश्य दुःख का कारण आत्मा का शरीर के बन्धन में आना है। शरीर बन्धन से आत्मा की मुक्ति के लिए आवश्यक है कि व्यक्ति कर्म के बन्धन से मुक्त हो। इसके तीन साधनों को जैन 'त्रिरत्न' कहते हैं। सम्यक् ज्ञान, सम्यक् दर्शन और सम्यक् चरित्र। सम्यक् चरित्र में जिन पाँच व्रतों का उल्लेख है उसमें प्रथम व्रत अहिंसा है। इसके अलावा सत्य, अस्तेय, अपरिग्रह, और ब्रह्मचर्य व्रत हैं। जीवन के प्रत्येक व्यवहार में अहिंसा का पालन अनिवार्य है।

बौद्ध मत जैन मत के चरमवादी अहिंसक दृष्टिकोण को नहीं मानता यद्यपि गौतम बुद्ध ऐसे जीवों का मांस खाने से मना नहीं करते हैं जिसे न देखा हो, न सुना हो, न सन्देह हो कि जीवों का वध उनको खिलाने के प्रयोजन से किया गया है। ऐसे में वे मछली एवं मांस खाने की आज्ञा देते हैं। माना जाता है कि बुद्ध के अन्तिम भोजन में सुअर का मांस सम्मिलित था। सदाचरण जीवन के चरम लक्ष्य की प्राप्ति के लिए आवश्यक है। अच्छाई एवं बुराई मनुष्य को बन्धन में डालने वाली है और निर्वाण इन दोनों से परे है। वे आत्म संयम का उपदेश देते हैं। आत्मदमन और इन्द्रिय सुख दोनों की चरम स्थितियों का परित्याग करता है। अहिंसा बौद्ध भिक्षुओं के

दस शिक्षा पदों में और सामान्य जन के पंचशील में प्रथम स्थान है। बुद्ध के अनुसार विजय घृणा को जन्म देती है क्योंकि विजित दुःखी रहता है। (आनन्द कुमार स्वामी, 'बुद्ध एंड द गॉस्पेल ऑफ़ बुद्धिज़्म', पृ. 178) अहिंसा की अभिव्यक्ति में विधायक रूप से प्रेम करना, कोमलता और निष्पक्षता होनी चाहिए। बुद्ध का प्रेम कल्याण–भावना युक्त प्रेम है।

भारत में गाँधी के पूर्व अहिंसक पद्धति से बुराइयों का प्रतिरोध करने के सन्दर्भ मिलते हैं। बिशप हैबर ने तीन लाख निवासियों के ब्रिटिश सरकार के विरुद्ध असहयोग का वर्णन किया है। 1830 में मैसूर की जनता ने अहिंसक प्रतिरोध किया था। (एल्डस हक्सले, 'द कान्क्वेस्ट ऑफ़ वायलेंस', अध्याय 7; गोपीनाथ धवन, 'सर्वोदय तत्त्व दर्शन' से उद्धृत)

अहिंसा किसी एक जाति, देश या धर्म की विशेषता नहीं है। यह सार्वभौम सद्गुण है। मोहम्मद साहब ने दया, शान्ति और प्रेम का उपदेश दिया है। इस्लाम का अर्थ है–शान्ति, सुरक्षा और मुक्ति। सामान्य अभिवादन में अस्सलामालेकुम का अर्थ 'आपको शान्ति प्राप्त हो' होता है। यों कुरान रक्षात्मक और अन्याय के विरुद्ध युद्ध की आज्ञा देता है कुरान में सत्याग्रह का प्रमाण उपलब्ध है। सत्याग्रह कर्तव्य है और हिंसा मानव दुर्बलता के प्रति रियायत प्रतिशोध से सहिष्णुता श्रेष्ठ है। गाँधी ने कहा है कि पवित्र कुरान में अहिंसा के प्रतिपादन का मेरा तर्क अहिंसा की मेरी थीसिस का अनिवार्य अंग नहीं है (कुरान 6/38, वही 22/39 और 21/90–93 आदि)। मुहम्मद साहब द्वारा किये गये रक्षात्मक युद्ध का उल्लेख मिलता है लेकिन इन्होंने पराजित शत्रु को क्षमा किया। कुरान में अन्याय और बुराई के प्रतिकार में हिंसा की अपेक्षा अहिंसा को तरजीह दी गयी है। "बुराई को उसके द्वारा हटाओ जो उससे (बुराई से) अधिक अच्छा है (वही)।" उन्होंने आज्ञा दी कि "धर्म में बल प्रयोग नहीं होना चाहिए। ठीक मार्ग ग़लत (मार्ग) से स्वयं ही स्पष्ट है (कुरान 5/127, 17/127, 23/196 आदि)।" "कोई आदमी बिना ख़ुदा की मर्ज़ी के धर्म को नहीं मान सकता ('सोपर : रेलिजन्स ऑफ़ मैनकाइंड', पृ. 226)।" धार्मिक सहिष्णुता और भाईचारे के आदर्श की शिक्षा इस्लाम का महत्त्वपूर्ण तत्त्व है (वही)।

चीन में अहिंसा की दीर्घकालीन परम्परा रही है। चीन में कन्फ्यूशियस धर्म (ई.पू. लगभग 551–478) ने युद्ध–वीरता और बलिदान की प्रशंसा से अपने को मुक्त रखा। ई.पू. 546 वर्ष पूर्व चीन निःशस्त्रीकरण के इतिहास का प्रस्ताव मिलता है (गोपीनाथ धवन, 'सर्वोदय तत्त्व दर्शन', पृ. 17)।

कन्फ्यूशियन, ताओ और बौद्ध तीनों शान्तिमय धर्म चीन में प्रसिद्ध रहे हैं। कन्फ्यूशियस का स्वर्ण नियम सभी प्रकार के मानवीय सम्बन्धों का आधार है जो पारस्परिकता के सिद्धान्त पर आधारित है। मनुष्य को दूसरों के साथ वैसा बर्ताव नहीं करना चाहिए जैसा वे चाहते हैं कि दूसरे उनके साथ न करें ('सोपर : रेलिजन्स ऑफ़ मैनकाइन्ड', पृ. 19)।

कनफ्यूशियस व्यक्तिगत सम्बन्धों में हिंसा का विरोध करते हैं लेकिन वे सामूहिक हिंसा के विरोधी नहीं हैं क्योंकि वे सेना को शासन की तीसरी आवश्यकता मानते हैं। संयमपूर्ण जीवन, पारस्परिकता इस धर्म का महत्त्वपूर्ण सिद्धान्त है, सामूहिक हिंसा का विरोध उसमें नहीं है। चीन के ताओ धर्म के प्रवर्तक लाओत्से के सिद्धान्त कि बुराई के बदले भलाई की जाये के स्थान पर बुराई का जवाब न्याय को मानते हैं ('सोपर : रेलिजन्स ऑफ़ मैनकाइंड', पृ. 19)। 'ताओ' का अर्थ मार्ग होता है। अहं त्याग को सार्वभौम सिद्धान्त में बुराई के बदले भलाई करने का उपदेश देते हैं। अराजकतावादी, विकासवादी और शान्तिवादी दार्शनिक बुराई पर प्रेम से जीतने का सिद्धान्त देते हैं। चीन में तीसरे धर्म के रूप में बौद्ध धर्म भी काफ़ी फैला।

यूनान के महर्षि सुकरात सत्य के अन्वेषणकर्ता थे इन्होंने देश में व्याप्त अन्धविश्वासों के ख़िलाफ़ विष के प्याले को ग्रहण करना स्वीकार किया। प्लेटो जो सुकरात के शिष्य थे, ने कहा है कि सृष्टि पाशविक शक्ति के ऊपर अहिंसा की विजय है। 'रिपब्लिक' में प्लेटो ने दार्शनिकों को योद्धाओं के ऊपर रखा है। रोम में शोषित प्लेबियन वर्ग ने अहिंसक हिजरत के द्वारा शोषक पैट्रीयन वर्ग को अधिकार देने के लिए बाध्य किया, यह अहिंसात्मक असहयोग का उदाहरण है ('द कॉन्क्वेस्ट ऑफ़ वायोलेंस', पृ. 106–107)। गोपीनाथ धवन कहते हैं कि यहूदियों की धर्म पुस्तक 'ओल्ड टेस्टामेंट' आज अहिंसक आन्दोलन की विरासत है।

यहूदी मत का सिद्धान्त है कि घृणा झगड़ों को उकसाती है, लेकिन प्रेम सब पापों को ढँक लेता है। पेन्टाट्यूक की उल्लेखनीय शिक्षाओं में शत्रु को भूखा–प्यासा नहीं रखने, उसकी असफलता पर प्रसन्न नहीं होने की बात की गयी है। इज़राइल में संघ का शासन था। यह शरीर–शक्ति की अपेक्षा ऐच्छिक प्रसंविदा पर ज़ोर देता था। यहूदी धर्मग्रन्थ अहिंसा का प्रतिपादन करते हैं लेकिन कालान्तर में अत्याचार को सहते हुए यह कई अवसरों पर आक्रामक भी रहा है। यहूदी धर्म से उत्पन्न ईसाई धर्म 'ओल्ड टेस्टामेंट' के प्रेम का नियम पर आधारित है। ईसा ने इस नियम

को पारस्परिकता के स्तर से अप्रतिशोध और सृजनात्मक प्रयोजन के स्तर पर उठाकर नैतिक दृष्टिकोण से उसको क्रान्तिकारी और कायापलट करने वाला बना दिया (गोपीनाथ धवन, 'सर्वोदय तत्त्व दर्शन', पृ. 19)। पर्वत की धर्मशिक्षा ने गाँधी के सत्याग्रह सिद्धान्त को आगे बढ़ाने में मदद की तो लियो टॉल्सटॉय के 'दि किंगडम ऑफ़ गॉड इज़ विदिन यू' ग्रन्थ ने उसे स्थायी रूप दिया। गाँधी कहते हैं कि यदि केवल पर्वत की धर्म शिक्षा और उसके उनके अपने भाष्य को स्वीकार करने की ही बात होती तो उन्हें अपने को ईसाई कहने में संकोच नहीं होता। (सी.एफ. एंड्रयूज़, 'महात्मा गाँधी आइडियाज़', पृ. 93)। वे पर्वत की धर्म शिक्षा को गीता के साथ खड़ा करते हैं। सक्रिय प्रेम ईसाई धर्म की देन है। गाँधी कहते हैं कि कोई धर्म इतनी दृढ़ता से नहीं कहता कि ईश्वर प्रेम (रूप) है। यों ईसा से सम्बन्धित कुछ दृष्टान्त अहिंसक नहीं लगते लेकिन ऐसे दृष्टान्त अधिकाधिक हैं जिनमें शारीरिक शक्ति के प्रयोग को निषिद्ध किया गया है। साथ ही प्रेम की शिक्षा दी गयी है। ईसा ने अपने जीवन और मृत्यु से अपने सिद्धान्तों को व्यावहारिक रूप में रखा है। कठोर कष्ट सहन करते हुए शैतान का आधिपत्य मानने से इनकार करना प्रेम और अप्रतिरोध की शक्ति को पुष्ट करते हैं। "तुम्हें अपने ईश्वर से प्रेम करना होगा" और "तुझे अपने पड़ोसी से अपने समान प्रेम करना होगा।" दोनों आदेश समान हैं और धर्म का आधार हैं (मैथ्यूज, 22, 37–40, वही 5, 43–45, वही 26, 52)।

अपने शत्रुओं से प्रेम करो; जो तुम्हें शाप दे उसको तुम आशीर्वाद दो; जो तुमसे घृणा करे उनके साथ भलाई करो। जो अत्याचार करें, उनके लिए प्रार्थना करो। प्रभु बिना किसी भेदभाव के सूर्य का प्रकाश अच्छे और बुरे दोनों को देता है। वर्षा अन्यायी और न्यायी दोनों के लिए करवाता है। ईसा अपने शिष्य पीटर से कहते हैं जो तलवार उठाते हैं वे तलवार से विनष्ट होते हैं। बुराई का प्रतिरोध न करने की सलाह देते हुए दाहिने गाल पर थप्पड़ मारने पर बायाँ भी उसकी ओर करने की सलाह देते हैं। अगर कोई मुक़दमा चलाकर कोट छीन ले तो अपना लबादा भी दे दो। जो एक मील चलने को मजबूर करे उसके साथ दो मील जाओ। सूली पर चढ़ते हुए भगवान से ईसा प्रार्थना करते हैं, "पिता, उन्हें क्षमा करें, क्योंकि वे नहीं जानते कि वे क्या करते हैं।" एच. जी. वेल्स ने लिखा है कि मानव जीवन के सभी क्षेत्रों में परिवर्तन ईसा का जीवन–कार्य था

और यही उनकी सज़ा का कारण बना (एन आउटलाइन हिस्ट्री ऑफ़ दि वर्ल्ड, पृ. 531–32)।

प्राचीनकाल में रोमन फौज में भरती होने से इनकार करने के कारण कठोर दण्ड भुगतने के बावजूद चर्च ने सैनिक सेवा के सिद्धान्त को स्वीकार कर लिया। रोमन सम्राट कांस्टेंटाइन ने चौथी सदी के आरम्भ में ईसाई धर्म को राजधर्म बना दिया। ईसाई चर्च का नैतिक पतन उस समय प्रारम्भ हुआ जब चर्च ने अपनी राजनीतिक हैसियत प्राप्त की। वहीं इसे विरोध का भी सामना करना पड़ा। लोलार्ड, मेनोनाइट, अल्विजेन्स आदि प्रमुख हैं जिन्होंने युद्ध और हिंसा का विरोध किया।

सोसाइटी ऑफ़ फ्रैंड्स (मित्र–समाज) की स्थापना 1660 में जॉर्ज फॉक्स ने की थी। फॉक्स, विलियम पेन और वार्क्सें, क्वेकर्स के युद्ध विरोधी सिद्धान्त के समर्थक थे। राज्य कार्य में भाग लेने सम्बन्धी विचार में भी भिन्नता विभिन्न सम्प्रदायों के बीच बनी रही, कुछ का विचार विधायक है। वे राजनीति के आध्यात्मीकरण, राज्य के अहिंसक संचालन का समर्थन करते हैं। झगड़ों का पंच फ़ैसले का भी प्रयत्न करने पर इनका विश्वास है। (कॉन्क्वेस्ट ऑफ़ वायलेंस, पृ. 105) 1682 की सन्धि के आधार पर क्वेकर राज्य पेनसिलवेनिया की स्थापना हुई (पेन और रेड इंडियंस)।

पेन और रेड इंडियंस से कहा था कि हम सब एक मांस और एक ख़ून हैं। प्रेम से हम बात करेंगे। हम एक शरीर के दो हिस्से हैं। क्वेकर्स राज्य 70 वर्षों तक चलता रहा। काफ़ी संख्या में गोरों के आने और पड़ोसी फ्रांसिसी उपनिवेश से विवाद के कारण इन्हें सैनिक कार्रवाई करनी पड़ी। लेकिन बिना सैनिक सहायता के 70 वर्षों तक राज्य का संचालन करना अहिंसा के सफलतम प्रयोग का उदाहरण है। दूखोवोर्स शान्तिप्रिय, अहिंसावादी, शाकाहारी, अहिंसक आचार नियम का पालन करने वाले रूसी सन्त माने जाते हैं। मॉड इन्हें अराजकतावादी मानते हैं। सैनिक सेवा से इनकार करने पर इन्हें अपार कष्ट सहना पड़ा। 1899 में कनाडा चले जाने पर भी सरकार के विरोध का सामना करना पड़ा। रूस की साम्यवादी सरकार का भी इन्हें विरोध करना पड़ा। सामूहिक खेतों का भी इन्होंने विरोध किया। 19वीं सदी के मध्य में फ्रांसीसी क्रान्तिकारी बेलगरीग का राजनीतिक विचार गाँधी के विचारों से मिलता–जुलता है। उनका मानना था कि सरकार हिंसा पर आश्रित है। इसलिए राज्य एक बुराई है।

अमेरिका के अराजकतावादी हेनरी डेविड थोरो के आदर्शों और कार्यों का गहरा प्रभाव गाँधी पर हुआ है, इन्होंने 1849 में 'सिविल डिसऑबेडिएन्स' (सविनय क़ानून–भंग) शब्द का प्रयोग अपने एक भाषण में किया। थोरो का विचार था कि जिन मनुष्यों और संस्थाओं से भलाई हो उनसे सहयोग और जिससे बुराई हो उससे असहयोग करना चाहिए। यों अमेरिकन सरकार के विरुद्ध उन्होंने निष्क्रिय ही नहीं सक्रिय (हिंसक) प्रतिरोध का भी समर्थन किया। वे यह मानते हैं कि मनुष्य की प्राकृतिक प्रवृत्तियाँ भलाई की हैं इसलिए मनुष्य को अन्तरात्मा की आवाज़ पर चलना चाहिए। थोरो राज्य रहित समाज का समर्थन करते हैं। दक्षिण अफ्रीका में अपने प्रतिरोध के दरमियान गाँधी ने 'पैसिव रेजिस्टेन्स' का प्रयोग किया। अपने अंग्रेज़ मित्रों को समझाने के लिए गाँधी 'सिविल रेजिस्टेन्स' (सविनय अवज्ञा / प्रतिरोध) शब्द का प्रयोग करने लगे (गाँधी जी का पत्र, 10.09.1935)।

गाँधी ने जॉन रस्किन की पुस्तक 'अन्टू दिस लास्ट' से प्रभावित होकर इसका 'सर्वोदय' के नाम से अनुवाद किया। वे पुस्तक में वर्णित शारीरिक श्रम के आदर्श को अपने सर्वोदय के आदर्शों में समाहित करते हैं। दक्षिण अफ्रीका में यह पुस्तक उनका आदर्श बनी। इस पुस्तक में निहित है कि, व्यक्ति का हित सबके हित में समाहित है, सबको जीविकोपार्जन का समान अधिकार है इसलिए एक वकील और नाई का मेहनताना समान होना चाहिए, किसान और मज़दूर का जीवन ही सर्वोत्तम जीवन है (महात्मा गाँधी, 'आत्मकथा : सत्य के मेरे प्रयोग')।

'द क्राऊन ऑफ़ वाइल्ड ऑलिव' (जंगली जैतूनों का ताज) नामक रस्किन की दूसरी पुस्तक से गाँधी के विचारों में साम्य देखा जा सकता है। मनुष्य स्वभाव से अच्छा है, आत्मा परमतत्त्व है। बुद्धि से चरित्र अधिक महत्त्वपूर्ण है। मशीन के सम्बन्ध में विचार दोनों के मिलते–जुलते हैं। सामाजिक नवनिर्माण और राजनीतिक–आर्थिक नैतिकता पर दोनों का दृढ़ विश्वास था। कार्लाइल जो रस्किन के गुरु थे, का राजनीतिक आदर्श सर्वश्रेष्ठ बुद्धिमान का शासन था उनका विश्वास लोकतन्त्र में नहीं था। उन्होंने ग्लासगो विश्वविद्यालय के विद्यार्थियों से कहा था–"मैं उदारतावाद से घृणा करता हूँ जैसे शैतान से।" श्रेष्ठ मनुष्यों के शासन का रस्किन समर्थन करते हैं। वे मानते हैं कि श्रेष्ठ मनुष्य अपने ज्ञान और बुद्धि से सबका मार्गदर्शन करे, नेतृत्व करे, ज़रूरत पड़े तो विवश कर अपने अधीन रखे (दि वर्क्स ऑफ़ रस्किन, भाग–31, पृ. 505)। एक मनुष्य की राय बहुमत की

राय से महत्त्वपूर्ण है पर विश्वास रखने के कारण इन्हें अहिंसा का समर्थक नहीं माना जा सकता, लेकिन रस्किन बदला लेने या दण्ड के विरुद्ध थे। गाँधी के विपरीत ये राज्य का कार्य बढ़ाये जाने के पक्ष में थे। जनता के प्रति अविश्वास रखते हैं और उदारतावाद से घृणा करते हैं (उपरिवत्, भाग–34, पृ. 548)।

टॉल्सटॉय के जीवन और विचारों का अत्यधिक प्रभाव गाँधी पर पड़ा है। जीवन के एकमात्र प्रेम का प्रतिपादन करने वाले क्रिश्चियन अराजकतावाद के प्रवर्तक टॉल्सटॉय राजनीतिक और सामाजिक प्रश्नों का समाधान 'पर्वत की धर्मशिक्षा' के आधार पर देते हैं। अप्रतिरोध और असहयोग के सिद्धान्त का आधार प्रेम है। संसार को सुखी बनाने का एकमात्र मार्ग प्रेम है–"मैं जितना अपने आप से प्रेम करता हूँ उसकी अपेक्षा दूसरों से अधिक प्रेम करूँ।" (रोमां रोलां को 4 अक्टूबर, 1887 को लिखा टॉल्सटॉय का पत्र, मॉडर्न रिव्यू, जनवरी, 1927, पृ. 88, कालीदास नाग द्वारा फ्रेंच से अनुवादित)।

टॉल्सटॉय मानते हैं कि जीवों पर बल प्रयोग या ज़बरदस्ती करना अपराध है। गाँधी को (07 सितम्बर, 1910) उन्होंने लिखा "विरोध के त्याग का अर्थ है... भ्रमपूर्ण युक्तियों से अदूषित प्रेम का नियम।" प्रेम के नियम में अपवाद नहीं है। ईसाई सभ्यता में बल प्रयोग द्वारा सुरक्षा को वे उचित नहीं मानते हैं। इसे वे शक्तिशाली का नियम कहते हैं। इसी कारण राज्य और उसकी संस्थाओं : न्यायालय, पुलिस और निजी सम्पत्ति के साथ–साथ स्कूलों को भी त्याज्य बताया है क्योंकि ये प्रेम के नियम के विपरीत हैं। ये अनौपचारिक सहयोग पर बल देते हैं। प्रेम, अप्रतिरोध और असहयोग वह साधन है जिससे अहिंसक समाज निर्मित हो सकता है। टॉल्सटॉय नैतिक सुधार, शरीर श्रम व खेती को गौरवपूर्ण स्थान प्रदान करते हैं। टॉल्सटॉय ने वैध विवाह का भी विरोध किया है। अपनी 'क्रूजर सोनाटा' पुस्तक में इन्होंने स्त्री–पुरुष प्रेम को पाप कहा है और पति–पत्नी के सम्बन्ध को भाई–बहन के सम्बन्ध में परिवर्तित करने की सलाह दी है। जे.जे. डोक गाँधी को टॉल्सटॉय का शिष्य बनाते हैं। गाँधी ने भी यह स्वीकार किया है कि वे टॉल्सटॉय के श्रद्धावान प्रशंसक और उनके विचारों से प्रभावित हुए हैं ('यंग इंडिया', भाग–एक, पृ. 652)। आत्मकथा में गाँधी ने उद्धृत किया है कि स्व. रायचन्द्र के बाद टॉल्सटॉय उन तीन आधुनिक मनुष्यों में से एक हैं जिनका मेरे जीवन पर अधिकतम आध्यात्मिक प्रभाव पड़ा

है। तीसरे व्यक्ति रस्किन हैं। गाँधी ने टॉल्सटॉय की पुस्तक 'द किंगडम ऑफ़ गॉड इज़ विदिन यू' दक्षिण अफ्रीका में पढ़ी थी जब वे संशयवाद की उलझन में थे। उन्होंने स्वीकार किया है कि "इसके अध्ययन ने मेरे संशयवाद को दूर कर दिया और मुझको अहिंसा में दृढ़ विश्वास करने वाला बना दिया" (यंग इंडिया, भाग–3, पृ. 843)।

टॉल्सटॉय के लेखों में सत्य का दिग्दर्शन होता है। उन्होंने लिखा है कि "मैं अपने जीवन की सम्पूर्ण शक्ति से प्रेम करता हूँ जो सदा सुन्दरी थी, है और रहेगी (सत्य)।" (यंग इंडिया, भाग–3, पृ. 830)। गाँधी और टॉल्सटॉय हिंसा और शोषण पर आधारित वासनाओं को प्रोत्साहन देने वाली आधुनिक सभ्यता को अनैतिक मानते हैं। बुराई का हिंसक साधनों से विरोध, के वे विरोधी हैं। समाज के नवनिर्माण के लिए वे व्यक्तियों के सुधार और आत्मशुद्धियों पर बल देते हैं। साधन की शुद्धि इसका आधार है। वे नैतिक विकास के लिए सरलता, शरीरश्रम, इन्द्रिय निग्रह, त्याग पर आधारित नैतिकता को व्यक्तित्व विकास का आवश्यक तत्त्व बताते हैं।

गाँधी और टॉल्सटॉय के सिद्धान्तों का अन्तर वहाँ स्पष्ट होता है जहाँ गाँधी सिद्धान्त को व्यावहारिक स्वरूप में प्रस्तुत करने के कारण समझौते के लिए तैयार दिखते हैं क्योंकि इनकी मान्यता है कि मनुष्य का ज्ञात सत्य सापेक्ष है। वह साधनों के बारे में तो दृढ़ रह सकता है लेकिन साध्य इसकी पहुँच के बाहर है। गाँधी आदर्श की पूर्ण सिद्धि को भी असम्भव मानते हैं। मनुष्य सिर्फ़ प्रयत्न कर सकता है। गाँधी की अहिंसा की परिभाषा–किसी जीव को क्रोध या स्वार्थ की पूर्ति हेतु कष्ट न पहुँचाना है। जीवन है तो अनिवार्य हिंसा की सम्भावना बनी रहेगी। निष्काम कर्म गाँधी का आदर्श है। इसलिए गाँधी सुधार के अहिंसक प्रयास में टॉल्सटॉय से आगे दिखते हैं।

गाँधी ने अहिंसा को एक नया अर्थ और आयाम दिया है। सुगतदास गुप्ता गाँधी के सत्य, को सामाजिक सत्य कहते हैं। गाँधी समाज की तत्कालीन परिस्थितियों के साथ अहिंसा को जोड़ते हैं और उसे मानव जाति का क़ानून बनाते हैं। गाँधी ने सैद्धान्तिक रूप से अहिंसा को जीवन और समाज के हर क्षेत्र में जोड़कर अपरिहार्य रूप से अहिंसा को लागू किया है। उन्होंने अहिंसा को व्यक्ति की सीमा से निकालकर सामूहिक रूप दिया है (हरिजन सेवक, 27.03.1937)। यदि अहिंसा संगठित नहीं हो सकती तो वह धर्म नहीं है। गाँधी की अहिंसा करोड़ों की है (म.क. गाँधी, 'अहिंसा और

सत्य' (सं. रामनाथ सुमन), अहमदाबाद : नवजीवन ट्रस्ट, अक्टूबर, 1965, पृ. 18)। मानव और समाज के प्रत्येक व्यापार और कर्म में इसे प्रकट होना चाहिए (उपरिवत्)। अहिंसा के लिए साधना करनी पड़ती है। विनोबा भी इसे हृदय की निष्ठा मानते हैं, जाग्रत रहकर कष्ट सहन करने की यह प्रक्रिया है (यंग इंडिया, 11.08.1920)। आत्मोत्सर्ग और निर्भीकता द्वारा विनम्रता और आत्मत्याग अहिंसा के लिए आवश्यक है। सत्य का दर्शन और सत्य ईश्वर को प्राप्त करने का छोटा मार्ग है इसीलिए अहिंसा को सत्य का प्राण माना गया है। अहिंसा महाव्रत है। दूसरे के लिए प्राणार्पण करने का शास्त्रीय नाम ही अहिंसा है, अहिंसा सेवा है (हिन्दी नवजीवन, 15.09.1927)। यह सर्वव्यापक धर्म है (उपरिवत्)। सी.एफ. एंड्रयूज़ अहिंसा का अर्थ स्पष्ट करते हुए कहते हैं कि नकारात्मक रूप में अहिंसा किसी को नुकसान पहुँचाने से इनकार करना तो है ही, साथ ही इसके सकारात्मक रूप भी हैं जो सर्वोच्च प्रेम, सर्वोच्च दयालुता, सर्वोच्च आत्म बलिदान, उदारता, वीरता एवं सबलता के रूप में प्रकट होते हैं (रवीन्द्रनाथ मुखर्जी, 'सामाजिक विचारधाराएँ', मठूरी : सरस्वती सदन, द्वितीय, 1965 पृ. 384)। गाँधी करुणा, मानवता, पौरुष, सरलता, भद्रता, शान्ति, हृदय की विशालता, भूत दया, मैत्री, सेवा, त्याग, आत्मपीड़न, विनम्रता, क्षमा, सहिष्णुता, सत्यवादिता और ईश्वर परायण को भावात्मक अहिंसा का रूप बताते हैं (हरिजन, 29.8.1936)। यह सक्रिय प्रेम और व्यापक करुणा भी है (विनोबा भावे, गीता प्रवचन)। रोमां रोलां भी इसे अनन्त धैर्य और असीम प्रेम कहते हैं (विनोबा भावे, 'अहिंसा : विचार और व्यवहार', पृ. 254)। विनोबा के लिए यह सामूहिक समाधि है (विनोबा चिंतन, अंक : 56–57, पृ. 358)।

अहिंसा को मनुष्य के बलिदानमय जीवन के पाँच नैतिक सद्गुणों में से एक बताया गया है। 1903 में गाँधी ने जोहांसबर्ग में पतंजलि के योगसूत्र का अध्ययन किया था उसमें कहा गया–'अहिंसा प्रतिष्ठायान्तसन्निधो वैर त्यागः' (यानी अहिंसा के विकास से वैर भाव का लोप हो जाता है)। 'भीष्म ने युधिष्ठिर को बताया कि अहिंसा सर्वश्रेष्ठ धर्म है। वह उच्चतम तप भी है, यह सत्य भी है। शान्तिपर्व में कपिल दया, क्षमा, शान्ति, अहिंसा, सत्य, सरलता, अद्रोह, अहंकार का अभाव, नम्रता और सहनशीलता को ब्रह्म प्राप्ति का उपाय बताते हैं। 'वन पर्व' में यह स्पष्ट किया गया है कि कठोर और नम्र समान रूप से नम्र के समक्ष झुक जाते हैं। नम्र के लिए कुछ भी असम्भव नहीं है।

गीता जिसे गाँधी अपनी माता कहते हैं और किसी भी कठिन समय में उससे मार्ग प्राप्त करने लेने का दावा करते हैं, का प्रथम परिचय गाँधी को 1888–89 में इंग्लैंड में हुआ था। यह उपनिषदों का सार और सर्वश्रेष्ठ रत्न है। गीता के 18वें अध्याय में 'अनासक्त योग' या 'निष्काम कर्म' गाँधी की क्रियाविधि का आधार बना रहा। गीता का आदर्श पुरुष स्थितप्रज्ञ, विनम्र और करुणापूर्ण है। वह सुख–दुःख, भय–द्वेष से मुक्त है। परिणामों से उसका कोई सम्बन्ध नहीं। अर्जुन का युद्ध विमुख होना नैतिक नहीं, झूठी करुणा, दुर्बलता और मोह है। मोह कायरता है। कृष्ण कायरता की अपेक्षा मरना–मारना अच्छा कहते हैं।

जैन धर्म स्थूल और दृश्य, सूक्ष्म और अदृश्य सभी प्रकार की अहिंसा को शामिल करता है। संसार असंख्य शरीरधारी आत्माओं से भरा है। दुःख का कारण आत्मा का शरीर के बन्धन में आना है। मुक्तात्मा के लिए कर्मों के बन्धन से छूट जाना है। जैन धर्म में इसके तीन रत्न व साधन–सम्यक् ज्ञान, सम्यक् दर्शन, सम्यक् चारित्र्य को माना गया है। सम्यक् चारित्र्य में पाँच व्रत हैं–अहिंसा, सत्य, अस्तेय, अपरिग्रह और ब्रह्मचर्य। बौद्ध धर्म चरमवादी दृष्टिकोण को नहीं मानता है। गौतम की शिक्षा का आरम्भ पवित्रता से और अन्त प्रेम से होता है। उनकी शिक्षा में तत्त्वमीमांसा की अपेक्षा नीतिधर्म का प्राधान्य है। बुद्ध वर्णनातीत, निर्वचनीय, तथागत रूप में हैं और इनका उपदेश धम्म, शाश्वत नियम और सत्य है। बुद्ध मानते हैं कि अच्छाई और बुराई दोनों मनुष्य को बन्धन में डालती हैं। निर्वाण इससे परे है–संकल्पनात्मकता के प्रयास में, मैं और मेरा को निर्मूल करना है। विजय घृणा को जन्म देती है क्योंकि विजित दुःखी रहता है। एच. जी. वेल्स ने सम्राट अशोक के बारे में कहा है कि वे ही एक ऐसे योद्धा सम्राट हैं जिन्होंने विजय के बाद युद्ध को त्याग दिया। इनकी अहिंसक विदेश नीति में सभी देशों की स्वतन्त्रता, समता और भातृत्व की नीति का विधायक पक्ष था। प्रीति द्वारा धर्म विजय जिसकी अभिव्यक्ति समाज सेवा और नैतिकता के प्रचार में होती थी। अशोषण, विकेन्द्रीकरण और तन्त्र मुक्ति अहिंसा है (एस. दास गुप्ता, खादी ग्रामोद्योग, बम्बई, जुलाई 1989, पृ. 70, देखिये दशरथ सिंह, 'गाँधीवाद को विनोबा की देन', पृ. 235)। विनोबा अहिंसा के भावात्मक पक्ष पर बल देते हुए रचनात्मक कार्य के प्रति श्रद्धा को, सेवा में तन्मय हो जाने को, अहिंसा का मुख्य रूप मानते हैं। रचनात्मक, उत्पादक और सेवामय अहिंसा के इन स्वरूपों से ही भूदान,

ग्रामदान, श्रमदान, सम्पत्ति दान का श्रीगणेश हुआ। गाँधी ने भी अहिंसक समाज रचना में शोषण के सभी स्वरूपों को हिंसा माना है। वे वर्गविहीन, राज्यविहीन, विकेन्द्रित राजनीतिक व्यवस्था स्थापित करने के लिए प्राणार्पण से लगे थे। अहिंसा के इस वीरतम स्वरूप की गाँधी उपासना करते हैं। उनके अनुसार अहिंसा का उपयोग करके ही आत्मा आत्मवत् बनती है (म. क. गाँधी, 'अहिंसा और सत्य', पृ. 13)। स्थितप्रज्ञता और समन्वय के लिए आत्मशोधन, आत्मशुद्धि, विश्वव्यापी प्रेम और निर्भयता आवश्यक है। निर्भयता के तीन स्वरूप–विज्ञ निर्भयता, ईश्वरनिष्ठ निर्भयता और विवेक निर्भयता में ईश्वर निष्ठ निर्भयता ही मनुष्य को पूर्ण निर्भय बनाती है। मशरूवाला भय को ज्ञान तन्तुओं की गड़बड़ी कहते हैं। इसलिए मानव के लिए भय उसका ऐच्छिक स्वभाव नहीं है बल्कि यह आत्मरक्षा के लिए प्राणियों को दिया गया गुण है (घनश्यामदास किशोरीलाल मशरूवाला, 'निर्भयता', अहमदाबाद : नवजीवन प्रकाशन मन्दिर, तृतीय, 1954, पृ. 16–17)।

अहिंसा को प्रचण्ड शक्तियुक्त उपकरण कहा गया है। इसमें विष को अमृत में बदलने की शक्ति है जो कभी असफल नहीं हो सकती है। अहिंसा और सिर्फ़ अहिंसा से ही दुनिया में शान्ति लायी जा सकती है जिस प्रकार से गुरुत्वाकर्षण से पृथ्वी क़ायम है उसी प्रकार अहिंसा से संसार क़ायम है (हरिजन सेवक, 29.06.1947)। सर्वोदय, प्रेम का सिद्धान्त है, त्याग का सिद्धान्त है। जब हर व्यक्ति दूसरे की फिक्र करेगा और अपनी भी फ़िक्र, ऐसा नहीं रखेगा जिससे कि दूसरे को तकलीफ हो तो सभी का हित एक साथ सधेगा। इसी तथ्य में सर्वोदय का भाव छिपा है। यह तो परिवार का न्याय है। इसलिए हित विरोध का मार्क्सवादी सिद्धान्त आत्मविरोधी है। विनोबा इसे मार्क्सवाद की बाज़ीगरी कहते हैं। पीलिया रोग वाले की दृष्टि बताते हैं। स्वैच्छिक ग़रीबी आत्मनिर्भरता, कायिक श्रम, अहिंसा की दृष्टि को समाजगत बनाने का साधन है। सर्व के उदय की कामना जो अन्त्योदय से प्रारम्भ होती है इसमें फल निरपेक्ष धर्म है। 'मेहनत इन्सान की, दौलत भगवान की' पर इसकी श्रद्धा है। इसमें वर्ग समन्वय के विचार निहित हैं। यह साम्य योग का दर्शन है। बुद्धि और श्रम के बीच के प्रतिष्ठा भेद को यह चुनौती देता है।

अहिंसा तो प्रेम ही है। न सिर्फ़ मनुष्य से बल्कि मनुष्येतर जीव से लेकर प्रकृति से भी। इन्हीं विचारों में जैव विविधता और प्रकृति के संरक्षण का भाव भी समा जाता है। गीता सभी भूतों में एक ही आत्मा और सर्वत्र

परमात्मा के अस्तित्व को स्वीकार करती है (गीता, देखिये रामजी सिंह, 'गाँधी दर्शन मीमांसा', पटना : बिहार हिन्दी ग्रन्थ अकादमी, 1973, पृ. 229)। प्रेम ही सभ्यता और संस्कृति, धर्म और नैतिकता का अधिष्ठान है। ज्ञान मस्तिष्क की अनुभूति है, यह हृदय से प्रेम के रूप में प्रकट होती है। प्रेम ही ईश्वर है। यही प्रेम अहिंसा है। उपासना ईश्वर के प्रति प्रेम का विकास करना है। गाँधी जिस प्रेम की बात करते हैं वह प्रतिरोधी प्रेम है। प्रतिरोधी प्रेम में हम घृणा करने वाले से भी प्रेम करते हैं। यहीं से प्रेम की ताक़त पैदा होती है। अनुरोधी प्रेम से शक्ति नहीं निकलती, शक्ति तो प्रतिरोधी प्रेम में है। गाँधी मानते हैं कि प्रेम मौन और गुप्त रूप से असर पैदा करता है। विनोबा प्रेम को प्रवहमान कहते हैं, जो बहता हुआ निर्मल बनता है। परिवार का यह सीमित प्रेम विस्तारित होता हुआ विश्व प्रेम में बदलता है जो देश के बन्धन को भी तोड़ डालता है। विनोबा कहते हैं कि, धर्म–प्रेम, भाषा–प्रेम, जाति–प्रेम का अर्थ एक–दूसरे से अलग होना है। यहाँ प्रेम आत्महत्या कर लेता है जो द्वेष को जन्म देता है (विनोबा भावे, 'भूदान गंगा', भाग–4, पृ. 11)। द्वेष को मिटाने के लिए प्रेम शक्ति का निर्माण अनिवार्य है। राग और मोह द्वेष उत्पन्न करता है। प्रेम को संकुचित नहीं होने देना चाहिए। ईश्वर की प्राप्ति 'स्व' का विलोप है। यह कुर्बानी का दूसरा नाम है। इसलिए गाँधी सत्य को ही ईश्वर कहते हैं और अहिंसा को सत्य की प्राप्ति का साधन मानते हैं।

भाव मानव हृदय का संवेग है जिसका जन्म मानव मस्तिष्क में होता है। एकान्तिक दृष्टि मानसिक हिंसा है। अनेकान्तिक दृष्टि ही अहिंसा है। यों गाँधी शरीर, बुद्धि और आत्मा के संयोग को ही मानव कहते हैं। शरीर और आत्मा मनुष्य की अन्तःबाह्य अभिव्यक्ति है। आत्मा के कारण मनुष्य में बुद्धि, संवेग, भाव और संकल्प आदि का गुण आता है। इसलिए आत्मिक और शारीरिक नियम अलग नहीं हो सकते।

गाँधी–विचार को अगर एक शब्द में परिभाषित करना है तो वह शब्द अहिंसा है। इसकी व्याख्या सामाजिक, आर्थिक, राजनीतिक, सांस्कृतिक और साभ्यतिक आदि कई रूपों में की जा सकती है। जीवन के विभिन्न क्षेत्रों में हम हिंसा से बच नहीं सकते लेकिन अहिंसा प्रयत्न साध्य है, असाध्य नहीं। गाँधी ने अपने जीवन जिसे उन्होंने सत्य का प्रयोग कहा, दरअसल वह अहिंसा के साथ प्रयोग ही था। बचपन में जब वे अपनी बुराइयों के साथ लड़ रहे होते हैं या पिता को पत्र लिखकर अपनी भूल की स्वीकारोक्ति

करते हैं तो प्रायश्चित्त का यह भाव अहिंसा की ही एक अभिव्यक्ति है। राम को आदर्श मानकर भय से छुटकारा पाने की तरक़ीब सीख लेते हैं। लन्दन के कठिन जीवन में अपने को अन्नाहारी ख़ासकर माँ के द्वारा दिये गये वचन का अक्षरशः पालन करना अहिंसा के प्रति निष्ठा का ही एक उदाहरण है। गाँधी वहीं नहीं रुकते। जाति बहिष्कार का दंश भोगते हुए भी बैरिस्ट्ररी करते हैं। पश्चिमी सभ्यता का आकर्षण मन में है लेकिन उसका त्याग कर वे अहिंसा का पदार्थ पाठ सीखते हैं। दक्षिण अफ्रीका में समय–समय पर अपमानित होने के बावजूद वीरता का परिचय देते हुए अहिंसक प्रतिरोध का सत्याग्रही मार्ग अपनाते हैं और वे कई अवसरों पर क्षमा कर देते हैं। दुर्गुणों से बचते हुए दुर्गुण करने वालों के प्रति भी घृणा का भाव न रखना अहिंसा का ही सिखावन है। 1909 में हिन्द स्वराज में वे समाज रचना का एक ब्लू प्रिंट प्रस्तुत करते हुए उन सारे तत्त्वों से बचने की सलाह देते हैं जो हिंसा उत्पन्न करने के कारण हैं। इसीलिए वे कहते हैं कि हमें बाघ का स्वभाव नहीं चाहिए। पश्चिम की औद्योगिक सभ्यता जिसने अपने बौद्धिक घमण्ड में साम्राज्यवाद स्थापित कर सम्पूर्ण विश्व को बाज़ार बनाने, आत्मनिर्भर समाज को पराश्रित करने का कुत्सित कार्य किया, का विकल्प प्रस्तुत करते हैं लेकिन यह भी स्वीकार करते हैं कि हिन्द स्वराज में जिस समाज की परिकल्पना वह कर रहे हैं उसके लिए वे निजी रूप से प्रयत्नशील हैं, समाज उसके लिए तैयार नहीं है। पूर्वजों से सीखते हैं, अपमान सहते हैं लेकिन सत्य से हिचकते नहीं। यही कारण है कि अहिंसा को स्वराज के मोल भी बेचना नहीं चाहते।

गाँधी ने अहिंसा के तत्त्व दर्शन को संस्कारित किया है। उन्होंने जीवन और समाज के सभी क्षेत्रों में अहिंसा के उपयोग को सिद्ध करने की कोशिश की। यही कारण है कि सत्य की खोज में उन्हें सत्याग्रह का मार्ग मिला। अहिंसा सार्वभौम नियम है। आध्यात्मिक विश्वास और नैतिक सिद्धान्तों पर आधारित सत्याग्रह को गाँधी की अनुपम देन माना जाता है।

गाँधी राजनीति का आध्यात्मीकरण करना चाहते थे। 1929 में एक पत्र में उन्होंने लिखा कि "मेरा रुझान राजनीतिक नहीं, धार्मिक है। धर्म का अर्थ विश्व के सुव्यवस्थित नैतिक शासन में विश्वास है" (हरिजन, 10.02.1940, पृ. 445)। धर्म नैतिकता है और 'सत्य नैतिकता का सार' है (एथिकल रिलीजन, पृ. 23–24)। गाँधी ने लिखा है कि मैं राजनीति में भाग लेता हुआ दिखता हूँ तो इसका कारण यही है कि राजनीति हमें सर्प

की कुण्डलियों की भाँति घेरे हुए हैं जिससे प्रयत्न करने पर भी कोई नहीं निकल सकता। मैं इस सर्प से लड़ना चाहता हूँ। मैं राजनीति में धर्म को लाने का प्रयत्न कर रहा हूँ। पोलक साहब को उन्होंने कहा था कि वे जिन धार्मिक मनुष्यों से मिले हैं वे वेश बदले हुए राजनीतिज्ञ हैं लेकिन मैं जो राजनीति का जामा पहना हूँ, हृदय से धार्मिक मनुष्य हूँ। धर्म और नैतिकता उनका जीवन प्राण है। उनके प्रत्येक आचार–विचार और आचरण का मूल धर्म और नैतिकता है। अहिंसक राज्य में ही 'सर्वभूत–हित' सम्भव है। इसके लिए राजनीतिक स्वतन्त्रता अनिवार्य है। इसलिए जो यह मानते हैं कि राजनीति से धर्म का कोई सम्बन्ध नहीं है वे धर्म को नहीं जानते। उसी प्रकार जो देशप्रेम को नहीं जानता वह अपने सच्चे कर्तव्य या धर्म को नहीं पहचान सकता।

ईश्वर पर गाँधी की अटूट आस्था थी, इसीलिए सत्याग्रह के प्रयोग में ईश्वर पर जीवन्त श्रद्धा को वे आवश्यक मानते हैं। यह मनुष्य की अन्तिम ढाल है और प्रथम भी (हरिजन, 13.10.1940, पृ. 318)। ईश्वर सबके हृदय में स्थित है। वह जीवित शक्ति है। हम ईश्वर से शक्ति प्राप्त करते हैं। ईश्वर ही जगत की एकता का आधार है। उसका आधार असीम में है। ईश्वर पर श्रद्धा रखे बिना मनुष्य को न अपने में और न दूसरों में श्रद्धा हो सकती है। ईश्वर सर्वोत्तम मूल्य का प्रतीक है जो प्रत्येक व्यक्ति में अन्तर्निहित है। गाँधी ईश्वर की परिभाषा में नहीं उलझते हैं क्योंकि वह अवर्णनीय और अज्ञात है। गाँधी मूक जनता, प्रेम और सत्य में ईश्वर को समाहित करते हैं।

ईश्वर न्याय करता है वह सहनशील और धैर्यवान भी है। वह हमें चेतावनी देता है, वह हमारे साथ वैसा ही करता है जैसा हम अपने पड़ोसियों के साथ करते हैं। इसलिए गाँधी मानते हैं कि प्राकृतिक विपत्तियाँ हमारे पापों का उचित परिणाम हैं (हरिजन, 07.07.1934, पृ. 1, 4, हरिजन, 06.04.1934, पृ. 61)। अस्पृश्यता के लिए 21 दिनों तक किये गये उपवास को भी उन्होंने ईश्वरीय आज्ञा कहा। रात में किसी ने जगा दिया और चुपके से कहा तुम्हें उपवास करना होगा, जब पूछा कितने दिनों का, तब आवाज़ ने कहा 21 दिनों का। आरम्भ कब होगा? उसने कहा, कल आरम्भ करो। ऐसा अनुभव बाद में कभी नहीं हुआ (हरिजन, 10.12.1938, पृ. 373)। वे लिखते हैं कि जब उन्होंने आवाज़ सुनी थी तो वे उस समय स्वप्न नहीं देख रहे थे। उनके अन्दर भीषण संघर्ष हुआ। एकाएक आवाज़ आयी, यह

आवाज़ ईश्वरीय थी। गाँधी ईश्वर को प्रेम, नीति, अन्तरात्मा, आत्मश्रद्धा आदि के साथ समन्वित करते हैं।

गाँधी मानवता के निरपेक्ष एकता में विश्वास करते हैं। उन्होंने कहा है कि हमारे शरीर अनेक हैं पर आत्मा एक है। अपने अहंकार को मिटाकर ही हम मानवता को प्राप्त कर सकते हैं। मातृत्व का सिद्धान्त जीवधारियों की मूलभूत एकता पर अवलम्बित है। वे आत्मा की शक्ति को अहिंसा के साथ एकीकृत करते हैं। सत्य जिसे गाँधी ईश्वर कहते हैं वह इन्द्रियगम्य अथवा बुद्धिगम्य नहीं है। बुद्धि ज्ञाता के ज्ञान का साधन नहीं हो सकती। इस प्रकार आत्म अनुभूति इन्द्रियों के द्वारा नहीं, बल्कि श्रद्धा के आधार पर हो सकती है और श्रद्धा का स्रोत हृदय है।

गाँधी यह भी कहते हैं कि धर्म, विज्ञान से अलग नहीं है। जिस प्रकार वैज्ञानिक एक पद्धति से किसी की परख करते हैं उसी प्रकार ईश्वर के मार्ग का अनुगामी होकर हम ईश्वर की अनुभूति कर सकते हैं। (हरिजन, 13.06.1936, पृ. 140)। कांट ने भी कहा है कि परमतत्व के ज्ञान के लिए बुद्धि अपर्याप्त है। बुद्धि, श्रद्धा द्वारा ईश्वर के अस्तित्व में उत्पन्न विश्वास का औचित्य प्रदान करता है। इस प्रकार गाँधी ईश्वर में श्रद्धा को आदर्श जीवन और अहिंसात्मक प्रतिरोध के लिए आवश्यक मानते हैं।

कर्म और पुनर्जन्म के सिद्धान्त पर उनका विश्वास है, कार्य का नियम अटूट है। ईश्वर ने नियम निर्धारित कर दिये हैं और उससे वह अलग हो गया है। वे लिखते हैं कि मैं पुनर्जन्म में उतना ही विश्वास करता हूँ जितना वर्तमान शरीर के अस्तित्व में। हमारे संस्कार गत्यात्मक होते हैं और भविष्य का निर्धारण इन्हीं संस्कारों के द्वारा होता है ('रिव्यू ऑफ़ फ़िलॉसफ़ी एंड रिलीजन', अप्रैल, 1939, पृ. 27, 33)। वे कर्म के नियम और संकल्प स्वातन्त्र्य में कोई विरोध नहीं देखते। गाँधी का विश्वास है कि विश्व का सबसे बड़ा जनतन्त्र हमको बुराई और अच्छाई में चुनाव करने की छूट देता है (यंग इंडिया, भाग–2, पृ. 497)। परिणाम पर हमारा नियन्त्रण नहीं है। हम मात्र प्रयत्न कर सकते हैं। गाँधी के अनुसार पूर्ण अनासक्ति की उपलब्धि के द्वारा मनुष्य पिछली भूलों के प्रभाव से छुटकारा पा सकता है। वातावरण के प्रभाव से गाँधी इनकार नहीं करते हैं लेकिन जीवन का आधार संकल्प या आत्म संचालन को बताते हैं। 1928 में उन्होंने लिखा था कि मैं जानता हूँ कि मैं ईश्वर को नहीं जान पाऊँगा, यदि मैं बुराई के साथ और उसके विरुद्ध युद्ध न करूँ भले ही उसमें मेरे प्राण चले जायें।

उनका तत्त्वदर्शन राजनीतिक, आर्थिक, राष्ट्रीय और अन्तरराष्ट्रीय क्षेत्रों में सामूहिक जीवन के संचालन के अहिंसात्मक मार्ग का प्रतिपादन है।

गाँधी उपयोगितावाद के सिद्धान्त को अस्वीकार करते हैं, इसे हृदयहीन सिद्धान्त कहते हैं। उनके अनुसार सबका अधिक से अधिक हित ही मानवीय सिद्धान्त हो सकता है जो आत्म–बलिदान से प्राप्त किया जा सकता है। गाँधी साध्य और साधन में कोई अन्तर नहीं करते अपितु दोनों की शुद्धता पर ज़ोर देते हैं। लेकिन मनुष्य का अधिकार केवल साधनों पर हो सकता है, वह प्रयत्न कर सकता है परिणाम उसके वश में नहीं होता। इसलिए साध्य की अपेक्षा साधन की शुद्धता उनका हेतु है। जैसा साधन वैसा साध्य, साधन बीज है और साध्य वृक्ष। सत्य साध्य है तो अहिंसा साधन। सत्य की प्राप्ति केवल अहिंसक साधन से ही सम्भव है। वे अहिंसा को सम्पूर्ण धर्म का सार कहते हैं। साध्य और साधन एक है, इसलिए अहिंसा स्वयं सत्य है। सत्य सर्वोच्च नियम और अहिंसा सर्वोच्च कर्तव्य है। अहिंसा जीवधारियों के पारस्परिक व्यवहार में प्रकट होता है जबकि सत्य देश–काल से परे है। सत्य के समान अहिंसा भी सर्वशक्तिमान और असीम ड़ै और ईश्वर के समानार्थक भी (हरिजन, 01.05.1937, पृ. 89)।

गाँधी कहते हैं कि अहिंसा संसार की सबसे बड़ी और अधिक क्रियाशील, विद्युत से अधिक भावात्मक, आकाश तत्त्व से अधिक बलवान, सभी शक्तियों के योग से भी अधिक शक्तिशाली जीवन की एकमात्र शक्ति है (हरिजन, 14.03.1939, पृ. 39)। अहिंसा श्रद्धा और अनुभूति का विषय, हृदय तथा आत्मा का गुण है। उनका स्पष्ट मानना है कि अहिंसा के सफल प्रयोग के लिए प्रेममय ईश्वर तथा शरीर से अलग आत्मा में जीवन्त श्रद्धा अनिवार्य है। प्लेटो की तरह गाँधी भी मानते हैं कि अहिंसा और प्रेम के द्वारा ही विश्व का संचालन होता है। टॉलस्टॉय की तरह गाँधी अहिंसा में हिंसा का समावेश करने के ख़िलाफ़ हैं। उनके अनुसार यह दूध में ज़हर मिलाने के समान है। निषेधात्मक अहिंसा का अर्थ–किसी जीव को दुर्भावना से, क्रोध या स्वार्थ से, चोट पहुँचाने के इरादे से दुःख न देना। इस प्रकार अहिंसा, विचार शब्द या कर्म द्वारा जगत के प्राणियों को चोट नहीं पहुँचाना है। शोषण भी हिंसा है। गाँधी के अनुसार, कठोर शब्द, कठोर निर्णय, क्रोध, घृणा, दुर्भावना, यन्त्रणा, अत्याचार, अपमान, किसी के आत्मसम्मान को चोट पहुँचाना आदि सभी हिंसा हैं। अहिंसक व्यक्ति को उस व्यक्ति के प्रति भी अनुदार नहीं रहना चाहिए जो अपने को हमारा

शत्रु समझता है। किसी को विचार, शब्द या कार्य से हानि पहुँचाने का इरादा भी हिंसा है।

अहिंसा की विधायक दृष्टि की भी गाँधी विशद व्याख्या करते हैं। वे अहिंसा को विधायक और गत्यात्मक शक्ति मानते हैं। अहिंसा का प्रेम, हानि–लाभ का सौदा नहीं है, यह अच्छाई पर आधारित है। सच्चा और शुद्ध प्रेम अपने को मिटाकर भी प्रतिफल नहीं माँगता। इसलिए वह समस्त जीवों में अपने को देखता है जो हमसे घृणा करता है उनसे भी प्रेम करता है। बाघ, साँप आदि भी हमारे सजातीय हैं। ईश्वर की सृष्टि में सभी को जीवित रहने का उतना ही अधिकार है जितना हमें। अहिंसा का दूसरा अर्थ बुराई करने वालों के सामने आत्मसमर्पण करना भी नहीं है। अहिंसक मनुष्य तब तक प्रेम और धैर्य से कष्ट सहन करता है जब तक अन्यायी अपनी भूलों के लिए पश्चात्ताप नहीं करते।

निरपेक्ष अहिंसा में सभी प्रकार की हिंसा का त्याग है–यानी हिंसा से पूर्ण मुक्ति। निरपेक्ष अहिंसा ईश्वर का गुण है। यों सच्चा अहिंसावादी भी अनिवार्य हिंसा से बच नहीं सकता उसे कम–से–कम स्वाभाविक हिंसा करनी पड़ सकती है लेकिन उसकी जड़ दया में हो और वह विवेक और अनासक्ति पर आधारित हो। जितना मनुष्य हिंसा से दूर रहेगा उतना ही वह पूर्ण अहिंसा के अर्थात् निरपेक्ष सत्य के या ईश्वर के निकट होगा। गाँधी के अनुसार जो आदर्श जीवन में सिद्ध किया जा सकता है वह वास्तव में ऊँचा आदर्श नहीं हो सकता, अनवरत प्रयास हमारी आध्यात्मिक प्रगति का आधार है। अपनी अपूर्णता और दुर्बलता के कारण आदर्श को व्यावहारिकता के स्तर पर ले आना आदर्श को नहीं मानना है और यह हमें आध्यात्मिक प्रयत्नों से दूर हटाता है।

गाँधी अहिंसा को विरोचित गुण कहते हैं। अहिंसा को अपनी विवशता व कायरता के कारण नहीं बल्कि वे इसे नैतिकता पर आधारित आन्तरिक विश्वास के कारण स्वीकार करते हैं। अहिंसा और दुर्बलता एक–दूसरे की विरोधी हैं। अहिंसक शक्ति का स्रोत शरीर बल नहीं बल्कि निर्भयता है। अहिंसा वीरों का गुण है जो निर्भयता के बिना असम्भव है। भ्रम में हम कायरों के निष्क्रिय प्रतिरोध को अहिंसा मान लेते हैं। प्रेम में भय हो ही नहीं सकता। जिस प्रकार पानी और आग साथ–साथ नहीं रह सकते उसी प्रकार कायरता और अहिंसा का साथ रहना असम्भव है। कायरता नपुंसकता है जो हिंसा से भी बुरी है। कायर प्रतिकार चाहता है किन्तु

मृत्यु के भय से दूसरों का सहारा लेता है। हृदय में हिंसा मौजूद रहे और हम अहिंसक बने रहने का स्वाँग करें इससे अच्छा है कि हम हिंसक हो जायें। दरअसल, कायर में ईश्वर पर श्रद्धा का अभाव रहता है, ईश्वर पर अटल विश्वास हमें अहिंसक बनाता है। हिंसक मनुष्य में अहिंसक हो जाने की सम्भावना होती है जबकि कायरों से ऐसी आशा नहीं की जा सकती। द्वितीय विश्वयुद्ध में जिस अटल विश्वास से गाँधी युद्ध का विरोध कर रहे थे वही गाँधी प्रथम विश्वयुद्ध में सैनिकों की भर्ती के लिए प्रयासरत थे, वे हिन्दुस्तान को शक्तिशाली बनाना चाहते थे क्योंकि इसे ज़बरदस्ती निःशस्त्र कर दिया गया था। उन्होंने कई बार यह दुहराया है कि यदि हम अपनी स्त्रियों और पूजन स्थानों की कष्ट–सहने की शक्ति या अहिंसा से रक्षा नहीं कर सकते तो हमें लड़कर इनकी रक्षा के योग्य बनना होगा। बिना मारे मरने का साहस विरोचित गुण है, यही अहिंसा है।

मनुष्य में नैतिक गुणों व अहिंसा के सिद्धान्त को आरोपित करने के लिए गाँधी एकादश व्रत के पालन को अनिवार्य मानते हैं। एकादश व्रत में अहिंसा को पहला स्थान और सत्य को दूसरा स्थान दिया गया है, इसके अलावा अन्य नौ नियम भी अहिंसक आचारण के लिए अनिवार्य हैं और सत्य की प्राप्ति के लिए आवश्यक भी। गाँधी अस्तेय का व्यापक अर्थ करते हैं। इसका अर्थ दूसरे की वस्तु को उसकी अनुमति या जानकारी के बग़ैर रखना मात्र नहीं है बल्कि बिना आवश्यकता के किसी चीज़ को रखना, अपनी आवश्यकताओं को बढ़ाना, लालच रखना, भविष्य में प्राप्त करने के लिए चिन्तित होना आदि अस्तेय व्रत के विरुद्ध हैं।

ब्रह्मचर्य मात्र कामवासना का संयम नहीं है बल्कि ब्रह्म के साक्षात्कार का अनुशासन है। यह मन, वचन और कर्म से इन्द्रियों का नियमन है। अशुद्ध विचार और क्रोध हमें ब्रह्मचर्य से च्युत करता है। सम्पूर्ण ब्रह्मचर्य के लिए गाँधी, विचारों पर इस प्रकार नियन्त्रण को आवश्यक मानते हैं ताकि कोई भी विचार इच्छा के बिना न आने पाये। ब्रह्मचर्य मानसिक स्थिति है। यह आसक्ति रहित त्याग है। पाखण्ड और बाह्य दमन को वे उचित नहीं मानते। व्यावहारिक आदर्शवादी होने के कारण ये ब्रह्मचर्य की आदर्श स्थिति को अप्राप्य मानते हैं। गाँधी आत्म संयम को ऊर्ध्वगामी बनाने के प्रयत्न किये जाने की सिफ़ारिश करते हैं लेकिन ब्रह्यचर्य का आदर्श असम्भव नहीं है। मनुष्य में विकास करने की असीम सम्भावनाएँ हैं इन्हें सीमाबद्ध नहीं किया जा सकता है।

अपरिग्रह, संग्रह नहीं करने से सम्बन्धित है। गाँधी मानते हैं कि हमें ईश्वर पर अपने नित्य की आवश्यकता के लिए निर्भर रहना चाहिए। शरीर भी एक प्रकार की सम्पत्ति है। जिसका उपयोग सेवा के लिए होना चाहिए। अहिंसक वृत्ति से शरीर के प्रति आसक्ति घटती है। गाँधी विचारों के अपरिग्रह की भी बात करते हैं। निजी सम्पत्ति का विरोध करते हुए गाँधी का विश्वास था कि "सबै भूमि गोपाल की, सम्पत्ति सब रघुपति के आहि"। ट्रस्टीशिप का विचार इसी अपरिग्रह के विचार को मूर्त रूप देने के लिए प्रतिपादित किया गया है। अपरिग्रह स्वेच्छा से स्वीकृत निर्धनता का आदर्श यानी स्वैच्छिक ग़रीबी का आदर्श है। यह विवशता की निर्धनता नहीं। गाँधी का सम्पूर्ण जीवन ही अपरिग्रह के आदर्श पर अवलम्बित है इसी कारण उन्होंने अपने जीवन की आवश्यकताओं को धीरे–धीरे कम किया। इनका यह सिद्धान्त इस पर अवलम्बित है कि प्रकृति उतना ही उत्पन्न करती है जितना तात्कालिक आवश्यकताओं के लिए आवश्यक हो। एक बार गाँधी ने कहा था कि आध्यात्मिक मामलों में धन का महत्त्व बहुत कम है। धन की अधिकता में ईश्वर के प्रति श्रद्धा के खो जाने का भय है। धन आध्यात्मिक दिवालियापन लाता है। धन के प्रति आसक्ति के ख़त्म होने से निर्भयता आती है।

शरीर श्रम मानव जीवन के लिए आवश्यक है। बोन्दरेव ने सर्वप्रथम इस विचार पर ज़ोर दिया जिसे टॉल्सटॉय और रस्किन ने आगे बढ़ाया। यह अस्तेय के सिद्धान्त का निष्कर्ष और अपरिग्रह की सिद्धि का साधन है। गाँधी यह मानते हैं कि बिना श्रम के खाना चोरी करने के समान है। गाँधी, शरीर श्रम और बौद्धिक श्रम को एक साथ शामिल नहीं करते हैं शरीर की आवश्यकताओं की पूर्ति शरीर के द्वारा ही होनी चाहिए। शरीर श्रम को वे सर्वोत्कृष्ट समाज सेवा कहते हैं। शरीर श्रम को प्रतिष्ठा देकर गाँधी ने इसे बौद्धिक श्रम के समान्तर खड़ा कर दिया है। जीवन की सादगी अहिंसक वृत्ति है। जो स्वदेशी, आत्म निर्भरता और परस्परावलम्बन से ही सिद्ध हो सकती है। यह आध्यात्मिक अनुशासन है। स्वदेशी का अर्थ अपने निकट की सेवा है। सम्पूर्ण भारतीय अर्थव्यवस्था के सन्दर्भ में इसे समझा जा सकता है। पण्डित सुन्दरलाल ने अपनी पुस्तक 'भारत में अंग्रेज़ी राज' में अंग्रेज़ी विद्वानों के आधार पर यह सिद्ध करने की कोशिश की है कि 'अंग्रेज़ों के आने के पूर्व भारत का समाज काफ़ी हद तक आत्मनिर्भर था'। परस्पर ये अपनी आवश्यकताओं की पूर्ति कर लेते थे। दादाभाई

नौरोजी की पुस्तक 'पॉवर्टी एंड अनब्रिटिश रूल इन इंडिया' में भारत के संसाधनों की लूट को ड्रेन थ्योरी के माध्यम से सिद्ध किया गया है। 1904 ई. में सखाराम गणेश देउस्कर ने 'देशेर कथा' में यह बताने की कोशिश की है कि आर्थिक युद्ध व वाणिज्यिक युद्ध के परिणामस्वरूप किस तरह से भारत की कारीगरी गयी, दरिद्रता आयी और अंग्रेज़ों पर हमारी निर्भरता बढ़ती चली गयी। अंग्रेज़ों के आने के पूर्व तक जो देश अपनी आवश्यकताओं के लिए ख़ुद पर निर्भर था, विदेशी माल का बाज़ार बन गया।

गाँधी अस्पृश्यता को एक सामाजिक बुराई स्वीकार करते हुए इसे सामाजिक हिंसा का एक रूप बताते हैं। अस्पृश्यता एक कलंक है यह सामाजिक पाप है। अस्पृश्यता के रहते स्वराज असम्भव है। गाँधी ने स्पष्ट कहा है कि अस्पृश्यता हिन्दू धर्म का अंग नहीं है। वे अस्पृश्यता के रहते हिन्दू धर्म को स्वीकार नहीं कर सकते। उनके अनुसार अस्पृश्यता हिन्दू धर्म में घुसी हुई बुराई है। अस्पृश्यता ईश्वर से द्रोह करना है क्योंकि ईश्वर सबमें निहित है।

सर्वधर्म समभाव गाँधी का आदर्श है। यों गाँधी अपने को सनातनी हिन्दू कहते हैं लेकिन उनका हिन्दू धर्म किसी रूढि से बँधा नहीं है। राम उनके आदर्श हैं लेकिन वह राम दशरथ का बेटा और सीता पति नहीं है, उनका राम अनादि है, अनन्त है, वही ईसा है, अल्लाह भी वही है, दरअसल गाँधी समभाव से ममभाव की ओर बढ़ गये थे।

साम्प्रदायिकता एक प्रकार की हिंसा है, जो धर्म किसी दूसरे धर्म से घृणा करना सिखाता है वह स्वयं अपने धर्म की हानि करता है और समाज को बुराइयों में धकेलता है। गाँधी जाति, धर्म आदि के भेदों से ऊपर उठ गये थे, यही मानवता का आदर्श है। आत्मा की एकता में विश्वास करने वाला, दूसरे धर्म से घृणा कैसे कर सकता है। इसलिए यह व्यक्ति का आदर्श और समाज के लिए आवश्यक आचार संहिता है। साम्प्रदायिक सद्भाव के बिना एक अहिंसक समाज का निर्माण करना असम्भव है।

अहंकार को नष्ट किये बिना सत्य को प्राप्त नहीं किया जा सकता। यों नम्रता को व्रत में शामिल नहीं किया गया है। इसका अभ्यास नहीं किया जा सकता। सेवामय जीवन नम्रता के बिना असम्भव है। सबके प्रति समभाव रखना अहिंसा की शर्त है। नम्रहीन मनुष्य कभी भूल स्वीकार नहीं करता। आत्म अनुशासन प्रायश्चित्त, आत्म अनुभव और अपनी न्यूनता को स्वीकार करना हमें नम्र बनाता है।

मानव स्वभाव के सम्बन्ध में गाँधी के विचार के आधार पर मानव के अहिंसात्मक व्यवहार को समझा जा सकता है। यों गाँधी यह नहीं मानते हैं कि मनुष्य सिर्फ़ अच्छा ही होता है। हज़ारों–हज़ार वर्षों के परिवर्तन से हमें यह मानव जीवन प्राप्त हुआ है, हम भूल कर सकते हैं। इस सम्बन्ध में गाँधी मानते हैं कि शरीर बन्धन से बँधे रहने के कारण मानव में बुराइयाँ व्याप्त रहती हैं। मानव जीवन का लक्ष्य सत्य, ईश्वर अथवा आत्म तत्त्व का अधिकाधिक अनुभव करना है। सत्य का अनुभव मात्र वैयक्तिक साधना और नैतिक आचरण ही नहीं, बल्कि मानव जीवन के समस्त पहलुओं–सामाजिक, राजनीतिक, आर्थिक तथा धार्मिक जीवन को पवित्र बनाने से होता है (हरिजन, 29.08.1936, पृ. 226)।

मानव का लक्ष्य सभी प्राणियों के साथ तादात्म्य स्थापित कर अपनी आत्मा की पहचान करना है (हरिजन, 22.06.1935, पृ. 148)। प्रेम के द्वारा मानव अधिक से अधिक ईश्वरीय शक्ति को प्राप्त कर सकता है (हरिजन, 06.04.1947, पृ. 98–99)। ईश्वरीय शक्ति की प्राप्ति का साधन निष्काम सेवा है। निष्कामता का लक्ष्य सामूहिक मोक्ष प्राप्त करना है।

आधुनिक सभ्यता ने ही इन्द्रिय सुख, प्रतिस्पर्धा और अनेक स्वार्थपूर्ण प्रवृत्तियों को जन्म दिया है। इस कारण नैतिक भ्रम उत्पन्न हुआ है। मनुष्य आत्मा है, इसी कारण गाँधी को मनुष्य के स्वभाव में अटल श्रद्धा है। इन्हीं आध्यात्मिक तत्त्वों के कारण उसमें सुधार की क्षमता होती है। हम अपने अन्तः के ईश्वर का साक्षात्कार कर सकते हैं। मनुष्य पशु रूप में हिंसक है परन्तु आत्मा के रूप में वह अहिंसक है। विनाश और जीवन के बीच जीवन का अस्तित्व ही इस बात का प्रमाण है कि स्वार्थपरता, हिंसा आदि बुराइयों की अपेक्षा प्रेम, सहयोग आदि गुण अधिक प्रभावशाली हैं। जीवन परिवर्तन का लक्ष्य घटती हुई हिंसा है। यही प्रगतिशील अहिंसा है। संसार परिवर्तनशील है, गतिशील है। यह स्थिर नहीं है। यही प्रगतिशीलता अहिंसा की ओर उर्ध्वगामी विकास है।

व्यक्तित्व विकास के लिए व्रतों के अनुशासन को गाँधी अनिवार्य मानते हैं। अनुशासन यानी अन्तर्निहित बुराइयों यानी संचयशीलता, भय, घृणा, प्रजनन प्रवृत्ति पर नियन्त्रण है। मनुष्यता अहिंसक गुणों का विकास है जो प्रेम, सेवा और सत्य की साधना से प्राप्त होती है। गाँधी व्यवहारवादी के रूप में अहिंसा को काल्पनिक आदर्श नहीं मानते और न ही इसका पाण्डित्यपूर्ण विश्लेषण करते हैं। उनके लिए यह वैराग्य का नियम नहीं

है। गाँधी कर्मयोगी की तरह मनुष्य के दैनिक जीवन और समाज के प्रत्येक अंग में इसका व्यवहार अनिवार्य मानते हैं। यही कारण है कि वे मनुष्य के पूर्णता की ओर बढ़ने में विश्वास करते हैं। यत्न करने पर मनुष्य आदर्श के निकट पहुँच सकता है बावजूद इसके आदर्श और व्यवहार में अन्तर स्वाभाविक है। यदि आदर्श तक पहुँच सम्भव है तो आदर्श, आदर्श ही नहीं रहेगा (हरिजन, 14.10.1939, पृ. 303)। मनुष्य विनाश के बाद ही पूर्णता प्राप्त कर सकता है (हरिजन, 17.04.1937, पृ. 87)। गाँधी कहते हैं कि न हमें आदर्श से डरना चाहिए और न ही निराशा के कारण आदर्श पर चलने का प्रयत्न छोड़ना चाहिए। सुविधा के लिए आदर्श को नीचे गिराना हमारा पतन है। आदर्श तक पहुँचने के सच्चे प्रयत्न को ही मानव के लिए वे काफ़ी मानते हैं। मीरा बहन को उन्होंने लिखा था कि क्षमता से परे जाना सत्य को भंग करना है (बाप'ूज लेटर्स टू मीरा, पृ. 75)। वे स्वभावगत प्रवृत्तियों को बलपूर्वक दबाने या यन्त्रवत् आत्म नियन्त्रण के प्रभाव के प्रति सचेत दिखते हैं।

मनुष्य में परिवर्तन की असीम सम्भावना है। सत्याग्रह का आधार इन्हीं मान्यताओं पर अवलम्बित है कि पशुतुल्य प्रतिपक्षी की आन्तरिक अच्छाइयों को सच्चा मनुष्य शुद्ध कष्ट सहन द्वारा जाग्रत कर सकता है। त्याग में धर्म है। भौतिक सुख–सुविधाओं की वृद्धि नैतिक उन्नति में बाधा पहुँचाती है। भोग विलास मृत्यु है (हरिजन, 29.02.1946, पृ. 19)। उनका मानना है कि जितना हम शरीर को कसेंगे, उतना ही आत्मशक्ति बढ़ेगी। त्याग ही जीवन है। सुखी जीवन का रहस्य त्याग में निहित है। त्याग का गाँधी परालौकिक अर्थ नहीं करते हैं बल्कि काम करते हुए अकर्मण्यता की स्थिति को प्राप्त करने पर बल देते हैं (हरिजन, 20.04.1935, पृ. 75)। त्याग और आत्म विकास का सामाजिक और राजनीतिक कर्तव्यों के साथ सामंजस्य बिठाना, विवेकपूर्ण त्याग है। दरअसल इच्छा से प्रसन्नतापूर्वक कष्ट सहन अनिर्वचनीय सुख में परिवर्तित हो जाता है (यंग इंडिया, भाग–1, पृ. 900)। वास्तविक सुख नम्रता और आत्मत्याग में है।

अहिंसक आचरण के लिए यह आवश्यक है कि उसमें तीक्ष्णतम बुद्धि और जागरूक अन्तरात्मा हो। अहिंसा का बोधपूर्ण अभ्यास हमारे बौद्धिक विकास के लिए आवश्यक है जिससे शरीर, बुद्धि और हृदय का समन्वित विकास होता है। यह गाँधी के अहिंसक जनतन्त्र की आधारशिला है। इन्होंने लिखा है कि सत्याग्रही को जनमत के सामने झुकना चाहिए (यंग इंडिया, भाग–1, पृ. 207–08)।

गाँधी राज्य के अस्तित्व के विरोधी थे। इनके विरोध का आधार–नैतिक, ऐतिहासिक और आर्थिक है। उनका मत है कि राज्य हिंसा का संगठित और केन्द्रित रूप है। 1946 में जिस आदर्श ग्राम की परिकल्पना इन्होंने रखी है वह मुख्य रूप से शोषण विहीन, और विकेन्द्रित है। इसका शिखर ऐसा नहीं होगा जिसको तल से सहायता मिलती हो, महासागरीय वृत्त की तरह का गाँव होगा। समाज एक बड़े परिवार की तरह होगा। 1909 में गाँधी ने ब्रिटिश पार्लियामेंट की आलोचना की थी और जिस राजनीतिक सत्ता की उन्होंने वकालत की, उसमें उनका राज्य एक ऐसा साधन है जिसमें मनुष्य को जीवन के प्रत्येक क्षेत्र में अपनी दशा सुधारने में सहायता मिल सके। यहाँ ये राज–चिन्तकों से अलग दृष्टि रखते हैं। 29 जनवरी, 1948 को गाँधी अपनी अन्तिम वसीयत में लिखते हैं कि राज्यशक्ति के बढ़ने से जनशक्ति व लोकशक्ति कमज़ोर होगी और अन्ततः सैनिक सत्ता आयेगी।

पुस्तक का प्रथम खण्ड अहिंसा की सैद्धान्तिकी को व्याख्यायित करता है। अहिंसा परम धर्म है यह व्यक्ति और संसार सब जगह और सभी क्षेत्रों में प्रयुक्त है। गाँधी के विचारों के आधार पर अहिंसा के महत्त्व को समझाते हुए राजा महेन्द्र का पत्र उद्धृत किया गया है जिसमें मन, वचन और कर्म से किसी के दिल या शरीर को चोट न पहुँचाने को ही सच्ची अहिंसा माना जाता है। अहिंसा कैसे सीखी जाये, इसका प्रयोग कैसे किया जाये, इसे टॉल्सटॉय शताब्दी समारोह में गाँधी के अहिंसा सम्बन्धी वक्तव्य से समझा जा सकता है, जिसमें गाँधी हिन्दुस्तान को कर्मभूमि कहते हैं और ऋषि–मुनियों द्वारा प्रदत्त अहिंसा के क्षेत्र में उपार्जित पूँजी की अभिवृद्धि पर बल देते हैं। दूसरे के पहाड़ जैसे दोषों को राई के समान मानना और अपने राई जैसे दोषों को हिमालय के समान बड़ा समझना, पश्चात्ताप करना हममें अहिंसा की दृष्टि देता है। ईश्वर ही असत्य और हिंसा के दंश से हमें बचा सकता है। मनुष्य परोपकारी प्राणी है जो दूसरों को पार उतारेंगे, वे स्वयं भी पार जायेंगे; यह दुनिया का, प्रकृति का, ईश्वर का और ख़ुदा का क़ानून है। गाँधी ने साफ़ कहा है कि भारत की समस्या न तो क्रोध से सुलझेगी और न ही रामायण आदि ग्रन्थों के अर्थ का अनर्थ करने से और न पशुओं की नक़ल से ही। दरअसल भारत की समस्या का समाधान अहिंसा में निहित है।

गाँधी ने सरकार के विरुद्ध लड़ने में, हिन्दुओं और मुसलमानों के बीच हुए झगड़ों में या अराजकता की हालत में होने वाले उपद्रवों तथा लड़ाकू जातियों के साथ का व्यवहार एवं कौटुम्बिक क्षेत्र में अहिंसा के प्रयोग को स्पष्ट रूप से व्याख्यायित किया है। पहले क्षेत्र में इसकी पहचान निर्बल के अस्त्र के रूप में हुई है। दूसरे क्षेत्र में मारे बिना मरने वाला ही सफल हो सकता है। सरकार से तो असहयोग किया जा सकता है लेकिन जहाँ तलवार, छुरा, लाठी और पत्थर का प्रयोग होता हो, ऐसे वार को प्रेम और दया से ओत–प्रोत व्यक्ति ही झेल सकेगा। ऐसा एक ही आदमी हज़ार का काम कर सकता है जिसमें उच्च आत्मबल हो। कौटुम्बिक क्षेत्र में अगर हम अहिंसा का प्रयोग नहीं कर सकते हैं तो किसी अन्य क्षेत्र में अहिंसा निष्फल हो जायेगी। यह लँगड़ी अहिंसा किसी काम की नहीं होगी। कायरता को छिपाने के लिए अहिंसा की आड़ लेना अहिंसा नहीं है। यदि अपमान सहकर मन में बदला न लेने का साहस हममें हो, तभी हम अहिंसक समाधान पा सकते हैं। स्वाभिमान हवा का रुख देखकर नहीं चलता है। गाँधी का स्पष्ट मानना है कि अहिंसा वृत्ति हमें इस तरह बना देती है जिससे उदण्ड व्यक्ति के दुर्व्यवहार का हम पर कोई असर ही नहीं होता। क्रुद्ध भीड़ को तितर–बितर करने के लिए अश्रु गैस के प्रयोग के सम्बन्ध में गाँधी कहते हैं कि ऐसी कार्यवाही को मैं क्षम्य तो मानूँगा लेकिन यह नहीं कहूँगा कि अहिंसा की दृष्टि से यह उचित है क्योंकि अहिंसा के सामने हिंसा स्वयं ही तिरोहित हो जाती है।

अहिंसा और कायरता को विरोधी शब्द मानते हुए गाँधी कायरता को दुर्गुण कहते हैं क्योंकि अहिंसा प्रेम से और कायरता घृणा से जन्म लेती है। विशुद्ध अहिंसा उच्चतम वीरता है। हिन्दू–मुस्लिम के तनाव पर गाँधी लिखते हैं कि अगर लोग अपने मुसलमान भाइयों से डरते हैं तो उन्हें शारीरिक बल का प्रयोग करके अपनी रक्षा करने का पूरा अधिकार है। कायरता को वे सशक्त हिंसा से भी बुरी हिंसा मानते हैं और कहते हैं कि मनुष्य की बुद्धि ने जो प्रचण्ड से प्रचण्ड अस्त्र–शस्त्र बनाये हैं उनसे भी अधिक प्रचण्डता अहिंसा की शक्ति में निहित है। अगर हम शरीर को होम नहीं कर सकते तो आत्मरक्षा करते हुए जूझना सम्मानजनक मार्ग है। वे अपने को लुट जाने दें। सहन शक्ति बल से आती है, दुर्बलता से नहीं। डॉ. राम मनोहर लोहिया के प्रश्न के उत्तर में अहिंसा के व्यावहारिक रूप को स्पष्ट करते हुए गाँधी ने कहा कि विकेन्द्रीकृत अर्थव्यवस्था के

सिद्धान्त पर आस्था ही समाज में अहिंसा स्थापित कर सकेगी। इस सम्बन्ध में जो वाद–विवाद हो रहे हैं उससे जनता को राजनीतिक शिक्षा मिल रही है। उन्होंने साफ़ कहा कि अगर मैं देश को अपना हमख़याल बना सका तो भावी समाज व्यवस्था मुख्यतः चरखे पर और चरखे का जो भी आशय है उस पर आधारित होगी। इससे देहात के लोगों की भलाई होगी। ऐसे उद्योग वर्जित नहीं होंगे जो गाँव के जीवन का दम न घोंटें। लाखों–करोड़ों लोगों को निर्धन और गिने–चुने लोगों को धनी बनाने वाली घोर विषमताओं का अन्त होगा। यह तभी सम्भव है जब दुनिया न्यायोचित समाज व्यवस्था का आधार अहिंसा को मान ले। वे यह भी कहते हैं कि अन्याय के ख़िलाफ़ आन्दोलन करना राजनीतिक जीवन की प्राणवायु है लेकिन रचनात्मक कार्यक्रम से विछिन्न आन्दोलन में हिंसा का पुट रहता है। वे कहते हैं कि सत्य और अहिंसा के विषय में चौंतीस साल के अनुभव और प्रयोग ने मुझे कायल कर दिया है कि अहिंसा तभी तक निभ सकती है जब तक कि वह सजग शारीरिक श्रम से सम्भव हो और अपने पड़ोसियों के साथ रोज़ाना व्यवहार में व्यक्त हो।

अहिंसा के भविष्य के प्रति गाँधी आशान्वित हैं। जब तक देश का अहिंसा में विश्वास नहीं होगा तब तक चरखा स्वराज नहीं दिला सकता है। चरखे के प्रति जीवन्त आस्था जगाना गाँधी का उद्देश्य था। उन्होंने कहा है कि शान्ति में विश्वास न करना मनुष्य के धार्मिक स्वभाव पर अविश्वास करना है (सं.गां.वां., खण्ड 62, पृ. 186)।

आत्मबल की पशुबल के ऊपर विजय अगर सम्भव है तो तलवार की शक्ति के ऊपर आत्मा की शक्ति की, विजय भी अवश्य होगी (सं.गां.वां., खण्ड 39, पृ. 440)। सत्य और अहिंसा की खोज में गाँधी को सत्याग्रह का शस्त्र प्राप्त हुआ।

प्रस्तुत पुस्तक गाँधी की अहिंसा की अवधारणा को स्पष्ट करने के लिए लिखी गयी है। दुनिया के सामने आज अहिंसा का कोई विकल्प नहीं है। एक ओर हम शान्ति की कामना कर रहे हैं वहीं दूसरी ओर शस्त्रों की होड़ बढ़ती जा रही है। यह दुनिया में पहली बार हुआ है, यह विरोधाभास है। अन्तर्द्वन्द्वों में फँसी दुनिया का विद्वत समाज दिग्भ्रमित है, वह शान्ति तो चाहता है लेकिन शस्त्र छोड़ना नहीं चाहता। वह समानता चाहता है लेकिन बड़े उद्योगों का मोह नहीं छोड़ सकता। आज आत्मनिर्भरता, परस्परावलम्बन जो ग्रामीण अर्थव्यवस्था का आधार था, लगभग विनष्ट होने की कगार

पर है। शहरों के जंगल खड़े हो रहे हैं। प्रकृति की चेतावनी के बावजूद हमारे विद्वान उसके विनाश पर विकास का नया भवन बना रहे हैं। गाँधी इन विरोधाभासों से निकलते हैं और अहिंसा को विस्तार रूप देकर सभी क्षेत्रों में एक सन्तुलित स्थिति क़ायम करने की प्रविधि देते हैं।

हमारे लिए यह कठिन है कि गाँधी की सम्पूर्ण अहिंसक परिकल्पनाओं और प्रयोगों को इस छोटी–सी पुस्तक में समेट सकें। इस पुस्तक में मात्र अहिंसा के सैद्धान्तिक सन्दर्भों को समझने की कोशिश की गयी है। गाँधी का सम्पूर्ण जीवन ही अहिंसा का प्रयोग है। भारत में चम्पारण का सत्याग्रह हो या सविनय अवज्ञा आन्दोलन, भारत छोड़ो आन्दोलन या सेवाग्राम आश्रम की स्थापना के पीछे की पृष्ठभूमि, चरखा संघ, ग्रामोद्योग संघ, हरिजन सेवक संघ, गोसेवा संघ आदि संगठनों की स्थापना कर गाँधी रचनात्मक गतिविधियों में अहिंसक प्रयोग कर रहे होते हैं। सेवाग्राम आश्रम को उन्होंने अहिंसा की प्रयोगशाला कहा है। गोपाल कृष्ण गोखले, जिन्हें गाँधी अपना राजनीतिक गुरु मानते हैं, के कहने पर एक वर्ष के भारत दर्शन के बाद 06 फरवरी, 1916 को बनारस हिन्दू विश्वविद्यालय के भाषण में जिन चार विषयों का उल्लेख करते हैं वह अहिंसक समाज रचना की अनिवार्य शर्तें थीं–1. जो समाज अपने धर्म स्थान (विश्वनाथ मन्दिर) की सफ़ाई नहीं कर सकता वह स्वराज प्राप्त करने का अधिकारी नहीं है। 2. स्वभाषा के बिना स्वराज प्राप्त नहीं किया जा सकता है। 3. आभूषणों से जड़े ये राजा–महाराजा ग़रीबों के ख़ून और पसीने से लदे हैं। 4. जिस देश का शासक अपनी जनता से ही सशंकित हो, वह डूब मरने लायक है (सं.गां.वा. खण्ड 13, पृ. 212)।

02 मार्च, 1930 को नमक सत्याग्रह के पूर्व लॉर्ड इर्विन को लिखे पत्र में गाँधी वायसराय की विलासिता की तुलना करते हुए कहते हैं कि आप पाँच हज़ार भारतीयों की आमदनी खा जाते हैं। भारत की मौजूदा सरकार दुनिया की सबसे ख़र्चीली सरकार है। उसके ख़िलाफ़ अहिंसात्मक संघर्ष शुरू करके पागलों–सा काम कर रहा हूँ, जोख़िम उठा रहा हूँ लेकिन मैं जानता हूँ कि भारी से भारी जोख़िम उठाये बिना सत्य की कभी जीत नहीं हुई है। जो राष्ट्र किसी ऐसे राष्ट्र का जाने या अनजाने शोषण करता रहा है, जो जनसंख्या में तो बड़ा है ही साथ ही अधिक प्राचीन तथा उसके जैसा ही सभ्य और संस्कृत है, उसका हृदय परिवर्तन करने के लिए जो भी कष्ट उठाना पड़े, कम है। 1919 तक मैंने आँख बन्दकर

अंग्रेज़ों की सेवा की, जब आँख खुली तो असहयोग किया। सविनय अवज्ञा द्वारा हम अंग्रेज़ों की भी हृदय परिवर्तन करेंगे (सं.गां.वा., खण्ड 43, पृ. 5)।

'करो या मरो' का नारा देने वाला गाँधी मारो का कभी वकालत नहीं करता, यही कारण है कि चौरी–चौरा काण्ड के बाद आन्दोलन को वे वापस लेते हैं। क्रान्तिकारियों के देश प्रेम की सराहना करते हुए भी वे साफ़ संकेत करते हैं कि इस रास्ते से स्वराज दूर जायेगा। भारत के विभाजन और साम्प्रदायिकता के उन्माद में जिन्दा खड़ा रहने वाला गाँधी स्वतन्त्रोत्सव में भी नोआखाली की वीरान गलियों में घूम रहा होता है। उसके लिए स्वराज तो सबको रोटी देने का साधन था, हिन्दू–मुस्लिम एकता का साधन था, जाति के बीच के द्वेष को ख़त्म कर एक समतामूलक समाज निर्माण का साधन था। यह सफल नहीं हुआ। देश ने दूसरी राह पकड़ी, भारत विभाजित हो गया तो फिर गाँधी के लिए क्या काम बचा था? ईश्वर ने उन्हें अपनी शरण में ले लिया।

'स्वराज और अहिंसा' खण्ड में स्वराज के अर्थ, उद्देश्य और प्रविधि की व्याख्या की गयी है। अहिंसा की क्रियाशील शक्ति के रूप में चरखा को रखा गया है, जो दृश्य रूप में प्रभावहीन लगती है लेकिन अत्यन्त तीव्र क्रिया करती है। गाँधी अहिंसा से स्वराज प्राप्त किये जाने के सन्दर्भ में यह स्पष्ट करते हैं कि स्वराज के मिलने का इन्तज़ार किये बिना जो सुधार करना हो उसे स्वराज मिलने तक रोके नहीं रखा जाना चाहिए। उनका विश्वास है कि सच्चा स्वराज ऐसे काम करने पर ही मिलेगा। शस्त्र त्याग, दया–धर्म, अमन अथवा अहिंसा सबका अर्थ एक ही है। कार्यकर्ता के शुद्ध आचरण से ही स्वराज मिलेगा। ईश्वर की अन्तिम परीक्षा कठिन होती है। स्वराज मिलने की यह देरी अहिंसा के प्रति हमारा व्यवहार है। हमें हिंसा की निन्दा करनी चाहिए। हिंसा और अहिंसा परस्पर विरोधी और एक–दूसरे का नाश करने वाली है। हिन्दू–मुसलमानों की एकता के सम्बन्ध में गाँधी का स्पष्ट मानना था कि दोनों के बीच सच्ची हार्दिक एकता के बिना स्वराज की कल्पना नहीं की जा सकती है और जब तक अंग्रेज़ी सेना जनता की स्वतन्त्र भावनाओं को कुचलती रहेगी तब तक सच्ची एकता सम्भव नहीं है। यह श्मशान की शान्ति तो क़ायम कर सकती है लेकिन सच्चे स्वराज की स्थापना आतंक की छाया में नहीं हो सकती।

'जीव दया' खण्ड में गाँधी जीवों जीवस्य भोजनम्, के बदले 'जीवो जीवस्य जीवनम' का सिद्धान्त देते हैं जो बायो–डायवर्सिटी के सिद्धान्त

से भी सिद्ध होता है। गाँधी ने जब कुछ सन्दर्भों में प्राण लेने की सलाह दी तो काफ़ी आरोप लगाये गये। प्राणहरण की शर्तों को उन्होंने स्पष्ट किया–रोग असाध्य हो, रोगी ने जीने की आशा छोड़ दी हो, सेवा करना असम्भव हो और इसकी इच्छा भी नहीं जानी जा सके। विशेष परिस्थिति में उन्होंने साँप को मारने का सुझाव उसके विनाश के लिए नहीं बल्कि अहिंसा की उन्नति के लिए दिया। साँप से डर लगता है। अगर साँप हम पर हमला करे और हममें हिम्मत हो तो हम उसे मार डालते हैं। अगले जन्म में मिलने वाले दण्ड के भय के कारण हम उसे नहीं मारते तो यह सच्ची दया नहीं है। सच्ची दया तो उससे मैत्री करने में है। सेठ अम्बालाल ने 60 पागल कुत्तों को मरवा डाला था। गाँधी ने कहा कि वह हिंसा स्वाभाविक हो, अल्पतम हो, उसके पीछे करुणा हो, केवल विवेक हो, तटस्थता हो और वह सहज प्राप्त धर्म हो। उन्होंने कहा कि मनुष्य जाति द्वारा किये गये अत्याचारों को देखकर क्या मैं खेतीबाड़ी छोड़कर गुफा में शरण ले लूँ या बन्दरों का उत्पात बन्द कराने की कोशिश करूँ।

'आतंक और हिंसा' खण्ड में हिंसक साधनों द्वारा स्वराज प्राप्त करने के ख़तरों को रेखांकित किया गया है। अंग्रेज़ सरकार ने आतंक उत्पन्न करने के लिए ही जलियाँवाला बाग़ हत्याकाण्ड को अंजाम दिया। बारदोली में इसी तरह के ज़ब्ती आदि के द्वारा आतंक पैदा किया गया। लेकिन अंग्रेज़ की हिंसा का जवाब प्रतिहिंसा नहीं हो सकता है। इस सम्बन्ध में गाँधी के तर्क स्पष्ट हैं–भारत के लोग हिंसक तरीक़ों के आदी नहीं है। गाँव के निवासियों ने कभी संगठित होकर बड़े पैमाने पर हिंसा नहीं की है। भारत में लोक जागृति अहिंसा से ही हुई है। जब–जब हमने हिंसक तरीक़े अपनाये हैं तब–तब हमारा नैतिक बल टूटा है, हमारी हार हुई है, हम दबा दिये गये हैं। अगर हम जलियाँवाला बाग़ के अपमान का प्रतिकार करना चाहते हैं तो खादी पहनने की प्रतिज्ञा लेनी होगी। विदेशी कपड़ों का परित्याग करना होगा। क्रान्तिकारियों को मृत्युदण्ड दिये जाने के सम्बन्ध में गाँधी ने कहा कि इससे भारतीय मानस को ज़बरदस्त आघात पहुँचा है क्योंकि भारतीय जनता इन्हें अपना हीरो समझती है और निर्दोष मानती है। लेकिन गाँधी पुलिस अधीक्षक श्री सांडर्स की हत्या को बुजदिली कहते हैं। बदला लेना निरर्थक है। अंग्रेज़ी पुस्तकों ने हमें चोर, डाकू, बदमाश और रेलगाड़ी को उलटने वालों के कृत्यों को वीरता समझकर स्तुति करना सिखाया है। इससे हम स्वराज प्राप्त नहीं कर सकते। स्वतन्त्रता

देवी के मन्दिर के लिए हज़ारों–लाखों, नर–नारियों और युवा व वृद्धों के धैर्य और बुद्धि से युक्त रचनात्मक उद्योगों की आवश्यकता है। 'बम और छुरी' शीर्षक में गाँधी लिखते हैं कि राजपाल की हत्या ने उन्हें शहीद बना दिया है, उन्हें वह कृति मिली है, जिसके वह योग्य नहीं थे। उन्होंने अपील की थी कि आर्यसमाजी भाई एक पागल व्यक्ति के कारण सारे मुसलमान समाज के प्रति ख़याल नहीं बिगाड़ें। भगत सिंह और उनके साथियों को फाँसी दिये जाने पर उन्होंने कहा कि नवयुवक देशभक्तों की मैं प्रशंसा करता हूँ लेकिन इनके उदाहरण की नक़ल करने के विरुद्ध चेतावनी देता हूँ। लन्दन में हुई हत्या को गाँधी पागलपन कहते हैं। हमारे प्रतिरोध में द्वेष या प्रतिहिंसा नहीं होनी चाहिए। गाँधी ने साफ़ कहा है कि हत्या द्वारा जनसाधारण को स्वतन्त्रता नहीं मिलेगी।

कष्ट सहन के बिना स्वतन्त्रता नहीं मिल सकती। विप्लववादियों, जिनका विश्वास हिंसा पर है उनसे गाँधी ने कहा कि आपके प्रेम में विवेक नहीं है। अहिंसा ही अचूक और जल्दी सफलता दिलाने वाला तरीक़ा है। लेकिन अहिंसा पर विश्वास की घोषणा आपको साहस के साथ और खुले रूप में करनी चाहिए। इक्के–दुक्के अफ़सरों की हत्या कर देने से ध्येय प्राप्त नहीं होगा। आतंक फैलाने के तरीकों से मुक्ति का दिन दूर हटेगा। कानपुर के दंगे में भी गाँधी ने इसी तरह के वक्तव्य दिये।

निरंकुश विचार, विचारों की अराजकता है, इसलिए अहिंसक व्यक्ति अपने पुराने साथियों के विचारों की आलोचना की बात मन में भी नहीं लायेंगे। एक–दूसरे के मतभेदों को प्रेमपूर्वक सहन करना ही उत्तम मार्ग है। अगर मतभेद से सम्बन्ध ही टूट जाये तो यह असहिष्णुता है। अनुवाद के सम्बन्ध में गाँधी कहते हैं कि दोषयुक्त अनुवाद से अर्थ का अनर्थ हो जाता है। सक्षम व्यक्ति भी अनुवाद करे तो भी दोष की सम्भावना बनी रहती है। इसलिए उन्होंने स्पष्ट चेतावनी दी कि यंग इंडिया और नवजीवन में जो कुछ लिखा हो उसी के लिए उन्हें ज़िम्मेदार माना जाये। मनमाना अर्थ करना या सुनी–सुनायी बात को सबूत मानकर विश्वास नहीं करना चाहिए। जब किसी प्रसिद्ध लोकसेवक या लोकनेता के सम्बन्ध में सामान्य अनुभव से बाहर की बात सुनने या पढ़ने में आये तो जब तक उनसे पूछ न लिया जाये उस पर कभी विश्वास नहीं करना चाहिए।

निषेधात्मक दृष्टि से बाह्य व प्रत्यक्ष तथा मानसिक व आन्तरिक हिंसा का निषेध अहिंसा है। विचार का आग्रह मतवाद को जन्म देता है।

डॉ. रामजी सिंह कहते हैं कि अनिवार्य रूप से अपने को सही और दूसरों को ग़लत मान लेने से बढ़कर कोई दूसरी हिंसा की कोई मज़बूत जड़ नहीं हो सकती है (रामजी सिंह, 'गाँधी दर्शन मीमांसा', पृ. 96)। इसलिए चिन्तन में अनेकान्तिक व्यापक और उदार दृष्टि अहिंसा की फलश्रुति के लिए आवश्यक है। स्पष्ट है कि वैचारिक हिंसा से ही आचरण की हिंसा जन्म लेती है। मन और विचार अलग नहीं हैं। मन से ही विचार का जन्म होता है। विनोबा मानते हैं कि अहिंसा सलाह देती है, हुक्म नहीं। इसमें बन्धनकारक आदेश नहीं होगा। समर्पण में दबाव नहीं है। ऐसी शक्ति से ही अहिंसा उत्पन्न होगी (विनोबा भावे, 'शान्ति सेना', वाराणसी : सर्व सेवा संघ प्रकाशन, 1963, सातवाँ संस्करण, पृ. 51–57)। इसलिए अहिंसा की विचार साधना के लिए अनेकान्त दृष्टि अनिवार्य है (यंग इंडिया 21.01.1926, देखिये रामजी सिंह, 'गाँधी दर्शन मीमांसा', पृ. 86)। इस प्रकार समन्वय दृष्टि या अनेकांत साधन ही अहिंसा है। विनोबा संस्था मुक्ति का विचार देते हैं।

विचार और आचरण की अहिंसा के सम्बन्ध में ए. एस. वाडिया ने गाँधी को लिखा कि मिशनारियों के विरुद्ध आपके द्वारा कहे गये शब्द क्या हिंसा नहीं हैं? इसके उत्तर में गाँधी ने कहा कि अरुचिकर शब्द कहना या लिखना हिंसा नहीं है तब जबकि वक्ता या लेखक अपनी बात को सत्य समझता हो। लेकिन यह असत्य हो तो यह हिंसा होगी। हिंसापूर्ण मन्तव्य या विरोधी को नुकसान पहुँचाने के इरादे से यदि कड़ी भाषा का प्रयोग होता है तो यह हिंसा है। लेकिन उनका इरादा हिंसापूर्ण नहीं रहा है। अगर साफ़–साफ़ नहीं कहा जाये तो पाखण्ड में फँसना होगा इसलिए सत्य कहना ही पड़ेगा। कर्म या वचन के मुकाबले विचार शक्तिशाली होता है। विचार, वचन और कर्म में सामंजस्य से बनता है तब विचार को वचन और कर्म दोनों मर्यादित करते हैं (सं.गां.वां., खण्ड 64, पृ. 171–173)।

आज विश्व विनाशकता के मुहाने पर खड़ा है जिसने मनुष्य को संकटमय स्थिति में ला दिया है। बेंजामिन टकर जो अमेरिकन अराजकतावादी माने जाते हैं, के तत्त्वदर्शन में निष्क्रिय प्रतिरोध की सिफ़ारिश की गयी है क्योंकि सरकार हिंसात्मक विद्रोह को आसानी से दबा सकती है। टैक्स नहीं देने की भी वह वकालत करते हैं। उनके अनुसार जनतन्त्र सब मनुष्यों द्वारा एक मनुष्य पर आक्रमण है। वे ऐसे समाज का समर्थन करते हैं जिसमें राज्य, सरकार आदि हिंसा के प्रयोग

करने वाली संस्थानों का संस्थान नहीं रहे बल्कि उसके स्थान पर ऐसे संस्थाओं की स्थापना हो जिसकी सदस्यता स्वेच्छा पर आधारित हो। वार रेजिस्टेंस इंटरनेशनल, अन्तरराष्ट्रीय युद्ध विरोधी संस्था बनाई गयी जिनका उद्देश्य अन्तरराष्ट्रीय झगड़ों का पंचायत के द्वारा सन्धि, अन्तरराष्ट्रीय संस्था का संगठन, अन्तरराष्ट्रीय विधान संहिता का निर्माण, निःशस्त्रीकरण और आक्रमणकारी राष्ट्रों पर पाबदियाँ लगाने का था। युद्ध के विरोध में काफ़ी प्रचार हुए। 1919 में लीग ऑफ़ नेशन की स्थापना हुई लेकिन वैयक्तिक और सामूहिक जीवन में हिंसा बनी रही।

विश्व के शान्तिप्रिय विचारक जिसमें रॉलैंड होल्ट, एल्डस हक्सले, मेजर बिचमन, जेराल्ड हॉड आदि प्रमुख हैं, ने साधन और साध्य के सन्तुलन पर ज़ोर दिया। इन्होंने समाजवाद के मानवतावादी ध्येय की प्रशंसा की लेकिन समाजवाद की युद्ध, हिंसा और तानाशाही प्रणाली का विरोध किया और कहा कि यह समाजवादियों के आदर्श समाज के गुणों के विरुद्ध है। सी. ई. एम. जोड, बर्ट्रेंड रसेल, रोमां रोलां आदि युद्ध विरोधी विचारकों की आस्था भी तब डिग गयी जब उन्होंने जनतान्त्रिक राज्य में युद्ध सामग्री रखने और आक्रमणकारी राज्यों के विरुद्ध सैनिक सहायता करने का समर्थन किया।

19वीं सदी के मध्य में विदेशों में सामूहिक अहिंसा के उल्लेखनीय प्रयोग हुए हैं। हंगरी का अहिंसक आन्दोलन फ्रांसिस डीक के नेतृत्व में हुआ। सन् 1920 से 1936 तक न्यूजीलैंड सरकार के विरुद्ध जनता का वीरतापूर्ण संघर्ष, 1905 में नार्वे और स्वीडन में समाजवादियों का अहिंसक प्रतिरोध, 1898 से 1917 तक रूसी प्रयास के विरुद्ध फिनलैंड की जनता का निष्क्रिय प्रतिरोध उल्लेखनीय है।

अन्तरराष्ट्रीय स्तर पर अहिंसा के प्रयोग के प्रति गाँधी उसी तरह आशान्वित थे जिस प्रकार वे आन्तरिक मामलों में अहिंसा के प्रयोग पर। इसे गाँधी के उद्धरणों से खण्ड पाँच में समझा जा सकता है। युद्ध के कारणों को समझने के लिए गाँधी ने 'यंग इंडिया' में श्री पेज द्वारा लिखित 89 पृष्ठों की पुस्तिका के उद्धरणों को 21 क़िस्तों में प्रकाशित किया। श्री पेज ने दोनों ही पक्षों को बराबर दोषी माना है। गाँधी ने कहा कि एक रास्ता युद्ध विज्ञान का है और दूसरा रास्ता शान्ति का। शान्ति का रास्ता सत्य का रास्ता है। सत्य और अहिंसा तथा असत्य और हिंसा के बीच का कोई रास्ता नहीं है। गाँधी मनुष्य की अच्छाइयों में विश्वास करते हैं।

लेकिन वह हमलावरों को धन देकर सुरक्षा ख़रीदने के भी ख़िलाफ़ हैं। हिटलर के पागलपन ख़ासकर यहूदियों पर जो अत्याचार किया जा रहा था गाँधी उसकी निन्दा करते हैं। हिटलर के वर्जनशील और उग्र राष्ट्रीयता के धर्म का जिसके नाम पर किया जाने वाला हर दानवी कृत्य मानवीय हो जाता है, का वे विरोध करते हैं। यहूदी लोग इस संगठित और निर्लज्जतापूर्ण अत्याचार का मुक़ाबला किस तरह कर सकते हैं; इसका उपाय गाँधी बताते हैं। उन्होंने कहा कि यदि मैं यहूदी होता और मेरा जन्म जर्मनी में हुआ होता तो मैं अत्याचारियों से कहता कि मुझे गोली से उड़ा दो, लेकिन मैं जर्मनी छोड़ने या भेदभावपूर्ण व्यवहार को सिर झुकाकर स्वीकार करने को तैयार नहीं होता। गाँधी ने उन्हें ईश्वर पर विश्वास रखकर अहिंसक रास्ते से प्रतिकार की सलाह दी।

एडोल्फ हिटलर को गाँधी ने लम्बा पत्र लिखा। उस पत्र में उन्होंने लिखा कि, हमें अहिंसा के रूप में ऐसी शक्ति प्राप्त हुई है जो संसार की सभी प्रबलतम हिंसात्मक शक्तियों के गठजोड़ का मुकाबला कर सकती है। उन्होंने शान्ति के लिए कोशिश करने में हिटलर का योगदान चाहा। गाँधी ने अहिंसात्मक प्रतिरोध और हिटलरशाही का मुक़ाबला करने की तरक़ीब सुझायी। चेकोस्लोवाकिया की स्थिति का वर्णन करते हुए गाँधी ने कहा कि यदि चेकोस्लोवाकिया ने अपने सम्मान की रक्षा के लिए अहिंसा का उपयोग किया होता, इटली सहित जर्मनी की समस्त शक्तियों का सामना किया होता, इंग्लैंड और फ्रांस से शान्ति के लिए गिड़गिड़ाने की अपमानजनक स्थिति से अपने को बचा लिया होता और सम्मान की रक्षा के लिए उन लुटेरों की एक बूँद ख़ून बहाये बिना एक–एक ने प्राण उत्सर्ग कर दिये होते तो चेकोस्लोवाकिया के सम्मान की रक्षा होती और मरकर भी वह देश अमर हो जाता। गाँधी ने चेक और उनके माध्यम से संसार के छोटे या कमज़ोर माने जाने वाले राष्ट्रों से कहा कि यदि मैं चेक होऊँ तो इन दोनों राष्ट्रों (इंग्लैंड और फ्रांस) को अपने राष्ट्र की रक्षा के दायित्वों से मुक्त कर दूँ। बहादुरों का अस्त्र अहिंसा की शक्ति से मैं हिटलरशाही का मुकाबला करूँ।

कांग्रेस कार्य–समिति के एक सदस्य द्वारा यह कहे जाने पर कि आज़ाद भारत में अब आपकी अधिक ज़रूरत है, गाँधी ने कहा कि मेरी ज़रूरत अब शायद नहीं रह गयी है न जनता को और न सरकार को। उन्होंने कहा कि उन सारे सम्मानों के बावजूद, जो कांग्रेस के लोग मेरा

करते रहे हैं, यह क्यों नहीं कह देते कि तुम्हारी हमने बहुत मानी। अब वे मुझे अपना काम करने क्यों नहीं देते। आज़ादी का गौरवशाली इतिहास अगर अहिंसा की प्रतिष्ठा का इतिहास है तो दूसरी ओर खण्डित भारत की रक्तरंजित परिणति का भी इतिहास रहा है। रातोरात भारत का भौगोलिक स्वरूप बदल गया। इतना तो गाँधी भारी मन से स्वीकार कर भी लेते लेकिन धर्म के आधार पर विभाजित भारत को वे कैसे स्वीकार कर सकते थे। जब देश आज़ादी के जश्न में डूबा था तब गाँधी कहीं दूर यह कहते हुए नज़र आ रहे थे कि फाँका करो (उपवास), सूत काटो, भाई–भाई का गला मत काटो। आज़ादी की बुनियाद हिंसा पर नहीं टिकेगी।

आज़ादी के बहत्तर वर्षों के बाद हम यह विचार करने के लिए विवश हैं कि लोकतन्त्र का बुनियादी आधार क्या होगा? हम अपने पड़ोसी देशों के साथ कैसे रहेंगे। एक–दूसरे के साथ मित्रता कैसे टिकेगी? सवाल आज हिंसा–अहिंसा से अलग होकर मानवता के अस्तित्व पर केन्द्रित हो गया है। मानव निर्मित विविधताओं के रहते हुए आन्तरिक एकता के सूत्र की खोज अहिंसा के रास्ते से ही सम्भव है। सह–अस्तित्व हमारे अस्तित्व के साथ जुड़ा हुआ है। अगर भारत–पाकिस्तान, भारत–चीन, भारत–बांग्लादेश, भारत–नेपाल, भारत–श्रीलंका आदि देश साथ–साथ नहीं रह सकते तो इन्हें मिट जाना होगा, यह शान्ति के समक्ष बड़ी चुनौती है। आधुनिक प्रौद्योगिकी के युग में अस्त्र–शस्त्र की बढ़ती होड़ ने आर्थिक साम्राज्यवाद का जो परिदृश्य उपस्थित किया है, उसे अहिंसा ही चुनौती दे सकती है।

आज विभिन्न अस्मिताओं के राजनीतिक प्रकटीकरण ने राष्ट्रीय एकता के लिए ख़तरा उत्पन्न किया है। अस्मिताओं के संघर्ष को रोकने का एकमात्र और सही रास्ता गाँधी विचार से होकर गुज़रता है जो ईश्वर की एकता और सत्य को ही ईश्वर का रूप देकर सामाजिक सामंजस्य की स्थापना की व्यूह रचना प्रदान करता है। जिन प्रतीकों से हमने आज़ादी हासिल की थी वे लड़ाई के हथियार नहीं बन सकते। वह हमारी एकता के सूत्र हैं। उनकी रक्षा हमें प्राण देकर करनी चाहिए, प्राण लेकर नहीं। दुनिया भर में एक ओर शान्ति की भूख पैदा हो रही है तो दूसरी ओर हिंसा के सरंजाम जुटाये जा रहे हैं। अपने शुभचिन्तकों, गुरुओं, मित्रों और शोधार्थियों जिन्होंने इस दिशा में हमें सोचने के लिए प्रेरित किया है हम उनके आभारी हैं। सर्वप्रथम वाणी प्रकाशन के श्री अरुण माहेश्वरी ने इस दिशा में कुछ लिखने, गाँधी के विचारों को मूल रूप में प्रस्तुत करने की न सिर्फ़ प्रेरणा दी बल्कि बार–बार तगादा कर हमें उत्साहित करते रहे,

हम उनके आभारी हैं। सुप्रसिद्ध गाँधीवादी चिंतक गुरुदेव प्रो. रामजी सिंह का कई वर्षों से अनवरत सान्निध्य मिला है, इन्होंने पुरोवाक् लिखा, इनके प्रति कोटिशः आभार। महात्मा गाँधी अन्तरराष्ट्रीय हिन्दी विश्ववविद्यालय, वर्धा के कुलपति प्रो. रजनीश कुमार शुक्ल दर्शनशास्त्र, धर्म और संस्कृति के निष्णात अध्येता हैं, उनके सान्निध्य से अहिंसा की आध्यात्मिक परम्परा को समझने की हमें दृष्टि मिली है। गाँधी ने विभिन्न अवसरों पर जो व्याख्यान दिये, पत्र लिखे, विचार व्यक्त किये वह हरिजन, हरिजनसेवक, नवजीवन, यंग इंडिया में प्रकाशित होते रहे। प्रकाशन विभाग, सूचना एवं प्रसारण मन्त्रालय, भारत सरकार द्वारा 'सम्पूर्ण गाँधी वाङ्मय' के सौ खण्डों में उसे तिथिवार प्रकाशित किया गया है। गाँधी विचार अधिकाधिक जन तक प्रसारित हो सके, इस उद्देश्य के निमित्त हमने गाँधी द्वारा प्रतिपादित अहिंसा सम्बन्धी विचारों को 'सम्पूर्ण गाँधी वाङ्मय' से साभार संकलित करने का प्रयास किया है। हम वाङ्मय के प्रकाशक, प्रकाशन विभाग के आभारी हैं। गाँधी की वर्तनी हिन्दी की मानक वर्तनी से मेल नहीं खाती है। गाँधी के भावों की अभिव्यक्ति में तालमेल बनाये रखने के लिए हमें वर्तनी में अधिक परिवर्तन करना उचित नहीं लगा, फिर भी 'स्वराज्य' की जगह 'स्वराज' आदि का प्रयोग किया गया है। आशा है वर्तनी सम्बन्धी त्रुटियों को पाठक अन्यथा नहीं लेंगे। महात्मा गाँधी अन्तरराष्ट्रीय हिन्दी विश्वविद्यालय के दैनन्दिन कार्यों की व्यस्तता से समय निकालकर यह पुस्तक प्रस्तुत हो सकी है। इसमें कस्तूरबा कन्या उच्च माध्यमिक विद्यालय, भितिहरवा, चम्पारण के प्राचार्य श्री दीपेन्द्र वाजपेयी ने वर्तनी सम्बन्धी त्रुटियों को ध्यान में लाया है। तिलकामाँझी भागलपुर विश्वविद्यालय के गाँधी विचार विभाग के प्राध्यापक डॉ. उमेश प्रसाद नीरज ने अहिंसा सम्बन्धी पुस्तकें सन्दर्भ के लिए उपलब्ध करायीं। श्री सचिन नाखले ने कड़ी मेहनत से टाइपिंग कार्य को सम्पन्न किया। इतने पर ही शायद यह पुस्तक पूरी नहीं होती, यदि विश्वविद्यालय के सहकर्मी डॉ. मिथिलेश, डॉ. शिव सिंह बघेल आदि ने ज़िम्मेदारियों में सहयोग न दिया होता। अन्त में प्यारी बिटिया रानी तृषा का सहज बालहठ और वेदात्मन श्रीमत (गुलीबाबा) की थकावट दूर कर देने वाली मुस्कराहट से हम सहज ही ऊर्जावान हो जाते रहे, के प्रति आभार। यह पुस्तक गाँधी के अध्येताओं के लिए उपयोगी और सार्थक हो, इन्हीं आशाओं के साथ।

वर्धा
19.09.2019

प्रो. मनोज कुमार
डॉ. अमित कुमार विश्वास

खण्ड एक

अहिंसा : अर्थ और व्यवहार

गाँधी की अहिंसा सत्य की अनुभूति का एकमात्र साधन है। सत्य का कोई एकान्तिक रूप नहीं है। यह अन्तः और बाह्य, भौतिक और आध्यात्मिक, सैद्धान्तिक और व्यावहारिक, राजनीतिक और ग़ैर–राजनीतिक, राष्ट्रीय और अन्तरराष्ट्रीय, कौटुम्बिक और व्यापक इत्यादि शब्द युग्मों से अभिव्यक्त किया जा सकता है। समग्र सत्य को प्रकट करने वाली अहिंसा एकान्तिक नहीं हो सकती। गाँधी की अहिंसा समग्र जीवन का व्यवहार दर्शन है। यह ईश्वरीय वस्तु नहीं, इसका सम्बन्ध आत्मा से है। इसलिए यह परम सत्य से जुड़ी है। आत्मिक गुण अहिंसा के रूप में प्रकट होता है। अहिंसा अक्रोध, अस्तेय, अपरिग्रह, असंग्रह, कृतघ्नता, अभय, आस्वाद, अहत्या आदि प्रवृत्तियों का मूल है। भावात्मक रूप से करुणा, मानवता, पौरुष, शान्ति हृदय की विशालता, भद्रता, मैत्री, सेवा, त्याग, दया, साहस, आस्था, आत्मपीड़न, अपरोक्ष क्रियावादी विचार, विवेक, स्पष्ट दृष्टि, विनम्रता, पवित्रता, क्षमा, सहिष्णुता, सत्यवादिता और ईश्वरार्पण का पर्याय है, यह अहिंसा का मानसिक पक्ष है। इसके लिए सुसंकल्प ही पर्याप्त है। विनोबा भी सुसंकल्प को महत्त्वपूर्ण मानते हैं। विनोबा के अनुसार विचारों का सन्तुलन क़ायम रखने और बुद्धि की समता न डिगने देने का नाम ही अहिंसा है। पतंजलि चित्तवृत्तियों के निरोध को योग कहते हैं। इस प्रकार मानसिक और वैयक्तिक जीवन को उदात्त बनाने का साधन अहिंसा है। गाँधी अहिंसा को जीवन और समाज के सभी क्षेत्रों से सम्बन्धित करते हैं। इनकी अहिंसा एक नैतिक धारणा है। प्रयोग की दृष्टि से जैन दर्शन से यह व्यापक है क्योंकि व्यक्तिगत चैतन्य को उन्नत करने के साथ–साथ इसकी दिशा समाजोन्मुख है। आचारांग सूत्र के 132वें सूत्र में पाँच प्रकार की हिंसा का निषेध किया गया है। इन पाँच प्रकार की हिंसा में डण्डा, चाबुक से मारना, बलात् काम लेना, गुलाम या बंधक बनाकर रखना,

शासित करना आदि आता है। इससे रहित होने की स्थिति ही अहिंसा है। गाँधी ने व्यावहारिक और संस्थात्मक जीवन में प्रयोग के आधार पर अहिंसा को व्यवहारमूलक बनाने में महत्त्वपूर्ण योगदान दिया है। अहिंसा का प्रकटीकरण व्यवहार से होता है क्योंकि विचार अमूर्त और व्यवहार मूर्त है। व्यावहारिक अहिंसा में हिंसा के वे तत्त्व मौजूद रहते हैं जो पलायनवादी परलोकमुखी व्यक्ति स्वीकार नहीं करते।

गाँधी अहिंसा को विकासशील मानते हैं। इसलिए अपने पूर्वजों के ज्ञान में अभिवृद्धि करना उनका हेतु है। अक्षरानुसरणवादियों और पाखण्ड से इनकी अहिंसा मुक्त है। विचार के बिना व्यवहार असम्भव है। आदर्श अहिंसा मनसा, वाचा और कर्मणा तीनों की एकरूपता है। मानव अस्तित्व की मर्यादा को गाँधी समझते हैं, इसलिए पूर्ण अहिंसा को उन्होंने असम्भव कहा है। किसानों के सन्दर्भ में महिलाओं के सतीत्व की रक्षा के लिए जो प्रविधि गाँधी देते हैं उससे अस्तित्वमूलक अहिंसा का दर्शन होता है।

गाँधी की अहिंसा बलवान का शस्त्र है, प्रेम की शक्ति है, क्षमा का आदर्श है, हृदय का गुण है, असहयोग भी है, यह पूर्ण निर्दोषिता की अवस्था है, दुर्भाव का अभाव है, शुद्ध प्रेम है। यह मनुष्य की पूर्ण स्थिति है। इसमें प्रतिहिंसा के लिए कोई स्थान नहीं होता है। अहिंसा अपनी प्रचण्ड प्रेमाग्नि से पत्थर को भी पिघला सकती है। यह सामाजिक गुण है। मनुष्य आत्मा प्रधान जीव है। यह अपनी बुराइयों पर विजय प्राप्त कर सकता है। यह सोचना कि स्वराज प्राप्ति के बाद लोग अहिंसा को छोड़ देंगे, यह मनुष्य स्वभाव का अपमान है। पशु के रूप में मनुष्य हिंसक है लेकिन आत्मा के रूप में वह अहिंसक हैं। अहिंसा उत्तरोत्तर बढ़ रही है उसे और आगे बढ़ना है। हम देखते हैं कि निराशाजनक वातावरण में अहिंसा के प्रति गाँधी की श्रद्धा बढ़ती ही जाती है।

अनिवार्य हिंसा अहिंसा नहीं है। डर के मारे हिंसा नहीं करने वाला हिंसा कर चुका होता है। अहिंसा को गाँधी विरोचित गुण मानते हैं। यह एक महाव्रत है, इसके लिए घोर तपस्या की आवश्यकता है। तपस्या का अर्थ त्याग और ज्ञान है। राजा महेन्द्र प्रताप के पत्र को इस खण्ड में उल्लिखित किया गया है जो सच्ची अहिंसा को परिभाषित करता है। 'सत्य का पालन कैसे करें' शीर्षक में गाँधी अपनी तरफ़ देखने की सलाह देते हैं। प्रयत्न से अपने अन्दर हुए परिवर्तन को हम देख सकते हैं। मनुष्य परोपकारी प्राणी है। इसे वे एक कवि की उक्ति से प्रमाणित करते

हैं जिसमें कहा गया है कि जो दूसरों को पार उतारेंगे वे स्वयं भी पार जायेंगे। यह दुनिया का, प्रकृति का, ख़ुदा का क़ानून है। अहिंसा परम धर्म है और सत्य के सिवाय दूसरा धर्म नहीं है। 'अहिंसा कैसे सीखी जाये' के अन्तर्गत वे सविनय अवज्ञा के लिए सच्ची अहिंसा को आवश्यक बताते हैं। संकल्प, आपसी भाईचारे और विद्यार्थियों के बर्ताव में कृत्रिमता नहीं हो और हम अपने प्रत्येक क्षण का हिसाब रखें। दुर्व्यवहार करने पर अहिंसा के उपासक के कर्तव्य को भी गाँधी निरूपित करते हैं। वहीं कहते हैं कि क्रुद्ध भीड़ को तितर–बितर करने के लिए अश्रु गैस का प्रयोग क्षम्य तो है लेकिन अहिंसक नहीं कहा जा सकता। अहिंसा को कारगर बनाने की शक्ति ख़ुद अहिंसा में छिपी होती है। बल प्रयोग को वह सर्वथा अनुचित मानते हैं और बताते हैं कि अहिंसा के सामने हिंसा तिरोहित हो जाती है। फिर भी सरकार पूर्णतः अहिंसक नहीं हो सकती क्योंकि वह समग्र जनता की प्रतिनिधि है। गाँधी कहते हैं कि मैं ऐसे स्वर्णयुग की कल्पना नहीं कर रहा हूँ लेकिन मैं यह मानता हूँ कि ऐसा हो सकता है, उसी दिशा में प्रयत्न कर रहा हूँ।

अहिंसा मानसिक स्थिति है। विरोधी के प्रति प्रेमभाव, अपकारी का भी उपकार, बुराई का बदला भलाई करते हुए हम नित्य व्यवहार की अहिंसा का पालन कर सकते हैं। डॉ. राम मनोहर लोहिया से चर्चा करते हुए उन्होंने कहा कि स्वराज में कुछ स्थानों पर बड़े उद्योग वर्जित नहीं होंगे, बशर्ते वे गाँवों का जीवन न घोंटे और यह भी कहा कि अन्याय के ख़िलाफ़ आन्दोलन करना राजनीतिक जीवन की प्राणवायु है। वे सजग शारीरिक श्रम से सम्बद्ध होकर पड़ोसियों के रोज़ाना व्यवहार में प्रकट करने की अहिंसा पर विश्वास करते हैं।

त्याग के रास्ते से पृथ्वी पर शान्ति तभी आ सकती है जब संसार की महाशक्तियाँ अपने साम्राज्यवादी इरादों का त्याग कर दें! ये बड़े राष्ट्र आत्मा का हनन करने वाली प्रतिस्पर्धा को बढ़ाकर उपभोक्तावादी आर्थिक व्यवस्था का निर्माण कर रहे हैं जिससे सम्पूर्ण विश्व बाज़ार बन गया है। इस संकट को गाँधी ने पहले ही पहचान लिया था इसलिए उन्होंने कहा था कि आधुनिक सभ्यता साम्राज्यवाद से बड़ा ख़तरा है क्योंकि आधुनिक सभ्यता ही साम्राज्यवादी प्रवृत्तियों के लिए ज़िम्मेदार है राजनीतिक सत्ता इनका हेतु नहीं रहा। आर्थिक शोषण को आधार बनाकर दुनिया के बहुत से देशों में इन्होंने लूट मचायी जिसे विस्तार से समझने के लिए सुन्दरलाल

की पुस्तक 'भारत में अंग्रेज़ी राज', सखाराम देउस्कर की 1904 में लिखी पुस्तक 'देशेर कथा' तथा दादाभाई नौरोज़ी की पुस्तक 'पॉवर्टी एंड अनब्रिटिश रूल इन इंडिया' का सहारा लिया जा सकता है। वर्तमान परिस्थिति में राजनीतिक साम्राज्यवाद का गति तत्त्व समाप्त होता जा रहा है जबकि आर्थिक साम्राज्यवाद की ताक़तें मज़बूत हो रही हैं।

ख़िलाफ़त की सफलता से गाँधी का आत्मविश्वास दृढ़ हुआ कि अहिंसा सफलता की ओर बढ़ रही है। उन्होंने कहा कि इसी तरह आत्मसंयम और अनुशासन से लोगों ने काम किया तो अहिंसा एक दिन सभी क्षेत्रों में सफल होकर रहेगी। 'तलवार बनाम आत्मा' में वे स्वीकार करते हैं कि अन्त में पशुबल पर आत्मबल की विजय होगी। इसमें उन्होंने युद्ध के बाद आस्ट्रिया के सम्राट को नेपोलियन द्वारा भेजी गयी अपील को उद्धृत किया जिसमें उन्होंने युद्ध के बाद शान्ति की अपील की थी।

हिंसा पानी के प्रवाह की तरह है जबकि अहिंसा पागलपन से काम नहीं करती। यह अनुशासन का सार तत्त्व है। सक्रिय अहिंसा को हिंसा कुचल नहीं सकती है। उन्होंने रियासतों द्वारा बर्बर और अमानुसिक तरीकों के विरुद्ध अहिंसा की सफलता पर सन्देह व्यक्त किया था और कहा था कि उड़ीसा में पॉलीटिकल एजेंट की हत्या भीड़ को उत्तेजित करने और उस पर गोली चलाने के कारण की गयी थी। गाँधी ने कहा कि आत्मरक्षा और सशस्त्र विद्रोह का हमें अधिकार है लेकिन कांग्रेस ने इन दोनों ही रास्तों का परित्याग किया है। दरअसल अहिंसा की कसौटी उत्तेजना के सामने भी टिके रहने की है। लेकिन इसका ये अर्थ नहीं है कि स्त्रियों के साथ होने वाले अत्याचार को सहन किया जाये। इसी क्रम में असम में महिलाओं के अपहरण पर 'अहिंसा क्या करे', के जवाब में गाँधी ने कहा कि जो समाज अपनी स्त्रियों की रक्षा नहीं कर सकता वह विवाह और सन्तानोत्पति के लिए भी अयोग्य है इन्हें लज्जित किया जाना चाहिए। 'मन का विकार' शीर्षक के अन्तर्गत गाँधी ने कहा है कि मन के विकार बुराई के प्रतिबिम्ब हैं। मन में रहने वाले सर्प का हमें नाश करना चाहिए। हिंसक और अहिंसक फ़ौज शीर्षक में गाँधी दोनों फ़ौजों के अन्तर को स्पष्ट करते हैं और हिंसा के ख़िलाफ़ शान्ति को अहिंसक स्वरूप देते हुए शान्ति सेना का विचार देते हैं। क्योंकि गाँधी के अनुसार यदि अहिंसा संगठित नहीं हो सकती तो यह धर्म नहीं है। गाँधी शान्ति के अध्येता हैं, आविष्कर्ता नहीं, फिर भी अहिंसा को परिपुष्ट समाज दर्शन, प्रतिकार और

नवनिर्माण का आधार बना देना गाँधी की मौलिक देन रही है। हम देखते हैं कि दक्षिण अफ्रीका में गाँधी ने नॉन वायलेंट आर्मी को संगठित किया था। 1937–38 में साम्प्रदायिक दंगों का मुकाबला करने के लिए शान्ति सेना का विचार रखा। कुछ समय इसके प्रयोग भी हुए, हिंसक सेना के कुछ गुण जिसमें आज्ञापालन, अनुशासन आदि प्रमुख हैं, को भी इन्होंने शान्ति सेना की निष्ठा में शामिल किया।

एक दैनिक समाचार–पत्र में यह समाचार था कि बहुत से मुसलमानों के हस्ताक्षर से नगर निगम के अधिकारियों को प्रार्थना–पत्र देकर मुस्लिम बच्चों के लिए चलाये जाने वाली पाठशाला से गाँधी की तस्वीरें हटाने का निवेदन किया गया था। ऐसा नहीं करने पर बहिष्कार की चेतावनी दी गयी थी। गाँधी ने इस सम्बन्ध में साफ़ कहा कि इस माँग को स्वीकार कर लेना चाहिए कि किसी की तस्वीर लगाना वीर पूजा है, इस्लाम इसकी इजाजत नहीं देता। यों इसमें ग़लत दलील दी गयी है। मुसलमानों के भी वे वीर पुरुष हैं। गाँधी कहते हैं कि मैं अब उनका वीर पुरुष नहीं रहा। अलीगढ़ से आये एक पत्र में गाँधी पर कुरानशरीफ की ग़लत व्याख्या का भी आरोप लगाया गया और यह कहा गया कि उन्होंने जो कहा है कि इस्लाम अहिंसा का आदेश देता है, यह तथ्यों पर आधारित नहीं है। इसी पत्र में यह भी कहा गया था कि मुसलमान मुहम्मद–बिन–कासिम के आते ही हम एक पृथक् राष्ट्र थे, अकबर ने समान धर्म और सामाजिक व्यवस्था चलाने का प्रयत्न किया, पर असफल रहा। पत्र–लेखक का कहना था कि विचारों के ऐक्य से राष्ट्र बनता है और धर्म एक साँचे में ढ़ालने का काम करता है। हम एक–दूसरे के पड़ोसी हो सकते हैं, इस प्रकार भारत विभिन्न राष्ट्रीयताओं का देश है। गाँधी ने उत्तर में कहा कि ऐसा मनोभाव बहुत से शिक्षित मुसलमानों का है। ग़ैर–मुस्लिम होने के कारण मैं मुसलमानों के धर्मग्रन्थ की व्याख्या कैसे कर सकता हूँ लेकिन मैं यह साफ़ कहता हूँ कि इस्लाम और अन्य धर्मों के प्रति मुझे उतनी ही श्रद्धा है जितनी कि अपने धर्म के प्रति, लेकिन किसी व्यक्ति के बारे में राय उसके सम्पूर्ण जीवन से ली जानी चाहिए। छिटपुट आयतों और घटनाओं के आधार पर मोहम्मद साहब और इस्लाम के बारे में धारणा बनाना ठीक नहीं है। मतभेद रहेंगे और मेरी जो धारणा बन गयी है उस पर इन दलीलों का कोई प्रभाव नहीं पड़ेगा और मैं यह भी मानता हूँ कि धर्म बदलने से राष्ट्रीयता नहीं बदलती

है और जितने धर्म उतने राष्ट्र नहीं हो सकते हैं। उन्होंने कहा कि भारत के टुकड़े करने का प्रस्ताव साम्राज्यवाद के विकास में योगदान देगा।

'कायरता और हिंसा' शीर्षक हिन्दू–मुस्लिम तनाव से सन्दर्भित है। वहाँ प्रचण्डतर अहिंसा की शक्ति ही कारगर हो सकती है। सहनशीलता बल से ही आ सकती है। लूटपाट रोकने के लिए पर्याप्त लोग शक्ति का प्रयोग करें। चम्पारण का उदाहरण देते हुए वे बताते हैं कि चम्पारण के लोग तो पुलिस को देखते ही भागते थे। अगर उन्हें अहिंसा का आश्रय न मिला होता तो उन पर कायरता का आरोप लगता।

'विचार और आचरण की अहिंसा' इस खण्ड का महत्त्वपूर्ण भाग है। ए. एस. वाडिया के द्वारा किये गये सवाल इससे सन्दर्भित थे कि उन्होंने ईसाई मिशनरी वर्ग के विरुद्ध शब्दों से हिंसा की है। गाँधी कहते हैं कि हिंसा वह है जिसमें विचार, वचन या कर्म के पीछे हिंसात्मक मन्तव्य हो, विरोधी को नुकसान पहुँचाने का इरादा हो, इसकी खरी कसौटी तो यही है कि उत्तेजना होने पर भी हम अहिंसक बने रहें। अशोभनीयता के मिथ्या विचार लोग इसलिए नहीं कहते कि दूसरों की भावनाओं को ठेस लगेगी। सही बात को साफ़–साफ़ नहीं कहना भी हिंसा है चाहे वह कितनी ही कटु या अप्रिय क्यों न लगे। जब विचार, वचन और कर्म का सामंजस्य होता है तब विचार को वचन और कर्म मर्यादित करते हैं। 'विचारों की अराजकता' शीर्षक में गाँधी ने उन पत्रों का उल्लेख किया जो उन्हें क्रोध से लिखे गये थे, इसमें उन्हें हिंसा का तत्त्व दिखा। गाँधी मतभेदों के बीच रहते हैं। उन्होंने यह कभी नहीं कहा कि मैं ही सच्चा हूँ और दूसरे झूठे हैं। 'अहिंसा की परीक्षा' शीर्षक में कांग्रेस और गाँधी के विचार–भेद को उल्लिखित किया गया है। वे सलाह देते हैं कि जो अलग विचार रखते हैं उनके साथ हम एक–दूसरे के मतभेदों को प्रेमपूर्वक सहन करें। कांग्रेस से अलग होकर अलग–अलग काम किये जा सकते हैं।

'अहिंसा पर वाडिया को जवाब' शीर्षक में वैचारिक अहिंसा के सम्बन्ध में ही चर्चा की गयी है। मिशनरियों के नेक कार्यों की गाँधी सराहना करते हुए कहते हैं कि इसके पीछे धर्म–प्रचार का उद्देश्य उनके काम को फीका कर देता है। अपनी कमियों को भी उन्होंने रेखांकित किया है और लिखा है कि जब मैं संयम खोता हूँ तो यह मेरे लिए लज्जा के प्रसंग होते हैं। संयम की मैंने कठिन साधना की है। अपने व्यवहार की वे जंगली भालू से तुलना करते हैं और बताते हैं कि निजी जीवन में ऐसे कई प्रसंग

उपस्थित हुए हैं जब उन्होंने संयम छोड़ा है। लेकिन कार्यकर्ता बुरा नहीं मानते क्योंकि मैं उनका मार्गदर्शक हूँ।

किसी पत्रकार के लिए बिना जाँच–पड़ताल के ख़बर को छाप देना बुरी बात है। दरअसल पत्र में लिखा गया था कि गाँधीजी ने अपने को क़ैद किये जाने पर हिंसा का समर्थन किया है। अहिंसा तो उनके प्राण से जुड़ा हुआ है। उन्होंने साफ़ कहा कि किसी लोकसेवक या लोकनेता के सम्बन्ध में सामान्य अनुभव से बाहर की बात सुनने या पढ़ने में आवे तो पूछ लिया जाना चाहिए। दूसरे शीर्षक में अख़बार में तथ्यों को तोड़–मरोड़कर पेश करने की, हिंसा की चर्चा की गयी है। इसमें उन्होंने कहा है कि मनमाना अर्थ करना या सुनी–सुनायी बात को सबूत मानकर विश्वास नहीं करना चाहिए। 'लम्पटता का विज्ञापन' शीर्षक में भी गन्दे चित्र बाँटे जाने को निर्लज्ज और निरंकुश कार्य कहा है।

सुधारक का सर्वोपरि संहिता उसका अन्तःकरण है। इसमें क़ानूनी पण्डिताई या बारीकियाँ निकालकर अगर सामाजिक सुधार को टाला जायेगा तो समाज छिन्न–भिन्न हो जायेगा। 'विधवा विवाह' शीर्षक में भी गाँधी उन्हीं सवालों से जूझ रहे होते हैं। गाँधी उपयोगितावाद को हृदयहीन सिद्धान्त कहते हैं। यही कारण है कि गाँधी व्यक्ति निर्माण और समाज परिवर्तन में अहिंसा के विविध स्वरूपों को शामिल करते हैं। इस खण्ड में गाँधी की अहिंसा की सैद्धान्तिकी को उन्हीं के शब्दों में प्रस्तुत किया जा रहा है।

अहिंसा : संयम एवं प्रेम की शक्ति

अहिंसा दुर्बलों का नहीं, बलवान का शस्त्र है और प्रेम की शक्ति भी। अहिंसा का अर्थ है अपराध को क्षमा करना और बदला न लेना। संस्कृत में एक वचन है "क्षमा वीरस्य भूषणम्"। इस गुण का परिचय युधिष्ठिर के उस समय के व्यवहार से प्रकट होता है जब विराट द्वारा हद से अधिक उत्तेजित हो उठने का कारण दिये जाने पर भी उन्होंने विराट को क्षमा कर दिया; इतना ही नहीं अपने भाई अर्जुन के क्रोध से उसकी रक्षा के लिए भी असाधारण प्रयत्न किया। अगर वे ऐसा न करते तो महाराज युधिष्ठिर का अपमान करने और उन्हें चोट पहुँचाने के अपराध में अर्जुन ने विराट को मार डाला होता।

अहिंसा कोई यान्त्रिक क्रिया नहीं है। यह हृदय का सर्वोत्तम गुण है और उसे प्रयत्नपूर्वक पा लेने पर ऐसा मालूम होता है कि वह स्वाभाविक गुण है; सचमुच वह वैसा ही है; और प्राप्त हो जाने पर व्यक्ति को आश्चर्य होता है कि उसे पाने में उसे किसी प्रकार का भी कष्ट क्यों न उठाना पड़े। हमारे भीतर का पशु कहता है कि घूँसे के बदले घूँसे से बढ़कर स्वाभाविक और क्या है? और हमारे अन्दर बैठा हुआ मनुष्य कहता है कि घूँसा मारने वालों को क्षमा करने से बढ़कर अधिक स्वाभाविकता तथा अधिक मानवता और क्या है? आघात करने वाला अज्ञानी था और उस समय वह अपने आप में नहीं था, तो आहत भी अज्ञानी क्यों बने और अपने–आपको क्यों भूले? कोई पूछ सकता है कि तब क्या वे तमाम पत्नियाँ मानवीयता से भरपूर हैं, जो अपने पशुतुल्य पतियों के अत्याचार सहकर भी उन्हें क्षमा कर देती हैं। अच्छा तो यह हो कि वे क्षमा तो कर दें किन्तु उन्हें खुश करने का प्रयत्न न करें; बल्कि उन्हीं के हित के विचार से उनसे असहयोग ठान लें। (सम्पूर्ण गाँधी वाङ्मय, खण्ड 46, पृ. 1–3)

अहिंसा को स्पष्ट करते हुए 09 मार्च, 1922 के 'यंग इंडिया' में गाँधी ने लिखा कि जब कोई मनुष्य यह कहता है कि मैं अहिंसापरायण हूँ, तब उससे यह आशा की जाती है कि यदि उसे कोई हानि पहुँचाये तो वह उस पर क्रोध न करे, उसका नुकसान न चाहे; बल्कि उसकी भलाई ही चाहे। न वह उसके प्रति अनर्गल प्रलाप करेगा और न उसे किसी तरह की शारीरिक चोट ही पहुँचायेगा। वह तो अन्यायकर्ता द्वारा किये गये अपने हर तरह के नुकसान को सहन ही करेगा। इस तरह अहिंसा पूर्ण निर्दोषिता की अवस्था है; और पूर्ण अहिंसा का अर्थ है प्राणिमात्र के प्रति दुर्भाव का पूर्ण अभाव। इसलिए अहिंसा में मनुष्य से नीचे की कोटि के प्राणियों, यहाँ तक कि हानिकर कीड़े–मकोड़ों और पशुओं का भी समावेश है। उनकी सृष्टि हमारी विनाशक प्रवृत्तियों का पोषण करते रहने के लिए नहीं हुई है। यदि हम सृष्टिकर्ता के हेतु को समझ पाते तो हमें इस बात का पता लग जाता कि उसकी सृष्टि में उन जीवों का उचित स्थान क्या है। अतएव अहिंसा का क्रियात्मक रूप क्या है? प्राणिमात्र के प्रति सद्भाव। यही शुद्ध प्रेम है। क्या हिन्दू शास्त्र, क्या 'बाइबिल' और क्या 'कुरान', सब जगह मुझे तो यही दिखायी पड़ा है।

अहिंसा एक पूर्ण स्थिति है! सारी मनुष्य–जाति इसी एक लक्ष्य की ओर स्वभावतः परन्तु अनजाने बढ़ रही है। मनुष्य जब अपने तईं निर्दोषिता की साक्षात् मूर्ति बन जाता है तब वह कुछ दैवी पुरुष नहीं हो जाता। उसी अवस्था में वह सच्चा मनुष्य बनता है। आज की अवस्था में तो हम कुछ अंशों में मनुष्य और कुछ अंशों में पशु हैं। हम घूँसे के बदले घूँसा जमाते हैं; ऐसा करते हुए दाँत पीसते हैं और ऊपर से अपने दर्प और अज्ञान के वशीभूत होकर इसे मनुष्य जाति के अस्तित्व को सचमुच सार्थक बनाना तक कह डालते हैं। हम ढोंग रचते हैं कि प्रतिहिंसा मनुष्य की स्वाभाविक प्रवृत्ति है और हमारा इसके बिना काम ही नहीं चल सकता। परन्तु इसके विपरीत धर्मग्रन्थों में तो हम यह पाते हैं कि प्रतिहिंसा को कहीं भी अनिवार्य कर्तव्य नहीं माना गया है; उसके लिए केवल छूट–भर दी है। अनिवार्य कर्तव्य तो संयम है। प्रतिहिंसा एक ऐसी प्रक्रिया है जिसमें न जाने कितने नियमों और उपनियमों के पालन करने का ध्यान रखना पड़ता है और संयम तो हमारी जीवन की सहज–सरल गति है। बिना पूर्ण संयम के मनुष्य पूर्णावस्था को पहुँच ही नहीं सकता। इस प्रकार सहनशीलता संयम–ही मनुष्य–जाति का विशेष धर्म है।

अहिंसा के लिए अपनी अयोग्यता का ज्ञान होना और सन्तोष तथा प्रयत्न को स्पष्ट करते हुए गाँधी कहते हैं कि लक्ष्य तो हमेशा आगे–ही–आगे खिसकता रहता है। ज्यों–ज्यों अधिक प्रगति होती जाती है, त्यों–त्यों हमें अपनी अयोग्यता का अधिकाधिक आभास होता है। सन्तोष तो प्रयत्न में है, अभीष्ट सिद्धि में नहीं। पूर्ण प्रयत्न ही पूर्ण विजय है।

प्रेम के सिद्धान्त को अपने अस्तित्व के साथ जोड़ते हुए वे कहते हैं कि यद्यपि मैं सदा से अधिक आज इस बात को महसूस करता हूँ कि मैं अपने लक्ष्य से बहुत दूर हूँ, तथापि मेरे लिए तो पूर्ण प्रेम का सिद्धान्त ही अपने अस्तित्व का नियम है। जब–जब मुझे असफलता मिलेगी, मैं असफलता के कारण और भी अधिक निश्चय के साथ प्रयत्न करूँगा।

विशाल समूह तक सीमित परिमाण में ही अहिसा को पहुँचाया जा सकता है। गाँधी अपनी सीमा से परिचित थे लेकिन वे मातृप्रेम को विश्व तक पहुँचाना चाहते थे। गाँधी कहते हैं कि मैं कांग्रेस और ख़िलाफ़त संगठन के द्वारा इस सर्वोपरि सिद्धान्त के अमल का प्रचार कर ही नहीं रहा हूँ। मैं अपनी मर्यादाओं को ख़ूब अच्छी तरह जानता हूँ। मैं जानता हूँ कि ऐसा प्रयत्न असफल ही रहेगा। सारे मनुष्य समाज से यह आशा करना कि वे सब एकबारगी इस सिद्धान्त के अनुसार चलने लगेंगे, इस सिद्धान्त के रहस्य की अज्ञानता को सूचित करता है। लेकिन फिर भी कांग्रेस के मंच से मैं उस सिद्धान्त से निकले नियमों का प्रचार तो अवश्य कर रहा हूँ। कांग्रेस तथा ख़िलाफ़त समिति ने तो इस सिद्धान्त से निकलने वाले निष्कर्षों का एक अंश–मात्र स्वीकार किया है। यदि कार्यकर्ता सच्चे हों, तो थोड़े ही समय में यह बात जानी जा सकती है कि विशाल जनसमूह पर सीमित परिमाण में उसका प्रयोग किस तरह किया जा सकता है। लेकिन वह सीमित परिमाण भी तभी खरा ठहर सकता है जबकि वह भी उसी कसौटी पर कसा गया हो; जिस पर सम्पूर्ण सिद्धान्त। एक बूँद पानी में सब गुण–धर्म होने चाहिए जो एक पूरे सरोवर के पानी में होते हैं। अपने भाई के साथ मैं जिस अहिंसा का व्यवहार करूँगा, वह सारे विश्व के प्रति मेरी अहिंसा से भिन्न नहीं हो सकता। जब मैं भ्रातृ–प्रेम को सारे विश्व तक व्यापक करूँ तो उस अवस्था में भी उसे सत्य की कसौटी पर खरा उतरना चाहिए।

उच्चतम व्यवहार नियम के पालन के लिए ईमानदार व्यक्ति अपना सर्वस्व गँवा देने के लिए तैयार रहता है। इस सम्बन्ध में गाँधी कहते हैं

कि जब किसी नियम का व्यवहार देश और काल की मर्यादा से बाँध दिया जाता है, तब उसे व्यवहार–नियम या व्यवहार–धर्म कहते हैं। अतएव उच्चतम व्यवहार–नियम का पालन ही उस सिद्धान्त का पूर्ण रूप से पालन करना है। लेकिन हम प्रामाणिकता का व्यवहार चाहे नीति समझकर करें, चाहे सिद्धान्त समझकर, जब तक वह प्रामाणिकता के साथ व्यवहृत होती है, तब तक वह सिद्धान्त ही है। ईमानदारी को व्यवहार–नियम के तौर पर मानने वाला दुकानदार भी वैसा ही और उतने ही गज कपड़ा देता है, जितना कि ईमानदारी को धर्म समझने वाला दुकानदार। दोनों में फ़र्क़ केवल इतना ही है कि चतुर दुकानदार अपनी ईमानदारी को उस समय छोड़ देगा जब उसमें उसे लाभ दिखायी नहीं देगा और उस पर श्रद्धा रखने वाला दुकानदार अपना सर्वस्व गँवा देने पर भी उससे मुँह नहीं मोड़ेगा।

प्रचण्ड प्रेमाग्नि में पत्थर को पिघला देने की शक्ति होती है। अंग्रेज़ों की दुराग्रह ही प्रवृत्ति पर असहयोगियों की राजनीतिक अहिंसा इस कसौटी पर ज़्यादातर खरी नहीं उतरती है। गाँधी कहते हैं कि मैं इस बात को जानता हूँ; अतएव अपने इस विचार को मैं त्याग नहीं सकता। यदि अंग्रेज़ों अथवा दूसरे लोगों पर इसका यथेष्ट असर नहीं होता, तो इसका अर्थ यही है कि या तो वह प्रेमाग्नि ही हमारे अन्दर नहीं है या वह पर्याप्त रूप से प्रचण्ड नहीं है।

हमारी अहिंसा बलवान की अहिंसा भले न हो, पर उसे सच्चे लोगों की अहिंसा ज़रूर होना चाहिए। यदि हम अहिंसापरायण होने का दावा करते हैं तो हमें उस घड़ी तक अंग्रेज़ अथवा अपने सहयोगी भाइयों को हानि पहुँचाने का इरादा कदापि नहीं करना चाहिए जब तक हम अपना यह अहिंसापरायणता का दावा छोड़ नहीं देते। लेकिन हममें से अधिकांश लोगों ने निस्सन्देह उन्हें नुकसान पहुँचाना चाहा है। यदि ऐसा नहीं किया है तो उसका कारण या तो हमारी कमज़ोरी है या भ्रान्ति है कि केवल शारीरिक हानि न पहुँचाने से ही हमारे अहिंसा–व्रत का यथोचित पालन हो जाता है। हमारी अहिंसा की प्रतिज्ञा में तो भविष्य में भी प्रतिहिंसा करने की सम्भावना नहीं बचती। किन्तु जान पड़ता है कि दुर्भाग्य से हममें से कुछ लोगों ने आज नहीं तो आगे चलकर बदला लेने की ठान रखी है।

मैं यह नहीं कहता कि अहिंसा को व्यवहार–नियम के तौर पर मानने में आगे इस नीति का त्याग कर चुकने पर भी, प्रतिहिंसा की सम्भावना नहीं रह जाती है किन्तु यदि संग्राम में हमारी विजय हुई तो निश्चय ही

प्रतिहिंसा की सम्भावना नहीं बचती। इसलिए जब तक हम अहिंसा को व्यवहार–नियम के तौर पर मानते हैं, तब तक हम अमली तौर पर अपने अंग्रेज़ हाकिमों तथा उनके सहयोगियों के साथ मित्रता का बर्ताव करने पर बाध्य हैं। जब मैंने यह सुना कि भारत के कुछ स्थानों में अंग्रेज़ अथवा जाने–माने सहयोगी इधर–उधर बेखटके आ–जा नहीं सकते तो मुझे शर्म मालूम हुई। उस दिन मद्रास की सभा में लज्जाजनक दृश्य दिखायी दिया, वह अहिंसा के पूर्ण अभाव का सूचक है। जिन लोगों ने यह समझकर कि उस सभा के सभापति ने मेरा अपमान किया है उन्हें शोरगुल मचाकर बोलने तक नहीं दिया, उन्होंने न केवल ख़ुद को बल्कि अपनी नीति को भी कलंकित किया। उन्होंने अपने मित्र और सहायक श्री एंड्रयूज़[1] के हृदय को चोट पहुँचायी। उन्होंने ख़ुद अपने ही उद्देश्य की हानि की। यदि उक्त सभापति महोदय की यह धारणा हो कि मैं धूर्त हूँ तो उनको वैसा कहने का पूरा अधिकार था। किसी का अज्ञान हमारी उत्तेजना का कारण नहीं होना चाहिए। और असहयोगी तो बड़ी–से–बड़ी उत्तेजना में भी शान्त रहने की प्रतिज्ञा से बँधे हुए हैं। उत्तेजना का अवसर तो तब होगा जब मैं धूर्त व्यक्ति की तरह आचरण करूँ। मैं मानता हूँ कि यदि वैसा अवसर आये तो हर असहयोगी को अहिंसा का अपना व्रत तोड़ देने का पूरा हक़ होगा और कोई भी असहयोगी अपने को गुमराह करने के जुर्म में मेरी जान तक ले लेने का पूर्ण अधिकारी होगा।

यह हो सकता है कि इतने मर्यादित रूप में अहिंसा को अपनाना अधिकांश लोगों के लिए सम्भव न हो। यह भी हो सकता है कि उनका स्वार्थ रहते हुए भी लोगों से इस बात की आशा न रखी जाये कि जहाँ अपने प्रतिपक्षी को वे हानि नहीं पहुँचा रहे हैं, वहाँ हानि पहुँचाने का इरादा तक न करें। यदि स्थिति ऐसी हो तो ईमानदारी का यही तकाज़ा है कि हम 'अहिंसा' शब्द का प्रयोग करना छोड़ दें। लेकिन इसका यह अर्थ नहीं कि अगर हम अहिंसा को छोड़ें तो विकल्प में तुरन्त हिंसा को अपनाना आवश्यक है। उस अवस्था में लोगों से अहिंसा के अनुशासन का पालन करने के लिए नहीं कहा जायेगा। तब मुझ जैसा मनुष्य यह महसूस न

1. चार्ल्स फ्रेयर एंड्रयूज़ (1871–1940); अंग्रेज़ धर्मप्रचारक, लेखक, शिक्षाविद् और गाँधी जी के एक घनिष्ठ सहयोगी।

करेगा कि चौरी–चौरा की ज़िम्मेदारी मेरे सिर पर है। इस मर्यादित अहिंसा की विचारधारा तो उस गुमनाम अवस्था में भी, फलती–फूलती रहेगी और उसके कन्धों पर उत्तरदायित्व का वह गुरुतर भार भी नहीं रहेगा, जिसे वह आज वहन कर रही है।

राष्ट्र के व्यवहार धर्म की अनिवार्यता के सम्बन्ध में गाँधी कहते हैं कि यदि अहिंसा को ही इस राष्ट्र का व्यवहार धर्म बने रहना है, तो मानव समाज और राष्ट्र दोनों की प्रतिष्ठा के विचार से हमें उसका अक्षरशः तथा निष्ठा के साथ पालन करना ही पड़ेगा।

इस सम्बन्ध में गाँधी ने कहा कि यदि हम इस व्यवहार–धर्म के अनुसार चलने का इरादा करते हों, यदि हम उसके कायल हों, तो हमें तुरन्त ही अंग्रेज़ तथा सहयोगी भाइयों का समाधान करना चाहिए; और उनसे इस बात का प्रमाण–पत्र हासिल कर लेना चाहिए कि वे लोग हमारे बीच में अपने–आपको पूरी तरह सुरक्षित समझते हैं और उनके तथा हमारे विचारों में तथा राजनीतिक दृष्टि में ज़मीन–आसमान का फ़र्क़ होते हुए भी वे हमें अपना मित्र समझते हैं। अपने मान्य अतिथियों के तौर पर अपनी राजनीतिक सभाओं में हमें उनका स्वागत करना चाहिए। जिन सभाओं का सम्बन्ध किसी दल या मत से न हो, वहाँ तो हम उनको अपने साथियों की तरह ही मानें। हमें ऐसी सभाओं का आयोजन भी करना चाहिए। हमारी अहिंसा से हिंसा, द्वेष और दुर्भाव निष्पन्न नहीं होना चाहिए। दूसरे मर्त्य बान्धवों की तरह हमारी कसौटी भी हमारे अपने कार्य ही होंगे। स्वराज–प्राप्ति के लिए अहिंसात्मक कार्यक्रम बनाने का मतलब ही अपना काम अहिंसात्मक रीति से चलाने की योग्यता है। और इसका अर्थ है आज्ञापालन का भाव पैदा करना। चर्चिल[1] का, जो कि केवल पशु–बल के ही मन्त्र को जानते हैं, यह कहना बहुत ठीक है कि आयरलैंड का प्रश्न भारत के प्रश्न से अलग प्रकार का है। उनके कथन से यही आशय निकलता है कि आयरलैंड वालों ने हिंसा के मार्ग पर चलकर स्वराज प्राप्त किया है, अतएव यदि आवश्यकता पड़ी तो वे हिंसा–बल द्वारा उसकी रक्षा भी कर सकेंगे। इसके विपरीत यदि भारत वास्तव में अहिंसा के द्वारा स्वराज प्राप्त कर ले, तो उसे प्रधानतः अहिंसात्मक उपायों के द्वारा ही उसकी रक्षा भी करनी होगी। इसे श्री चर्चिल तभी सम्भव मानेंगे जब भारत अपनी योग्यता इस

1. सर विंस्टन चर्चिल (1874–1965) ब्रिटिश राजनीतिज्ञ और लेखक।

सिद्धान्त को अपने उदाहरण द्वारा प्रत्यक्ष करके सिद्ध कर दे और यह बात तब तक अशक्य है जब तक समाज में अहिंसा का इतना प्रवेश नहीं हो जाता, जिससे लोग अपने सामुदायिक अर्थात् राजनीतिक जीवन में अहिंसा को अपना लें; दूसरे शब्दों में, फ़ौजी हुकूमत के बजाय, जैसा कि आज है, देश में ग़ैर–फौजी हुकूमत की प्रधानता हो जाये।

अतएव अहिंसात्मक साधनों से स्वराज प्राप्त करने के दौरान अव्यवस्था और अराजकता को थोड़े समय के लिए भी कोई स्थान नहीं मिल सकता। अहिंसा के बल पर प्राप्त स्वराज तो एक उत्तरोत्तर शान्तिपूर्ण क्रान्ति होगी–ऐसी विकासशील क्रान्ति की सत्ता चन्द लोगों के हाथों से निकलकर सहज ही जनता के प्रतिनिधियों के हाथों में इस तरह जा पहुँचेगी जैसे किसी सुपोषित वृक्ष की डाल से पूरी तरह पका हुआ फल टपक पड़ता है। मैं फिर कहता हूँ कि सम्भव है वह घड़ी आये ही नहीं; फिर भी मैं जानता हूँ कि अहिंसा का इससे घटकर कोई अर्थ ही नहीं हो सकता और यदि वर्तमान कार्यकर्तागण अपेक्षाकृत इससे अधिक शान्तिमय वातावरण तैयार हो जाने की सम्भावना को न मानते हों, तो उन्हें चाहिए कि वे अहिंसात्मक कार्यक्रम को तिलांजलि दे दें और इससे बिलकुल भिन्न दूसरा कार्यक्रम तैयार कर लें। यदि इस ख़याल को मन में छिपाये हुए कि आख़िर हमें शस्त्रास्त्रों के बल पर ही अंग्रेज़ों से अधिकार छीनना है, हम कार्यक्रम को उठायेंगे तो हम अपने अहिंसा के दावे के प्रति झूठे ठहरेंगे। यदि हमें अपने इस कार्यक्रम पर विश्वास है, तो हमें यह मानना ही पड़ेगा कि अंग्रेज़ लोग जितने शस्त्रबल से निस्सन्देह प्रभावित हो जाते हैं, उतने प्रेमबल से नहीं होंगे, ऐसी बात नहीं है। जो लोग इसके कायल नहीं हैं, उनके लिए दो रास्ते हैं। एक तो है काउंसिलें, जो निस्सन्देह उनके लिए अनुभव की पाठशालाएँ हैं, जहाँ उन्हें पीढ़ी–दर–पीढ़ी अपमानित होते रहने के बाद अक्ल आयेगी; दूसरा विकल्प है ऐसी भयानक और त्वरित घटित होने वाली रक्तमयी क्रान्ति, जैसी संसार में कभी देखी नहीं गयी। ऐसी क्रान्ति में शरीक़ होने की मुझे ज़रा भी इच्छा नहीं है और मैं स्वेच्छापूर्वक उसे आगे बढ़ाने का साधन बनने को तैयार नहीं हूँ। मेरी समझ के अनुसार हमारे सामने दो ही विकल्प हैं–या तो हम अहिंसा को और उसके आवश्यक अंग के रूप में असहयोग को अपनायें, या फिर अनुक्रियात्मक सहयोग की नीति अपनायें अर्थात् सहयोग के साथ–साथ रोड़े अटकाने की नीति अपनाएँ।

सम्पूर्ण गाँधी वाङ्मय, खण्ड 23, पृ. 23–27, यंग इंडिया (अंग्रेज़ी) 9.3.1922

अहिंसा सामाजिक गुण

यह शंका कि अहिंसा का समाजव्यापी विस्तार असम्भव है और ऐसा नहीं लगता कि उसका अनुसरण करके समाज ने कोई प्रगति की हो। बुद्ध जैसे सुधारक आये, उन्होंने कुछ प्रयास किया। अपने जीवनकाल में उन्हें थोड़ी बहुत सफलता भले मिली हो, लेकिन समाज तो जहाँ था वहीं आज भी खड़ा है। अहिंसा व्यक्तिगत धर्म हो सकती है, लेकिन समाज के लिए वह निरर्थक है, और हिन्दुस्तान को भी अपनी मुक्ति के लिए हिंसा का मार्ग ही अपनाना पड़ेगा।

गाँधी ने इस शंका को निराधार बताते हुए कहा कि, इस तर्क के मूल में ही दोष है और अन्तिम वाक्य तो सही है ही नहीं; क्योंकि कांग्रेस ने स्वराज प्राप्ति के लिए अहिंसा का स्थान ज्यों–का–त्यों क़ायम रखा है। इतना ही नहीं, बल्कि वह एक क़दम आगे बढ़ी है। आन्तरिक झगड़े को शान्त करने के लिए भी अहिंसा की नीति क़ायम रखी गयी है या नहीं, इस विषय में जब शंका उत्पन्न हुई तो अखिल भारतीय कांग्रेस कमेटी ने स्पष्ट निर्णय किया कि वैसी स्थिति में भी अहिंसा का ही उपयोग किया जाये। उसने केवल बाह्य आक्रमणों का मुकाबला करने के लिए सेना की आवश्यकता स्वीकार की है। वैसे वहाँ भी हमने देखा कि अखिल भारतीय कांग्रेस कमेटी के सदस्यों की काफ़ी बड़ी संख्या ने उस प्रस्ताव के ख़िलाफ़ विरोध प्रदर्शित किया था। ऐसे सिद्धान्त के प्रश्न पर यदि विरोध हो तो उसका ख़याल तो रखना ही पड़ता है। कांग्रेस की नीति का निर्णय तो बहुमत ही कर सकता है, लेकिन इससे अल्पमत की राय का उच्छेद नहीं हो जाता। उसकी वह राय तो बनी ही रहती है। जहाँ किसी कार्यक्रम पर अमल करने की बात होती है, वहाँ अल्पमत के सामने बहुमत का अनुसरण करने का कर्तव्य उपस्थित होता है लेकिन जहाँ सिद्धान्त भेद है वहाँ तो वह भेद बना ही हुआ है, और अवसर आने पर उसके अनुसार आचरण में

भी भेद होगा। मतलब यह कि सर्वांगीण अहिंसा को भी समाज में स्थान मिला है। इससे प्रकट होता है कि सामाजिक अहिंसा ने ठीक क़दम बढ़ाये हैं। ये क़दम जहाँ के तहाँ जमे रहेंगे या नहीं, और आगे बढ़ेंगे या नहीं, यह एक अलग सवाल है। इसलिए लेखक की शंका को कांग्रेस के प्रस्ताव से तो कोई सहारा नहीं मिलता, बल्कि उलटे उससे उनकी शंका का कुछ अंश में निवारण हो जाना चाहिए।

आगे उन्होंने कहा कि, मैं एक असाधारण व्यक्ति हूँ, मेरे प्रभाव में पड़कर समाज ने कुछ किया है, लेकिन मेरे बाद वह सब विलुप्त हो जायेगा–यह कहना ठीक नहीं है। कांग्रेस में अनेक विचारशील लोग हैं। मौलाना साहब ख़ुद भी महान विचारक हैं। उनकी बुद्धि तीक्ष्ण है और अध्ययन विस्तृत है। अरबी–फ़ारसी के अध्ययन में उनका जोड़ मिलना मुश्किल है। अनुभव ने उन्हें सिखाया है कि अहिंसा से ही हिन्दुस्तान आज़ाद होगा। उनका आग्रह था कि आन्तरिक विग्रह में भी अहिंसा ही काम आयेगी। पण्डित जवाहरलाल ऐसे नहीं हैं कि किसी से चौंधिया जायें। उनका अंग्रेज़ी का अध्ययन किसी से कम नहीं है। उन्होंने यह अवश्य कहा है कि यदि अहिंसा से स्वराज मिलना असम्भव हो और हिंसा से मिल सके तो वे हिंसा को स्वीकार करने में हिचकिचायेंगे नहीं। लेकिन प्रस्तुत समस्या के बारे में यह बात अप्रासंगिक है। ऐसे और भी अनेक प्रौढ़ व्यक्तियों के नाम गिनाये जा सकते हैं जो स्वराज प्राप्ति के लिए अहिंसा को ही एकमात्र साधन मानने वाले हैं। वे सब मेरी मृत्यु के बाद अहिंसा का मार्ग छोड़ देंगे, यह सोचना भी उनका और मनुष्य स्वभाव का अपमान करना माना जायेगा। यह मानकर चलना ही हमारे लिए उचित है कि प्रत्येक मनुष्य में उसकी अपनी एक ख़ूबी होती है। यदि एक–दूसरे के प्रति इतना सम्मान मन में रखें तो हम आगे बढ़ेंगे और निर्बल होंगे तो एक–दूसरे की सहायता से ऊपर चढ़ेंगे। लेकिन लेखक अथवा दूसरे सज्जन ऐसा तो कदापि नहीं मानते होंगे कि कांग्रेस या बहुत से नेताओं ने अहिंसा को अन्तिम नमस्कार कर लिया है। ऊपर मैंने जो सीमाएँ बतायी हैं वहाँ तक तो कांग्रेस की नीति और भी स्पष्ट हो गयी है और अक्षुण्ण रह गयी है। मैं स्वीकार करता हूँ कि यदि हम अहिंसा के विराट रूप का विचार करें तो कांग्रेस द्वारा आँकी गयी सीमा अहिंसा को बहुत संकुचित कर देती है, और इससे उसकी भव्यता आच्छादित हो जाती है। लेकिन प्रस्तुत तर्क के सन्दर्भ में तो कांग्रेस की सीमित अहिंसा पूरा काम देती है;

क्योंकि यहाँ मैं इतना ही बताने का प्रयत्न कर रहा हूँ कि अहिंसा का क्षेत्र बढ़ता जा रहा है और कांग्रेस का अहिंसा को मर्यादित रूप में स्वीकार करना काफ़ी हद तक मेरी स्थिति का समर्थन करता है।

गाँधी कहते हैं कि, ज्ञात इतिहास के आरम्भ से लेकर आज तक के काल पर यदि हम दृष्टिपात करें, तो हम देखते हैं कि मनुष्य अहिंसा के मार्ग पर ही चला आ रहा है। हमारे पूर्वज एक–दूसरे को खा जाते थे। बाद में शिकार पर गुज़ारा करने लगे। एक–दूसरे को खाने से उन्हें घृणा होने लगी। इसके बाद केवल शिकार के सहारे जीवन बिताने में शर्म आने लगी, इसलिए आदमी ने खेती करना शुरू किया। वह उससे अनेक प्रकार का भोजन प्राप्त करने लगा। जंगल में मंगल करने लगा। घुमक्कड़ ज़िन्दगी के बदले उसने स्थिर होकर एक जगह रहना पसन्द किया। उसने गाँव और शहर बसाये। कौटुम्बिक भावना जागी, जो आगे चलकर सामाजिक हो गयी। ये सब उत्तरोत्तर बढ़ती अहिंसा के ही चिह्न हैं। हिंसा वृत्ति कम होती गयी। यदि ऐसा न हुआ होता तो आज तक तो मनुष्य जाति उसी प्रकार समाप्त हो गयी होती जिस प्रकार निम्न प्राणियों की बहुत–सी जातियाँ नष्ट हो गयी हैं। अनेक पैगम्बर और अवतार हुए हैं, उन्होंने भी न्यूनाधिक प्रमाण में अहिंसा का ही प्रवर्तन किया। किसी ने हिंसा का प्रवर्त्तन करने का दावा ही नहीं किया। करते भी कैसे? हिंसा का प्रवर्त्तन करने की ज़रूरत ही नहीं है। पशु के रूप में मनुष्य हिंसक ही है, आत्मा के रूप में ही वह अहिंसक है। आत्मा का भान होने पर वह हिंसक रह ही नहीं सकता। वह या तो अहिंसा सीखेगा या नष्ट हो जायेगा। इसीलिए पैगम्बरों तथा अवतारों ने सत्य, ऐक्य, भ्रातृ भाव, संयम, न्याय आदि की शिक्षा दी। तथापि संसार में हिंसा बनी हुई है। यहाँ तक कि उक्त पत्र–लेखक जैसे विचारशील व्यक्ति भी हिंसा को ही अन्तिम उपाय मानते हैं। लेकिन, जैसाकि मैंने ऊपर बताया है, इतिहास और अनुभव उसके विरुद्ध हैं।

यदि हम इतना मान लें कि आज तक अहिंसा उत्तरोत्तर बढ़ती आयी है, तो हम यह मानने के लिए भी सहज ही बाध्य हो जाते हैं कि उसे आगे भी बढ़ना ही है। इस संसार में कुछ भी स्थिर नहीं हैं, सब गतिमान है। यदि प्रगति नहीं हुई तो पिछड़ना ही पड़ेगा। गति चक्र के बाहर तो कोई जा ही नहीं सकता। उसके बाहर तो बस एक ईश्वर है सो भी अगर हो तो। आज तो युद्ध चल रहा है, उसे हिंसा की पराकाष्ठा माना जा

सकता है। लेकिन मेरी नज़र में यह हिंसा की होली है। यह तो मैं देखता ही रहता हूँ कि लोगों में अहिंसा के प्रति जितना सम्मान आज है उतना कभी नहीं था। पश्चिम से मुझे जो प्रमाण मिल रहे हैं वे भी यही बताते हैं। ऐसे शुभ मुहूर्त में कांग्रेस ने जैसे भी हो, अहिंसा की शपथ ली है। पत्र–लेखक तथा उन जैसे दूसरे शंकालुओं को मैं शंका का त्याग करके, श्रद्धापूर्वक इस अहिंसा यज्ञ में कूद पड़ने के लिए आमन्त्रित करता हूँ–

मोती के लिए गोताखोर समुद्र में गोता लगाता है
मृत्यु के मुँह में जाकर मुट्ठी भर लाता है मोतियों से
और निकाल फेंकता है मन के जंजाल को
कगार पर खड़े देखते हैं तमाशा जो
उनके हाथ कानी कौड़ी भी नहीं लगती
प्रेमपन्थ पावक की ज्वाला है जिसे देख पीछे भागते हैं लोग
उसके बीच जो पड़े हुए वे उसे महासुख मानते हैं
जलते हैं वे जो तमाशबीन हैं।[1]

सेवाग्राम 05 अगस्त, 1940, सम्पूर्ण गाँधी वाङ्मय, खण्ड 72, पृ. 391–394, हरिजनबन्धु (गुजराती) 10.08.1940

---

1. गुजराती कवि प्रीतम के प्रसिद्ध पद की कुछ पंक्तियाँ; मूल पंक्तियों के लिए देखिये सं.गां.वां., खण्ड 44, पृ. 460

कौटुम्बिक क्षेत्र में अहिंसा का प्रयोग

गाँधी ने कहा कि अगर हम कौटुम्बिक क्षेत्र में अहिंसा का पालन नहीं कर सके तो अहिंसा के विस्तारित क्षेत्र में उसका पालन असम्भव है। पिछले हफ्ते मैंने अहिंसा के तीन क्षेत्रों के बारे में लिखा था।[1] कौटुम्बिक क्षेत्र अहिंसा का चतुर्थ क्षेत्र है। यहाँ 'कौटुम्बिक' का अर्थ थोड़ा व्यापक समझना चाहिए। जिस–जिस संस्था के हम सदस्य हों, उस–उस संस्था के सब सदस्यों को एक कुटुम्ब रूप ही मानना चाहिए। इस क्षेत्र में अहिंसा के प्रयोग सफल होने चाहिए। अगर ऐसा न हो, तो समझना चाहिए कि हम में शुद्ध अहिंसा का पालन करने की शक्ति नहीं है, क्योंकि जिस प्रेम का पालन हम अपने कुटुम्ब में अथवा अपनी संस्था या अपने सगे सम्बन्धियों या साथियों के प्रति करते हैं, उसी प्रेम का पालन हमें अपने शत्रु अथवा चोर–डाकुओं के प्रति करना है। अगर हम पहले में असफल रहे, तो दूसरे में सफल होने की आशा करना आकाश कुसुम प्राप्त करने की तरह होगा।

गाँधी ने साफ़ कहा कि यह भ्रम है कि यदि हम कुटुम्ब अथवा संस्था में अहिंसा का पालन न करें तब भी राजनीति में अहिंसा का पालन हो सकता है। दरअसल जिसका हम आज तक पालन करते आये हैं, उसे अहिंसा का नाम देकर हम अहिंसा को बदनाम करते हैं। ऐसी लँगड़ी अहिंसा, संकट की स्थिति में हमारे काम नहीं आ सकती। अहिंसा की सभी कलाएँ कुटुम्ब में ही सीखी जा सकती हैं। यदि वहाँ हम सफल हो जायें तो सभी क्षेत्रों में सफल हो सकते हैं, क्योंकि अहिंसक मनुष्य के लिए तो सारा संसार ही कुटुम्ब है। जो ऐसा मानता है, वह किससे डरेगा? अथवा किसे डरायेगा?

---

1. देखिये 'मेरी कोई सुनता नहीं', सं.गाँ.वां. खण्ड 72 पृ. 282–84।

यह सम्भव है कि ऐसे में अहिंसक लोगों की संख्या बहुत कम बचेगी लेकिन जो अहिंसा में विश्वास रखते हैं, उन्हें अहिंसा पालन की शर्त जान लेनी चाहिए। उससे भटककर वे उसका त्याग करना चाहें तो भले करें। जब कांग्रेस की कार्य समिति ने भी स्थिति स्पष्ट कर ही दी है, तब यह अत्यन्त आवश्यक है कि अहिंसा के पालन का दावा करने वाले भी यह समझ लें कि अहिंसा की उनसे क्या माँग है। भले ही ऐसा करने से अहिंसकों की सेना बिलकुल छोटी क्यों न हो जाये, सच्ची लेकिन छोटी सेना के कभी बड़ी होने की आशा की जा सकती है। झूठी सेना में से तो छोटी या बड़ी कुछ भी नहीं बन सकती। लेकिन इसका यह अर्थ नहीं कि अहिंसा की सम्पूर्ण शर्तों का पालन करने वाले ही नहीं, शर्तों को स्वीकार करने वाले और उत्तरोत्तर प्रयत्नशील भी इसमें रह सकते हैं। तब दल पूर्ण अहिंसकों का नहीं होगा, बल्कि पालन करने का शुद्ध प्रयत्न करने वालों का होगा। उन्होंने कहा कि, पचास वर्षों से मेरा प्रयत्न अपने जीवन को उत्तरोत्तर अहिंसामय बनाने तथा साथियों को वैसी प्रेरणा देने का रहा है। मेरा मत है कि इस प्रयत्न में मुझे उचित प्रमाण में सफलता मिली है। ज्यों–ज्यों बाहर का वातावरण कमज़ोर या निराशाजनक मालूम होता है, त्यों–त्यों मेरा उत्साह और मेरी श्रद्धा बढ़ती है, और मैं अहिंसा की शर्तों को अधिक स्पष्टता के साथ देख पाता हूँ।

सेवाग्राम 15 जुलाई, 1940, सम्पूर्ण गाँधी वाङ्मय, खण्ड 72, पृ. 306,
हरिजन बन्धु (गुजराती), 20.7.1940

अहिंसा की समस्या

एक प्रश्न कि हमारे कार्य का स्वरूप कब, क्या करने से अहिंसा का और कब, क्या करने से हिंसा का हो जाता है? गाँधी ने कहा कि, कुछ सवाल तो ऐसे होते हैं, जिनसे पूछने वाले का अज्ञान ही प्रकट होता है, लेकिन कुछ ऐसे भी होते हैं जिनसे प्रश्नकर्ता की भारी कठिनाई का परिचय मिलता है। एक पंजाबी भाई ने प्रश्न पूछा है कि शेर, भेड़िए आदि आकर पशु और मनुष्य को उठा ले जायें तो क्या करें? अगर पानी में कीटाणु आदि हों तो क्या करें? का स्पष्ट उत्तर गाँधी ने दिया कि, मेरी अल्पमति के अनुसार इसका साधारण उत्तर तो यही है कि जब शेर, भेड़िए आदि का उपद्रव हो तो उनका नाश करना अनिवार्य है। पानी में मौजूद कीटाणुओं का नाश करना भी अनिवार्य है। लेकिन अनिवार्य हिंसा भी हिंसा के बजाय अहिंसा नहीं कही जा सकती; हिंसा तो हिंसा ही बनी रहेगी। यदि कोई शेर–भेड़िए का नाश किये बिना अपना काम चला ले तो मैं बेखटके कहूँगा कि यह उत्तम है। पर यह कौन कर सकता है? वही जो शेर भेड़िए से डरता नहीं है, बल्कि मित्र की तरह उनसे मिल सकता है। जो डर के मारे हिंसा नहीं करता वह तो हिंसा कर ही चुका। बिल्ली चूहे के साथ हिंसा करती रहती है! निर्बल होने के कारण वह बिल्ली को मार नहीं सकता। हिंसा करने की पूरी सामर्थ्य रखते हुए भी जो हिंसा नहीं करता, वही अहिंसा के धर्म का पालन करने की शक्ति से सम्पन्न है! जो मनुष्य स्वेच्छा और प्रेमभाव से प्रेरित होकर किसी की हिंसा नहीं करता, वही अहिंसा धर्म का पालन करता है! अहिंसा का अर्थ है–प्रेम, दया, क्षमा। शास्त्रों ने उसे वीरों का गुण बताया है। यह वीरता शरीर की नहीं, बल्कि हृदय की है। क्षीणकाय व्यक्ति भी दूसरों की मदद से घोर हिंसा करते हुए देखे गये हैं। युधिष्ठिर के समान शरीर से बलवान लोग भी राजा विराट–जैसों को क्षमा प्रदान करते हुए देखे गये हैं। मतलब यह

है कि जब तक हृदय का बल प्राप्त नहीं हुआ, तब तक किसी ने अहिंसा धर्म का पालन किया, ऐसा माना ही नहीं जा सकता। आजकल की वणिक अहिंसा, अहिंसा नहीं है। इसमें तो प्रायः घोर निर्दयता दिखायी देती है; और अज्ञान तो इसमें है ही।

मैं जानता हूँ कि हमें यह दुर्बलता है। इसीलिए मैंने खेड़ा में महायुद्ध के समय सिपाहियों की भरती करने का भारी प्रयत्न किया था, और इसी से मैंने उस समय कहा था कि ब्रिटिश हुकूमत ने जो अनेक जघन्य कृत्य किये हैं उनमें उसका एक सबसे जघन्य कृत्य यह है कि उसने यहाँ की जनता को निःशस्त्र करके निर्वीर्य बना दिया है। आज भी मेरा वही दृष्टिकोण है। जिस किसी के मन में भय हो वह यदि निःशस्त्र रहकर अपने भय को दूर नहीं कर सकता तो वह अवश्य लाठी या उससे भी अधिक प्रभावकारी शस्त्र का अवलम्बन करे।

अहिंसा एक महाव्रत है। यह तलवार की धार पर चलने से भी अधिक कठिन है। देहधारी के लिए उसका सोलहों आने पालन करना असम्भव ही माना जायेगा। उसके पालन के लिए घोर तपश्चर्या की आवश्यकता है। तपश्चर्या का अर्थ है—त्याग और ज्ञान। जिसे ज़मीन के स्वामित्व का मोह है, वह अहिंसा का पालन नहीं कर सकता। किसान के लिए अपनी ज़मीन की रक्षा किये बिना कोई चारा नहीं है। उसे जंगली जानवरों से उसकी रक्षा करनी ही पड़ेगी। जो किसान ज़ानवरों अथवा चोर आदि को दण्ड देने के लिए तैयार न हो, उसे हमेशा अपना खेत छोड़ देने के लिए तैयार रहना पड़ेगा।

अहिंसा धर्म का पालन करने के लिए मनुष्य को शास्त्र तथा रीति—रिवाज की मर्यादा—का पालन करना चाहिए। शास्त्र हिंसा की आज्ञा नहीं देता; परन्तु प्रसंग—विशेष पर हिंसा—विशेष को अनिवार्य मानकर वह उसकी छूट अवश्य देता है। जैसा कि कहते हैं, 'मनुस्मृति' में अमुक प्राणियों के वध की अनुमति दी गयी है। यह वध करने की आज्ञा नहीं है। उसके बाद चिंतन में और प्रगति हुई और तब यह तय हुआ कि कलिकाल में वह अपवाद न रहे। इसीलिए वर्तमान रिवाज अमुक हिंसा को क्षम्य मानता है और 'मनुस्मृति' में जिन प्रसंगों पर हिंसा की अनुमति दी गयी है, उन्हीं में से कई प्रसंगों पर हिंसा करने पर प्रतिबन्ध है। कुछ छूट शास्त्रों ने दे रखी है; उससे आगे बढ़ने की दलील स्पष्टतः ग़लत है। संयम में धर्म है, स्वच्छन्दता में अधर्म। जो मनुष्य शास्त्र की दी हुई छूट से लाभ

नहीं उठाता, वह धन्यवाद का पात्र है। संयम की कोई सीमा नहीं है, इसलिए अहिंसा की भी कोई सीमा नहीं है। संयम का स्वागत दुनिया के तमाम शास्त्र करते हैं। स्वच्छन्दता के विषय में शास्त्रों में भारी मतभेद है। समकोण सब जगह एक ही प्रकार का होता है। दूसरे कोण अगणित हैं। अहिंसा और सत्य समस्त धर्मों के समकोण हैं। जो आचार इस कसौटी पर खरा न उतरे वह त्याज्य है। इसमें कोई भी शंका नहीं कर सकता। अधूरे आचार की इजाज़त चाहे हो, किन्तु अहिंसा–धर्म पालन करने वाले को तो निरन्तर जागरूक रहकर अपने हृदय–बल को बढ़ाते और प्राप्त छूटों के क्षेत्र को संकुचित करते जाना चाहिए। भोग में धर्म है ही नहीं। संसार का ज्ञानपूर्वक त्याग ही मोक्ष प्राप्ति है। संसार का पूर्ण त्याग हिमालय के शिखर पर चले जाने में भी नहीं है। हृदय की गुफा सच्ची गुफा है; उसमें छिपकर और सुरक्षित रहता हुआ मनुष्य संसार में रहते हुए भी उससे निर्लिप्त रहकर अनिवार्य प्रवृत्तियों में भाग लेते हुए विचरण कर सकता है।

सम्पूर्ण गाँधी वाङ्मय, खण्ड 28, पृ. 52–53,
नवजीवन (गुजराती), 9.8.1925

सच्ची अहिंसा : राजा महेन्द्र प्रताप का पत्र

अहिंसा को स्पष्ट करने के लिए गाँधी देशभक्त राजा महेन्द्र प्रताप का पत्र 04 जुलाई 1929 को यंग इंडिया में प्रकाशित करते हैं। पत्र में लिखा गया है कि, मैं अपने को अहिंसा का सच्चा अनुयायी मानता हूँ। मगर अपने पक्ष को स्पष्ट करने के लिए इस शब्द की व्याख्या कर देना ज़रूरी है और जब मैं यह कहता हूँ और ज़ोर देकर, कि कई लोग, जो अपने आपको इस पवित्र शब्द का पुजारी मानते हैं, इसका भाव तनिक भी नहीं समझे हैं, तब तो और भी ज़रूरी हो जाता है कि मैं इसकी व्याख्या कर दूँ।

'अहिंसा' का अर्थ, जैसा मैं समझता हूँ, यही है कि मन, वचन और कर्म से किसी के दिल या शरीर को चोट न पहुँचाई जाये फिर भी इस सिद्धान्त के लिए इतना ही काफ़ी नहीं है। अहिंसा के अनुयायी को उन सभी परिस्थितियों को बदलना पड़ता है, जिनमें हिंसा होती हो, या जिनमें उसका होना सम्भव हो। जब कोई आदमी किसी को हिंसा की शह देता है या उसमें सहायता देता है, तब मैं उसके कार्य को अहिंसा नहीं, निकृष्ट प्रकार की हिंसा कहता हूँ।

आज भारत में ऐसे बहुत से लोग हैं, जो अहिंसा के नाम पर सुन्दर–सुन्दर व्याख्यान दे डालते हैं, मगर अंग्रेज़ों की हिंसा का अन्त करने के लिए कुछ नहीं करते। मैं कहता हूँ कि ऐसे सभी व्यक्ति उस अपराध को कराने तथा उसे सहायता पहुँचाने के अपराधी हैं, जिसे अंग्रेज़ भारत में भूखों, निर्बलों और असहायों पर किया करते हैं।

इस बात से कोई इनकार नहीं कर सकता कि हमारे नेता गाँधीजी में भारतीय राष्ट्र की सेवा करने की आन्तरिक अभिलाषा है। फिर भी मुझे भय है कि बिना किसी जोशीले और सक्रिय कार्यक्रम के समर्थन के सिर्फ़ उन्हीं के ढंग से काम करने से लोग सुखी नहीं हो सकते।

मैं गाँधीजी के खादी आन्दोलन की बड़ी सराहना करता हूँ और उसका हृदय से समर्थन करता हूँ। हमारे जन–समाज की आर्थिक दशा में

वह किसी बड़ी हद तक सुधार करे या न करे क्योंकि इस समय समाज में कई नयी–नयी शक्तियाँ काम कर रही हैं फिर भी यह तो हर हालत में मानना ही पड़ेगा कि मानव–शास्त्र की दृष्टि से खादी आन्दोलन का विचार प्रशंसनीय है। वह लोगों को सादगी की दिशा बतलाता है और उनमें एक हद तक एकता की भावना जाग्रत करता है।

मुझे कहना चाहिए कि हमें तो इससे कहीं ज़्यादा की ज़रूरत है। अहिंसा की सच्ची भावना से प्रेरित होकर हमें हिंसा की प्रतीक तमाम ब्रिटिश संस्थाओं का सत्यानाश करना है। सारे राष्ट्र को एक होकर इस ध्येय के लिए कोशिश करनी चाहिए। आइए, हम सब मिलकर शीघ्र ही ब्रिटिशों की भारत में, न केवल भारत में बल्कि सारे विश्व में व्याप्त पशुता का अन्त कर दें। हर एक भारतीय अपनी–अपनी शक्ति के अनुसार अपना कर्तव्य पालन करे। अहिंसा की सच्ची भावना के फलस्वरूप मैं अपने विचार जबरन किसी पर लाद नहीं सकता। हाँ, हर एक स्वयं अपना कर्तव्य निश्चित कर ले। मैं तो सिर्फ़ उस शाश्वत सत्य की ओर इशारा मात्र कर सकता हूँ और वह यह है कि विधाता निस्सन्देह प्राणिमात्र का हित चाहता है–प्रत्येक स्त्री और पुरुष का–प्रत्येक मानव मात्र का। अगर कोई मनुष्य या जाति स्वार्थ से प्रेरित होकर काम करती है, दूसरों को सताती है तो अवश्य ही वह अपने गुणों का दुरुपयोग करती है और विधाता की इच्छा के विरुद्ध जा रही है। मैं सिर्फ़ यह कहता हूँ कि, आइए, हम सब व्यक्तिशः हिंसा का नाश करने की भरसक कोशिश करें। यही सच्ची अहिंसा है।

सम्पूर्ण गाँधी वाङ्मय, खण्ड 41, पृ. 192–194,
यंग इंडिया (अंग्रेज़ी), 4.7.1929

सत्य का पालन[1]

03 जुलाई, 1932[2] को गाँधी ने लिखा कि, जो बात अहिंसा पर लागू होती है[3] वही सत्य पर भी होती है। गाय को बचाने के लिए असत्य बोलना चाहिए अथवा नहीं, ऐसी समस्या में उलझकर हमारी दृष्टि के आगे रोज़–बरोज़ जो बातें होती हैं यदि हम उन्हें भूल जायें तो सत्य की साधना नहीं हो सकती। इस तरह की गहन समस्याओं में उलझना तो सत्य पर आवरण डालना है। आज हमारे सामने जो प्रतिदिन की समस्याएँ आ खड़ी होती हैं उनके मामले में यदि हम सत्य का पालन करते हैं तो कठिन समय में हमें क्या करना चाहिए, यह बात हमें स्वयं ही स्पष्ट हो जायेगी।

इस बात को ध्यान में रखते हुए हममें से प्रत्येक व्यक्ति को अपनी तरफ़ ही देखना चाहिए। अपनी समझ से मैं क्या किसी को छलता हूँ? मैं यदि 'ब' को ख़राब मानता हूँ और वैसा न कहकर यदि यह कहता हूँ कि वह अच्छा है तो मैं उससे छल करता हूँ। क्या मैं अच्छा अथवा बड़ा कहलाने की इच्छा से प्रेरित होकर अपने में उन गुणों को बताने की चेष्टा करता हूँ जो मुझमें नहीं है? अपने दोषों को जिसे बताना चाहिए क्या मैं उससे उन्हें छिपाता हूँ? मुझसे मेरा साथी अथवा मुझसे वरिष्ठ व्यक्ति यदि कुछ पूछे तो उसके उत्तर में मैं क्या उसे झाँसा देने का प्रयत्न करता हूँ? कहने लायक किसी बात को क्या मैं छिपाता हूँ? इनमें से यदि मैं कुछ भी करता हूँ तो मैं असत्य का आचरण करता हूँ। इस तरह प्रत्येक व्यक्ति को नित्य अपने कार्यों का लेखा–जोखा करके अपने–आपको

---

1. यह लेख 'पत्र : नारणदास गाँधी को', 28 जून/4 जुलाई, 1932 के साथ भेजा गया था।
2. बॉम्बे सीक्रेट ऐब्स्ट्रैक्ट्स से।
3. देखिये 'अहिंसा का पालन कैसे किया जाये', 25.6.1932 पृ. 141

सुधारना चाहिए। जो व्यक्ति इस स्थिति तक पहुँच गया है कि उसे सत्य की आदत पड़ गयी है, और जो अपने मुख से असत्य वचन बोल ही नहीं सकता, ऐसा व्यक्ति भले ही नित्य अपने से हिसाब न माँगे, लेकिन जिसमें लेशमात्र भी असत्य हो अथवा जो प्रयत्न करके ही सत्याचरण कर सकता है उसे तो उपर्युक्त ढंग से ऐसे अथवा इसी तरह के अन्य प्रश्नों का उत्तर अपने–आपको अवश्य देना चाहिए। जो व्यक्ति एक माह तक ऐसा करेगा उसे अपने अन्दर हुए परिवर्तन का स्पष्ट दर्शन होगा।

सम्पूर्ण गाँधी वाङ्मय, खण्ड 50, पृ. 141

मनुष्य है परोपकारी प्राणी

जो पार उतारे औरों को, उसकी भी पार उतरनी है।
जो ग़र्क़ करे फिर उसको भी याँ डुबकूँ–डुबकूँ करनी है।
शमशीर तीर बन्दूक सिना और नश्तर•तीर नहरनी है।
याँ जैसी–जैसी करनी है, फिर वैसी–वैसी भरनी है।

कवि ने यों गाया है। 'जैसी करनी वैसी भरनी', यह जगत प्रसिद्ध कहावत है। इस तरह का जो नियम है वह भारतीय समाज के लिए कुछ बदल नहीं जायेगा। जैसे कड़वी बेल में मीठा फल नहीं लग सकता, पलास में आम नहीं लग सकता, वैसे ही ट्रांसवाल के भारतीय करेंगे कुछ, और होगा कुछ–यह भी नहीं हो सकता। वे लोग मर्दानगी दिखायेंगे तो मर्द के समान रह सकेंगे। सम्मान के योग्य बात करेगे तो सम्मान भोगेंगे। दिया हुआ वचन पालेंगे और कहा हुआ करके दिखायेंगे तो उनकी शोभा बढ़ेगी। किन्तु यदि स्वार्थ, डर या अन्य किसी कारण से प्रतिज्ञा–भ्रष्ट होंगे तो समझ लीजिए कि ट्रांसवाल से भारतीय समाज के अधिकार लद गये। इतना ही नहीं, ट्रांसवाल वालों के साथ दूसरे भी पिस जायेंगे। ट्रांसवाल में भारतीय समाज ने ऐसा ही बड़ा काम अपने सिर लिया है।

इसके अलावा कवि कहता है कि जो दूसरों को पार उतारेंगे वे स्वयं भी पार जायेंगे, यह भी दुनिया का–प्रकृति का ख़ुदा का क़ानून है। यदि हम दूसरे का काम इस तरह करेंगे तो हमारा अपने–आप हो जायेगा। बाक़ी तो पक्षी और जानवर भी करते हैं। किन्तु मनुष्य और पशु में मुख्य अन्तर यह है कि मनुष्य परोपकारी प्राणी है। जहाँ लोग प्रजा के सुख में अपना सुख मानते हैं वहाँ सब सुखी रहते हैं। जहाँ सब अपना–अपना देखते हैं, वहाँ सब बर्बाद हो जाते हैं। क्योंकि "जो ग़र्क़ करे फिर उसको भी याँ डुबकूँ–डुबकूँ करनी है।" यह विचार गम्भीर है और सोचें तो सही भी है। जो माँ दुःख उठाकर बच्चे की परवरिश करती है, वह अन्त में सुखी

होती है; कुटुम्ब में जहाँ सब आपस में एक–दूसरे का दुःख बँटाते हैं और अपने दुःख की परवाह नहीं करते, वहाँ कुटुम्ब–व्यवस्था निभती चलती है; समाज में लोग स्वयं दुःख उठाकर समाज की रक्षा करते हैं और उसके द्वारा अपनी रक्षा करते हैं; उसी प्रकार जहाँ लोग देश के लिए दुःख उठाते हैं, मरते हैं, वहाँ वे ज़िन्दा रहते हैं और देश का नाम चमकाते हैं। इस तरह के गूढ़ नियम को तोड़कर कौन भारतीय सुख भोगना चाहता है? ये उदाहरण स्पष्ट रूप से सिद्ध कर देते हैं कि यदि ट्रांसवाल के भारतीय कौम के लिए–अपनी प्रतिष्ठा के लिए–सारे दुःख सहकर, आपत्तियाँ उठाकर, हाथ में लिया हुआ काम पूरा करेंगे तो उनकी विजय होगी। वे अपने बन्धन काटेंगे और इतिहास में अपना नाम अमर करेंगे।

सम्पूर्ण गाँधी वाङ्मय, खण्ड 7, पृ. 40,
इंडियन ओपिनियन (गुजराती), 15.6.1907

अहिंसा की सीख[1]

एक प्रश्न कि आप अहिंसा–अहिंसा रटते हैं, इससे लोग अहिंसक नहीं हो जायेंगे। अब जब आपने गुजराती में लिखना शुरू किया है, तो आपको लोगों को बताना चाहिए कि वे अपने जीवन में सबल की अथवा सच्ची अहिंसा किस प्रकार उतारें? इसके उत्तर में गाँधी कहते हैं कि आपका प्रश्न अच्छा है और ठीक मौक़े पर पूछा गया है। आपके प्रश्न का उत्तर आपके पूछने से पहले भी, मैंने कई बार छिटपुट रूप में देने का प्रयास किया है। फिर भी, मुझे स्वीकार करना चाहिए कि इसी प्रश्न को विषय बनाकर कुछ लिखा हो, यह मुझे याद नहीं है। जितना देना चाहिए था उतना ज़ोर मैंने इस विषय पर नहीं दिया है। मेरा समय सरकार से लड़ने–भर पर्याप्त साधन जुटाने में बीता है। आज तक यही उचित था। लेकिन हमने देख लिया कि ऐसा करने से अहिंसा अपंग रह गयी है। सबल की अहिंसा की हम झाँकी तक नहीं ले सके हैं। अब अगर हमें आगे बढ़ना है तो पहले की अहिंसा को कुछ समय के लिए भूलना पड़ेगा। अगर हममें सच्ची अहिंसा का प्रादुर्भाव होगा, तो हम अपनी पहले की अहिंसा को भी उसके उज्ज्वल रूप में देख सकेंगे और अल्प प्रयास से ही उसमें शत–प्रतिशत सफलता प्राप्त करेंगे। आगे उन्होंने कहा कि मैं अब कांग्रेस से अलग हो गया हूँ, इसलिए कांग्रेस के नाम पर अब मैं अकेला भी सविनय अवज्ञा नहीं कर सकता। लेकिन व्यक्तिगत अवज्ञा तो जब करना चाहूँ, कर सकूँगा। इसलिए यह मान लेने की कोई ज़रूरत नहीं है कि जब तक सच्ची अहिंसा का पाठ सीखा जा रहा है, तब तक सविनय अवज्ञा बिलकुल बन्द रहेगी। लेकिन मेरी कल्पना के अहिंसक दल में प्रवेश करने वाला अपने बारे में यह आशा न रखे कि वह तत्काल सविनय अवज्ञा कर सकेगा। उसे समझ

---

1. यह और अगला शीर्षक, दोनों 'प्रश्नोत्तरी' से लिए गये हैं।

लेना चाहिए कि जब तक उसने सच्ची अहिंसा का अनुभव नहीं किया, तब तक वह सविनय अवज्ञा कर ही नहीं सकता।

अहिंसा जितनी कठिन मानी जाती है उतनी कठिन है नहीं। ज़रूरत यह है कि हम अहिंसा को स्पष्टता के साथ उसकी सर्वोपरि उपयोगिता को समझ लें तो आचरण करना कठिन नहीं है। इसके लिए भारत–सावित्री वाला श्लोक[1] बार–बार दुहराना आवश्यक है उसमें ऋषि कवि पुकार–पुकार कर कहते हैं कि जिस धर्म में शुभ अर्थ और शुभ काम सहज ही समाये हैं ऐसे धर्म का आचरण हम क्यों नहीं करते। यह धर्म तिलक लगाने अथवा गंगा स्नान करने का नहीं है, बल्कि अहिंसा और सत्य का है। हमारे यहाँ दो अमर वाक्य हैं : 'अहिंसा परम धर्म है', और 'सत्य के सिवाय और दूसरा धर्म नहीं है।' इसमें इच्छा करने के योग्य समस्त अर्थ और काम निहित हैं तो फिर हम हिचकिचाते क्यों हैं? फिर भी, स्वीकार करना पड़ता है कि जो सरल है, वही लोगों को कठिन मालूम पड़ता है। यह वृत्ति हमारी जड़ता को सूचित करती है। यहाँ जड़ता शब्द को निन्दा के अर्थ में नहीं समझना चाहिए। यहाँ मैंने पारिभाषित अंग्रेज़ी शब्द का अनुवाद किया है। वस्तुमात्र में जड़ता नामक गुण रहता है और वह अपनी जगह उपयोगी भी है। इसीलिए हम टिके हुए हैं। जड़ता का यह गुण न हो, तो हम दौड़ते ही रहें। लेकिन इस जड़ता के वशीभूत हो जाने से हम लोगों में इस मान्यता ने घर कर लिया है कि सत्य और अहिंसा का पालन करना बहुत कठिन है। यह जड़ता दोषयुक्त है। इसके दोष को दूर करना आवश्यक है। पहले तो हमें संकल्प करना चाहिए कि असत्य और हिंसा से चाहे जो लाभ हो, हमारे लिए यह निषिद्ध है; क्योंकि वह लाभ, लाभ नहीं बल्कि हानि–रूप होगा। यदि हम इतना निश्चयपूर्वक मान लें, तो दोनों गुण सरलता से सीखे जा सकते हैं।

गाँधी आचरण में अहिंसा को उतारने की तरकीब देते हैं कि, आज तक हम लोग चरखे आदि को अहिंसा का आधार–रूप मानते आये हैं और वे ऐसे ही हैं और सदा रहेंगे।[2] लेकिन हमें आगे बढ़ना है। अहिंसा का पूर्ण

---

1. देखिये 'मेरी कोई नहीं सुनता' शीर्षक लेख में उद्धृत श्लोक, पृ. 282–84

2. लगता है, मूल में यहाँ कोई चूक हो गयी है, क्योंकि उसका अनुवाद होगा–"आज तक हम चरखे आदि को अहिंसा से स्वतन्त्र मानते आये हैं और वे ऐसे ही हैं तथा रहेंगे?" यह बात गाँधीजी की चिन्तन धारा से मेल नहीं खाती। इसके अतिरिक्त, 'हरिजन' में प्रकाशित इसके अंग्रेज़ी अनुवाद से भी यहाँ पाठ में दिये गये अनुवाद की पुष्टि होती हैं।

आचरण करने वाले ने अपने माता–पिता, पुत्र, पति–पत्नी, नौकर–चाकर, इन सबके साथ तो अपने सम्बन्ध अहिंसामय कर ही लिए होंगे अथवा कर लेंगे। लेकिन देश में जो उपद्रव होते हैं, उनका क्या हो? हिन्दू–मुसलमानों के झगड़ों का क्या इलाज है? चोर–डाकुओं के उपद्रव के समय वह क्या करेगा? जब ऐसा हो तब मर–मिटने का संकल्प कर लेना भर काफ़ी नहीं है। इस तरह मर–मिटने के लिए भी योग्यता प्राप्त करनी चाहिए। मैं हिन्दू होऊँ तो मुझे मुसलमानों तथा अन्य विधर्मी जातियों के प्रति अपने अन्दर भाईचारे की वृत्ति का विकास करना चाहिए। मुझे अपने आसपास रहने वाले विधर्मियों के साथ ऐसा बर्ताव करना चाहिए, जैसा मैं अपने सहधर्मियों के साथ करता हूँ अथवा होना चाहिए। उनकी सेवा के अवसर खोजकर उनकी सेवा करनी चाहिए। इस सेवा में डर नहीं होना चाहिए, कृत्रिमता नहीं होनी चाहिए। अहिंसा के शब्दकोश में भय के लिए स्थान ही नहीं हैं। अपने अन्दर ऐसा भाईचारा विकसित करने वाले ही साम्प्रदायिक दंगों में मर–मिट सकते हैं। यही बात चोर–डाकुओं के बारे में भी है। चोर डाकुओं की सामान्यतः कोई विशेष जाति नहीं होती। फिर भी इतना तो हम जानते ही हैं कि सामान्यतः अमुक जातियों में चोर–डाकू पाये जाते हैं। उनके साथ हमें सम्पर्क साधना चाहिए। उदाहरण के लिए रविशंकर महाराज इसी कोटि के व्यक्ति हैं। उन्होंने यह शुभ कार्य सहज भाव से किया है। ऐसा करने वाले बहुत कम मिलेंगे। यह क्षेत्र बहुत विशाल है। इसमें सच्चा प्रेम होने के अतिरिक्त और किसी योग्यता की आवश्यकता नहीं होती। रविशंकर महाराज को अंग्रेज़ी का बिलकुल ज्ञान नहीं है। गुजराती भी वे केवल कामचलाऊ जानते हैं। भगवान ने उन्हें पड़ोसी के प्रति प्रेम का गुण दिया है, और उनकी सादगी ऐसी है कि सबकी नज़र में चढ़ जाती है। अहिंसक व्यक्ति इतने सजग हों कि वे प्रत्येक क्षण का हिसाब दे सकें।

सेवाग्राम 15 जुलाई, 1940; सम्पूर्ण गाँधी वाङ्मय, खण्ड 72, पृ. 309,
हरिजन बन्धु (गुजराती), 20.7.1940

दुर्व्यवहार करने पर अहिंसा का प्रयोग

एक सज्जन ने, अपना पूरा नाम–पता देकर एक लम्बा पत्र गाँधी को भेजा। पत्र के प्रमुख अंश को उद्धृत करते हुए उसका उत्तर, क्या अहिंसा की कोई सीमा है? शीर्षक से गाँधी जवाब देते हैं। पत्र में लिखा गया कि–आप शायद जानते होंगे कि मद्रास में इस समय कांग्रेस के कार्यकर्ताओं के साथ क्या हो रहा है। गत दो दिनों में 'जस्टिस' पार्टी वालों ने उनके साथ दुर्जनता की हद कर दी है। कांग्रेस के उम्मीदवार श्रीयुत...के लिए श्रीयुत...के साथ श्रीयुत...मतदाताओं से पैरवी कर रहे थे। 'जस्टिस' पार्टी का एक दल इनके पीछे–पीछे लगा फिरता था। जब ये लोग 'जस्टिस' पार्टी के उम्मीदवार के घर के पास पहुँचे, तब जस्टिस पार्टी वालों ने कांग्रेस कार्यकर्ताओं को अचानक घेर लिया और...के और...के मुँह पर थूक दिया। ...आपको लिखने का उद्देश्य यही है कि आप अपने अहिंसा के सिद्धान्त का खुलासा करें कि ऐसे घोर अपमान की गम्भीर स्थिति में कांग्रेस वालों का क्या कर्तव्य है। चिढ़ाने वाली उनकी यह कार्यवाही दिन–पर–दिन बढ़ती जा रही है और कांग्रेस वालों के लिए शायद किसी दिन अपने नौजवानों को हिंसा के मार्ग पर ले जाने से रोकना असम्भव हो जायेगा। इसलिए मैं आपसे पूछता हूँ कि क्या व्यक्तिगत रूप से अत्याचार से अपना बचाव करना अहिंसा से मेल खाता है? यदि हाँ, तो किन शर्तों पर? ...सुनते हैं कि 'जस्टिस' पार्टी वाले गुण्डागर्दी का प्रयोग करके प्राप्त सफलता के आधार पर इसे राजनीतिक युद्ध का बाकायदा अस्त्र बनाकर आगामी नवम्बर मास में असेंबली और काउंसिल के चुनाव के समय कांग्रेस के विरुद्ध इससे काम लेना चाहते हैं।

गाँधी ने दो टूक शब्दों में कहा कि, आदमियों और स्थानों के नाम मैंने जानबूझकर हटा दिये हैं, क्योंकि उनका यहाँ कोई सरोकार नहीं है। प्रसंगोचित अहिंसा का ज़माना बहुत दिन हुए बीत गया। जो मन से

अहिंसक नहीं रह सकते उन्हें पत्र–लेखक की बतलाई हुई स्थिति में भी अहिंसक बने रहने के लिए कोई बाध्य नहीं करता। अहिंसा, कांग्रेस का सिद्धान्त है तो सही परन्तु आज अहिंसक बने रहने के लिए किसी को कांग्रेस के सिद्धान्त की परवाह नहीं है। आज जो कांग्रेसी अहिंसक है, इसलिए कि उसमें हिंसक होने की शक्ति नहीं है। इसलिए मेरी दो टूक सलाह यही है कि किसी भी कांग्रेसी को मेरे पास या किसी दूसरे कांग्रेसी के पास, अहिंसा के प्रश्न पर सलाह लेने जाने की ज़रूरत नहीं है। सभी को अपनी ही ज़िम्मेवारी पर काम करना होगा और अपनी ही बुद्धि और विश्वास के अनुसार कांग्रेस के सिद्धान्त का अर्थ लगाना होगा। मैंने प्रायः देखा है कि उन्हीं निर्बल मनुष्यों ने कांग्रेस के मन्तव्य की या मेरी सलाह की आड़ ली है, जो अपनी कायरता के कारण अपनी या अपने आश्रितों की इज़्ज़त की रक्षा नहीं कर सके हैं। यहाँ प. चम्पारण (बेतिया) के निकट की एक घटना का उल्लेख करते हुए उन्होंने कहा कि उस समय असहयोग ज़ोरों पर था। कुछ गाँववालों को लूटा गया और वे लुटेरों के हाथ अपनी स्त्रियों, बच्चों और घरों का सामान छोड़कर भाग गये। अपना दायित्व इस तरह छोड़कर भाग जाने की कायरता के लिए जब मैंने उनकी भर्त्सना की तो उन्होंने निर्लज्जतापूर्ण ढंग से अहिंसा की दुहाई दी। मैंने सार्वजनिक रूप से उनके इस व्यवहार की निन्दा की और कहा कि मेरी अहिंसा के अनुसार जो अहिंसा की वृत्ति न रख सकते हों और जिनकी रक्षा में स्त्रियाँ और बच्चे हों, उनके द्वारा हिंसा जायज़ है। कायरता को छिपाने के लिए अहिंसा की आड़ लेना अहिंसा नहीं है। अहिंसा तो वीरों का गुण है। अहिंसा के पालन में, तलवार चलाने से कहीं अधिक वीरता की ज़रूरत है। कायरता और अहिंसा का कहीं कोई मेल नहीं है। तलवार छोड़कर अहिंसा ग्रहण करना सम्भव है और कभी–कभी तो यह आसान भी होता है। इसलिए, यह बात पहले से ही मान ली जाती है कि अहिंसा ग्रहण करने वाले व्यक्ति में चोट करने की क्षमता भी होगी। वह बदला लेने की अपनी प्रवृत्ति पर जानबूझकर लगाम लगा देता है। परन्तु निष्क्रिय होकर औरतों जैसे असहाय बनकर आत्मसमर्पण करने से तो बदला लेना ही कहीं अच्छा है। बदला लेने से क्षमा बड़ी चीज़ है। बदला लेना भी एक कमज़ोरी ही है। बदला लेने की इच्छा, इस भय से उत्पन्न होती है कि शायद कोई हानि–वास्तविक या काल्पनिक–होगी। जब कुत्ता डरता है तभी भौंकता और काटता है। जिसे संसार में किसी से भय नहीं वह

उस आदमी पर क्रोध करने में भी एक झंझट–सा महसूस करेगा जो उसे हानि पहुँचाने की विफल चेष्टा कर रहा हो। छोटे लड़के सूर्य पर धूल फेंकते हैं परन्तु वह तो उनसे बदला नहीं लेता। इससे उनकी अपनी ही हानि होती है।

गाँधी ने लिखा कि, मुझे पता नहीं कि 'जस्टिस' पार्टी वालों के दुष्कृत्यों का जो वर्णन पत्र–लेखक ने किया है, ठीक है या नहीं। शायद, इसका एक–दूसरा भी पक्ष होगा। लेकिन, सभी बातें, सच्ची मान लेने पर, मैं तो उन लोगों को बधाई ही दूँगा जिनके ऊपर थूका गया, मैला फेंका गया, या मार पड़ी। यदि अपमान सहकर भी मन में बदला लेने के भाव न लाने का साहस उनमें था तो इससे उनको कोई हानि नहीं पहुँची है। परन्तु यह उनकी भूल ही कही जायेगी, यदि उन्होंने क्षुब्ध होते हुए भी केवल हवा का रुख़ देखकर बदला न लिया हो। स्वाभिमान हवा का रुख़ देखकर नहीं चलता। मुझे यह समझ में नहीं आता कि ये प्रतिष्ठित कांग्रेसी, जो 'जस्टिस' पार्टी के उन चन्द गुण्डों से गिनती में इतने अधिक थे, उन्हें कौन–सी सज़ा दे सकते थे? क्या वे भी मैले का जवाब मैले से, थूक का थूक से और गाली का गाली से देते? या इस बहुसंख्यक दल के स्वाभिमान की रक्षा उन थोड़े से गुण्डों की उपेक्षा करने में ही होती? असहयोग आन्दोलन के समय का सन्दर्भ देते हुए गाँधी ने कहा कि जो गुण्डे सभाओं में गड़बड़ करना चाहते थे उनके साथ कैसा व्यवहार होता था। स्वयंसेवक उन्हें पकड़कर बैठाये रहते मगर कोई चोट नहीं पहुँचाते थे और यदि वे शोर करते तो उनके गुल–गपाड़े की उपेक्षा ही की जाती थी। मैं जानता हूँ कि उस ज़माने में भी बहुत बार अहिंसा का नियम तोड़ा जाता था और जो लोग सभाओं में विघ्न डालते या विरोध में कुछ बोलते थे, उन्हें बहुसंख्यक समुदाय शोर करके बैठा देता था या कभी–कभी तो उनके साथ ज़ोर–ज़बरदस्ती भी की जाती थी। इसमें उस बहुसंख्या का और उस आन्दोलन का अपमान ही होता था। वे इस प्रकार उस आन्दोलन को बिना सोचे–समझे धोखा देते और अर्थ का अनर्थ करते थे। इसलिए, मैं, इस कांग्रेसी पत्र–लेखक से, तथा उन कांग्रेसियों से जिनके ये प्रतिनिधि हैं, यह भी कहना चाहता हूँ कि यदि 'जस्टिस' पार्टी या किसी और पार्टी को उन्हें अपनी ओर कर लेना मंजूर हो तो उनके साथ नम्रता का ही व्यवहार करना होगा, भले ही वे उद्दण्डता दिखलायें। यदि सभी विरोधियों को दबाना ही इष्ट है, तो फिर दोनों ओर से डायर शाही का व्यवहार ही

उचित दवा है। लेकिन हम उससे स्वराज के निकट पहुँच सकेंगे या नहीं, वह एक दूसरा ही सवाल है।

अहिंसा हृदय का गुण है जीवन से इसका अटूट सम्बन्ध है, गाँधी कहते हैं कि जहाँ विश्वास ही न हो, वहाँ मेरी सब सलाह बेकार है। इसलिए सभी कांग्रेसियों को सभी तरह से आगा–पीछा सोच लेना चाहिए और तब निश्चय करके उसी के अनुसार काम करना चाहिए। इसकी कुछ भी परवाह नहीं करनी चाहिए कि इसका क्या नतीजा होगा। इसमें भूल होना सम्भव है, परन्तु तब भी उनका आचरण ठीक ही कहा जायेगा। अज्ञानवश की हुई हज़ारों भूलें, उस बिलकुल सही और सोचे–समझे काम से अच्छी हैं, जिसके पीछे विश्वास न हो। वह तो मक्कारी ही होगी। सबसे बड़ी बात तो यह है कि यदि हमें देश के साथ सच्चे बनकर रहना है और उसे उसके अभीष्ट स्थान पर पहुँचाना ही है तो हमें ख़ुद के प्रति ईमानदारी बरतनी पड़ेगी। अहिंसा को नारेबाज़ी की चीज़ मत बनाइए। यह कोई पोशाक तो नहीं है कि जब चाहा पहन ली और जब चाहा उतार दी। इसका स्थान हमारे हृदयों में है और हमें अपने जीवन के साथ इसका अटूट सम्बन्ध जोड़ना है।

सम्पूर्ण गाँधी वाङ्मय, खण्ड 31, पृ. 302–304,
यंग इंडिया (अंग्रेज़ी), 13.08.1926

शान्तिवादियों के साथ बातचीत[1]

19 फरवरी, 1940 या उससे पूर्व[2] एक मित्र ने प्रश्न किया कि, मान लीजिए किसी प्रबल शान्ति पशुबल वाले व्यक्ति के आगे कोई असहाय महसूस करे तो क्या उसके लिए सिर्फ़ उतनी शक्ति का इस्तेमाल करना उचित नहीं होगा जितनी कि उस व्यक्ति को अन्याय करने से रोकने के लिए ज़रूरी है? इसके जवाब में गाँधी कहते हैं कि हाँ, यह उचित तो होगा; लेकिन जिसमें सच्ची अहिंसा की वृत्ति है उसे असहाय महसूस करने की ज़रूरत नहीं है। हिंसा के आगे असहाय महसूस करना अहिंसा नहीं, कायरता है। अहिंसा को कायरता से गड्डमड्ड नहीं करना चाहिए।

मान लीजिए कोई आपके पास आकर आपको अपमानित करता है, तो क्या आप उस तरह अपने को अपमानित होने देंगे? के उत्तर में गाँधी कहते हैं कि, अगर आप अपमानित महसूस करें तो अपने सम्मान की रक्षा के लिए उस उद्दण्ड व्यक्ति के मुँह पर तमाचा जड़ देना अन्यथा जो–कुछ आवश्यक समझें वह करना बिलकुल उचित होगा। अगर आप कायर नहीं हैं तो उस परिस्थिति में आपका बल–प्रयोग करना स्वाभाविक होगा। लेकिन अगर आपने अहिंसा की भावना को हृदयंगम कर लिया है तो आप में अपमानित होने की अनुभूति नहीं होनी चाहिए। उस हालत में आपके अहिंसक व्यवहार को देखकर वह उद्दण्ड व्यक्ति या तो ख़ुद शर्मिन्दा हो जायेगा और आपको अपमानित नहीं कर पायेगा या आपकी अहिंसा–वृत्ति

---

1. प्यारेलाल के 'एन इंटरल्यूड एट शान्तिनिकेतन' शीर्षक विवरण से उद्धृत। शान्तिवादियों की एक मण्डली ने जिनमें कुछ क्वेकर मित्र भी शामिल थे, डॉ. अमिय चक्रवर्ती के नेतृत्व में गाँधीजी से मुलाक़ात की थी।
2. बातचीत 'शान्तिनिकेतन में गाँधीजी के दो दिन ठहरने के दौरान' हुई थी और वे वहाँ 17 से 19 फरवरी, 1940 तक ठहरे थे।

आपको ऐसा बना देगी जिससे उस उद्दण्ड व्यक्ति के दुर्व्यवहार का आप पर कोई असर ही नहीं होगा, फलतः वे अपमानजनक शब्द उसके मुँह तक सीमित रह जायेंगे और आप उनसे अछूते रहेंगे।

एक प्रश्न कि, कोई पागल आदमी हत्या करने पर उतारू है या आप किसी उपद्रव के मुक़ाम पर स्थिति के बहुत बिगड़ जाने पर पहुँचते हैं। क्रुद्ध भीड़ नियन्त्रण से बाहर हो चुकी है और आप असहाय महसूस करते हैं तब आप उस पागल आदमी को रोकने के लिए बल–प्रयोग को या दूसरी स्थिति में क्रुद्ध भीड़ को तितर–बितर करने के लिए, उदाहरणार्थ अश्रु गैस के प्रयोग को उचित मानेंगे या नहीं?, के उत्तर में गाँधी ने कहा कि, ऐसी कार्रवाई को मैं क्षम्य तो मानूँगा, लेकिन यह नहीं कहूँगा कि अहिंसा की दृष्टि से यह उचित है। मैं यह कहूँगा कि आप में इतनी अहिंसा–वृत्ति नहीं थी कि आप विशुद्ध अहिंसात्मक तरीक़े पर भरोसा करके चलते। यदि आप में अहिंसा वृत्ति होती तो आपकी उपस्थिति–मात्र उस पागल को शान्त कर देती। अहिंसा को कारगर बनाने की शक्ति भी ख़ुद अहिंसा में ही छिपी होती है। यह कोई यान्त्रिक प्रणाली से काम करने वाली चीज़ नहीं है। 'मैं बल–प्रयोग नहीं करूँगा', यह कहने–भर से आप अहिंसक नहीं बन जाते। आप अहिंसक हैं, इसकी अनुभूति आपके हृदय में होनी चाहिए। आपके हृदय में अन्यायी के प्रति प्रेम और दया का उमड़ता हुआ स्रोत होना चाहिए। जब आपके हृदय में ऐसी भावना होगी तो वह तदनुकूल किसी क्रिया के रूप में अभिव्यक्त होगी, वह क्रिया मात्र एक संकेत, या एक दृष्टि अथवा मौन भी हो सकती है। लेकिन जैसी भी होगी, वह अन्यायी के हृदय को अवश्य द्रवित करेगी और अन्याय को रोक देगी।

अहिंसा के आदर्श की दृष्टि से देखें तो अश्रु गैस का उपयोग उचित नहीं है। लेकिन यदि मैं देखूँ कि मैं ऐसी कठिन स्थिति में पड़ गया हूँ कि इसके प्रयोग बिना किसी असहाय युवती की रक्षा नहीं कर सकता अथवा किसी क्रुद्ध भीड़ को पागलपन का काम करने से नहीं रोक सकता तो मैं इसके प्रयोग को दुनिया के तमाम विरोध के बावजूद उचित ठहराऊँगा। यदि ईश्वर के सामने पेश होने के दिन ईश्वर के समक्ष मैं यह दलील दूँ कि अपने अहिंसा के सिद्धान्त से बँधे होने के कारण मैं इन अवांछनीय घटनाओं को घटित होने से रोक नहीं पाया, तो वह मुझे क्षमा नहीं करेगा : अहिंसा स्वतः क्रियाशील है। पूर्णतः अहिंसक व्यक्ति स्वभाव से ही हिंसा का प्रयोग करने में असमर्थ होता है, या यों कहिए कि उसके लिए हिंसा

का कोई उपयोग ही नहीं होता। उसकी अहिंसा सभी परिस्थितियों में सभी प्रयोजनों के लिए पर्याप्त होती है।

इसलिए जब मैं कहता हूँ कि बल का प्रयोग चाहे जिस परिमाण और चाहे जिस परिस्थिति में हो ग़लत है तो मेरे इस कथन को सापेक्ष ही मानिए। एक शाश्वत सिद्धान्त में अपवादों की सम्भावना को स्वीकार करने के बदले, मेरे लिए यह कहना बहुत ठीक होगा कि मुझ में पर्याप्त अहिंसा नहीं है। इसके अलावा, जब मैं इस सिद्धान्त का कोई अपवाद स्वीकार करने को तैयार नहीं होता तो उससे मुझे अहिंसा की पद्धति में पूर्ण प्रवीणता हासिल करने के लिए भी प्रेरणा मिलती है। मैं पंतजलि की इस सूक्ति में अक्षरशः विश्वास करता हूँ कि अहिंसा के सामने हिंसा स्वयंमेव तिरोहित हो जाती है।[1]

क्या कोई राज्य विशुद्ध अहिंसक पद्धति से अपना काम चला सकता है? प्रश्न के उत्तर में गाँधी कहते हैं कि, सरकार तो पूर्णतः अहिंसक नहीं बन सकती, क्योंकि वह समग्र जनता की प्रतिनिधि होती है। आज मैं ऐसे स्वर्णयुग की कल्पना नहीं कर रहा हूँ। पर मैं यह अवश्य मानता हूँ कि ऐसा समाज बन सकता है जो मुख्य रूप से अहिंसक हो और मैं उसी को साकार करने के लिए काम कर रहा हूँ। ऐसे समाज का प्रतिनिधित्व करने वाली सरकार कम–से–कम बल प्रयोग करेगी। लेकिन कोई भी सच्ची सरकार अराजकता नहीं फैलने दे सकती। इसीलिए मैंने कहा है कि मुख्य रूप से अहिंसा पर आधारित सरकार के अधीन भी एक छोटे–से पुलिस–दल की आवश्यकता रहेगी।[2]

सम्पूर्ण गाँधी वाङ्मय, खण्ड 71, पृ. 260–262,
हरिजन (अंग्रेज़ी), 9.3.1940

---

1. योगसूत्र
2. देखिये 'वक्तव्य : समाचारपत्रों को', पृ. 215–19

अहिंसा का मर्म

एक सज्जन ने सवाल किया कि,

1. क्या यह बात सच है कि विदेशी चीनी में हड्डियाँ तथा ख़ून आदि अपवित्र चीज़ें डाली जाती हैं?
2. अहिंसा–व्रत का पालन करने वाला मनुष्य क्या विदेशी चीनी खा सकता है?
3. जो शख़्स अहिंसा की दृष्टि से खादी पहनते हैं वे क्या स्वराज मिलने के बाद भी खादी पहनते रहेंगे या दूसरे कपड़े पहन सकेंगे?
4. खादी पहनना अहिंसा का सवाल है या राजनीति का? हिंसा की दृष्टि से मिल के कपड़े में अधिक हिंसा है या विलायती कपड़े में; बने तो वे दोनों ही मशीन के हैं।
5. अहिंसा–व्रत का पालन करने वाला चाय पी सकता है? यदि नहीं पीनी चाहिए तो उसे पीने में हिंसा कहाँ है?

गाँधी ने कहा कि, ऐसे सवालों का जवाब देते हुए मुझे संकोच होता है, क्योंकि ऐसे सवाल अज्ञान का सूचक हैं। चूँकि कितने ही पाठक ऐसे सवाल किया करते हैं इसलिए उनका निर्णय कर डालना उचित मालूम होता है। इन सवालों के जवाब के निमित्त मैं अहिंसा के तत्त्व को भी जिस तरह समझता हूँ, स्पष्ट कर देना चाहता हूँ–

1. विदेशी चीनी के अन्दर हड्डियाँ आदि नहीं डाली जातीं; हाँ, ऐसा सुना है कि उनका उपयोग चीनी साफ़ करने में किया जाता है। यह मानने का भी कोई कारण नहीं कि ऐसा प्रयोग देशी चीनी के लिए नहीं किया जाता।
2. इस कारण अहिंसा की दृष्टि से शायद दोनों प्रकार की चीनी त्याज्य है। यदि लेना ही हो तो वह कहाँ–कैसे बनती है, इसकी जाँच–पड़ताल करनी चाहिए। स्वदेशी को प्रोत्साहन देने के लिए विदेशी चीनी का

त्याग करना उचित है। अहिंसा की एक सूक्ष्म दृष्टि से तो चीनी का ही त्याग कर देना चाहिए। प्रत्येक प्रक्रिया में हिंसा होती है। इसलिए जिस खाद्य पदार्थ पर जितनी कम प्रक्रिया होती हो वह उतना ही अच्छा है। गन्ना चूसना सबसे उत्तम है; गुड़ खाना उससे कम अच्छा है और चीनी खाना उससे भी कम। परन्तु मैं सर्व–साधारण के लिए इतना बारीक़ी में जाने की बिलकुल ज़रूरत नहीं समझता।

3. खादी पहननेवाला अहिंसा और स्वराज दोनों दृष्टियों से स्वराज मिलने के बाद भी खादी ही पहनेगा। स्वराज जिन साधनों के बल पर मिलेगा उन्हीं साधनों के बल पर वह क़ायम रह सकेगा। जो राष्ट्र अपनी ज़रूरतों के लिए विदेशों पर आश्रित रहता है, या तो वह गुलाम बन जाता है या औरों को गुलाम बनाता है।

4. खादी पहनने में अहिंसा, राजनीति और अर्थशास्त्र तीनों का समावेश हो जाता है। पूर्वोक्त नियम के अनुसार खादी की प्रक्रियाएँ अपेक्षाकृत कम हैं, इसलिए उसमें हिंसा का समावेश कम है।

   अब विदेशी या स्वदेशी मिल के कपड़े का मुक़ाबला करें तो भले ही दोनों में एक ही प्रकार की मशीनों का उपयोग होता है, स्वदेशी मिल के कपड़े पहनने में कम हिंसा है। क्योंकि ऐसा करते हुए हमारे हृदय में अपने देश–भाइयों के प्रति प्रेम रहता है। परन्तु विदेशी कपड़े का इस्तेमाल करने में प्रेम का अभाव होता है। यही नहीं, बल्कि बिलकुल स्वच्छन्दता, स्वार्थ या अपनी ही सुख–सुविधा का ख़याल रहता है और परमार्थ का, प्रेम का अर्थात् अहिंसा का अभाव रहता है।

5. अहिंसा–व्रत का पालन करने वाला चाय पी भी सकता है और नहीं भी पी सकता है। चाय (के पौधे) में भी प्राण है। वह निरुपयोगी वस्तु है। इस कारण उसे पीने से होने वाली हिंसा अनिवार्य नहीं है। अतएव उसका त्याग इष्ट है। जहाँ–जहाँ चाय के बगीचे हैं, वहाँ–वहाँ गिरमिटिया लोगों से मजूरी कराई जाती है। गिरमिटिया लोगों के दुःखों से हिन्दुस्तान वाक़िफ़ है। जिस पदार्थ के उत्पादन में मज़दूरों को कष्ट मिलता हो वह भी अहिंसा की दृष्टि से त्याज्य है। व्यवहार में हम इतनी छोटी–मोटी बातों का ख़याल नहीं करते। इस कारण जिस तरह दूसरी चीज़ों को अहिंसा की दृष्टि से निर्दोष समझते हैं उसी तरह चाय को भी मान सकते हैं। वैद्यक की दृष्टि से चाय में गुण की अपेक्षा दोष अधिक हैं, ख़ासकर तब जबकि वह उबाल ली जाती है।

दरअसल अहिंसा एक मानसिक स्थिति है, जो इस स्थिति को नहीं पा सका वह चाहे कितनी ही चीज़ों को त्याग दे तो भी उसे उसका फल शायद ही मिल सकेगा। रोगी, रोग के कारण अनेक चीज़ों से परहेज करता है। उसके इस त्याग का फल रोग दूर करने के अतिरिक्त और कुछ नहीं होता। अकाल पीड़ित को यदि भोजन न मिले तो इससे उसे उपवास का फल नहीं मिलता। जिसका मन संयमी नहीं है उसकी कृति में भले ही संयम दिखायी दे; पर वह संयम नहीं है। खाद्य–अखाद्य के विषय में अहिंसा का समावेश नहीं होता। अहिंसा क्षत्रिय गुण है। कायर उसका पालन कर ही नहीं सकता। दया तो शूरवीर ही दिखा सकते हैं। जिस कार्य में जिस अंश तक दया है उस कार्य में उसी अंश तक अहिंसा हो सकती है। इसलिए दया में ज्ञान की आवश्यकता है। अन्ध प्रेम को अहिंसा नहीं कहते। अन्ध प्रेम के अधीन होकर जो माता अपने बालक को अनेक तरह से लाड़ करती है उसमें अहिंसा नहीं बल्कि अज्ञानजनित हिंसा है। मैं चाहता हूँ कि लोग खाने–पीने की मर्यादाओं को ज़्यादा महत्त्व न दें और उनका पालन करते हुए भी अहिंसा के विराट रूप को, उसकी सूक्ष्मता को, उसके मर्म को समझें। रिवाज के अनुसार चलने वाला पश्चिम का कोई साधु पुरुष गोमांस खाने पर भी रूढ़ि रिवाज के अनुसार गोमांस को छोड़नेवाला एक पाखण्डी क्रूर मनुष्य से हज़ार गुना अधिक अहिंसक है। मैं चाहूँगा कि मुझसे प्रश्न पूछने वाले अपने आपसे यह कहें कि मैं विदेशी चीनी, विदेशी कपड़े और चाय को छोड़ भी दूँ पर अपने पड़ोसी के प्रति दयाभाव न रखूँ, दूसरों के लड़कों को अपने लड़के के बराबर न मानूँ, अपने व्यवसाय में सच्चाई का पाबन्द न बनूँ, अपने नौकरों–चाकरों को अपना कुटुम्ब मानकर उनके साथ प्रेम–भाव न रखूँ तो मेरी खाने–पीने की मर्यादा का कुछ मूल्य नहीं है; मेरी यह मर्यादा आडम्बर–मात्र है और अज्ञानजनित दिखावा है। नरसिंह मेहता का पवित्र वचन हैं कि "ज्यां लगी आत्मा तत्त्व चीन्ह्यो नहीं त्यां लगी साधना सर्व झूठी।" आत्म–तत्त्व को पहचानने का अर्थ है–अहिंसामय होना। अहिंसामय होने का अर्थ है विरोधी के प्रति भी प्रेमभाव रखना, अपकारी का भी उपकार करना, बुराई का बदला भलाई से देना और ऐसा करते हुए यह मानना कि यह कोई अनोखी बात नहीं है, यह तो हमारा कर्तव्य है।

सम्पूर्ण गाँधी वाङ्मय, खण्ड 26, पृ. 309–311,
नवजीवन (गुजराती), 15.3.1925

नित्य व्यवहार की अहिंसा

'हरिजनबन्धु' के एक पाठक[1] ने लिखा कि : हिंसा–अहिंसा का द्वन्द्व अनादि है और अनन्त काल तक बना रहेगा। सभी लोग दोनों शब्दों का अलग–अलग अर्थ करेंगे और अपनी इच्छा तथा सामर्थ्य के अनुसार उस पर आचरण करेंगे। अतः ऐसा लगता है कि इस बहुचर्चित विषय की और अधिक चर्चा हमें कुछ बहुत आगे नहीं ले जा सकती। किन्तु दुर्बलता से ग्रस्त हमारे आज के वातावरण में अहिंसा को मैं जिस दृष्टि से देखता हूँ, वह दृष्टिकोण नया–सा जान पड़ता है और इस कारण अहिंसा के भक्तों को कभी–कभी आघात भी पहुँचता है। अहिंसा वीर पुरुष का लक्षण है। कायरता और अहिंसा में घोर शत्रुता है। हमारे भय से घिरे हुए होने और अहिंसा को विपरीत ढंग से देखने के अभ्यस्त हो जाने के कारण हम उसका सही रूप नहीं देख पाते।

उपर्युक्त पत्र पर विचार करने के लिए इतनी प्रस्तावना आवश्यक जान पड़ती है।

फलतः वह रोज़ रात को सोते समय अपने–आपसे पूछे : "आज मैंने अपने साथी का तिरस्कार किया; उसे ख़राब खादी देकर स्वयं अच्छी खादी ली; उसे कच्ची रोटी देकर मैंने अच्छी सिंकी रोटी ली; अपने काम से जी चुराकर अपने साथी पर बोझ डाला; आज पड़ोसी बीमार था उसकी तीमारदारी के लिए उसके पास नहीं गया; प्यासे राहगीर ने मुझसे पानी माँगा उसे नहीं दिया; मेहमानों के आने पर मैंने उन्हें नमस्कार तक न किया; मज़दूरों को कटु वचन कहे, उन पर बिना विचार ज़्यादा काम लादता गया, बैलों को छड़ी मारता रहा; "इन सबमें भारी हिंसा है। इस

---

1. पत्र का अनुवाद यहाँ नहीं दिया गया है। पत्र–लेखक ने लिखा था कि वह साँपों के भय से मुक्त नहीं हो सका है, हालाँकि वह यह जानता है कि अहिंसा ही जीवन का धर्म है।

तरह नित्य के व्यवहार में यदि हम स्वाभाविक रूप से अहिंसा धर्म का पालन नहीं करते तो अन्य चीज़ों के सम्बन्ध में पालन करने लायक नहीं बनते अथवा यदि अन्य चीज़ों के बारे में हम अहिंसा का पालन करते हैं तो उसकी क़ीमत बहुत कम है अथवा कोई क़ीमत नहीं। अहिंसा प्रतिपल कार्य करने वाली प्रचण्ड शक्ति है। उसकी कसौटी हमारे प्रतिक्षण के कार्य में, प्रतिपल के विचार में होती है। जो कौड़ी को चिन्ता करेगा उसका रुपया रहेगा। लेकिन जिसे कौड़ी की परवाह नहीं उसने कौड़ी तो खो ही दी, उसका रुपया भी कभी उसका नहीं रहा।

अहिंसा का व्यावहारिक रूप

डॉ. राममनोहर लोहिया[1] लिखते हैं कि, क्या स्वतन्त्रता की प्रतिज्ञा करने के लिए स्वतन्त्र भारत की ऐसी समाजव्यवस्था में विश्वास करना ज़रूरी है जो केवल चरखे पर और वर्तमान रचनात्मक कार्यक्रम पर आधारित हो? मेरी व्यक्तिगत राय में यह ज़रूरी नहीं है। प्रतिज्ञा में चरखा और ग्राम दस्तकारियाँ समाविष्ट हैं, परन्तु उसमें अन्य उद्योगों और आर्थिक कार्रवाइयों का निषेध नहीं है। इन उद्योगों में बिजली, जहाज़–निर्माण और मशीनें बनाने के उद्योग आदि का उल्लेख किया जा सकता है। परन्तु किस पर कितना ज़ोर दिया जाना है, यह सवाल अभी रहता है। प्रतिज्ञा इस सवाल का इसी हद तक फ़ैसला करती है कि चरखे और ग्राम दस्तकारियों को भावी समाज–व्यवस्था का अभिन्न अंग मानना ज़रूरी है और इस विश्वास का स्थान कोई दूसरा विश्वास नहीं ले सकता।

क्या प्रतिज्ञा के अनुसार यह तुरन्त आवश्यक हो जाता है कि वर्तमान रचनात्मक कार्यक्रम पर आधारित कार्रवाई के अतिरिक्त सब कार्रवाई छोड़ दी जाये? मेरी व्यक्तिगत राय है कि यह आवश्यक नहीं है। लगान, कर, सूद तथा देश की जनता की उन्नति के मार्ग में जो और आर्थिक रुकावटें हैं, उनके विरुद्ध आन्दोलन उचित जान पड़ता है। उदाहरण के लिए, यह असम्भव नहीं है कि जब आप सत्याग्रह शुरू करें तब आप लगान और कर न देने का आन्दोलन करने का भी निश्चय करें। प्रतिज्ञा की दृष्टि से यह बात उतनी महत्त्वपूर्ण नहीं है कि आप वास्तव में ऐसा निश्चय करते हैं या नहीं करते, जितनी कि यह बात कि आप कर सकते हैं। बहरहाल आज आर्थिक क्षेत्र में आन्दोलन करना उचित है।

---

1. (1910–1967); 1934 में कांग्रेस सोशलिस्ट पार्टी में शामिल हुए; 1936–38 में अ.भा. कांग्रेस कमेटी के विदेश विभाग के मन्त्री; 1953–54 में प्रजा सोशलिस्ट पार्टी के महामन्त्री; मार्क्स, गाँधी एंड सोशलिज्म तथा अन्य कृतियों के लेखक।

उपर्युक्त दो सवाल प्रतिज्ञा के नकारात्मक पहलू के सम्बन्ध में उठते हैं। एक तीसरा सवाल उसके सकारात्मक पहलू के बारे में उठता है। यह निस्सन्देह आवश्यक है कि प्रतिज्ञा करनेवाला कोई भी व्यक्ति विकेन्द्रीकृत अर्थव्यवस्था के सिद्धान्त में अपनी निश्चित आस्था व्यक्त करने को तैयार हो। इस आस्था के वास्तविक रूप क्या होंगे, इसका निश्चय इतिहास की गति करेगी। केवल जहाँ तक चरखे का सवाल है, प्रतिज्ञा करने वाले किसी भी व्यक्ति के लिए यह विश्वास करना सम्भव होना चाहिए कि वस्त्र–उद्योग का पूर्ण विकेन्द्रीकरण सम्भव है और इसके लिए कोशिश की जानी चाहिए।

आलस्य और इसी तरह के दूसरे कारणों से होने वाली आचरण विषयक अनियमितताओं की मैंने बिलकुल चर्चा नहीं की है। ऐसी अनियमितताएँ तो सब प्रतिज्ञाओं और आस्थाओं के विषय में होती हैं। हाँ, इन अनियमितताओं को दूर करने की इच्छा ज़रूर विद्यमान होनी चाहिए।

मैं नहीं जानता कि प्रतिज्ञा की यह व्याख्या ठीक है या नहीं और आप इसका अनुमोदन कर सकते हैं या नहीं। मैं यह भी नहीं जानता कि मेरे समाजवादी साथी इसका अनुमोदन करेंगे या नहीं। इस विषय में शीघ्र ही आपकी राय को जानना देश के लिए लाभदायक हो सकता है। स्वतन्त्रता दिवस के ख़याल से तो शायद पहले ही बहुत देर हो चुकी है।

गाँधी ने कहा कि एक बात मैं अक्सर कहता रहा हूँ और यहाँ शायद उसकी दोहराने की ज़रूरत न हो। वह यह कि प्रतिज्ञा की क़ानूनी और प्रामाणिक व्याख्या कार्य–समिति ही कर सकती है। मेरी व्याख्या उतनी ही प्रामाणिक हो सकती है जितनी कि मेरे प्रश्नकर्ता उसे मानना चाहें।

कुल मिलाकर मैं कह सकता हूँ कि मुझे डॉ. लोहिया की व्याख्या को स्वीकार करने में कोई दिक्क़त नहीं है। कांग्रेस के प्रयत्न का अन्तिम परिणाम चाहे कुछ ही क्यों न हो, प्रतिज्ञा के विषय में हो रहे वाद–विवाद से जनता को सही ढंग की राजनीतिक शिक्षा मिल रही है और देश में विभिन्न विचारों वाले वर्गों का मत निश्चित और स्थायी रूप धारण कर रहा है।

यद्यपि मैं डॉ. लोहिया से आमतौर पर सहमत हूँ, फिर भी अपने शब्दों में व्याख्या प्रस्तुत करना मेरे लिए ठीक होगा। प्रतिज्ञा सर्वतः पूर्ण नहीं है। वह उस हद तक जाती है जिस हद तक कि मैं कार्य–समिति को कायल कर सका हूँ। अगर मैं देश को अपना हम–ख़याल बना सकूँ तो भावी समाज–व्यवस्था मुख्यतः चरखे पर और चरखे का जो भी आशय

है उस पर आधारित होगी। इसमें वह सब कुछ होगा जिससे देहात के लोगों की भलाई होती हो। पत्र–लेखक द्वारा उल्लिखित उद्योग वर्जित नहीं होंगे, बशर्ते कि वे गाँवों और गाँवों के जीवन का दम न घोंटें। मैं बिजली, जहाज़–निर्माण, लोहा–उद्योग, मशीन–निर्माण आदि उद्योगों के गाँव की दस्तकारियों के साथ–साथ बने रहने की कल्पना करता ही हूँ परन्तु उनमें निर्भरता का क्रम बदल जायेगा। अब तक औद्योगीकरण की योजनाएँ इस ढंग से बनाई गयी हैं जिससे कि गाँवों और गाँव की दस्तकारियों की बर्बादी होती है। भावी शासन–व्यवस्था में औद्योगीकरण गाँवों और दस्तकारियों की उन्नति में सहायक होगा। मैं समाजवादियों के इस विचार से सहमत नहीं हूँ कि ज़िन्दगी की ज़रूरतों के केन्द्रीकरण से आम लोगों का भला होगा, बशर्ते कि केन्द्रीकृत उद्योगों की योजना सरकार बनाये और वही उनकी मालिक भी हो। पश्चिम की समाजवादी धारणा ऐसे वातावरण में उपजी थी जो हिंसा की दुर्गन्ध से भरा था। पश्चिम और पूर्व की समाजवादी धारणाओं का उद्देश्य एक ही है–अर्थात् सारे समाज की अधिक–से–अधिक भलाई और लाखों–करोड़ों लोगों को निर्धन और गिने–चुने लोगों को धनी बनानेवाली घोर विषमताओं का अन्त। मैं समझता हूँ कि यह उद्देश्य तभी पूरा किया जा सकता है जब दुनिया के मनीषी अहिंसा को न्यायोचित समाज–व्यवस्था की स्थापना का आधार मान लें। मेरा विचार है कि हिंसा द्वारा श्रमिकों का सत्ता पर अधिकार अन्त में नाकाम होकर रहेगा। हिंसा से जो चीज़ प्राप्त की जाती है उसे उग्रतर हिंसा छीन लेती है। भारत उद्देश्य–प्राप्ति के बिलकुल निकट है, बशर्ते कि कांग्रेसजनों को अहिंसा में सच्चा विश्वास हो और वे उस पर आचरण करें रचनात्मक कार्यक्रम पर अमल ही उनकी आस्था की कसौटी है। जो लोग जन–साधारण की भावनाओं को उभारते हैं ये उन्हें और राष्ट्रीय उद्देश्य को हानि पहुँचाते हैं। यह कहना कि उनकी मंशा अच्छी होती है, बेमानी बात है। कांग्रेस जन कार्यक्रम पर पूरी तरह और ईमानदारी से क्यों न अमल करें? जब हम स्वतन्त्र हो जायेंगे तब दूसरे कार्यक्रमों पर विचार करने का समय आयेगा। जैसे कि नीति–कथा में वर्णित लोगों ने भैंस ख़रीदने से पहले ही उसके बँटवारे के बारे में झगड़ा शुरू कर दिया था, वैसे ही हम भी स्वराज मिलने से पहले ही विभिन्न कार्यक्रमों के बारे में वाद–विवाद और झगड़ा कर रहे हैं। शिष्टता का तकाजा है कि जब कोई कार्यक्रम बहुमत से स्वीकार कर लिया जाये तब सभी उस पर ईमानदारी से अमल करें।

यह बिलकुल स्पष्ट है कि प्रतिज्ञा के अनुसार यह आवश्यक नहीं है कि जो दूसरी मदें आज तक कांग्रेस के कार्यक्रमों को सुशोभित करती रही हैं और जिनका उल्लेख डॉ. लोहिया ने किया है, उन्हें छोड़ दिया जाये हर तरह के अन्याय के ख़िलाफ़ आन्दोलन करना राजनीतिक जीवन की प्राण–वायु है। मगर मेरा कहना है कि रचनात्मक कार्यक्रम से विच्छिन्न आन्दोलन में हिंसा का पुट ज़रूर रहेगा।

मैं अपनी बात ज़रा खोलकर कहता हूँ। अहिंसा के विषय में अपने प्रयोगों से मुझे पता चला है कि व्यावहारिक अहिंसा का मतलब है सबके साथ मिलकर शारीरिक श्रम करना। रूसी दार्शनिक बोन्डोरेफ ने इसे जीविकाश्रम का नाम दिया है। इसका मतलब है आत्यन्तिक सहयोग। दक्षिण अफ्रीका के पहले सत्याग्रही सार्वजनिक लाभ के लिए और सार्वजनिक कोष के लिए श्रम करते थे तथा अपने–आपको पक्षियों की भाँति स्वतन्त्र अनुभव करते थे। उनमें हिन्दू, मुसलमान (शिया और सुन्नी) ईसाई (प्रोटेस्टेंट और रोमन कैथलिक), पारसी और यहूदी सब थे। उनमें अंग्रेज़ और जर्मन भी थे। जहाँ तक पेशे का सम्बन्ध है, वे वकील, वास्तुविद्, इंजीनियर, बिजली का काम करने वाले, मुद्रक और व्यापारी थे। सत्य और अहिंसा के आचरण से धार्मिक भेद–भाव मिट गये और हम हर धर्म की ख़ूबियों को समझने लग गये। दक्षिण अफ्रीका में मैंने जो दो बस्तियाँ[1] बसाईं उनमें एक भी धार्मिक झगड़ा हुआ हो, ऐसा मुझे याद नहीं पड़ता। मिलकर किये जानेवाले श्रम–कार्य थे छपाई, बढ़ईगिरी, मोचीगिरी, बाग़बानी, इमारत बनाना इत्यादि। हमारा श्रम कोई हमें पीसनेवाला काम नहीं था, बल्कि वह तो एक आनन्द था। शाम के समय साहित्य चर्चा होती थी। वे स्त्री–पुरुष और बच्चे सत्याग्रह सेना के अग्रणी थे। उनसे ज़्यादा बहादुर या ज़्यादा वफ़ादार साथियों की मुझे चाह ही नहीं हो सकती थी। भारत में दक्षिण अफ्रीका वाला तजरबा जारी रखा गया और मेरा ख़याल है कि उसमें सुधार भी हुआ। सब मानते हैं कि अहमदाबाद के मज़दूर भारत–भर में सबसे अच्छी तरह संगठित मज़दूर हैं। यदि वे उसी ढंग पर काम करते रहें जिस ढंग पर कि उन्होंने शुरू किया है तो आख़िरकार कारख़ानों के मौजूदा मालिकों के साथ–साथ उन्हें भी उन कारख़ानों की मालिकी में हिस्सा मिल जायेगा। यदि यह स्वाभाविक परिणाम न निकला, तो मानना

1. फीनिक्स आश्रम और टॉल्सटॉय फार्म

पड़ेगा कि उनकी अहिंसा में कुछ त्रुटियाँ रह गयी होंगी। बारदोली के जिन किसानों ने वल्लभभाई को सरदार की उपाधि दी और अपनी लड़ाई जीती[1] और इसी तरह बोरसद[2] तथा खेड़ा[3] के जिन किसानों ने भी लड़ाई जीती, वे कई वर्षों से रचनात्मक कार्यक्रम पर अमल कर रहे हैं। उस पर अमल करने से उनके सत्याग्रहीपन में कोई कमी नहीं आयी। मुझे पक्का विश्वास है कि यदि सविनय अवज्ञा आन्दोलन हुआ तो अहमदाबाद के मज़दूर और बारदोली तथा खेड़ा के किसान भारत के किसी भी भाग के मज़दूर–किसानों से पीछे नहीं रहेंगे।

सत्य और अहिंसा के विषय में चौंतीस साल के सतत अनुभव और प्रयोग ने मुझे कायल कर दिया है कि अहिंसा तभी तक निभ सकती है जब तक कि वह सजग शारीरिक श्रम से सम्बद्ध हो और अपने पड़ोसियों के साथ हमारे रोज़ाना व्यवहार में व्यक्त हो। यह है रचनात्मक कार्यक्रम। यह साध्य नहीं है, बल्कि एक अपरिहार्य साधन है और इसलिए साध्य का लगभग पर्यायवाचक है। अहिंसात्मक प्रतिरोध की शक्ति केवल रचनात्मक कार्यक्रम पर ईमानदारी से अमल करने से ही प्राप्त हो सकती है।

सेगाँव, 23 जनवरी, 1940; सम्पूर्ण गाँधी वाङ्मय, खण्ड 71, पृ. 151–154,
हरिजन (अंग्रेजी) 27.1.1940

---

1. 1928 में; देखिये सं.गां.वां., खण्ड 36 और 37
2. 1923 में; देखिये सं.गां.वां., खण्ड 23, पृ.407–9
3. 1918 में; देखिये सं.गां.वां., खण्ड 14

त्याग के रास्ते से ही पृथ्वी पर शान्ति

1935[1] में "कास्मोपोलिटन" को उत्तर देते हुए गाँधी ने कहा कि, स्थायी शान्ति में विश्वास न करने का अर्थ है मनुष्य के धार्मिक स्वभाव पर ही अविश्वास करना। अभी तक अपनाये गये तरीक़े विफल रहे, इसका कारण यह है कि जिन लोगों ने इसके लिए कोशिश की है उनके अन्दर सच्ची श्रद्धा का ही अभाव रहा है। ऐसी बात नहीं है कि वे इस तथ्य को समझ गये हैं। जिस प्रकार अमुक रासायनिक मिश्रण को प्राप्त करने के लिए उसकी सभी शर्तों को पूरा न किया जाये तो अपेक्षित परिणाम प्राप्त नहीं होगा, उसी प्रकार शान्ति की शर्तों की आंशिक पूर्ति से शान्ति नहीं प्राप्त की जा सकती। विनाश के साधनों पर नियन्त्रण रखने वाले मनुष्य–जाति के मान्य नेता उन साधनों के फलितार्थों को अच्छी तरह जानते हुए भी यदि उनका त्याग कर दें, तो स्थायी शान्ति स्थापित हो सकती है। जब तक संसार की महा शक्तियाँ अपने साम्राज्यवादी इरादों का त्याग नहीं करतीं, तब तक यह सम्भव नहीं है। यह तब तक भी असम्भव दिखता है जब तक बड़े राष्ट्र आत्मा का हनन करने वाली प्रतिस्पर्धा का, और आवश्यकताओं को बढ़ाने तथा फलस्वरूप अपनी भौतिक सम्पत्ति को बढ़ाने की इच्छा का परित्याग नहीं करते। मेरा पक्का यक़ीन है कि एक जीवन्त परमात्मा में जीवन्त विश्वास का अभाव ही सारी बुराई की जड़ है। मानवजाति के लिए यह बहुत बड़े दुःख की बात है कि संसार के वे इनसान जो ईसा मसीह को शान्ति का देवता बताते हैं और उनकी शिक्षा

---

1. न्यूयॉर्क से प्रकाशित होने वाला एक पत्र। इस उत्तर को महादेव देसाई लिखित 'वीकली वेटर' में से लिया गया है, जिसमें कहा गया है कि "गाँधीजी ने यह उत्तर तीन वर्ष पहले दिया था, लेकिन यह आज भी दोहराने के योग्य है।"

में विश्वास करते हैं, वे ही लोग अपने आचरण में इस विश्वास का कोई सबूत नहीं देते। यह देखकर दुःख होता है कि ईमानदार ईसाई धर्म तत्त्वज्ञ लोग ईसा के सन्देश को चन्द चुने हुए लोगों की हद तक सीमित करने का प्रयास करते हैं। मुझे बचपन से ही यह सिखाया गया है, और मैंने अनुभव से इसकी सच्चाई भी परखी है, कि गिरे–से–गिरे मनुष्य के लिए भी मानवता के बुनियादी गुणों को अपने अन्दर पैदा कर सकना सम्भव है। यही असन्दिग्ध सार्वत्रिक सम्भावना मनुष्य को परमात्मा द्वारा रचे गये अन्य प्राणियों से अलग करती है। यदि एक भी बड़ी शक्ति बिना शर्त लगाये त्याग का रास्ता अपना ले, तो हममें से कितने ही लोग अपने जीवन–काल में ही पृथ्वी पर शान्ति को साकार होते देख सकते हैं।

सम्पूर्ण गाँधी वाङ्मय, खण्ड 62, पृ. 186–187,
हरिजन (अंग्रेज़ी), 18.6.1938

हिंसा बनाम अहिंसा

ख़िलाफ़त की सफलता पर गाँधी को अहिंसा की सफलता पर विश्वास हुआ और उन्होंने अपने 'हिंसा बनाम अहिंसा' लेख में कहा कि, ख़िलाफ़त–दिवस आया और गया। यह सत्याग्रह की अर्थात् सविनय अवज्ञा की नहीं बल्कि सत्य और अहिंसा की बहुत ही बड़ी सफलता और पूर्ण विजय है। इस 19 मार्च की हड़ताल[1] के समान स्वेच्छाप्रेरित हड़ताल और कभी नहीं हुई है–सो इस तरह कि लोगों को जितना समझाना–बुझाना, जितना प्रचार करना था, सब 19 के पूर्व ही किया गया। ख़िलाफ़त समिति, बम्बई[2] ने मिल–मज़दूरों से हड़ताल न करने को कहकर आश्चर्यजनक आत्म–संयम का परिचय दिया। उसने जितनी कुशल और चुस्त व्यवस्था की थी और जिस स्पष्टता के साथ हड़ताल को स्वेच्छा–प्रेरित बनाने की बात को स्वीकार किया, उसके लिए वह अधिक–से अधिक प्रशंसा के पात्र हैं। अगर लोग बराबर वैसे ही आत्मसंयम और अनुशासन से काम लेते रहें जैसे आत्मसंयम और अनुशासन का परिचय उन्होंने 19 तारीख़ को दिया। अगर उनमें साथ–साथ बलिदान की भावना भी उतनी ही हो तो ख़िलाफ़त के सम्बन्ध में हमारी आशाएँ फलीभूत होकर रहेंगी। सिर्फ़ साल–भर पहले कोई विश्वास नहीं कर सकता था कि किसी भी व्यक्ति का एक वर्ग जीवन–मरण के इस सवाल पर शान्ति से काम ले सकता है और सो भी एक ऐसे दिन जब निठल्ले लोगों के पास कोई काम–धन्धा न हो। लेकिन जहाँ प्रार्थना है वहाँ निठल्लापन नहीं हो सकता। सभी को यह हिदायत दी गयी थी कि कोई भी झगड़ा–टंटा न करे, क्रोध से काम न ले; इसके विपरीत हर व्यक्ति न्याय की प्रतिष्ठा के लिए

---

1. बम्बई के हिन्दू दुकानदारों ने ख़िलाफ़त दिवस पर स्वेच्छा से हड़ताल रखी थी।
2. ख़िलाफ़त समिति, बम्बई।

प्रार्थना करे। यह सच है कि वास्तव में सभी ने प्रार्थना नहीं की, लेकिन प्रार्थना की भावना सर्वत्र व्याप्त थी और लोग जिस भावना से प्रभावित थे वह प्रतिशोध, क्रोध और उत्तेजना की भावना नहीं बल्कि यही प्रार्थना की भावना थी। और इस तरह हमने यह आश्चर्यजनक दृश्य देखा कि हड़ताल का दिन भी ऐसे सामान्य दिनों की तरह ही बीत गया जब हर कोई शान्ति बनाये रखने की आशा करता है। बम्बई की विशाल सभा का दृश्य, जिसमें कोई तीस हज़ार लोग मौजूद थे, देखने लायक था। जिन हज़ारों लोगों ने सभा में वक्ताओं के भाषण सुने उनके चेहरों पर दृढ़ता का भाव था, फिर भी उन्होंने न तो हर्ष ध्वनि की और न किसी संयमहीन तरीक़े से अपनी भावना प्रकट की। संयोजक लोग इस बात के लिए हार्दिक प्रशंसा के पात्र हैं कि उन्होंने इस सभा का इस ढंग से संयोजन किया कि उसमें आधुनिक सभाओं वाली अशान्ति, उत्तेजना और अव्यवस्था के बदले लोगों को प्राचीन काल की सभाओं वाली शान्ति, स्थिर संकल्प और व्यवस्था के दर्शन हुए। जहाँ शान्ति, धीरज संकल्प और व्यवस्था सत्याग्रह के लिए आवश्यक गुणों को विकसित करते हैं वहाँ शोर–गुल, उत्तेजना और अव्यवस्था हिंसा का मार्ग प्रशस्त करते हैं और इस महती सभा और सफल हड़ताल का सन्देश हिंसा नहीं, अहिंसा है। मैं आशा करता हूँ कि अधिकारीगण स्थिति को ग़लत रूप में नहीं समझेंगे; वे उस स्पृहणीय भावना को समझने में चूक नहीं करेंगे जो इस पूरे प्रदर्शन के पीछे व्याप्त थी और उसी तरह इस प्रस्ताव के पीछे विद्यमान सराहनीय भावना को भी समझने में चूक नहीं करेंगे। मेरे विचार से तो यह प्रस्ताव ऐसा है कि इस देश या साम्राज्य के किसी भी सच्चे प्रेमी को इस पर कोई आपत्ति नहीं हो सकती। मैं यह आशा भी करता हूँ कि यह आन्दोलन जिस रूप में विकसित हो रहा है और हममें जो अनुकरणीय धैर्य, आत्मसंयम और अनुशासन विकसित हो रहा है, उसका उन पर समुचित प्रभाव पड़ेगा और वे साम्राज्य–सरकार को बतायेंगे कि यद्यपि इस देश में आज प्रशंसनीय रूप से शान्ति व्याप्त है लेकिन साथ ही उसके पीछे एक गम्भीर संकल्प का भाव भी है जो उत्तर में 'ना' को स्वीकार नहीं करेगा। मुझे आशा है कि सरकार गत अप्रैल माह के अन्याय की पुनरावृत्ति नहीं करेगी और न इस तरह की किसी ग़लतफ़हमी में ही रहेगी कि आज लोगों में जो एक अदम्य भावना व्याप्त हो चली है और जिस भावना के कारण वे सब–कुछ सह सकते

हैं लेकिन अपमान, अप्रतिष्ठा और पराजय नहीं स्वीकार कर सकते, उस भावना को वह अत्याचार के बल पर कुचल देगी।[1]

लिबरल लीग–जैसी प्रतिष्ठित संस्था पूरा विचार किये बिना हड़ताल से पूर्व ही उसकी भर्त्सना करे, यह बड़े दुःख की बात है। जो जाति आज इतनी व्यथा से पीड़ित है और जिसे अपने सामने निराशा के अतिरिक्त शायद और कुछ दिखायी नहीं दे रहा है, उसे अपनी भावनाओं को व्यवस्थित और संयमित ढंग से व्यक्त करने का कोई तरीक़ा तो चाहिए ही। अभी कुछ दिन पहले तक हम जो कुछ सोचते थे, उसे बोलने या लिखने से डरते थे, इसलिए हमारी भावनाएँ हमारे मन में ही दबी रह जाती थीं, और उनमें सड़ाँध पैदा हो गयी थी, क्योंकि वे जनमत को स्वस्थ प्रकाश और वायु से वंचित करती थीं। यही कारण था कि हमारे देश में गुप्त रूप से एक विप्लववादी आन्दोलन चल रहा था। लेकिन ईश्वर की कृपा से, अब लगता है, हम उन बुरे दिनों से निकल चुके हैं। अब हम बिना किसी डर–भय के खुले तौर पर सोचने, बोलने, और लिखने का साहस करने लग गये हैं। हाँ, खुलेपन में मनुष्य जाति को जितना संयम बरतना चाहिए उतना संयम हम अवश्य बरतते हैं। मैं लिबरल लीग के सदस्यों से और अन्य जो भी व्यक्ति या संस्थाएँ वैसे विचार रखती हों, उन सबसे अनुरोध करता हूँ कि इस सीधी–सी बात को स्वीकार करें और कायरता पूर्ण सावधानी की अपेक्षा साहस तथा निर्भीकता को श्रेष्ठ समझें। अगर वे हमारे राष्ट्रीय जीवन में प्रतिदिन आविर्भूत होने वाली असंख्य शक्तियों का उपयोग राष्ट्रोत्थान के लिए करना चाहते हों, अगर वे एक नवनिर्माण की वेदना में शरीक होने का गौरवमय पद प्राप्त करना चाहते हों, तो वे समय के संकेतों की उपेक्षा न करें, नयी पीढ़ी के विकास की ओर से आँखें बन्द न करें, उसकी तीव्र आशाओं और आकांक्षाओं पर तुषारापात न करें, बल्कि इस पीढ़ी के नौजवान, उत्साही और आत्म–बलिदानी दुःसाहसियों के वर्तमान दल को नेतृत्व दें। आप उन्हें सहानुभूति दीजिए, उनके दिल की धड़कन को पहचानिये, उसे सही मार्ग दीजिए, क्योंकि इन लोगों को तर्कबुद्धि से और इनकी उच्चात्मा को जाग्रत करके समझाया–बुझाया जा सकता है। अगर आप ऐसा करेंगे तो देखेंगे कि आपके सामने देश की

1. यहाँ मूल अंग्रेज़ी में कुछ शब्द छूट गये प्रतीत होते हैं। उन्हें अनुमान से पूरा करके अनुवाद किया गया है।

पुकार पर मर मिटने वाले लोगों का कैसा अनुशासित दल तैयार हो गया है। लेकिन अगर वे अपने–आप को उपेक्षित अनुभव करते हैं, अगर उन्हें ऐसा लगता है कि ये पुराने लोग हमारी ज़रूरतों को धैर्यपूर्वक सुनने के लिए तैयार नहीं हैं, ये हमारी कोई सहायता नहीं करेंगे तो हो सकता है कि उसमें निराशा का भाव आ जाये और वह फिर निराशोन्माद का रूप ले ले जिसके परिणाम भयंकर विनाश लीला के रूप में प्रकट हो सकता है। मुझे तो याद नहीं आता कि भारत को सत्याग्रह के मार्ग पर ले चलने का इससे कोई और अच्छा अवसर कभी आया हो–सत्याग्रह का मार्ग अर्थात् वह मार्ग जिस पर चलने में पराजय का कोई सवाल ही नहीं उठता और जिस पर चलने में अगर किसी से कोई ग़लती होती भी है तो उससे किसी और की नहीं, बल्कि स्वयं ग़लती करने वाले की ही हानि होती है। हाँ, जब मैं सत्याग्रह कहता हूँ तो उसका मतलब आवश्यक रूप से सविनय अवज्ञा ही नहीं हैं, बल्कि सत्य और अहिंसा है।

सम्पूर्ण गाँधी वाङ्मय, खण्ड 17,
यंग इंडिया (अंग्रेज़ी), 24.3.1920

तलवार बनाम आत्मा

एक मित्र ने 'माई मेगज़ीन' के एक पुराने अंक से निम्नलिखित दिलचस्प उद्धरण भेजा है[1] : नेपोलियन जानता था कि पशु–बल पर निर्भर करना भूल है। उसका कहना था कि "संसार में केवल दो ही शक्तियाँ हैं, और वे हैं आत्म–बल और पशु–बल। अन्त में पशु–बल को आत्म–बल सदैव जीत लेगा।" यह बात नेपोलियन ने पराजित और निर्वासित होने के बाद नहीं बल्कि उस समय कही थी, जब वह सफलता के चरमोत्कर्ष पर था।

लेकिन हम पूछ सकते हैं कि जब नेपोलियन ने युद्ध की निरर्थकता इतने स्पष्ट रूप से समझ ली थी तब भी वह युद्ध क्यों छेड़ता रहा? वह उस समय तक तलवार का प्रयोग क्यों करता रहा जब तक कि वाटरलू में वह उसके हाथ से छीन नहीं ली गयी? इसका कुछ कारण तो यह था कि हम लोगों की भाँति ही नेपोलियन भी जो कुछ कहता था उसके अनुसार सदैव आचरण नहीं कर पाता था, और कुछ कारण यह था कि अन्य राजा और महाराजा उसे शान्ति से नहीं बैठने देते थे। वे नेपोलियन जैसे बुद्धिमान नहीं थे। जब वह शान्ति की बात कहता था तो वे विश्वास ही नहीं करते थे कि वह सच कह रहा है। एक विकट युद्ध के बाद नेपोलियन ने आस्ट्रिया के सम्राट के पास यह व्यक्तिगत अपील भेजी थी : "चारों ओर व्याप्त शोक और 15,000 लाशों के बीच मैं आपको एक फौरी चेतावनी देने के लिए अपने आपको कर्तव्यबद्ध महसूस करता हूँ। आप युद्ध–भूमि से बहुत दूर हैं और आपका हृदय उतना विचलित नहीं हो सकता जितना कि युद्ध–भूमि में मेरा हो गया है।...गाँधी कहते हैं कि कितना अच्छा हो कि भारत, जिसने कांग्रेस के जरिये अहिंसा की नीति

1. यहाँ केवल कुछ अंश ही दिये जा रहे हैं।

को अपनाया है, उस नीति पर दृढ़ रहे और पशु–बल के अभिशाप से कराह रहे संसार को दिखा दे कि जिस प्रकार व्यक्तियों के जीवन में आत्म–बल की पशु–बल के ऊपर विजय होते देखी गयी है उसी प्रकार राष्ट्रीय मामलों में भी तलवार की शक्ति के ऊपर आत्मा की शक्ति की विजय अवश्य होती है।

सम्पूर्ण गाँधी वाङ्मय, खण्ड 39, पृ. 439–440

मन का विकार

यदि किसी के मन में सुन्दर स्त्री के प्रति विकार उत्पन्न हो जाये और वह उसे क्रियान्वित करने का प्रयत्न करना चाहे तो बहुत–से लोग उसे मारने को तैयार हो जायेंगे। मनुष्य ऐसे विकारों का शमन करता है अथवा जान–बूझकर विकारों को पोसकर अपनी मौत ख़ुद बुलाने का उपाय करता है। सर्प के साथ तुलना तो इस प्रकार हो सकती है। मैं किसी स्त्री पर मोहित हो जाऊँ और अपने मोह को क्रियान्वित करने की कोशिश करूँ, इसकी अपेक्षा मुझे अपने मन में रहनेवाले सर्प का नाश करना चाहिए, अर्थात् मुझे कुएँ में डूब मरना चाहिए। यह सच्ची अहिंसा होगी और पराक्रम का काम माना जायेगा। इस जगत में सर्पादि हमारे लिए प्रतीक स्वरूप हैं। हमारे मन के विकार बुराई के प्रतिबिम्ब हैं। यदि हम अपने मन के विकारों पर विजय पाने का भगीरथ प्रयास करें तो हम अपने मन में रहनेवाले सर्पादि–रूप बन्धुओं के भय से मुक्त हो जायेंगे किन्तु जब तक हम इस भय को नहीं छोड़ पाते तब तक मैत्री की इच्छा रखने के बावजूद जो उचित समझें सो करें।

सम्पूर्ण गाँधी वाङ्मय, खण्ड 61, पृ. 314–316,
हरिजनबन्धु (गुजराती), 28.7.1935

अपहरण से रक्षा

असम से एक पत्र–लेखक ने आतंक से भरा एक पत्र भेजा है। उसमें यह बताया गया है कि उधर विवाहित, अविवाहित और विधवा लड़कियों का अपहरण किया जाता है। वे दुःख एवं रोष से पूछते हैं कि हमारी महिलाओं के सम्मान की रक्षा के लिए क्या उपाय किये जा रहे हैं। अपने कथन की पुष्टि के लिए उन्होंने गाँधी के पास समाचार–पत्रों की कतरनें भेजी हैं। गाँधी ने कहा कि, हो सकता है कि ऐसी बातें अक्सर अतिरंजित होती हों; ऐसा हो या न हो, इसमें तो ज़रा भी शक नहीं कि किसी सुसंगठित समाज में स्त्रियों का अपहरण असम्भव होना चाहिए। किन्तु मैं यह जानता हूँ कि जिन लड़कियों के अपहरण का भय है, उनकी रक्षा समाचार–पत्रों में संवाद छपा देने से कदापि नहीं हो सकती। यह तो लड़की के रिश्तेदारों, मित्रों और पड़ोसियों की कायरता का प्रमाण है जो समाज अपनी स्त्रियों की रक्षा करने में असमर्थ है, वह विवाह और सन्तानोत्पत्ति के लिए भी सर्वथा अयोग्य है। कामी पुरुष जहाँ और जब मौक़ा पायेंगे, बेखटके अपनी वासना तृप्त करेंगे ही। इस दशा में सबसे अच्छा आन्दोलन तो यही हो सकता है और होना चाहिए कि जो लोग अपनी स्त्रियों की रक्षा नहीं करते, उन्हें इतना लज्जित किया जाये कि वे अपना कर्तव्य पालन करें।

सम्पूर्ण गाँधी वाङ्मय, खण्ड 42, पृ. 78–80,
यंग इंडिया (अंग्रेज़ी), 31.10.1929

हिंसा बनाम अहिंसा

हिन्दुस्तान में आज जगह–जगह हिंसा और अहिंसा की पद्धति के बीच एक द्वन्द्व चल रहा है। हिंसा तो पानी के प्रवाह की तरह है। पानी को निकलने का रास्ता मिलते ही वह प्रबल वेग से बहने लगता है। अहिंसा पागलपन से काम कर ही नहीं सकती। वह तो अनुशासन का सारतत्त्व है। किन्तु जब वह सक्रिय बन जाती है, तब फिर हिंसा की कोई भी शक्ति उसे कुचल नहीं सकती। अहिंसा सोलहों कलाओं से वहीं उदित होती है, जहाँ उसके नेताओं में कुन्दन की शुद्धता और अटूट श्रद्धा होती है इसलिए द्वन्द्व में यदि अहिंसा हारती हुई दिखायी दे तो ऐसा नेताओं की श्रद्धा कम होने से या उनकी शुद्धता में कमी आ जाने से अथवा दोनों ही कारणों से होगा। यह होते हुए भी अन्त में हिंसा पर अहिंसा की ही विजय होगी। जो घटनाएँ घट रही हैं, उनका रुख ऐसा है कि हिंसा की व्यर्थता कार्यकर्ता ख़ुद ही समझ जायेंगे। पर एक प्रसिद्ध कार्यकर्ता ने गाँधी से पूछा[1] कि, ''सत्याग्रह का मुक़ाबला करने का रियासतों का तरीक़ा ब्रिटिश सत्ता के तरीक़े से भिन्न मालूम नहीं होता है। कुछ रियासतों में जो तरीक़े अख़्तियार किये गये हैं वे बहुत ही अमानुषिक और बर्बर हैं। क्या ऐसे बर्बर तरीकों के विरुद्ध अहिंसा सफल हो सकती है?..., समाचार–पत्रों को गाँधी द्वारा दिये गये वक्तव्य को उद्धृत करते हुए उसी कार्यकर्ता ने पूछा कि उड़ीसा के पोलिटिकल एजेंट की हत्या के सम्बन्ध में आपने जो विचार प्रकट किये हैं[2], उन्हें मैंने कई बार पढ़ा है। अफ़सोस की बात यह है कि उड़ीसा के देशी राज्यों की प्रजा पर जो अत्याचार हुए हैं उनका आपने उल्लेख नहीं किया। ...अगर भीड़ ने पोलिटिकल एजेंट के विरुद्ध

---

1. केवल कुछ अंश ही दिये गये हैं।
2. देखिये 'वक्तव्य : समाचार–पत्रों को', पृ. 315

हिंसा से काम लेने में ग़लती की, तो क्या पोलिटिकल एजेंट का गोली चलाना और इस तरह भीड़ को उत्तेजना दिलाने का काम उचित था?...

आगे गाँधी से प्रश्नकर्ता ने कहा कि सत्य और अहिंसा के आप–जैसे महान उपदेशक ने भारत सरकार के पोलिटिकल विभाग को–और ख़ासकर पूर्वी रियासतों की एजेंसी को–क्यों चेतावनी नहीं दी कि देशी राज्यों की प्रजा के साथ पेश आने में वे ऐसे जंगली तरीक़े इख़्तियार न करें? इस एजेंसी की कार्रवाई सचमुच ही भयंकर रही है और पोलिटिकल एजेंट की हत्या पूर्वी रियासतों की एजेंसी की पाशविक दमन नीति की पराकाष्ठा का परिणाम है।...और यदि एजेंट के लिए हमदर्दी ज़ाहिर की जाती है, तो उसी जगह जो दो आदमी सम्भवतः पुलिस की हिंसा के परिणाम स्वरूप मारे गये, उनके लिए सहानुभूति क्यों न ज़ाहिर की जाये?...

इसके प्रतिउत्तर में गाँधी ने कहा कि निस्सन्देह, आत्मरक्षा का अधिकार हर किसी को है, और इसी तरह सशस्त्र विद्रोह करने का अधिकार भी है। पर गहराई से विचार करने के बाद कांग्रेस ने जान बूझकर दोनों का ही त्याग कर दिया है और ठोस कारणों से किया है। क्योंकि अहिंसा में यदि बड़ी–से–बड़ी उत्तेजना के आगे भी डटे रहने की ताक़त न हो, तो उसकी कोई क़ीमत नहीं। उत्तेजना के सामने टिके रहने की शक्ति में ही उसकी सच्ची कसौटी है। स्त्रियों का सतीत्व लूटा गया हो और उसे अपनी आँखों देखनेवाले अहिंसात्मक रहे हों, तो वे जीवित क्यों हैं? और सतीत्व लूटने की घटनाओं का पीछे से पता लगा, तो उस वक़्त फिर हिंसक बल के प्रयोग का अर्थ ही क्या रहा? अहिंसा का तरीक़ा तो पीछे भी कारगर हो सकता है। अत्याचारियों पर मामला चलाया जा सकता है, या उनके कृत्यों को जनता की अदालत में रखा जा सकता है। अपराधियों को क्रुद्ध भीड़ के हवाले कर देना तो बर्बरता होगी।

एजेंट की हत्या से सम्बन्ध रखनेवाली दलील प्रस्तुत विषय के लिए अप्रासंगिक है। मुझे एक तरफ़ राजा तथा पोलिटिकल एजेंट, और दूसरी तरफ़ लोगों की कार्रवाई के औचित्य को तोलना तो था नहीं। एजेंट की हत्या की साफ़–साफ़ शब्दों में निन्दा करना, और वह भी सिर्फ़ सहानुभूति की भावना से नहीं, बल्कि कांग्रेस की मौलिक नीति को भंग करने और अनुशासनहीन कृत्य के लिए–इतना ही मेरे लिए काफ़ी था। राजाओं के दुष्कृत्यों पर मैंने 'हरिजन' में अक्सर प्रकाश डाला है, पर इसलिए नहीं कि लोग उन पर अपना गुस्सा उतारें, बल्कि लोगों को मात्र यह बताने

के हेतु से कि वे उन दुष्कृत्यों का अहिंसक ढंग से मुक़ाबला किस प्रकार कर सकते हैं। उड़ीसा में ख़ासा सुन्दर काम चल रहा था, इस बात के मैं काफ़ी प्रमाण दे सकता हूँ। इस हत्या ने वहाँ के आन्दोलन में, जो ठीक तरह से चल रहा था, खलल डाल दिया है। रणपुर में आज भयानक वीरानी छा गयी है। निर्दोष और दोषी सभी भाग–भाग कर इधर–उधर छिप रहे हैं। दमन से बचने के लिए वे घर–बार छोड़–छोड़ कर गाँवों को वीरान करते जा रहे हैं; ऐसा तो नहीं है कि केवल वास्तविक अपराधी ही दमन की चक्की में पिसेंगे। किसी–न–किसी रूप में वहाँ आतंक फैलाया जा रहा है, और सारे हिन्दुस्तान को लाचार होकर आज यह सब देखना पड़ रहा है। सत्ताधारी अपने अफ़सरों की–ख़ास कर गोरे अफ़सरों की–हत्या होने पर उससे निपटने का इससे भिन्न कोई दूसरा तरीक़ा जानते ही नहीं। नया तरीक़ा जानने के लिए तो अहिंसा के मार्ग की उन्हें धीरे–धीरे शिक्षा लेनी है। हाथ–कंगन को आरसी की ज़रूरत ही क्या? दोनों ही मार्गों की हिन्दुस्तान में आज परीक्षा हो रही है। कार्यकर्ताओं को दोनों में से एक मार्ग चुन लेना है। मैं जानता हूँ कि भारतवर्ष केवल अहिंसा के ही मार्ग से स्वतन्त्र होगा। जो कार्यकर्ता कांग्रेस में रहकर इससे अन्यथा विचार रखते हैं, अथवा उल्टी रीति से काम लेते हैं, वे अपने तथा कांग्रेस के प्रति अन्याय कर रहे हैं।

बारदोली, 16 जनवरी, 1939; सम्पूर्ण गाँधी वाङ्मय, खण्ड 68, पृ. 332–334, हरिजन (अंग्रेज़ी), 21.1.1939

हिंसक और अहिंसक फ़ौज

जो नियम हिंसक फ़ौज पर लागू होते हैं, उनमें से कुछ ही अहिंसक संघ पर लागू होंगे। हिंसक फ़ौज के पास तलवार वग़ैरह हथियार शोभा के लिए नहीं होते। वे तो उनका उपयोग बाक़ायदा प्राण लेने के लिए करेंगे। किन्तु अहिंसक संघ के लिए ऐसे हथियारों का कोई उपयोग नहीं है, इसलिए वह तो उन्हें भार–रूप मानेगा, और सम्भव हुआ तो उनसे ऐसे औजार बनायेगा जो खेती वग़ैरह के काम में आयें। ऐसी चीज़ों को हथियार के रूप में रखते उसे शर्म आयेगी। हिंसक सिपाही को शिकार करना सिखाकर उसे हिंसा की तालीम दी जायेगी। अहिंसक को शिकार करने की फुर्सत ही नहीं होगी। अहिंसक की तालीम रोगी की सार–सँभाल करना सीखने की होगी; जान का ख़तरा होने से डरे हुए लोगों को बचाने की होगी; जहाँ चोर–डाकुओं का भय हो, वहाँ पहरा देने की और उन्हें समझाकर रोकने में मर–मिटने की होगी। हिंसक की और अहिंसक की पोशाक भी अलग–अलग होगी। हिंसक अपनी रक्षा के लिए कवच पहनेगा, ऐसी पोशाक पहनेगा जिसका प्रतिपक्षी पर रौब पड़े। अहिंसक को किसी के साथ लड़ना नहीं है, किसी पर रौब नहीं डालना है; इसलिए उसकी पोशाक सादी, ग़रीब की पोशाक से मिलती–जुलती और नम्रता की सूचक होगी। उसका उपयोग बस शरीर को ढाँकने तथा ठण्ड और धूप से बचने–भर के लिए होगा। हिंसक सिपाही के रक्षक उसके हथियार होंगे–भले ही वह मुख से ईश्वर का नाम लें। अपने हथियारों के लिए करोड़ों रुपये ख़र्च करते वह हिचकिचायेगा नहीं। अहिंसक का पहला और आख़िरी एक ही हथियार होगा––ईश्वर पर उसका अखण्ड विश्वास। हिंसक की मनोवृत्ति और अहिंसक की मनोवृत्ति में, हाथी और घोड़े में जो अन्तर होता है, उससे भी अधिक अन्तर होता है।

हिंसक चौबीसों घण्टे अपने दुश्मन को मारने या मरवाने की युक्तियाँ खोजता रहेगा और ईश्वर की प्रार्थना करता होगा तो वह भी दुश्मन का नाश करने के लिए। अंग्रेज़ प्रजा का राष्ट्रगीत यहाँ विचारणीय है। उसमें ईश्वर से अंग्रेज़ राजा की रक्षा की प्रार्थना की गयी है, दुश्मन को दगाबाज़ माना गया है, और ईश्वर से उसके संहार की याचना की गयी है। यह गीत लाखों अंग्रेज़ एक स्वर में, ऊँची आवाज़ से खड़े होकर बड़े अदब से गाते हैं। ईश्वर यदि दया की मूर्ति हो, तो वह ऐसी प्रार्थना भला क्यों सुनेगा? लेकिन गानेवाले के मन पर तो उसका असर होता ही है, और युद्ध के समय तो इस गीत से गानेवालों के मन में दुश्मन के प्रति धिक्कार तथा रोष के भाव सुलग ही उठते हैं। हिंसक युद्ध को जीतने की एक शर्त यह होती है कि दुश्मन के प्रति अपना रोष रोज़ बढ़ाया जाये अहिंसक के शब्दकोश में बाह्य दुश्मन कोई होता ही नहीं; लेकिन यदि कोई दुश्मन माना भी गया हो, तो उसके प्रति भी उसके मन में दयाभाव ही होगा। वह यह मानता होगा कि कोई मनुष्य जान–बूझकर दुष्ट नहीं होता। प्रत्येक मनुष्य में मनुष्यता यानी सारा का सारा विचार करने की शक्ति होती ही है। यह शक्ति पूरी खिलेगी तो अहिंसा के परिणामस्वरूप ही। इसलिए अहिंसक मनुष्य ईश्वर से याचना करेगा कि वह उसके तथाकथित दुश्मन को सद्बुद्धि दे और उसका भला करे। उसकी प्रार्थना अनवरत यही होगी कि उसकी दया की वृत्ति बड़े, आत्मबल बढ़े, जिससे वह स्वयं निर्भय होकर मौत को गले लगाये।

इस प्रकार दोनों की मनोवृत्ति में महान अन्तर होने से दोनों की शारीरिक शिक्षा भी अलग–अलग ही होगी।

शिमला, 29 दिसम्बर, 1940; सम्पूर्ण गाँधी वाङ्मय, खण्ड 73, पृ. 72–76, हरिजनबन्धु (गुजराती), 5.10.1940

फ़ौज और अहिंसा की तालीम

फ़ौजी तालीम तो हम सब न्यूनाधिक परिमाण में जानते हैं। अहिंसा की तालीम अलग प्रकार की होती है। इसकी ओर अभी तक हमारा ध्यान नहीं गया। इसकी तालीम पहले कहीं थी या नहीं, इसकी हमने खोज नहीं की। मेरा मत यह है कि यह तालीम पहले दी जाती थी; और आज भी, चाहे जैसी–तैसी ही क्यों न हो, कहीं–कहीं दी जाती है। हठयोग के अनेक प्रकार के प्रयोग यही तालीम है। इसमें जिस शारीरिक शिक्षा का समावेश है, उसमें शरीर का आरोग्य, शरीर का कसाव, ठण्ड और गर्मी सहने की शक्ति, शरीर की चपलता आदि बातें आ जाती हैं। इसका प्रयोग और इसमें जो शक्ति भरी पड़ी है, उसकी खोजबीन कुवलयानन्दजी कर रहे हैं। उसकी प्रगति कहाँ तक हुई है और कुवलयानन्दजी अपने प्रयोग अहिंसा को ध्येय मानकर कर रहे हैं या नहीं, यह मैं नहीं जानता। यहाँ हठयोग का उल्लेख करने में मेरा प्रयोजन केवल एक प्राचीन तथ्य की ओर ध्यान आकर्षित करना मात्र है। मैं मानता हूँ कि उसमें सुधार और वृद्धि की गुंजाइश है। इस शास्त्र के लेखक के मन में सामाजिक अहिंसा की कल्पना थी या नहीं, यह मैं नहीं जानता। इन क्रियाओं के मूल में भावना व्यक्तिगत मोक्ष की थी। आसन आदि का उद्देश्य शरीर को कसकर मनोवृत्तियों पर अंकुश लगाना था। इस समय हम सामाजिक अहिंसा की बात सोच रहे हैं। यह सभी धर्मावलम्बियों पर लागू होती है। इसलिए जो नियम या विधान बनें, वे भी ऐसे होने चाहिए जो अहिंसा को माननेवाले सभी लोगों को मान्य हों और यहाँ कल्पना अहिंसा की लड़ाई लड़ने वाले यानी सत्याग्रही संघ की स्थापना करने की है, इसलिए अतीत काल में जो हो गया, उसे अपना मार्गदर्शक मानकर आज का विधान बनाना चाहिए।

जिन बातों की सत्याग्रही को आवश्यकता होती है, उन पर विचार करें। सत्याग्रही यदि निरोग नहीं होगा, तो उसमें पूर्ण निर्भयता कभी नहीं

आयेगी। उसमें रात–दिन एक जगह खड़े रहने की शक्ति होनी चाहिए। ठण्ड, धूप और वर्षा सहन करके भी वह बीमार न पड़े। कहीं डर हो, किसी जगह आग लगी हो, तो वहाँ दौड़ जाने की उसमें शक्ति होनी चाहिए। वीरान जंगलों में, श्मशान में बेधड़क अकेले घूमने की शक्ति होनी चाहिए। गहरी मार पड़े, घाव हो जायें, भूख से तड़पे, तब भी वह चूँ न करे, घबराये नहीं और अपना स्थान न छोड़े। दंगा–फ़साद वग़ैरह में जहाँ कहीं से घुसने–पैठने की गुंजाइश न दिखायी दे, वहाँ भी कूद पड़ने की युक्ति और शक्ति सत्याग्रही में होनी चाहिए। कहीं आग लगी हो, ऊँची मंज़िल पर रहनेवाले लोगों को बचाना हो, तो वहाँ ईश्वर का नाम लेकर पहुँच जाने की इच्छा व शक्ति उसमें होनी चाहिए। कहीं बाढ़ आयी हो और उसमें कोई डूबता हो या कोई कुएँ में गिर पड़ा हो, तो वहाँ भी कूद पड़ने की शक्ति उसमें होनी चाहिए।

यह टिप्पणी जितनी बढ़ाना चाहें, बढ़ाई जा सकती है। इसमें से सार यह निकलता है कि जहाँ दुःख हो वहाँ मदद करने के लिए दौड़ जाने की और हमें चाहे जैसा दुःख कोई दे, उसे हँसते–हँसते सहन करने की शक्ति का अभ्यास करना चाहिए। इतना जिसके गले उतर गया होगा, वह तालीम के नियम सहज ही गढ़ सकेगा। मेरा दृढ़ विश्वास है कि इस तालीम की जड़ ईश्वर में श्रद्धा है। यदि यह न हो, तो ली हुई सारी तालीम के ठीक मौक़े पर निकम्मी सिद्ध होने की सम्भावना है। मैं तो, सत्याग्रह के शास्त्र को जैसा मैंने जाना और विकसित किया है, उसका आश्रय लेकर यह लिख रहा हूँ। सत्याग्रही का हथियार एक ईश्वर ही है, फिर वह उसे चाहे जिस नाम से पहचानता हो। असंख्य मनुष्य तो तलवार के सामने झुककर ही गुज़र कर रहे हैं, लेकिन जिसका रक्षक एकमात्र ईश्वर ही है, उसे बाहर की कोई भी शक्ति झुका नहीं सकती।

जैसे ईश्वर में आस्था आवश्यक है, वैसे ही ब्रह्मचर्य भी आवश्यक है। ब्रह्मचर्य के बिना सत्याग्रही में तेज़ नहीं होगा, अन्तर्बल नहीं होगा, निःशस्त्र होते हुए भी सारे संसार के सामने खड़े रहने की शक्ति नहीं होगी। यहाँ भले ही ब्रह्मचर्य की जो व्यापक व्याख्या मैंने की है वह न मानी जाये; भले ही ब्रह्मचर्य का अर्थ केवल वीर्यरक्षा माना जाये स्वल्पाहार पर तथा बिना बाह्य उपचारों के जिसे जीवन–निर्वाह करना है, उसके लिए वीर्य–संग्रह करने के सिवाय कोई चारा नहीं है। मनुष्य की यह बड़ी–से–बड़ी पूँजी है। जो इसका संग्रह कर सकता है, वह नित्य नया बल उत्पन्न करता

है। जो इसे जाने–अनजाने ख़र्च कर डालता है, वह अन्त में निर्वीर्य हो जायेगा। उसमें जो बल होना चाहिए वह नहीं होगा। वीर्य–रक्षा कैसे की जाये, इस विषय पर मैं बहुत बार लिख चुका हूँ। पाठक उसे पढ़ें और उस पर अमल करें। जो आँख से अथवा स्पर्श से विलास करता है, वह वीर्य–रक्षा कदापि नहीं कर सकता। जिसे छप्पन भोगों की आदत है, वह भी नहीं कर सकता। प्रवाह के विरुद्ध चलकर भी न थकने का संकल्प जैसे व्यर्थ जाता है, वैसे ही वीर्य–रक्षा के आधारभूत नियमों का अनादर करके वीर्य–रक्षा की जो आशा की जाती है, वह भी व्यर्थ जायेगी। अधूरा प्रयत्न करनेवाला अन्त में उस व्यक्ति की अपेक्षा भी निर्बल सिद्ध होगा जो ब्रह्मचर्य–पालन का आडम्बर नहीं रचना, लेकिन सीमित विषयभोग करता है। जो मन से विषयों का भोग करता है, उसकी तृप्ति तो कभी होती ही नहीं; इसलिए वह अन्त में निकम्मा, मन्दबुद्धि तथा पृथ्वी पर भार–रूप हो जाता है। ऐसा आदमी कभी सत्याग्रही नहीं बन सकता।

इसी तरह जिसमें धन–दौलत के प्रति लोलुपता है, वह भी सत्याग्रही नहीं हो सकता।

यह तो मैंने सत्याग्रही की शारीरिक तालीम का आधार बताया। अब इस आधार के अनुरूप व्यायाम की रचना की जा सकती है।

इससे इतना तो स्पष्ट हो ही जाना चाहिए कि सत्याग्रही की शारीरिक तालीम में तलवार, भाले या तमंचे को स्थान नहीं है। इन्हें देखने, छूने की भी आवश्यकता नहीं है। इसलिए कि इनसे भी अधिक भयंकर हथियार आज मौजूद हैं और रोज़ नये–नये ईजाद किये जा रहे हैं। जिसे काल्पनिक या वास्तविक किसी भी प्रकार के भय को पी जाने की शक्ति का अभ्यास करना है, उसे भला तलवार का अनुभव प्राप्त करके किस भय से मुक्त होना है? ऐसा करके कोई भय–मात्र से मुक्त हुआ हो, यह सुना नहीं गया। महावीर आदि जिन लोगों ने अहिंसा सीखी, वह उनमें जो शस्त्र ज्ञान था उससे नहीं, बल्कि वे जो उस शस्त्र ज्ञान के बावजूद भयमुक्त हो गये उससे। ज़रा सोचने से समझ में आ जायेगा कि जिसने हमेशा तलवार का सहारा लिया है, उसके लिए तलवार फेंक देना मुश्किल साबित होगा। लेकिन यह सच है कि जो शस्त्रधारी अपने हथियार फेंक सकेगा, सम्भव है, उसकी अहिंसा सच्ची और स्थायी सिद्ध हो। लेकिन इस बात में से यह अर्थ नहीं निकल सकता कि सच्चा अहिंसक बनने के लिए पहले शस्त्र धारण करके उनका उपयोग करना आवश्यक है। इस अर्थ को एक दूसरे

क्षेत्र में लागू करें, तो निष्कर्ष यह निकलेगा कि चोर ही साहूकार हो सकता है, रोगी ही निरोग हो सकता है, विषयी ही ब्रह्मचारी हो सकता है। बात यह है कि हमें वर्तमान वातावरण से ऊपर उठकर तटस्थ ढंग से विचार करने की आदत नहीं होती; और सतही विचार करने की आदत होने से निष्कर्ष निकालना नहीं आता। इससे हम भ्रम जाल में फँस जाते हैं। गाँधी ने कहा कि, समय मिला, तो आशा करता हूँ, नमूने के तौर पर पाठ्यक्रम प्रस्तुत करूँगा।

शिमला, 29 दिसम्बर, 1940; सम्पूर्ण गाँधी वाङ्मय, खण्ड 73, पृ. 72–76, हरिजनबन्धु (गुजराती) 5.10.1940

वीर पूजा

दैनिक समाचार–पत्रों में गाँधी ने ख़बर पढ़ी कि बहुत से मुसलमानों के हस्ताक्षरों से नगर निगम के अधिकारियों को प्रार्थना–पत्र दिया गया है जिसमें मुसलमान लड़कों और लड़कियों के लिए चलाई जाने वाली निगम पाठशालाओं में से गाँधीजी की तस्वीरें हटा देने का निवेदन किया था वह अगर स्वीकार नहीं किया जायेगा तो उन संस्थाओं का बहिष्कार किया जायेगा। उनका कहना है कि किसी की तस्वीर लगाना एक प्रकार की वीर–पूजा है, और यह चीज़ इस्लाम धर्म के ख़िलाफ़ है।

गाँधी ने कहा कि अगर यह समाचार सत्य हो तो मैं पूरे आग्रह के साथ यह सलाह दूँगा कि मुसलमानों की माँग स्वीकार कर ली जाये। कांग्रेस इस माँग का विरोध करे, इससे कुछ मिलनेवाला नहीं है। साथ ही, इस आन्दोलन के अगुओं से निवेदन करूँगा कि आन्दोलन का समर्थन ग़लत दलील देकर किया जा रहा है; क्योंकि उनके अपने वीर पुरुष भी तो हैं। उचित और निर्णायक तर्क यह है कि अब मैं उनका वीर पुरुष नहीं रहा। समय के साथ–साथ वीर पुरुष भी बदलते रहे हैं। अपने को ऐसे परिवर्तनों के अनुरूप ढालते रहने में सार्वजनिक संस्थाओं का कल्याण है।

सत्याग्रह अहिंसा का एक अभिन्न तत्त्व है। अतएव हमें यह जान लेना आवश्यक है कि सत्याग्रही को अहिंसा व्रत का पालन करना चाहिए। सत्याग्रही के पाँच प्रश्न निम्नवत हैं–

1. क्या सत्याग्रही (अर्थात् सत्याग्रह की प्रतिज्ञा पर हस्ताक्षर करने वाले लोग) गिरफ़्तार होने पर अदालत में अपना बचाव कर सकते हैं?
2. क्या सत्याग्रही जेल में क़ैदियों को दी जाने वाली उच्चतर श्रेणी–जैसी 'ए' या 'बी' प्राप्त करने की कोशिश कर सकता है?
3. जेल में सत्याग्रही क़ैदी को जिस हालत में भी रखा जाये उसे उसको स्वीकार कर लेना चाहिए या व्यवहार को जिसे वह अधिक मानवीय

और सन्तोषजनक मानता है वैसा व्यवहार पाने की कोशिश करनी चाहिए?

4. सत्याग्रही को कम से कम कितनी देर कातना चाहिए या उसे कम–से–कम कितना सूत कातना चाहिए?
5. क्या आपके सविनय अवज्ञा आन्दोलन छेड़ते ही सत्याग्रह के प्रतिज्ञा पत्र पर हस्ताक्षर करके कोई सत्याग्रही गिरफ़्तार हो सकता है, या कि किसी निश्चित अवधि तक सत्याग्रही रह चुकने के बाद ही वह सविनय अवज्ञा आन्दोलन में भाग ले सकता है?

उत्तर :

1. अदालत में अपना बचाव करने में कोई हर्ज नहीं है, बल्कि कभी–कभी तो जैसे कि अमज़ेर के मामले में–यह कर्तव्य हो जाता है।
2. मेरी राय में तो उसे श्रेणी बदलवाने की कोई कोशिश नहीं करनी चाहिए। खुद मैं किसी भी प्रकार के वर्गीकरण के ख़िलाफ़ हूँ।
3. जैसी हालत में मनुष्य को रखना चाहिए वैसी हालत में उसे रखा जाये, इसके लिए उसे हर उचित प्रयत्न करने का अधिकार है।
4. मैं समझता हूँ, प्रतिदिन कम–से–कम एक घंटा कातना चाहिए। और प्रति घंटा 300 तार की गति ठीक मानी जानी चाहिए। सार्वजनिक कार्यों में लगे लोग इससे कम भी कात सकते हैं।
5. जो आदमी शर्तों का पालन करने से बचने के लिए जान–बूझकर अन्तिम घड़ी तक प्रतिज्ञा–पत्र पर हस्ताक्षर नहीं करता वह धोखेबाज़ है और सत्याग्रही बनने का पात्र नहीं है। लेकिन मैं किसी ईमानदार आदमी के हस्ताक्षर करके तुरन्त जेल जाने की स्थिति की भी कल्पना कर सकता हूँ। जिन लोगों कि भविष्य में प्रतिज्ञा–पत्र पर हस्ताक्षर करने की सम्भावना है और जो लोग हस्ताक्षर कर चुके हैं उनका साथ और समर्थन खो देने का ख़तरा उठाकर भी मैं कहूँगा कि निकट भविष्य में आन्दोलन छेड़े जाने की कोई सम्भावना नहीं है।

सम्पूर्ण गाँधी वाङ्मय, खण्ड 72, पृ. 91–93,
सेवाग्राम 20 मई, 1940, हरिजन, (अंग्रेज़ी) 25.5.1940

अहिंसा का व्यवहार

मोतिहारी के एक सज्जन ने लिखा है कि वे मेरी आलोचना से भ्रम में पड़ गये हैं और उनकी समझ में नहीं आता कि अगर ऐसा अवसर उनके सामने उपस्थित हो तो उन्हें क्या करना चाहिए। मैं स्वीकार करता हूँ कि इसके लिए कोई निश्चित नियम बनाना कठिन है। कायरता और शूरता, द्वेष और प्रेम, असत्य और सत्य ये सब हृदय के गुण हैं। सद्गुण का झूठा दिखावा करना आसान होता है और बाहरी मनुष्य के लिए उस गुण को दूसरे के हृदय में खोज लेना हमेशा ही कठिन होता है। सबसे अधिक निरापद नियम तो यह है कि मनुष्य जो कुछ कहता है उसी को तब तक सच माना जाये जब तक इसका प्रमाण न मिले। श्री त्यागी के व्यवहार के सम्बन्ध में मुझे अधूरी ख़बरें मिली थीं और उन्हीं के आधार पर मैंने उनके व्यवहार के औचित्य और अनौचित्य का निर्णय किया था। नीचे दी हुई मिसालों से यह जाना जा सकता है कि हमें ख़ुद किस तरह बरतना चाहिए। प्रह्लाद को राम नाम लेने की मनाही कर दी गयी थी। जब तक मनाही नहीं की गयी थी तब तक वह चुपचाप अपने रास्ते चलता जाता था; परन्तु जब उसे राम नाम लेने की मनाही की गयी तब उसने उसका प्रतिरोध किया और अत्यन्त कठोर सज़ा का आह्वान करके हँसते–हँसते उसे सहन किया। डैनियल पहले तो अपने घर के कोने में ही पूजा–पाठ किया करता था; परन्तु जब उसे ऐसा करने से रोका गया तब उसने झट अपने घर का दरवाज़ा खोल दिया, खुल्लम–खुल्ला ईश्वर की पूजा करने लगा और भोर की गुफा में मेमने की तरह डाल दिया गया। हजरत अली अपने विरोधी से ज़्यादा ज़ोरावर थे। उनके विरोधी ने उन पर थूक दिया तो उन्होंने उसका हाथ चूम लिया; बहादुर अली जानते थे कि अगर वे अपने विरोधी को इसका जवाब देंगे तो उनका ऐसा करना मानो, क्रोध के वश हो जाना होगा। परन्तु मैं यह जानता हूँ कि हम इन

प्राचीन साधु–सन्तों की श्रेणी में खड़े नहीं हो सकते क्योंकि हम में न तो उनके जैसा विशुद्ध शौर्य है, न उनकी जैसी पवित्रता और न उनकी जैसी सम्यक् दृष्टि। हम भय और क्रोध को नहीं जीत पाये हैं। हम तो अभी अहिंसा का पाठ पक्का करने और निर्भयता सीखने का यत्न कर रहे हैं। हमारी अहिंसा में तो अभी मिलावट है। हमारी अहिंसा अभी अधिकांश में दुर्बलता–मूलक और अल्पांश में सबलता–मूलक है। हमारे लिए तो सबसे अधिक निरापद नियम यही है कि अपने को बलवान बनाने और अपने बल का साक्षात्कार करने के प्रयत्न में हमें जितने कष्ट सहने पड़ें उतने कष्ट सहें। अतएव जब कोई मजिस्ट्रेट मुझे थप्पड़ लगाये तब मुझे ऐसा बर्ताव करना चाहिए जिससे उसे मुझे दूसरा थप्पड़ लगाना पड़े। हाँ, यह बात ज़रूरी है कि मैं उसे पहले थप्पड़ के लिए अपनी तरफ़ से कोई कारण न दूँ। यदि मैंने बदतमीज़ी की हो तो माफ़ी माँग लूँ, गुस्ताख़ी की हो तो नम्र हो जाऊँ। और गाली दी हो तो शान्त हो जाऊँ। अदालत में तो मुझे मुनासिब तरीक़े से ही बरतना चाहिए। कहने की ज़रूरत नहीं कि मैं कभी तो मुनासिब तरीक़े से पेश आऊँ और कभी ना–मुनासिब तरीक़े से, यह नहीं हो सकता। अदालत में हमारा वही तर्ज–तरीक़ा अच्छा हो सकता है जो स्वाभाविक हो। अतएव अगर हमें भरसक जल्दी क़िला सर करना हो तो अपने कामों में हम से जो कुछ भूल हो वह अहिंसा की ही तरफ़ होनी चाहिए।

सम्पूर्ण गाँधी वाङ्मय खण्ड 21, पृ. 427–428

मुसलमान के सन्दर्भ में मतभेद

अलीगढ़ से एक एम.ए. ने गाँधी को लिखा कि, आपने बहुत–से अवसरों पर कहा है कि 'कुरान शरीफ' के आपके अध्ययन ने आपको यह स्पष्ट कर दिया है कि इस्लाम अपने अनुयायियों को अहिंसा का आदेश देता है। आप यह भी कहते हैं कि आपने पैगम्बर के जीवन का जो अध्ययन किया है वह आपके इस विश्वास की पुष्टि करता है। मुझे आप यह कहने की इजाज़त देंगे कि अपने अध्ययन से आप इस निष्कर्ष पर इसलिए पहुँचे कि आपके अध्ययन का उद्देश्य इसी निष्कर्ष पर पहुँचना था। सीधी–सादी बात तो यह है कि अहिंसा के आपके दर्शन में बल–प्रयोग का कोई स्थान ही नहीं है। इसके विपरीत, इस्लाम कुछ अवसरों पर बल–प्रयोग की अनुमति देता है। क्या बद्र में पैगम्बर ने बल–प्रयोग का उत्तर बल–प्रयोग से नहीं दिया था? मैं प्रमाण के रूप में किसी अधिकारी व्यक्ति की व्याख्या पेश करने की हिम्मत नहीं करता; क्योंकि आप तो अपनी व्याख्या को छोड़कर अन्य किसी व्याख्या को स्वीकार ही नहीं करते। फिर भी मुझे आशा है, बहुत पहले प्रथम असहयोग आन्दोलन के समय ही आपके मोहपाश में बँधे स्वयं आपके मौलाना साहब ने जो कुछ कहा था, उसके प्रति कुछ आदर दिखाएँगे। अदालत के सामने अपने वक्तव्य में उन्होंने कहा था : "मैं महात्मा गाँधी की इस बात से सहमत नहीं हूँ कि किसी भी दशा में बल का प्रयोग नहीं किया जाना चाहिए। मुसलमान होने के नाते मैं यक़ीन करता हूँ कि इस्लाम में बताये गये कुछ ख़ास मौक़ों पर बल का प्रयोग करने की इजाज़त है।" अपने मुक़दमे के दौरान उन्होंने अदालत के सामने अपने उसी वक्तव्य में फिर यह भी कहा कि "ग़ैर–मुस्लिम सरकार के विरुद्ध इस्लाम केवल तलवार चलाना, लम्बे समय तक युद्ध करना और गला काटना ही सिखाता है।" मुझे यक़ीन है कि मौलाना साहब आज भी इससे इनकार नहीं कर सकते।

यह तो रहा इस्लाम में अहिंसा के बारे में। जहाँ तक इस प्रश्न का ताल्लुक है कि मुसलमान एक पृथक् राष्ट्र है या नहीं, मैं कहूँगा कि इस्लाम के प्रारम्भ से ही मुसलमान एक पृथक् राष्ट्र रहे हैं। वे उस समय भी पृथक् राष्ट्र थे जब मुहम्मद बिन कासिम ने भारत–भूमि पर अपने पैर रखे थे, मुग़ल साम्राज्यकाल में भी वे वैसे ही थे, आज भी वही हैं और अगर वे अपने धर्म के प्रति सच्चे हैं, तो सदा वैसे ही रहेंगे। अकबर ने न केवल एक समान धर्म, बल्कि एक समान सामाजिक व्यवस्था भी चलाने का प्रयत्न किया; लेकिन क्या उसके ये प्रयत्न निष्फल नहीं गये? मुसलमान इस अर्थ में पृथक् राष्ट्र हैं कि वे अपनी पहचान को अन्य किसी समुदाय में विलीन नहीं कर सकते। लेकिन इससे एकता के समर्थकों को भयातुर होने की कोई आवश्यकता नहीं है। किसी क्षेत्र विशेष में और किसी विशेष उद्देश्य के लिए सहयोग सर्वदा सम्भव है। कुछ लोगों के एक ही वायुमण्डल में साँस लेने या एक ही भूमि पर रहने से वे एक राष्ट्र नहीं बन जाते। विचारों के ऐक्य से राष्ट्र बनता है। मानस को किसी ख़ास साँचे में धर्म ढालता है। एक मुसलमान सिख का पड़ोसी हो सकता है। लेकिन उनके दृष्टिकोण, उनके सोचने का ढंग और उनकी ज़िन्दगी के तौर–तरीक़े सदा एक–दूसरे से भिन्न होंगे। भूमण्डल में हवा तो सब जगह एक ही है। क्या इंग्लैंड की हवा किसी प्रकार भारत की हवा से भिन्न है? प्राकृतिक अवस्थाएँ तो केवल शारीरिक रूप पर प्रभाव डालती हैं। मानस उससे प्रभावित नहीं होता। बेशक ईसाई भी एक पृथक् राष्ट्र हैं, और पारसी भी। भारत तो विभिन्न राष्ट्रीयताओं का देश है। जिस दिन भारतीय राष्ट्रीय कांग्रेस 'भारतीय राष्ट्रों का संघ' बन जायेगी, वह दिन भारत के इतिहास में परम सौभाग्य का दिन होगा।

बेशक, चीन में भी मुसलमान एक पृथक् राष्ट्र हैं। अगर संकेत इस ओर है कि उन्होंने अपने को अन्य चीनियों में विलीन कर दिया है, तो मैं केवल यही कह सकता हूँ कि समस्त इस्लामी दुनिया के लिए वे एक पदार्थ पाठ हैं। यदि यही प्रक्रिया चलती रही तो मुसलमानों का भाईचारा एक तमाशा–भर रह जायेगा। इस्लाम में निश्चित रूप से इस बात का भी विधान है कि मुसलमान अपनी पोषाक तक में दूसरों से कुछ अन्तर रखें। क्या मौलाना साहब कांग्रेस की कार्य–समिति के सदस्यों में साफ़ अलग नहीं दिखते?

गाँधी ने कहा कि, मुझे कोई सन्देह नहीं कि इस पत्र में जो मनोभाव है, वही आज बहुत–से शिक्षित मुसलमानों का भी है। 'कुरान' की व्याख्या के बारे में किसी लम्बी दलील में पड़ने का मेरा विचार नहीं है। ग़ैर–मुस्लिम होने के कारण मेरी स्थिति कुछ घाटे की है। अगर मैं दलील देना शुरू करूँ तो उसका स्वभावतः यही जवाब मिलेगा कि 'आप तो ग़ैर–मुस्लिम हैं। आप मुसलमानों के धर्म–ग्रन्थों की व्याख्या क्या जानें?' उसका यदि मैं यह उत्तर दूँ कि इस्लाम और अन्य धर्मों के प्रति मुझे उतनी ही श्रद्धा है जितनी कि अपने धर्म के प्रति है तो उससे भी कोई प्रयोजन सिद्ध नहीं होगा।

तथापि पत्र–लेखक को मैं यह बता दूँ कि बद्र के युद्ध और पैगम्बर के जीवन की वैसी ही अन्य घटनाओं का भी मुझे ध्यान था। मैं यह भी जानता था कि खुद 'कुरान' में कई ऐसी आयतें हैं जो मेरी व्याख्या से मेल नहीं खातीं। फिर भी मेरी राय में यह सम्भव है कि किसी सम्पूर्ण पुस्तक से या किसी व्यक्ति के सम्पूर्ण जीवन से मिलनेवाली शिक्षा उस पुस्तक की छिटपुट आयतों या उस व्यक्ति के जीवन की छिटपुट घटनाओं से, उनकी संख्या चाहे जितनी हो, भिन्न हो सकती है। 'महाभारत' रक्तरंजित युद्ध की कथा है। लेकिन कट्टर हिन्दुओं के विरोध के बीच भी मैं यही मानता आया हूँ कि वह पुस्तक युद्ध और हिंसा की निष्फलता सिद्ध करने के लिए लिखी गयी है।

मौलाना साहब के बचाव में कुछ कहने का मुझे अधिकार नहीं है। वे तो स्वयं ही अपना बचाव करने में समर्थ हैं। ऊपर मौलाना साहब के बयान के जो उद्धरण दिये गये हैं, उनका निश्चय ही मुझे स्मरण नहीं है। अपने पत्र–लेखक की सचाई पर मैं कोई शंका नहीं करता। हाँ, 'कुरान' शरीफ की मूल शिक्षा के सम्बन्ध में बरसों से मेरी जो धारणा रही है, उक्त बयान से उस पर कोई प्रभाव नहीं पड़ता। मतभेद तो अनन्त काल तक रहेंगे। मैं तो पारस्परिक सहनशीलता का प्रतिपादन करता हूँ।

राष्ट्रों के बारे में पत्र–लेखक ने जो बात कही है, वह चौंकानेवाली है। भारत में मुसलमान पृथक् राष्ट्र हैं, इस मत के पक्ष में देने को दलीलें हो सकती हैं। लेकिन मैंने कदापि यह कहा जाता नहीं सुना कि संसार में जितने धर्म हैं, उतने ही राष्ट्र हैं। अगर हैं, तो उससे नतीजा यह निकलेगा कि आदमी जब अपना धर्म बदलेगा तो उसके साथ उसकी राष्ट्रीयता भी बदल जायेगी। मेरे पत्र–लेखक के मतानुसार अंग्रेज़ और मिस्री, अमेरिकी,

जापानी आदि राष्ट्र नहीं हैं; लेकिन मुसलमान, पारसी, सिख, हिन्दू, ईसाई, यहूदी, बौद्ध आदि, वे चाहे जहाँ पैदा हुए हों, विभिन्न राष्ट्र हैं। मुझे भय है कि मेरे मित्र की इस मान्यता का आधार बड़ा कमज़ोर है कि राष्ट्रों का भेद धर्म के मुताबिक़ होता है या होना चाहिए। जिस सिद्धान्त को प्रतिपादित ही नहीं किया जा सकता उसे प्रतिपादित करने के उत्साह में पत्र–लेखक अपने पक्ष के समर्थन में सीमा का अतिक्रमण कर गये हैं।

मैं इस बात को मानने से इनकार करता हूँ कि मुस्लिम राजवंशों ने भारत को दो राष्ट्रों में बाँट दिया था। अकबर का उदाहरण अप्रासंगिक है। उसका उद्देश्य तो धर्मों का मिश्रण था। वह एक ऐसा सपना था जो पूरा नहीं हो सकता था। लेकिन अन्य मुस्लिम सम्राटों और राजाओं ने समूचे भारत को अवश्य ही एक अविभाज्य इकाई माना था। बचपन में मैंने तो इसी रूप में इतिहास सीखा है।

अगर हम हिन्दू–मुसलमानों तथा दूसरों को लोकतन्त्र का विकास करना है, तो ऐसा हम तभी कर सकेंगे जब समस्त राष्ट्र यथासम्भव व्यापकतम मताधिकार के आधार पर चुने गये अपने प्रतिनिधियों के माध्यम से अपनी बात कहेगा, चाहे यह व्यवस्था ब्रिटेन की सद्भावना से की जाये या उसके विरोध का मुक़ाबला करके। ब्रिटिश सरकार की ओर से जो घोषणाएँ की गयी हैं, उनसे ब्रिटेन की सद्भावना प्राप्त होने की आशा दिखायी नहीं देती। ब्रिटिश साम्राज्यवाद अब भी सशक्त है और सर सैमुअल होर ने जो उसके विपरीत घोषणा की है[1] उसके बावजूद उसका खात्मा मुश्किल से होगा। भारत के टुकड़े करने का प्रस्ताव साम्राज्यवाद के विकास में एक योगदान है। क्योंकि भारत के टुकड़े ब्रिटिश संगीनों की मदद या घातक गृहयुद्ध से ही हो सकते हैं। मुझे आशा है कि कांग्रेस इनमें से किसी भी खेल में शरीक नहीं होगी। ब्रिटेन ने भारत के सन्दर्भ में अपने युद्ध–सम्बन्धी उद्देश्यों की अपेक्षित घोषणा करने से इनकार कर दिया, यह एक प्रकार से भारत के लिए शायद शुभ ही हुआ है। इससे कांग्रेस मार्ग से हट गयी है और मुस्लिम लीग को आठ प्रान्तों[2] के कांग्रेसी शासन के दबाव से मुक्त होकर इस बात का निर्णय करने का अवसर

---

1. देखिये परिशिष्ट 14

2. असम, बिहार, बम्बई, मध्य प्रान्त, मद्रास, उड़ीसा, संयुक्त प्रान्त और उत्तर–पश्चिमी सीमा–प्रान्त।

मिल गया है कि क्या वह भारत के टुकड़े करके ब्रिटिश शासन को क़ायम रखेगी या अविभाज्य भारत की स्वतन्त्रता के लिए लड़ेगी। मुझे आशा है कि लीग भारत के टुकड़े नहीं करना चाहती। मैं यह भी आशा करता हूँ कि मेरे पत्र–लेखक भारत के किसी बड़े मुस्लिम जन–समुदाय के मत का प्रतिनिधित्व नहीं करते। शीघ्र जिन्ना साहब और पण्डित जवाहरलाल नेहरू में फिर बातचीत[1] शुरू होगी। हम आशा करें कि इस बातचीत के फलस्वरूप साम्प्रदायिक समस्या के स्थायी हल का आधार निकल आयेगा।

सेगाँव, 7 नवम्बर, 1939, सम्पूर्ण गाँधी वाङ्मय, खण्ड 70, पृ. 371–374,
हरिजन (अंग्रेज़ी), 11.11.1939

1. बातचीत का पहला दौर 2 नवम्बर को दिल्ली में शुरू हुआ था।

अहिंसा बनाम कायरता

मस्जिद के पास बाजा बजाने की घटना जो अनजाने में हुई थी। हिन्दुस्तानी सेवादल के लोगों पर हमले किये गये। सेवादल के लोगों ने जो व्यवहार किया उस सम्बन्ध में डॉक्टर हर्डीकर ने गाँधी के पास एक विवरण भेजा, जिसमें हिन्दुस्तानी सेवादल के कुछ स्वयंसेवकों पर बाग़लकोट स्थान में किये गये हमले का वर्णन था। कहा गया कि यह घटना पिछली तारीख़ 31 जुलाई, 1929 को हुई। स्वयंसेवक परचे बाँटते हुए और बैण्ड बजाते हुए चले जा रहे थे। रास्ते में एक ओर कुछ निचाई पर एक मस्जिद थी; वह दिखायी नहीं देती थी। स्वयंसेवकों को इसका कुछ ख़याल नहीं रहा। वे मस्जिद के क़रीब तक बाजा बजाते ही रहे। इसलिए मस्जिद में जो लोग थे वे गुस्से से लाल–पीले होते हुए बाहर निकल आये, और कहा जाता है, स्वयंसेवकों को पत्थर, लकड़ी, कुदाली और दूसरे हथियारों से मारने–पीटने लगे। डॉक्टर हर्डीकर जी के कथनानुसार स्वयंसेवकों ने अनजान में हुई भूल के लिए क्षमा माँगी, तो भी मारपीट जारी रही। स्वयंसेवकों ने बदले में कुछ नहीं किया। उन्होंने क़ानूनी कार्रवाई भी न करने का ही फ़ैसला किया। पूछा गया कि स्वयंसेवकों का यह संयम अहिंसात्मक कहा जा सकता है या कायरतापूर्ण। गाँधी ने कहा कि, मेरी राय में, यहाँ कायरता का कोई सवाल ही नहीं है। स्वयंसेवक अगर भाग जाते तो ज़रूर कायर कहलाते। मगर हक़ीकत तो यह है कि वे अपनी जगह पर डटे रहे, मार खायी, और किसी भी परिस्थिति में मार का जवाब मार से नहीं दिया। अहिंसा और कायरता परस्पर विरोधी शब्द है। अहिंसा सर्वश्रेष्ठ सद्‌गुण है, कायरता बड़े–से–बड़ा दुर्गुण है। अहिंसा का मूल प्रेम में है। कायरता का घृणा में। अहिंसक सदा कष्टसहिष्णु होता है, कायर सदा पीड़ा पहुँचाता है। विशुद्ध अहिंसा उच्चतम वीरता है। अहिंसक व्यवहार कभी पतनकारी नहीं होता, कायरता सदा पतित बनाती है। मुझे स्वयंसेवकों के आचरण

में ज़रा भी कायरता नहीं दिखायी पड़ती। उन्होंने बहुत ही उच्चकोटि की वीरता दिखायी, ऐसा दावा कोई नहीं करता। कहा जाता है कि लोगों ने ऐसे जंगली–निर्दयतापूर्ण ढंग से हमला किया था कि कुछ मुसलमान स्त्रियों ने जो पास ही खड़ी थीं, माफ़ी माँग लेने के बावजूद भी मारते रहने का सविनय प्रतिवाद किया। अगर वस्तुस्थिति ठीक बताई गयी है, तो मेरी राय में स्वयंसेवकों का बर्ताव अनुकरणीय था और कांग्रेस के सिद्धान्त के बिलकुल अनुरूप अहिंसात्मक था। आचरण के औचित्य अथवा अनौचित्य के सम्बन्ध में भले हो, फिर भी स्वयंसेवकों की वीरता के सम्बन्ध में दो मत कदापि नहीं हो सकते। आहत स्वयंसेवकों ने कोई भी क़ानूनी कार्रवाई न करके कांग्रेस के सिद्धान्त का निस्सन्देह पूरा–पूरा पालन किया है। मेरा तो अपना दृढ़ विश्वास है कि जैसे–जैसे स्वयंसेवक बहादुरी से और समझ–बूझकर कष्ट सहने की अपनी शक्ति बढ़ाते जायेंगे, वैसे–वैसे नाजुक समय में सेवा कार्य करने की उनकी क्षमता बढ़ती जायेगी।

सम्पूर्ण गाँधी वाङ्मय, खण्ड 42, पृ. 78–79,
यंग इंडिया (अंग्रेज़ी), 31.10.1929

कायरता और हिंसा

एक अंग्रेज़ मित्र ने मुझे नीचे लिखा पत्र भेजा है : 'मद्रास मेल' में प्रकाशित एक रिपोर्ट की नकल मैं इसके साथ भेज रहा हूँ। क्या आप उसे देखने की और मुझे यह बतलाने की कृपा करेंगे कि उसमें आपके शब्दों को ठीक–ठीक उद्धृत किया गया है या नहीं? और यदि किया गया है तो क्या आप कृपा कर यह समझायेंगे कि यहाँ आपने जो मत प्रकट किया है, उसकी संगति, आप आमतौर पर जो बातें कहते रहते हैं, उनमें कैसे बैठती है? मुझे तो ऐसा लगता है कि आजतक जितने सिद्धान्तों का उल्लेख मिलता है, उनमें यह सबसे भयंकर है। यह तो किसी भी मनुष्य को क़ानून अपने हाथ में ले लेने और हत्या या दूसरी किसी भी तरह की हिंसा करने का आमन्त्रण देता है बहाना सिर्फ़ यह रहेगा कि वह या तो ख़ुद डरता है, या फिर उसके लिए हिंसा का एकमात्र विकल्प कायरता का मार्ग है जो हिंसा से भी बुरा है। अगर यह बात है तब तो बोलो जनरल डायर की जय।

इस महीने के 7 तारीख़ के 'मद्रास मेल' की वह कतरन निम्न प्रकार है : एक प्रसिद्ध कांग्रेसी ने श्री गाँधी को लिखी अपनी चिट्ठी में आन्ध्र देश के एक गाँव के हिन्दू–मुसलमानों की तनातनी और मुसलमानों की कथित सीनाज़ोरी का वर्णन किया था, और साथ ही यह सलाह चाही थी कि ऐसी हालत में क्या करना चाहिए। उसके उत्तर में वे अपने एक निजी पत्र में लिखते हैं : "प्रिय मित्र, आपके द्वारा वर्णित यह स्थिति सोचनीय है। लोग अगर अपने मुसलमान भाइयों से डरते हैं तो उन्हें शारीरिक बल का प्रयोग करके अपनी रक्षा करने का पूरा अधिकार है।

"ऐसा न करना कायरता का काम समझा जायेगा। कायरता किसी भी तरह अहिंसा नहीं कही जा सकती। कायरता तो खुली हुई और सशस्त्र हिंसा से भी बुरी प्रकार की हिंसा है।"

मेरे पास उस पत्र की नकल नहीं है, तो भी जिसे मेरे पत्र की नकल कहा गया है, उसमें मेरे विचारों का सार आ जाता है। पत्र–लेखक का न तो मुझे नाम याद है, न मैं उसे पहचानता हूँ। अगर वह कोई प्रसिद्ध कांग्रेसी है तो मेरा ख़याल है कि मैं उसे जानता होऊँगा। जैसा कि 'मद्रास मेल' के संवाददाता ने कहा है, मेरा वह पत्र एक प्रश्न के उत्तर में लिखा हुआ निजी पत्र था। इसलिए जिन परिस्थितियों के लिए मैंने वह जवाब लिखा था, उन परिस्थितियों को दृष्टि में रखकर ही उसे पढ़ना चाहिए। मैंने वह पत्र अगर अपने पास रखा होता तो उसके मुख्य अंश मैं अवश्य यहाँ उद्धृत करता। वह ख़ास लम्बा पत्र था। लेखक ने उसमें गाँव के लोगों की परिस्थिति का विस्तार के साथ वर्णन किया था और लिखा था कि यहाँ के हिन्दू असहाय और भयभीत हो गये हैं। अहिंसा क्या चीज़ है, यह वे बिलकुल ही नहीं जानते। गाँव के मुसलमानों का ज़ोरोजुल्म दिन–दिन बढ़ता ही जा रहा है, और दूसरे गाँवों के मुसलमान आ–आकर इस अत्याचार को और भी शह दे रहे हैं। पत्र–लेखक जानना चाहता था कि ऐसी परिस्थिति में गाँव वाले क्या करें। उसे मैंने वही सलाह दी जो ऐसी परिस्थितियों में मैंने हमेशा दी है। सन् 1920 में जब मैं अली बन्धुओं के साथ यात्रा कर रहा था, तब मेरे पास यह ख़बर आयी कि बेतिया के पास एक गाँव में पुलिस ने निरंकुशता के साथ मारपीट और लूटपाट की है। इस विषय पर बेतिया के अपने सार्वजनिक भाषण[1] में मैंने अपने विचार व्यक्त किये थे, और 15 दिसम्बर, 1920 के 'यंग इंडिया' में इस सम्बन्ध में एक लेख भी लिखा था, जिसका प्रासंगिक भाग इस लेख के अन्त में उद्धृत किया जा रहा है।

जो आदमी मरने से डरता है और जिसमें प्रतिरोध की शक्ति नहीं है, उसे अहिंसा का पाठ नहीं पढ़ाया जा सकता। असहाय चूहे को हम सिर्फ़ इसीलिए अहिंसक नहीं कह सकते कि वह हमेशा बिल्ली के मुँह का ग्रास बना रहता है। उसमें अगर ताक़त होती तो वह उस हत्यारी बिल्ली को ख़ुशी से खा जाता, पर वह तो बिल्ली को देख कर भाग खड़ा होता है। हम उसे कायर नहीं कहते, क्योंकि प्रकृति ने उसका स्वभाव ही ऐसा बनाया है कि वह इससे भिन्न व्यवहार नहीं कर सकता। मगर जो मनुष्य ख़तरा देखकर चूहे–जैसा व्यवहार करता है, उसे अगर कायर या नामर्द कहें तो ठीक ही है। उसके दिल में हिंसा और घृणा भरी हुई है, और ख़ुद

1. देखिये सं.गां.वां. खण्ड 19, पृ. 90–93 और 120–122

मार खाये बिना अगर वह शत्रु को मार सके तो उसे मारना भी चाहता है। ऐसा मनुष्य अहिंसा से लाखों कोस दूर है। उसे अहिंसा का उपदेश देना बिलकुल ही अकारथ है। वीरता का लेश भी उसके स्वभाव में नहीं है। वह अहिंसा को समझ सके, इससे पहले उसे अपने उस जबरदस्त हमलावर का, जिसके द्वारा उसे परास्त कर देने की पूरी सम्भावना है, सामना करना और उसके आक्रमण से अपनी रक्षा करते हुए जान तक दे देना सिखाना है। इससे भिन्न कुछ करते हैं तो यह उसकी कायरता को और भी पुख्ता करना होगा और तब वह अहिंसा से और भी दूर जा पड़ेगा। यह सही है कि मैं किसी को प्रत्याघात करने में मदद नहीं दूँगा, लेकिन अगर कोई तथाकथित अहिंसा की ओट में अपनी कायरता को छिपाता है, तो मैं उसे यह नहीं करने दूँगा। अहिंसा किन तत्त्वों से बनी हुई है, इस बात से अनभिज्ञ बहुत–से लोग सच्चे दिल से ऐसा मानते हैं कि जब कोई ख़तरा आये–और ख़ासकर जिसमें जान जाने का डर हो–तब सामना करने के बजाय पीठ दिखाकर भाग जाना अधिक श्रेयस्कर है। अहिंसा के एक शिक्षक की हैसियत से मेरा यह कर्तव्य है कि मुझसे जहाँ तक बन पड़े, ऐसे पुंसत्वहीनता–भरे विश्वास को जड़ न पकड़ने दूँ।

अहिंसा मानव–जाति के हाथों में सबसे बड़ी शक्ति है। मनुष्य की बुद्धि ने जो प्रचण्ड–से–प्रचण्ड अस्त्र–शस्त्र बनाये हैं, उनसे भी प्रचण्डतर यह अहिंसा की शक्ति है। संहार कोई मानव–धर्म नहीं है। मनुष्य अपने भाई को मारकर नहीं, बल्कि ज़रूरत हो तो उसके हाथ से मर जाने को तैयार रहकर ही स्वतन्त्रता से जीवित रहता है। हत्या या अन्य प्रकार की हिंसा, फिर चाहे वह किसी भी कारण से की गयी हो, मानव जाति के विरुद्ध एक अपराध है। किन्तु मैं यह बिलकुल स्पष्ट देखता हूँ कि अहिंसा–विषयक यह सत्य दुर्बल और असहाय मनुष्यों को नहीं समझाया जा सकता। उन्हें तो आत्म–रक्षा करने की ही बात समझानी चाहिए।

इस पर शंकाशील लोग यह दलील देंगे : 'आप दुर्बल मनुष्य को अहिंसा नहीं सिखा सकते, और बलवान के पास उसे ले जाने का आपका साहस नहीं तो फिर यह क्यों नहीं मान लेते कि अहिंसा एक निरर्थक सिद्धान्त है?' इसका जवाब यह है कि अहिंसा आचरण द्वारा ही कारगर ढंग से सिखाई जा सकती है। जब उसकी शक्ति और क्षमता का अचूक प्रदर्शन होगा, तब दुर्बल अपनी दुर्बलता छोड़ देंगे, और बलवानों को अपने बल की निरर्थकता का उसी क्षण पता चल जायेगा और वे नम्र बनकर

अहिंसा की सर्वोत्कृष्टता स्वीकार कर लेंगे। मैं यह दिखाने का प्रयत्न विनम्रता के साथ कर रहा हूँ कि सामूहिक प्रवृत्ति में भी हम इस लक्ष्य को प्राप्त कर सकते हैं। यह बताने का मेरा नम्र प्रयत्न है। इन अंग्रेज़ मित्र–जैसे आलोचकों से मेरी यह प्रार्थना है कि वे ज़रा धीरज रखें।

आन्ध्र के पत्र–लेखक को मैंने जो उत्तर दिया था, उससे इन अंग्रेज़ मित्र ने जो निष्कर्ष निकाला है, वह मेरी राय में निराधार है। जिस पत्र का मैंने जवाब दिया था, उस पत्र के बिना भी इतना तो स्पष्ट ही है कि जब पुलिस की सहायता सुलभ है तब तो किसी को अपनी रक्षा आप करने की ज़रूरत ही नहीं रह जाती। पुलिस अगर अपना कर्तव्य–पालन करती है, तो खुले–आम हमला या मारपीट वह होने ही नहीं देगी। आत्म–रक्षा के लिए प्रतिरोध करने की क़ानून में इजाज़त है। मैंने जिन परिस्थितियों की चर्चा की थी, उनके सम्बन्ध में यह मानकर चला था कि वे पुलिस या क़ानून की पहुँच से बाहर हैं।

वे अपराध कम ही रोकते हैं और उसका पता तो और भी कम लगा पाते हैं, वे तो अपराध का दण्ड ही अधिक देते हैं। इसलिए जहाँ शरीर होम देने की तत्परता न हो, वहाँ आत्म–रक्षा करते हुए जूझना ही एकमात्र सम्मानजनक मार्ग है और यदि भविष्य में या जब भी ऐसी घटनाएँ हों, वे अपनी रक्षा के लिए तैयार रहें। इस प्रकार की स्थिति में वे अपने शरीर की या सम्पत्ति रक्षा में चोट पहुँचाने के बजाय यदि मर्दों की भाँति उत्पीड़न सह सकें और अपने को लुट जाने दें तो बहुत अच्छा होगा। यह वस्तुतः उनकी सबसे बड़ी विजय होगी। किन्तु उतनी सहन शक्ति केवल बल से आ सकती है, दुर्बलता से नहीं। जब तक यह शक्ति वे अपने अन्दर पैदा नहीं कर पाते, तब तक उन्हें अन्यायी का सामना (शारीरिक) शक्ति से करने के लिए तैयार रहना चाहिए। जब पुलिस का कोई सिपाही किसी को गिरफ़्तार करने के लिए नहीं, बल्कि तंग करने के लिए आता है, तब वह अपने अधिकार का अतिक्रमण करता है। तब नागरिक का यह एक अनिवार्य कर्तव्य है कि वह उसे लुटेरा माने एवं उससे वैसा ही व्यवहार करे। इसलिए वह उसको लूटपाट करने से रोकने के लिए पर्याप्त शक्ति का उपयोग करे। वह अपनी महिलाओं के सम्मान की रक्षा के लिए निश्चय ही शक्ति का डटकर प्रयोग करे। अहिंसा का सिद्धान्त कमज़ोरों और कायरों के लिए नहीं है; वह तो वीर और शक्ति–सम्पन्नों के लिए है। सबसे अधिक वीर तो वह पुरुष होता है जो मारता नहीं है, बल्कि कोई उसे मारे तो

स्वेच्छा से मृत्यु का वरण करता है। वह किसी को मारने से, चोट पहुँचाने से अपना हाथ इसलिए रोकता है कि वह जानता है कि किसी को चोट पहुँचाना ग़लत काम है। चम्पारण के ग्रामीण ऐसे नहीं हैं। वे तो पुलिस को देखते ही भागते हैं। यदि उन्हें क़ानून का भय न हो तो वे पुलिस के सिपाही पर चोट कर देंगे और उसे मार भी डालेंगे। इसलिए उन्हें अहिंसा का श्रेय नहीं मिलता; बल्कि इसके विपरीत कायरता और अपौरुष का लांछन मिलता है। वे सरकार और मनुष्य दोनों की नज़रों में निन्दनीय हैं।

सम्पूर्ण गाँधी वाङ्मय, खण्ड 61, पृ. 286–289,
हरिजन, (अंग्रेज़ी) 20.7.1935

विचार और आचरण की अहिंसा

मित्र[1] ए.एस. वाडिया ने गाँधीजी को लिखा कि, अपने सभी अनुयायियों से आपका आग्रह है कि वे कर्म से ही नहीं, मन और वचन से भी अहिंसा का पालन करें। 'हरिजन' के 26 नवम्बर के अंक में समाचार था कि मिशनरियों के मौजूदा रुख़ के बारे में आपकी प्रतिक्रिया जानने के इच्छुक श्री एन्ड्रयूज़ से आपने कहा था : "उनका रवैया भी अपने-अपने धर्मानुयायियों की संख्या बढ़ाने के लिए इस क्षेत्र में काम करने वाले अन्य लोगों की ही तरह ख़राब है। दुःख का विषय यह है कि वे हरिजनों की कमज़ोरी का नाजायज़ फ़ायदा उठाने में जी-जान से लगे हुए हैं। अगर वे यह कहें कि 'हिन्दू-धर्म एक आतंकी धर्म है और इसलिए आप हमारे धर्म में आ जाइए' तो यह बात मैं समझ सकता हूँ। लेकिन वे तो उन्हें भौतिक सुखों का प्रलोभन देते हैं और उनसे ऐसे-ऐसे वादे करते हैं जिन्हें वे कभी पूरा नहीं कर सकते।"[2]

ए.एस. वाडिया ने सवाल किया कि यदि आपके शब्दों को ठीक-ठीक उद्धृत किया गया है, तो मैं पूछना चाहूँगा कि, क्या यह पूरे मिशनरी वर्ग के विरुद्ध शब्दों से की गयी हिंसा नहीं है?

मिशनरी के सम्बन्ध में कड़े शब्दों का प्रयोग कर गाँधी ने सफ़ाई दी कि, मेरे कोई अनुयायी नहीं हैं। मैं तो स्वयं ही साधक हूँ और एक गुरु की तलाश में हूँ। पर मेरे मित्र ने जो प्रश्न उठाया है उससे इसका कोई ताल्लुक नहीं। कुछ अरुचिकर शब्द कहना या लिखना निश्चय ही हिंसा नहीं है, विशेषकर तब जब कि वक़्ता या लेखक अपनी कही या लिखी बात को सत्य समझता हो। और जब मैंने दीनबन्धु से ऊपर उद्धृत बात कही थी तब उसे इसी प्रकार सत्य समझकर ही कहा था। लेकिन मेरा कथन यदि

---

1. ए. एस. वाडिया; देखिये 'अहिंसा क्या है?', 6.2.1937
2. देखिये 'चर्चा : सी. एफ. एन्ड्रयूज़ के साथ', पृ. 21-28

अतिरंजनापूर्ण या उससे भी अधिक बुरा, अर्थात् असत्य सिद्ध हो जाये, तो भी वह उस अर्थ में हिंसापूर्ण नहीं होगा जिस अर्थ में कि पत्र–लेखक ने उसे पेश किया है। हिंसा का सार–तत्त्व यह है कि विचार, वचन या कर्म के पीछे कोई–न–कोई हिंसापूर्ण मन्तव्य होना चाहिए, अर्थात् उस विचार, वचन या कर्म की जड़ में अपने तथाकथित विरोधी को नुक़सान पहुँचाने का इरादा होना चाहिए। मेरे कथन के पीछे ऐसा कोई इरादा न तो था, और न हो ही सकता था। मैं तो ऐसे दो भले ईसाइयों के साथ दोस्ताना बातचीत कर रहा था जिनमें से प्रत्येक अपने–अपने ढंग से मिशनरी है।

गाँधी ने कहा कि हरिजनों के साथ सनातनियों के व्यवहार के बारे में और हाल में अपने प्रिय सहकर्मियों के कार्यों के बारे में मैंने इससे कहीं कड़ी भाषा का प्रयोग किया है। लेकिन कड़ी भाषा के मेरे प्रयोग के पीछे कोई हिंसापूर्ण इरादा नहीं रहा है। और मेरे आलोचकों ने भी कोई हिंसापूर्ण इरादा रखने का आरोप तो मुझ पर आमतौर पर कभी नहीं लगाया।

अहिंसा को स्पष्ट करते हुए गाँधी ने कहा कि, सचमुच अहिंसा की सबसे खरी कसौटी यही है कि हिंसा करने की गम्भीर–से–गम्भीर उत्तेजना होने पर भी व्यक्ति अपने विचार, वचन और कर्म में अहिंसापूर्ण बना रहे। सज्जन और विनम्र लोगों के प्रति अहिंसक बने रहना कोई बड़ी बात नहीं। अहिंसा तो विश्व की प्रबलतम शक्ति है, जो बड़े–से–बड़े प्रलोभन के विरुद्ध खड़ी रह सकती है। ईसा 'दुर्जनों की पीढ़ी' को बड़ी अच्छी तरह जानते–समझते थे और उन्होंने उनके वर्णन में खरी–खरी बातें कहीं, लेकिन ईश्वर से उन्होंने यही प्रार्थना की कि 'उन पर दया करो, क्योंकि वे समझते ही नहीं कि ये क्या कर रहे हैं।'

मैंने उनसे जो बातें कही थीं, उनके समर्थन में अधिकृत प्रमाण भी दिये थे। मैं अपने–आपको मिशनरियों का मित्र मानता हूँ। उनमें से अनेक के साथ मेरे बड़े अच्छे सम्बन्ध हैं। पर मेरी मित्रता कभी भी मेरे मित्रों की अपनी सीमाओं को, या उनके द्वारा समर्थित प्रणालियों या तरीकों की अच्छाई–बुराइयों को अनदेखा नहीं करती।

गाँधी ने स्पष्ट किया कि, अशोभनीयता के मिथ्या विचार या दूसरों की भावनाओं को ठेस लगने की आशंका से लोग अक्सर अपनी बात साफ़–साफ़ नहीं कह पाते और इस प्रकार आगे चलकर पाखण्ड में फँसने लगते हैं। लेकिन वैचारिक अहिंसा को यदि व्यक्तियों, समाजों या राष्ट्रों के स्तर पर जगाना और विकसित करना है तो हमें सत्य कहना ही पड़ेगा,

चाहे वह सत्य कुछ समय के लिए कितना ही कटु या अप्रिय क्यों न लगे और यदि अहिंसापूर्ण कर्म के पीछे अहिंसक विचार न हो, तो उस कर्म का कोई ख़ास महत्त्व नहीं रह जाता। वह किसी दूसरे व्यक्ति को प्रभावित नहीं कर सकता। वह तो एक कपट–जैसा हुआ। कर्म की शक्ति और उसका प्राण तो उसके मूल में रहने वाला विचार होता है। हम इस बात को समझते ही नहीं कि कर्म या वचन के मुक़ाबले विचार कहीं अधिक शक्तिशाली होता है। जब विचार, वचन और कर्म इन तीनों में सामंजस्य होता है तब विचार को वचन और कर्म दोनों मर्यादित करते हैं; इतना ही नहीं, स्वयं वचन को कर्म मर्यादित करता है। कहने की ज़रूरत नहीं कि विचार से मेरा आशय उस जीवन्त विचार से न हीं है, जिसका वचन और कर्म में रूपान्तरण सम्भव है। सामर्थ्य से रहित विचार हवाई क़िले से अधिक अर्थ नहीं रखते और वे हवा में ही विलीन हो जाते हैं।

सम्पूर्ण गाँधी वाङ्मय, खण्ड 64, पृ. 171–173,
हरिजन (अंग्रेज़ी), 19.12.1936

विचारों की अराजकता

निरंकुश विचार और विचारों की अराजकता के लिए गाँधी ने लिखा कि क्रोध के लक्षण जो शराब और अफ़ीम से मिलते हैं यह बुद्धि को नाश कर देता है। इस सन्दर्भ में उन्होंने लिखा कि[1] मेरे नाम पर्याप्त संख्या में ऐसे और इससे भी ख़राब पत्र आते रहते हैं। इसी तरह के भाव व्यक्त करने वाले समाचार–पत्रों की कतरनें भी मित्रों ने मुझे भेजी हैं। जब आदमी को विचार प्रकट करने की स्वतन्त्रता मिल जाती है, तो ऐसा ही होता है। इससे पता चलता है कि आदमी किस प्रकार अव्यवस्थित ढंग से विचार कर सकता है। इस ढंग में विचारों का हलकापन दिखायी पड़ता है। इस हलकेपन के कारण मनुष्य की विचारधारा सीधी बहने के बदले टेढ़ी–मेढ़ी बहती है और वह सम्बद्ध नहीं रह पाती। बहुत बार क्रोध के कारण भी ऐसा होता है। क्रोध का लक्षण शराब और अफ़ीम दोनों से मिलते हैं। शराबी की भाँति क्रोधी मनुष्य भी पहले आवेशवश लाल–पीला होता है। यदि आवेश के मन्द पड़ जाने पर भी क्रोध न घटा हो तो वह अफ़ीम का काम करता है और मनुष्य की बुद्धि को मन्द कर देता है। अफीम की तरह वह दिमाग़ को कुतर कर खा जाता है। माना गया है कि व्यक्ति क्रोध से क्रमशः सम्मोह, स्मृति भ्रंश और बुद्धि नाश को प्राप्त होता है।

---

1. पत्र यहाँ नहीं दिया जा रहा है। पत्र–लेखक ने इस बात पर आपत्ति उठाई थी कि गाँधीजी नवजीवन में हर हफ़्ते अपना और अपने साथियों का यात्रा–विवरण ही छापते रहते हैं। इसके अतिरिक्त उसमें विवाह–विधि पुनर्विवाह, गुजराती कोश, गोसेवा और जब तब तत्त्वज्ञान सम्बन्धी बातों की भरमार रहती है; और उन्होंने देश की राजनीतिक परिस्थिति तथा देशी रियासतों में फैली हुई अराजकता की ओर से अपनी आँखें मूँद रखी हैं।

पत्र का विश्लेषण करते हुए गाँधी ने कहा कि, अपनी बुद्धि के अनुसार मुझे ये सब लक्षण इस पत्र में दिखायी दे रहे हैं। इसके लेखक भलेमानस हैं। लेकिन क्रोध और आवेश में वे यह भूल गये हैं कि 'नवजीवन' में क्या छपता रहा है। स्वराज के लिए ही जीने वाले समाचार–पत्र में समाज सुधार सम्बन्धी विषयों का समावेश हो सकता है या नहीं, इस पर विचार करने में वे एक़दम असमर्थ ही बन गये हैं।

सम्पूर्ण गाँधी वाङ्मय, खण्ड 42, पृ. 23–26

अहिंसा की परीक्षा[1]

जो अपने आपको पूर्ण अहिंसक मानते हैं, और राजाजी आदि ने जो क़दम उठाया है, उसे ग़लत समझते हैं, उनकी कड़ी परीक्षा होने वाली है।[2] मैंने तो अपना मत बिलकुल स्पष्ट भाषा में व्यक्त किया है। मैं मानता हूँ कि राजाजी भटक गये हैं, और राजाजी मानते हैं कि मैं भटक गया हूँ। राजाजी की मान्यता सच्ची हो और मेरी झूठी, यह उतना ही सम्भव है, जितना कि मेरी मान्यता का सच्चा होना और राजाजी की मान्यता का झूठा होना। सच और झूठ का आख़िरी निर्णय तो भविष्य ही करेगा।

अपनी मान्यता की सचाई के विषय में मुझे लेशमात्र शंका नहीं है, इसलिए जो लोग मेरी तरह सोचते हैं, उन्हें कांग्रेस छोड़ देने की सलाह देते हुए मुझे ज़रा भी संकोच नहीं हुआ। तथापि इसका अर्थ यह नहीं है कि उन्हें तत्काल कांग्रेस से निकल जाना चाहिए इतना काफ़ी है कि निकलने की उनकी तैयारी हो। निकलने की तारीख़ का निर्णय वे लोग मुझ पर छोड़ दें। निकलने से पहले उन्हें इतना विचार अवश्य करना होगा कि उनके निकलने से साथियों को आघात नहीं पहुँचना चाहिए। कांग्रेस से निकलने की बात उनकी समझ में न आये तो धैर्यपूर्वक मुझे उन्हें समझाना होगा। कांग्रेस में से इन लोगों को निकल जाने की सलाह देने में कांग्रेस का ही हित है, यह उन्हें समझाना होगा। हम दोनों ही मानते हैं कि बाहरी आक्रमण से देश की रक्षा अहिंसा के द्वारा की जा सके तो ज़्यादा अच्छा होगा। इसलिए एक ऐसा वर्ग हो जो अपना जीवन अहिंसा की सफलता को सिद्ध करने में लगा दे, तो उसका होना वांछनीय है। अगर ऐसे वर्ग का होना हितकर हो, तो यह स्पष्ट है कि वह वर्ग कांग्रेस से बाहर ही रह

---

1. यह 'नोंध' (टिप्पणियाँ) शीर्षक के अन्तर्गत प्रकाशित हुआ था।
2. देखिये 'दिल्ली प्रस्ताव', पृ. 288–90

सकता है और कांग्रेस को चाहिए कि वह उस वर्ग को केवल सहन ही न करे बल्कि उसका स्वागत करे, जहाँ तक हो सके, उसकी मदद करे और उसे अपनाये। अर्थात् कांग्रेस और इस वर्ग के बीच ज़रा भी वैमनस्य न हो, कोई ग़लतफ़हमी न हो। इसके विपरीत, जैसा पहले था, उससे भी ज़्यादा अच्छा सम्बन्ध होना चाहिए।

ऐसा शुभ परिणाम लाने के लिए यह आवश्यक है कि अहिंसा के भक्त अपने पुराने साथियों की आलोचना करने की बात मन में भी न लायें। उन्होंने पहले क्या कहा है, उसकी याद उन्हें न दिलायें। यदि पिछले कथनों में कोई भूल रही हो तो उन्हें सुधारना मनुष्य का धर्म है। मगर यह भी सम्भव है कि उनके उन वचनों का जो अर्थ दूसरे करते हैं, वह अर्थ वे स्वयं वचनों में न देखते हों। इसलिए उत्तम मार्ग यही है कि एक–दूसरों के मतभेदों को प्रेमपूर्वक सहन किया जाये। एक–दूसरे को बर्दाश्त करने की ख़ातिर दोनों अलग–अलग काम करें और ऐसा करते हुए जहाँ सम्भव हो वहाँ एक–दूसरे की मदद करें।

ऐसा वातावरण बनने में कुछ देर लगना सम्भव है। हम सब इस दिशा में प्रयत्न करेंगे तो सफलता अवश्य मिलेगी। इस दौरान सब लोग मेरे सुझाये रचनात्मक कामों में लगे रहें। उनमें अधिक प्रगति करें। पूर्ण अहिंसा–भक्तों की सूची हर एक प्रान्त में एकाधिक नेता तैयार करें। वक़्त आने पर हर एक प्रान्त के मुख्य अहिंसा भक्तों को एकत्र करने का मेरा इरादा है। मगर मैं एक भी क़दम पक्की तरह विचार किये बिना नहीं उठाऊँगा।

सेवाग्राम 05 अगस्त, 1940; सम्पूर्ण गाँधी वाङ्मय, खण्ड 72, पृ. 394–395,
हरिजनबन्धु (गुजराती), 10.08.1940

अहिंसा पर वाडिया को जवाब

10 जनवरी, 1937 को पूना से अपना नाम हरिजन में छापने की अनुमति देते हुए ए. एस. वाडिया ने महात्मा जी के सम्बोधन में लिखा कि, इधर कुछ हफ़्ते आप पूरी तरह से कांग्रेस के कार्यों में व्यस्त रहे, इसलिए अब तक उस पोस्टकार्ड का उत्तर मैंने नहीं भेजा जो आपने 'वचन की अहिंसा' के सम्बन्ध में पूछे मेरे सवाल के लिए लिखने की कृपा की थी। आपने 19 दिसम्बर के 'हरिजन' में उस प्रश्न की विस्तार से चर्चा करने का जो सौजन्य दिखाया, उसके लिए भी मैं इसी कारण से आपको धन्यवाद नहीं भेज सका। आपकी दलीलों को मैंने ध्यान से पढ़ा है और उन पर गम्भीरता से विचार किया है। लेकिन उनसे मेरा यह ख़याल दूर नहीं हो पाया कि आपने आमतौर पर उस मिशनरी समाज के लिए, जो पिछले सौ साल से हमारी मातृभूमि की भलाई के लिए इतने उदात्त ढंग से काम कर रहा है, जिन शब्दों का प्रयोग किया उनका प्रयोग करके आपने अहिंसक व्यवहार नहीं किया।

गाँधी के कथनों को स्पष्ट करते हुए वाडिया ने तर्क दिया कि आपके अनुसार, ''हिंसा का सार–तत्त्व यह है कि विचार, वचन या कर्म के पीछे कोई–न–कोई हिंसापूर्ण मन्तव्य होना चाहिए, अर्थात् उस विचार, वचन या कर्म की जड़ में अपने विरोधी को नुक़सान पहुँचाने का इरादा होना चाहिए।'' मैं नहीं समझता कि आपका ऐसा कहना ठीक है। उदाहरण के लिए मान लीजिए, कोई पिता अपने ऊधमी और जिद्दी बच्चे के किसी अपराध पर उसके गाल पर थप्पड़ लगाता है। पिता के इस व्यवहार के बारे में कोई भी कभी ऐसा तो नहीं मानेगा कि 'उसके पीछे हिंसापूर्ण मन्तव्य' या अपने बच्चे को 'नुक़सान पहुँचाने का इरादा' था। फिर भी बच्चे को इस तरह थप्पड़ लगाना साफ़–सीधा हिंसात्मक कार्य है, क्योंकि उससे बच्चे के गाल को चोट पहुँची। इसी प्रकार जब कोई व्यक्ति अपने

'तथाकथित विरोधी' के ख़िलाफ़ ऐसे शब्दों का प्रयोग करता है जिनसे उसकी भावनाओं को चोट पहुँच सकती है, तब उन शब्दों के प्रयोग के पीछे उसका मन्तव्य भले ही अहिंसापूर्ण रहा हो, किन्तु वह वचन की हिंसा तो करता ही है, क्योंकि उसने अपने विरोधी की भावनाओं को उसी प्रकार चोट पहुँचाई है जिस प्रकार उपर्युक्त दृष्टान्त में पिता ने अपने बच्चे के गालों को। आगे आप कहते हैं : "अहिंसा की सबसे खरी कसौटी यही है कि हिंसा करने की गम्भीर–से–गम्भीर उत्तेजना होने पर भी व्यक्ति अपने विचार, वाणी और कर्म में अहिंसापूर्ण बना रहे।" यहाँ भी मैं आप से सहमत नहीं हूँ। अहिंसा की सबसे खरी कसौटी तो यह है कि हिंसा करने की गम्भीर–से–गम्भीर उत्तेजना होने पर भी व्यक्ति का विचार, वाणी और कर्म ऐसा रहे कि उसके 'तथाकथित विरोधी' के शरीर, मन या आत्मा को कोई कष्ट न पहुँचे। आपका यह कथन ठीक है कि "यदि व्यक्तियों या समाजों या राष्ट्रों के स्तर पर लोगों में वैचारिक अहिंसा जगानी या विकसित करनी है, तो हमें सत्य कहना ही पड़ेगा, चाहे वह सत्य कुछ समय के लिए कितना ही कटु या अप्रिय क्यों न लगे।" लेकिन यह सही नहीं है कि कटु सत्य कटु शब्दों में ही कहा जाये तनिक धैर्य, संयम और सद्‌भावना से काम लेकर विरोधी के ख़िलाफ़ वही बातें ज़्यादा नम्र ढंग से भी कही जा सकती हैं। उस चर्चा में श्री एन्ड्रयूज़ का अपनी बात करने का तरीक़ा आपके कटुता–भरे तरीक़े से कितना अधिक अलग था! आप तो आमतौर पर आदर्श, धैर्य, सहिष्णुता और संयम से काम लेते हैं। सो महात्माजी, अगर इस प्रसंग पर भी आपने वैसा ही किया होता तो आसानी से उस कटुता से बच सकते थे जो, मैं फिर कहता हूँ, आम मिशनरी समाज के विरुद्ध आपके द्वारा की गयी 'वाणी की हिंसा' है।

गाँधी ने उत्तर दिया कि इस पत्र को मैं हरिजन में सहर्ष प्रकाशित कर रहा हूँ। मगर श्री वाडिया के विचारों से मैं गम्भीर रूप से असहमत हूँ। बच्चे को अगर क्रोध और अधीरता में नहीं पीटा जाता है, तो निश्चय ही उसे पीटने में कोई हिंसा नहीं है। मान लीजिए, उस बच्चे को साँप ने डस लिया है और उसे जगाये रखना ज़रूरी है तो क्या इस उद्देश्य से उसे चाँटे लगाने में हिंसा होगी? या फ़र्ज़ कीजिए, कोई बच्चा तेज़ बुख़ार के कारण पागलों की तरह भागने–दौड़ने लगता है और उसे कसकर तमाचे लगाने से ही होश आता है, तो क्या यहाँ तमाचे लगाने में हिंसा हुई? उससे उसको

चोट तो ज़रूर लगी, लेकिन अगर उसे तमाचे न लगाये जाते तो निश्चय ही उसकी मृत्यु हो जाती। चोट तो कोई शल्य–चिकित्सक भी पहुँचाता है, लेकिन वह जब भी ऐसा करता है उसका वह काम न केवल हिंसक नहीं होता, बल्कि इसके विपरीत कल्याणकारी होता है और चोट पहुँचाने के बदले, बहुधा गम्भीर चोटें पहुँचाने के बदले उसे धन्यवाद मिलता है, मोटी–मोटी फ़ीसें मिलती हैं। वह चिकित्सक श्री वाडिया वाली परिभाषा के अनुसार नहीं, बल्कि पूर्ण रूप से मेरी परिभाषा के अनुरूप आचरण करता है। विद्वान पत्र–लेखक की दृष्टि से देखें तब तो कहना होगा कि ईसा ने अपने समय के कुछ लोगों को 'दुर्जनों की पीढ़ी' कहकर गम्भीर हिंसा की थी। उनके शब्द और उनके कार्य उनकी पीढ़ी के लोगों को इतने बुरे लगे कि वे उनकी जान के गाहक बन गये। अगर सत्य कठोर हो सकता है तो पत्र–लेखक ने स्वयं भी कहा है–उसे इतने विनम्र ढंग से कहा कैसे जाये जिससे विरोधी को तनिक भी क्रोध न आये? अगर कोई आदमी सरासर झूठ बोला है, या दिन–दहाड़े डकैती अथवा हत्या करता है, तो उस भाई को–और वह मेरा भाई तो है ही–मैं झूठा या चोर या हत्यारा कहूँ अथवा चर्चिल की भाषा का प्रयोग करते हुए कहूँ, 'हाँ, वह बेचारा सत्य के प्रदेश के इर्द–गिर्द विचरण करता रहता है', या 'वह दूसरों की चीज़ें उठाकर रख तो लेता है मगर शायद चोरी के इरादे से नहीं', या 'वह निर्दोष लोगों का ख़ून ज़रूर बहाता है, लेकिन उसका इरादा शायद हत्या करने का नहीं रहता?' और अगर मैं द्राविड़ प्राणायाम–जैसी भाषा का प्रयोग करूँ ही, तब भी क्या यह तनिक भी निश्चयपूर्वक कहा जा सकता है कि जिसके बारे में मैं ये बातें बोलूँगा उसके मन को कोई चोट नहीं पहुँचेगी? कठोर सत्य भले ही शिष्ट और विनम्र ढंग से कहा जाये, लेकिन उसे कहने के लिए प्रयुक्त शब्द सम्बन्धित व्यक्ति को कटु ही लगेंगे। अगर हम सत्यवादी बनना चाहते हैं तो झूठे को झूठा कहना पड़ेगा। 'झूठा' शब्द शायद कठोर है, लेकिन उसका प्रयोग इस प्रसंग में अनिवार्य है। सो जिस प्रसंग को लेकर श्री वाडिया ने आपत्ति की है, उसके सम्बन्ध में मुझे तनिक भी पश्चात्ताप नहीं है।

इन भाई से मैं निवेदन करूँगा कि अन्य बहुत–से भले लोगों की तरह इनकी निर्णय बुद्धि भी मिशनरियों के स्कूल और अस्पताल खोलने–जैसे कुछ नेक कार्यों को देखकर दिग्भ्रमित हो गयी है। मैं उनकी लोकोपकारी

प्रवृत्तियों के लिए तो उन्हें पूरा श्रेय अवश्य दूँगा, लेकिन मेरी सन्तुलित निर्णयबुद्धि मुझसे कहती है कि उनके कार्यों की आभा इनके पीछे छिपे धर्म–प्रचार के उद्देश्य के कारण फीकी पड़ जाती है। हो सकता है, धार्मिक आचरण और ख़ुद धर्म–प्रचार के विषय में मेरे विचार ग़लत हों, लेकिन इसी से उनके सम्बन्ध में मैं जो कुछ कहता हूँ वह हिंसामय नहीं हो जाता।

अपने आचरण जो वे सार्वजनिक जीवन में बरतते हैं, बड़ी साधना से प्राप्त की है लेकिन निजी जीवन में असहिष्णुता अभी भी बनी हुई है। गाँधी लिखते हैं कि इसलिए मैं श्री वाडिया की राय को या अहिंसा के मामले में दीनबन्धु एन्ड्रयूज़ के साथ की गयी अपनी उस तुलना को, जिसमें मुझे दोषयुक्त बताया गया है, स्वीकार नहीं कर सकता। अगर वे सचमुच ऐसा मानते हैं कि मैं "आमतौर पर आदर्श, धैर्य, सहिष्णुता और संयम से काम लेता हूँ, तो मैं उनको विश्वास दिलाता हूँ कि उक्त प्रसंग पर भी मैंने उन गुणों में से, जो उन्होंने मुझमें बताये हैं, किसी का त्याग नहीं किया था। इसका मतलब यह नहीं है कि मैं कभी संयम छोड़ता ही नहीं। कभी–कभी मैं निश्चय ही संयम खो बैठता हूँ और ये प्रसंग मेरे लिए लज्जा के प्रसंग होते हैं। अगर श्री वाडिया ने मुझे कभी संयम खोते नहीं देखा तो उसका कारण यह है कि सार्वजनिक जीवन में–और विशेषकर जो लोग मुझे अपना शत्रु मानते हैं उनके साथ अपने व्यवहार में–संयम क़ायम रखने के लिए मैंने कठिन साधना की है। लेकिन अपने निजी जीवन के बारे में मैं ऐसी बात नहीं कह सकता। जो लोग मेरे बहुत निकट हैं वे जानते हैं, और यह मेरे लिए बड़े अफ़सोस की बात है, कि उनके साथ अपने व्यवहार में मैं कितना असहिष्णु हो सकता हूँ। कभी–कभी तो ऐसा व्यवहार करने लग जाता हूँ, मानो किसी जंगली भालू को खुला छोड़ दिया गया हो। मैं जानता हूँ कि उनके प्रति अपने व्यवहार में भी मुझे धैर्य नहीं छोड़ना चाहिए। वे उदारतापूर्वक मेरे इस व्यवहार को सह लेते हैं, क्योंकि उन्हें पूरा विश्वास रहता है कि मैं उनका कोई बुरा नहीं चाहता, बल्कि उनका अच्छे–से–अच्छा मित्र और मार्गदर्शक हूँ। लेकिन उनकी ओर से मिले प्रमाण–पत्र का मेरे लिए कोई मूल्य नहीं है। उससे मैं कभी भी धोखे में नहीं आया हूँ। मुझे मालूम है कि अगर मैं उनके प्रति पर्याप्त अनासक्ति का भाव रखूँ और जब वे, मेरे विचार से, उस स्तर से नीचे रह जायें जिसे उन्होंने स्वेच्छा से अपने दैनिक आचरण के लिए स्वीकार

किया है, तब भी उन पर नाराज़ न होऊँ, तो मैं ज़्यादा अच्छा मनुष्य और अधिक श्रेष्ठ मार्गदर्शक बन पाऊँगा। जिस अनासक्ति का विधान 'गीता' में किया गया है, उसे सिद्ध करना सबसे कठिन कार्य है। तब भी पूर्ण शान्ति प्राप्त करने और आत्मा तथा परमात्मा का साक्षात्कार करने के लिए वह नितान्त आवश्यक है।

सम्पूर्ण गाँधी वाङ्मय, खण्ड 64, पृ. 383–386, हरिजन (अंग्रेज़ी), 6.2.1937

अहिंसा की सीमा

एक मित्र[1] कहते हैं किसी भी पत्रकार के लिए वग़ैर जाँच–पड़ताल किये इस तरह किसी के सम्बन्ध में ग़लत ख़बर छाप देना, बहुत बुरी बात है। जो बात ऊपर कही गयी है, वह मैंने कही ही नहीं। अहिंसा मेरे प्राण के साथ जुड़ी हुई चीज़ है, उसे मैं कभी छोड़ नहीं सकता। मेरा विश्वास अहिंसा पर दिन प्रतिदिन बढ़ता ही जाता है। उसकी सफलता का प्रत्यक्ष अनुभव भी मुझे होता रहता है। मेरे पकड़े जाने के बाद लोगों को क्या करना होगा, इस बारे में मैंने जो कुछ भी कहा था वह ठीक इसका उलटा था। अर्थात् मैंने तो यह कहा था कि अगर उस मौक़े पर लोग हिंसक प्रवृत्ति ग्रहण करें तो अहिंसावादी उसे रोकने की चेष्टा करें। पराधीनता के बारे में जो कहा था वह यह था कि अगर मुझको पराधीनता का या हिंसाकाण्ड का साक्षी होने के लिए विवश होना पड़े, तो मैं हिंसाकाण्ड का साक्षी होना अवश्य पसन्द करूँगा। इस कथन में और जो अख़बार में छपा है, उसमें बहुत फ़र्क़ है। हिंसा करने की तो मेरे कथन में कोई बात ही नहीं है। हम सब तो हिंसादि अनिष्ट कर्मों के साक्षी, अनिच्छा से ही क्यों न हो, मगर हमेशा रहते आये हैं, और रहना होगा।

उक्त पत्र से एक बात सीखने योग्य है। वह यह कि जब किसी प्रसिद्ध लोकसेवक या लोकनेता के सम्बन्ध में कोई भी सामान्य अनुभव से बाहर की बात सुनने में या पढ़ने में आये तो जब तक उससे पूछ न लिया जाये, उस पर कभी विश्वास नहीं करना चाहिए।

सम्पूर्ण गाँधी वाङ्मय, खण्ड 42, पृ. 443,
नवजीवन (हिन्दी), 23.1.1930

---

1. पत्र यहाँ नहीं दिया जा रहा है। पत्र–लेखक ने लिखा था कि कुछ समाचार–पत्रों ने लिखा है कि गाँधीजी ने अपने क़ैद किये जाने पर हिंसा का समर्थन किया है।

अख़बार में तथ्यों को तोड़–मरोड़कर पेश करने की हिंसा

अख़बारी ख़बरों की अविश्वसनीयता और मन्तव्यों को तोड़–मरोड़कर पेश किये जाने के सम्बन्ध में स्पष्ट करते हुए गाँधी ने कहा कि, भोपाल के राजा की जो स्तुति मैंने की है, वह मर्यादित है।[1] मेरी स्तुति के सम्बन्ध में समाचार–पत्रों में जो रिपोर्टें छपी हैं, मैंने उन्हें अब तक पढ़ा नहीं है और न पढ़ने की कोई इच्छा ही है। मुझे इस बात का अनुभव हो चुका है कि पत्रों में मेरे या औरों के भाषणों का शुद्ध विवरण कदाचित ही छपता है। अगर मैं अपने बारे में अख़बारी ख़बरों की मानूँ तो आज मुझे यह कबूल करना पड़ेगा कि लगभग तीन महीने पहले मुझे गश आ गया था। लेकिन मेरा और मेरे साथियों का अनुभव तो इन अख़बारी रिपोर्टों से कुछ अलग ही है। इसी कारण मैंने सबको चेतावनी दी है और सचेत करता हूँ कि मेरे कथन के सम्बन्ध में 'यंग इंडिया' और 'नवजीवन' में जो कुछ लिखा हो उसी को सच माना जाये तथा अन्य बातों के लिए मुझे ज़िम्मेदार न माना जाये। भोपाल के नवाब साहब की जिस बात की स्तुति मैंने की है, उस पर मैं अब भी अक्षरशः क़ायम हूँ। उनके 'महल' की सादगी ने मुझे हजरत उमर की सादगी की याद दिलायी, इसका कोई यह अर्थ न लगाये कि नवाब भोपाल के महल की सादगी उस महान खलीफ़ा की झोंपड़ी की सादगी का मुक़ाबला कर सकती है। इसका मतलब केवल इतना ही है कि जहाँ मुझे लाखों की लागत का शानदार सज़ा हुआ महल देखने का डर था वहाँ मैंने एक साधारण धनवान आदमी की कोठी जैसी भी कोई चीज़ नहीं देखी। हमारे अहमदाबाद के कतिपय करोड़पतियों के महल तो नवाब साहब के महल के मुक़ाबले सौगुना अधिक शानदार हैं। मेरे अपने

---

1. देखिये सं.गां.वां. खण्ड 41, पृ. 419–20 तथा 546–47

मन को भाने वाली उस सादगी को देखकर इतना कहना भी अगर देशी राज्यों की राजनीति के विचारक और आलोचक सहन नहीं कर सकते तो यह कहा जा सकता है कि यह असहिष्णुता की हद हो गयी है।

गाँधी कहते हैं कि, कोई मुझे इतना भला या भोला न समझे कि मुझसे दो–चार सौ की खादी ख़रीदते ही मैं उसे प्रमाण–पत्र दे दूँगा। खादी पहनकर धोखा देने वाले या खादी ख़रीदकर मुझसे कोई काम करा लेने की इच्छा रखने वाले को मैं अक्सर ताड़ लेता हूँ। कभी–कभी मैं ठगा जाना पसन्द करता हूँ; और कई बार मैं अपनी मूर्खता कहो या अपूर्णता के कारण भी धोखा खा जाता हूँ।

मनमाना अर्थ करना या सुनी–सुनायी बात को सबूत मानकर विश्वास नहीं करना चाहिए। मनुष्य के सम्बन्ध में उनकी धारणा उसके सुधार पर भरोसा से सम्बन्धित है। गाँधी लिखते हैं कि, राजा लोग ज़हर पिलाकर लोगों को मरवा डालते हैं, आदि आक्षेपों में बहुत–कुछ अतिशयोक्ति है। लेखक के ये आक्षेप निराधार हैं। निठल्ले आदमी हर किसी अफ़वाह पर भरोसा कर लेते हैं। इन भाई साहब ने भी कुछ ऐसा ही किया है। अगर उनके पास ज़हर देकर मार डालनेवाले राजा के ख़िलाफ़ पक्का सबूत हो तो उसे वे मेरे पास भेज दें। सुनी–सुनाई बात सबूत नहीं मानी जाती। मेरे लेख का पाठक कोई उलटा या मनमाना अर्थ न लगाये। मेरे कहने का आशय यह बिलकुल नहीं है कि कोई देशी राजा किसी को कभी अन्यायपूर्वक नहीं मारता। देशी राजाओं के हाथ ख़ून हुए हैं, यह मैं जानता हूँ। देशी राज्यों में फैली हुई सड़न और गन्दगी से मैं अनजान नहीं हूँ। इन बुराइयों को जानते हुए भी मैं मानता हूँ कि वे सुधर सकते हैं। मेरा यह विश्वास मानव–जाति में मेरी निष्ठा पर आधारित है। देशी राजा भारतीय वातावरण के फल हैं।

सम्पूर्ण गाँधी वाङ्मय, खण्ड 42, पृ. 23–26,
नवजीवन (गुजराती), 20.10.1929

लम्पटता का विज्ञापन

विदेशी वस्त्र–बहिष्कार समिति के अवैतनिक मन्त्री श्रीयुत जयरामदास ने गाँधीजी के पास कुछ तस्वीरों के नमूने भेजे। उनके कथनानुसार ये तस्वीरें उन भद्दी तस्वीरों के अपेक्षाकृत सौम्य नमूने थे, जो विदेशी वस्त्र के निर्लज्ज व्यापारियों द्वारा केलिको वग़ैरा कपड़ों के टुकड़ों पर चिपकाये जाते थे। उनका कहना था कि उन्होंने जो तस्वीरें मेरे पास भेजी हैं, उनसे कहीं ज़्यादा भद्दी तस्वीरें व्यापारी लोग कपड़ों के साथ बाँटते हैं। यह बताना तो मुश्किल है कि चित्रों का यह गन्दा व्यापार एजेंटों की करतूत है या मालिकों की, फिर भी यह सच है कि चित्र बाँटे जाते हैं और उनके नाम भी उनमें विज्ञापित वासना के अनुरूप होते हैं। मसलन, एक चित्र पर 'जीवन विलास' छपा है। भोले–भाले लोगों को विलायती कपड़ा ख़रीदने के लिए प्रलोभन देने की गरज से जिन निर्लज्ज और निरंकुश उपायों से काम लिया जाता है, इससे सज्जनों के मनों में घृणा पैदा होनी चाहिए; और अन्य किसी कारण से न भी सही तो केवल उनका प्रतिकार करने के लिए ही सज्जन पुरुषों को विलायती कपड़ों का बहिष्कार करना चाहिए।

सम्पूर्ण गाँधी वाङ्मय, खण्ड 42, पृ. 78–80,
यंग इंडिया (अंग्रेज़ी), 31.10.1929

तलवार का न्याय

एक अध्यापक महोदय[1] लिखते हैं: इस लेख को पढ़कर मुझे मेमने और भेड़िये का किस्सा स्मरण हो आया। भेड़िया किसी–न–किसी तरह मेमने को खा जाना चाहता था, परन्तु किसी न्याय के बहाने की खोज में था। जब कोई ठीक–सा बहाना न मिला तब मेमने के बाप–दादों का दोष बताकर उसने उसे मार खाया। लोगों के पास ज़मीन है, परन्तु न्यायतः उसका मालिक कौन है, इस सवाल की छान–बीन से सल्तनत को क्या वास्ता? सल्तनत तो रुपयों की भूखी है और तलवार के बल से रुपये वसूल करती है। धारासभा में नौकरशाही लम्बी–चौड़ी बहस होने देती है, पर उस बहसों के पीछे विश्वास तो यह रहा है कि आख़िर सरकार की मालगुजारी में कुछ कमी नहीं होगी–फिर भले ही ज़मीन किसी की क्यों न मानी जाये।

इसलिए हमारे सामने सच्चा सवाल तो यह है कि हम इस तलवार–बल का मुक़ाबला कैसे करें? क्या तलवार से करेंगे? यदि तलवार बल का मुक़ाबला तलवार से ही करना है तो अभी हमें वर्षों तक गुलामी में रहना पड़ेगा, क्योंकि कैसा भी शासन क्यों न हो, मालगुजारी भरनेवाले करोड़ों किसानों का तलवार–बल एक ही दिन में कभी नहीं बढ़ सकता। ज़मीन पर किसान का स्वामित्व सिद्ध करने का एक ही मार्ग है और वह यह कि किसानों में सत्याग्रह का मन्त्र फूँक दिया जाये। यह एक ऐसा बल है जो सबमें छिपा हुआ है। किसान को इस बल का ज्ञान–भर हो जाना चाहिए। यदि कोई किसान यह समझ ले कि शान्तिपूर्वक अन्याय का विरोध करने से ज़मीन को उससे कोई नहीं छीन सकता, तो वह कदापि अन्याय के

---

1. पत्र यहाँ उद्धृत नहीं किया जा रहा है। पत्र–लेखक ने अंग्रेज़ों द्वारा भारत में लागू मालगुजारी की आलोचना की थी।

वश नहीं होगा। इसी सत्याग्रह का सबक आज सारा हिन्दुस्तान सीख रहा है। यदि इन पाठशाला में किसान भी शामिल हो गये तो अच्छा ही है। इस हालत में ज़मीन के स्वामित्व की यह जटिल समस्या अपने–आप हल हो जायेगी।

सम्पूर्ण गाँधी वाङ्मय, खण्ड 43, पृ. 144, नवजीवन (हिन्दी), 27.3.1930

दण्ड–संहिता का आतंक

एक वकील मित्र लिखते हैं : मैंने 3.1.1929 का 'यंग इंडिया' पढ़ा। आप लिखते हैं, "यदि इस नवयुवक में हिम्मत हो तो इसे यह विवाह अवश्य नामंजूर कर देना चाहिए। ...यदि न समझे तो लड़के और लड़कियों को नम्रतापूर्वक विरोध करके धर्म का पालन करना चाहिए।"[1]

हिन्दू विवाह के एक बार हो जाने पर उसके बन्धन को तोड़ा नहीं जा सकता। लड़का अपनी पत्नी को छोड़ सकता है और बड़ा होने पर बाद में जब उसकी इच्छा हो तब दूसरी स्त्री से विवाह कर सकता है। लड़की पुनर्विवाह नहीं कर सकती, क्योंकि उच्च वर्गों में एक बार विवाह हो जाने पर उसका विच्छेद नहीं किया जा सकता। यदि वह दूसरा विवाह करती है, तो द्वि–विवाह का अपराध करती है। अतः कृपया हमें बताइए कि उस लड़की का भाग्य क्या होगा जिसका एक बार विवाह हो चुका हो; और जो लड़के द्वारा, जैसा कि आपने सुझाया है, उस तथाकथित विवाह को अस्वीकार कर देने के बाद दूसरा विवाह नहीं कर सकती। गौड़की दण्ड–संहिता, पृष्ठ 2019 के अनुसार "और चूँकि हिन्दू पुरुषों को एकाधिक पत्नियाँ रखने की अनुमति है जबकि स्त्रियाँ केवल एक पति रख सकती हैं, अतः जहाँ स्त्रियाँ इस अपराध की दोषी हो सकती हैं वहाँ पुरुष इस क़ानून की व्यवस्थाओं से मुक्त हैं।" आपने जिस दम्पति को सलाह दी है उनको अनिवार्यतः जिस दण्ड–संहिता का पालन करना है उसके अनुसार अब आप कृपया अपनी सलाह में सुधार कर दें।

गाँधी कहते हैं कि मुझे अपनी सलाह में सुधार करने की ज़रूरत नहीं है। प्रत्येक सुधारक के लिए सर्वोपरि संहिता स्वयं उसका अन्तःकरण ही है। जिस विवाह की बात मेरे दिमाग़ में थी वह वास्तव में विवाह है ही

1. देखिये सं.गां.वां. खण्ड 37, पृ. 195

नहीं। लेकिन यदि किसी क़ानूनी अदालत में इसके विपरीत निर्णय होता है तो यह क़ानून सत्य के हित में चन्द लोगों के कष्ट सहने से सुधर जायेगा, बशर्ते कि लोकमत के प्रभाव से उस क़ानून में पहले ही सुधार न हो गया हो या उस क़ानून का प्रयोग ही बन्द न हो चुका हो। अगर हिन्दू समाज अपनी असंख्य कुप्रथाओं से मुक्ति पाने के लिए क़ानूनी सहायता की प्रतीक्षा करने बैठेगा तो उसे युगों तक प्रतीक्षा करनी पड़ेगी। सुधारों के इतिहास से देखा जा सकता है कि क़ानूनी मान्यता हमेशा सुधार हो चुकने के बाद आयी है, पहले नहीं। हम अनुभव से भी जानते हैं कि जहाँ कोई क़ानून लोगों की इच्छा के विरुद्ध उन पर थोपा गया है वहाँ वह अपने उद्देश्य में विफल हुआ है। एक ऐसे मामले में, जिसमें एक तथाकथित पति अपनी तथाकथित बाल–पत्नी को, जिसको उसने देखा तक नहीं है, उसके कथित कर्तव्य से मुक्ति दे देता है, उस मामले में दण्ड–संहिता की तलवार उस बेचारी लड़की के सिर पर लटकाने की कोई ज़रूरत नहीं है, जिसे यह भी नहीं मालूम कि उसका कभी विवाह भी हुआ था।

इसके अलावा, इन पत्र–लेखक वकील जैसे लोगों को समय का इशारा समझना चाहिए। जिन सुधारों की बहुत आवश्यकता है और जिन्हें बहुत पहले ही हो जाना चाहिए था, यदि उन्हें क़ानूनी पण्डिताई बघारकर और बारीकियाँ निकालकर उनको अनिश्चित काल तक टाला जायेगा तो यह बिलकुल निश्चित है कि हमारा समाज छिन्न–भिन्न होकर रहेगा।

सम्पूर्ण गाँधी वाङ्मय, खण्ड 39, पृ. 402–403,
यंग इंडिया (अंग्रेज़ी), 7.2.1929

विधवा विवाह

एक बंगाली स्कूल के प्रधानाध्यापक[1] लिखते हैं : आपने मद्रास के विद्यार्थियों को विधवा लड़कियों से ही शादी करने की सलाह देते हुए जो भाषण[2] किया है, उससे हम भयभीत हो रहे हैं... उनका मानना है कि विधवाओं के जिस आजीवन ब्रह्मचर्य के पालन के कारण भारत की स्त्रियों को संसार में सबसे बड़ा, बल्कि ऊँचा स्थान प्राप्त हुआ है, उसके पालन करने की वृत्ति को ऐसी सलाहें नष्ट कर देंगी और...आज उन्हें ब्रह्मचर्य के द्वारा एक ही जन्म में मोक्ष प्राप्त करने का जो अवसर सुलभ है, उसे समाप्त कर देंगी। इस प्रकार विधवाओं के प्रति ऐसी सहानुभूति दिखाना उनकी कुसेवा होगी और कुमारियों के प्रति, जिनके विवाह का प्रश्न आज बड़ा पेचीदा और मुश्किल हो गया है, यह एक बड़ा अन्याय होगा। विवाह–सम्बन्धी आपके इन विचारों से हिन्दुओं के आत्मा के देहान्तरण, पुनर्जन्म और मुक्ति के सिद्धान्त की इमारत ढह जायेगी और हिन्दू समाज भी पतित होकर उसी स्तर पर आ जायेगा जिस स्तर पर दूसरे समाज हैं, जिन्हें हम पसन्द नहीं करते।... हिन्दू समाज को अहिल्याबाई, रानी भवानी, बिहुला, सीता, सावित्री, दमयन्ती के उदाहरणों से मार्गदर्शन लेना चाहिए और हमें उन्ही के आदर्शों पर चलना चाहिए।...

गाँधी ने उत्तर में कहा कि, इस रोष भरे विरोध से न मेरे विचार बदले हैं और न मुझे कोई पश्चात्ताप ही हुआ है। कोई भी विधवा, जिसमें इच्छा शक्ति है और जो ब्रह्मचर्य को समझती है तथा उसका पालन करने को कटिबद्ध है, मेरी इस सलाह से अपना इरादा नहीं छोड़ देगी। परन्तु यदि मेरी सलाह पर अमल किया जायेगा तो उससे उन छोटी उम्र की

1. इसके कुछ अंशों का ही अनुवाद दिया जा रहा है।
2. देखिये सं.गां.वां. खण्ड 34, पृ. 520–26

लड़कियों को ज़रूर राहत मिलेगी जो शादी के समय शादी किसे कहते हैं, यह भी नहीं समझती थीं। उनके सम्बन्ध में 'विधवा' शब्द का प्रयोग इस पवित्र शब्द का दुरुपयोग है। मुझे पत्र लिखने वाले इन महाशय के मन में जो ख़याल है, उसी ख़याल से तो मैं देश के युवकों को या तो इन तथाकथित विधवाओं से शादी करने की या बिलकुल ही शादी न करने की सलाह देता हूँ। इस प्रथा की पवित्रता की रक्षा तभी हो सकेगी जब बाल–विधवाओं का अभिशाप उससे दूर कर दिया जाये।

गाँधी ने स्पष्ट कहा है कि ब्रह्मचर्य के पालन से विधवाओं को मोक्ष मिलता है, इसका तो अनुभव में कोई प्रमाण नहीं मिलता है। मोक्ष प्राप्त करने के लिए ब्रह्मचर्य के अतिरिक्त और भी बहुत–सी बातों की आवश्यकता होती है और जो ब्रह्मचर्य ज़बरदस्ती लादा गया है, उसका कुछ भी मूल्य नहीं है। उससे तो अक्सर गुप्त पाप होते हैं, जिससे उस समाज की नैतिक शक्ति का ह्रास होता है, जिसमें ऐसे पाप होते हैं। पत्र–लेखक महाशय को यह जान लेना चाहिए कि मैं यह अपनी जानकारी के आधार पर लिख रहा हूँ।

यदि मेरी इस सलाह के परिणामस्वरूप बाल–विधवाओं से न्याय हो सके और फलतः कुमारियों को पुरुष की विषय–लालसा के लिए बेच देने के बदले उन्हें विवाह से पूर्व वय और बुद्धि की दृष्टि से पूरा विकास प्राप्त करने की सुविधा दी जा सके तो मुझे बड़ी ख़ुशी होगी।

गाँधी कहते हैं कि विवाह के बारे में मेरी ऐसी कोई मान्यता नहीं है जो आत्मा के देहान्तरण, पुनर्जन्म और मुक्ति से असंगत हो। पाठकों को यह मालूम होना चाहिए कि उन करोड़ों हिन्दुओं के बीच, जिन्हें हम दम्भपूर्वक निम्न श्रेणी के कहते हैं, विधवाओं के पुनर्विवाह पर कोई प्रतिबन्ध नहीं है और मैं यह नहीं समझ पाता हूँ कि जब वृद्ध विधुरों के पुनर्विवाह से उस मान्यता में कोई बाधा नहीं पहुँचती, तो जिन लड़कियों को ग़लत तौर पर विधवा कहा जाता है, उनके वास्तविक विवाह से उस भव्य सिद्धान्त में कैसे बाधा पहुँचती है। पत्र–लेखक की जानकारी के लिए मैं यह बता दूँ कि आत्मा का देहान्तरण और पुनर्जन्म मेरे लिए कोरे सिद्धान्त ही नहीं, बल्कि ऐसी वास्तविकताएँ हैं, जैसी कि प्रतिदिन सूर्य का उदय होना है। मुक्ति एक ऐसा सत्य है जिसे प्राप्त करने के लिए मैं भरसक प्रयत्न कर रहा हूँ। इसी मुक्ति–चिन्तन ने मुझे बाल–विधवाओं के प्रति किये जाने वाले अन्याय का स्पष्ट भान कराया है। अपनी पुरुषत्वहीनता

के कारण हमें सीता तथा उन अन्य अमर देवियों के साथ, जिनके नामों का उल्लेख पत्र–लेखक ने किया है, आज की इन पीड़ित–प्रताड़ित बाल–विधवाओं का नाम नहीं लेना चाहिए।

निष्कर्षतः गाँधी ने स्पष्ट किया कि, यद्यपि हिन्दू–धर्म में सच्चे वैधव्य का गौरव गाया गया है और यह ठीक ही किया गया है, फिर भी जहाँ तक मैं मानता हूँ, इस विश्वास के लिए कोई प्रमाण नहीं है कि वैदिक काल में विधवाओं के पुनर्लग्न पर सम्पूर्ण प्रतिबंध था। परन्तु सचे वैधव्य के विरुद्ध मेरी यह लड़ाई नहीं है। मेरी लड़ाई तो उसकी उस भद्दी नकल के ख़िलाफ़ है जो अत्याचार का एक साधन बनी हुई है। बेहतर रास्ता तो यह है कि जैसी लड़कियाँ मेरे ख़याल में हैं, वैसी लड़कियों को विधवा माना ही नहीं जाये और जिस हिन्दू में असहायों के पक्ष से खड़े होने का कुछ भी साहस होगा वह इन्हें इस असह्य स्थिति से छुटकारा दिलाना अपना कर्तव्य मानेगा। इसलिए मैं विनम्रतापूर्वक किन्तु ज़ोर देकर प्रत्येक हिन्दू युवक को फिर से यही सलाह देता हूँ कि वह सिवाय इन कुमारियों के, जिन्हें ग़लती से विधवा कहा जाता है, और किसी से शादी न करे।

सम्पूर्ण गाँधी वाङ्मय, खण्ड 35, पृ. 89–90,
यंग इंडिया (अंग्रेज़ी), 6.10.1927

सत्य और अहिंसा के विरुद्ध

एक मित्र[1] लिखते हैं : आपके 'आलोचनाओं का जवाब' (31 जुलाई) शीर्षक लेख[2] का निम्नलिखित वाक्य सत्य और अहिंसा की भावना तथा सही तर्क के भी विरुद्ध जान पड़ता है : "जो यूरोपीय शराब के बिना नहीं रह सकते अथवा रहना नहीं चाहते, सिर्फ़ उसके लिए विदेशी शराबें परिमित मात्रा में मँगाई जा सकती हैं।"

कांग्रेसी मन्त्रिमण्डलों को अपने–अपने प्रान्तों के यूरोपीय समुदायों के कल्याण की उतनी ही चिन्ता होनी चाहिए जितनी कि भारतीय समुदायों के कल्याण की। मैं मानता हूँ कि मद्य–निषेधवादी होने के नाते कांग्रेसी इस बात से सहमत होंगे कि शराब यूरोपियों के लिए भी उतनी ही हानिप्रद है जितनी कि भारतीयों के लिए। अगर ऐसी बात है तो किसी शराबी की सनक के कारण ही कोई छूट नहीं दी जा सकती। यूरोपियों के लिए भी शराब उतनी ही बुरी है जितनी कि औरों के लिए। फिर भी अगर यह कहकर कि "इसके बिना उनका काम नहीं चल सकता या वे नहीं चलायेंगे", उन्हें इसकी छूट दी जाती है तो जापानी, अमेरिकी और बहुत–से अन्य विदेशी भी अपने लिए ऐसी इजाज़त माँग सकते हैं। अगर उन्हें सिर्फ़ इसी कारण अपनी बुरी लत क़ायम रखने दी जाती है तब फिर भारतीयों को भी भारत में अपने–आपको इसी तरह बर्बाद करने की छूट क्यों न दी जाये?...

इसको स्पष्ट करते हुए गाँधी लिखते हैं कि अगर किसी को शराब पीने की (न कि उसमें अपने–आपको गर्क कर देने की) इजाज़त दी जाये तो वह सिर्फ़ चिकित्सा–सम्बन्धी कारणों से या ऐसे किसी अन्य कारण

1. यहाँ पत्र के कुछ अंश ही दिये जा रहे हैं।
2. देखिये सं.गां.वां. खण्ड 65, पृ. 484–90

से जो सब पर समान रूप से लागू हो सके। कांग्रेस के शासन में किसी भी जाति के पक्ष अथवा विपक्ष में कोई भेदभाव पूर्ण क़ानून नहीं बनाया जा सकता।...

कुछ काल के लिए ही भारत में रहने वाले विदेशी को भी इस दायित्व से मुक्त नहीं करना चाहिए। उदाहरण के लिए, जो लोग ऐसा मानते हैं कि शराब से पूरा परहेज सर्वथा आवश्यक नहीं उनके लिए भी यह लाजिम होना चाहिए कि अगर इस राष्ट्र ने शराब के ख़िलाफ़ क़ानून बना दिया है तो शराब न पियें। उनके बारे में ऐसा मानना चाहिए कि वे भारत में इसी शर्त पर रह रहे हैं कि यहाँ के लोगों के क़ानूनों, रीति–रिवाजों और सदाचरणों के नियमों का पालन करेंगे।

इन मित्र ने जो कुछ लिखा है, आमतौर पर, उसे समझने और प्रायः स्वीकार करने में मुझे कोई कठिनाई नहीं हुई है। लेकिन, मुझे यह स्वीकार करना ही पड़ेगा कि इस पत्र को तीन बार पढ़ने पर भी मैं इसमें दी हुई दलील को नहीं समझ सका हूँ।

प्रस्तावित छूट सत्य या अहिंसा की भावना के विरुद्ध भला क्यों हैं? मुझे तो इसमें ऐसी कोई बात दिखायी नहीं पड़ती जिसे लेखक ने बुरी दलील बताया है। जीवित प्राणियों के बारे में विचार करते हुए कोरा तार्किक चिन्तन बुरा ही नहीं, बल्कि कभी–कभी घातक भी हो सकता है। क्योंकि अगर आप किसी बहुत छोटी चीज़ को भी छोड़ जायें और यह तय है कि मनुष्य के साथ बरतने के प्रसंग में जितनी सारी चीज़ों का समावेश हो जाता है उन सब पर आप कभी नियन्त्रण नहीं रख सकते तो आपका निष्कर्ष ग़लत हो जाने की सम्भावना रहती है। इसलिए अन्तिम सत्य पर आप कभी नहीं पहुँचते; आप तो सिर्फ़ उसके आसपास ही पहुँचते हैं, और वह भी तभी जबकि आप अपने व्यवहार में असाधारण रूप से सावधान रहें।

वस्तुतः सत्य और अहिंसा की ख़ातिर ही मैंने यूरोपियों के लिए छूट रखने का ख़याल किया है क्योंकि सब आदमियों और सब जगह की आबोहवा के लिए मैं इस तरह का एक नियम निर्धारित नहीं कर सकता कि शराब पीना पाप है। अत्यन्त शीत–प्रधान देशों के लिए मैं इसे ज़रूरी मान सकता हूँ। इसलिए जो यूरोपीय अपने भोजन के साथ हर बार परिमित मात्रा में शराब पीना बुराई नहीं बल्कि ज़रूरी समझते हैं, उन पर शराबबन्दी न थोपने का ध्यान मैं ज़रूर रखूँगा। यह ख़याल रखने की बात है कि हिन्दुस्तान में जिस तरह आमतौर पर मद्यपान को बुरा माना

जाता है, यूरोपीय समाज में नहीं माना जाता। इसलिए भलमनसाहत के ख़याल से भी (जो कि अहिंसा की ही एक अवस्था है), मैं यह बात उन्हीं के ऊपर छोड़ देना चाहूँगा कि जिस देश को उन्होंने अपनाया है, वहाँ के आचार का वे ख़याल रखें।

यूरोपियों के लिए जो छूट रखी जायेगी, वही दूसरे राष्ट्रवालों के लिए रखने के तर्क को भी मैं ख़ुशी के साथ मंजूर करूँगा, बशर्ते कि उसकी आवश्यकता सिद्ध कर दी जाये। सच तो यह है कि शायद बहुत–से हिन्दुस्तानियों को भी डॉक्टरी परवाने वाली उस धारा के मातहत शराब पीने की इजाज़त देनी पड़े।

मेरे लिए तो शराब का सवाल एक बढ़ती हुई सामाजिक बुराई को रोकने का सवाल है, जिसके लिए जब सरकार को अवसर मिला है तो उसे कुछ–न–कुछ करना ही चाहिए। उद्देश्य हमारा स्पष्ट है। हम मज़दूरों और हरिजनों को इस बुराई से बचाना चाहते हैं। यह एक बहुत बड़ी समस्या है और शराबखोरी बन्द करने के लिए हमें सभी समाज सुधारकों की, ख़ासकर स्त्रियों की तमाम शक्ति लगा देनी पड़ेगी। शराबबन्दी की जो रूपरेखा मैंने बताई है वह तो तत्सम्बन्धी सुधार की सिर्फ़ शुरुआत (निस्सन्देह अनिवार्य शुरुआत) है। शराब पीने वाले को लुभाने के लिए उसके दरवाज़े के पास ही शराब की दुकान मिल जाये, तब तो हमें उसके पास पहुँचने का उसे समझाने–बुझाने का अवसर ही नहीं मिल सकता। यह तो उसी तरह निष्फल होगा जैसे कि किसी बीमार बच्चे के सामने, बल्कि बीमार आदमी के भी सामने, खुली हुई मिठाई रखी रहे और उसे वहाँ से हटा देने के बजाय उससे कहा जाये कि इसे छूना मत।

और जब मैं इस विषय की चर्चा कर ही रहा हूँ तो यहाँ कृपालु मित्रगण मुझे जो अख़बारों की कतरनें भेजते रहते हैं, उनमें से एक में उठाई गयी दलील का जवाब भी दे ही दूँ। उसमें कहा गया है कि इस सुधार के जोश में श्री चक्रवर्ती राजगोपालाचारी ने ताड़ का रस उतारने वालों की, जिन्हें शराबबन्दी के कारण अपना काम बन्द करना पड़ेगा, बेकारी की समस्या का भी कोई ख़याल नहीं किया है। राजाजी ने उनके लिए क्या सोचा है, यह तो मुझे मालूम नहीं; लेकिन श्री गजानन, जो कि ताड़ के रस का गुड़ बनाने के विशेषज्ञ बनते जा रहे हैं, मुझे बताया है कि दक्षिण के इस प्रान्त में ताड़ से रस उतारने वाले लोग (ताड़ी बनाने के) गन्दे व्यापार में लगे हुए हैं। उसका यह भी कहना है कि रस उतारना

बन्द करने की कोई ज़रूरत नहीं है। शराबबन्दी के अधीन फ़र्क़ सिर्फ़ इतना होगा कि वे जो रस उतारेंगे वह नीरा होगा, जिसका नशीले पेय पदार्थ के बजाय गुड़ बनाया जायेगा। आन्ध्र प्रदेश के बारे में तो मुझे यह मालूम हुआ है कि रस उतारने वाले खजूर का रस नहीं बेचते हैं, बल्कि उसका गुड़ बनाकर 'अर्क' बनाने वालों को बेचते हैं; जो गुड़ से 'अर्क' बनाते हैं। ऐसे मामलों में राज्य को इसके सिवा और कुछ करने की ज़रूरत नहीं है कि वह तय किये गये वाज़िब दामों पर इस गुड़ को ख़रीद ले। रस उतारनेवालों के बारे में मैं जो कुछ जानता हूँ उसके आधार पर यह कह सकता हूँ कि आसन्न शराबबन्दी से उनको कोई नुक़सान होने की सम्भावना नहीं है, और दूसरी ओर ग़रीबों के शरीर और आत्मा दोनों को हानि पहुँचाने वाली शराब के बदले, शुद्ध गुड़ के रूप में एक पोषक और सस्ता खाद्य पदार्थ मिलने लगेगा।

सम्पूर्ण गाँधी वाङ्मय, खण्ड 66, पृ. 50–52,
हरिजन (अंग्रेज़ी), 14.08.1937

गाँधी के अहिंसा सम्बन्धी वक्तव्य[1]
(टॉलस्टॉय शताब्दी–समारोह में)

टॉलस्टॉय शताब्दी–समारोह पर अहमदाबाद में गाँधी ने कहा कि मेरी वर्तमान मानसिक दशा कोई पर्व–पुण्यतिथि या उत्सव मनाने योग्य नहीं है। कुछ दिनों पहले 'नवजीवन' या 'यंग इंडिया' के किसी पाठक ने मुझसे पूछा था : ''आप श्राद्ध के विषय में लिखते हुए कह चुके हैं[2] कि पुरखों का सच्चा श्राद्ध उनकी पुण्यतिथि को उनके गुणों का स्मरण करने और उन्हें अपने जीवन में उतारने से हो सकता है। इसी से मैं पूछता हूँ कि आप ख़ुद अपने पुरखों की श्राद्धतिथि कैसे मनाते हैं?'' उहोंने कहा कि, जब मैं युवा था तब पुरखों की श्राद्धतिथि मनाया करता था। परन्तु आपको यह बताने में मुझे संकोच नहीं है कि अब मुझे अपने पुरखों की श्राद्धतिथि याद तक नहीं है। मुझे याद नहीं आता कि बरसों से मैंने किसी की पुण्यतिथि मनाई हो। मैं मानता हूँ कि जिस कार्य को हाथ में लिया हो उसी की माला जपने, चौबीसों घण्टे उसका मनन करने और जहाँ तक बन पड़े उसे सुव्यवस्थित रूप से करने में ही सब–कुछ आ जाता है। उसी में पुरखों की श्राद्धतिथि मनाना भी आ जाता है, टॉलस्टॉय–जैसों के उत्सव भी आ जाते हैं। यदि डॉक्टर हरिप्रसाद ने मुझे जाल में न फँसाया होता तो यह सर्वथा सम्भव था कि 10 तारीख़ का यह उत्सव मैंने किसी भी तरह आश्रम में न मनाया होता। सम्भव है कि मैं यह भूल ही गया होता। तीन महीने पहले एल्मर मॉड एवं टॉलस्टॉय का साहित्य एकत्रित करने वाले अन्य सज्जनों के पत्र आये थे कि इस शताब्दी के अवसर पर

---

1. यह भाषण अहमदाबाद, युवक संघ के तत्त्वावधान में आश्रम में आयोजित सभा में दिया गया था।

2. देखिये सं.गां.वां. खण्ड 34, पृ. 467

मैं भी कुछ लिख भेजूँ, और इस दिन की याद हिन्दुस्तान को दिलाऊँ। एल्मर मॉड का पत्र[1] का सारांश या पूरा पत्र 'यंग इंडिया' में दिया गया है। उसके बाद मैं यह बात बिलकुल भूल गया। यह प्रसंग मेरे लिए एक शुभ अवसर है। फिर भी यदि मैं भूल गया होता तो पश्चात्ताप न करता। परन्तु युवक संघ के सदस्यों ने यह पुण्यतिथि यहाँ मनाने का जो अवसर दिया यह मेरे लिए प्रसन्नता की बात है।

मैं अपने बारे में यह कह सकता कि दत्तात्रेय की तरह मेरे जगत में बहुत–से गुरु हैं, मुझे अच्छा लगता, किन्तु मेरी ऐसी स्थिति नहीं है। मैंने तो इससे उलटा ही कहा है कि मैं धर्मगुरु खोजने का अभी तक प्रयत्न कर रहा हूँ। मैं यह मानता हूँ कि धर्मगुरु प्राप्त करने के लिए स्वयं व्यक्ति में बहुत बड़ी योग्यता होनी चाहिए और मेरी यह मान्यता दिनों–दिन दृढ़ होती जाती है। जो यह योग्यता प्राप्त कर लेता है, गुरु स्वयं उसके समीप चलकर आ जाते हैं। मुझमें यह योग्यता नहीं है। गोखले को मैंने अपना राजनीतिक गुरु कहा है। उन्होंने मुझे उस क्षेत्र में पूरा सन्तोष दिया था। उनके कथन या उनकी आज्ञा के विषय में मेरे मन में कभी तर्क–वितर्क नहीं उठते थे। किन्तु किसी धर्मगुरु के विषय में मेरी स्थिति ऐसी नहीं है। फिर भी मैं इतना कह सकता हूँ कि तीन पुरुषों ने मेरे जीवन पर बहुत अधिक प्रभाव डाला है। उनमें पहला स्थान मैं राजचन्द्र कवि को देता हूँ, दूसरा टॉलस्टॉय को और तीसरा रस्किन को। किन्तु यदि टॉलस्टॉय और रस्किन के बीच चुनाव की बात हो और दोनों के जीवन के विषय में मैं अधिक बातें जान लूँ, तो नहीं जानता कि उस हालत में प्रथम स्थान किसे दूँगा। परन्तु फिलहाल तो मैं दूसरा स्थान टॉलस्टॉय को देता हूँ। टॉलस्टॉय के जीवन के विषय में बहुतों ने जितना पढ़ा होगा उतना मैंने नहीं पढ़ा। ऐसा भी कहा जा सकता है कि उनके लिखे हुए बहुत कम ग्रन्थ मैंने पढ़े हैं। उनकी जिस किताब का मुझ पर बहुत अधिक प्रभाव पड़ा, उसका नाम है 'द किंगडम ऑफ़ हैवन इज़ विदिन यू'। इसका अर्थ है कि ईश्वर का राज्य तुम्हारे हृदय में है, यदि हम उसे बाहर खोजने जायेंगे तो वह कहीं नहीं मिलेगा। इसे मैंने चालीस वर्ष पहले पढ़ा था। उस समय मेरे मन में कई–एक बातों को लेकर शंका उठती रहती थी; कई मर्तबा मुझे नास्तिकतापूर्ण विचार भी सूझते रहते थे। विलायत जाने के समय तो मैं हिंसक था, हिंसा पर मेरी श्रद्धा थी और अहिंसा पर अश्रद्धा। यह पुस्तक पढ़ने के बाद मेरी यह

1. देखिये सं.गां.वां. खण्ड 36, पृ. 79

अश्रद्धा चली गयी। फिर मैंने उनके अन्य ग्रन्थ पढ़े। उनमें से प्रत्येक का क्या प्रभाव पड़ा सो तो मैं नहीं कह सकता, परन्तु उनके समग्र जीवन का क्या प्रभाव पड़ा, यह अवश्य कह सकता हूँ।

उनके जीवन में मेरे लिए दो बातें महत्त्वपूर्ण थीं। वे जैसा कहते थे वैसा ही करते थे। उनकी सादगी अद्भुत थी, बाह्य सादगी तो उनमें थी ही। वे अमीर वर्ग के व्यक्ति थे, इस जगत के सभी भोग उन्होंने भोगे थे। धन–दौलत के विषय में मनुष्य जितने की इच्छा रख सकता है, वह सब उन्हें मिला था। फिर भी उन्होंने भरी जवानी में अपना ध्येय बदल डाला। दुनिया के विविध रंग देखने और उनके स्वाद चखने पर भी, जब उन्हें प्रतीत हुआ कि इसमें कुछ नहीं है तो उनसे उन्होंने मुँह मोड़ लिया, और अन्त तक अपने विचारों पर डटे रहे। इसी कारण गाँधी ने लिखा है कि टॉलस्टॉय इस युग के सत्य की मूर्ति थे। उन्होंने सत्य को जैसा माना तद्नुसार चलने का उत्कट प्रयत्न किया; सत्य को छिपाने या कमज़ोर करने का प्रयत्न नहीं किया। लोगों को दुःख होगा या अच्छा लगेगा, शक्तिशाली सम्राट को पसन्द आयेगा या नहीं, इसका विचार किये बिना ही उन्हें जो वस्तु जैसी दिखायी दी उन्होंने वैसा ही कहा। टॉलस्टॉय अपने युग के अहिंसा के बड़े भारी समर्थक थे। जहाँ तक मैं जानता हूँ, अहिंसा के विषय में पश्चिम के लिए टॉलस्टॉय ने जितना लिखा है उतना धार्मिक साहित्य किसी दूसरे ने नहीं लिखा। उससे भी आगे जाकर कहता हूँ कि अहिंसा का जितना सूक्ष्म दर्शन और उसका पालन करने का जितना प्रयत्न टॉलस्टॉय ने किया था उतना प्रयत्न करनेवाला आज हिन्दुस्तान में कोई नहीं है और न मैं ऐसे किसी आदमी को जानता हूँ।

हिन्दुस्तान कर्मभूमि है। हिन्दुस्तान में ऋषि–मुनियों ने अहिंसा के क्षेत्र में बड़ी–से–बड़ी खोजें की हैं। परन्तु पूर्वजों की उपार्जित पूँजी पर हमारा निर्वाह नहीं हो सकता। उसमें यदि वृद्धि न की जाये तो वह समाप्त हो जाती है। इस विषय में न्यायमूर्ति रानाडे ने हमें सावधान कर दिया है। वेदादि साहित्य या जैन साहित्य में से हम चाहे जितनी बड़ी–बड़ी बातें करते रहें अथवा सिद्धान्तों के विषय में चाहे जितने प्रमाण देकर दुनिया को आश्चर्यचकित करते रहें, फिर भी दुनिया हमें सच्चा नहीं मान सकती। इसीलिए रानाडे ने हमारा धर्म यह बताया है कि हम अपनी इस पूँजी में वृद्धि करते जायें, अन्य धर्मों के विचारकों ने जो लिखा हो, उससे उसकी तुलना करें और ऐसा करते हुए यदि कोई नयी चीज़ मिल जाये या उस पर नया प्रकाश

पड़ता हो तो हम उसकी उपेक्षा न करें। किन्तु हमने ऐसा नहीं किया। हमारे धर्माध्यक्षों ने एक पक्ष का ही विचार किया है। उनके अध्ययन में, कहने और करने में समानता भी नहीं है। जन–साधारण को यह अच्छा लगेगा या नहीं, जिस समाज में वे स्वयं काम करते थे उस समाज को भला लगेगा या नहीं, इस बात का विचार न करते हुए टॉलस्टॉय की तरह खरी–खरी सुना देने वाले हमारे यहाँ नहीं मिलते। हमारे इस अहिंसा–प्रधान देश की ऐसी दयनीय दशा है। हमारी अहिंसा निन्दा के ही योग्य है। खटमल, मच्छर, पिस्सू, पक्षी और पशुओं की किसी–न–किसी तरह रक्षा करने में ही मानो हमारी अहिंसा की इति हो जाती है। यदि वे प्राणी कष्ट में तड़पते हों, तो हम उनकी परवाह नहीं करते; उन्हें दुःखी करने में यदि हमारा हाथ हो तो भी हमें उसकी चिन्ता नहीं होती। परन्तु दुःखी प्राणी को यदि कोई प्राणमुक्त करना चाहे अथवा हमें उसमें शरीक होना पड़े तो हम उसे घोर पाप मानते हैं। मैं लिख चुका हूँ कि यह अहिंसा नहीं है। टॉलस्टॉय का स्मरण कराते हुए मैं फिर कहता हूँ कि अहिंसा का यह अर्थ नहीं है। अहिंसा के मानी हैं–प्रेम का समुद्र; अहिंसा के मानी हैं–वैर भाव का सर्वथा त्याग। अहिंसा में दीनता, भीरुता नहीं होती, डर–डर कर भागना भी नहीं होता। अहिंसा में तो दृढ़ता, वीरता, अडिगता होनी चाहिए।

यह अहिंसा हिन्दुस्तान में शिक्षित समाज में दिखायी नहीं देती। उनके लिए टॉलस्टॉय का जीवन प्रेरक है। टॉल्सटॉय ने जिस चीज़ पर विश्वास किया उसका पालन करने का जबरदस्त प्रयत्न किया, और उससे कभी पीछे नहीं हटे। मैं यह नहीं मानता कि उन्हें वह हरी छड़ी[1] न मिली हो। नहीं, मिली यह तो उन्होंने स्वयं कहा है। ऐसा कहना उनको शोभा देता था। परन्तु यह मैं नहीं मानता कि उन्हें वह छड़ी मिली ही न हो, जैसा कि उनके टीकाकार लिखते हैं। यदि कोई यह कहे कि उन्होंने सब तरह से उस अहिंसा का पालन नहीं किया जिसका उन्हें दर्शन हुआ था तो मैं यह मान सकता हूँ। किन्तु इस जगत में ऐसा पुरुष कौन है जो जीते जी अपने सिद्धान्तों पर पूरी तरह अमल कर सका हो? मेरी मान्यता है कि देहधारी के लिए सम्पूर्ण अहिंसा का पालन असम्भव है। जब तक शरीर

---

1. गाँधीजी से पूर्व युवक संघ के प्रमुख डॉ. हरिप्रसाद ने अपने प्रास्ताविक भाषण में कहा था कि 'टॉल्सटॉय के भाई ने अनेक सद्‌गुणों वाली जो हरी छड़ी खोजने को कहा था उसे वे आजीवन खोजते ही रहे।'

है तब तक कुछ–न–कुछ अहंभाव तो रहता ही है। जब तक अहंभाव है तब तक शरीर को भी धारण करना ही है। इसलिए शरीर के साथ हिंसा भी रहती ही है। टॉलस्टॉय ने स्वयं कहा है कि जो अपने को आदर्श तक पहुँचा हुआ समझता है उसे नष्टप्राय ही समझना चाहिए। बस यहीं से उसकी अधोगति शुरू हो जाती है। ज्यों–ज्यों हम आदर्श के समीप पहुँचते हैं, आदर्श दूर भागता जाता है। जैसे–जैसे हम उसकी खोज में अग्रसर होते हैं यह मालूम होता है कि अभी तो एक मंज़िल और बाक़ी है। कोई भी एक छलाँग में कई मंज़िलें तय नहीं कर सकता। ऐसा मानने में न हीनता है, न निराशा; नम्रता अवश्य है। हमारे ऋषियों ने कहा है कि मोक्ष तो शून्यता है। मोक्ष चाहनेवाले को शून्यता प्राप्त करनी है। यह ईश्वर की कृपा के बिना नहीं मिल सकती। यह शून्यता जब तक शरीर है तब तक आदर्श के रूप में ही रहती है। जिस क्षण टॉलस्टॉय ने देख लिया, उसे अपने दिमाग़ में बैठा लिया और उसकी ओर दो डग आगे बढ़े उसी वक़्त उन्हें वह हरी छड़ी मिल गयी। उस छड़ी का वे वर्णन नहीं कर सके थे, सिर्फ़ इतना ही कह सकते थे कि वह उन्हें मिली। फिर भी अगर उन्होंने सचमुच यह कहा होता कि मिल गयी तो उनका जीवन समाप्त हो जाता।

टॉलस्टॉय के जीवन में जो अन्तर्विरोध दीखता है वह टॉलस्टॉय का कलंक या कमज़ोरी नहीं, यह देखनेवालों की त्रुटि है। एमर्सन ने कहा है कि अविरोध का भूत तो छोटे आदमियों को दबोचता है। अगर यह दिखलाना चाहें कि हमारे जीवन में कभी विरोध आनेवाला ही नहीं तो यों समझिए कि हम मरे हुए ही हैं। अविरोध साधने में अगर कल के कार्य को याद रखकर उसके साथ आंज के कार्य का मेल बैठाना पड़े तो उस कृत्रिम मेल में असत्याचरण की सम्भावना हो सकती है। सीधा मार्ग यही है कि जिस वक़्त जो सत्य प्रतीत हो उस पर आचरण करना चाहिए। यदि हमारी उत्तरोत्तर उन्नति हो रही हो और हमारे कार्यों में दूसरों को अन्तर्विरोध दीखे तो इससे हमें क्या? सच तो यह है कि यह अन्तर्विरोध नहीं, उन्नति है। इसी तरह टॉलस्टॉय के जीवन में जो अन्तर्विरोध दिखता है वह अन्तर्विरोध नहीं; हमारे मन का भ्रम है। मनुष्य अपने हृदय में कितने प्रयत्न करता होगा, राम–रावण के युद्ध में वह कितनी विजयें प्राप्त करता होगा! किन्तु उनका ज्ञान उसे स्वयं नहीं होता, देखनेवालों को तो हो ही नहीं सकता। वह ज़रा फिसला नहीं कि दुनिया को लगता है जैसे वह कहीं था ही नहीं; और ऐसा लगना अच्छा ही है। इस कारण दुनिया निन्दा

की पात्र नहीं है। इसी कारण सन्तों ने कहा है कि जगत जब हमारी निन्दा करे तब हमें आनन्द मनाना चाहिए और स्तुति करे तब काँप उठना चाहिए। इसके सिवा दुनिया और कुछ नहीं कर सकती; उसे तो जहाँ दोष दीखा नहीं कि उसने उसकी निन्दा की। परन्तु महापुरुष के जीवन को देखने बैठें तो मेरी कही हुई बात याद रखनी चाहिए। उसने हृदय में कितने युद्ध किये होंगे और कितनी जीतें प्राप्त की होंगी, इसका गवाह तो प्रभु ही है। उसकी उस असफलता और सफलता का यही चिह्न है।

ऐसा कहने में मेरा यह अभिप्राय नहीं है कि आप अपने दोषों को छिपायें या पहाड़–से दोषों को छोटा–सा मानें। ऐसा तो हमें दूसरों के विषय में करना चाहिए। हमें दूसरों के हिमालय–से दोषों को राई के समान छोटा और अपने राई–से दोषों को हिमालय के समान बड़ा समझना चाहिए। अपने भीतर यदि तनिक–से भी दोष का अनुभव हो अथवा हमसे जाने–अनजाने असत्याचरण का दोष हो गया हो तो डूब मरने की इच्छा होनी चाहिए। दिल में पश्चात्ताप की आग सुलग उठनी चाहिए। सर्प या बिच्छू का डंक तो कुछ नहीं है; उनका ज़हर उतारने वाले तो बहुत मिल सकते हैं, परन्तु असत्य और हिंसा के दंश से बचानेवाला कौन है? ईश्वर ही हमें उससे मुक्ति दे सकता है, और हममें अगर पुरुषार्थ हो तभी वह परिस्थिति आ सकती है। इसलिए अपने दोषों के बारे में हम सचेत रहें। उन्हें जितना बढ़ा–चढ़ाकर देख सकें हम उन्हें उतना बढ़ा–चढ़ाकर देखें और अगर जगत हमें दोषी ठहराये तो हम ऐसा न मानें कि जगत कितना अनुदार है कि एक छोटे–से दोष को बड़ा बतलाता है। टॉलस्टॉय को यदि कोई उनका दोष बतलाता था तो वे उसे बड़े भयंकर रूप में देखते थे। यों उनका दोष बताने का अवसर दूसरे को शायद ही कभी मिला हो; क्योंकि वे स्वयं बारीकी से आत्मनिरीक्षण किया करते थे। दूसरे के बताने के पहले ही वे अपने दोष देख लेते थे, और उसके लिए अपनी कल्पना द्वारा सुझाया हुआ प्रायश्चित्त भी वे कर डालते थे। यह साधुता की निशानी है; इसी से मैं मानता हूँ कि उन्हें वह छड़ी मिली थी।

एक दूसरी अद्भुत वस्तु पर लिखकर और उसे अपने जीवन में उतारकर टॉलस्टॉय ने उसकी ओर हमारा ध्यान दिलाया है। वह है 'ब्रेड लेबर'। यह उनकी अपनी खोज नहीं थी। किसी दूसरे लेखक ने यह वस्तु रूस के सर्वसंग्रह (रशियन मिसलेनी) में लिखी थी। इस लेखक को टॉलस्टॉय ने जगत के सामने ला रखा और उसकी बात को भी प्रकाश

में लाया। जगत में जो असमानता दिखायी पड़ती है, एक तरफ़ दौलत और दूसरी तरफ़ कंगाली नज़र आती है, उसका कारण यह है कि हम अपने जीवन का क़ानून भूल गये हैं। यह क़ानून 'ब्रेड लेबर' है। 'गीता' के तीसरे अध्याय के आधार पर मैं उसे यज्ञ कहता हूँ। 'गीता' ने कहा है कि जो बिना यज्ञ किये खाता है वह चोर है, पापी है। वही चीज़ टॉल्सटॉय ने बतलाई है। ब्रेड लेबर का उलटा–सीधा भावार्थ करके हमें उसे उड़ा नहीं देना चाहिए। उसका सीधा अर्थ यह है कि जो शारीरिक श्रम नहीं करता उसे खाने का अधिकार नहीं है। यदि हममें से प्रत्येक व्यक्ति अपने भोजन के लिए आवश्यक मेहनत कर डाले तो जो ग़रीबी जगत में दिखती है वह दूर हो जाये। एक आलसी दो को भूखों मारता है, क्योंकि उसका काम दूसरे को करना पड़ता है। टॉलस्टॉय ने कहा कि लोग परोपकार करने निकलते हैं, उसके लिए पैसे ख़र्च करते हैं और बदले में ख़िताब आदि लेते हैं; यदि वे यह सब न करके केवल इतना ही करें कि दूसरों के कन्धों से नीचे उतर जायें तो यही काफ़ी है। यह सच बात है। यह नम्रतापूर्ण वचन है। करने जायें परोपकार और अपना ऐशो–आराम लेश भी न छोड़ें तो यह वैसा ही हुआ जैसा कि अखा भक्त ने कहा है : 'निहाई की चोरी, सुई का दान', क्या ऐसे में स्वर्ग से विमान आ सकता है?

ऐसा नहीं कि टॉलस्टॉय ने जो कहा वह दूसरों ने न कहा हो; परन्तु उनकी भाषा में चमत्कार था और इसका कारण यह है कि उन्होंने जो कहा उसका पालन किया। गद्दी–तकियों पर बैठनेवाले टॉलस्टॉय मज़दूरी में जुट गये, आठ घण्टे खेती का या मज़दूरी का दूसरा काम उन्होंने किया। इससे यह न समझें कि उन्होंने साहित्य का कुछ काम ही नहीं किया था। शरीर–श्रम को अपनाने के बाद से उनका साहित्य और भी अधिक शोभित हुआ। उन्होंने अपनी पुस्तकों में जिसे सर्वोत्तम कहा है वह है 'कला क्या है?' यह उन्होंने इस यज्ञ–काल की मज़दूरी में से बचे समय में लिखी थी। मज़दूरी से उनका शरीर क्षीण नहीं हुआ; और उन्होंने स्वयं यह माना था कि इससे उनकी बुद्धि अधिक तेजस्वी हुई।

यदि हम टॉलस्टॉय के जीवन से लाभान्वित होना चाहते हैं तो उनके जीवन में उल्लिखित तीन बातें सीख लेनी चाहिए। युवक–संघ के सदस्यों के सामने बोलते हुए मैं याद दिलाना चाहता हूँ कि आपके सामने दो मार्ग हैं; एक स्वेच्छाचार का और दूसरा संयम का। यदि आपको यह प्रतीत होता हो कि टॉलस्टॉय ने जीना और मरना जाना था तो आप देख सकते

हैं कि दुनिया में सबके लिए और विशेषतः युवकों के लिए संयम का मार्ग ही सच्चा मार्ग है; हिन्दुस्तान में तो ख़ासतौर पर है ही। स्वराज कोई सरकार से लेने की वस्तु नहीं है। अपनी अवनति के कारणों की जाँच करने पर आप स्वयं देख सकेंगे कि उसमें सरकार की अपेक्षा हमारा हाथ ज़्यादा है। आप देखेंगे कि स्वराज की कुंजी हमारे ही हाथ में है; वह न तो इंग्लैंड में है, न शिमला में और न दिल्ली में। वह कुंजी तो आपकी और मेरी जेब में है। अपने समाज की अधोगति और जड़ता को दूर न कर पाने का कारण हमारी ढिलाई है। यदि हम इसे निकाल दें तो जगत में ऐसी कोई भी सत्ता नहीं है जो हमें अपनी उन्नति करने, स्वराज प्राप्त करने से रोक सके। अपने मार्ग में हम स्वयं बाधक हैं। युवक–संघ के सदस्यों से मैं कहता हूँ कि आपके लिए यह सुन्दर समय है; दूसरे रूप में कहूँ तो यह विषम काल है, तीसरी रीति से यदि कहूँ तो यह परीक्षाकाल है। आप विश्वविद्यालय की परीक्षा देकर कोई उपाधि पा लें तो वही काफ़ी नहीं है। जब आप जगत की परीक्षा और ठोकरों में से उत्तीर्ण होंगे तभी आपको सच्ची उपाधि मिली मानी जा सकती है। आपके लिए यह सन्धिकाल है; सुवर्णकाल है। उसमें आपके सामने दो मार्ग हैं। यदि एक उत्तर को जाता है तो दूसरा दक्षिण को; एक पूर्व जाता है तो दूसरा पश्चिम जाता है। इनमें से आपको एक का चुनाव करना है। उनमें से आप कौन–सा रास्ता पसन्द करें, इसका विचार आपको करना होगा। देश में पश्चिम से तरह–तरह की विषाक्त हवाएँ आती हैं। यह सच है कि टॉलस्टॉय–जैसों के जीवन की सुन्दर हवा भी आती है परन्तु वह प्रत्येक स्टीमर में थोड़े ही आती है? प्रत्येक स्टीमर में कहो या प्रतिदिन कहो। कारण यह है कि प्रतिदिन कोई–न–कोई स्टीमर बम्बई या कलकत्ता बन्दरगाह में आती ही है। दूसरे विदेशी सामान की तरह उसमें विदेशी साहित्य भी आता है। उसमें प्रतिपादित विचार मनुष्य को मटियामेट कर देने वाले होते हैं, वे स्वेच्छाचार की तरफ़ ले जाने वाले होते हैं। आप इस बात को बिलकुल सही मानें। आप यह अभिमान कदापि न करें कि आपने जो सोचा है, या जो किताबें अपनी अधकचरी अवस्था में पढ़ी हैं और उनसे जो समझा वही सच्चा है और जो प्राचीन है वह बर्बरता से भरा है तथा जो नयी–नयी खोजें हुई हैं वे सब सच्ची हैं। यदि आपको इसका अहंकार हो तो मैं यह कल्पना ही नहीं कर सकता कि आप इस संघ की शोभा बढ़ा सकेंगे। सरला देवी से आपने नम्रता, सभ्यता, मर्यादा, पवित्रता सीखी होगी। अगर

मेरी यह आशा आपने अभी तक सच्ची न कर दिखलाई हो तो भविष्य में कर दिखलाएँ। आपने कुछ–एक अच्छे काम किये हैं। उनकी प्रशंसा हो तो आप उससे फूले न उठें। प्रशंसा से दूर भागते रहें। ऐसा न मानें कि 'हमने बहुत–कुछ कर डाला है।' बारदोली के लिए यदि आपने पैसे इकट्ठे किये, पसीना बहाया, दो–चार व्यक्ति जेल गये तो, मैं एक अनुभवी की हैसियत से पूछता हूँ, उसमें आपने ऐसा कौन–सा बड़ा काम कर दिखाया? दूसरे भले ही कहें कि आपने कुछ किया है; किन्तु आप इतने में सन्तोष न मानें। आपको अपना आन्तरिक जीवन सुधारना है; अन्तरात्मा से सच्चा प्रमाण–पत्र प्राप्त करना है। वास्तव में हमारी आत्मा भी सोयी हुई होती है। तिलक महाराज कह गये हैं कि हमारे यहाँ 'कान्शन्स' का पर्यायवाची शब्द नहीं है। हम यह नहीं मानते हैं कि प्रत्येक व्यक्ति में 'कान्शन्स' होता है किन्तु पश्चिम में ऐसा मानते हैं। व्यभिचारी और लम्पट की 'कान्शन्स' क्या हो सकती है? इसीलिए तिलक महाराज ने 'कान्शन्स' को जड़ से ही उड़ा दिया। हमारे ऋषि–मुनियों ने कहा है कि अन्तर्नाद सुनने के लिए अन्तःकर्ण भी चाहिए, अन्तःचक्षु चाहिए और उन्हें प्राप्त करने के लिए संयम की आवश्यकता है। इसीलिए 'पतंजलि योगदर्शन' में योगाभ्यास करनेवालों के लिए, आत्मदर्शन की इच्छा रखनेवालों के लिए पहला पाठ यम–नियमों का पालन करना बताया है। सिवाय संयम के मेरे, आपके या अन्य किसी के पास दूसरा कोई मार्ग ही नहीं है। टॉलस्टॉय ने अपने लम्बे जीवन में संयम का पालन करके यही बताया। मैं चाहता हूँ, प्रभु से प्रार्थना करता हूँ कि यह चीज़ हम आँखों के आगे रखें, उसे दीये की तरह स्पष्ट देख सकें और आज हम यहाँ एकत्र हुए हैं तो यह निश्चय करके उठें कि टॉलस्टॉय के जीवन से हमें संयम की साधना करने का पाठ सीखना है।

हम निश्चय करें कि हम सत्य की आराधना नहीं छोड़ेंगे। इस दुनिया में सत्य के पालन का एकमात्र मार्ग सच्ची अहिंसा ही है। अहिंसा प्रेम का सागर है। उसकी थाह जगत में कोई ले ही नहीं सका। यदि इस प्रेमसागर में हम सराबोर हो जायें तो सारी दुनिया को अपने प्रेम में आत्मसात् कर लेने की उदारता हममें आ सकती है। यह बात कठिन अवश्य है किन्तु साध्य है। इसी से हमने प्रारम्भिक प्रार्थना में सुना कि शंकर हो या विष्णु, ब्रह्मा हो या इन्द्र, बुद्ध हो या सिद्ध, मेरा सिर तो उसी के आगे झुकेगा जो रागद्वेष–रहित हो, जिसने काम को जीता हो, जो अहिंसा–प्रेम–की प्रतिमा हो। लूले–लँगड़े प्राणियों को न मारने में ही अहिंसा नहीं है। उसमें

धर्म तो हो सकता है, परन्तु प्रेम तो उससे भी अनन्त गुना आगे जाता है। जिसको उसके दर्शन नहीं हुए वह लूले–लँगड़े प्राणियों को बचा भी ले तो उससे क्या होता है? ईश्वर के दरबार में उसकी क़ीमत बहुत कम आँकी जायेगी। तीसरी बात है 'ब्रेड लेबर'–यज्ञ। शरीर को कष्ट देकर मेहनत करके ही खाने का हमें अधिकार है। पारमार्थिक दृष्टि से किया हुआ काम ही यज्ञ है। मज़दूरी करके भी सेवा के हेतु ही जीना है। लम्पट बनने या इस दुनिया के भोगों का उपभोग करने का नाम जीवित रहना नहीं है। कोई कसरतबाज़ नौजवान आठ घण्टे कसरत करे तो यह 'ब्रेड लेबर' नहीं है। आप कसरत करें, शरीर को मज़बूत बनायें तो मैं इसकी उपेक्षा नहीं करूँगा। परन्तु जो यज्ञ टॉलस्टॉय ने बताया है, यह वह यज्ञ नहीं है जो 'गीता' के तीसरे अध्याय में बताया गया है! जो ऐसा समझेगा कि हमारा जीवन यज्ञ के लिए है, सेवा के लिए है, वह भोगों को कम करता जायेगा। इस आदर्श के साधन में ही पुरुषार्थ है! भले ही इस वस्तु को किसी ने सर्वांश में प्राप्त न किया हो और वह उससे दूर ही क्यों न रह गया हो, किन्तु फरहाद ने जिस तरह शीरीं के लिए पत्थर फोड़े उसी तरह हम भी पत्थर तोड़ें। हमारी यह शीरीं अहिंसा है। उसमें न सिर्फ़ हमारा छोटा–सा स्वराज निहित है, बल्कि उसमें तो सभी कुछ समाया हुआ है।

सम्पूर्ण गाँधी वाङ्मय, खण्ड 37, पृ. 273–280,
नवजीवन (गुजराती), 16.9.1928

अहिंसा परमो धर्मः

कैनन शेफर्ड और दूसरे सच्चे और उत्साही ईसाई इंग्लैंड में युद्धों के खिलाफ़ आन्दोलन कर रहे हैं। दिल्ली के 'स्टेट्समैन' ने चार लेख लिखकर इस आन्दोलन की बेहद निन्दा की है। इस पत्र ने अपने पक्ष–समर्थन में 'भगवद्गीता' को भी इन शब्दों में घसीटा है : असल में, ईसाई धर्म की वास्तविक किन्तु कठिन शिक्षा यही मालूम पड़ती है कि समाज को अपने शत्रुओं से लड़ना चाहिए, पर साथ ही उनसे प्रेम भी करना चाहिए। 'भगवद्गीता' की भी साफ़–साफ़ यही शिक्षा है। कृष्ण ने अर्जुन से कहा है कि विजय उसे मिलती है, जो पूर्णतया निर्भय और निर्वैर होकर लड़ता है। सचमुच, इस महान ग्रन्थ के द्वितीय अध्याय में धर्म के आधार पर युद्ध का विरोध करने वाले तथा एक सच्चे योद्धा के बीच सारे विवाद का सर्वोच्च धरातल पर, सदा के लिए, समाधान कर दिया गया है। स्थानाभाव के कारण, हम उसमें से उद्धरण तो नहीं दे सकते। पर वह सारा काव्य एक बार नहीं, बार–बार पढ़ने की चीज़ है।

इन लेखों का लेखक शायद यह नहीं जानता कि उसने जो श्लोक उद्धृत किये हैं, आतंकवादियों ने भी अपने पक्ष में ठीक उन्हीं श्लोकों का हवाला दिया है। सच्ची बात तो यह है कि निर्विकार चित्त से 'भगवद्गीता' पढ़ने पर मुझे तो 'स्टेट्समैन' के इस लेखक ने जो अर्थ लगाया है, उससे ठीक विपरीत अर्थ मिला है। वह भूल जाता है कि पश्चिम के युद्ध–विरोधी, जिस अर्थ में धार्मिक आपत्ति–कर्ता कहे जाते हैं वैसा अर्जुन नहीं था। अर्जुन तो युद्ध का हिमायती था। कौरवों की सेना से वह पहले भी कई बार लोहा ले चुका था। उसके हाथ–पैर तो तब ढीले पड़ गये जब उसने दोनों सेनाओं को युद्ध के लिए तैयार देखा और उनमें अपने प्यारे–से–प्यारे स्वजनों तथा पूज्य गुरुजनों को पाया, जिनसे उसे युद्ध करना था। न तो वहाँ मानवता के प्रति प्रेम था, और न युद्ध के प्रति

घृणा ही थी, जिससे प्रेरित होकर अर्जुन ने कृष्ण से वे प्रश्न पूछे थे और कृष्ण भी ऐसी परिस्थिति में दूसरा कोई उत्तर दे ही नहीं सकते थे। 'महाभारत' तो रत्नों की एक खान है, जिनमें से 'गीता' केवल एक किन्तु सबसे अधिक देदीप्यमान रत्न है। लिखा है कि उस युद्ध में लाखों योद्धा एकत्र हुए थे और दोनों तरफ़ से अवर्णनीय अमानुषिकताएँ बरती गयी थीं। इन लाखों की सेना में से केवल सात को जीवित रखकर तथा उन्हें वह निःसार विजय प्रदान करके इस महाकाव्य के अमर कवि ने तो युद्ध की निरर्थकता ही सिद्ध की है। किन्तु केवल युद्ध को एक मूर्खतापूर्ण और धोखे की चीज़ सिद्ध करने के अलावा, 'महाभारत' एक उससे भी ऊँचा सन्देश हमें देता है। मनुष्य को अगर एक अमर प्राणी समझा जाये तो 'महाभारत' उसका एक आध्यात्मिक इतिहास है, और 'महाभारत' के रचयिता ने इसके वर्णन में एक ऐतिहासिक घटना का उपयोग–मात्र किया है, जो तत्कालीन छोटे–से जगत के लिए तो बड़ी महत्त्वपूर्ण थी, पर जो आजकल की दुनिया के लिए कोई भी महत्त्व नहीं रखती। अनेक आधुनिक आविष्कारों के कारण आज तो यह सारा संसार हथेली पर रखे हुए आँवले के समान मालूम होने लगा है। उसके किसी एक कोने में घटी हुई घटना का असर सारे संसार में दूर–दूर तक फैल जाता है। यह बात उस समय नहीं थी। हमारे हृदयों में जो दिन–रात सत् और असत् के बीच सनातन संघर्ष चल रहा है, महाभारतकार उसे इस कथा द्वारा एक अमर काव्य के रूप में हमारे सामने प्रस्तुत करता है। वह बताता है कि यद्यपि अन्त में तो सत्य की ही विजय होती है, तो भी असत्य किस तरह सशक्त होकर अत्यन्त विवेकशील पुरुष को भी किंकर्तव्यविमूढ़ बना देता है। 'महाभारत' सदाचार का एकमात्र मार्ग भी हमें बताता है।

'भगवद्गीता' का वास्तविक सन्देश जो–कुछ भी हो, शान्ति–स्थापना–आन्दोलन के नेताओं के लिए तो 'गीता' की शिक्षा नहीं, 'बाइबिल' की शिक्षा महत्त्व रखती है, क्योंकि उसी को उन्होंने अपना आध्यात्मिक मार्गदर्शक बना रखा है। फिर, 'बाइबिल' का भी तो कई तरह से अर्थ लगाया जाता है। उन्हें 'बाइबिल' का वह अर्थ स्वीकार नहीं है, जो साधारणतया ईसाई धर्माधिकारी लगाते हैं। उन्हें तो वह अर्थ मंजूर है जो 'बाइबिल' को श्रद्धायुक्त मन से पढ़ने पर उन्हें प्रतीत होता है। असल में, सबसे महत्त्वपूर्ण चीज़ तो है युद्ध–विरोधियों का अहिंसा अर्थात् प्रेम–धर्म–विषयक ज्ञान। अहिंसा का अर्थ बहुत व्यापक हैं। अंग्रेज़ी का 'नॉन–वॉयलेन्स' शब्द उसके

लिए बिलकुल अपर्याप्त है। 'स्टेट्समैन' के ये लेख युद्ध–विरोधियों के लिए एक ख़ासी चुनौती ही हैं। मुझे दुःख है कि इस आन्दोलन के विषय में मुझे पूरी जानकारी नहीं है जिससे मैं उसके बारे में अपनी निश्चित राय दे सकूँ। युद्ध विरोधियों के नज़दीक भले मेरे विचारों का विशेष महत्त्व न हो, पर जहाँ तक मुझे भीतरी बातों का पता है, कुछ लोग तो ज़रूर उसका ख़याल करेंगे। क्योंकि वे अक्सर मुझसे पत्र–व्यवहार करते हैं। और अब तो वे एक क़दम और आगे बढ़ गये हैं, क्योंकि उन्होंने रिचर्ड ग्रेग की 'द पॉवर ऑफ़ नॉन–वॉयलेन्स' नामक पुस्तक को लगभग अपनी पाठ्य–पुस्तक बना लिया है। लेखक के शब्दों में, यह पुस्तक अहिंसा के सिद्धान्त की मेरी व्याख्या को पाश्चात्य संसार की भाषा में प्रस्तुत करती है। इसलिए बग़ैर किसी प्रकार की दलील वग़ैरह दिये, अगर मैं यहाँ अहिंसा की सफलता की कुछ शर्तें तथा फलितार्थ लिख दूँ, तो शायद धृष्टता न होगी। वे हैं :

1. अहिंसा परमश्रेष्ठ मानव–धर्म है, और पशुबल से वह अनन्त गुना महान और उच्च है।
2. अन्ततोगत्वा, वह उन लोगों को कोई लाभ नहीं पहुँचा सकती, जिनकी प्रेम–रूपी परमेश्वर में सजीव श्रद्धा नहीं है।
3. मनुष्य के स्वाभिमान और सम्मान–भावना की वह सबसे बड़ी रक्षक है। हाँ, वह मनुष्य की चल–अचल सम्पत्ति की हमेशा रक्षा करने का आश्वासन नहीं देती–हालाँकि अगर मनुष्य उसका अच्छा अभ्यास कर ले तो शस्त्रधारियों की सेनाओं की अपेक्षा वह सम्पत्ति की अधिक अच्छी तरह रक्षा कर सकती है। यह तो स्पष्ट है कि अन्याय से अर्जित सम्पत्ति तथा दुराचार की रक्षा में वह ज़रा भी सहायक नहीं हो सकती।
4. जो व्यक्ति और राष्ट्र अहिंसा का अवलम्बन करना चाहे, उन्हें आत्मसम्मान को छोड़कर, अपना सर्वस्व (राष्ट्रों को तो एक–एक आदमी तक) बलिदान करने के लिए तैयार रहना चाहिए। इसलिए वह दूसरे के देशों पर आधिपत्य रखने अर्थात् आधुनिक साम्राज्यवाद से, जो कि अपनी रक्षा के लिए पशुबल पर निर्भर रहता है, बिल्कुल मेल नहीं खा सकता।
5. अहिंसा एक ऐसी शक्ति है जिसका सहारा बालक, युवा, वृद्ध, स्त्री–पुरुष सब ले सकते हैं, बशर्ते कि प्रेम–रूपी ईश्वर में तथा

मनुष्य–मात्र में उनकी सजीव श्रद्धा हो। जब हम अहिंसा को अपना जीवन–सिद्धान्त बना लें, तो यह हमारे सम्पूर्ण जीवन में व्याप्त होना चाहिए। यों कभी–कभी छिटपुट मामलों में उसका पालन करने से लाभ नहीं हो सकता।

यह समझना एक जबरदस्त भूल है कि अहिंसा का यह नियम केवल व्यक्तियों के लिए ही ठीक और लाभदायक है, संसार के सामान्य मानव–समूह के लिए नहीं।

सम्पूर्ण गाँधी वाङ्मय खण्ड 63, पृ. 283–285,
हरिजन (अंग्रेज़ी), 5.9.1936

क्या राम रक्तपात के दोषी थे?

जिन्हें खादी ज़हर–सी लगती है, उन्हीं भाई का एक और सवाल[1] है कि, मेरा दृढ़ विश्वास है कि अहिंसा निर्बलों का ही नहीं, असहयोग बलवानों का भी ख़ास बल है। यह सर्वव्यापी सिद्धान्त है। जाने–अनजाने हम रात–दिन उस पर अमल करते रहते हैं। आज जो इतिहास मिलता है उसमें राजाओं की लड़ाई को ही अधिक महत्त्व दिया गया है। लोगों का प्रजा का इतिहास भविष्य में लिखा जायेगा। जब वह इतिहास लिखा जायेगा, तब हम देखेंगे कि उसके पन्ने–पन्ने में अहिंसात्मक असहयोग भरा पड़ा है। जब स्त्री दुष्ट पति के आगे नहीं झुकती, तब वह उससे अहिंसात्मक असहयोग करती है। 'क्वेकर'[2] लोगों का इतिहास अहिंसात्मक असहयोग का जगमगाता उदाहरण है। भारत में वैष्णवों का इतिहास भी इसी सिद्धान्त की पुष्टि करता है। जो काम ये लोग कर सकते हैं, सारी दुनिया उसे कर सकती है। देखने वाले साफ़–साफ़ देख सकते हैं कि जगत की गति शान्ति की ओर है। मानवजाति का शरीर तो मनुष्य का है, मगर अभी उसने अपने पशु स्वभाव का त्याग नहीं किया है। उसे यह स्वभाव छोड़ना ही पड़ेगा। इसी कारण हम कुत्ते–बिल्ली नहीं हैं; हम दो पैरों पर सीधे खड़े होने वाले, आत्मा को पहचानने की इच्छा रखने वाले और बुद्धि–शक्ति रखने वाले प्राणी हैं।

---

1. देखिये 'ज़हर की तरह कड़वी', 11.08.1929। पत्र यहाँ नहीं दिया जा रहा है। पत्र–लेखक का कहना था कि निःशस्त्र और निर्बल होने के कारण ही अहिंसक असहयोग भारतीयों के लिए उपयुक्त हो सकता है; नहीं तो राम ने भी रावण से युद्ध करके रक्तपात किया था और जीते–जी एक बिल्ली भी अपने बच्चे को कुत्ते के मुँह से छीनने के लिए लड़ती ही रहती है। सभी तैंतीस करोड़ भारतीयों का अहिंसा में विश्वास नहीं हो सकता।

2. 17 वीं शताब्दी में स्थापित एक खिस्ती सेवक सम्प्रदाय। इसके मतावलम्बी अपनी धार्मिकता, सादगी और प्रामाणिक व्यवहार के लिए प्रसिद्ध है।

और रामचन्द्र? कौन सिद्ध कर सका है कि रामचन्द्र ने लंका में ख़ून की नदी बहाई थी? दस सिरवाला रावण कब जन्मा था? बन्दरों की फ़ौज किसने देखी थी? रामायण धर्म–ग्रन्थ है; रूपक है। करोड़ों लोग जिस राम की पूजा करते हैं, वह राम घट–घट व्यापी है। रावण भी हमारे ही शरीर में रहने वाले दस सिरवाले विकराल विकारों का रूप है। उसके ख़िलाफ़ अन्तर्यामी राम सदा युद्ध करता है। वह तो दया की मूर्ति है। अगर किसी ऐतिहासिक राम ने किसी ऐतिहासिक रावण से युद्ध किया भी हो तो उससे हमें बहुत कुछ सीखने को नहीं मिलता। इन प्राचीन राम–रावण को खोजने की क्या ज़रूरत है? आज तो वे जहाँ–तहाँ मिलते ही रहते हैं। सनातन राम ब्रह्म–स्वरूप है, सत्य और अहिंसा की मूर्ति है।

भारत की समस्या न तो क्रोध से सुलझेगी, न रामायणादि ग्रन्थों के अर्थ का अनर्थ करने से और न पशुओं की नक़ल से। इस समस्या को हल करने के लिए हमें अपने आपको पहचानना पड़ेगा। अहिंसात्मक असहयोग भारत को उसके मनुष्यत्व की याद दिलाने वाली चीज़ है। भले ही करोड़ों तैयार कहाँ बैठे हैं? करोड़ों तैयार हो भी नहीं सकते। अहिंसात्मक युद्ध में अगर थोड़े भी मर मिटने वाले लड़ाके होंगे, तो वे करोड़ों की लाज रखेंगे और उनमें प्राण फूँकेंगे। अगर यह मेरा स्वप्न है, तो भी मेरे लिए मधुर है। आकाश कुसुम है, तो भी मेरी कल्पना की आँखों में उसकी शोभा है, और उसमें से सौरभ फैलता ही रहता है।

सम्पूर्ण गाँधी वाङ्मय, खण्ड 41, पृ. 316–317,
नवजीवन (गुजराती), 11.08.1929

नील की प्रतिमा और अहिंसा

एक गुजराती भाई ने अपने मित्र को, जो मेरे भी मित्र हैं, लिखे पत्र में निम्न प्रकार की शंका उठाई है कि बापू की अहिंसा तो कभी–कभी मुझे हैरानी में डाल देती है। जिस प्रकार उन्होंने लॉरेंस की प्रतिमा हटवाने के आन्दोलन को प्रोत्साहन दिया था उसी प्रकार अब नील की प्रतिमा हटवाने के लिए चलाये जा रहे आन्दोलन को वह प्रोत्साहन दे रहे हैं। मुझे तो यह बात बहुत कुछ हिंसा जैसी दिखती है, क्योंकि आन्दोलन से अंग्रेज़ों के प्रति घृणा उत्पन्न होगी और बापू इसी चीज़ से बचना चाहते हैं। और जहाँ मुझे कोई हिंसा दिखायी नहीं देती, वहाँ वह हिंसा देखते हैं। उदाहरण के लिए, शस्त्रास्त्र अधिनियम को हटवाने के लिए लोगों का शस्त्रास्त्र लेकर चलना। मुझे तो लगता है कि पहले उदाहरण में ऊपर अहिंसात्मक दिखनेवाले उपाय से हिंसा की भावना भड़क उठने की पूरी आशंका है; और बापू के अनुसार इससे बचना चाहिए। दूसरे उदाहरण में सदुद्देश्य को प्राप्त करने के लिए हिंसा की बहुत कम आशंका या सम्भावना है और मैं तो मानना चाहूँगा कि यही वह चीज़ है, जिसका ख़तरा उठाना बापू को पसन्द होना चाहिए।

गाँधी ने लिखा कि, इन भाई के तर्क के साथ न्याय किया जा सके और पाठक उसे आसानी से समझ सकें, इसलिए मूल गुजराती में स्पष्ट रूप से पेश की गयी दलील को मैंने कुछ बढ़ाकर साफ़ कर दिया है। अहिंसा किंचित दृढ़तर तत्त्व से बनी हुई चीज़ है। इसमें कोई सन्देह नहीं कि नील की प्रतिमा हटवाने के आन्दोलन से और ऐसे ही दूसरे कार्यों से अंग्रेज़ों के प्रति घृणा की भावना बढ़ने की सम्भावना है। अहिंसा का प्रचार करने की कोशिश करने वाले सुधारक को इस बात की ओर ध्यान देना चाहिए और घृणा से बचने की कोशिश करनी चाहिए, लेकिन उसे किसी भी हालत में घृणा के कारणों को छिपाने की हिमाकत नहीं करनी

चाहिए। प्रेम के रूप में अहिंसा संसार की सबसे सक्रिय शक्ति है। जैसा कि गुजराती कवि शामल ने कहा है : "भलाई के बदले भलाई करने में क्या बड़प्पन है? वैसा तो बहुतेरे करते हैं। बड़प्पन तो बुराई के बदले भलाई करने में है।" स्पष्ट ही यहाँ बड़प्पन अहिंसा का पर्याय है। घृणा के कारण तो हमें सर्वत्र दिखायी देते हैं। प्राचीन ऋषि–मुनियों ने देखा कि इस परिस्थिति का एकमात्र उपाय प्रेम के बल पर घृणा को निष्प्रभाव बना देना है। इसलिए, प्रेम की यह शक्ति तो वास्तव में तभी निखरती है जब उसका साबका घृणा के कारणों से पड़ता है। सच्ची अहिंसा घृणा के कारणों की उपेक्षा नहीं करती, उनकी ओर से आँखें बन्द नहीं करती, बल्कि उन कारणों के अस्तित्व की जानकारी होने के बावजूद उन कारणों को प्रस्तुत करने वालों पर अपना असर दिखाती है। यदि बात ऐसी नहीं होती तो स्वराज के लिए अहिंसात्मक तरीकों से संघर्ष करना असम्भव ही होता। कारण, स्वराज के लिए लड़नेवालों को तो हर क़दम पर विदेशी शासन और विदेशी शासकों के दोष दुनिया के सामने प्रकट करने ही हैं। तो अहिंसा के नियम में अर्थात् बुराई के बदले भलाई करने, अपने शत्रु से भी प्रेम करने के इस नियम में 'शत्रु' के दोषों का ज्ञान होना ज़रूरी है। इसीलिए शास्त्रों में कहा है : "क्षमा वीरस्य भूषणम्।"

इस प्रकार यह स्पष्ट हो जाता है कि अहिंसावादी को नील की प्रतिमा और ऐसी ही दूसरी प्रतिमाओं को हटवाने के आन्दोलन का समर्थन क्यों करना चाहिए। लेकिन, शस्त्र लेकर चलना किसी अहिंसावादी के लिए वांछनीय नहीं है, क्योंकि उससे शस्त्रों का उपयोग करने की अपेक्षा नहीं की जाती और मेरे विचार से शस्त्रास्त्र अधिनियम को बिलकुल ख़त्म करवा देने के उद्देश्य को कभी भी एक उचित उद्देश्य नहीं माना जायेगा। इसलिए शस्त्रास्त्र अधिनियम को समाप्त करवाने के लिए शस्त्रास्त्र लेकर चलने के आन्दोलन का अहिंसा की किसी भी योजना में कोई स्थान नहीं हो सकता।

नील की प्रतिमा के पाद–पीठ के मुख भाग पर ख़ुदा हुआ अभिलेख इस प्रकार है : जेम्स जॉर्ज स्मिथ नील, महारानी के ए.डी.सी., मद्रास फ्यूजिलियर्स के लेफ्टिनेंट कर्नल, भारत में ब्रिगेडियर जनरल, प्रथम प्रतापी पुरुष के रूप में सर्वमान्य, एक बहादुर, दृढ़निश्चयी, आत्मविश्वासी सेनानी, जिन्होंने बंगाल में विद्रोह की आग को शान्त किया। 25 सितम्बर, 1857 को 47 वर्ष की अवस्था में, लखनऊ की रक्षा करते हुए वीरगति को प्राप्त हुए।

पाद–पीठ के पृष्ठभाग पर खुदा हुआ अभिलेख इस प्रकार है : 1860 में सार्वजनिक चन्दे से स्थापित। मैं यह कहने का साहस करता हूँ कि ये बातें झूठी हैं। इन अभिलेखों में झूठा इतिहास अंकित है। इस समय मेरे पास (इतिहासकार) के या मैलेसन की जिल्दें नहीं हैं, लेकिन एक भाई ने मेरे लिए कहीं से टॉमसन का ज्ञानवर्धक प्रबन्ध 'द अदर साइड ऑफ़ द मेडल' ला देने की कृपा की है। इस पुस्तक से प्रकट होता है कि हमें स्कूलों और कॉलेजों में किस तरह ग़लत इतिहास पढ़ाया जाता है। पुस्तक से मैं निम्न अंश उद्धृत कर रहा हूँ।

जब मेजर रेनॉड कानपुर के छुटकारे के लिए एक अग्रिम रक्षक–दल को लेकर तेज़ी से आगे बढ़े, उस समय उन्हें जनरल नील की ओर से निम्नलिखित निर्देश मिले :

"कुछ दोषी गाँवों को नष्ट कर देने के लिए चुन लिया गया है, और उन गाँवों में रहनेवाले तमाम पुरुषों को कत्ल कर देना है। विद्रोही रेजीमेंटों के जो सिपाही अपनी ठीक सफ़ाई पेश न कर पायें, उन्हें फाँसी पर लटका देना है। फतेहपुर शहर पर, जिसने विद्रोह किया था, आक्रमण करना है और पठानों के घरों को उनके निवासियों सहित नेस्तनाबूद कर देना है। सभी विद्रोहियों के सिर, विशेषकर फतेहपुर के विद्रोहियों के, काटकर ऊँचे स्थानों पर लटका देना है। यदि डिप्टी कलेक्टर पकड़ लिया जाये तो उसे फाँसी दे दो और उसके सिर को काटकर शहर की किसी मुख्य (मुसलमान की) इमारत पर लटका दो", के अनुसार : नील के कारनामों को छोड़ भी दें तो जब नील ने एक मेजर को कानपुर की ओर भेजा, उस समय निस्सन्देह लोगों को बड़ी ही बेरहमी से मौत के घाट उतारा गया। और बाद में नील ने जो कुछ किया, वह कत्लेआम से भी भयानक था। उसने लोगों को जानबूझकर ऐसी यातनाएँ देकर मारा जैसी यातनाएँ देकर मारने का अपराध वतनियों के ख़िलाफ़ कभी साबित नहीं हुआ।

सर जॉज केम्बेल कहते हैं : नील उन व्यक्तियों में से है, जिसे औरताना क़िस्म की बहादुरी दिखाने के बूते पर ही वीरपद प्राप्त हो गया है और जिसकी मृत्यु हो जाने के कारण उस समय उसके आलोचकों का मुँह बन्द हो गया। लेकिन अब चूँकि वह विगत इतिहास का विषय बन चुका है, इसलिए मैं कह सकता हूँ कि जहाँ तक मैं अत्यन्त निष्पक्ष सूत्रों से जान पाया हूँ, उसमें कोई ख़ास ख़ूबी नहीं थी।... नील ने जो नृशंसतापूर्ण कृत्य किये उसके लिए मैं उसे कभी माफ़ नहीं कर सकता हूँ

और विशेषकर जिस गड़बड़ी के कारण हम लुधियाना के रेजीमेंट खो बैठे उस गड़बड़ी में उसका जो हाथ था, उसके लिए। इलाहाबाद में अपनी नृशंसता और अविश्वासी प्रकृति के कारण उसने फिरोज़पुर रेजीमेंट को (जिसके वफ़ादार सिपाहियों के लिए मेरे हृदय में लगभग इतना ही स्थान है जितना कि लुधियाना रेजीमेंट के सिपाहियों के लिए है) लगभग हमारे ख़िलाफ़ ही कर दिया था, यद्यपि बाद में उसी रेजीमेंट ने बड़ी अद्भुत सेवा की।

जिस 'वीर' के सम्मान में 'सार्वजनिक चन्दे' से यह स्मारक खड़ा किया गया है, उसके असली चरित्र को प्रकट करने के लिए उद्धरणों के अलावा और भी बहुत–सी चीज़ें है, लेकिन यहाँ उन सबका हवाला दे पाना सम्भव नहीं है। ऐसी प्रतिमाएँ अपशकुन की सूचक हैं। वे इसके स्पष्ट प्रमाण हैं कि अंग्रेज़ी सरकार का दारोमदार अन्ततः किस चीज़ पर है। अर्थात् उसका दारोमदार आख़िरकार आतंक और झूठ पर ही है। ये शब्द कठोर ज़रूर हैं, लेकिन साथ ही उतने ही सत्य भी हैं। इसलिए प्रत्येक भारतीय प्रत्येक सच्चे अंग्रेज़ का यह कर्तव्य है कि वह अपनी समस्त शक्ति से इस आतंक और झूठ का विरोध करे। लेकिन अपनी समस्त शक्ति से विरोध करने का तरीक़ा प्रतिशोध की भावना से काम लेना नहीं है। आतंक और झूठ का जवाब आतंक और झूठ से देना नहीं है। उसका तरीक़ा तो इन दोनों का उत्तर इन दोनों के ठीक विपरीत आचरण करके, अर्थात् आतंक का उत्तर अहिंसा से और झूठ का सत्य से देना है। यह रास्ता कठिन हो सकता है, लेकिन यदि भारत और दुनिया को क़ायम रहना है तो यही एकमात्र रास्ता है। इसलिए जिन नौजवानों ने संघर्ष छेड़ा है, वे यदि ईमानदारी के साथ उस पर अहिंसापूर्वक आरूढ़ रहेंगे तो वे सम्पूर्ण सहानुभूति के पात्र हैं और यह बहुत प्रसन्नता की बात है कि स्थानीय कांग्रेस कमेटी ने इस मामले को बड़े उत्साह से अपने हाथ में लिया है।

सम्पूर्ण गाँधी वाङ्मय, खण्ड 35, पृ. 55–58,
यंग इंडिया (अंग्रेज़ी), 29.9.1927

नील की प्रतिमा–सम्बन्धी सत्याग्रह[1]

इस आन्दोलन से सम्बन्धित स्वयंसेवकों ने मुझको जो वचन दिया था, उसके मुताबिक़ मैंने जो बातें जाननी चाही थीं, उनसे सम्बद्ध काग़ज़–पत्र उन्होंने मुझे भेज दिये हैं। उनसे यह मालूम होता है कि जब मुझे ये कागज पत्र भेजे गये तब उस आन्दोलन को चलते हुए कोई डेढ़ महीना हुआ था, और इस अवधि में 30 स्वयंसेवकों ने अपने को गिरफ़्तार कराया है। इनमें से 29 हिन्दू, एक मुसलमान, एक पैंतीस वर्षीया महिला और एक उनकी 9 साल की लड़की है। इन 30 जनों में से दो ने माफ़ी माँग ली, और वे छूट गये। यह माफ़ी माँगना यदि छूत के रोग–सा साबित न हो तो कुछ के माफ़ी माँग लेने से कोई फ़र्क़ नहीं पड़ता। हर एक संघर्ष में कुछ ऐसे लोग होते ही हैं। जो लोग जेल गये हैं, वे कोई प्रसिद्धि–प्राप्त व्यक्ति नहीं हैं। सत्याग्रह के संग्राम में यह बात हानिकर नहीं, बल्कि लाभदायक ही है। सत्याग्रह में सत्य से मिलने वाली प्रतिष्ठा के सिवा दूसरी किसी प्रतिष्ठा की आवश्यकता नहीं है और स्वेच्छा से कष्ट सहने के बल के सिवा दूसरे किसी बल की आवश्यकता नहीं है। यह बल अपने उद्देश्य के प्रति अटल विश्वास से और पूर्ण अहिंसा वृत्ति से मिलता है।

स्वयंसेवकों को अधीर नहीं होना चाहिए। अधीरता हिंसा की एक स्थिति है। सत्याग्रही का विजय से कोई वास्ता नहीं होता। उसका उसे निश्चय होता है, परन्तु वह यह भी जानता है कि विजय देने वाला तो एक ईश्वर ही है। उसका अपना काम तो सिर्फ़ कष्ट सहन करना है।

मुझे जो काग़ज़ पत्र भेजे गये हैं, उनमें आमदनी और ख़र्च का हिसाब दिया गया है। आमदनी का हिसाब ब्योरेवार है और कुल जमा रु. 228.26 बताये गये हैं। कुल ख़र्च भी उतना ही दिखाया गया है। वह इस प्रकार है–भोजन ख़र्च रु. 71.79; गाड़ी भाड़ा : रु. 53.26; सभा के

1. देखिये 'नील की प्रतिमा और अहिंसा', 29.09.1927 भी।

विज्ञापनों की छपाई आदि : रु. 39.40; व्यवस्था और डाक ख़र्च रु. 21.89; सभा में बत्ती आदि का ख़र्च : रु. 22.80। मैं इस व्यय से सन्तुष्ट नहीं हूँ। मैंने और ब्योरेवार हिसाब माँगा है। मैं सत्याग्रहियों से कहूँगा कि वे भोजन, गाड़ी और बत्ती इत्यादि पर ज़्यादा ख़र्च न करें। इसमें यदि मेरी कोई भूल होती हो तो वे सुधारें। मैं यह जानता हूँ कि मेरी अपनी सभाओं में भी इन चीज़ों पर अपव्यय होता है। कांग्रेस के कार्य पर भी ज़रूरत से ज़्यादा ख़र्च का आरोप लगाया जा सकता है। परन्तु दरिद्र नारायण के प्रतिनिधि के नाम से अपनी पहचान देने वाले मेरे जैसों के सम्बन्ध में भी क्या होता है, इसका दृष्टान्त देकर मैं अपना अभिप्राय बताना चाहता हूँ। जहाँ 6 सन्तरें काफ़ी होंगे वहाँ 60 लाये जाते हैं, जहाँ एक मोटर से काम चलता है वहाँ 6 तैयार रखी जाती हैं, और जहाँ एक हरिकेन लालटेन से काम चल सकता है वहाँ कई एक बड़ी गैस बत्तियाँ रखी जाती हैं। सत्याग्रहियों को यह समझना चाहिए कि उनको जो धन मिलता है, उसमें से एक–एक पैसे को एक कंजूस आदमी की तरह ख़र्च करना उनका फ़र्ज है। मेरा सुझाव है कि वे किसी प्रतिष्ठित स्थानीय व्यक्ति को अपने तमाम रुपये सौंप दें और किसी परोपकारी लेखा–परीक्षक से अपने हिसाब की निःशुल्क जाँच कराया करें। सार्वजनिक धन ख़र्च करने में बड़ी प्रामाणिकता और सावधानी की आवश्यकता है। स्वस्थ सार्वजनिक जीवन के विकास की यह अपरिहार्य शर्त है।

तीसरे काग़ज़ में सत्याग्रहियों द्वारा लोगों से की गयी अपील है। सत्याग्रही की अपील में भाषा विनययुक्त होनी चाहिए। इस अपील में यों कोई अनुचित बात नहीं लिखी गयी है, परन्तु उसे और अच्छा बनाया जा सकता था। "नील को ही नहीं, उसकी अधम जाति के सभी लोगों को यहाँ से हटना चाहिए।" यह वाक्य उस अपील की शोभा बिगाड़ देता है। जनरल नील तो इस संसार में नहीं है। हमें तो उसकी प्रतिमा से निपटना है; और कहें तो प्रतिमा से भी नहीं निपटना है। हमें तो जिस सिद्धान्त की प्रतीक यह प्रतिमा है, उसका नाश करना है। हम किसी भी मनुष्य को नुक़सान नहीं पहुँचाना चाहते। और हम कष्ट–सहन द्वारा लोकमत को जिसमें अंग्रेज़ों का लोकमत भी शामिल है, अपने पक्ष में करके अपने लक्ष्य को प्राप्त करना चाहते हैं। ऐसे कार्य में क्रोध और घृणा की भाषा के लिए स्थान नहीं हो सकता।

जनता का भी इन स्वयंसेवकों के प्रति एक कर्तव्य है। लोग भले ही जेल न जायें, परन्तु वे इस आन्दोलन की अनेक प्रकार से निगरानी कर सकते हैं, उस पर अंकुश रख सकते हैं, रास्ता दिखा सकते हैं और मदद कर सकते हैं। इन प्रतिमा को हटाने का आन्दोलन एक भयंकर रोग के एक लक्षण–मात्र का नाश करने का आन्दोलन है। और इस प्रतिमा को हटाने से हालाँकि रोग ठीक नहीं होगा, तथापि इससे पीड़ा में कुछ कमी होगी और रोग के निदान का रास्ता मिलेगा। अक्सर किसी गहरे रोग के बाह्य चिह्नों पर प्रहार करने से मूल रोग की जड़ तक पहुँचा जा सकता है। इसलिए सत्याग्रही स्वयंसेवक जब तक शुद्ध ढंग से सत्याग्रह की शर्तों का पालन करते हुए युद्ध करते जायेंगे, तब तक वे लोगों की मदद और सहानुभूति के अधिकारी बने रहेंगे।

सम्पूर्ण गाँधी वाङ्मय, खण्ड 35, पृ. 129–131,
यंग इंडिया (अंग्रेज़ी), 13.10.1927

विद्यार्थियों का हड़ताल और अहिंसा

अण्णामलै विश्वविद्यालय के एक शिक्षक द्वारा भेजे पत्र का एक अंश[1] दे रहा हूँ : गत नवम्बर की बात है, पाँच–छह विद्यार्थियों ने मिलकर योजनापूर्वक विश्वविद्यालय संघ के मन्त्री पर, जो उनका एक साथी विद्यार्थी है, हमला किया। विश्वविद्यालय के उपकुलपति श्री श्रीनिवास शास्त्री ने सख्ती से काम लिया और उस मण्डली के नेता को विश्वविद्यालय से निकाल दिया तथा बाक़ी को इस अध्ययन–सत्र के अन्त तक पढ़ाई में शामिल न करने की सज़ा दी।

इस पर सज़ा पानेवाले विद्यार्थियों से सहानुभूति रखनेवाले उनके कुछ मित्रों ने कक्षाओं से ग़ैरहाजिर रहकर हड़ताल करनी चाही।...

दूसरे दिन कोई 20 प्रतिशत विद्यार्थी पढ़ने नहीं आये, लेकिन बाक़ी 80 प्रतिशत बदस्तूर हाज़िर रहे। यहाँ यह बता देना ठीक होगा कि इस विश्वविद्यालय में कुल 800 के क़रीब विद्यार्थी हैं।

अगले दिन वह निष्कासित–विद्यार्थी हड़ताल का संचालन करने के लिए छात्रावास आया। हड़ताल को नाकामयाब होते देख उसने शाम को दूसरे साधनों का सहारा लिया। उदाहरण के लिए, कुछ लोग छात्रावास से निकलने के चार मुख्य रास्तों पर लेट गये, कुछ ने दरवाज़ों को बन्द कर दिया, कुछ छोटे लड़कों को उनके कमरों में बन्द कर दिया।... इस प्रकार तीसरे पहर कोई पचास–साठ लोगों ने बाक़ी विद्यार्थियों को छात्रावास से बाहर आने से रोक दिया।

अधिकारियों ने इस तरह दरवाज़े बन्द देखकर बाड़ में से रास्ता खोलना चाहा। जब विश्वविद्यालय के नौकरों की मदद से वे बाड़ को तोड़ने लगे, तो हड़तालियों ने उन रास्तों पर भी पहुँच कर दूसरों को उधर से निकालकर कॉलेज जाने से रोक दिया।...परिस्थिति को अपने

1. यहाँ पत्र के कुछ अंश ही दिये गये हैं।

क़ाबू से बाहर पाकर अधिकारियों ने पुलिस से उस निष्कासित विद्यार्थी को छात्रावास की हद से हटाने की प्रार्थना की ...जिस पर पुलिस ने उसे वहाँ से हटा दिया। इस पर स्वभावतः कुछ और विद्यार्थी भी खीज उठे और हड़तालियों के प्रति सहानुभूति दिखाने लगे। ...इस पर श्री श्रीनिवास शास्त्री ने 29 नवम्बर से 16 जनवरी तक, डेढ़ महीने की लम्बी अवधि के लिए विश्वविद्यालय बन्द कर लिया। अख़बारों में एक वक्तव्य देकर उन्होंने विद्यार्थियों से अपील की कि वे छुट्टी के बाद घर से शान्त और प्रसन्न मन से पढ़ने के लिए आयें।

लेकिन कॉलेज के फिर से खुलने पर इन विद्यार्थियों की हलचल और भी तेज़ हो गयी, क्योंकि छुट्टियों में इन्हें...[1] से और सलाह मिल गयी थी। मालूम पड़ता है कि वे राजाजी के पास भी गये थे, लेकिन उन्होंने हस्तक्षेप करने से इनकार कर दिया और उनसे उप–कुलपति का हुक्म मानने के लिए कहा।...

धरना देना अभी भी जारी है।...हड़तालियों की तादाद 35–45 के क़रीब है। और लगभग पचास विद्यार्थी ऐसे हैं जो इनसे सहानुभूति रखते हैं, किन्तु सामने आकर हड़ताल करने का साहस नहीं रखते। वे अन्दर–ही–अन्दर गड़बड़ मचाते रहते हैं। वे रोज़ इकट्ठे आते हैं और कक्षाओं के दरवाज़ों पर तथा पहली मंज़िल की कक्षाओं को जानेवाले जीने पर लेट जाते हैं और इस तरह विद्यार्थियों को कक्षाओं में जाने से रोकते हैं। लेकिन शिक्षक जगह बदल–बदल कर ऐसी जगहों में जाकर कक्षाएँ लगाते हैं जहाँ वे धरना देनेवालों से पहले पहुँच जाते हैं।...

कल एक नयी बात हुई। हड़ताली कक्षाओं के अन्दर घुस आये, फ़र्श पर लेट गये और चिल्लाने लगे। और कुछ हड़तालियों ने तो, मैंने सुना, शिक्षक के आने से पहले ही ब्लैक बोर्डों पर लिखना भी शुरू कर दिया। जिन शिक्षकों के बारे में ऐसा माना जाता है कि वे दब्बू क़िस्म के हैं, उन्हें कुछ हड़ताली डराते–धमकाते भी हैं। सच तो यह है कि उन्होंने उप–कुलपति को भी यह धमकी दी कि अगर उन्होंने उनकी माँगें मंजूर नहीं कीं, तो 'हिंसा और रक्तपात' का सहारा लिया जायेगा।

एक और भी महत्त्वपूर्ण बात है जो मुझे आपको बता देनी चाहिए। वह यह है कि हड़ताली बाहरी लोगों की भी मदद लेते हैं, और विश्वविद्यालय

1. साधन–सूत्र में नाम छोड़ दिया गया है।

के हाते और इमारतों में प्रवेश करके वहाँ काम–काज में बाधा डालने के लिए गुंडों की भी सहायता लेते हैं।...

अब जो बात मैं कहना चाहता हूँ, वह यह है कि हम सब, यानी बहुत–से शिक्षक और काफ़ी बड़ी तादाद में विद्यार्थी भी महसूस करते हैं कि ये प्रवृत्तियाँ सत्यपूर्ण और अहिंसात्मक नहीं हैं और इसलिए सत्याग्रह की भावना के विरुद्ध हैं।

मुझे विश्वस्त रूप से मालूम हुआ है कि कुछ हड़ताली विद्यार्थी इसे अहिंसक कार्रवाई ही कहते हैं। उनका कहना है कि अगर महात्माजी यह घोषणा कर दें कि यह हिंसात्मक कार्रवाई है, तो वे इन प्रवृत्तियों को बन्द कर देंगे। यह पत्र 17 फ़रवरी का है और काका कालेलकर को लिखा गया है, जिन्हें पत्र लिखनेवाले शिक्षक अच्छी तरह जानते हैं। इसके जिस अंश को मैंने नहीं छापा उसमें इस बारे में काका साहब की राय पूछी गयी है कि विद्यार्थियों के इस आचरण को क्या अहिंसात्मक कहा जा सकता है। इसके अलावा उसमें भारत के कितने ही विद्यार्थियों में अवज्ञा की जो भावना आ गयी है, उस पर अफ़सोस ज़ाहिर किया गया है।

पत्र में उन लोगों के नाम भी दिये गये हैं, जो हड़तालियों को अपनी जिद पर अड़े रहने के लिए उत्तेजित कर रहे हैं। हड़ताल के बारे में मेरी राय[1] प्रकाशित होने पर किसी ने, जो अनुमानतः कोई विद्यार्थी ही था, मुझे एक गुस्से से भरा हुआ तार भेजा, जिसमें लिखा था कि हड़तालियों का व्यवहार पूर्णतः अहिंसात्मक है। लेकिन ऊपर जो विवरण मैंने उद्धृत किया है वह अगर सच है तो मुझे यह कहने में कोई संकोच नहीं है कि विद्यार्थियों का व्यवहार सचमुच हिंसात्मक है। अगर कोई मेरे घर का रास्ता रोक दे, तो निश्चय ही उसकी वह कार्रवाई उतनी ही हिंसात्मक होगी, जितनी कि यदि वह मुझे धक्का देकर दरवाज़े से हटा दे, तब होगी।

विद्यार्थियों को अगर अपने शिक्षकों के ख़िलाफ़ सचमुच कोई शिकायत है, तो उन्हें हड़ताल करने का, बल्कि अपने स्कूल या कॉलेज पर धरना देने का भी हक़ हो सकता है, लेकिन धरना इसी हद तक दिया जा सकता है कि जो विद्यार्थी वस्तुस्थिति से अनभिज्ञ हैं, उन्हें वे विनम्रता के साथ समझा कर उनसे कक्षाओं में न जाने की प्रार्थना करें। बोलकर या परचे बाँटकर वे ऐसा कर सकते हैं। लेकिन उन्हें रास्ता नहीं रोकना चाहिए,

---

55. देखिये 'वक्तव्य : समाचार–पत्रों को', पृ. 494

और न उन छात्रों पर अनुचित दबाव ही डालना चाहिए जो हड़ताल नहीं करना चाहते। हड़ताल विद्यार्थियों ने की, किसके ख़िलाफ़ है? श्री श्रीनिवास शास्त्री भारत के श्रेष्ठतम विद्वानों में से हैं। शिक्षक के रूप में उनकी तभी से ख्याति रही है जब इनमें से बहुतेरे विद्यार्थी या तो पैदा ही नहीं हुए थे या बच्चे थे। उनकी महान विद्वत्ता और उनके चरित्र की श्रेष्ठता दोनों ऐसी चीज़ें हैं जिनके कारण संसार का कोई भी विश्वविद्यालय उन्हें अपना उप–कुलपति बनाने में गौरव का अनुभव करेगा।

काका साहब को पत्र लिखनेवाले ने अगर अण्णामलै विश्वविद्यालय की घटनाओं का सही विवरण दिया है, तो मुझे लगता है कि शास्त्रीजी ने जिस तरह परिस्थिति का मुक़ाबला किया है, वह बिलकुल ठीक है। मेरी राय में विद्यार्थी अपने आचरण से ख़ुद अपनी ही हानि कर रहे हैं। मैं तो उन पुराने विचार के लोगों में से हूँ जो शिक्षकों के प्रति श्रद्धा रखने में विश्वास करते हैं। यह तो मैं समझ सकता हूँ कि जिस स्कूल के शिक्षकों के प्रति मेरे मन में सम्मान का भाव न हो उसमें न जाऊँ, लेकिन अपने शिक्षकों की बेइज़्ज़ती या उनकी अवज्ञा की बात मैं नहीं समझ सकता। ऐसा आचरण तो असज्जनता है और असज्जनता–मात्र हिंसा है।

बम्बई, 26 फ़रवरी, 1939; सम्पूर्ण गाँधी वाङ्मय, खण्ड 68, पृ. 507–510, हरिजन (अंग्रेज़ी), 4.3.1939

व्यायाम में अहिंसा का स्थान

व्यायाम–शालाओं में, अखाड़ों में तलवार, भाले, खुखड़ी, आटापाटा के खेल आदि के लिए स्थान होता है। कांग्रेस के स्वयंसेवकों को अनेक प्रकार की कवायद सिखाई जाती है, साथ ही ऊपर लिखे अनुसार तालीम भी कई जगह दी जाती है। इस विषय में गाँधी के पास कई पत्र आये। पत्रों के लेखक जानना चाहते हैं कि अहिंसा की दृष्टि से इसके सम्बन्ध में गाँधी के क्या विचार हैं। गाँधी ने कहा कि हिंसक फ़ौज की भरती में उम्मीदवार के शरीर की ही परीक्षा की जाती है। उसमें बूढ़े को, स्त्री को तथा किशोरों को नहीं लिया जाता। इसी प्रकार रोगग्रस्त को भी नहीं भरती किया जाता। इस प्रकार का विधान हिंसक फ़ौज के लिए आवश्यक भी है।

लेकिन अहिंसक संघ का विधान इससे बिलकुल उलटा होता है। इसमें उम्मीदवार के मन की जाँच करनी होती है, इसलिए उस संघ में कोढ़ी तक हो सकते हैं बूढ़े, स्त्रियाँ, किशोर, लूले, लँगड़े तथा आँख के अन्धे भी हो सकते हैं और विजय प्राप्त कर सकते हैं। मारने की शक्ति अर्जित करने के लिए अभ्यास करना पड़ता है। लेकिन मरने की शक्ति तो, जिसमें इच्छा हो गयी, उसमें है ही। दस–बारह वर्ष के बालक के पूर्ण सत्याग्रही होने की कल्पना की जा सकती है, इसके उदाहरण भी मिल जाते हैं। लेकिन दस–बारह वर्ष का बालक हिंसक फ़ौज में भरती हो ही नहीं सकता। उसकी चाहे जितनी इच्छा हो, लेकिन उसके पास आवश्यक शारीरिक सम्पत्ति ही नहीं होगी।

लेकिन कोढ़ी अथवा बालक भी अहिंसक फ़ौज में भरती हो सकते हैं, इसका यह अर्थ कदापि नहीं कि अहिंसक मनुष्य को शरीर की ओर

ध्यान देने की ज़रूरत ही नहीं रह जाती। अहिंसा में ऐसे काम भी करने ही पड़ते हैं, जो कसे हुए शरीर का आदमी ही कर सकता है। इसलिए अहिंसक मनुष्य को किस प्रकार की शारीरिक तालीम लेनी चाहिए, इसका विचार करना अत्यावश्यक है।

शिमला, 29 दिसम्बर, 1940; सम्पूर्ण गाँधी वाङ्मय, खण्ड 73, पृ. 72–76, हरिजनबन्धु (गुजराती से), 5.10.1940

खण्ड दो

स्वराज और अहिंसा

स्वराज अति प्राचीन पवित्र वैदिक शब्द है जिसका अर्थ है–आत्मानुशासन, आत्म–संयम और स्व नियन्त्रण। स्वराज शब्द का विकास व्यक्ति के नैतिक मूल्यों के विकास से होता है, इसी को गाँधी रामराज्य की भी संज्ञा देते हैं। गाँधी के अनुसार स्वराज शब्द सर्वव्यापक है इसमें सम्पूर्ण स्वतन्त्रता के साथ–साथ कई बातें आ जाती हैं। उनके अनुसार अर्थ और परिभाषा के घेरे में बाँधकर इसके दृष्टिकोण को संकीर्ण नहीं बनाना चाहिए इससे असीम सीमित हो जायेगा। इसका विकास उसी तरह होगा जिस तरह राष्ट्रीय चेतना और आकांक्षाओं का होता है। आज की औपनिवेशिक स्थिति में हमारी जो आकांक्षाएँ हैं, भावी पीढ़ी इनसे सन्तुष्ट नहीं हो सकती। इस प्रकार स्वराज आज की सर्वश्रेष्ठ धारणाओं से भी अधिक श्रेयस्कर है। उपनिवेश की स्थिति में स्वराज का अर्थ है–हम अपनी इच्छानुसार स्वतन्त्रता की घोषणा कर सकें। यह हमारे अधिकाधिक क्षमता निर्माण से होगा। स्वशासन इसका प्रमुख आधार है। हम अंग्रेज़ी शासन से मुक्ति चाहते हैं क्योंकि उसने क़ब्र की शान्ति स्थापित की है जो जनसमुदाय की जीवित मृत्यु से श्रेयस्कर है। इस शैतानी शासन ने हमारी सुन्दर धरती को भौतिक, आध्यात्मिक और नैतिक दृष्टिकोण से समाप्तप्राय कर दिया है।

स्वराज सत्य और अहिंसा के शुद्ध साधनों द्वारा हासिल किया जा सकता है। इसमें कोई किसी का शत्रु नहीं होता और यह लोकतान्त्रिक मूल्यों को तरजीह देता है। लोकतन्त्र और हिंसा साथ–साथ चल ही नहीं सकती इसलिए स्वराज अहिंसक राज्य है। विनोबा कहते हैं कि अहिंसा को जब हम अंगीकार कर लेंगे तभी जनशक्ति, जो हिंसा शक्ति की विरोधी दण्ड शक्ति से भिन्न तृतीय शक्ति या आत्म अनुशासित जनता की नैतिक शक्ति जगेगी। (विनोबा भावे, 'डेमोक्रेटिक वैल्यू', 1960, पृ. 213) इसी को जयप्रकाश 'सहभागी लोकतन्त्र' कहते हैं।

गाँधी मानते हैं कि सत्ता का केन्द्रीयकरण हिंसा है। इसलिए वे गाँव व नगर को गणराज्य बनाना चाहते थे और भारत को छोटे–छोटे गणराज्यों का महासंघ। उन्होंने कहा है कि सच्चा स्वराज मुट्ठी–भर लोगों के सत्ता पर बैठ जाने से नहीं आने वाला है बल्कि बहुसंख्यक लोगों में उस शक्ति के विकास से आयेगा ताकि सत्ता का दुरुपयोग होने पर अहिंसक प्रतिरोध किया जा सके। स्वराज लोक शक्ति के विकास से स्थापित होगा। यह स्वावलम्बी नैतिक शक्ति या जन शक्ति है। लोक शक्ति या जन शक्ति सैन्य शक्ति और क़ानून शक्ति, हिंसा शक्ति एवं दण्ड शक्ति से गुणात्मक दृष्टि से भिन्न है। ये हिंसा शक्ति की पोषक शक्तियाँ हैं। राज्य इन शक्तियों का उपयोग आतंक पैदा करने के लिए करता है। इसलिए विनोबा सर्वोदय व निर्दोष राज्य–व्यवस्था पर आधारित समाज रचना में अहिंसक लोक या जन शक्ति या तीसरी शक्ति का विचार देते हैं। यह स्वाधीन व सामूहिक प्रयत्न का सूचक, प्रतिरोधात्मक शक्ति से युक्त समाज परिवर्तक शक्ति और समन्वयात्मक शक्ति के रूप में व्यवहृत हुआ है। यह जन अभिक्रम भी है। जब जनता अपनी समस्याओं को पहचानने लगती है और अपनी समस्या के लिए राज्य की मुखापेक्षी नहीं होती तभी वास्तविक लोक शक्ति का निर्माण होता है। लोक जागृति, लोक चेतना या लोक शक्ति निर्माण अहिंसक स्वावलम्बी जन अभिक्रम का आधार है। गाँधी ने कहा है कि स्वराज आ जाने पर भी लोग अगर सरकार की ओर देखेंगे तो स्वराज किसी काम का नहीं होगा। गाँधी सत्याग्रह के साथ–साथ रचनात्मक कार्यक्रम का अधिष्ठान कर प्रतिकारात्मक लोक शक्ति को परिवर्तक लोक शक्ति के रूप में प्रयुक्त करते हैं।

गाँधी के सपनों का स्वराज किसी प्रजातिगत धार्मिक भेदभावों को स्वीकार नहीं करता है। यह स्वराज सभी का होगा, शिक्षितों का भी और धनवानों का भी, जिसमें अपंग, भूखे और मेहनतकश करोड़ों भारतवासी शामिल होंगे।[1] दरअसल गाँधी के सपनों का स्वराज ग़रीबों का स्वराज है। उन्होंने लिखा है कि जीवन की अनिवार्य वस्तुएँ तुम्हें भी उसी प्रकार उपलब्ध होनी चाहिए, जिस प्रकार राजाओं और धनवानों को उपलब्ध है लेकिन इसका यह अर्थ नहीं है कि तुम्हारे पास उन जैसे ही महल भी होंगे। सुखी जीवन के लिए यह आवश्यक नहीं है लेकिन तुम्हें जीवन

---

1. यंग इंडिया, 10.5.1930 पृ. 149

की वे सभी सामान्य सुख–सुविधाएँ मिलनी चाहिए जो एक धनी व्यक्ति को उपलब्ध हैं, जब तक इसकी गारंटी नहीं मिलती तब तक यह स्वराज पूर्ण नहीं माना जा सकता। पूर्ण स्वराज जनसाधारण की जागृति है। यह एक सामंजस्य है और आर्थिक स्थिति में क्रमिक सुधार, इसका अनुभव सभी को होना चाहिए और इसके लिए प्रयास करना ही सच्ची क्रान्ति है।

गाँधी का रामराज्य, हिन्दू राज नहीं है, यह दैवी राज्य है अर्थात् ईश्वर का साम्राज्य है। गाँधी सिर्फ़ एक ईश्वर को जानते हैं वह है–सत्य और सदाचार का ईश्वर। भारत का स्वराज बहुसंख्यकों अथवा हिन्दुओं का शासन नहीं होगा। गाँधी लिखते हैं कि इससे बड़ी भ्रान्ति कोई नहीं हो सकती। यदि ऐसा हो तो मैं उसे स्वराज मानने से इनकार कर दूँगा और अपनी पूरी शक्ति के साथ उसका विरोध करूँगा; क्योंकि मेरी दृष्टि में हिन्द के स्वराज का अर्थ है सब लोगों का शासन, न्याय का शासन, इसमें मन्त्री चाहे हिन्दू हो, मुसलमान हो, या सिख, सबको निष्पक्ष न्याय प्रदान करना होगा। ऐसे विशाल देश में सभी ईमानदारीपूर्वक अपनी धार्मिक आस्था का निर्वहन करेंगे। सभी को विचार और स्वतन्त्रता का अधिकार होगा। अपने विरोधियों के दृष्टिकोण को समझने का प्रयास करेंगे और उसे स्वीकार न कर पायें तो भी पूरी तरह सम्मान करेंगे उसी तरह जिस प्रकार हम चाहते हैं कि वे हमारे दृष्टिकोण का करें। यह स्वस्थ सार्वजनिक जीवन की एक अपरिहार्य शर्त है। वाणी और लेखनी की स्वतन्त्रता स्वराज की आधारशिला है। इसकी रक्षा हमें सम्पूर्ण शक्ति लगाकर करनी चाहिए।

गाँधी लिखते हैं कि रामराज्य का प्राचीन आदर्श निस्सन्देह एक सच्चा लोकतन्त्र है जिसमें कोई भी नागरिक शीघ्र न्याय पा सकता है। रामराज्य में कुत्ते तक को न्याय मिला था।[1] लोकतन्त्र पश्चिमी ढाँचों का अनुकरण नहीं होगा। लोकतन्त्र की भावना कोई यान्त्रिक वस्तु नहीं है। इसमें लोगों की सम्प्रभुता जिसका आधार विशुद्ध नैतिक सत्ता होगी। हृदय परिवर्तन और भाईचारे की भावना का विकास इसके लिए आवश्यक है। संक्षेप में, सभी की आम भलाई के लिए लोगों के सभी वर्गों के समस्त भौतिक–आर्थिक और आध्यात्मिक संसाधनों के जुटान की कला तथा विज्ञान का यह अधिष्ठान है।[2]

---

1. यंग इंडिया, 19.9.1929 पृ. 305
2. हरिजन 27.05.1939, पृ. 143, आर. के. प्रभु, यू.आर. राव, 'महात्मा गाँधी के विचार'।

गाँधी ने लिखा है कि लोकतन्त्र और हिंसा साथ–साथ नहीं चल सकती, दरअसल सच्चा लोकतन्त्र वह है जो विशुद्ध अहिंसक उपायों से अपनी स्वाधीनता और उसके ज़रिये अपने देश तथा अन्ततः सारी दुनिया की स्वाधीनता की रक्षा करता है।[1] गाँधी ने अपने स्वराज और लोकतन्त्र के विभिन्न पहलुओं की व्याख्या की है। इन्होंने स्पष्ट किया है कि वह स्वतन्त्रता बेमानी है, जिसमें ग़लती करने यहाँ तक कि पाप करने की आज़ादी न हो। ग़लती करते हुए सुधरने या प्रगति करने से ही सच्चा स्वराज आयेगा। गाँधी एक ओर व्यक्तिगत स्वतन्त्रता को महत्त्व देते दिखते हैं तो दूसरी ओर अप्रतिबन्धित व्यक्तिवाद को जंगली पशु का नियम कहते हैं। दरअसल वे व्यक्तिगत स्वतन्त्रता और सामाजिक संयम के बीच समन्वय करना चाहते हैं। इनकी स्वतन्त्रता की संकल्पना में सम्पूर्ण ऐश्वर्य के साथ पूर्ण स्वतन्त्रता समाविष्ट है। आज़ादी और गुलामी मानसिक स्थिति है। हमें कोई निरंकुश से निरंकुश सत्ता ग़लत आदेशों के पालन कराने के लिए बाध्य नहीं कर सकेगी। हमारे कष्ट सहन करने की शक्ति से आज़ादी की मशालें जल उठेंगी। अगर हम स्वतन्त्र रूप से नहीं रह सके तो मर जाना अधिक श्रेयस्कर है। स्वतन्त्रता जीवन की साँस है। हमारा भय ही हमारी सोचने की शक्तियों को कुन्द कर देता है।

गाँधी ऐसे संविधान की बात करते हैं जो हर प्रकार की दासता से मुक्ति दे और ज़रूरी हो तो पाप करने का अधिकार भी दे। गाँधी लिखते हैं कि मैं ऐसे भारत के लिए प्रयास करूँगा जिसमें ग़रीब से ग़रीब आदमियों को यह अनुभव हो कि यह देश उनका है और इसके निर्माण में उनकी कारगर भूमिका है। इसमें न कोई उच्च वर्ग होगा और न कोई निम्न वर्ग। सभी मित्र भाव से रहेंगे, छुआछूत के अभिशाप अथवा मादक द्रव्यों या नशीली दवाओं के लिए कोई स्थान नहीं होगा, स्त्रियों को भी पुरुषों के समान अधिकार प्राप्त होंगे। हमारा बाक़ी दुनिया के साथ शान्तिपूर्ण सम्बन्ध होगा, न हम किसी का शोषण करेंगे, न शोषण करने देंगे। हमें फ़ौज की ज़रूरत कम–से–कम होगी। उन विदेशी हितों का सम्मान किया जायेगा जो करोड़ों मूक भारतीयों के हितों के विरुद्ध नहीं है। व्यक्तिगत रूप से गाँधी देशी और विदेशी के भेद को हिक़ारत

---

1. हरिजन 15.04.1939, पृ. 90, आर. के. प्रभु, यू. आर. राव, 'महात्मा गाँधी के विचार'।

की नज़र से देखते हैं, यही गाँधी के सपनों का भारत है, उन्हें कोई और भारत नहीं चाहिए।[1]

गाँधी ने लिखा है कि मैं सत्य की बलि देकर आज़ादी हासिल करने से बेहतर यह समझूँगा कि भारत मिट जाये[2] भारत हत्यारों में शामिल नहीं होगा। गाँधी भारत की मुक्ति के ज़रिये दुनिया की सभी तथाकथित दुर्बल प्रजातियों को पाश्चात्य शोषण से मुक्त कराना चाहते थे। दरअसल व्यक्तिगत और राष्ट्रीय स्वतन्त्रता पर जिस तरह अहिंसा लागू होती है उसी तरह अन्तरराष्ट्रीय स्वतन्त्रता पर भी यह प्रयोगसिद्ध है। भारत अपनी स्वतन्त्रता से दुनिया को यह दिखाना चाहता है कि किसी भी स्थिति में किसी निर्बलों का शोषण नहीं किया जा सकता है।

स्वराज की तीर्थयात्रा एक कठिन चढ़ाई है। यह आसमान से नहीं टपकेगा, यह तो धैर्य, अध्यवसाय, अथक परिश्रम, साहस और पर्यावरण की विवेकपूर्ण समझ से प्राप्त होगा। इसका अर्थ सर्वसाधारण में राष्ट्रीय चेतना का विकास है। यह क्रमिक और धीरे–धीरे विकसित होगा। यह चमत्कार रक्तिम क्रान्ति से नहीं मिलेगा। इसीलिए गाँधी ने कहा कि स्वराज हमें भगवान भी नहीं दे सकता है, यह किसी के देने की चीज़ नहीं है। इसे हमें स्वयं अर्जित करना होगा। गाँधी का स्वराज सभ्यता की प्रतिभा को अक्षुण्ण रखने के लिए है। वे लिखते हैं कि मैं बहुत–सी नयी बातें लिखना चाहता हूँ लेकिन वे सभी भारतीय स्लेट पर ही लिखी जायेंगी। मैं पश्चिम से उधार लेने के लिए सहज प्रस्तुत हूँ पर तभी, जबकि मैं उसे उचित ब्याज के साथ लौटा सकूँ।[3] सभ्यता का सारतत्त्व सार्वजनिक या निजी सभी कामों में नैतिकता को सर्वोपरि स्थान देना है।

गाँधी अपने देश की सेवा किसी को नुक़सान पहुँचाकर नहीं करते हैं। सगे भाई के साथ जो कर सकें वही अंग्रेज़ों के साथ करेंगे। गाँधी ने लिखा है कि मेरा राष्ट्रवाद इतना संकुचित नहीं है कि अंग्रेज़ों की परेशानी को महसूस न कर सकूँ या उन पर प्रसन्नता का अनुभव करूँ। किसी दूसरे देश की बलि देकर अपने देश की ख़ुशी हासिल करना वे नहीं चाहते हैं। दुनिया में गाँधी का कोई शत्रु नहीं है यही उनका धर्म है।

---

1. आर. के. प्रभु, यू. आर. राव, 'महात्मा गाँधी के विचार', पृ. 302
2. यंग इंडिया, 01.10.1931, पृ. 281
3. आर. के. प्रभु, यू. आर. राव, 'महात्मा गाँधी के विचार', पृ. 310

प्रस्तुत खण्ड में स्वराज और अहिंसा के अन्तःसम्बन्धों पर चर्चा की गयी है। स्वराज का अर्थ सत्ता का अंग्रेज़ों के हाथ से भारतीयों के हाथ में चला जाना नहीं है। गाँधी के मन का स्वराज तो वह है जिसमें तीस करोड़ लोगों के हाथ में मर्यादा से बँधी हुई सत्ता रहे। वहाँ एक बालिका भी अपने को सुरक्षित समझेंगी और कवि की कल्पना सच हो तो मनुष्येतर प्राणी भी सुरक्षित मानेंगे। सभी न्याय और सत्य के अधीन होंगे। यह धर्मराज्य होगा। राजा दासानुदास बनेगा, सभी ट्रस्टी होंगे। देशी राज्यों का जुल्म नहीं होगा। स्वार्थ, त्याग और बलिदान की भावना होगी। जुल्म वहीं होता है जहाँ डरपोक रहते हैं। दुःखों को सहने के लिए तैयार जनता पर जुल्म नहीं किया जा सकता है।

चरखा को गाँधी ने अहिंसा का प्रतीक कहा क्योंकि यह जनसाधारण में आशा का प्रतिनिधित्व करता है। खेती का पूरक धन्धा, विधवा का मित्र और ग्रामीणों को निठल्लेपन से बचाता है। चरखे के बल पर वे सात लाख गाँवों को आत्मनिर्भर बनाना चाहते थे। इसके लिए उन्होंने आत्मत्यागी, बुद्धिमान और देशप्रेमी कार्यकर्ताओं से अपेक्षा की वे ग्रामीणों के निस्तेज़ नेतृत्व में आशा की ज्योति जगायें। इससे हिन्दू–मुस्लिम, हरिजन सबकी समान रूप से सेवा हो सकती है। जब जनता अपनी ज़रूरत की वस्तुएँ हिन्दुस्तान में ही उत्पन्न करेगी तो उसकी ओर आँख कौन उठायेगा। उन्होंने साफ़ कहा है कि केवल अहिंसा से ही स्वराज अर्थात् रामराज्य या धर्मराज्य प्राप्त किया जा सकता है। स्वराज मिलने में हो रही देरी के लिए हम स्वयं ज़िम्मेदार हैं। हमने अहिंसा को ढ़ंग से समझा ही नहीं और न ही हम उसका समुचित उपयोग कर रहे हैं। सच्चा शान्तिवादी ही सच्चा सत्याग्रही है। शान्तिवादी प्रतिरक्षात्मक या आक्रामक किसी भी युद्ध में भाग नहीं लेगा। यह अंग्रेज़ों से भी घृणा नहीं करेगा। लेकिन यह हमारी कमज़ोरियों को दूर करने के लिए प्रयत्नशील होगा। ज्यों ही आत्मशुद्धि की यह प्रक्रिया पूर्ण होगी, देश भी शुद्ध होगा।

गाँधी मानते हैं कि सत्य और अहिंसा की यही दृष्टि जगत में हमारी प्रतिष्ठा का आधार है। उन्होंने स्पष्ट किया है कि अहिंसा में जिन्हें विश्वास नहीं है उन्हें कांग्रेस से निकल जाना चाहिए और यदि अहिंसा में विश्वास रखने वाले लोग ही अल्पसंख्या में हों तो उन्हें इस संगठन से निकल जाना चाहिए। निःशस्त्र रक्तहीन क्रान्ति को गाँधी स्वराज का आधार मानते हैं।

अंग्रेज़ सरकार की दमनकारी नीतियों का अहिंसक प्रतिरोध और भड़काने वाली कार्यवाहियों की निन्दा करते हुए गाँधी कहते हैं कि अहिंसक स्वराज तो कष्ट सहन से ही आयेगा। अराजकता और अव्यवस्था स्वराज में नहीं रहेगी। ऊँचे अफ़सरों का डर जाता रहेगा। सविनय अवज्ञा स्वराज का आधार है। दण्ड संहिता के खण्ड 124 (अ) की अवज्ञा करने की भी वे वकालत करते हैं जिसके अनुसार न्यायाधीश अपनी सनक और पूर्वाग्रहों के आधार पर किसी को राजद्रोहात्मक कह सकते हैं। सत्याग्रह राजद्रोह नहीं है और प्रत्येक राष्ट्रवादी व्यक्ति के लिए राजद्रोह पवित्र कर्तव्य है।

गाँधी के लिए सत्याग्रह उनका जीवन है। इसी की खोज में क़ानूनों का स्वेच्छापूर्वक पालन उन्होंने अपना फ़र्ज़ माना है। लेकिन दमन, अत्याचार तथा परम्पराओं के नाम पर चलने वाला सामाजिक निर्योग्यताओं के ख़िलाफ़ अहिंसक प्रतिकार को स्वराज में आवश्यक बताया है।

गाँधी के लिए स्वराज साध्य नहीं, साधन था। तिलक मैदान में उन्होंने कहा था कि जब तक देश का एक भी व्यक्ति भूखा है तब तक उनके लिए स्वराज का कोई अर्थ नहीं है। गाँधी का हिन्दुस्तान किसानों की झोपड़ियों में बसता है बुनकरों का कला–कौशल भारत की भव्यता है। इसीलिए गाँधी अपने को किसान और बुनकर कहते हैं।

इस खण्ड में जहाँ एक ओर स्वराज और अहिंसा पर चर्चा की गयी है वहीं अहिंसा की क्रियात्मक शक्ति को भी विश्लेषित किया है। गाँधी ने अंग्रेज़ों के चले जाने पर शुद्धिकरण, चरखा और ग्रामोद्योग के साथ–साथ सत्याग्रह के माध्यम से सरकार की दमनकारी नीतियों के विरोध में भी विरोध को आवश्यक बताया है। अभय स्वराज का आधार है। सविनय अवज्ञा स्वराज के लिए आवश्यक है। राजद्रोह साम्राज्यवादी सरकार में स्वराज की स्थापना के लिए है। इस खण्ड में राजद्रोह का कर्तव्य और सत्याग्रह राजद्रोह नहीं है, इन दो शीर्षकों में सत्याग्रह और प्रतिरोध के साधन के रूप में दमनात्मक क़ानून को तोड़ने, ज़ब्त साहित्य को बेचने आदि क्रियात्मक पहलुओं की चर्चा की गयी है। इस खण्ड में अहिंसा और स्वराज की गाँधी दृष्टि को हम उन्हीं के शब्दों में प्रस्तुत कर रहे हैं।

अहिंसक स्वराज

स्वराज के अर्थ को स्पष्ट करते हुए गाँधी ने लिखा कि अंग्रेज़ों के हाथ से निकलकर किसी भारतीय के हाथ में सत्ता का चला जाना ही स्वराज नहीं है। मेरे मन का स्वराज तो वह है जिसमें तीस करोड़ लोगों के हाथ में मर्यादा से बँधी हुई सत्ता रहे। जहाँ ऐसी सत्ता होगी, वहाँ एक बालिका भी अपने को सुरक्षित समझेगी; और अगर कवि की कल्पना सच हो तो कुत्ते आदि मनुष्येतर पालतू प्राणी भी अपने को सुरक्षित मानेंगे। ऐसे स्वराज के सम्बन्ध में अनेक प्रकार के तात्त्विक निर्णय करना हमारा काम होगा क्योंकि स्वराज में निर्णय सत्ताधिकारी की इच्छा के अधीन न होकर न्याय और सत्य के अधीन होते हैं। ऐसा स्वराज, संक्षेप में रामराज्य है। मुसलमान आदि इसके अर्थ का अनर्थ न करें, इसलिए मैं उसे धर्मराज्य भी कहता हूँ। इसमें राजा का स्थान है लेकिन वहाँ राजा के माने हैं—रक्षक, अभिभावक या ट्रस्टी; राजा अर्थात् सर्वश्रेष्ठ सेवक दासानुदास। स्वराज का राजा प्रजा का अवशिष्ट खाने वाला है; दूसरे शब्दों में, वह प्रजा को सुलाकर सोता है, खिलाकर खाता है और जिलाकर जीता है। ऐसे राजा सदा जियें। अगर इस युग में ऐसे राजा का होना सम्भव न हो तो राजा नाम तक नहीं बचेगा, इसमें मुझे ज़रा भी शक नहीं।

उनका शरीर हमारे समान है, उनकी ज़रूरतें हमारी जैसी हैं और उनमें हमारे ही गुण—दोष भरे हुए हैं। अगर हम अपने में विश्वास रखते हैं तो उनमें भी विश्वास रखें। सत्याग्रह का पूरा शास्त्र प्राणिमात्र पर विश्वास के आधार पर रचा गया है। अन्त में भले ही यह रचना मिथ्या क्यों न सिद्ध हो, लेकिन जिसका सत्याग्रह में विश्वास है वह यह तो कदापि नहीं कहेगा कि राजा—मात्र निकम्मे हैं या रियासती राज्य कभी सुधर ही नहीं सकते। सत्याग्रह सम्बन्धी एक दूसरी मान्यता कि सत्याग्रही यह मानता है कि पाप में स्वतन्त्र रूप से टिके रहने की शक्ति ही नहीं है। पाप के

लिए पुण्य का आधार आवश्यक है। यानी बुरा भले के आधार पर ही निभ सकता है। अगर यह ठीक है तो फिर यदि देशी राज्य विनष्ट होने लायक होंगे तो वे अपने–आप नष्ट हो जायेंगे–बशर्ते कि हम उन्हें ख़राब मानते हुए भी उनसे सहयोग न करते हों। असहयोग का जन्म इसी विचारधारा से हुआ है। जो लोग देशी राज्यों को बुरा मानते हुए और यह जानते हुए भी उनकी नौकरी करते हैं वे उनका पोषण करते–उन्हें निभाते हैं। जो लोग देशी राज्यों को बुरा समझकर बुरे तरीक़ों से उनका नाश करना चाहते हैं वे भी उनकी सहायता ही करते हैं। दुष्टता का नाश दुष्टता से कभी नहीं हुआ। लेकिन मेरे समान जो लोग भूल से ही क्यों न हो, मगर पवित्र भाव से उनमें जितनी अच्छाई देखते हैं, उनकी उतनी ही स्तुति भी कर देते हैं, वे ऐसा करके या तो उन्हें सुधारते हैं अथवा उसके द्वारा सत्याग्रह या असहयोग करने का अपना अधिकार सिद्ध करते हैं।

स्वर्गीय यतीन्द्रनाथ दास के बलिदान के सम्बन्ध में मैं ख़ामोश रहा हूँ, इस पर पत्र–लेखक ने कटाक्ष किया है। लेकिन इस सम्बन्ध में उन्होंने पहले ही 'नवजीवन'[1] में लिख दिया था।

लेखक विश्वास से लिखते हैं कि–"आप तो यही समझते हैं कि देशी राज्यों की रिआया जेल जाने से डरती है। लेकिन मैं विश्वासपूर्वक कहता हूँ कि हम न तो जेल से डरते हैं और न मौत से।" गाँधी लिखते हैं कि, मुझे दुःखपूर्वक लिखना पड़ता है कि मेरी नज़र में इस विश्वास की क़ीमत बहुत थोड़ी है, अथवा यों कहिए कि कुछ भी नहीं है। मेरा विश्वास है कि देशी राज्यों की रियाया में से अँगुली के पोरों पर गिने जाने योग्य आदमी भी शायद ही मिलें जो मौत को गले लगाना तो दूर–जेल जाने को तैयार हों। देशी राज्यों में जो ज़ुल्म होते हैं, अगर वहाँ की रिआया डरपोक न होती और जेल वग़ैरह के दुःखों को सहने के लिए तैयार रहती तो यह असम्भव होती। लेखक महोदय यह याद रखें कि क्या देशी राज्य और क्या अंग्रेज़ी राज्य कहीं भी जेल जाने वाले को कोई रोकता नहीं है। जब स्वार्थ–त्याग और बलिदान की भावना देश के कोने–कोने में फैल जायेगी, तब हर तरह की बुराई मिट जायेगी।

सम्पूर्ण गाँधी वाङ्मय, खण्ड–42, पृ. 23–26,
नवजीवन (गुजराती), 20.10.1929

---

1. देखिये 'मेरी चुप्पी', स.गां.वा. खण्ड 42, पृ. 7–8

क्रियाशील शक्ति के रूप में अहिंसा[1]

प्रो. मेज़ द्वारा अहिंसा पर किये गये सवालों का उत्तर गाँधी ने 10 जनवरी, 1937 देते हुए कहा है कि, 'अहिंसात्मक प्रतिरोध' को 'निष्क्रिय' कहना ठीक नहीं है क्योंकि अहिंसात्मक प्रतिरोध हिंसात्मक प्रतिरोध की अपेक्षा ज़्यादा क्रियात्मक है। वह प्रतिकार की ऐसी क्रिया है जो अविराम चलती रहती है; अलबत्ता, उसका तीन–चौथाई हिस्सा अदृश्य होता है और केवल एक–चौथाई दृश्य होता है। अपने दृश्य रूप में वह प्रभावहीन दिखायी पड़ती है, जैसे चरखा, जिसे मैंने अहिंसा का प्रतीक कहा है। अपने दृश्य रूप में वह प्रभावहीन दिखायी पड़ती है, किन्तु सचमुच में वह तब भी अत्यन्त तीव्र क्रिया कर रही होती है और अपने अन्तिम परिणाम में सबसे ज़्यादा प्रभावपूर्ण सिद्ध होती है। मैं इस रहस्य को जानता हूँ, इसीलिए अहिंसा के उपासक जिस तरह अपनी कताई कर रहे हैं उसके दोष मुझे नज़र आ जाते हैं। मैं उनसे और अधिक सजग और अथक प्रयत्न करने के लिए कहता हूँ। अहिंसा को अच्छी तरह समझकर उसका उपयोग किया जाये तो स्पष्ट हो जायेगा कि वह एक अत्यन्त क्रियाशील शक्ति है। हिंसक व्यक्ति की हलचल जब तक रहती है, तब तक बहुत दृश्य होती है, किन्तु यह क्षण हमेशा स्थायी ही होता है। इटली द्वारा अबीसीनिया के संहार के सम्बन्ध में गाँधी ने कहा कि, इटली वालों ने अबीसीनिया वालों का जो संहार किया उससे ज़्यादा दृश्य भला क्या हो सकता है? यह प्रसंग ऐसा था जिसमें एक छोटी हिंसक शक्ति एक बड़ी हिंसक शक्ति से जूझ रही थी। लेकिन यदि अबीसीनिया वाले युद्ध न करते और अपना संहार होने देते तो वैसे दिखता कि वे कुछ नहीं कर रहे हैं; लेकिन उस समय दिखायी न देने पर भी उनकी वह हलचल कहीं ज़्यादा प्रभावकारी होती।

---

1. साधन सूत्र में सम्बन्धित समाचार की तारीख़ 10 जनवरी दी गयी है।

यहाँ हिटलर और मुसोलिनी और वहाँ स्टालिन हिंसा का तात्कालिक प्रभाव दिखा सकते हैं। लेकिन वह चंगेज़ खाँ द्वारा किये गये संहार की तरह चन्द रोज़ ही होगा, जबकि बुद्ध के अहिंसात्मक कार्य का असर अभी भी क़ायम है और सम्भवतः समय के साथ–साथ बढ़ता जायेगा। फिर उस पर जितना अमल होता है वह उतना ही अधिक प्रभावकारी और अक्षय सिद्ध होता है। अन्त में सारा संसार हक्का–बक्का होकर चिल्ला पड़ता है कि 'अरे, यह तो चमत्कार हो गया।' जितने भी चमत्कार हुए हैं वे सब अदृश्य शक्तियों के चुपचाप और प्रभावकारी रूप में काम करते रहने से ही हुए हैं। इनमें अहिंसा अत्यधिक अदृश्य और बहुत ज़्यादा प्रभावोत्पादक है।

प्रो. मेज़ द्वारा यह पूछे जाने पर कि अहिंसा की उच्चता के बारे में गाँधी के मन में कोई शंका नहीं है, लेकिन जिस प्रश्न को लेकर उनका मन परेशान है वह यह है कि बड़े पैमाने पर इस पर अमल कहाँ तक हो सकता है। व्यक्तियों को तो प्रेम की शिक्षा आसानी से दी जा सकती है, किन्तु किसी जन–समुदाय को उसकी दीक्षा देना कठिन है। जब वे भड़क उठें और अनुशासन भंग कर दें, तब हमारे पास क्या इलाज है? तब हम लौट पड़ें या आगे बढ़ते जायें?

गाँधी ने कहा कि अपने आन्दोलन में यहाँ हमें इस बात का अनुभव हो चुका है। खाली प्रचार करने से लोग इस कला में दक्ष नहीं बनते। अहिंसा ऐसी चीज़ है जिसका प्रचार नहीं किया जा सकता। इस पर तो अमल करना पड़ता है। लोगों को हिंसा का अभ्यास बाह्य प्रतीकों द्वारा कराया जा सकता है। पहले तख़्ते पर निशान लगाते हैं, फिर चाँदमारी होती है, उसके बाद जानवरों का शिकार करके आप नाश की कला में निपुण बन जाते हैं। लेकिन अहिंसक आदमी के पास कोई प्रत्यक्ष हथियार नहीं होता और इसलिए न केवल उसकी वाणी बल्कि उसका कार्य भी प्रभावहीन मालूम पड़ता है। मैं आपसे हर तरह की ऐसी मीठी बातें कर सकता हूँ जिन्हें करने का मेरा कोई इरादा नहीं है। दूसरी ओर, आपके प्रति सच्चा प्रेम रखते हुए भी मेरा बाह्य व्यवहार नागवार–जैसा लग सकता है। इस प्रकार दोनों मामलों में ज़ाहिर तौर पर मेरा व्यवहार एक–सा होते हुए भी उसका असर अलग–अलग हो सकता है। हमारे कार्य का असर तब ज़्यादा होता है जब उसके दृश्य रूप में हम उससे अपरिचित होते हैं। इस तरह, मेरे ऊपर आप अनजाने जो असर डाल रहे हैं, सम्भव है कि उसे मैं कभी जान ही न सकूँ। मगर जानबूझकर डाले जाने वाले असर से

वह स्थायी कहीं ज़्यादा होगा। हिंसा में तो अदृश्य कुछ है ही नहीं। दूसरी ओर, अहिंसा तीन–चौथाई अदृश्य है, और इसलिए उसकी अदृश्यता के अनुपात में उसका असर भी ज़्यादा है। अहिंसा जब क्रियात्मक हो जाती है, तो वह असाधारण वेग से फैलती है और आगे बढ़कर चमत्कार का रूप धारण कर लेती है। अतः जनसाधारण के मन पर पहले अज्ञात रूप में इसका असर होता है और फिर ज्ञात रूप में। जब जनसाधारण का मानस ज्ञात रूप में प्रभावित हो जाता है तो हम ज़ाहिर तौर पर अहिंसा की विजय हुई देख सकते हैं। मेरे अपने अनुभव की बात है कि जब जनता कमज़ोर होती मालूम पड़ती थी, तब भी मेरे अन्दर पराजय की कोई भावना नहीं थी। सन् 1922 में सविनय अवज्ञा का परित्याग करने के बाद भी अहिंसा की शक्ति में मेरा विश्वास पहले से कहीं ज़्यादा था, और आज भी मेरे मन में वैसा ही विश्वास है। यह सिर्फ़ भावुकता की बात नहीं है। फ़र्ज़ कीजिए कि मुझे अरुणोदय का कोई चिह्न दिखायी न दे, तो क्या मुझे अरुणोदय के होने का भरोसा छोड़ देना चाहिए? नहीं, मुझे अपना विश्वास नहीं छोड़ना चाहिए। हरेक चीज़ अपने उपयुक्त समय पर होती ही है।

अहिंसा से स्वराज कैसे प्राप्त किया जा सकता है, के सम्बन्ध में गाँधी कहते हैं कि, यहाँ पर हम भंगी का जो काम कर रहे हैं, उसके बारे में अपने साथियों से मेरी बातचीत हुई। वे कहते हैं, "स्वराज मिल जाने के बाद हम इसे करें तो क्या हर्ज़ है? तब हम इसे कहीं अच्छी तरह कर सकेंगे।" लेकिन मैं कहता हूँ, "नहीं, जो सुधार करना है वह आज ही करना चाहिए, स्वराज की प्रतीक्षा में उसे रोके नहीं रखना चाहिए। सच तो यह है कि सच्चा स्वराज ऐसे काम करने पर ही मिलेगा।" भंगी का काम करने से स्वराज का क्या सम्बन्ध है, यह मैं आपको नहीं बता सकता, यहाँ तक कि मैं अपने कुछ साथियों को भी शायद नहीं बता सकता। लेकिन अगर मुझे अहिंसात्मक रूप से स्वराज प्राप्त करना है, तो इसके लिए यह ज़रूरी है कि मैं अपने लोगों में अनुशासन की भावना पैदा करूँ। अपाहिज, अन्धे और कोढ़ी हिंसात्मक लड़ाई में शरीक नहीं हो सकते। यही नहीं, बल्कि औरों के लिए भी सेना में भरती होने की उम्र मर्यादित होती है। लेकिन अहिंसात्मक लड़ाई में उम्र की कोई क़ैद नहीं है; अन्धे, अपाहिज और रोगी भी उसमें शरीक़ हो सकते हैं, और न सिर्फ़ पुरुष बल्कि स्त्रियाँ भी। अहिंसा की भावना जब लोगों में छा जाती

है और वास्तविक रूप में काम करने लगती है, तब उसका असर सबके लिए दृश्य या प्रत्यक्ष हो जाता है।

गाँधी से पूछा गया कि बहुत–से लोग ऐसे हैं जो आपकी तरह अहिंसा में विश्वास नहीं करते। तब क्या आप ख़ामोश बैठे रहें? मित्रगण पूछते हैं, "अगर अभी नहीं तो आप कब कार्रवाई करेंगे?" उनके जवाब में गाँधी कहते हैं, "हो सकता है कि अपनी ज़िन्दगी में मुझे कामयाबी न मिले, लेकिन इस बात में मेरा विश्वास हमेशा से ज़्यादा ज़ोरदार है कि विजय अहिंसा के द्वारा ही होगी।" फ़ैजपुर में भाषण देते हुए जब उन्होंने चरखे के बारे में कहा, तो एक पत्रकार ने उन पर चालाकी का आरोप लगाया। गाँधी ने कहा कि मेरे दिमाग़ में तो ऐसी कोई बात नहीं थी। जब मैं सेगाँव आया तो मुझसे कहा गया था कि यहाँ के लोग शायद आपसे सहयोग न करें और मुमकिन है कि आपका बहिष्कार भी करें। मैंने कहा, शायद ऐसा ही हो, लेकिन अहिंसात्मक कार्य का यही तो तरीक़ा है। अगर मैं ऐसे गाँव में जाऊँ जो शहरों से और भी दूर हो और एक तरफ़ भी हो, तो प्रयोग और अच्छी तरह होगा। यह बात अहिंसा की कला की खोज करते हुए मुझे मालूम हुई है। प्रतिदिन मुझे जो नये–नये अनुभव मिल रहे हैं वे मेरे इस विश्वास को और भी प्रखर बनाते हैं। इस विश्वास को सफल बनाने के लिए ही मैं यहाँ आया हूँ और अगर ईश्वर की यही इच्छा हुई कि इसी में मेरा प्राणान्त हो तो ऐसा करते हुए ही मैं मर भी जाऊँगा। अहिंसा का तभी कुछ महत्त्व हो सकता है जबकि उसे विरोधी शक्तियों के मुक़ाबले में काम करना पड़े। लेकिन मैं ऐसी परिस्थितियों की कल्पना कर सकता हूँ जब अकर्म में ही कर्म हो और कर्म निष्क्रियता से भी ज़्यादा हानिकर साबित हो।

प्रो. मेज़ के इस प्रश्न पर कि क्या प्रेम–भाव से हिंसा करना सम्भव है? तो गाँधी ने उत्तर देते हुए कहा कि नहीं, कभी नहीं। अपने ख़ुद के अनुभव का एक उदाहरण उन्होंने दिया कि एक बछड़े की टाँग टूट गयी थी और वह भयंकर ज़ख़्मी हो गया था। यहाँ तक कि उससे कुछ खाया नहीं जाता था और वह बड़ी मुश्किल से साँस लेता था। तीन दिन तक मैं अपने–आप से और अपने साथियों से उसके बारे में तर्क–वितर्क करता रहा। इसके बाद मैंने उसे मरवा दिया।[1] मेरा वह काम अहिंसात्मक था,

---

1. इस घटना के पूरे विवरण के लिए देखिये, सं.गां.वां. खण्ड 37, पृ. 323–27

क्योंकि वह बिलकुल निःस्वार्थ भाव से किया गया था। ऐसा करने में मेरा एकमात्र उद्देश्य यही था कि बेचारा बछड़ा पीड़ा से मुक्त हो जायें कुछ लोगों ने मेरे इस काम को हिंसात्मक कहा है; लेकिन मैं तो उसे एक सर्जन का ऑपरेशन कहता हूँ। अगर मेरा पुत्र भी ऐसी बुरी हालत में हो तो उसके साथ भी मैं ठीक ऐसा ही करूँगा। मेरा कहना यही है कि ज्यों ही आप अपवादों की बात करते हैं, हमारे जीवन में अहिंसा का नियम सर्वोच्च नियम नहीं रह जाता।

प्रो. मेज़ ने जब यह पूछा कि बहुमत के मुकाबले अल्पमत क्या करे तो गाँधी ने कहा कि, बहुमत की अपेक्षा अल्पमत अहिंसा का पालन कहीं ज़्यादा कर सकता है। सिमंड्स नामक मेरे एक अंग्रेज़ मित्र थे। वे कहा करते थे, "जब तक आप अल्पमत में हैं तभी तक मैं आपके साथ हूँ। जैसे ही आप बहुमत में आ जायेंगे मैं आपको छोड़ दूँगा।" दक्षिण अफ्रीका में अपने अल्पमत का नियन्त्रण मैं जिस आत्मविश्वास के साथ कर सका था, यहाँ बहुमत का नियन्त्रण करने में मैं उतने आत्मविश्वास का अनुभव नहीं करता। किन्तु इसके आधार पर यह कहना बिलकुल ग़लत होगा कि अहिंसा कमज़ोरों का हथियार है। क्योंकि अहिंसात्मक व्यवहार में तो हिंसात्मक व्यवहार से भी ज़्यादा बहादुरी की ज़रूरत होती है। डैनियल ने जब मीडों और प्राचीन ईरानवासियों के नियमों को भंग किया, उस समय उसका कार्य अहिंसात्मक था।

प्रो. मेज़ के प्रश्न कि, आपकी अहिंसा के फलस्वरूप शत्रु की जो दुर्दशा हो सकती है, उसका ख़याल करके क्या आप अपने अहिंसक प्रतिकार पर कोई पाबन्दी लगाना चाहेंगे? इस पर गाँधी ने स्पष्ट करते हुए कहा कि, ज़रूर। ऐसी हालत में आपको उसी तरह अपना आन्दोलन स्थगित करना पड़ेगा जैसे दक्षिण अफ्रीका में यूरोपीय मज़दूरों के सरकार के विरुद्ध हो जाने पर मैंने किया था। यूरोपीय मज़दूरों ने तो तब मिलकर सरकार से संयुक्त मोर्चा लेने को कहा था : लेकिन मैंने इनकार कर दिया।

प्रो. मेज़ ने कहा कि अहिंसा कभी उलटकर आपको नुक़सान नहीं पहुँचायेगी, जबकि हिंसा स्वयं नष्ट हो जायेगी। इस पर गाँधी ने हाँ में उत्तर देते हुए कहा कि, हिंसा से तो हिंसा ही पैदा होगी। लेकिन, मैं आपसे कहूँ, यहाँ भी मेरी दलील का एक महापुरुष ने खण्डन किया है। उसने कहा था, अहिंसा के इतिहास को देखो। ईसा मसीह तो शूली चढ़ पर गये, लेकिन उनके अनुयायी ख़ून बहाते हैं।" लेकिन इससे कोई

बात साबित नहीं होती। हमारे पास ऐसी कोई सामग्री नहीं है जिसके आधार पर हम निर्णय कर सकें। हम तो ईसा मसीह की सारी ज़िन्दगी के बारे में भी नहीं जानते। उनके अनुयायियों ने कदाचित अहिंसा के सन्देश को पूरी तरह हृदयंगम नहीं किया था। मगर मुझे आपको यह चेतावनी दे देनी चाहिए कि आप कहीं यह ख़याल न कर बैठें कि अहिंसा के बारे में मैं जो कुछ कह रहा हूँ वही आख़िरी बात है। मैं अपनी मर्यादाओं को जानता हूँ। मैं तो सत्य का एक विनम्र अन्वेषक–मात्र हूँ और मैं इतना ही कहता हूँ कि मैंने जो भी प्रयोग किये, उनमें से हरेक ने मेरे इस विश्वास को ज़्यादा–से–ज़्यादा गहरा किया है कि मनुष्य–जाति के पास अहिंसा ही सबसे जबरदस्त शक्ति है और इसका व्यवहार सिर्फ़ व्यक्तियों तक ही सीमित नहीं है, बल्कि सामूहिक रूप में भी इस पर अमल किया जा सकता है।

सम्पूर्ण गाँधी वाङ्मय, खण्ड 64, पृ. 248–252,
हरिजन (अंग्रेज़ी), 20.03.1937

अंग्रेज़ों के चले जाने पर[1]

एक प्रश्न कि आप सर्वदलीय सरकार बनाने की पद्धति नहीं स्वीकार करेंगे, तो इसका मतलब ऐसी परिस्थिति उत्पन्न करना होगा जिसमें अंग्रेज़ों का संरक्षण हट जाने के बाद हिन्दू और मुसलमान आपस में झगड़ पड़ेंगे। कांग्रेस की सत्ता जो क़ायम रही वह अहिंसा के कारण नहीं रही, बल्कि आपके जबरदस्त व्यक्तिगत आकर्षण और अंग्रेज़ी संगीनों की मदद से रही। इन दोनों के बिना आप दो–तीन महीने ही अहिंसा को आजमा के देख लीजिए, इस बात की सच्चाई ज़ाहिर हो जायेगी।

यह प्रश्न गाँधी को एक आदरणीय मित्र ने लिखा था। गाँधी ने उत्तर में कहा कि मुझे इस ख़याल का समर्थन करने में कुछ भी कठिनाई नहीं है कि ब्रिटिश सेना के सहारे ही कांग्रेसी मन्त्रिमण्डलों की सत्ता क़ायम रही। मेरा 'आकर्षण' चुनाव जीतने में कुछ सहायक हुआ होगा, मगर मन्त्रिमण्डलों की सत्ता क़ायम रखने में वह बिलकुल बेकार साबित हुआ। उन्हें क़ायम रखने वाली ताक़त तो अंग्रेज़ी संगीनों की ही थी। इससे इतना ही सिद्ध होता है कि अभी तक सर्वसाधारण ने अहिंसा का पाठ हृदयंगम नहीं किया है।

गाँधी कहते हैं कि इसका इलाज सर्वदलीय सरकार नहीं है। ऐसी सरकार जनता की सरकार नहीं होगी, जनता के लिए नहीं होगी। यह एक छोटे से गुट की सरकार होगी जो अपने स्वार्थ के लिए शासन करेगी। उसका काम कांग्रेस–मन्त्रिमण्डलों से ज़्यादा सुचारु ढंग से नहीं चलेगा, और उसे भी अंग्रेज़ों की संगीनों का सहारा लेना पड़ेगा। जब तक अंग्रेज़ी सत्ता नहीं हट जाती तब तक देश में वीरोचित शान्ति नहीं होगी। दंगों का जोख़िम तो उठाना ही पड़ेगा। अगर अहिंसा को राष्ट्रीय जीवन का कभी–न–कभी अंग बनाना है तो वह अहिंसा ऐसा जोख़िम उठाने से ही

1. यह 'टिप्पणियाँ' शीर्षक के अन्तर्गत प्रकाशित हुआ था।

पैदा होगी। यह बात दिन–प्रतिदिन बिलकुल साफ़ होती जा रही है कि जब तक अंग्रेज़ी सेना जनता की स्वतन्त्र भावना को कुचलती रहेगी, तब तक सच्ची एकता नहीं होगी। इसने बलपूर्वक जो शान्ति थोप रखी है वह तो श्मशान की शान्ति है। वे कहते हैं कि अगर आज़ादी के लिए हमें दंगों के रूप में भी क़ीमत चुकानी पड़े तो दंगों का होना भी अच्छी बात होगी, क्योंकि उनमें से मैं शान्ति–स्थापना की सम्भावना की कल्पना कर सकता हूँ। मगर आज की इस झूठी सुरक्षा में से तो मैं सच्ची शान्ति की कल्पना भी नहीं कर सकता। एक तरफ़ दंगे और दूसरी तरफ़ अंग्रेज़ों की संगीनें–इन दोनों से बचने का यही एक उपाय है कि अहिंसा को खुले दिल से स्वीकार कर लिया जाये। इसी काम के लिए मेरा जीवन समर्पित है और मेरा शरीर जब पंचमहाभूत में मिल जायेगा तब भी अहिंसा की सम्भावना और क्षमता में मेरा विश्वास क़ायम रहेगा।

वर्धा जाते हुए रेलगाड़ी में, 3 मार्च, 1940; सम्पूर्ण गाँधी वाङ्मय, खण्ड 71, पृ. 335–336, हरिजन (अंग्रेज़ी), 9.3.1940

अहिंसा और खादी

कुछ दिन पहले मैंने श्री रिचर्ड ग्रेग का एक पत्र उद्धृत किया था। अब उन्होंने एक और पत्र भेजा है। उसे भी मैं पाठकों[1] के समक्ष रख रहा हूँ :
पिछला पत्र लिखने के बाद से इन तमाम महीनों के दौरान मेरे अन्दर इस सम्बन्ध में जबरदस्त बौद्धिक ऊहापोह चलता रहा है कि अहिंसा के लिए किस प्रकार का अनुशासन चाहिए, अहिंसक रीति से समझा–बुझाकर हृदय परिवर्तन करने का क्या उपाय है, और इन प्रश्नों तथा इनके समाधानों को पाश्चात्य संसार के लिए बोधगम्य ढंग से कैसे प्रस्तुत किया जाये। मेरा ख़याल है, मैं आपको लिख चुका हूँ कि अपनी रचना 'पावर ऑफ़ नॉन वायलेंस' (अहिंसा की शक्ति) के अनुपूरक के रूप में सत्याग्रह के दो पहलुओं के सम्बन्ध में एक पुस्तक लिखने की तैयारी कर रहा हूँ। ...मैं पाश्चात्य संसार को आपके सम्पूर्ण कार्यक्रम औचित्य और व्यावहारिकता की प्रतीति करा दूँ, यही मेरा प्रयत्न है।

यह देखकर मुझे अतीव प्रसन्नता हुई है कि पिछले कुछ महीनों से आप इस बात पर इतना अधिक ज़ोर देते रहे हैं कि पहले कांग्रेस पूरी उत्कटता और निष्ठा के साथ खादी–कार्यक्रम को अपनाये, उसके बाद ही आप सरकार के विरुद्ध उसके किसी सत्याग्रह–संघर्ष का नेतृत्व कर सकते हैं। इसकी आवश्यकता मुझे दिन के उजाले के समान साफ़ दिखायी देती है। आप बिलकुल सही हैं।...

युद्ध तथा उसकी तमाम विभीषिका के बावजूद अहिंसा के भविष्य के सम्बन्ध में मैं आशान्वित हूँ। चाहे कुल संख्या की दृष्टि से देखें या शेष आबादी के अनुपात की दृष्टि से, आज अहिंसा में विश्वास रखने वाले जितने अधिक लोग हैं उतने विश्व के इतिहास में पहले कभी नहीं रहे।

---

1. यहाँ पत्र के कुछ अंशों का ही अनुवाद दिया जा रहा है।

आज की तरह सभी समूहों, वर्गों, धर्मों और पेशों के लोगों को अहिंसा में विश्वास रखते पहले कभी नहीं देखा गया। पहले कभी भी इतने सारे प्रसिद्ध राजनेताओं ने युद्ध तथा हिंसा में समायी मूर्खता तथा भयानकता और उनके भयावह परिणामों का वर्णन ईमानदारी के साथ और स्पष्ट तथा सार्वजनिक रूप से नहीं किया। इतने अधिक सैनिक लोगों में युद्ध की पद्धति के औचित्य तथा अन्तिम प्रभावकारिता के प्रति इतना ज़्यादा सन्देह पहले कभी नहीं देखा गया।

पिछले दो वर्षों से और युद्ध छिड़ने के बाद काफ़ी तेज़ी से ब्रिटेन तथा अमेरिका में संगठित शान्ति आन्दोलन का ज़ोर बढ़ता ही गया है। ...ग्रेट ब्रिटेन में 9 मार्च तक अनिवार्य भरती के तहत जितने लोग सेना में लिए गये उनमें से 26,681 के नाम सरकारी रजिस्टरों में युद्ध के प्रति अन्तःकरण प्रेरित आपत्ति रखने वालों के रूप में दर्ज किये गये। इसके विपरीत, 1914–18 के युद्ध के पूरे चार वर्षों के दौरान केवल लगभग 16,000 ऐसे आदमी सामने आये थे। ...गत वर्ष के जून महीने से लेकर इस साल मार्च तक अनिवार्य भरती के लिए जो पाँच–छह माँगें जारी की गयीं उनमें अन्तःकरण प्रेरित आपत्तिकर्ताओं का प्रतिशत 1.6 से लेकर 2.2 तक रहा। इस प्रतिशत का महत्त्व तब समझ में आता है जब हम इसे इस तथ्य को ध्यान में रखकर देखते हैं कि अनुमानतः सभी देशों की आबादी का मात्र 2 प्रतिशत हिस्सा ही सरकार का प्रभावकारी और निर्णायक कामकाज चलाता है।

अगर यह सच है कि मनुष्य की जीवन में व्यवस्था लाने और उसे सार्थक बनाने की आकांक्षा उसकी भय और विद्वेष की भावनाओं से प्रबलतर है तो ऐसी व्यवस्था और सार्थकता को सिद्ध करने वाला कार्यक्रम वही हो सकता है जिसका मेरुदण्ड अहिंसा हो। इस कारण अहिंसा में विश्वास रखने वालों पर एक बहुत बड़ी ज़िम्मेदारी आ जाती है। यह चीज़ उनसे महान चिन्तन, अनुशासन तथा सामाजिक आविष्कार की अपेक्षा रखेगी। आपके खादी–कार्यक्रम को मैं एक ऐसा ही महान सामाजिक आविष्कार मानता हूँ। ऐसा दूसरा आविष्कार वर्धा शिक्षा योजना है।

मैं जे. सी. कुमारप्पा को कुछ ऐसी बातों के बारे में पत्र लिख रहा हूँ जिन पर अर्से से उनके साथ चर्चा करने की मेरी इच्छा रही है। इसमें चन्द सुझाव दे रहा हूँ, जिन्हें अखिल भारतीय ग्रामोद्योग संघ आजमाकर देख सकता है। एक सुझाव तो यह है कि नेफ्थलीन की कृमिनाशक गोलियों

से भरी हुई मसहरी की जाली की छोटी–छोटी थैलियाँ गाँव के कुओं में लटकायी जायें। ये थैलियाँ पानी की सतह से गज–भर या उससे ज़्यादा ऊपर रहें। इन गोलियों की गन्ध को मच्छर बहुत नापसन्द करते हैं, और चूँकि यह गन्ध गन्धहीन वायु से कुछ भारी होती है, इसलिए पानी के तल पर एक परत की तरह फैली रहेगी और जल को दूषित किये या मच्छरों को मारे बिना ही वह मच्छरों को पानी में अण्डे देने से दूर रखेगी।...

इसी का एक दूसरा प्रयोग यह होगा कि गाँव के तालाबों या नदियों के तटों पर तीव्र गन्धवाली कुछ विशेष जलप्रिय वनस्पतियाँ लगा दी जायें। ये वनस्पतियाँ पानी के पास होंगी। मच्छर छिछले पानी में अण्डे देना पसन्द करते हैं, जिससे डिम्भ (लार्वा) छोटी मछलियों का खाद्य बनने से बच सकें। अगर सही क़िस्म की वनस्पतियाँ, जिनकी गन्ध मच्छरों को दूर भगाने वाली होती है, इन स्थानों में लगा दी जायें और उन्हें पोषित–सम्बन्धित किया जाता रहे तो सम्भवतः इस तरक़ीब से मलेरिया का विनाश किया जा सकता है। जो भी हो, मैं इन दोनों तरीक़ों को प्रयोग करने योग्य समझता हूँ। हमारी जानकारी के अनुसार 'मिंट' जाति की बूटियाँ मच्छरों को भगाती हैं।

श्री ग्रेग एक सावधान विचारक हैं। वे किसी चीज़ को परखे बिना उसे मानकर नहीं चलते। उनके पत्र के अन्तिम अनुच्छेद से उनकी व्यावहारिक बुद्धि प्रकट होती है। लेकिन मैं जानता हूँ कि चाहे जितना भी तर्कयुक्त चिन्तन किया जाये, उससे धरती पर अहिंसा की श्रेष्ठता स्थापित नहीं होगी। उसे तो एक ही चीज़ स्थापित कर सकती है और वह है राष्ट्रीय स्वतन्त्रता की प्राप्ति और उसकी रक्षा में अहिंसा की शक्ति को असन्दिग्ध रूप से प्रदर्शित कर सकने की भारत की योग्यता।

सेवाग्राम, 08 जून, 1940; सम्पूर्ण गाँधी वाङ्मय, खण्ड 72, पृ. 176–178, हरिजन (अंग्रेज़ी), 22.6.1940

चरखा–स्वराज–अहिंसा

एक पत्र–लेखक का कहना है कि अब चूँकि देश में सविनय अवज्ञा का वातावरण बन चुका है, इसलिए मुझे पुनरुक्ति का ख़तरा उठाकर भी एक बार फिर एक लेख में अपनी वे सब दलीलें पेश करनी चाहिए जिनके अनुसार चरखा, स्वराज और अहिंसा एक–दूसरे के अभिन्न अंग हैं। मैं ख़ुशी से इसे करने का प्रयत्न कर रहा हूँ।

मेरी दृष्टि में चरखा जन–साधारण की आशा का प्रतिनिधित्व करता है। जन–साधारण को जैसी और जो भी स्वतन्त्रता प्राप्त थी, उसे उन्होंने चरखा खोने के साथ–साथ खोया। चरखा ग्रामीण लोगों की खेतीबाड़ी का पूरक था और उनके उस मूल धन्धे को गरिमा प्रदान करता था। विधवा के लिए तो वह सान्त्वना देने वाला मित्र ही था। वह ग्रामीणों को निठल्लेपन से बचाता था, क्योंकि चरखा ओटायी, धुनाई, ताना–बाना तैयार करना, रँगाई और बुनाई–जैसे सभी पूर्ववर्ती और परवर्ती उद्योगों का मूल स्रोत था। इनकी बदौलत गाँव के बढ़ई और लोहार काम में लगे रहते थे। चरखे के बल पर सात लाख गाँव निर्भर हो सके थे। चरखे के उठ जाने के फलस्वरूप दूसरे ग्रामोद्योगों का–जैसे कि कोल्हू का–भी अन्त हो गया। दूसरा कोई उद्योग इनकी जगह नहीं ले पाया। इस तरह गाँववाले, अपने विभिन्न उद्योगों तथा अपनी सर्जनात्मक प्रतिभा और इनसे होने वाली थोड़ी–बहुत आय से भी वंचित हो गये।

जिन अन्य देशों में ग्रामोद्योगों को ख़त्म कर दिया गया, उनसे अपने देश की तुलना करने से हमारा अर्थ सिद्ध नहीं होगा। वहाँ के गाँववालों के पास क्षतिपूर्ति के लिए कुछ और साधन थे, किन्तु भारतीय ग्रामवासियों के पास ऐसा कुछ नहीं था। पश्चिम के औद्योगिक देश दूसरे राष्ट्रों का शोषण कर रहे थे। भारत ख़ुद ही शोषित देशों में से है। इसलिए यदि गाँववालों को फिर से अपना स्वत्व प्राप्त करना है तो सबसे स्वाभाविक

उपाय यही है कि चरखा और सभी आनुषंगिक उद्योगों का और सम्बन्धित साधनों का पुनरुद्धार किया जाये।

गाँवों में नवजीवन का संचार करने के लिए आज आवश्यकता ऐसे आत्मत्यागी, बुद्धिमान और देशप्रेमी कार्यकर्ताओं के दल की है जो अनन्य सेवाभाव से गाँवों में चरखे का सन्देश फैलायें और इस तरह ग्रामीण लोगों के निस्तेज नेत्रों में आशा की ज्योति जलायें। यह सहयोग का एक महान प्रयास और सही वयस्क–शिक्षा है। इस प्रवृत्ति से चरखे की मूक किन्तु निश्चित और जीवनदायी चक्रगति की तरह मूक और निश्चित क्रान्ति आयेगी।

चरखा–कार्य का बीस वर्ष का अनुभव मुझे बताता है कि यहाँ मैंने जो दलील दी है, वह सत्य है। चरखे ने ग़रीब मुसलमानों और हिन्दुओं की लगभग समान रूप से सेवा की है। इस प्रवृत्ति के फलस्वरूप बिना किसी शोरगुल या आडम्बर–प्रदर्शन के इन लाखों ग्रामीण कारीगरों की जेबों में लगभग पाँच करोड़ रुपया पहुँचाया जा चुका है।

इसीलिए मैं कहता हूँ कि चरखा निश्चय ही हमें वह स्वराज दिलायेगा जो सर्वसाधारण के लिए होगा, चाहे उनका धर्म कुछ भी हो। चरखा गाँवों को अपने उचित स्थान पर प्रतिष्ठित करता है और ऊँच–नीच का भेदभाव मिटाता है। लेकिन जब तक देश का अहिंसा में विश्वास नहीं होगा तब तक चरखा स्वराज नहीं दिला सकता, बल्कि सच तो यह है कि तब तक वह गतिमान ही नहीं हो सकता। यह बहुत उत्तेजक प्रवृत्ति नहीं है। स्वतन्त्रता के लिए तरसते देशभक्त इसे तिरस्कार–भाव से देख सकते हैं। इतिहास–ग्रन्थों में उन्हें इसका विवरण नहीं मिलेगा। स्वतन्त्रता के पुजारी लड़कर विदेशी शासकों को देश से निकाल बाहर करने के उत्साह से भरे हुए हैं। वे सभी दोष विदेशी शासकों पर ही आरोपित करते हैं और स्वयं अपने अन्दर उन्हें कोई दोष दिखायी नहीं देता। वे ख़ून की नदियाँ बहाकर स्वतन्त्र होने वाले देशों के उदाहरण देते हैं। हिंसारहित चरखा उन्हें सर्वथा प्रभावहीन लगता है।

1919 में स्वराज–प्राप्ति के एकमात्र और निश्चित साधन के रूप में अहिंसा से और अहिंसा के प्रतीक के रूप में चरखे से भारत के स्वतन्त्रता–प्रेमियों का परिचय हुआ। 1921 में चरखे को राष्ट्रध्वज में प्रतिष्ठित किया गया। लेकिन अहिंसा को देश ने हृदयंगम नहीं किया था, इसलिए चरखे को अपना उचित स्थान प्राप्त नहीं हो सका। जब तक

कांग्रेसियों के विशाल समूह में चरखे के प्रति जीवन्त आस्था नहीं जगती तब तक उसे वह स्थान प्राप्त भी नहीं हो सकता और जब उनमें ऐसी आस्था जग जायेगी तब बिना किसी दलील के ही वे समझ जायेंगे कि सिवाय चरखे के अहिंसा का कोई और प्रतीक नहीं है, और उसे सार्वत्रिक बनाये बिना अहिंसा की ऐसी अभिव्यक्ति नहीं हो सकती जो स्पष्ट दिखायी पड़े। यह तो सभी मानेंगे कि अहिंसा के बिना अहिंसात्मक अवज्ञा नहीं हो सकती। मेरी दलील में और आधार सामग्री में दोष हो सकते हैं। लेकिन मेरे जो विचार हैं उनके रहते मैं तो यही कहूँगा कि जो शर्तें मैंने रखी हैं वे जब तक पूरी नहीं की जातीं तब तक मैं सविनय अवज्ञा की घोषणा नहीं कर सकता।

सेवाग्राम, 9 अप्रैल, 1940; सम्पूर्ण गाँधी वाङ्मय, खण्ड 71, पृ. 462–463, हरिजन (अंग्रेज़ी), 13.4.1940

प्रतिज्ञा के प्रति सच्चे बने रहना

गाँधी को विश्वास था कि हम अपने उद्देश्य के निकट पहुँच गये हैं, परन्तु जब विजय बहुत निकट दिखायी देती है तभी अधिकतम जोख़िम रहता है। किसी को जब भी कोई उल्लेखनीय विजय मिलती है उसे उससे पहले समस्त पूर्व प्रयत्नों से बड़ा एक अन्तिम प्रयत्न और करना पड़ता है। ईश्वर जो अन्तिम परीक्षा लेता है वह सदा कठिनतम होती है। शैतान का अन्तिम प्रलोभन सर्वाधिक मोहक प्रलोभन होता है। यदि हम स्वतन्त्र होना चाहते हैं तो हमें ईश्वर की अन्तिम परीक्षा में उत्तीर्ण होना पड़ेगा और शैतान के अन्तिम प्रलोभन को अमान्य करना पड़ेगा।

अहिंसा को वे असहयोग का सबसे अधिक महत्त्वपूर्ण और अभिन्न अंग कहते हैं कि यदि हम अहिंसक बने रहें तो हम अन्य सब बातों को छोड़ देने पर भी अपना स्वतन्त्रता संग्राम चलाते रह सकते हैं। परन्तु यदि हम अहिंसा पर क़ायम नहीं रहेंगे तो हम बुरी तरह हारेंगे। हमें यह याद रखना चाहिए कि हिंसा तो वह आधारशिला है जिस पर सत्ता की इमारत टिकी है। चूँकि हिंसा सरकार का अन्तिम सहारा है, और उसका अन्तिम आश्रय है, इसलिए उसने लोगों के सभी प्रकार के हिंसात्मक प्रयत्नों को व्यर्थ करने की तैयारी कर ली है और इस प्रकार यदि हम हिंसा करें तो उसने अपने–आपको उससे पूर्ण सुरक्षित रखने का प्रबन्ध कर लिया है। इसलिए हिंसा का आश्रय लेना अत्यन्त सक्रिय रूप से सरकार के साथ सहयोग करना है। यदि हमने किसी भी प्रकार की हिंसा की तो वह हमारी मूर्खता और दुर्बलता भरी नाराज़गी की निशानी होगी। गम्भीरतम उत्तेजना के बीच भी संयम बनाये रखना योद्धापन की सबसे सच्ची निशानी है। युद्ध–कला में सर्वथा नौसिखुआ मनुष्य भी यह जानता है कि उसे उन स्थानों से बचना चाहिए जहाँ शत्रु घात लगाये हों। क्योंकि खरे सैनिक की तो यह कसौटी ही है कि वह हर तरह की उत्तेजना से अपने को बचाये रखने की सावधानी बरते।

अलीगढ़ की घटना इस बात का उदाहरण है। यह बात बहुत साफ़ दिखायी देती है कि वहाँ पुलिस ने लोगों को उत्तेजना का काफ़ी कारण दिया था। हम यह बात बहुत पहले ही जान चुके हैं कि ऐसा करना उसका काम है। अलीगढ़ के लोग अपने लिए बिछाये गये जाल में फँसकर उत्तेजित हो गये और उन्होंने आगजनी की। अभी तक यह ठीक–ठीक मालूम नहीं हुआ है कि बिना वर्दी के सिपाही को मारा किसने। यह साबित करने की ज़िम्मेदारी लोगों की है कि यह काम उन्होंने नहीं किया है।

हमें अपने प्रति कठोर होना चाहिए। यदि हम सीधे और तंग रास्ते से जाना चाहते हैं (जो अवश्य ही सबसे छोटा रास्ता है), तो हमें अपने प्रति दयालु नहीं होना चाहिए। हम किसी भी दुर्घटना का दोष बदमाशों पर नहीं डाल सकते। उनके कामों के लिए हमें ज़िम्मेदार होना चाहिए। यदि यह असम्भव हो तो हमें कह देना चाहिए कि हम स्वराज के अयोग्य हैं। हमें उन पर भी नियन्त्रण रखना चाहिए और उनको भी अनुभव करना चाहिए कि जिस राष्ट्रीय और धार्मिक कार्य में हम लोग लगे हैं उसमें उनका हस्तक्षेप न करना आवश्यक है। शुद्धीकरण के आन्दोलन में पूरा देश ही ऊपर उठता है और उसमें दुष्ट और पतित लोग भी आ जाते हैं। यह हमारा समझ–बूझकर किया गया दावा है, इसके सम्बन्ध में किसी को कोई भ्रम नहीं रहना चाहिए। यदि हमारा यह दावा सिर्फ़ जबानी दावा ही हो तो हम जिस तन्त्र को शैतानी तन्त्र कहकर बुरा बताते हैं उससे भी अधिक शैतानी तन्त्र की स्थापना करने के दोषी सिद्ध होंगे।

इसलिए जब हम अहिंसात्मक असहयोग के मार्ग पर चल रहे हैं तो हम नैतिक दृष्टि से कर्तव्यबद्ध हो जाते हैं कि हम उस पर मन, वचन और कर्म से आचरण करें। यदि हम इतने कमज़ोर या सन्देहशील हैं कि अपने सिद्धान्त पर नहीं चल सकते तो हमें यह बात साफ़–साफ़ स्वीकार कर लेनी चाहिए।

इसका यह अर्थ नहीं है कि हमारा विश्वास डिगा है कि हम परीक्षा में खरे नहीं उतर रहे हैं। मुझे यह विश्वास है कि हमने लोगों पर अपूर्व नियन्त्रण प्राप्त कर लिया है, और उन्होंने अहिंसा की आवश्यकता इतनी पहले कभी नहीं समझी थी जितनी अब समझ ली है। परन्तु जिस रास्ते को हमने सोच–समझकर चुना है उससे ज़रा–सा भी हटने से हमें जो उचित चेतावनी मिलती है उसको न समझना हमारे लिए अनुचित होगा। लेकिन सरकार की ओर से दी जाने वाली उत्तेजना बढ़ती जा रही है। ऐसा

संयुक्त प्रान्त में सबसे अधिक हो रहा है। श्री शेरवानी का सवेरे पाँच बजे गिरफ़्तार किया जाना, उन पर शीघ्रता से मुक़दमा चलाया जाना, उनको अपराधी ठहराया जाना, उनको सज़ा का दिया जाना और उसी दिन वहाँ से अन्यत्र ले जाया जाना–ये सब बातें अत्यन्त विचारशील मनुष्य को भी चिढ़ा देने के लिए काफ़ी हैं। मुक़दमे के ब्योरे से यह पता लगता है कि न्यायाधीश को क़ानून का ज्ञान नहीं था और उनको इसकी अधिक परवाह भी नहीं थी। यदि उनके सामने सिर्फ़ वे ही सबूत थे जो समाचार–पत्रों में प्रकाशित हुए हैं तो वे सज़ा देने के लिए काफ़ी नहीं थे। यह मालूम होता है कि उनको अपराधी ठहराने और दण्ड देने के बारे में सब बातें पहले ही तय कर ली गयी थीं। इस मामले में गवाही लेने की कार्रवाई एक बहुत बड़ा झूठमूठ का दिखावा थी। हमारे यहाँ सर्वसाधारण क़ानून के अधीन मुक़दमों के नाटक की तालीम चल रही है। प्रशासन के आदेश और अदालती अभियोग में अन्तर ही कहाँ है? अदालती अभियोग तो और भी घातक होता है क्योंकि उसकी आलोचना करना अधिक कठिन है। 'मुक़दमा झूठा दिखावा था', कहने की अपेक्षा 'मुक़दमा चलाया ही नहीं गया', यह कहने में अन्याय की अधिक प्रतीति होती है। दमनकारी क़ानून रद्द किये जा सकते हैं; परन्तु इससे यह निष्कर्ष तो नहीं निकलता कि दमन समाप्त हो जायेगा। स्वरूप बदल जाने पर भी वस्तु तो वही रहेगी। हम चाहते हैं कि वस्तु, आत्मा अथवा हृदय बदल जायें।

गाँधी कहते हैं कि यदि हम ऐसा परिवर्तन चाहते हैं तो हमें पहले अपने आप में परिवर्तन करना चाहिए, अर्थात् हमारे ऊपर दमन का कोई प्रभाव नहीं पड़ना चाहिए। जिस प्रकार हम हिंसात्मक प्रतिकार नहीं कर सकते, उसी प्रकार हम दमन किये जाने पर कमज़ोर न हों, भले ही वह दमन कितना ही कठोर या कष्टकर क्यों न हो।

संयुक्त प्रान्त की एक विश्वसनीय अफ़वाह थी कि तीन या चार प्रसिद्ध कार्यकर्ताओं ने जेल–जीवन को बहुत अधिक कष्टप्रद पाया, अतः कुछ कामों को न करने का वचन दे दिया और जेल से छूट गये। यदि यह बात सच है तो यह खेदजनक है। हमें चट्टान की तरह दृढ़ होना चाहिए। हमें पीछे नहीं हटना चाहिए। भारत की जेलों में हमें जो भी कष्ट उठाने पड़ें हममें उनको ख़ुशी से सहन करने की सामर्थ्य होनी चाहिए। हमें सरकार से कोई आशा नहीं करनी चाहिए। हमें उससे यही आशा करनी चाहिए कि वह बुरा–से–बुरा जितना कर सकती है करेगी, फिर चाहे वह क़ानून के

अनुसार हो, चाहे उसके ख़िलाफ़। उसका एकमात्र उद्देश्य हमको झुकाना है, क्योंकि वह अपने आप में सुधार करना नहीं चाहती।

मैं सरकार के बारे में कठोर मत नहीं दे रहा हूँ। धारवाड़ और अलीगढ़ की घटनाएँ सरकार द्वारा शिष्टता का उल्लंघन किये जाने की सबसे ताज़ी मिसालें हैं। यदि मैं विश्वास करूँ तो एक दूसरी अफ़वाह यह है कि संयुक्त प्रान्त की एक जेल में एक बहादुर मुसलमान क़ैदी को एक अँधेरी कोठरी में बन्द कर दिया गया और तीन दिन तक तेज़ बदबू में रखा गया। जिस मनुष्य ने मुझे सूचना दी उसने मुझसे पूछा कि जो व्यक्ति इस तेज़ बदबू को सहन न कर सके उसे क्या करना चाहिए। मैंने कठोरता से किन्तु विचारपूर्वक उत्तर दिया कि फिर भी उसे क्षमा नहीं माँगनी चाहिए, उसे अत्याचारी की इच्छा के सामने झुक जाने की अपेक्षा अपना सिर जेल की दीवारों से मारकर फोड़ लेना चाहिए। यह मेरा कोई ऐसा मत नहीं है जिसे मैं व्यर्थ ही प्रकट कर रहा हूँ, बल्कि ये मेरे दक्षिण अफ्रीका के दिलचस्प छुटपुट अनुभव हैं। दक्षिण अफ्रीका में जेल का जीवन सुख–सुविधापूर्ण नहीं था। बहुत–से क़ैदियों को तनहाई की सज़ा भुगतनी पड़ती थी। सैकड़ों को सफ़ाई का काम करना पड़ता था। अनेक लोगों ने उपवास किये। एक स्त्री जब जेल से छोड़ी गयी तब वह हड्डियों का ढाँचा ही रह गयी थी, क्योंकि जो–कुछ भी वह खा सकती थी वह जेल के अधिकारी उसे देते नहीं थे। परन्तु वह स्वाभिमानी और दृढ़ थी। दक्षिण अफ्रीका में जिन हज़ारों लोगों ने सज़ा भोगी, उनमें से शुरू में एक या दो अपवादों को छोड़कर मुझे ऐसे एक भी क़ैदी का उदाहरण याद नहीं आता जिसने जेल से छूटने के लिए किसी प्रकार की कमज़ोरी दिखाकर माफ़ी माँगी हो। पारसी रुस्तम जी, इमाम अब्दुल क़ादिर बावजीर, थम्बी नायडू और अन्य बहुत से लोगों ने जिनके नाम मैं बता सकता हूँ, कभी पीछे पाँव नहीं हटाया बल्कि वे बार–बार जेल गये। तपस्वियों के रक्तदान के बिना स्वतन्त्रता के मन्दिर का निर्माण नहीं हो सकता। अहिंसा की पद्धति सबसे त्वरित, निश्चित और सर्वोत्तम है। हमें कांग्रेस के और ख़िलाफ़त के सम्मेलनों में की गयी अपनी प्रतिज्ञा के प्रति सच्चे बने रहना चाहिए, विजय बिलकुल पास है।

सम्पूर्ण गाँधी वाङ्मय, खण्ड 20, पृ. 458–460,
यंग इंडिया (अंग्रेज़ी), 28.7.1921

अहिंसा की विजय

शस्त्र–त्याग कहें, दया–धर्म कहें, शान्ति कहें, अमन कहें अथवा अहिंसा–अर्थ इन सबका एक ही है। इस शक्ति की विजय हुई है, यह बात सरकार के अन्तिम प्रस्ताव[1] से सिद्ध हो गयी है। सरकार ने फिलहाल कुछ समय के लिए अली भाइयों[2] और मुझे क़ैद में न रखने का निश्चय किया है। उसने इस शान्तिपूर्ण असहयोग पर फिलहाल बुद्धिबल से, नरम दल की मदद से विजय पाने का निश्चय किया है। इस निश्चय के लिए राजा व प्रजा दोनों परस्पर एक–दूसरे को बधाई दे सकते हैं। मैं इसे शान्तिमय युद्ध अर्थात् अहिंसा की विजय समझता हूँ। यदि हमने छिपे अथवा प्रकट रूप से ख़ून करके, मकान जलाकर अथवा रेल की पटरी उखाड़कर संघर्ष चलाने का विचार किया होता तो हम जन–मानस को कदापि प्रशिक्षित न कर पाते, हममें साहसपूर्वक सत्य बोलने की शक्ति न आ पाती; अर्थात् हम स्वराज प्राप्त करने के लिए तैयार अथवा योग्य न हो पाते। आज हम जितनी स्वतन्त्रता से अपने विचारों को अभिव्यक्त करते हैं उतनी स्वतन्त्रता से एक वर्ष पूर्व नहीं कर सकते थे। हमने सरकार को अभयदान देकर स्वयं

---

1. सन् 1920 के नवम्बर मास के प्रारम्भ में प्रकाशित किये गये इस संकल्प में अन्य बातों के अलावा यह कहा गया था कि सरकार ने अब तक ऐसे लोगों के ख़िलाफ़ फौजदारी या अन्य प्रकार की कार्रवाई नहीं की है जिन्होंने असहयोग के साथ–साथ अहिंसा का भी प्रचार किया है और उसने स्थानीय सरकारों को केवल उन्हीं लोगों के ख़िलाफ़ कार्रवाई करने की हिदायत दी है जिन्होंने अपने लेखन या भाषण से जनता को हिंसा के लिए भड़काया है। इसके अलावा उक्त संकल्प में यह भी कहा गया था कि सरकार वाणी की स्वतन्त्रता और अख़बारों की आज़ादी में हस्तक्षेप करने से बचती रही है। इंडिया इन, 1920
2. मौलाना मुहम्मद अली (1871–1931) और शौकत अली (1873–1938); राष्ट्रीय मुस्लिम; राजनीतिज्ञ, ख़िलाफ़त आन्दोलन के प्रमुख नेता। मुहम्मद अली 1920 में इंग्लैंड जाने वाले शिष्टमण्डल के नेता और 1923 में भारतीय राष्ट्रीय कांग्रेस के अध्यक्ष थे।

अपने लिए साहस जुटा लिया है। हमारे मन में इस विश्वास ने घर कर लिया है कि चूँकि हममें मलिनता नहीं है इसलिए हमारा कोई कुछ नहीं बिगाड़ सकता। हमें सहज ही इस सत्य की अनुभूति हो गयी है कि यदि हम किसी को मारना नहीं चाहते तो हमें भी कोई क्यों मारेगा।

इस तरह वातावरण साफ़ हो गया है। हम अपने हृदय बल से, बुद्धि बल से जनमत को बदलकर स्वराज प्राप्त करना चाहते हैं, इसलिए सरकार के लिए भी सोच–समझ से काम लेना ज़रूरी हो गया है। अपने विरोधी से डरकर जब हम उसी की तरह मलिन बल का उपयोग करते हैं तभी हम मलिनता सीखते हैं और दुर्बल बनते हैं। इससे दोनों पक्ष कमज़ोर होते हैं। यदि मलिनता के विरुद्ध हम स्वच्छता का प्रयोग करें तो अन्ततः मलिनता कम हो जाती है और इससे उस हद तक जनता और जगत सुखी होता है। इस तरह शान्ति की, अमन की सदा जय ही होती है। सरकार का प्रस्ताव इस विजय का एक बड़ा उदाहरण है।

अभी तो हममें सम्पूर्ण शान्ति का प्रसार नहीं हुआ है। हमारी वाणी और हमारा हृदय शुद्ध नहीं हुआ है। हममें रोष है, गुस्सा है। इसी से हमारी शान्ति की पूरी तरह से छाप नहीं पड़ती। जब हमारे संघर्ष में कटुता का लेश भी नहीं रहेगा, जिस दिन कार्यकर्ता बिलकुल शुद्ध आचरण करेंगे, उसी दिन हमें स्वराज मिल जायेगा। हम जैसा करते हैं, सामान्य वर्ग वैसा ही करता है। इतर वर्ग के लोग श्रेष्ठ जनों का अनुगमन किया करते हैं।

सरकार के प्रस्ताव के अन्त में एक डंक निहित है, और उसका कारण यह है कि डंक तो हमारी पूँछ में भी है। शान्ति को धर्म मानकर उसका पालन करने वाले हममें मेरे जैसे कितने लोग हैं। मेरे भाई शौकत अली भी शान्ति को सर्वकालीन धर्म नहीं मानते; उसे इस समय के लिए आवश्यक एक आपद्–धर्म मानते हैं। वे शान्ति को एक युक्ति (पालिसी) के रूप में स्वीकार करते हैं। यदि हम सब शान्ति को ही सर्वोच्च स्थान दें तो हमें आज ही स्वराज मिल जाये। ऐसा हम निकट भविष्य में करेंगे–इस मान्यता के आधार पर मैं कहता हूँ कि तब स्वराज एक वर्ष के भीतर प्राप्त हो जायेगा। शान्ति के बिना स्वराज का क्या उपयोग? अधर्म का नाश धर्म की स्थापना में ही है। यह अधर्म राज्य है, दृढ़तापूर्वक ऐसा कहने के साथ ही हमें धार्मिक बनना पड़ता है। क्या कोई अधम व्यक्ति दूसरे अधम व्यक्ति पर अधम होने का आरोप लगा सकता है? सूप बोले तो बोले, चलनी क्या बोले? अधर्म का नाश धर्म से ही होता है। जहाँ अत्याचार को सहने वाला नहीं होता वहाँ अत्याचारी का उपद्रव भी नहीं होता।

हम लोगों ने पूरी तरह सच को नहीं अपनाया; इसी कारण सरकार का प्रस्ताव भी झूठ और दम्भ से भरा हुआ है। सरकार का कहना है कि चूँकि हम शान्तिमय युद्ध करते हैं इस कारण उसने समाचार–पत्रों पर से प्रतिबन्ध हटा लिया है। यह कथन बिलकुल सच नहीं है। कितने ही समाचार–पत्र अभी तक परेशानी में पड़े हैं। जिन्हें गिरफ़्तार किया गया है उन्हें गिरफ़्तारी का कारण यह बताया गया है कि उन्होंने लोगों को शान्ति भंग करने के लिए उत्तेजित किया था। यह बात भी सही नहीं है। जिन्हें गिरफ़्तार किया गया है उनकी भाषा भले ही निर्दोष न हो लेकिन उन्होंने किसी को अशान्ति की सलाह कदापि नहीं दी। और अगर दी भी हो तो सरकार ने यह सिद्ध नहीं किया। अपराध को सिद्ध किये बिना अपराधी को दण्ड नहीं दिया जा सकता, ऐसा क़ानून है। असहयोग की निन्दा करने में सरकार ने बहुत ज़्यादा दम्भ से काम लिया है। सरकार का कहना है कि असहयोग से अराजकता फैलेगी। लेकिन सरकार जानती है कि व्यवस्था असहयोग से ही आरम्भ हुई है। सरकारी शिक्षा के परित्याग का अर्थ शिक्षा में अव्यवस्था का होना नहीं वरन् गुलामी की शिक्षा के स्थान पर स्वतन्त्रता की शिक्षा की स्थापना करना है; सरकारी अदालतों का त्याग अर्थात् झगड़े–फ़साद को बढ़ावा देना नहीं बल्कि उसका पंचों की मार्फ़त निर्णय करवाना है; विधान परिषदों का त्याग अर्थात् संयम का त्याग नहीं वरन् स्वेच्छाचारी क़ानूनों का पालन करने के स्थान पर जनमान्य संयम रूपी क़ानूनों का पालन करना है; विदेशी कपड़े का त्याग करने का अभिप्राय नग्नावस्था नहीं अपितु जनता के अपने हस्तकला–कौशल से तैयार किये गये पवित्र कपड़े का शरीर–रक्षा के निमित्त पवित्र उपयोग है; सरकार की फ़ौज में भरती होने से इनकार करना, जनता में अपनी रक्षा करने की शक्ति का होना है, इस तरह सरकार के विरुद्ध असहकार करने का अर्थ है जनता में भीतर–ही–भीतर पूर्ण सहकार।

दम्भ के समान ही सरकार की उद्धतता की भी कोई सीमा नहीं हैं। जो व्यक्ति व्यर्थ ही डराता–धमकाता है वह उद्धत है। जो असम्भव के सम्भव होने का दावा करे वह उद्धत है। सरकार का दावा है कि हिन्दुस्तान को बाहरी आक्रमण के भय से वही बचाती है। वह कहती है कि यदि असहयोग की विजय हो तथा सरकार हिन्दुस्तान से विदा ले ले तो हिन्दुस्तान की स्थिति बिना माँ के बच्चे–जैसी अरक्षित हो जाये, फिर तो कोई भी देश उस पर आक्रमण कर सकता है। सच तो यह है कि यदि हममें परस्पर सहयोग हो, हम हिन्दू, मुसलमान, ईसाई, सिख और

पारसी लोग एक हैं, ऐसा मान हम निडर होकर स्वावलम्बी बन जायें, जनता अपनी ज़रूरत की वस्तुएँ–अन्न–वस्त्रादि–हिन्दुस्तान में ही उत्पन्न करे तो फिर कौन हिन्दुस्तान की ओर आँख उठा सकता है?

अहिंसा का, शान्ति का अर्थ कायरता नहीं है। उसका अर्थ शुद्ध पौरुष है। हिन्दुस्तान पर आक्रमण हो तो हिन्दुस्तान या तो परम शान्ति से शत्रु को परास्त करेगा अथवा उससे अगर ऐसी उद्धतता सहन न हो सकी तो उसकी क्षत्रिय जातियाँ–सिख, मुसलमान आदि आक्रमणकर्ता को दण्ड देंगी। अहिंसा का, अमन का अर्थ पराधीनता या दुर्बलता नहीं है। जहाँ शौर्य है वहीं क्षमा हो सकती है। जब सरकार को 'अलविदा' कहने का समय आयेगा तब हिन्दुस्तान आज की तरह निस्तेज नहीं होगा बल्कि उस समय उसका तेज चारों ओर उद्भासित हो रहा होगा। यदि कोई यह प्रश्न करे कि ऐसा दिवस क्या एक वर्ष में आना सम्भव है? तो उसे यह उत्तर दिया जा सकता है कि जब तक ऐसा दिन नहीं आ जाता तब तक हिन्दुस्तान कदापि स्वराज का उपयोग करने के योग्य नहीं बन सकता और ऐसा शुभ दिन शान्तिमय असहयोग से ही आयेगा। इस दिवस को मैं तो समीप ही आते देखता हूँ।

नरम दल के बुजुर्ग लोगों से मैं अत्यन्त विनम्रता से प्रार्थना करता हूँ कि वे सरकार की कुटिलता को पहचानें और उनके द्वारा बिछाये गये जाल में न फँसे।

शिक्षा के सम्बन्ध में सरकार ने जो आरोप लगाये हैं मैं उस झगड़े में अभी नहीं पड़ता। माता–पिता की सहायता न मिल पाती तो आन्दोलन अब तक जितना आगे बढ़ पाया है उतना कदापि न बढ़ पाता। जहाँ कहीं माता–पिता श्रद्धा से रहित हैं और जहाँ पुत्रों में आत्मबल है वहाँ मैंने उन्हें विनयपूर्वक पिता की आज्ञा का उल्लंघन करने की सलाह दी है। इस सलाह में न तो अनीति है, और न अविचार अथवा अविवेक ही। युवकों को स्वतन्त्र रूप से विचार करने का अधिकार सब शास्त्रों में दिया गया है।

सरकार के प्रस्ताव से हमें यह सीखना है कि हमने शस्त्र का त्याग करके जिस तरह उसके शस्त्र बल को लगभग जीत लिया है उसी तरह हमें उसके दम्भ, छल और कपट के जाल को अपने निर्भीकता और सत्यरूपी स्वर्ण अस्त्र से काटना है, धोखा खाकर उसमें फँसना नहीं है।

सम्पूर्ण गाँधी वाङ्मय, खण्ड 19, पृ. 10–13,
नवजीवन (गुजराती), 21.11.1920

अहिंसा से स्वराज, धर्मराज्य[1]

6 फरवरी, 1921 को महात्मा गाँधी ने कहा कि मैं आपका बहुत समय लेना नहीं चाहता। मौलाना मुहम्मद अली के भाषण के बाद मेरे लिए कहने योग्य कुछ नहीं बचा है। उन्होंने जो कुछ कहा है वह ठीक है और अच्छा है। मेरा मार्ग अहिंसा का मार्ग है। मैं उस व्यक्ति को भी मारना नहीं चाहता जो मुझे अपना शत्रु मानता है। मेरे भाई मौलाना मुहम्मद अली, इसके विरुद्ध सिद्धान्तों में विश्वास रखते हैं। लेकिन इस मतभेद के बावजूद हम दोनों सगे भाइयों की तरह रह रहे हैं। हम तीनों (मौलाना शौकत अली सहित) जहाँ भी जाते हैं, जिस ओर भी मुड़ते हैं, अहिंसा का ही प्रचार करते हैं। यदि हम अहिंसा का पालन न करेंगे तो हम निश्चय ही असफल होंगे। हममें तलवार से लड़ने की शक्ति नहीं रही है। मुझे विश्वास है कि हम केवल अहिंसा से ही स्वराज, अर्थात् रामराज्य या धर्मराज्य प्राप्त कर सकेंगे। गाँधीजी ने गाली–गलौज करने, डराने–धमकाने और हाट लूटने जैसी हरक़तों की तीव्र निन्दा की और कहा–यदि हमें स्वराज मिलने में देर हो रही है तो इसका कारण यही है कि हमने अहिंसा का पाठ भली–भाँति नहीं सीखा।

श्री मुहम्मद अली ने श्री हसन इमाम और अपने एक पुराने यूरोपीय प्राध्यापक से जो अनुरोध किया है वह उचित है। वे उन्हें समझा–बुझाकर और प्रेम से अपने पक्ष में सम्मिलित करना चाहते हैं और उनका विश्वास है कि वे जल्दी ही उनके साथ हो जायेंगे। उन्होंने गाँवों में उत्पन्न जागृति की चर्चा करते हुए कहा कि गाँवों के लोगों में जो चेतना पैदा हो गयी है, उनमें जो शक्ति आ गयी है उसे क़ायम रखा जाना चाहिए। मद्यपान की उनकी कुटेव छुड़वाने के लिए किसी तरह की हिंसा का प्रयोग नहीं

1. मदरसा–मसजिद के मैदान में दोपहर को हुई सार्वजनिक सभा में।

करना चाहिए। हम उनसे इन बुराइयों के केवल उनके साथ सहयोग करके, अर्थात् उनसे कोई सहायता न लेकर या उन्हें कोई सहायता न देकर छुड़वा सकते हैं। यदि मुसलमान किसी को ज़बरदस्ती मुसलमान बनाते हैं तो मैं उनसे भी ऐसे ही लड़ूँगा जैसे सरकार से लड़ता हूँ। यदि मेरा पुत्र शराब पीने लगे तो मैं उसे मारने–पीटने के बजाय अपने घर से निकल जाने के लिए कहूँगा और फिर उसे किसी भी प्रकार की सहायता नहीं दूँगा और इस प्रकार उससे शराब पीने की लत छुड़वाऊँगा। मुझे उसके विरुद्ध हिंसा का आश्रय लेने का वस्तुतः कोई अधिकार नहीं है। इसलिए यदि आप सब इस बात को भली–भाँति समझ लें और उस पर आचरण करें तो इसमें कोई सन्देह नहीं है कि हमें अगले सितम्बर को स्वराज मिल जायेगा। मैंने सदा ही बिहार की भूमि को पवित्र माना है। मैं चम्पारण में बहुत दिनों तक किसानों के बीच रहा हूँ।[1] यदि यहाँ किसी भी जगह कोई हिंसा हो तो उससे मुझे बहुत दुःख होगा।

सम्पूर्ण गाँधी वाङ्मय, खण्ड 19, पृ. 341–342,
सर्चलाइट (अंग्रेज़ी), 9.2.1921

---

1. सन् 1917 में चम्पारण–सत्याग्रह के समय।

अहिंसा के सम्बन्ध में क्या करें?

एक प्रिंसिपल ने जो अपना नाम ज़ाहिर नहीं करना चाहते, नीचे लिखा महत्त्वपूर्ण पत्र[1] भेजा है : किंकर्तव्यता की उलझन में पड़ा हुआ मैं निम्नलिखित आवश्यक प्रश्न को हल करने के लिए दूसरों की बुद्धिसंगत और तर्कपुष्ट सम्मति चाहता हूँ : शान्ति प्रतिज्ञा संघ (पीस प्लेज यूनियन) की, जिसे किसी भी परिस्थिति में हिंसा का आश्रय लेने से इनकार करके युद्ध का विरोध करने के लिए स्वर्गीय डिक शेपर्ड ने क़ायम किया था, प्रतिज्ञा का पालन करना क्या हमारे संसार की मौजूदा हालत में ठीक और व्यावहारिक तरीक़ा है?

'हाँ' के पक्ष में निम्न दलीलें हैं :

1. संसार के महान आध्यात्मिक शिक्षकों ने उपदेश किया है और अपने आचरण द्वारा हमें यह शिक्षा दी है कि किसी बुराई का अन्त केवल अच्छे उपायों से ही हो सकता है, बुरे उपायों से हरगिज़ नहीं, और किसी भी तरह की हिंसा...निस्सन्देह बुरा उपाय है, फिर उसका उद्देश्य चाहे कुछ भी हो।...
2. वर्तमान हिंसा और कष्ट के वास्तविक कारण युद्ध से कभी दूर नहीं हो सकते।...
3. युद्ध का अन्त चाहे विजय में ही क्यों न हो, फिर भी उससे हमारी रही–सही स्वतन्त्रता का...भी अन्त हो जाता है...क्योंकि आजकल सफलता के साथ कोई युद्ध तब तक नहीं लड़ा जा सकता, जब तक कि सारी जनता को फ़ौजी साँचे में न ढाला जाये। उस फ़ौजी समाज में...कठपुतली बनकर रहने की अपेक्षा विवेकपूर्वक अहिंसात्मक रूप में अत्याचार का प्रतिरोध करते हुए मर जाना कहीं बेहतर है।

---

1. जिसे यहाँ आंशिक रूप से ही उद्धृत किया जा रहा है।

'नही' के पक्ष में निम्न दलीलें हैं :

1. अहिंसात्मक प्रतिरोध उन लोगों के मुकाबले में ही कारगर हो सकता है, जिन पर नीति और मानवता के विचारों का असर पड़ सकता है। फ़ासिज्म के...प्रतिरोध को ख़त्म करने के लिए चाहे जितनी पाशविकता से काम लेने में कोई पसोपेश नहीं होता।...
2. लोकतन्त्रीय स्वतन्त्रता की रक्षा के लिए होने वाले हिंसात्मक प्रतिरोध में सहयोग देने से इनकार करना...एक तरह से उन्हीं लोगों की मदद करना है जो उस स्वतन्त्रता को नष्ट कर रहे हैं। फ़ासिस्ट आक्रमण को निस्सन्देह इस बात से बड़ा उत्तेजन मिला है कि प्रजातान्त्रिक देशों में बहुत–से ऐसे आदमी हैं जो प्रजातन्त्र की रक्षा के लिए लड़ना नहीं चाहते और जो युद्ध होने पर भी अपनी सरकारों का विरोध करेंगे और इस प्रकार युद्ध शुरू होने या किसी तरह की लाजिमी सैनिक भरती होने पर अपनी सरकारों की निन्दा करेंगे (और इस प्रकार उनके कामों में रुकावट डालेंगे)। ऐसी हालत में, रक्षा के हिंसात्मक उपायों के बारे में नैतिक आधार पर आपत्ति करने वाला न केवल शान्ति बुद्धि में पूरी तरह असफल सिद्ध होता है, बल्कि वस्तुतः जो लोग उसे भंग कर रहे हैं उनकी मदद करता है।
3. युद्ध व्यक्तिगत स्वतन्त्रता को भले ही नष्ट कर दे, लेकिन अगर प्रजातन्त्र बरकरार रहे तो कम–से–कम उसका कुछ अंश फिर से प्राप्त करने की सम्भावना बनी रहती है, जबकि फ़ासिस्टों को अगर संसार का शासन करने दिया जाये तो उसकी बिलकुल गुंजाइश ही नहीं है।...

...इस प्रश्न का हल होना बहुत ज़रूरी है। ...लेकिन दक्षिण अफ्रीका, मिस्र या आस्ट्रेलिया–जैसे देशों में जिन्हें शायद आक्रमण की सम्भावना का मुक़ाबला करना पड़े और हिन्दुस्तान में भी जिसे 'पूर्ण स्वाधीनता' मिलने पर शायद जापान या मुस्लिम देशों के गुट का सामना करना पड़ सकता है क्या इसका हल उतना ही ज़रूरी नहीं है?

ऐसी सम्भावनाओं (बल्कि कहना चाहिए कि आसारों) के सामने हर एक तीव्र विवेक–बुद्धि रखने वाले को (फिर चाहे वह जवान हो या बूढ़ा।) क्या इस बात का निश्चय न होना चाहिए कि उसके लिए कौन–सा मार्ग सही और व्यावहारिक है ?...

एक प्रश्न कि, संसार के महान आध्यात्मिक शिक्षकों ने उपदेश किया है और अपने आचरण द्वारा हमें यह शिक्षा दी है कि किसी बुराई का अन्त केवल अच्छे उपायों से ही हो सकता है, बुरे उपायों से हरगिज़ नहीं, और किसी भी तरह की हिंसा...निस्सन्देह बुरा उपाय है, फिर उसका उद्देश्य चाहे कुछ भी हो। ...इसके उत्तर में गाँधी कहते हैं कि, शान्ति की प्रतिज्ञा लेने वालों के प्रतिरोध के पक्ष में दी गयी दलीलों के बारे में तो कुछ भी कहने की ज़रूरत नहीं है। हाँ, इस प्रतिरोध के विरुद्ध जो दलीलें दी गयी हैं उनकी सावधानी के साथ छानबीन करने की ज़रूरत है। इनमें से पहली दलील अगर सही हो तो वह युद्धविरोधी आन्दोलन की ठेठ जड़ पर ही कुठाराघात करती है। आन्दोलन का आधार इस कल्पना पर है कि फ़ासिस्टों और नाज़ियों का हृदय पलटना सम्भव है। वे भी उसी मानव–जाति में पैदा हुए हैं जिसमें तथाकथित प्रजातन्त्रवादियों या कहना चाहिए, ख़ुद युद्ध विरोधियों का जन्म हुआ है। अपने कुटुम्बियों में वे वैसी ही मृदुता, वैसा ही प्रेम, समझदारी व उदारता से पेश आते हैं, जैसे युद्धविरोधी इस दायरे के बाहर भी पेश आ सकते हैं। अन्तर सिर्फ़ मात्रा का है। दरअसल फासिस्ट और नाज़ी तथाकथित प्रजातन्त्रों के दुष्कृत्यों की ही उपज हैं–वे उनके संशोधित संस्करण हैं। किर्बी पेज ने पिछले युद्ध में हुए संहार पर लिखी हुई अपनी पुस्तिका में बताया है कि दोनों ही पक्ष वाले झूठ अतिशयोक्ति और क्रूरता के अपराधी थे। वरसाई की सन्धि विजयी राष्ट्रों द्वारा जर्मनी से बदला लेने के लिए की गयी सन्धि थी। तथाकथित प्रजातन्त्रों ने अब से पहले दूसरों की ज़मीन को ज़बरदस्ती अपने क़ब्ज़े में किया है और निर्दय दमन को अपनाया है। ऐसी हालत में यदि मेसर्स हिटलर एंड कम्पनी ने, उनके पूर्वगामियों ने तथाकथित पिछड़ी हुई जातियों का अपने भौतिक लाभ के लिए शोषण करने में जिस अनगढ़ हिंसा का विकास किया था, उसे वैज्ञानिक रूप दे दिया तो उसमें आश्चर्य की बात ही क्या है? इसलिए अगर यह मान लिया जाये, जैसा कि माना जाता है, कि ये तथाकथित प्रजातन्त्र अहिंसा का एक हद तक पालन करने से पिघल जाते हैं तो फ़ासिस्टों और नाज़ियों के कठोरतर हृदयों को पिघलाने के लिए कितनी अहिंसा की ज़रूरत होगी?

एक प्रश्न कि, वर्तमान हिंसा और कष्ट के वास्तविक कारण युद्ध से कभी दूर नहीं हो सकते? के उत्तर में गाँधी ने दलील दी कि शान्तिवादियों को ऐसी कोई बात नहीं करनी चाहिए जिससे उसकी सरकारों के

कमज़ोर पड़ने और हारने की सम्भावना हो। लेकिन इस भय से उन्हें यह दिखा देने के एकमात्र कारगर अवसर को नहीं गँवा देना चाहिए कि सभी तरह के युद्धों की व्यर्थता में उनका अटूट विश्वास है। उनके ऐसा करने से यदि उनकी सरकारें क्रूर हो जायें और युद्ध विरोधियों को शहीद बनाने लगें, तो उन्हें अपनी करनी के फलस्वरूप होने वाली अशान्ति के परिणामों को सहना ही होगा। प्रजातन्त्रों को चाहिए कि वे व्यक्तिगत रूप से अहिंसा का पालन करने की स्वतन्त्रता का, उससे उन्हें कितनी ही परेशानी क्यों न हो, आदर करें। ऐसे आदर से ही संसार के लिए आशा की किरणों का उदय होगा। मतलब यह हुआ कि शान्तिवादियों को अपने देश के तथाकथित हितों की तुलना में सत्य एवं अपने अन्तःकरण के आदेश को अग्रिम स्थान देना चाहिए; क्योंकि अन्तःकरण के आदेश का आदर करने से यदि वह सचमुच अन्तःकरण का आदेश ही हो कभी किसी न्याय, हित अथवा उद्देश्य की हानि होते नहीं देखी गयी। इसलिए निष्कर्ष यह निकला कि जब शान्तिवादी को ऐसा लगे कि तथाकथित प्रजातान्त्रिक देश जीवित रहें या न रहें, किन्तु युद्धों से युद्ध का अन्त कभी नहीं होगा, उसका अन्त तो तभी होगा जब निर्णायक घड़ी के आ पहुँचने पर शान्तिवादी शान्ति में अपनी जीवन्त आस्था का अपने कष्ट–सहन द्वारा–ज़रूरत हो तो प्राणाहुति द्वारा प्रमाण पेश करेंगे तब उसे उसका विरोध करना ही चाहिए। सत्याग्रही के नाते मुझे यह नहीं सोचना है कि मैं अन्तिम बलिदान किस तरह टाल सकता हूँ; मुझे तो इतना ही सोचना है कि जो उद्देश्य मुझे प्राप्त करना है उसे प्राप्त करने के लिए मैं क्या करूँ। जहाँ आस्था का विषय किन्तु प्रबल तत्त्व हमारे व्यवहार का अंग हो वहाँ हमारा दुनियावी हिसाब किसी काम का नहीं। सच्चा शान्तिवादी सच्चा सत्याग्रही होता है और सत्याग्रही तो अपनी आस्था का अनुकरण करता है; वह परिणाम की चिंता नहीं करता। कारण, वह जानता है कि यदि उसका आचरण सच्चा हुआ तो परिणाम फलेगा ही।

यदि तथाकथित प्रजातान्त्रिक देश जीत जाते हैं तो लाभ क्या है? उससे युद्ध का अन्त तो होगा नहीं। प्रजातान्त्रिक देश की विजय के लिए फ़ासिस्टों और नाज़ियों की सारी युक्तियाँ अपनायेंगे। वे भी अनिवार्य सैनिक भरती का, और अपनी आज्ञाओं का पालन कराने के लिए सभी तरह की ज़बरदस्ती का आश्रय लेंगे। विजय के अन्त में कुल लाभ इतना ही होगा कि वैयक्तिक स्वतन्त्रता की सापेक्ष सुरक्षा की सम्भावना बन

जायेगी। किन्तु यह सुरक्षा किसी बाहरी सहायता पर निर्भर नहीं है। वस्तुतः तो वह सारी दुनिया के ख़िलाफ़ लड़कर भी उसकी रक्षा करने के आन्तरिक संकल्प से ही मिलती है। दूसरे शब्दों में, सच्चा प्रजातन्त्रवादी तो वही है जो अपनी स्वतन्त्रता की और इसलिए देश की स्वतन्त्रता की तथा अन्त में सम्पूर्ण मानव–समाज की स्वतन्त्रता की रक्षा विशुद्ध अहिंसक साधनों से करता है। आगामी परीक्षा में शान्तिवादियों को प्रतिरक्षात्मक या आक्रमणात्मक किसी भी प्रकार से युद्ध के कुछ भी सम्बन्ध न रखने का दृढ़ निश्चय करके अपनी आस्था का प्रमाण देना होगा। किन्तु युद्ध के इस विरोध के कर्तव्य का अधिकार केवल उसका ही हो सकता है जो अहिंसा को अपना धर्म मानते हैं। यह अधिकार उन्हें मिल सकता है जो किसी युद्ध के विषय में विरोध या सहमति का निश्चय उस युद्ध के गुण–दोषों का और उससे होने वाले लाभ–हानि का विचार करके करेंगे। सारांश यह निकला कि युद्ध के विरोध का यह प्रश्न ऐसा है जिसका निर्णय प्रत्येक व्यक्ति को स्वयं ही करना होगा और यदि वह अन्तर्नाद जैसी चीज़ में विश्वास करता हो तो उक्त निर्णय वह अन्तर्नाद के मार्गदर्शन में करें।

राजकोट, 9 अप्रैल, 1939; सम्पूर्ण गाँधी वाङ्मय, खण्ड 69,
हरिजन (अंग्रेज़ी), 15.4.1939

अपने प्रति सच्चे रहना है सफलता की शर्त

यह मेरा निश्चित विश्वास है कि स्वराज सरकार के अधीन काम करने वाले अंग्रेज़ भी भारतीयों के समान ही अच्छे होंगे। और हम दुःख के साथ प्रत्यक्ष देखते हैं कि हमारे कुछ देशवासी, वर्तमान प्रणाली के अन्तर्गत, अंग्रेज़ों के समान ही इस दोषपूर्ण प्रशासन के कुशल प्रशासक बन गये हैं। इसलिए व्यक्तियों की ओर ध्यान दिये बिना हमें प्रणाली के विरुद्ध संघर्ष करना है। हम चार पीढ़ियों से दोहरे क़ानून के शिकार बने हुए हैं–एक क़ानून हमारे लिए है और दूसरा अंग्रेज़ों के लिए; इसलिए हम स्वयं इसके दोषी नहीं हो सकते। इसलिए सर त्यागराज चेट्टी के शासन में भी मद्रास की परीक्षा तथा आत्मशुद्धि होनी चाहिए।

यदि हम अपने प्रति सच्चे हैं तो हम अपने सभी प्रतिपक्षियों के साथ सफलतापूर्वक निबट सकते हैं, चाहे वे हमारे अपने देशभाई हों या अंग्रेज़। किन्तु डॉ. राजन की गिरफ़्तारी के चार दिन पूर्व उनका एक पत्र मिला था। उसमें उन्होंने हाल की घटनाओं द्वारा दी गयी इस चेतावनी पर ज़ोर दिया है कि हमें अपने प्रतिपक्षियों की अपेक्षा अपने से ही अधिक सावधानी बरतनी होगी। यहाँ पर हम उनका पत्र दे रहे हैं। यह स्पष्ट है कि पत्र न तो प्रकाशन के लिए लिखा गया है, न शाबाशी पाने के लिए। यह आत्मस्वीकृति और आलोचना दोनों ही है। डॉ. राजन लिखते हैं : अभी ठीक दो दिन पहले मद्रास ज़िला कांग्रेस के अध्यक्ष श्री सिंगारावेलु चेट्टियर ने मद्रास समुद्र–तट पर एक सार्वजनिक सभा की। प्रथम प्रस्ताव में सफल हड़ताल के लिए मद्रास के नागरिकों को बधाई दी गयी और दूसरे प्रस्ताव में उस दिन की गयी ज़्यादतियों की निन्दा की गयी। आपको भेजे गये मेरे पत्र की आपने जो आलोचना की थी उससे श्री प्रकाशम् सहमत नहीं थे। उन्होंने अपने भाषण में बताया कि मेरे पत्र से आपको पर्याप्त रूप से ऐसी सामग्री उपलब्ध नहीं हुई थी कि आप उससे ऐसा निष्कर्ष

निकालें जैसा कि आपने निकाला है। मैंने श्री सिंगारावेलु को तार देकर उक्त निन्द्य सभा न करने के लिए कहा, किन्तु स्पष्टतः मालूम पड़ता है कि इस ओर ध्यान नहीं दिया गया। यह सचमुच अत्यन्त खेद की बात है कि मैं अपने असहयोगी भाइयों को यह प्रेरणा देने के लिए पर्याप्त रूप से समर्थ नहीं हूँ कि वे अपनी गलतियों को पहचानें। वे तो इस सफलता पर फूले नहीं समा रहे हैं कि मद्रास की जनता ने हड़ताल के सम्बन्ध में आपको दिये गये वचन का पूरी तरह पालन किया है। फिर भी यह क्रूर तथ्य सामने है कि हिंसा और अनुचित बल–प्रयोग ने अहिंसक असहयोग की दृष्टि से हड़ताल को असफल बना दिया है। जब तक हमें अपने ही लोगों की हिंसात्मक प्रवृत्ति के ख़िलाफ़ अहिंसा का यह संघर्ष चलाना पड़ रहा है तब तक किसी को भी सविनय प्रतिरोध की दिशा में एक भी क़दम बढ़ाने में हिचकिचाहट होनी ही चाहिए। मैंने अपने दल की कमज़ोरियों के बारे में अक्सर स्थानीय पत्रों में लिखा है और यह तथ्य सामने रखा है कि हमारे कुछ असहयोगी भाई अहिंसा में उतना विश्वास नहीं रखते जितना कि उन्हें रखना चाहिए।

डॉ. राजन कहते हैं कि, मुझे अपने में ही हुए परिवर्तन पर कुछ आश्चर्य होता है–मैं 1908 में इंडिया हाउस का क्रान्तिकारी था और अब 1922 में अहिंसक असहयोगी बन गया हूँ। यह वास्तव में परिवर्तन है, किन्तु यह हृदय का परिवर्तन, शान्तिपूर्वक कष्ट–सहन की क्षमता तथा सामने आये हुए कष्ट के प्रति मन का पूर्ण रूप से तटस्थ होना–ये सब यदि सजीव उदाहरण सामने न होते तो प्रायः असम्भव ही मालूम पड़ते। वर्षों पहले मैं किसी भी निषेधात्मक आदेश पर झल्ला उठता, इस नोटिस को तामील करने वाले पुलिस के सिपाही से तथा उस ग़ैर–क़ानूनी तथा पागलपन से भरे आदेश को जारी करने वाले अधिकारी से बदला लेने की प्रतिज्ञा करता। किन्तु आज मेरी उनके प्रति कोई दुर्भावना नहीं है, बल्कि मैं उन्हें धन्यवाद देने की सोचता हूँ कि उन्होंने इस बात का एक और सबूत, चाहे यह सबूत कितना ही तुच्छ क्यों न हो, दिया है कि वर्तमान प्रशासनिक तन्त्र सत्य और न्याय के प्रति कितनी उपेक्षा बरत रहा है कि उसने सज्जन तथा कोमल हृदय मानवों को दानवों में परिवर्तित कर दिया है। मेरे हृदय में भूल करने वाले इन अधिकारियों के लिए दया के सिवा और कुछ नहीं है। उन अधिकारियों के कल्याण की दृष्टि से भी इस समय मुझे जो एकमात्र उपाय दिखायी देता है वह कष्ट–सहन ही है।

'नवजीवन' में प्रकाशित एक लेख में आपने जो यह कहा है कि "आप एक अनिश्चय और निराशा की स्थिति से गुज़र रहे हैं", इससे विरोधी पक्ष नाजायज़ फ़ायदा उठा रहे है। इससे ग़लतफ़हमी होने का अन्देशा पैदा हो गया है। हो सकता है कि एसोशिएटेड प्रेस ने अपनी सुविधा के अनुसार उसके कुछ अंश ही उद्धृत किये हों। मुझे लगता है कि आप ज़रूरत से ज़्यादा निराश हैं। मैं नहीं जानता कि आप अहिंसा तथा अस्पृश्यता के बारे में घोर निराशा अनुभव कर रहे हैं या नहीं। हमारी वर्तमान अवस्था ऐसी है कि हम उतनी ही प्रगति कर सकते हैं जितनी कि इन विपरीत परिस्थितियों में सम्भव है और जब तक हमारी राह रोकने वाली ये विपरीत परिस्थितियाँ समाप्त नहीं होतीं तब तक तीव्र विकास सम्भव नहीं है। स्वराज हमारी कमज़ोरियों को दूर करेगा और हमें पर्याप्त प्रकाश और शुद्ध वायु प्रदान करेगा। स्वराज की जो भी योजना हो, उसका लक्ष्य प्रगति के मार्ग में विघ्न डालने वाली इन बातों को समाप्त करना होना चाहिए और यह एक ऐसा सवाल है जिस पर सबसे पहले ध्यान देना चाहिए। हमारे देशवासी अधिकाधिक यूरोपीय बनते जायें और चरखे का मज़ाक़ उड़ाते रहें, जैसा कि इस विचित्र मद्रास मन्त्रिमण्डल ने किया है, इससे कोई लाभ नहीं होगा। इस प्रकार के राष्ट्रीय ह्रास को रोकना होगा। यदि आप 'नवजीवन' में प्रकाशित अपने पूरे लेख को 'यंग इंडिया' में प्रकाशित कर सकें तो मेरे विचार में यह अच्छा होगा। आप आवश्यक समझें तो उस पर साथ ही कुछ टिप्पणी भी दे दें। मैंने इस पत्र को अनावश्यक रूप से लम्बा कर दिया है। कृपया कष्ट के लिए क्षमा करें।

गाँधी ने लिखा कि मुझे अब इस तथ्य के बारे में कुछ कहने की आवश्यकता नहीं कि आजकल लोगों को अहिंसक होने के कारण, यदि वे प्रभावशाली भी हैं तो, चुन–चुनकर जेल भेजा जा रहा है। इस पत्र में जो चेतावनी दी गयी है, उसके कारण मैं इसे प्रकाशित कर रहा हूँ। इसमें कोई सन्देह नहीं कि हममें कुछ ऐसे लोग हैं जो प्रतिज्ञाबद्ध होने पर भी आस्था के साथ अहिंसा में विश्वास नहीं करते; अर्थात् वे उन लोगों की सहायता को बुरा नहीं समझते जो कि हिंसा पर उतारू हो सकते हैं। लगता है, उनका विश्वास है कि अहिंसा के साथ–साथ हिंसा भी चल सकती है और ये दोनों मिलकर देश को लक्ष्य तक पहुँचने के लिए गति दे सकती हैं। ऐसा रुख़ कपटपूर्ण तो है ही, साथ ही निश्चित रूप से देश के हित के भी विरुद्ध है। दो परस्पर विरोधी शक्तियाँ साथ–साथ चल

सकती हैं, किन्तु वे "दोनों एक ही दिशा की ओर नहीं जा सकतीं"। यदि अहिंसा एक छद्मावरण है या हिंसा की तैयारी है तो हिंसा का आकस्मिक या जानबूझकर किया गया विस्फोट, हो सकता है कि परीक्षा के तौर पर तथाकथित अहिंसात्मक नीति की अवधि में भी एक महान लाभ सिद्ध हो। किन्तु भारत जो धर्मयुद्ध कर रहा है वह इससे भिन्न है। ईश्वर साक्षी है और वह इतना न्यायशील है कि वह द्विरंगा व्यवहार करने ही नहीं देगा। आज हमारा विश्वास यह है कि भारत को हिंसा से कुछ भी लाभ नहीं होगा बल्कि उसे अहिंसा के ज़रिये ही अपने लक्ष्य प्राप्त करने होंगे। उसमें हिंसा की सहायता भी नहीं लेनी होगी। इसलिए यदि हमें विजय प्राप्त करनी है तो असहयोगियों का कर्तव्य है कि वे ऐसे प्रत्येक हिंसक–कार्य की मन और वाणी से ज़बरदस्त निन्दा करें जो उनके ध्येय के प्रति सहानुभूति रखकर किया गया हो। वे लोग जो अहिंसा पर विश्वास नहीं रखते या हिंसा और अहिंसा को साथ–साथ चलाना चाहते हैं, चाहें तो अपना अलग–अलग दल बनाकर अलग संघर्ष करें। इससे असहयोगी का कार्य कठिन हो जायेगा, किन्तु उतना कठिन नहीं जितना कि तब होगा जबकि उसे अपने ही घर में शत्रु से लड़ना हो। उसकी देह शुद्ध रहनी चाहिए। किसी प्रकार की भी आन्तरिक अशुद्धि शारीरिक रोग बन जायेगी और वह घातक सिद्ध हो सकती है। बाहर का कोई भी आक्रमण कभी भी घातक नहीं होता। इसलिए सफलता की पहली और एकमात्र शर्त यह है कि हम अपने प्रति सच्चे रहें।

इसलिए डॉ. राजन द्वारा की गयी स्वीकारोक्ति शक्ति प्रदान करने वाली एक प्रक्रिया है। इससे उन्हें तो बल मिलता ही है, साथ ही उनके उस ध्येय को भी बल मिलता है, जिसके लिए वे संघर्ष कर रहे हैं। यदि असहयोग का अर्थ पूर्णतया आत्मशुद्धि नहीं है, तो वह एक बुरा और भ्रष्ट सिद्धान्त है; सचमुच में वह एक 'मनहूस' शब्द है। आन्तरिक भ्रष्टाचार का दृढ़ता और कठोरता के साथ किया गया प्रतिरोध सरकार का पर्याप्त प्रतिरोध है। ज्यों ही आत्मशुद्धि की प्रक्रिया पूर्ण होगी, हमें उस प्रणाली से मुक्ति मिल जायेगी जिससे हम संघर्ष करते प्रतीत होते हैं।

सम्पूर्ण गाँधी वाङ्मय, खण्ड 22, पृ. 392–396,
यंग इंडिया (अंग्रेज़ी), 9.2.1922

बुद्धियुक्त अहिंसा[1]

गाँधी कहते हैं कि मेरी दृष्टि में ऑल इंडिया कांग्रेस समिति का अर्थ स्पष्ट है–अगर अहिंसा की दृष्टि से, अहिंसा के ज्ञान के साथ रचनात्मक कार्य न किया जाये तो उसका स्वराज दिलाने का जो बड़ा प्रतिफल है वह हिन्दुस्तान को नहीं मिल सकता। ऐसे तो हमारे देहातों में काफ़ी काम होते आये हैं। लेकिन उनके करने में न तो अहिंसा का ज्ञान था और न अहिंसा की दृष्टि थी। इसलिए नतीजा इतना ही निकला कि हम एक हद तक पैसे की दृष्टि से बिलकुल कंगाल नहीं बने थे–जैसे कि आज हैं। लेकिन जब विदेशी हमला शुरू हुआ तब हम देहाती धन्धों को एक के बाद एक छोड़ने लगे और अस्पृश्यता–निवारण, आदिवासियों की तरक्की करना, स्त्रियों का हक़ पुरुषो–जितना ही होना, तालीम लेना, ग़रीब और धनिक का भेद मिटाना वग़ैरह तो करते ही नहीं थे। अहिंसा की दृष्टि जब पैदा हुई और मुल्क को सचमुच स्वतन्त्र बनाने का एक ही राजमार्ग अहिंसा और सत्य को माना गया तब हमारी दृष्टि की मर्यादा हिन्दुस्तान तक या कहो जगत तक चली गयी और हिन्दुस्तान परतन्त्र होते हुए भी हिन्दुस्तान की प्रतिष्ठा सारे जगत में फैल गयी। मेरा अचल़ विश्वास है कि अगर हम ऊपर के सवाल में जो बताया गया है उसके मुताबिक़ मनुष्य

---

1. गाँधीजी ने यह बात इस प्रश्न के उत्तर में कही थी–"कहा जाता है कि अहिंसा को व्यवहार्य बनाने के लिए उसे प्रगतिशील और ज्ञानयुक्त बनाना होगा। ऐसी प्रगतिशील और ज्ञानयुक्त अहिंसा में कई बातें आ सकती हैं, जैसे कि मिल्कियत का नाश करना, सरकारी मुलाज़िमों या और किसी को पकड़कर कोठरों में बन्द कर देना, भूमिगत रहना, फ़रार होना वग़ैरह। अगर हमने किसी की जान न ली और किसी को चोट न लगने दी तो अहिंसा का पूरी तरह पालन हो जाता है?" इस भाव को और स्पष्ट करने के लिए अ.भा.का.क. ने बाद में 'अहिंसा के बुद्धियुक्त स्वीकार' ये शब्द जानबूझकर जोड़ दिये हैं।

के नाश को छोड़कर दूसरी सब अहिंसा की मर्यादा भूल जायें तब अहिंसा अहिंसा ही नहीं रहेगी, उसमें से सत्य चला जायेगा, उसकी व्यापकता मिट जायेगी और स्वराज कभी मिल नहीं सकता है। अहिंसा के अर्थ में अगर दूसरों की मिल्क़ियत का नाश करना, सरकारी मुलाज़िमों से परहेज़ करना, ज़मीन के भीतर छिप जाना वग़ैरह आ सकता है तो करोड़ों लोगों को हम न तो जगा सकते हैं, न उनको निर्भयता की सच्ची तालीम ही दे सकते हैं। अगर हम अहिंसा से काम करना चाहते हैं तो मेरी मर्यादा को स्वीकार करना अत्यन्त आवश्यक है। अगर हम उस मर्यादा को फेंक देते हैं तो हमारे लिए अहिंसा को छोड़ना और लोगों को हिंसा के लिए तैयार करना यही एक रास्ता है। वह रास्ता निकम्मा है, ऐसा तो इस दारुण युद्ध ने साबित कर दिया है। हिंसा का मार्ग खुले तौर से लेकर हम लोगों को और जगत को धोखा देने से बच जाते हैं, इतना तो फ़ायदा पाते हैं।

खादी–जगत, नवम्बर, 1945; सम्पूर्ण गाँधी वाङ्मय, खण्ड 82, पृ. 148

कांग्रेस और अहिंसा[1]

पंजाब के एक कांग्रेसी भाई पूछते हैं कि, जो लोग खुल्लमखुल्ला कहते हैं कि अहिंसा में उनका विश्वास नहीं है, क्या वे कांग्रेस में रह सकते हैं? क्या अहमदशाह अब्दाली–दिवस–समारोह में वे भाग ले सकते हैं? और जिस कांग्रेस समिति में ऐसे लोगों का बहुमत हो क्या उसमें विश्वास रखने वाले लोग रह सकते हैं?

मेरे उत्तर की अब कोई क़ीमत नहीं हो सकती। कांग्रेस में जो फेरबदल हो रहे हैं, उस स्थिति में कांग्रेस क्या निर्णय करेगी, यह मैं नहीं कह सकता। मुझे तो यह भी लगता है कि कांग्रेसियों को मुझसे ऐसे सवाल नहीं करने चाहिए। मुझे जवाब भी नहीं देना चाहिए। फिर भी इस प्रश्न का उत्तर देने के लिए चूँकि मैं बँध चुका हूँ इसलिए देता हूँ। जिनका अहिंसा में विश्वास न हो वे कांग्रेस में नहीं रह सकते। कोई भी कांग्रेसी अहमदशाह अब्दाली दिवस समारोह में भाग नहीं ले सकता। जिस समिति में अहिंसा में विश्वास न रखने वाले लोगों का बहुमत हो उसमें से अहिंसा में विश्वास रखने वालों का निकल जाना मैं बेहतर मानूँगा।

दिल्ली–वर्धा रेलगाड़ी में, 8 जुलाई, 1940; सम्पूर्ण गाँधी वाङ्मय, खण्ड 72, पृ. 285, हरिजन (गुजराती), 20.7.1940

1. यह 'प्रश्नोत्तरी' शीर्षक के अन्तर्गत प्रकाशित हुआ था।

ख़ून–ख़राबा

एक सज्जन लिखते हैं कि, "क्या आप अपने हृदय में यह विश्वास नहीं रखते कि स्वराज अन्ततः बिना ख़ून–ख़राबा किये कभी प्राप्त नहीं हो सकता? क्या यह अहिंसात्मक आन्दोलन वर्तमान समय के अनुकूल महज़ ऐसा उपाय नहीं है, जिससे लोगों को आगे की मारकाट और सशस्त्र क्रान्ति की अवस्था के लिए संगठित और तैयार किया जा सके?"

गाँधी ने कहा कि प्रश्न बिलकुल सीधा–सादा है। इससे ज़ाहिर होता है कि अब भी कुछ लोग वर्तमान आन्दोलन की सत्यता में विश्वास नहीं करते। दुनिया में ऐसा कोई सबब नहीं है जो मुझे ऐसा कहने से रोक सकता हो कि अहिंसा हिंसा की तैयारी के लिए है। जब मैंने राज्य के क़ानूनों के ख़िलाफ़ कितने ही गुनाह किये हैं, तब मुझे ऐसा कहने में हिचकिचाने की क्या ज़रूरत है कि वर्तमान आन्दोलन तो हिंसात्मक कार्यों की पेशबन्दी है? सच बात तो यह है कि अकेला मैं ही निःशस्त्र–रक्तहीन–क्रान्ति को पूर्णतः सम्भव मानता हूँ सो नहीं, बल्कि कितने ही दूसरे लोग भी हिन्दुस्तान को आज़ाद करने के लिए 'अहिंसा' में पूर्ण विश्वास करते हैं। अली–भाई जो बात कहते हैं वही उनके दिल में होती है और जो बात उनके दिल में होती है उसी को वे कहते हैं। वे शरीर बल के उपयोग को अर्थात् किसी हालत में हिंसा को, जायज़ मानते हैं; लेकिन उनका यह विश्वास है कि हिन्दुस्तान की परिस्थिति को देखते हुए यहाँ शरीर बल के उपयोग की आवश्यकता नहीं है। जब हम 'एकता और अनुशासन' प्राप्त कर लेंगे तब हम तीस करोड़ लोग, एक लाख अंग्रेज़ों के विरुद्ध हिंसा करना अपने गौरव के प्रतिकूल और नामर्दानगी का काम समझेंगे। हमारे मन में अभी तक जो बेकार क्रोध की भावना बनी हुई है, उसका कारण यह है कि हममें धोखे और दहशत के मौक़ों पर विचार की सम्बद्धता, चित्त की शान्ति और

उदारता क़ायम नहीं रहती और मैंने जो यह कह दिया है कि जब हिंसा भारत का धर्म हो जायेगी तब मैं हिमालय में जाकर शरण लूँगा, उसका कारण यही है कि मैं 'अहिंसा' का पूरी तरह कायल हूँ और मानता हूँ कि 'हिंसा' भारत के लिए विनाशकारी है।

सम्पूर्ण गाँधी वाङ्मय, खण्ड 21, पृ. 429–430,
यंग इंडिया (अंग्रेज़ी), 10.11.1921

सरकार की दमन नीति

असहयोग आन्दोलन के सम्बन्ध में भारत सरकार ने जो वक्तव्य[1] जारी किया है, उसे आन्दोलन की पहली शानदार विजय कहा जा सकता है; क्योंकि सरकार ने उसके अहिंसात्मक स्वरूप को ध्यान में रखते हुए यह निर्णय किया है कि यद्यपि वह इस आन्दोलन को एक असंवैधानिक आन्दोलन मानती है फिर भी फ़िलहाल किसी भी तरह की हिंसा द्वारा उसको दमन करने की परिस्थिति को टाला जाये। सरकार और जनता दोनों को इस विवेकपूर्ण निर्णय के लिए बधाई दी जानी चाहिए। मुझे ज़रा भी सन्देह नहीं है कि आन्दोलन सभी तरह की हिंसा से, चाहे वह क्रियात्मक रूप में हो, चाहे वाणी के रूप में, मुक्त बना रहता है तो सरकार के लिए दमन कर पाना तो असम्भव होगा ही। वह अपने विरोध में लोकमत का लगातार बढ़ते चला जाना भी रोक नहीं सकेगी क्योंकि उस लोकमत के पीछे राष्ट्रीय पैमाने पर सरकारी संरक्षण या मदद त्यागने के सुनिर्देशित कामों का बल होगा।

वक्तव्य में सोच–समझकर धमकी भी दी गयी है कि यदि नरम विचारों के नेता असहयोग का आगे बढ़ना रोक नहीं पाते तो यह सम्भव नहीं होगा। इस धमकी के शब्दों को ज्यों का त्यों दुहराना अच्छा रहेगा।

वक्तव्य के अन्त में कहा गया है "अन्ततोगत्वा जन सुरक्षा के अपने उत्तरदायित्व को ध्यान में रखते हुए सरकार उस नीति पर कब तक क़ायम रह सकेगी" (अर्थात् दमन न करने की नीति पर)। "यह इस बात पर निर्भर होगा कि शान्तिप्रिय नागरिकों की आन्दोलन का प्रसार रोकने और उसके ख़तरों को सीमित रखने के प्रयत्नों में कितनी सफलता मिलती है।"

इसका यह अर्थ हुआ कि यदि असहयोग का प्रभाव इस हद तक पड़ता है कि सरकार द्वारा अपने क़दम वापस न लेने और भारत के प्रति

1. 6 नवम्बर, 1920 के भारत के असाधारण गजट में प्रकाशित।

किये गये अपराधों पर पश्चात्ताप न करने पर उसका दृढ़ बना रहना असम्भव हो जाये तो विवेक और तर्क की जगह सरकार दमन से काम लेगी। ध्यान देने से यह स्पष्ट हो जायेगा कि सरकार को भय हिंसा का नहीं अपने अस्तित्व की समाप्ति का है। यदि मेरा यह विश्लेषण सही है तो फिर सरकार भारत के लोगों और नरम दल के साथ एक निर्मम खेल ही खेल रही है। यदि उसका अभिप्राय अच्छा है तो उसे पक्के तौर पर यह घोषणा अधिक–से–अधिक स्पष्ट शब्दों में करनी चाहिए कि जब तक आन्दोलन अहिंसात्मक रहता है वह उसमें दखल नहीं देगी, फिर चाहे उसकी माँग या परिणति पूर्ण स्वतन्त्रता ही क्यों न हो। मुझे इसमें ज़रा भी सन्देह नहीं कि यदि हम असहयोगी अपने आन्दोलन को हिंसा से मुक्त रख सकें तो सरकार को आगे–पीछे ऐसी घोषणा करनी ही पड़ेगी। परन्तु यदि अदम्य लोकमत से मजबूर होकर उसे यह घोषणा करनी पड़ी तो उसमें कोई शोभा नहीं रह जायेगी।

शेष वक्तव्य सरकार की परम्परागत नीति के अनुसार ही है। वह सदैव की तरह झूठी आत्म–प्रशंसा और असहयोगियों के बारे में ग़लतबयानियों से भरा है। उदाहरणार्थ यह कहना ग़लत है कि जिनका दमन किया गया था वे अहिंसा के सिद्धान्त से हट गये थे और इसलिए उनका दमन किया गया। मैं सरकार को चुनौती देता हूँ कि जो लोग गिरफ़्तार किये गये हैं वह उनके भाषणों या लेखों में हिंसा भड़काने का एक भी उदाहरण दिखा दे। कभी–कभी प्रतिवादियों की भाषा अनर्गल और अतिरंजित भी रही है, परन्तु उनमें से कुछ के मुक़दमों का जो ब्योरा मुझे उपलब्ध है, उससे पता चलता है कि सम्बद्ध वक्ताओं ने हिंसा की सलाह नहीं दी थी। वक्ताओं ने कुछ भी ऐसा नहीं कहा जो मैं स्वयं न कहता। यह कहना कि जिन लोगों को सज़ा दी गयी है, वह इसलिए दी गयी है कि "उन्होंने फ़ौज या पुलिस को राजनिष्ठा से च्युत करने की कोशिश की थी" बिलकुल ग़लत है। अलबत्ता भरती होने वाली से की गयी इस सार्वजनिक अपील को कि वे अन्य देशों की स्वतन्त्रता का अपहरण करने के लिए भाड़ैतू सिपाही न बन बैठें, भड़काना माना जाये तो बात अलग है। पंजाब में विद्रोही सभा सम्बन्धी घोषणा और कुछ असहयोगी के विरुद्ध की गयी कार्रवाई इस कथन का स्पष्ट खण्डन है कि सरकार भाषण की स्वतन्त्रता और समाचार पत्रों की स्वतन्त्रता में ऐसे समय जबकि भारत स्व–शासन के सिद्धान्त को पाने की दिशा में प्रगति कर रहा है, दखल नहीं देना चाहती।

आन्दोलन के नेताओं के सम्बन्ध में ग़लतबयानियाँ की गयी हैं और उनकी प्राणोत्सर्ग की इच्छा का अभद्रतापूर्वक उपहास किया गया है। सरकार को मालूम होना चाहिए कि मुझे और अली भाइयों को यह जानकार कितनी राहत मिली है कि कम–से–कम अभी वे हमें क़ैद नहीं करना चाहते। सभी जानते हैं कि यदि हम क़ैद कर लिए गये तो हिंसा भड़कने का ज़बरदस्त ख़तरा है। मैं जानता हूँ कि यह स्वीकार करना शर्म की बात है। यदि जनता सचमुच में सशक्त और आत्मनिर्भर होती तो वह हमारी या किसी नेता की गिरफ़्तारी से बेचैन न होती। जब तक यहाँ सरकार का आतंक छाया हुआ है तब तक यह डर भी हमेशा बना रहेगा कि जब–जब इस दुःखी देश की जनता उन लोगों की मदद और सेवा से वंचित की जायेगी, जिनमें उसे विश्वास है, हिंसा भड़क उठेगी।

सरकार का तीसरा तर्क जो वह अपने आत्मसंयम बरतने के पक्ष में देती है, देखने–सुनने में बहुत वाज़िब जान पड़ता है मगर उसकी मंशा भोले–भाले लोगों को भुलावे में डालने का है। वह कहती है कि–

असहयोग एक ऐसी काल्पनिक और निराधार योजना है जो यदि सफल हो जाये तो उसका केवल यही नतीजा होगा कि देशभर में उपद्रव और राजनीतिक हलचल फैल जायेगी और सचमुच देश में जिनका कुछ दाँव पर लगा है वे बर्बाद हो जायेंगे।

इसी एक वाक्य से हमें सरकार के शैतानी स्वरूप का परिचय मिल जाता है। उसे यह अच्छी तरह समझ लेना चाहिए कि सफल असहयोग का अर्थ है वर्तमान प्रणाली को अनुशासन और शान्तिपूर्ण ढंग से समाप्त करना और उसका स्थान उपद्रव और अराजकता को नहीं वरन् प्रथम कोटि की राजनीतिक प्रणाली को देना है। यह प्रणाली देश के सारे न्यायोचित हितों का संरक्षण करेगी जिनमें यहाँ ईमानदारी के साथ रोज़ी कमाने के इच्छुक यूरोपीय व्यापारियों के हित भी शामिल रहेंगे। 'सच्चे दाँव' का इस तरह उल्लेख भारत की जनता का जान–बूझकर अपमान करना है, इस तरह धनिक वर्गों को शरारतन उत्तेजित किया गया है कि वे जनता के विरुद्ध सन्नद्ध हो जायें। क्या भारत में जनता का कोई हित निहित नहीं है? सच कहो तो क्या यहीं ऐसे लोग नहीं हैं जिनका देश में सच्चा हित दाँव पर है? यदि देश का सर्वनाश हो जाये तो धनिक वर्ग देश से बाहर चले जाने में समर्थ है; किन्तु आम जनता सिवाय उस एक गज़ ज़मीन को छोड़कर, जो इस दुःखी देश में उसके पास है, और कहाँ जा सकती है?

इस वक्तव्य को तैयार करने वालों को यह कहना शोभा नहीं देता कि "असहयोग की पुकार तो पूर्वाग्रह और अज्ञान को ही सम्बोधित करती है" जबकि वे जानते हैं कि प्रत्येक मंच से आत्म–बलिदान, आत्मशुद्धि और अनुशासन की अपील की गयी है। इसी तरह सत्याग्रह को ग़लत ढंग से प्रस्तुत करना भी एक अशोभनीय बात है। उस घटनापूर्ण अप्रैल मास में निस्सन्देह कटु अनुभव हुए किन्तु उस समय अधिकारियों द्वारा किये गये कुकृत्यों की स्मृति तो सदा ताज़ी बनी रहेगी। भारत यह कभी नहीं भूलेगा कि पंजाब में एक क्रूर प्रशासक ने किस तरह एक निर्दोष और शुद्ध आन्दोलन को मनमाने ढंग से दबाना चाहा था। उस समय के अत्याचारों और अपने कर्तव्य के प्रति जनता जिस आश्चर्यजनक ढंग से सजग हुई उससे सरकार का सत्याग्रह पर लगाया गया लांछन बिलकुल झूठा सिद्ध हो जाता है।

सम्बद्ध प्रस्ताव हमारे अज्ञान और द्वेष के प्रति ही नहीं हमारी विवशता के प्रति भी सम्बोधित है। क्योंकि आगे इस आलेख में यह कहा गया है : यदि सब कुछ इनकी इच्छाओं के अनुसार हो गया तो भारत विदेशी हमलों और आन्तरिक अराजकता का शिकार बन जायेगा। टिकाऊ सरकार के लाभ, अबाध शान्ति, एक शताब्दी से अधिक समय तक भारत की व्यवस्थित प्रगति से प्राप्त लाभ तथा इन सबसे अधिक वे लाभ जिनके अब सुधार योजना के अन्तर्गत होने की आशा है–इन सब चीज़ों का अर्थात् भारत की भौतिक उन्नति, राजनीतिक प्रगति का कुछ सिरफिरों की ग़ैर ज़िम्मेदार सनक पर बलिदान कर दिया जायेगा।

मेरी नम्र राय में वास्तव में यह अंश सबसे अधिक शरारतपूर्ण, बहुत ही गुमराह करनेवाला है और यदि सरकार के शब्दों में कहें तो "सबसे अधिक अनैतिक है"। यदि प्रस्तुत तर्क में कुछ दम है तो भारत का ब्रिटिश संगीन के बिना सुरक्षाहीन दशा में रहना ही उचित है। मैं भारत के भविष्य की इससे अधिक दुःखमय, अधिक अनैतिक और किसी भी राष्ट्र के इससे अधिक अयोग्य हो जाने की कल्पना नहीं कर सकता। इस राष्ट्र के पास केवल एक शताब्दी पूर्व रूस को छोड़कर यूरोप के शेष तीन बड़े राष्ट्रों से अधिक बहादुर सैनिक थे। ब्रिटिश सरकार की इससे तीव्र और क्या निन्दा हो सकती है कि उसने ब्रिटिश राष्ट्र के वाणिज्य लोभ के लिए एक समूचे राष्ट्र को नपुसंक बना दिया? इस आलेख को तैयार करने वाले यह अवश्य जानते होंगे कि हमारी इच्छाओं की पूर्ण तुष्टि का अर्थ है एक

ऐसा भारत जिसकी पूरी जनता का हृदय और उद्देश्य एक हो, जो स्वयं पूर्ण तथा आत्मनिर्भर हो और अपनी दैनिक आवश्यकताओं के लिए इतना उत्पादन कर ले कि संसार की सभी नौ–सैनिक शक्तियों के सम्मिलित अवरोध को भी अच्छी तरह बर्दाश्त कर सके। यह सब दिवास्वप्न भी हो सकता है; परन्तु ''हमारी आशाओं की पूर्ण तुष्टि'' का सही अर्थ यही है। यदि संसार के सारे राष्ट्र भी भारत में, उसके किसी आक्रमण की सज़ा देने के लिए नहीं वरन् संगीन की नोक पर उसके साथ व्यापार करने के लिए, घुसें तो मैं चाहता हूँ कि सिख, गोरखा, पुरबिया, मुसलमान, राजपूत और भारत की अन्य सभी सैनिक जातियाँ स्वेच्छा से अपने देश और सम्मान के लिए उनसे युद्ध करें और देवतागण भारत के उस युद्ध का दृश्य देखें। यदि मुझसे कहा जाये कि भारत में उद्देश्य और मन की ऐसी एकता कभी नहीं होगी, तो फिर मैं यह कहूँगा कि भारत में कभी स्वराज नहीं होगा और इसलिए सच्ची स्वतन्त्रता और सच्ची नैतिक तथा भौतिक प्रगति भी नहीं होगी। कैनिंग ने लिखा था कि यदि भारतीय आकाश में आदमी के अँगूठे जितना एक बादल हो तो उसका किसी भी क्षण इतना बड़ा हो जाना सम्भव है कि यदि वह फट पड़े तो सारा देश बह जाये। किन्तु मैं अपने देशवासियों की योग्यता के प्रति अपने अटूट विश्वास के कारण ऐसी आशा करता हूँ कि ब्रिटिश शासन के सभी कटु अनुभव जो इस समय राष्ट्र के अवचेतन मन में दबे हैं किसी भी समय मूर्त रूप ले सकते हैं और फिर राष्ट्र एकता और आत्म बलिदान की आवश्यकता इस तरह पहचान ले सकता है कि उससे ब्रिटिश सरकार पश्चात्ताप के लिए विवश हो जाये और उसका सच्चा हृदय परिवर्तन हो जाये अथवा वह यहाँ से हट जाने को बाध्य हो जाये।

मैंने विद्यार्थी जगत को सलाह दी है, उस पर अनैतिकता आदि के आरोप लगाये गये हैं; मैं उनका खण्डन करके इस लेख को नहीं बढ़ाना चाहता। इस पत्रिका के पृष्ठों में पाठकों के समक्ष इस प्रश्न पर अपनाई गयी मूल स्थिति का धार्मिक विवेचन स्पष्टतः कर दिया गया है। मैं इस लम्बे लेख को केवल एक चीज़ को अभाव की ओर इशारा करके समाप्त करूँगा। यदि ख़िलाफ़त की शर्तों में यहाँ से वहाँ तक संशोधन और लोगों को पंजाब के बारे में पूरी तरह सन्तुष्ट कर दिया जाये तो असहयोग की अवश्यम्भावी प्रगति रोकी जा सकती है। यदि इन दोनों मुद्दों पर ब्रिटिश राष्ट्र भारत की इच्छओं का सम्मान करे तो असहयोग के स्थान पर

सहयोग होने लगेगा और उसकी सबसे स्वाभाविक परिणति साम्राज्य के अन्तर्गत स्वराज होगी।

जहाँ तक मैं राष्ट्र के मन को जानता हूँ, मेरी समझ में जब तक पश्चात्ताप की यह भावना उत्पन्न नहीं होगी तब तक सरकार के अपनाये सभी प्रस्तावों और दमन के तरीकों के बावजूद अहिंसात्मक असहयोग इस देश का धर्म बना रहेगा और अवश्य रहना चाहिए। देश कुचक्र, धोखाधड़ी और मीठे शब्दों से ऊब उठा है।

सम्पूर्ण गाँधी वाङ्मय, खण्ड 18, पृ. 495–499,
यंग इंडिया (अंग्रेज़ी), 17.11.1920

राजद्रोह का कर्तव्य

अपनी बर्मा यात्रा के दौरान जब गाँधी ने सुना कि श्रीयुत साम्बमूर्ति को सज़ा सुना दी गयी है, तो उन्होंने सोचा कि उन्होंने अवश्य ही यह कठोर सज़ा पाने योग्य कोई बहुत ख़राब बात सरकार के विरुद्ध कही होगी। लेकिन अदालत के प्रकाशित निर्णय में श्रीयुत साम्बमूर्ति के सात भाषणों का जो सार–संक्षेप दिया गया है उसे पढ़ने पर देखा जा सकता है कि, जैसा कार्य समिति ने अपने प्रस्ताव में ठीक ही कहा है, उन भाषणों में ऐसी कोई बात नहीं कही गयी है जिसे अधिकांश कांग्रेस जन विभिन्न मंचों से बार–बार कह न चुके हों।

श्री साम्बमूर्ति पर राजद्रोह सम्बन्धी धारा के अन्तर्गत आरोप लगाया गया था। लेकिन कांग्रेसजनों के लिए, बल्कि प्रत्येक राष्ट्रवादी व्यक्ति के लिए राजद्रोह ही बहुत समय से एक पवित्र कर्तव्य बना हुआ है। जो सरकार प्रजा की निष्ठा खोने योग्य कार्य करेगी वह राजद्रोह से कब तक बची रह सकती है? तथ्य यह है कि श्रीयुत साम्बमूर्ति से भी कड़ी भाषा का प्रयोग करने वाले बहुत से लोगों को सज़ा देकर सम्मानित नहीं किया जाता तो इसका कारण यही है कि श्री साम्बमूर्ति की बातों का जनता और सरकार पर प्रभाव पड़ रहा था, उनकी शिक्षा संक्रामक सिद्ध हो रही थी जबकि हममें से अधिकांश लोगों का राजद्रोह का गुण प्रभावहीन होता है। यदि हमें श्रीयुत साम्बमूर्ति को प्रदान किये गये सम्मान जैसा सम्मान प्राप्त करने योग्य बनना है तो हमारा राजद्रोह वैसा ही प्रबल और क्रियाशील होना चाहिए जैसा कि श्रीयुत साम्बमूर्ति का होता जा रहा था। उनमें वह इतना प्रबल और क्रियाशील हो गया था कि वे सरकार की नज़रों में खटकने लगे थे।

उन्होंने जमानत पर रिहा होने या अपना बचाव पेश करने से इनकार करके एक अच्छा उदाहरण प्रस्तुत किया है। व्यक्तिगत तौर पर मैं अपने

मामले में एक संक्षिप्त बयान अदालत में ज़रूर देता, अदालत के मार्गदर्शन की ख़ातिर नहीं बल्कि जनता की ख़ातिर। उदाहरण के तौर पर जनता यह जानना चाहेगी कि उनके भाषणों के सही विवरण प्रस्तुत किये गये थे या नहीं। लेकिन मैं स्वीकार करता हूँ कि यह एक तुच्छ सी बात है। भाषणों की अतिरंजित और ग़लत रिपोर्ट छपने के हम आदी हैं। और जहाँ किसी कार्य–विशेष की न केवल निन्दा नहीं की जाती, बल्कि उसका बचाव पेश किया जाता है वहाँ इससे क्या फ़र्क़ पड़ता है कि बात को बढ़ा–चढ़ाकर प्रस्तुत किया गया है या घटाकर? उनका जनता के लिए कोई संदेश देने से इनकार करना उनके स्वभाव के अनुकूल ही था। यदि उनको सज़ा दिया जाना ही लोगों के लिए पर्याप्त सन्देश नहीं है तब तो फिर शब्दों से कोई सन्देश देना व्यर्थ है।

सम्पूर्ण गाँधी वाङ्मय, खण्ड 40, पृ. 215, यंग इंडिया (अंग्रेज़ी), 4.4.1929

सत्याग्रह राजद्रोह नहीं है

27 जुलाई, 1919[1] को 'हिन्दवासी' के मुक़दमे में सुनाये गये फ़ैसले का एक उद्धरण प्रकाशित करते हुए 'मराठा' ने यह सुझाव दिया था कि उद्धृत अनुच्छेद में मजिस्ट्रेट द्वारा उठाये गये मुद्दे के बारे में गाँधीजी को स्पष्टीकरण करना चाहिए। गाँधीजी ने सुझाव मान लिया और अपना उत्तर प्रकाशनार्थ 'मराठा' को भेजा। फ़ैसले का यह हिस्सा नीचे दिया जा रहा है।

सत्याग्रह के राजनीतिक रूप में क़ानून–भंग सत्याग्रह का एक अन्तर्निहित अनिवार्य लक्षण है। सत्याग्रह–प्रतिज्ञा के सार से सभी परिचित हैं। इस प्रतिज्ञा के द्वारा प्रतिज्ञा लेनेवाला सत्याग्रह–सभा जिन क़ानूनों का तोड़ा जाना तय करे, उन क़ानूनों की सविनय–अवज्ञा करने के अधिकार का दावा करता है। यह सर्वविदित है कि बम्बई में 'सविनय–अवज्ञा' ने ज़ब्त साहित्य बेचने का स्वरूप ग्रहण किया था जो कि भारतीय दण्ड–संहिता के खण्ड 124 (अ) के अनुसार अपराध है। दूसरे शब्दों में यह कृत्य एक फ़ौजदारी क़ानून की सक्रिय अवज्ञा है। इसके अतिरिक्त किसी ऐसे क़ानून की 'सविनय–अवज्ञा' करना, जो दूसरों के हकों की रक्षा करता हो, प्रत्यक्षतः सभी प्रकार की व्यवस्था और क़ानून का उच्छेदन करना है और उससे सहज ही क़ानून तथा व्यवस्था की रक्षक सरकार के प्रति घृणा और तिरस्कार पैदा होता है अर्थात् राजनीतिक सत्याग्रह की यह पहल तात्त्विक रूप में और परिणाम की दृष्टि से राजद्रोह पूर्ण है।

गाँधी ने इसके उत्तर में कहा : 'हिन्दवासी' के मुक़दमे के सम्बन्ध में मजिस्ट्रेट ने जो फ़ैसला सुनाया है उसमें से आपने सविनय–अवज्ञा के बारे

1. गाँधीजी का यह लेख मराठा में इसी तारीख़ को प्रकाशित हुआ था।

में उनके विचार उद्धत करके मुझसे कहा है कि मैं इस फ़ैसले में उठाये गये मुद्दे का स्पष्टीकरण करूँ। मैं सहर्ष ऐसा कर रहा हूँ।

जीवन के एक भव्य सिद्धान्त के बारे में जितनी ज़्यादा ग़लतफ़हमियाँ और ग़लतबयानियाँ आपके द्वारा उद्धृत इस अनुच्छेद में हैं उतनी किसी एक ही अनुच्छेद में भरना सचमुच बहुत मुश्किल है। इस अनुच्छेद के आरम्भ में लिखा है कि, सत्याग्रह के राजनीतिक रूप का एक और पहलू है जिससे स्पष्ट हो जाता है–जैसा कि दिल्ली की घटनाओं से–कि क़ानून–भंग सत्याग्रह का एक अन्तर्निहित अनिवार्य लक्षण है। जब तक तटस्थ परीक्षकों की तरफ़ से दिल्ली की घटनाओं का भेद न खुले तब तक हम यह नहीं जान सकेंगे कि दिल्ली की घटनाओं के बारे में कुसूर किसका था। परन्तु इतना तो याद रखना ही चाहिए कि गत 30 मार्च अथवा 6 अप्रैल को सविनय क़ानून–भंग शुरू ही नहीं हुआ था। स्वामी श्रद्धानन्दजी का तो यह कहना है कि क़ानून का भंग अधिकारियों के द्वारा किया गया था और यह कि वहाँ जो मुट्ठी भर सत्याग्रही उपस्थित थे, उन्होंने तो अपनी जान जोख़िम में डालकर भीड़ और स्थानीय अधिकारी के रोष को नियन्त्रित करने की कोशिश की। फ़ैसले में आगे बताया गया है कि–

इस प्रतिज्ञा द्वारा प्रतिज्ञा लेनेवाला सत्याग्रह–सभा जिन क़ानूनों को तोड़ा जाना तय करे, उन क़ानूनों की सविनय–अवज्ञा करने के अधिकार का दावा करता है। गाँधी ने कहा कि इस वाक्य में हक़ीक़त को ग़लत रूप में पेश करने और साथ ही हक़ीक़त को दबा देने का दोष भरा हुआ है। प्रतिज्ञा, प्रतिज्ञा करनेवालों को सत्याग्रह–सभा के तय किये हुए किसी भी क़ानून की सविनय–अवज्ञा का नहीं, परन्तु अपनी ही नियुक्त की हुई विशेष समिति के द्वारा चुने गये क़ानूनों की सविनय–अवज्ञा करने का अधिकार देती है। यह भेद महत्त्वपूर्ण है। विद्वान मजिस्ट्रेट ने यह बात नहीं कहीं कि क़ानून की सविनय–अवज्ञा करते वक़्त सत्याग्रही सत्य पर डटे रहने और किसी की भी जान–माल को नुक़सान न पहुँचाने के लिए बँधा हुआ है। यह वस्तु कम महत्त्व की नहीं है। आगेवाले वाक्य में मजिस्ट्रेट अपने जिस अज्ञान का प्रदर्शन करता है, वह न्यायाधीश के लिए अक्षम्य है। वह कहता है कि "सविनय–अवज्ञा क्या है, यह कभी समझाया ही नहीं

गया।" यदि वह क़ानून की सविनय–अवज्ञा के लिए ही सज़ा देने बैठा था, तब उसका पूरी तरह यह समझ लेना फ़र्ज़ था कि यह वस्तु क्या है। सत्याग्रह–सम्बन्धी सभी पत्रिकाएँ, जिनमें थोरो का प्रसिद्ध लेख[1] 'सिविल डिसओबिडियन्स' भी है, उसे उपलब्ध थीं।

सम्पूर्ण गाँधी वाङ्मय, खण्ड 15, पृ. 497, यंग इंडिया (अंग्रेज़ी), 2.8.1919

---

1. देखिये परिशिष्ट 2

सत्य पर दृढ़ता

गाँधी ने कहा कि मैं तो देश के सामने पिछले चार वर्षों से उसके कर्तव्य रखता आ रहा हूँ; अफ़सोस की बात तो यह है कि मेरे ज़्यादा अनुगामी नहीं हैं। यदि मेरे पास काफ़ी संख्या में प्रबल अनुगामियों का एक सुसंगठित दल होता तो मैं अराजकता और अव्यवस्था को बिलकुल ही असम्भव बना देता और इंस्पेक्टर जनरल ऑफ़ पुलिस के पास कोई काम न बचता। लोगों को मैं जो सिखाता हूँ वह तो यह है कि "हर हालत में सत्य पर दृढ़ रहो और कभी किसी व्यक्ति या उसकी सम्पत्ति को क्षति न पहुँचाओ।"

खेड़ा जाने पर उन्होंने देखा कि बहुत–से लोग इन अदना अफ़सरों के भय से त्रस्त रहा करते थे, और मुझे यह तसदीक करते हुए ख़ुशी होती है कि अब लोगों के दिलों से उनका और उनसे ऊँचे अफ़सरों का डर जाता रहा है। मैंने उन्हें आदर देने और डरने के भेद को पहचानने के लिए कहा। मैं कलेक्टर को चुनौती देता हूँ कि लोगों के निर्भय हो जाने की बात को छोड़कर वे सिद्ध करें कि आन्दोलन में भाग लेने वाले एक भी आदमी ने सत्ता के प्रति तनिक भी तिरस्कार प्रदर्शित किया। मेरी नम्र सम्मति में बिना सुनवाई के किसी को सज़ा दे देना अन्याय है। शिष्टता और शालीनता का तकाजा है कि कम–से–कम नडियाद के लोगों को, और विशेष रूप से पाटीदारों और बनियों को, जिनका इस मामले से सम्बन्ध है, तथा बारेजडी के भूस्वामियों को तलब करके यह प्रमाणित करने के लिए तो कहा जाये कि उन पर 22,000 का जुर्माना क्यों न ठोका जाये। आदेश में जुर्माने के रूप में यही बड़ी रकम देने को कहा गया है। इसके अतिरिक्त एक बड़े शहर के इने–गिने पियक्कड़ों का दोष सारी आबादी पर मढ़ देना ईमानदारी नहीं कही जा सकती, जबकि सज़ा का मूल कारण अपराध न होकर जनता की राजनीतिक गतिविधि ही है।

सम्पूर्ण गाँधी वाङ्मय, खण्ड 16,

देश हित और असत्य

मेरा भाषा–विषयक ज्ञान बहुत ही कम है। तीस वर्ष तक भारत से बाहर रहने के कारण भारत के विषय में मेरी जानकारी, जैसा कि स्वाभाविक है, कम है। यह विनय की भाषा नहीं बल्कि मेरी स्थिति का वास्तविक चित्रण है।

सत्याग्रह मेरे लिए कोरी किताबी चीज़ नहीं है, यह तो मेरा जीवन है। मुझे सत्य के सिवा किसी और चीज़ में कोई दिलचस्पी नहीं है। मुझे इस बात का पूरा विश्वास है कि असत्य से देश का कभी भी हित नहीं हो सकता। लेकिन कदाचित असत्य के तात्कालिक लाभ की उपलब्धि होती हो तो भी हमें सत्य का त्याग नहीं करना चाहिए, ऐसी मेरी दृढ़ मान्यता है। आगे उन्होंने कहा कि यह खोज करते हुए मैंने देखा कि क़ानूनों का स्वेच्छापूर्वक पालन करना हमारा फ़र्ज़ है। लेकिन इस फ़र्ज़ को अदा करते हुए मैंने यह भी देखा कि जब क़ानून असत्य का पोषण करे तब उसकी अवहेलना करना भी कर्तव्य है। क़ानून का यह (कर्तव्य रूप) भंग किस तरह किया जाये? उसके उत्तर में उन्होंने स्पष्ट किया कि, सत्य का पालन करते हुए हम क़ानून के भंग से मिलने वाले दण्ड को स्वीकार कर लें। इसका नाम क़ानून का सविनय भंग है। इसको कौन लोग करें, कौन से क़ानून असत्य का पोषण करने वाले होते हैं–इसका निर्णय–मात्र अमुक नियम बनाकर नहीं किया जा सकता। यह तो अनुभव से ही सम्भव हो सकता है। इसके लिए समय तथा साधन चाहिए। यह साधन 'नवजीवन' बने।

हिन्दुस्तान किसानों की झोंपड़ियों में बसता है। बुनकरों का कला–कौशल भारत की भव्यता का स्मरण कराता है। इसी से मैं अपने को किसान अथवा बुनकर कहलाने में गर्व का अनुभव करता हूँ। मुझे तो

'नवजीवन' को किसानों की झोंपड़ियों तथा बुनकरों के घरों में पहुँचाना है। मुझे उसे उनकी भाषा में ही लिखना है। इसलिए किसानों आदि के सुख–दुःख की बातें 'नवजीवन' हमेशा उनकी भाषा में करेगा। यदि किसान भयभीत रहेंगे, क़र्ज़ के बोझ तले दबे रहेंगे, उनके शरीर रोगी होंगे तो मैं इसमें भारत का सर्वनाश ही देखता हूँ।

सम्पूर्ण गाँधी वाङ्मय, खण्ड 16,

अहिंसा और सविनय अवज्ञा

गाँधी ने सविनय अवज्ञा का अर्थ स्पष्ट करते हुए कहा कि, सविनय अवज्ञा विनयहीन या अनैतिक अवज्ञा से उल्टी चीज़ है। इसलिए सविनय अवज्ञा केवल उन्हीं क़ानूनों की हो सकती है जो नीति से समर्थित न हों। क़ानून फौजदारी और दीवानी दो प्रकार के होते हैं। क़ानून की सविनय अवज्ञा करनेवाला भारतीय दण्ड–संहिता के खण्ड 124 (अ) जैसे कृत्रिम फौजदारी क़ानून की सविनय अवज्ञा करने में आगा–पीछा नहीं करेगा। इस क़ानून के अनुसार न्यायाधीश की सनक अथवा पूर्वग्रह के अनुसार किसी भी वस्तु को राजद्रोहात्मक कहा जा सकता है। सविनय अवज्ञा करनेवाला दूसरों के अधिकारों पर आक्रमण नहीं करेगा। वह किसी भी व्यक्ति अथवा संस्था के प्रति द्वेष या तिरस्कार पैदा करने के ख़याल से कोई भी काम नहीं करेगा। परन्तु वह किसी भी व्यक्ति या संस्था के द्वेषात्मक अथवा तिरस्कार योग्य कृत्यों का, परिणाम की परवाह किये बिना, अनादर करने या भंडाफोड़ करने में संकोच नहीं करेगा। ऐसा करके वह उस व्यक्ति अथवा संस्था को उस सारी घृणा अथवा तिरस्कार से बचा लेता है, जिसका वह सचमुच में पात्र नहीं है। राजद्रोह के क़ानून का ऐसा अर्थ तो नहीं हो सकता कि राज्य के किसी भी जुल्म या मनमानी के आगे, भले ही उसे विधान–पुस्तक में स्थान मिल गया हो, इस डर से सिर झुका दिया जाये कि यदि ऐसा नहीं किया गया तो उस अत्याचारी राज्य के प्रति लोगों के मन में घृणा उत्पन्न होगी इसलिए सविनय अवज्ञा करनेवाला हेतुओं का आरोपण नहीं करेगा, बल्कि (राज्य के) प्रत्येक कार्य की उसके गुण–दोषों के आधार पर ही जाँच करेगा। सविनय क़ानून–भंग प्रेम और भाईचारे पर आधारित है, जबकि क़ानून का विनयहीन भंग द्वेष

और तिरस्कार–पर। प्रकाश और अन्धकार में जितना फ़र्क़ है, उतना ही अन्तर सविनय क़ानून–भंग और विनयहीन क़ानून–भंग के बीच है। जब देश में सविनय क़ानून–भंग की भावना व्यापक हो जायेगी और मैं आशा रखता हूँ कि ऐसा शीघ्र ही हो जायेगा तब अपराध और रक्तपात लगभग भूतकालीन घटना बन जायेंगे।

सम्पूर्ण गाँधी वाङ्मय

आपत्ति का उत्तर

इस आपत्ति पर गाँधीजी ने उत्तर देते हुए कहा कि, मित्रगण और सरकार दोनों ही यह आपत्ति पेश करते हैं कि जीवन के एक सिद्धान्त के रूप में सविनय क़ानून–भंग अपने–आप में भले ही बहुत प्रशंसनीय वस्तु हो, परन्तु नासमझ लोग सविनय क़ानून–भंग और विनयहीन क़ानून–भंग के बीच भेद न कर सकने के कारण और पसन्द न आनेवाली वस्तु की अवज्ञा करने की मनोवृत्ति रखने के कारण प्रबुद्ध लोगों की कल्पना के सविनय क़ानून–भंग का अर्थ किसी भी तरह का क़ानून–भंग करने की भूल कर सकते हैं और सब क़ानूनों को ताक पर रखकर मनचाहा व्यवहार करने लगते हैं। यह तर्क विचारणीय अवश्य है, परन्तु इससे सविनय क़ानून–भंग की आवश्यकता अथवा भव्यता अप्रमाणित नहीं हो जाती। इससे तो इतना ही साबित होता है कि मेरे–जैसे आदमी को, जो सविनय क़ानून–भंग का प्रयोग नये और विस्तृत क्षेत्र में कर रहा है, बहुत सावधानी रखने की ज़रूरत है। आगे उन्होंने कहा कि यह सर्वविदित है कि बम्बई में सविनय अवज्ञा ने ज़ब्त साहित्य बेचने का रूप ग्रहण किया था जो कि भारतीय दण्ड–संहिता के खण्ड 124 (अ) के अनुसार अपराध है। दूसरे शब्दों में यह कृत्य एक फ़ौजदारी क़ानून की सक्रिय अवज्ञा है। वर्जित साहित्य की बिक्री फौजदारी क़ानून का सक्रिय भंग करने के लिए नहीं, वरन् प्रबन्ध–विभाग के अधिकारियों की निषेधाज्ञा को चुनौती देने के लिए की गयी थी और जैसा कि अब प्रकट हुआ है ऐसी बिक्री में क़ानून का कोई भंग ही नहीं था, क्योंकि इससे किसी भी क़ानून अथवा हुक्म का उल्लंघन नहीं हुआ था। सविनय क़ानून–भंग करने वाले ने निषेधाज्ञा का अर्थ समझने में भूल की थी। उद्धरण में आगे चलकर कहा गया है : इसके अतिरिक्त, किसी ऐसे क़ानून की 'सविनय–अवज्ञा' करना, जो दूसरों के हकों की रक्षा करता हो, प्रत्यक्षतः सभी प्रकार की व्यवस्था और क़ानून का उच्छेदन करना

है और उससे सहज ही क़ानून और व्यवस्था की रक्षक सरकार के प्रति घृणा और तिरस्कार पैदा होता है। अर्थात् राजनीतिक सत्याग्रह का यह पहलू तात्विक रूप में परिणाम की दृष्टि से राजद्रोहपूर्ण है।

सविनय क़ानून–भंग के सम्बन्ध में मेरे उपरोक्त स्पष्टीकरण के बाद इस पर और अधिक विवेचन करना अनावश्यक है। यदि श्री जेठामल[1] को सत्याग्रह के सिद्धान्तों की बिलकुल ग़लत कल्पना के आधार पर ही सज़ा दे दी गयी हो, तो उन्हें अविलम्ब छोड़ दिया जाना चाहिए।

सम्पूर्ण गाँधी वाङ्मय, खण्ड 15, पृ. 497,
यंग इंडिया (अंग्रेज़ी), 2.8.1919

1. जेठामल परसराम, सम्पादक, हिन्दवासी।

अहिंसा की विजय

श्री राजेन्द्र प्रसाद ने पटना के जुलूस का वर्णन किया जिसमें उन्होंने बताया कि पन्द्रह हज़ार की जुलूस पुलिस की ज़्यादतियों के बावजूद पूर्ण शान्त रही इसे उन्होंने अहिंसा की विजय कहा। वे पटना से लिखते हैं[1] : हिन्दुस्तान में आजकल जो हवा बह रही है, उसका जितना अनुभव करता हूँ उतना ही मुझे यह प्रतीत होता जाता है कि जनता ने शान्ति का सबक ठीक–ठीक सीख लिया है। इसमें अभी कुछ कमी तो है। परन्तु यदि लोग आख़िर तक निर्भय और शान्त बने रहे तो स्वराज दूर नहीं है।

स्वराज के लिए तीन गुण बहुत ही ज़रूरी हैं : शुद्धि, निर्भयता और उद्यम। शराब आदि नशीली चीज़ों का त्याग शुद्धि की निशानी है। नमक क़ानून जैसे क़ानूनों की सविनय अवज्ञा से जनता निर्भयता का पाठ पढ़ और पढ़ा रही है, और चरखे या तकली के सर्वव्यापक होने पर जनता उद्यमी बन सकती है। इन तीनों की सफलता से जो आर्थिक लाभ होता है सो तो है ही। शराब वग़ैरा नशीली चीज़ों का त्याग से 25 करोड़ रुपये बचेंगे। नमक–कर के रद्द होने से कम–से–कम 6 करोड़ और तकली के उद्यम से अर्थात् खादी के द्वारा 60 करोड़ की बचत होगी। भगवान इस देश की जनता को बल दे कि वह इन कार्यों को कर सके।

सम्पूर्ण गाँधी वाङ्मय, खण्ड 43, पृ. 388,
नवजीवन (हिन्दी), 1.5.1930

1. यहाँ नहीं दिया जा रहा है। राजेन्द्र बाबू ने पटना में हुई घटना का विवरण देते हुए लिखा था कि 23 अप्रैल को पन्द्रह हज़ार लोगों का एक जुलूस निकला और पुलिस की ज़्यादती के बावजूद वहाँ उपस्थित लोग पूरी तरह शान्त और अनुशासन में रहे। इसे उन्होंने अहिंसा की पूर्ण विजय कहा था।

क्या यह न्याय है?

अगर एक यूरोपीय कोई जुर्म या नैतिक भूल करता है तो उसे केवल एक व्यक्ति का दोष समझा जाता है; किन्तु वही भूल अगर किसी भारतीय से होती है तो सारे राष्ट्र को बदनाम किया जाता है। इस कथन का प्रत्यक्ष प्रमाण हाल में ही एक मामले में मिला है। एक भारतीय ने कुछ मकान पट्टे पर लिए और उन्हें अनैतिक काम के लिए किराये पर दे दिया। ऐसे बुरे काम की सफ़ाई तो दी ही नहीं जा सकती। परन्तु ऐसे जुर्म या ग़लती के लिए उस आदमी को भला–बुरा कहना एक बात है और उसकी भूल पर सारे राष्ट्र या कौम पर बन्दिशें लगा देना और उनका समर्थन करना सर्वथा दूसरी बात है। किन्तु मर्क्युरी लेन के साधारणतया गम्भीर माने जानेवाले चन्द्रवासी ('मैन इन द मून'[1]) ने और हमारे सान्ध्यकालीन सहयोगी[2] ने उपर्युक्त उदाहरण को लेकर ठीक यही किया है। उस भारतीय को अपने मकान किराये पर देनेवाला मालिक खुद एक यूरोपीय ही है। परन्तु इस घटना से हमारे देशभाइयों को सबक तो लेना ही चाहिए। हमारा सारा व्यवहार ऐसा हो कि किसी को हमारी तरफ़ अँगुली तक उठाने की गुंजाइश न रहे। हम एक ऐसे देश में रह रहे हैं, जहाँ हमारी छोटी–से–छोटी भूल, जैसे भी हो वैसे, हज़ार गुनी बढ़ाकर पेश की जाती है। इसलिए हममें से छोटे–से–छोटे आदमी को भी प्रत्येक कार्य में यह सावधानी रखनी चाहिए कि कहीं हम सारे समाज को हास्यास्पद न बना दें।

सम्पूर्ण गाँधी वाङ्मय, खण्ड 3, पृ. 409–410,
इंडियन ओपिनियन, (अंग्रेज़ी), 4.6.1903

---

1. नेटाल मर्क्युरी का साप्ताहिक स्तम्भ–लेखक; देखिये खण्ड 2, पृ. 315।
2. नेटाल एडवर्टाइज़र।

हिंसा और अहिंसा साथ–साथ नहीं चल सकती

हिंसा और अहिंसा दो परस्पर विरोधी, एक–दूसरे का विनाश करने वाली शक्तियाँ हैं। अहिंसा इसीलिए कि सफलता के लिए पूर्णतः अहिंसक वातावरण की आवश्यकता है। मोपलाओं के विद्रोह ने वातावरण जितना ख़राब कर दिया है उतना असहयोग आन्दोलन के आरम्भ से अब तक किसी अन्य कारण से नहीं हुआ। मैं ये पंक्तियाँ सिलहट से लिख रहा हूँ। जो कुछ वहाँ हुआ है इसकी मुझे बहुत थोड़ी जानकारी है। मैंने दैनिक समाचार–पत्रों के तीन अंक देखे हैं जिनमें 'एसोशिएटेड प्रेस' के तत्सम्बन्धी समाचार प्रकाशित हैं। इन समाचारों का जिस सावधानी से सम्पादन किया गया है उसकी ओर बरबस ध्यान खिंच जाता है। किन्तु यह स्पष्ट है कि मोपलाओं के हाथों आधा दर्जन व्यक्ति मारे गये हैं और वहाँ उनके भी सैकड़ों व्यक्तियों की जानें गयी हैं। मालाबार में फ़ौजी क़ानून लागू है। अभी सरकार द्वारा बदला लेना बाक़ी है। विद्रोही जितने बहादुर होंगे उन्हें उतना ही कठोर दण्ड दिया जायेगा। सरकारों का यही क़ानून होता है। यदि मोपला पूरी तरह अहिंसक बने रहते तो जितनी जनहानि उन्होंने सही है उससे भी दस गुनी हानि की मैं परवाह नहीं करता। वैसा हुआ होता तो वे स्वराज को बहुत ही पास ले आते। स्वराज के लिए अपने जीवन में हम जो कुछ भी दे सकें थोड़ा है। मोपलाओं के लिए तो इसका अर्थ ख़िलाफ़त–सम्बन्धी अन्याय का दूर होना भी हो सकता था। ईश्वर पुनीत बलिदान चाहता है। हमारे रक्त में क्रोध या घृणा का लेश भी नहीं होना चाहिए। जो त्याग अपनी क़ीमत माँगे वह स्वेच्छा से किया गया त्याग नहीं है। मोपलाओं ने क़ीमत माँगी है। इससे बलिदान की पवित्रता, उसकी शोभा बहुत हद तक नष्ट हो गयी है। अब तो कहा जायेगा कि मोपलाओं को ठीक ही सज़ा मिली।

यदि केवल मोपला ही मरते तो किसी भी प्रकार का फ़ौजी क़ानून लागू न होता और यदि होता तो वह बहुत स्वागतयोग्य होता। उससे हमारे देश को बर्बाद करने वाली यह सरकार ही ख़त्म हो जाती।

आजकल तो चाहे अकाल हो, या कुलियों का स्थानान्तरण अथवा मोपलाओं का विद्रोह, हर विपत्ति के लिए असहयोग को ही उत्तरदायी ठहराना फ़ैशन बन गया है। यह असहयोग की व्यापकता का अत्युत्तम प्रमाण है। हमारा कर्तव्य स्पष्ट है। असहयोगियों को स्पष्ट कर देना चाहिए कि इस उत्पात में उनका कोई हाथ नहीं है। हमारे व्यवहार से कहीं भी यह ज़ाहिर नहीं होना चाहिए कि मोपलाओं ने जो कुछ किया है उसका हम मानसिक रूप से या गुप्त समर्थन करते हैं। हमें स्पष्ट जान लेना चाहिए कि हिंसा का किसी भी प्रकार से समर्थन करना हमारे लिए अशोभनीय होगा। हमें मोपलाओं की ओर से हुई हिंसा की गुरुता को कम करने वाले कारणों की खोज नहीं करनी चाहिए। हमने अपने लिए एक कठिन आदर्श चुना है और हमें उस पर टिकना चाहिए। हमने प्रतिज्ञा की है क़ि चाहे कितनी भी उत्तेजक परिस्थितियाँ क्यों न हों हम किसी भी प्रकार की हिंसा नहीं करेंगे। हम तो यह मानते हैं कि उत्तेजना दिलानेवाली गम्भीरतम परिस्थितियों में हमारी अन्तिम परीक्षा होगी। इसलिए कहना पड़ता है कि इस्लाम तथा स्वराज के पवित्र कार्य को गुमराह मोपलाओं ने स्पष्ट ही बहुत हानि पहुँचाई है।

हम कह सकते हैं और अगर हमने ईमानदारी से वैसा प्रयास किया हो तो—हमें कहना भी चाहिए कि अपने प्रयासों के बावजूद हम अपने समाज के उपद्रवी तत्त्वों को नियन्त्रित या अनुशासित नहीं रख पाये। लोगों को स्वेच्छा से स्वीकृत अहिंसा और असहयोग के सहज नियन्त्रण अथवा सरकार के कठोर शासन के बीच किसी एक को चुनना है। अब सरकार अपनी बढ़ी—चढ़ी और प्रशिक्षित हिंसा के द्वारा हिंसा की शक्तियों का प्रतिकार कर सकने की अपनी शक्ति तथा सामर्थ्य का प्रदर्शन कर रही है। यदि हम यह नहीं दिखा पाते कि हमारा जनता पर अधिक प्रभाव है तो सरकार की इस कार्रवाई का कोई जवाब नहीं दे सकते। हमें स्वयं साफ़—साफ़ देख सकना चाहिए और लोगों को दिखा सकना चाहिए कि सरकार के ख़िलाफ़ हमारा शक्ति—प्रदर्शन उस बालक के प्रयत्न के समान है जो एक तिनके से नदी के प्रवाह को रोकना चाहता है।

मुझे यह जानकर दुःख होता है कि हमारे लोगों में अभी तक यह स्थिर विश्वास पैदा नहीं हुआ है कि केवल पूर्ण अहिंसा के माध्यम से ही स्वराज जल्दी मिल सकता है। हमें यह भी नहीं दिखता कि हिंसा के कारण हिन्दू–मुस्लिम एकता समाप्त हो जायेगी। हिन्दू और मुसलमान एक–दूसरे का विश्वास नहीं करते उसका कारण इसके सिवा और क्या है कि उन्हें–हिन्दुओं को मुसलमानों की ओर से और मुसलमानों को हिन्दुओं की ओर से–हिंसा का भय है। दोनों में सच्ची हार्दिक एकता के बिना स्वराज की कल्पना भी नहीं की जा सकती।

स्वराज–प्राप्ति में जो चीज़ बाधक है वह हिंसा का भय नहीं तो और क्या है? उसके लिए हमें जो क़दम उठाना है उन्हें हम तुरन्त क्यों नहीं उठाते? क्या उसका कारण यह नहीं है कि हमें हिंसा के भड़क उठने का भय है? अगर हमें यह विश्वास हो जाये कि हम दृढ़तापूर्वक अहिंसा पर डटे रहेंगे तो क्या हम सरकार को आज ही यह चेतावनी नहीं दे सकते कि या तो वह हमारे साथ सहयोग करे या यहाँ से निकल जाये? माडरेट लोग हमारे आन्दोलन से दूर रहना चाहते हैं उसका कारण क्या यह नहीं है कि उन्हें अहिंसा का वातावरण पैदा कर सकने की हमारी क्षमता पर विश्वास नहीं है? मोपलाओं के इस उत्पात से उनके इस डर को पोषण मिलेगा।

तब हमें क्या करना चाहिए? बेशक हमें निराश नहीं होना है। अपने साधन में, अहिंसा में हमारा विश्वास और प्रबल हो जाना चाहिए और इस प्रबलतम विश्वास को लेकर हमें अधिक उत्साह से आगे बढ़ना चाहिए, अधिक आशा से अपना क़दम उठाना चाहिए। हमें अपने देशवासियों को, नादान–से–नादान देशवासी को, यह समझाना है कि ख़िलाफ़त–सम्बन्धी अन्याय के निराकरण तथा स्वराज की प्राप्ति के लिए अहिंसा ही एकमात्र और अनिवार्य उपाय है और अपने इस प्रयत्न में हमें लगातार जुटे रहना चाहिए।

मोपला हमारे देश के बहादुर–से–बहादुर लोगों में से हैं। वे खुदा से डरते हैं। हमें उनकी बहादुरी को निखारकर शुद्ध करना है। मेरा विश्वास है कि यदि एक बार वे अपने धर्म को, अपने विश्वासों की रक्षा के लिए, जिसके लिए अभी उन्होंने जानें ली हैं, अहिंसा की आवश्यकता समझ जायें तो बिना किसी हिचकिचाहट के वे अहिंसा का पालन करेंगे। मोपले की बहादुरी के प्रमाण में 'इम्पीरियल गज़ेटियर ऑफ़ इंडिया' का लेखक लिखता है–उनके स्वभाव में एक चीज़ हमेशा होती है, धर्म के मामले में

अन्धी और उन्मत्त कट्टरता। वे झुकना तो जानते ही नहीं। लड़ने जायें उसके पहले ही भावी शहीदों को देवार्पित कर दिया जाता है और मरने के बाद उनका गुणगान किया जाता है।

ऐसे बहादुर लोग निश्चय ही ज़्यादा अच्छे व्यवहार के हकदार हैं। लेकिन उनकी बहादुरी के प्रति सरकार का रवैया इस बात से ज़ाहिर होता है कि उसने उनके ख़िलाफ़ वर्षों पहले एक विशेष क़ानून पास किया था। मौजूदा उपद्रव से निपटने के लिए उसने अपना चक्र गतिमान कर ही दिया है। मोपला लोग निस्सन्देह मौत को हँसते–हँसते गले लगायेंगे। क्या ऐसा नहीं हो सकता कि हम उनकी इस बहादुरी को अहिंसा की अधिक विशुद्ध और उदात्त बहादुरी में बदल डालें? वह एक चमत्कार ही होगा लेकिन चमत्कार महज़ मानवीय प्रयत्न के द्वारा सम्भव नहीं है। ईश्वर तो चमत्कार कर ही सकता है। बहुत लोगों का ख़याल है कि अगर हम इसी वर्ष स्वराज प्राप्त कर लेते हैं तो वह निस्सन्देह एक चमत्कार होगा। लेकिन उस चमत्कार के पहले हमें एक और चमत्कार कर दिखाना है। हमें भारत की जनता का, उसके बहादुर–से–बहादुर सपूतों का मन जीतकर उन्हें अहिंसा के मार्ग पर कम–से–कम इस हद तक अवश्य लाना है कि वे स्वीकार कर लें कि भारत की आज़ादी अहिंसा के द्वारा ही पायी जा सकती है।

सम्पूर्ण गाँधी वाङ्मय, खण्ड 21, पृ. 73–75,
यंग इंडिया (अंग्रेज़ी), 8.9.1921

सिख और तलवार

गाँधी ने मास्टर तारासिंह को एक मित्र की हैसियत से पत्र[1] लिखा था। मास्टर तारासिंह ने कई अवसरों पर मुझसे सलाह ली है, क्योंकि मेरा और सिख जाति का पारस्परिक सम्बन्ध बहुत मैत्रीपूर्ण रहा है। मेरा विश्वास है कि कई मौक़ों पर मैंने सिख क़ौम को ग़लतियों से बचाया है।

मास्टर तारासिंह ने हमारे बीच हुए पत्र–व्यवहार को छापने की मुझसे इजाज़त माँगी और मैंने उन्हें वह तुरन्त दे दी। अगर मेरी सलाह को जनता के सामने तोड़–मरोड़कर न रखा जा रहा होता, और अगर राष्ट्रवादी सिखों की तरफ़ से, जो कि मास्टर तारासिंह से भिन्न विचार रखते हैं और कांग्रेस की अहिंसा की नीति और कांग्रेस के नियम को मानते हैं, मुझे एक आग्रहपूर्ण पत्र इस बारे में न मिला होता, तो मैं अब भी इस विषय पर सार्वजनिक चर्चा में न उतरता। राष्ट्रवादी सिख अपने पत्र में लिखते हैं :

मास्टर तारासिंह को आपकी ओर से भेजे गये पत्र का पंजाब के अख़बारों में और ख़ासतौर पर अकाली जगत में बहुत ही ग़लत अर्थ किया जा रहा है। वे कहते हैं कि आपने यह लिखा है कि सारे–का–सारा सिख पन्थ हिंसा को माननेवाला है इसलिए वह निकम्मा और कांग्रेस में रहने लायक नहीं है। हम समझते हैं कि आपका पत्र व्यक्तिगत था और सिर्फ़ मास्टर तारासिंह और उनकी पार्टी को लक्ष्य में रखकर ही आपने उसे लिखा था। परन्तु अकाली पार्टी ने ख़्वामख़्वाह उसको लेकर एक आन्दोलन का तूफ़ान खड़ा कर दिया है।

मेरे पत्र का अर्थ स्पष्ट है। उसका सम्बन्ध केवल मास्टर तारासिंह और उन लोगों से है जिनका वे प्रतिनिधित्व करते हैं। वह सारी सिख

---

1. देखिये सम्पूर्ण गाँधी वाङ्मय, खण्ड 72, पृ. 442

क़ौम पर तभी लागू हो सकता है जबकि वह मास्टर तारासिंह को निर्विवाद रूप से अपना नेता स्वीकार कर ले। जब मैंने उनके पत्र का जवाब दिया, तब मैं जानता था कि अधिक–से–अधिक तो वे महान सिख जाति के एक छोटे–से भाग के ही प्रतिनिधि हैं। मैं यह भी जानता था कि कितने ही ऐसे राष्ट्रवादी सिख भी हैं जिनकी राष्ट्र--भावना मुझसे किसी तरह कम नहीं। मास्टर तारासिंह को लिखे गये मेरे पत्र में मैंने एक सर्वसामान्य और व्यापक सिद्धान्त का प्रतिपादन किया था, हालाँकि एक ख़ास सवाल पर मुझसे सलाह माँगी गयी थी, जिसके जवाब में मैंने पत्र लिखा था। इस प्रासंगिक बात को अलग करके अगर मेरा पत्र देखा जाये तो उसका सार यह निकलेगा :

1. कांग्रेस अहिंसा की नीति को अपना चुकी है; इसलिए जो अहिंसा को स्वीकार नहीं करता वह कांग्रेस में नहीं रह सकता;
2. कांग्रेस एक शुद्ध राष्ट्रीय और असाम्प्रदायिक संस्था है; इसलिए कोई साम्प्रदायिक वृत्तिवाला व्यक्ति उसमें नहीं रह सकता;
3. कांग्रेस अहिंसा की नीति पर चलनेवाली है और साम्राज्यवाद की पक्की विरोधी है। इसलिए जब तक वह इस नीति पर क़ायम है और ब्रिटिश साम्राज्यवाद के विरुद्ध उसने 'जंग का ऐलान' कर रखा है, तब तक साम्राज्यवादी ब्रिटेन किसी भी कांग्रेसी की कुछ सुनेगा, ऐसी आशा रखना व्यर्थ है।

इसलिए जो लोग मेरे पत्र का, जिस तरह बयान किया गया है, वैसा विकृत अर्थ करते हैं, वे मुझे तो कुछ भी नुक़सान नहीं पहुँचा सकते, उलटे अपने को एक ऐसे व्यक्ति की सेवा और सलाह से वंचित करते हैं जिसने लगभग बीस साल तक वफ़ादारी से उनकी खिदमत की है।

गाँधी ने कहा कि मास्टर तारासिंह ने मेरे पत्र के जवाब में एक गुस्से से भरा हुआ पत्र भेजा है। मैं उसे यहाँ नहीं छापता, क्योंकि उसमें कोई नयी दलील नहीं है। लेकिन एक ग़लती को दुरुस्त कर देना यहाँ ज़रूरी समझता हूँ। उसमें ऐसा दिखाने की कोशिश की गयी है कि हिन्दू–मुस्लिम झगड़े को मिटाने की आतुरता में मैं साम्प्रदायिक प्रश्न के बारे में कांग्रेस के लाहौर अधिवेशन के प्रस्ताव[1] से अलग निकल जाना चाहता हूँ। वह प्रस्ताव मेरे लिए एक पवित्र धरोहर है। और अगर मेरी चलेगी तो जब

1. देखिये सं.गां.वां. खण्ड 42, पृ. 329–31 तथा 370

साम्प्रदायिक प्रश्न को सुलझाने का समय आयेगा, तब लाहौर–प्रस्ताव पर पूरी तरह अमल किया जायेगा। सब सम्बन्धित दलों की सहायता और सहयोग के बिना इस सवाल को सुलझाने का कोई भी अहिंसक रास्ता नहीं निकल सकता। इसलिए सिख भाइयों से मैं विनती करूँगा कि वे जल्दबाज़ी में कुछ भी नतीजा न निकालें, परन्तु निष्पक्ष भाव से इस सवाल पर विचार करके राय क़ायम करें। गुस्सा एक प्रकार का क्षणिक पागलपन है और जो लोग जान–बूझकर अथवा बिना जाने इसके वश में अपने को होने देते हैं उन्हीं को इसका नतीजा भुगतना पड़ता है।

शिमला जाते हुए ट्रेन में, 25 सितम्बर, 1940; सम्पूर्ण गाँधी वाङ्मय, खण्ड 73, पृ. 58–59, हरिजन (अंग्रेज़ी), 29.9.1940

यदि सच है तो अपराध है[1]

कर्नाटक से प्राप्त एक पत्र में यह ख़बर दी गयी है : 1 फ़रवरी, 1946 को क़रीब 10 बजे सुबह, जब कर्नाटक प्रान्तीय कांग्रेस पार्लियामेंटरी बोर्ड की सभा हुबली में हो रही थी, उस समय 20–25 व्यक्ति सभापति की इजाज़त के बिना ज़बरदस्ती हाल में घुस गये।

बोर्ड कुछ ज़रूरी मामलों पर विचार करने के लिए बैठा था। कुछ व्यक्तियों ने कहा कि वे उसके सामने अपनी कुछ फ़रियाद रखना चाहते हैं। सभापति ने कहा कि, "आप लोगों को तो कल काफ़ी वक़्त दिया गया था, अब चूँकि हम और ज़रूरी मामलों पर विचार कर रहे हैं, हम आपको तीसरे पहर ही समय दे सकेंगे"। इसके जवाब में इन लोगों ने कहा कि हमारे पास कुछ और महत्त्व की बातें हैं, जिन्हें हम पेश करना चाहते हैं, और हठ किया कि बोर्ड को वे बातें फौरन ही सुननी होंगी। सभापति ने उन्हें समझाया कि उनका यह तरीक़ा सभ्यता और नियम के विरुद्ध है और अगर वे नहीं जायेंगे, तो सभापति ख़ुद वहाँ से चले जायेंगे। लेकिन जब सभापति की उन्होंने एक न सुनी, तो वह जाने के लिए खड़े हो गये। ऐसा होते ही एक आदमी ने उन्हें ज़बरदस्ती बैठाने की कोशिश की। दूसरे ने उनके हाथ से दफ़्तर की फ़ाइलें छीन लीं। तीसरे ने श्री दिवाकर के सिर पर छतरी से हमला किया। इतने में और लोग मदद के लिए आ गये और शान्ति स्थापित की।

अगर यह सब सच है, और ऐसा ही रहा, तो कांग्रेस संस्था के टुकड़े–टुकड़े हो जायेंगे। आतंक की छाया में कोई भी संस्था कामयाबी के साथ नहीं चल सकती। इस मौक़े पर कसूर किसका था, इस सवाल को मैं यहाँ नहीं उठाना चाहता। इसका फ़ैसला तो कांग्रेस की कार्य–समिति

1. यह 'नोट्स' (टिप्पणियाँ) शीर्षक के अन्तर्गत छपा था।

को ही करना होगा। जो हुआ बताया जाता है, वह न केवल सभ्यता और नियम के ख़िलाफ़ है, बल्कि स्पष्ट ही अहिंसा के भी ख़िलाफ़ है। फिर विधानसभा में प्रवेश के लिए आजकल जो अनुचित होड़ लोगों में पैदा हो गयी है, यह घटना उसकी सूचक है। इस अनुचित होड़ से लगता है कि लोग विधानसभा के लिए चुनाव लड़ने के मुख्य हेतु को भूले हुए हैं।

सेवाग्राम, 9 फ़रवरी, 1946; सम्पूर्ण गाँधी वाङ्मय, खण्ड 83, पृ. 129–130,
हरिजन (अंग्रेज़ी), 17.2.1946

खण्ड तीन

जीवदया

'जीवदया' खण्ड में गाँधी के जिन विचारों को उल्लिखित किया गया है उसका आधार ''जीवो जीवस्य जीवनम्'' है। एक व्यावहारिक आदर्शवादी की तरह गाँधी यह मानते हैं कि जीवन के रहते पूर्ण अहिंसा का पालन असम्भव है। पशु–पक्षी–जानवर हमारे भाई–बन्धु हैं। उनके प्रति दया लौकिक धर्म है लेकिन हमेशा प्राण लेना हिंसा नहीं है; विशेष परिस्थितियों में प्राण न लेना अधिक हिंसा है। गाँधी मानते हैं कि दयापूर्ण दिखायी देने वाले विचारों के कारण ही हम लोग दया धर्म के नाम पर हिंसा को अनजाने में बढ़ावा दे रहे हैं।

भिखारी को रोटी देकर भिखारियों के सम्प्रदाय को बढ़ाना और आलस्य बढ़ाना एक तरह से अधर्म है। इससे देश में भुक्खड़पन बढ़ता है। कुत्तों के प्रति झूठी दया दिखाना सभ्यता या दया के चिह्न नहीं हैं। यह अज्ञान और आलस्य का सूचक है। गाँधी अपने को अल्पात्मा कहते हैं। वे कहते कि मैं महात्मा नहीं हूँ। इस पद से मुझे कभी धोखा नहीं हुआ है। मैं तो हिंसा करके ही अपना शरीर निभाता हूँ इसलिए शरीर के प्रति मेरा मोह क्षीण होता जा रहा है। प्राणहरण के लिए उन्होंने कुछ शर्तें निर्धारित की हैं। उन शर्तों के रहते प्राणहरण उचित हो जाता है। वे नीति के किसी नियम को बिलकुल निरपवाद नहीं मानते। अहिंसा परम धर्म है। यह नहीं है कि अहिंसा ही परम धर्म है। शब्दों का अर्थ विकसित होते हुए आज हम जहाँ पहुँचे हैं यानी पूर्वजों से विरासत में मिली हुई अहिंसा शब्द की वृद्धि करना हमारा धर्म है। गाँधी निवृत्ति धर्म को मानते हैं। उनकी निवृत्ति प्रवृत्ति में छिपी हुई है। प्रवृत्ति के बिना देह पल–भर भी नहीं टिक सकती है।

जो मनुष्य अपने सुख के लिए हिंसा करता है, वह अपनी शक्ति का दुरुपयोग करता है। गाँधी ने कुत्ते, बन्दर, साँप के वध का अनेक जगहों

पर सुझाव दिया है वहाँ उसका हेतु हित ही है। दरअसल गाँधी मानते हैं कि नाश तो देह का होता है लेकिन इसका यह अर्थ नहीं कि मनुष्य को किसी का प्राण लेने का अधिकार हो। सुख–दुःख का जहाँ असर नहीं होता वहाँ न तो दया है, न ही धर्म और न ही अहिंसा। मनुष्य ने जब अपने को दूसरों में और दूसरों को अपने में देखना शुरू किया तब वह दूसरों के सुख से सुखी और दूसरे के दुःख में दुःखी हुआ। इसी के बाद उसने मूक प्राणियों की हत्या बन्द की। गाँधी अपने हित के लिए किसी को मारने की बात नहीं करते लेकिन वे सामाजिक हित की दृष्टि से तथा दुःख से तड़प रहे प्राणी के हित की दृष्टि से प्राणहरण को अनिवार्य मानते हैं। मेरी रक्षा में रहने वाले किसी को रक्षित करने के लिए सर्प की हत्या अनिवार्य हो जायेगी। कष्ट से पीड़ित सर्प को मारना भी उसका हित ही होगा।

गाँधी कर्मवाद और पुरुषार्थ दोनों पर ही बल देते हैं। कर्म का क्षय करके मोक्ष प्राप्त करना पुरुषार्थ है। जीवदया से अविभूत समर्थकों के द्वारा गाँधी को इस सम्बन्ध में काफ़ी पत्र भेजे गये। आलोचनाओं में रोष भरा था। गाँधी को कोई गालियाँ देकर अहिंसा प्रकट कर रहा था तो कोई सख़्त आलोचना करके उनकी अहिंसा की परीक्षा ले रहा था। यह गाँधी की सहनशक्ति की परीक्षा थी। कोई कहता कि अहिंसा के क्षेत्र से त्याग–पत्र दे दीजिए और कोई कहता कि आप पर पश्चिम के विचार ने प्रभाव डाल दिया है। आपके इन विचारों से अनर्थ ही होगा। कर्मवाद को आप मानते हैं। बछड़े का प्राण लेकर कर्म के नियम का विरोध करना निरर्थक है।

पत्र में गाँधी से क्षमा माँगने की भी माँग की गयी थी। यों गाँधी पश्चिम की सब चीज़ों को त्याज्य नहीं मानते लेकिन वे स्वीकार करते हैं कि पश्चिम स्वाद के लिए निकम्मा हो जाने तथा मनुष्येतर प्राणियों की चीड़–फाड़ की इजाज़त देता है। गाँधी मर्यादा में रहते हुए कर्मों का आधार सत्य और अहिंसा से लेते हैं और उसे बढ़ाते भी हैं। वेदों में गो बलि के प्रचलन सम्बन्धी एक लेख पर गाँधी की प्रतिक्रिया थी कि इससे श्रद्धा पर कोई प्रभाव नहीं पड़ता। चाहे वह मत कितना ही प्रामाणिक ही क्यों न हो। जब लोग बकरों की बलि चढ़ाते हैं तो दावा करते हैं कि इसमें बकरों का कल्याण है। यह धर्म के नाम पर पाखण्ड और अधर्म है। यह धर्म का दुरुपयोग है। ऐसी मूर्खता की गाँधी आलोचना करते हैं। रेशमी कपड़े के निर्माण में रेशम के कीड़ों के नाश को गाँधी अहिंसा की प्रतिज्ञा में बँधे होने के बावजूद असहयोग तक सीमित होने के कारण

सीमित मात्रा में इसके उपयोग की सम्भावना से इनकार नहीं करते। वस्त्र तथा आहार के संयम आन्तरिक संयम के सूचक हैं। जब सेठ अम्बालाल द्वारा साठ कुत्तों का नाश कर दिया गया तो गाँधी ने इसे उचित करार दिया इस पर भी तीखे–मीठे तथा कड़वे पत्र गाँधी के पास आये। किसी ने कहा कि आप कुत्तों का वंश मिटाना चाहते हैं तो गाँधी का उत्तर था कि मैंने जो कहा वह उस जाति की रक्षा के लिए ही कहा है। दरअसल यह हिंसा स्वाभाविक हो, अल्पतम, हो उसके पीछे करुणा हो, विवेक हो, तटस्थता हो और सहज प्राप्त धर्म हो। पागल कुत्तों को मार डालने के सिवाय हमारे पास कोई उपाय नहीं है। जिस प्रकार किसानों के लिए खेती में अनिवार्य हिंसा आवश्यक हो जाती है उसी प्रकार ये पिंजरा पोल रखने की बात करते हैं। दरअसल जीवदया आत्मा का महान गुण है। जीवों को अन्त देने वाला तो ईश्वर है। इस प्रकार जीवदया में विचार, विवेक उदारता, अभय, नम्रता और शुद्ध ज्ञान की ज़रूरत है। दरअसल गाँधी सृष्टि के समस्त जीवों की एकता में विश्वास करते हैं। सभी जीवों में एक ही आत्मा होने और शरीर की नश्वरता में विश्वास के कारण वे मानते हैं कि मृत्यु आत्मा का शरीर से निकल जाना है। शरीर नश्वर है, आत्मा अमर है। मृत्यु से शरीर पंचतत्त्व में विलीन हो जाता है। शरीर आत्मा का घर है। इस खण्ड में व्यावहारिक आधारों पर जीवदया के सम्बन्ध में गाँधी के विचार को स्पष्ट रूप से समझा जा सकता है।

जीवो जीवस्य जीवनम्

एक–पत्र–लेखक द्वारा यह पूछे जाने पर कि वह अक्सर जीव–जन्तुओं को अपने से कमज़ोर और छोटे जीव–जन्तुओं को पकड़कर उनका भक्षण करते देखता है ऐसी हालत में उसे क्या करना चाहिए? चुपचाप देखते रहना चाहिए या उसे मारने वाले जन्तु को मारकर हिंसा रोकनी चाहिए–के उत्तर में गाँधी ने नवजीवन में लिखा कि–मैं भी तो ऐसी हिंसा होते हुए देखता ही हूँ। छिपकली को तिलचट्टों का और तिलचट्टों को दूसरे कीड़ों का शिकार करते हुए मैंने अक्सर देखा, किन्तु प्राणी–जगत में व्यवहृत 'जीवो जीवस्य जीवनम्' के नियम को रोकना मुझे कभी कर्तव्य नहीं जान पड़ा। मैं ईश्वर की सृष्टि की इस अगम्य पहेली को सुलझाने का दावा नहीं कर सकता, किन्तु ऐसी हिंसा देख–देखकर मुझे तो यह प्रतीत होता है कि पशुओं और अन्य निम्नतर प्राणियों का नियम मनुष्य पर लागू नहीं हो सकता। मनुष्य को तो लगातार प्रयत्न करके अपने भीतर रहने वाले पशु को जीतने का और उसे मारकर आत्मा को जीवित रखने का प्रयत्न करना है। आसपास जो हिंसा का दावानल प्रज्वलित हो रहा है, उसमें से उसे अहिंसा का महामन्त्र सीखना है। इसलिए यदि मनुष्य अपनी प्रतिष्ठा समझ ले और उसे जीवनकार्य का ज्ञान हो जाये तो उसका कर्तव्य यह है कि इस हिंसा में स्वयं कोई भाग न ले और अपने से निम्नतर तथा अपने अधीनस्थ प्राणियों को किसी प्रकार का कष्ट न दे। यह आदर्श वह केवल अपने लिए ही रख सकता है और यदि ज़्यादा नहीं तो इतना तो वह अवश्य कर सकता है कि वह अपने से कमज़ोर मनुष्य बन्धुओं को किसी तरह का कष्ट न पहुँचाये। यह भी आदर्श ही है, क्योंकि इसके सम्पूर्ण पालन के लिए उसे दिन–रात सतत प्रयत्न करना होगा। तभी वह उसे किसी दिन सिद्ध कर सकेगा। इसमें पूरी सफलता तो मनुष्य को तभी मिल सकती है जब वह मोक्ष पा जाये और देह के सारे बन्धनों से मुक्त हो जाये।

सम्पूर्ण गाँधी वाङ्मय, खण्ड 30, पृ. 345–46, नवजीवन (गुजराती), 18.04.1926

मनुष्य का दोष

एक पत्र में लिखा गया कि, मैं जानती हूँ कि दूसरों को सलाह देना हमारे लिए सबसे आसान काम है, लेकिन यह तो भुक्तभोगी ही समझते हैं कि बन्दर कितनी बर्बादी कर जाते हैं। चूँकि मैं भी उनके छोटे–छोटे शरारती हाथों से कुछ नुक़सान उठा चुकी हूँ इसलिए मुझे ऐसे लोगों से पूरी हमदर्दी है। लेकिन प्रश्न है कि इस संकटपूर्ण स्थिति के लिए दोषी कौन है मनुष्य या बन्दर? बन्दर शहरों में आते क्यों है; वे अपनी जान हथेली पर लेकर, अपने प्यारे बच्चों की ज़िन्दगी जोख़िम में डालकर भोजन की तलाश में मनुष्यों के रिहायशी मकानों के पास आते ही क्यों है?

माउंट आबू में एक अधिकारी ने इधर हाल ही में मुझसे कहा : ''बन्दर बड़ी मुसीबत ढाते हैं, फिर भी हम उनको गोली से नहीं मार सकते। बन्दरों का संकट साल–दर–साल बढ़ता ही जा रहा है, पता नहीं क्यों?''

कारण स्पष्ट है, जंगल का एक–एक पेड़ इस बात की गवाही दे रहा है कि मनुष्य अपने स्वार्थ में अन्धा होकर किसी के भी हिताहित का ज़रा ख़याल नहीं करता। जम्बू, करेंड और बोड़ के हर पेड़ को उसने एकदम फलविहीन बना दिया है।

आबू के भील लोग सैकड़ों हज़ारों डलियाँ भर लेते हैं। आप उन फलों को आबू रोड पर सड़ते देख सकते हैं।

साहबों के खानसामों ने करेण्ड का मुरब्बा बनाना सीख लिया है। सिर्फ़ इतनी ही मेहनत की दरकार है कि फल इकट्ठे करके चीनी जुटा ली जाये।

मनुष्य ख़ुद तो पशुओं और पक्षियों के अधिकारों का निर्दयतापूर्वक हनन करता है, लेकिन अपने अधिकारों को अनुल्लंघनीय मानकर उसमें हस्तक्षेप करने वालों को कठोर दण्ड देता है।

क्या देवी–देवता भी मनुष्य के साथ ऐसा ही बर्ताव करते हैं? मनुष्य जाति पर जो अनेक विपत्तियाँ आती हैं, उनके पीछे मुझे यही भाव दिखायी पड़ता है कि प्रकृति इस तरह पशु–पक्षियों के अधिकारों के लगातार हनन का भयंकर प्रतिशोध लेती है।

यह प्रकृति का प्रतिशोध है : ऐसा प्रतिशोध जैसा कि जहाज़ों के उन नाविकों के सिर पर टूटता है जो आने वाले तूफ़ान की सूचना देने वाले सभी पक्षियों को गोली का निशाना बना चुके हैं। मनुष्य ने हज़ारों लाखों पक्षियों को नष्ट करके ही यह फल भुगता है कि आज मलेरिया के मच्छर उसके प्रियजनों को संत्रस्त कर रहे हैं और उनकी संख्या इतनी तेज़ी से बढ़ती जा रही है कि मनुष्य के लिए पार पाना मुश्किल है।

पशु–पक्षियों की प्रेमी, एक पत्र–लेखिका ने गाँधी से ये उद्‌गार व्यक्त किया है। गाँधी ने कहा कि दुर्भाग्य की बात यह है कि उन्होंने मेरी कठिनाई हल करने के बदले और बढ़ा दी है। मनुष्य जाति द्वारा किये गये अत्याचारों को देखकर, अब क्या मैं खेती बाड़ी छोड़कर गुफा में शरण ले लूँ, या मैं बन्दरों का उत्पात बन्द कराने की कोशिश करूँ? मैं इससे इनकार नहीं करता कि उनके तर्क का स्वाभाविक परिणाम यही निकलता है कि मुझे अपना बगीचा बन्दरों के हवाले कर देना चाहिए, दूसरी तरह कहें तो यह कि मेरे साथियों, अन्य मनुष्यों ने बन्दरों को जिन चीज़ों से वंचित कर दिया है मुझे वे ही चीजें उनके लिए सुलभ बनानी चाहिए!

सम्पूर्ण गाँधी वाङ्मय, खण्ड 38, पृ. 172–173,
यंग इंडिया (अंग्रेज़ी), 6.12.1928

एक भाई लिखते हैं : आप कुत्तों को खाना देने के लिए मना करते हैं, लेकिन मैं उनको बुलाने तो नहीं जाता, वे तो ख़ुद–ब–ख़ुद आ जाते हैं और खड़े रहते हैं। उनको कैसे मार भगायें? जब बहुत–से कुत्ते आ जायेंगे, तब देखा जायेगा। कुत्तों को खाना देने से मनुष्य में दयाभाव पनपता है और न देने से निष्ठुरता आती है। हम पाप में डूबे हैं, फिर हम जितना हो सके उतना धर्म क्यों न करें?

गाँधी ने कहा कि इस प्रकार दयापूर्ण दिखायी देने वाले विचारों के कारण ही हम लोग दया–धर्म के नाम पर हिंसा को अनजाने ही बढ़ावा दे रहे हैं। लेकिन जिस प्रकार लौकिक राजा के क़ानून के अज्ञान के कारण

अपराधी दण्ड से बचता नहीं है, वही बात अलौकिक राजा के नियमों के सम्बन्ध में भी लागू होती है।

हम अपने घर पर भिखारी के आने पर उसे रोटी देते हैं और समझते हैं कि हमने पुण्य किया। हम इस प्रकार बहुत हद तक भिखारियों के सम्प्रदाय को बढ़ाने, आलस्य को बढ़ावा देने और इस कारण अधर्म की वृद्धि करने के निमित्त बनते हैं। इसका अर्थ यह नहीं है कि सच्चे भिखारियों को मरने दिया जाये जो अपंग या अपाहिज हैं, उनका पोषण करना समाज का धर्म है। लेकिन हम व्यक्तिगत रूप में इस काम का उत्तरदायित्व न लें यह काम समाज के अधिकारी यानी प्रतिनिधि–स्वराज हो तो राजा–को करना चाहिए। इसके लिए संस्था हो और दयालु सज्जन ऐसी संस्था को दान दें। यदि प्रतिनिधि पवित्र तथा ज्ञानवान होगा तो प्रत्येक भिखारी को उसके बारे में प्रयत्नपूर्वक पूछताछ करके, वह पात्र होगा तो, आश्रय देगा। ऐसा न होने से भिखारी के वेश में चोर और लम्पट पुरुष पैसा कमाते हैं और देश में भुक्खड़पन घटने के बदले बढ़ता है। जिस प्रकार भिखारी को खाना देने में पाप है, उसी प्रकार आवारा कुत्तों को रीटी का टुकड़ा डालने में भी पाप है–उसमें कुत्तों के प्रति झूठी दया है, क्षुधा पीड़ित कुत्ते को रोटी का टुकड़ा देने में उस कुत्ते का अपमान है। आवारा कुत्ते समाज की सभ्यता या दया के चिह्न नहीं हैं; बल्कि समाज के अज्ञान तथा आलस्य के चिह्न हैं।

जानवर अपने भाई–बन्धु हैं। मैं इनमें सिंह, बाघ और अन्य पशुओं को भी गिनता हूँ। हम लोगों को सिंह, सर्प आदि के साथ रहना नहीं आता–इसका कारण हमारी शिक्षा की त्रुटि है। जब मनुष्य उनको अधिक अच्छी तरह पहचानेगा, तब वह इस तथ्य को जान लेगा और ऐसे जीवों तक को पालना सीखेगा। आज तो मनुष्य ने विधर्मी अथवा विदेशी मनुष्यों तक को अपनाना नहीं सीखा है।

कुत्ता तो वफ़ादार साथी है। कुत्तों और घोड़ों की स्वामिभक्ति के चाहे जितने दृष्टान्त मिल सकते हैं। इसलिए हम जैसे अपने साथी को इधर–उधर भटकते फिरने नहीं देते, बल्कि उसे आदरपूर्वक रखते हैं, हमें वैसा ही कुत्तों के बारे में करना चाहिए। हम आवारा कुत्तों के सम्प्रदाय को बढ़ाकर कुत्तों के प्रति हमारा जो दायित्व है, उससे मुक्त नहीं होते। दूसरी ओर, अगर हम आवारा कुत्तों के अस्तित्व को पाप समझते हैं और इसलिए उनको खाने को नहीं देते, तो हम कुत्तों की सेवा करते हैं और

उनको सुख देते हैं। तब वह आदमी जो कुत्तों के प्रति भी दया धर्म पालना चाहता है क्या करे? के उत्तर में गाँधी ने कहा कि उसे अपनी आमदनी में से कुत्तों का भाग निकालकर उसका उपयोग जानवरों की संस्थाओं–को सौंप देना चाहिए। अगर ऐसी संस्था न हो तो व्यक्ति स्वयं एक या अधिक कुत्तों को पालने का प्रयत्न करे। अगर वह यह भी न कर सके, तो उसे कुत्तों का प्रश्न छोड़कर अपने जीवदया भाव का अमल अन्य प्राणियों के विषय में करना चाहिए। "लेकिन आपने तो उन्हें मारने की बात कही है?" इस प्रकार के प्रश्न अन्य पत्र–लेखक–कोई आवेश में और कोई प्रीति से पूछते हैं। इसके उत्तर में गाँधी ने लिखा कि मैंने कुत्तों के मारने को कोई स्वतन्त्र धर्म की तरह प्रस्तुत नहीं किया है; मैंने तो उसे आपद्धर्म ही बताया है। मैंने परिस्थिति विशेष में उसे धर्म कहा है। अगर कुत्तों की रक्षा राजा न करे, पंच भी न करें, यदि लोग खुद भी उन्हें न पाल सकें और कुत्तों से दुःख पायें तथा उनकी भेंट चढ़ने के लिए तैयार न हों, तो उन्हें तथा अपने को पीड़ा और भय से मुक्त करने के उपाय की तरह इसका अवलम्बन करें। यह कड़वा घूँट है, लेकिन मेरी अन्तरात्मा कहती है कि उसमें शुद्ध प्रेम और दया है।

कुत्तों की आज की स्थिति हिन्दुस्तान के दुबले पशुओं तथा मनुष्यों–जैसी है। मेरा यह दृढ़ विश्वास है कि इस सोचनीय परिणाम का कारण हमारी अहिंसा धर्म की अनभिज्ञता तथा अहिंसा का हम में अभाव होना है। धर्म का फल पामरता, भुखमरी, दुष्काल इत्यादि हरगिज़ नहीं है। अगर यह देश पुण्यभूमि हो तो आज हम जो दारिद्रय अपने चारों ओर व्याप्त देखते हैं, वह दिखायी नहीं दे सकता था। कई उतावले और अधीर लोगों ने इससे यह सार निकाल लिया है कि अहिंसा धर्म ही झूठा है। मैं जानता हूँ कि अहिंसा धर्म झूठा नहीं है, बल्कि उसके पुजारी झूठे हैं।

अहिंसा क्षत्रिय का धर्म है। महावीर क्षत्रिय थे। बुद्ध क्षत्रिय थे। राम, कृष्ण आदि क्षत्रिय थे। वे सब, थोड़े या बहुत, अहिंसा के उपासक थे। हम उनके नाम पर भी अहिंसा का प्रवर्तन करना चाहते हैं। लेकिन इस समय तो अहिंसा का ठेका भीरु वैश्य वर्ग ने ले रखा है; इसलिए वह धर्म निस्तेज हो गया है। अहिंसा का दूसरा नाम है क्षमा की परिसीमा लेकिन क्षमा तो वीर पुरुष का भूषण है। अभय के बिना अहिंसा सम्भव नहीं हो सकती; हम लोग तो जीवदया तक नहीं जानते।

हम गायों को बचा नहीं सकते, कुत्तों को लातों और लाठियों से मारते हैं, उनकी एक-एक पसली दिखायी देती है। हमें इससे शर्म नहीं आती, लेकिन अगर आवारा कुत्ता मरता है तो हमें दुःख होता है। पाँच हज़ार कुत्ते भूखे तरसते फिरते रहें, जूठन और मैला खायें और मरें नहीं, यह सब अच्छा या उनमें से पचास मर जायें और शेष सुरक्षित रहें सो अच्छा? लाठी मारकर कुत्ते को बाहर कर देना तो पाप है ही। लेकिन यह दुःख न देख सकने वाला व्यक्ति एक या अधिक कुत्तों को गोली मारकर पुण्य करता है-यह बात समझी जा सकती है। हमेशा ही प्राण लेना हिंसा नहीं है। या यों कहें कि अनेक अवसरों पर प्राण न लेने में अधिक हिंसा है।

सम्पूर्ण गाँधी वाङ्मय, खण्ड 31, पृ. 545-547,
नवजीवन (गुजराती), 24.10.1926

अहिंसा–प्रकरण

गाँधी द्वारा 'पावक की ज्वाला'[1] नामक लिखे गये लेख को पढ़कर एक पत्र–लेखक ने लिखा कि, बन्दरों के विषय में पढ़कर मैं आश्चर्यचकित रह गया। मेरे दिल में तो यह था कि शायद सूर्य–चन्द्र की गति भले रुक जाये परन्तु आप–जैसे पुरुष, जिसकी रग–रग में अहिंसा भरी हुई है, यह कभी न कहेंगे कि 'मैं हिंसा करके आश्रम की रक्षा करूँगा।' यही मेरी मान्यता थी; किन्तु जान पड़ता है, मैंने ऐसा सोचकर भूल की थी। बन्दरों से सम्बन्धित लेख पढ़कर मुझे गहरा आघात पहुँचा। मन में कुढ़न भी अवश्य हुई। क्या आप मेरी परेशानी दूर करेंगे?

ऐसे ही दूसरे पत्र भी आये हैं। मैं देखता हूँ कि मेरे विषय में बहुत–से सज्जनों ने बहुत बड़ी आशाएँ बाँध रखी हैं। लगता है कि अहिंसादि सिद्धान्तों की जो व्याख्याएँ मैंने की हैं उनके अनुसार ही मैं इन सिद्धान्तों पर पूरी तरह अमल कर सकता हूँ। ऐसा ये सज्जनगण मानते हैं। बछड़े और बन्दरों के विषय में मेरे द्वारा अपनी मनोवृत्ति प्रकट करने पर उपयुक्त भ्रम दूर हो रहा है, यह मेरे लिए बड़े ही सन्तोष की बात है। महात्मा के पद की अपेक्षा सत्य मुझे अनन्त गुना प्रिय है। मैं जानता हूँ कि मैं महात्मा नहीं हूँ, अल्पात्मा हूँ और इसका मुझे बराबर ख़याल है और इसी से महात्मा–पद से मुझे कभी धोखा नहीं हुआ। मुझे क़बूल कर लेना चाहिए कि मैं प्रतिक्षण हिंसा करके अपना शरीर निभाता हूँ और इसी से शरीर के प्रति मेरा मोह क्षीण होता जा रहा है। आश्रम की रक्षा करने में भी हिंसा कर रहा हूँ। प्रत्येक साँस लेने में सूक्ष्म कीटाणुओं की हिंसा करता हूँ और यह जानते हुए भी साँस को मैं रोक नहीं सकता। वनस्पति का आहार करने में हिंसा करता हूँ, फिर भी आहार का त्याग नहीं करता। मच्छरों आदि के कष्ट से बचने के लिए मिट्टी का तेल–जैसी चीज़ों को काम में लाने

---

1. तारीख़ 30.9.1928 का।

से उनका नाश होता है, यह जानने पर भी इन नाशक द्रव्यों का उपयोग करना नहीं छोड़ता। साँप के उपद्रव से आश्रमवासियों को बचाने के लिए जब उन्हें बिना मारे दूर नहीं कर सकते तब मारने भी देता हूँ। बैलों को हाँकने में आश्रम के मनुष्य उन्हें पैनी आर चुभोते हैं, मैं वह भी सहन कर लेता हूँ। यों मेरी हिंसा का अन्त ही नहीं है। अब मुझे बन्दरों का उपद्रव परेशान कर रहा है। बन्दरों को मार ही डालने का निश्चय मैं कभी कर सकूँगा या नहीं, उसकी मुझे कुछ ख़बर नहीं है। ऐसे निश्चय से मैं दूर भागता हूँ। अभी तो कई–एक उपयोगी सुझावों द्वारा मित्र लोग मदद कर रहे हैं, परन्तु आश्रम की खेती रहे या न रहे, फिर भी मैं बन्दरों का कभी नाश करूँगा ही नहीं, ऐसी प्रतिज्ञा करने की हिम्मत मुझमें आज तो नहीं है। मेरी इस विनम्र स्वीकृति से मित्र लोग मेरा त्याग कर दें तो मैं लाचार हो जाऊँगा और मैं उस त्याग को सहन करूँगा। परन्तु अहिंसा–सम्बन्धी अपनी कमज़ोरी अथवा अपूर्णता को छिपाकर किसी से मैत्री रखने की मुझे इच्छा नहीं है। अपने विषय में मैं सिर्फ़ इतना ही ज़ोर देकर कह सकता हूँ कि अहिंसादि महाव्रतों को पहचानने तथा उनका मन, वचन तथा शरीर से सम्पूर्ण पालन करने का मैं सतत प्रयत्न कर रहा हूँ। उस प्रयत्न में थोड़ी–बहुत सफलता भी मिली है, फिर भी मैं जानता हूँ कि इस दिशा में मुझे अभी बड़ी लम्बी मंज़िल तय करनी है। अतः ये पत्र–लेखक यदि मेरी अपूर्णता को क्षम्य न गिनते हों तो फिर उनको सन्तुष्ट करने का मेरे पास अन्य कोई उपाय नहीं है।

दूसरे सज्जन पूछते हैं : मान लीजिए कि मेरे बड़े भाई भयंकर असह्य रोग से कष्ट पा रहे हैं और डॉक्टर लोग उनके जीवन की आशा छोड़ देते हैं। मैं भी मानता हूँ कि वे बचने वाले नहीं हैं। ऐसी अवस्था में क्या मुझे उनका प्राणहरण करना चाहिए?

गाँधी इसका उत्तर देते हैं कि प्राणहरण नहीं करने चाहिए। इस विषय में जो प्रश्न आये हैं, उनसे मैं यह देखता हूँ कि पढ़ने वालों ने मेरे लेख को समझने की तकलीफ़ ही नहीं उठायी। जो दशा बछड़े की थी उसी स्थिति में पहुँचे हुए मनुष्य के प्राणहरण का भी मैंने समर्थन किया है। इस समानता को पत्र–लेखक अपनी कठिनाई पेश करते वक़्त भूल जाते हैं। वस्तुतः बछड़े की–सी स्थिति में मनुष्य कदाचित ही पड़ता है। प्रथम तो यह कि उसका क़द बछड़े की अपेक्षा छोटा है और इसलिए उसे इधर–उधर उठाना–बैठाना उतना मुश्किल काम नहीं है। दूसरे, वह बछड़े के समान

मूक प्राणी नहीं है, इसलिए ज़्यादातर तो वह अपनी इच्छा भी प्रदर्शित कर सकता है। और बिना मर्ज़ी किसी के भी प्राणहरण करने में अहिंसा है, ऐसा मैंने बछड़ा–प्रकरण में कहीं नहीं लिखा। बेहोशी की हालत में भी मनुष्य के जीने की आशा हम कोई जल्दी नहीं छोड़ देते। फिर आशा छूट जाने पर भी सेवा करने की आशा और अवकाश तो असंख्य प्रसंगों में बना ही रहता है। इसलिए बछड़े की स्थिति को पहुँचा हुआ मनुष्य शायद ही कोई मिले। मनुष्य का उदाहरण तो मैंने इसलिए दिया था कि मनुष्य और बछड़े के बीच अहिंसा की दृष्टि से भेद हो ही नहीं सकता। जो न्याय बछड़े पर घटता है वही मनुष्य पर भी घटता है। परन्तु मुझे आशा थी कि मनुष्य तथा बछड़े की तुलना से सभी पाठक मनुष्य प्राणी और बछड़े के बीच जो स्वभाविक भेद है उसे समझ ही जायेंगे। प्राणहरण की शर्तों को उन्होंने निम्नांकित बिन्दुओं से स्पष्ट किया है :

1. रोग असाध्य हो।
2. सभी ने रोगी के जीने की आशा छोड़ दी हो।
3. उसकी सेवा करना असम्भव हो।
4. उसकी इच्छा जानना भी असम्भव हो।

इन चार प्रकार की स्थितियों में से किसी एक के भी अभाव में प्राणहरण नहीं किया जा सकता।

सम्पूर्ण गाँधी वाङ्मय, खण्ड 37, पृ. 429–431,
नवजीवन, (गुजराती), 28.10.1928

जैन अहिंसा

एक जैन मित्र जिन्होंने जैन दर्शन तथा दूसरे दर्शनों का अभ्यास किया है, इस चर्चा के विषय में एक लम्बा पत्र गाँधी को लिखा है। गाँधी कहते हैं कि, पत्र विचारणीय है और बड़े विनय तथा शान्ति से तर्क उपस्थित करने वाले पत्रों में से एक है; ये मित्र लिखते हैं : आपका अहिंसा का अर्थ लोगों को किंकर्तव्यविमूढ़ बना देता है। हिंसा का सामान्य अर्थ किसी भी प्राणी के प्राण ले लेना है और ऐसा न करना अहिंसा है। किसी भी जीव को पीड़ा न देना अहिंसा शब्द का अर्थ--विकास है। अब अहिंसा शब्द के अर्थ में किसी भी तरह के प्राणहरण का समावेश हो, यह बात मेरे गले नहीं उतरती। इसका अर्थ यह न लगायें कि मैं ऐसा मानता हूँ कि किसी भी परिस्थिति में किसी भी प्रकार से प्राणहरण उचित नहीं गिना जायेगा। वस्तुतः नीति का कोई भी नियम बिलकुल निरपवाद है, ऐसा मुझे प्रतीत नहीं होता। 'अहिंसा परमो धर्मः', यह महान दिशासूचक धर्म है, किन्तु अहिंसा ही परम धर्म है, ऐसा नहीं कह सकते। इसी से आप जिसे अहिंसक प्राणहरण कहकर समझाते हैं वह धर्म हो सकता है; परन्तु उसे अहिंसक कर्म नहीं गिना जा सकता।

गाँधी ने उत्तर में कहा कि जिस प्रकार जीवन का विकास होता है, उसी प्रकार शब्दों के अर्थ का भी विकास होता है। इसे हम प्रत्येक धर्म से अनेक दृष्टान्त देकर सिद्ध कर सकते हैं। हिन्दू धर्म में ऐसा एक शब्द 'यज्ञ' है। श्री जगदीशचन्द्र बोस के प्रयोग शब्दों के अर्थ में क्रान्ति पैदा कर रहे हैं। उसी तरह यदि हम अहिंसा की साधना करना चाहते हों तो हमें अहिंसा शब्द के अर्थ समुद्र में कूद ही पड़ना होगा। अपने पूर्वजों की विरासत में वृद्धि करना ही हमारा धर्म है। 'अहिंसा परमो धर्मः' सूत्र को हम नहीं सुधार सकते; परन्तु यदि हम उस पूँजी के वारिस बने रहना चाहते हैं तो हमें उसमें निहित अमिट शक्ति की खोज करते रहना चाहिए। फिर

भी मैं शब्द के झगड़े में पड़ना नहीं चाहता। मैंने जिस परिस्थिति का वर्णन किया है, उसमें प्राणहरण अहिंसक कर्म न गिना जाये और धर्म माना जाये तो मैं उसका विरोध करना नहीं चाहता।

दूसरी शंका[1] के उत्तर में गाँधी ने कहा कि, पुत्री अपवित्र हो जायेगी, इस भय से मैं उसके प्राणहरण नहीं कर सकता; परन्तु यदि वह अपनी राय बतला सकती हो और अगर मैं यही समझूँ कि वह प्राण–त्याग को श्रेयस्कर ही मानेगी, तो मैं उसके प्राणहरण करूँगा। लोकापवाद से डर कर यदि वह ऐसी याचना करेगी तो मैं उसे अवश्य रोकूँगा। परन्तु यदि वह किसी व्यभिचारी की ज़बरदस्ती के वश होने के बदले अपनी ही इच्छा से मृत्यु की भेंट चढ़ना चाहती है, ऐसा देखकर ही मैं उसके प्राणहरण करूँगा। सीता स्वतन्त्र रीति से ऐसी याचना ही करती, ऐसा मेरा दृढ़ विश्वास है। अमुक परिस्थिति में वीर पुरुष मृत्यु को विशेष पसन्द करता है ऐसा हम जानते हैं; और यह उचित ही है। मैं असत्य भाषण करने की अपेक्षा मृत्यु को ही अधिक पसन्द करूँगा। मैं व्यभिचार करने की अपेक्षा मृत्यु को ही अधिक पसन्द करूँगा। मेरी मान्यता है कि शास्त्रों की भी यही आज्ञा है। ऐसी मृत्यु हज़ारों अथवा लाखों चाहते हैं, ऐसा मेरा अनुभव है; और इस विचार का विस्तृत प्रचार करना मैं आवश्यक समझता हूँ। शील भंग और दूसरे अंग के भंग में कोई भेद नहीं है, मैं इस बात को स्वीकार नहीं कर सकता। परन्तु अंग–भंग के विषय में भी ऐसी वस्तुस्थिति की कल्पना की जा सकती है कि जब मनुष्य उस अंग–भंग की अपेक्षा मृत्यु को अधिक प्रिय माने।

तीसरी शंका यह है : अमुक परिस्थिति में बन्दरों को मार डालने का अन्तिम उपाय विचारने के बदले साधारण तौर से दो–चार को ज़ख्मी करने का उपाय या उसका विचार आप असह्य क्यों मानते हैं? अनेक अन्धे, लूले एवं असाधारण दर्द से घिरे हुए प्राणियों में भी जीवित रहने

---

1. यहाँ नहीं दिया जा रहा है। पत्र–लेखक ने गाँधीजी के 'पावक की ज्वाला' (30.09.1928) शीर्षक लेख तथा कुछ अन्य लेखों का पढ़कर शंका उठाई थी कि कोई अपनी पुत्री पर बलात्कार करने वाले को मारे यह तो समझ में आता है, लेकिन पुत्री को मारे यह समझ में नहीं आता। उसके अनुसार, जिस पर बलात्कार हुआ हो वह लोकोपवाद के भय से स्वयं चाहे तो भी उसे मरने नहीं देना चाहिए। पत्र–लेखक के विचार से किसी का अंग–भंग कर दिया जाये या उस पर बलात्कार किया जाये, दोनों में कोई अन्तर नहीं है।

की वृत्ति प्रबल होती है, क्या आप यह नहीं मानते? हम किसी का दुःख न देख सकें, इससे उसे मार डालने का विचार करने का कारण हमारी एकान्त स्वार्थ बुद्धि ही है, क्या आप ऐसा नहीं मानते?

बार–बार बन्दरों को ज़ख्मी करने का विचार भी मुझे असह्य लगता है, क्योंकि दूसरे प्राणियों के अनुभव से मैं जानता हूँ कि उन बन्दरों को आख़िर पीड़ित होकर मरना ही होगा और यदि मैं किसी को मारना उचित मान लूँ तो उसे दुःखी करके मारने की अपेक्षा तत्क्षण मार डालना ही मैं अधिक पसन्द करूँगा। मैं शायद ज़ख़्मी बन्दरों के लिए अस्तपाल खोलने की बात न सोचूँ फिर भी उन्हें ज़ख़्मी करने में दया धर्म कहाँ है, यह मेरी समझ के बाहर है। जो अन्धे, लूले इत्यादि जीवित रहने की वृत्ति रखते हैं उन्हें ऐसा ज्ञान है कि कोई–न–कोई उन्हें सहायता देगा ही। परन्तु किसी अन्धे को हम वीरान जंगल में छोड़ आयें और यह मानें कि वह नास्तिक है और उसे विश्वास है कि उसे किसी की भी मदद मिलने वाली नहीं है तो ऐसी परिस्थिति में मैं यह नहीं मानता कि वह जीवित रहना चाहेगा। किसी भी परिस्थिति में प्राणी की जीवित रहने की इच्छा को बल प्रदान करना ही चाहिए, मैं ऐसा धर्म स्वीकार नहीं करता।

एक जैन पत्र–लेखक ने लिखा कि, जैन धर्म का अहिंसा का विचार तीन सिद्धान्तों पर आधारित है :

1. ऐसी कोई परिस्थिति हो ही नहीं सकती जिसमें चाहे जैसी पीड़ा होने पर भी कोई भी प्राणी समझ–बूझकर जीवित रहने की आशा का त्याग करके दूसरों के हाथ से मृत्यु चाहे। इसलिए इस भाँति के प्राणहरण को कभी धर्म न गिनना चाहिए।
2. हिंसा से भरी हुई अनेक प्रवृत्तियों से व्याप्त इस संसार–व्यवहार में मुमुक्षु प्राणी को चाहिए कि जहाँ तक सम्भव हो, बहुत कम प्रवृत्तियों का सूत्रधार बनकर अहिंसा का आचरण करे।
3. कुछ–एक हिंसाएँ प्रत्यक्ष होती हैं और कुछ–एक अप्रत्यक्ष। उदाहरण–स्वरूप खेती करने में प्रत्यक्ष हिंसा है। अन्न खाने में खेती से सम्बन्ध रखने वाली अप्रत्यक्ष हिंसा है। दो प्रकार की इस हिंसा में जहाँ एक से भी बच सकने का उपाय ही न हो, वहाँ प्रत्यक्ष हिंसा से यथाशक्ति दूर रहकर सुज्ञ मनुष्य को चाहिए कि वह अहिंसा धर्म का पालन करें।

इन तीन सिद्धान्तों की आप अवश्य चर्चा करेंगे क्योंकि जैनियों की अहिंसा दृष्टि और आपकी अहिंसा दृष्टि में एक महत्त्वपूर्ण भेद यह दिखायी पड़ता है कि जैनियों की अहिंसा–दृष्टि निवृत्ति पर आधारित है जबकि आपकी अहिंसा–दृष्टि प्रवृत्ति पर। वर्तमान काल धर्म–धर्मपरायण है; इसलिए यदि अहिंसा, देश और काल से अबाधित धर्म हो तो अभी तक अहिंसा का विचार निवृत्ति की ओर झुकने की दृष्टि से ही किया गया है। उसका कर्म प्रधान वर्तमान युग में क्या स्वरूप हो सकता है और उसको व्यवहार में कैसे लाया जा सकता है, इस विषय पर लोगों में विचार–जागृति करने की मुझे परम आवश्यकता प्रतीत होती है।

गाँधी ने स्पष्ट लिखा कि ऐसी सिद्धान्त चर्चा में उतरना मुझे प्रिय नहीं है। ऐसी चर्चा करने में हानि भी हो सकती है; यह मैं जानता हूँ। परन्तु कुछ अंशों में यह चर्चा स्वयं मैंने ही उठायी है; इसलिए इन मित्र की इच्छित सिद्धान्त–चर्चा से मैं सर्वथा इनकार नहीं कर सकता। पहले सिद्धान्त विषय में मैं अपनी नम्र मान्यता इसी लेख में प्रकट कर चुका हूँ। मेरी ऐसी भी मान्यता है कि चाहे जैसी दशा क्यों न हो, जीने की इच्छा प्राणी छोड़ ही नहीं सकता, इस सिद्धान्त को मान लेने में हमारी भीरुता छिपी हुई है और उसी के कारण बहुत हिंसा हुई है और हो रही है और यदि ऐसे सिद्धान्तों का प्रतिपादन होता रहा तो जो हिंसा हो रही है वह बढ़ेगी, घटेगी नहीं। मुझे प्रतीत होता है कि जिस तरह से पहला सिद्धान्त यहाँ रखा गया है वह यदि सचमुच सिद्धान्त ही हो तब तो वह मोक्ष का विरोधी है। जो मनुष्य निरन्तर मोक्ष की याचना किया करते हैं वे हमेशा दूसरों की मृत्यु के आधार पर अपनी देह बनाये रखना नहीं चाहेंगे। मुमुक्षु तो इस जगत में पर्याप्त संख्या में हैं ही। वे जीवित रहने की आकांक्षा को छोड़ चुके हैं, ऐसा हमें मानना ही पड़ेगा। तब उक्त मित्र के बताये सिद्धान्त को ये मुमुक्षु भंग तो नहीं करते? अथवा इन मित्र ने उक्त सिद्धान्त को शायद इस तरह रखना न चाहा हो। जिन्होंने मोक्ष को बुद्धि से भी नहीं जाना है ऐसी मूर्च्छावस्था में पड़े हुए प्राणी जीवित रहने की आकांक्षा नहीं छोड़ सकते। ऐसी आकांक्षा रखने वालों के बीच जिसने आकांक्षा का त्याग किया है, ऐसा मुमुक्षु अपना स्वार्थ साधने या अपनी देह की रक्षा करने क्यों आयेगा? यदि मैं इस मोक्ष–प्रकरण को छोड़कर स्वदेश–प्रेम अथवा कौटुम्बिक प्रेम के क्षेत्र का विचार करूँ तब भी मालूम पड़ता है कि जिन्होंने जीवित रहने की आकांक्षा छोड़ दी है,

ऐसे अनेक देशप्रेमी, कुटुम्ब–प्रेमी, जगत–प्रेमी अपने–अपने कर्तव्य के प्रति परायण रहते हैं। आज इस दुनिया में जीवित रहने की आकांक्षा छोड़ने की शिक्षा दी जा रही है। हर अवसर पर जीवित रहने की आकांक्षा को साथ लिए फिरने में मैं तो स्वार्थ की पराकाष्ठा देखता हूँ। मेरे इस कथन का कोई असमर्थन कर बैठे। उस आकांक्षा का त्याग किसी से ज़बरदस्ती नहीं कराया जा सकता। यहाँ तो मैं सिर्फ़ जीवित रहने की आकांक्षा के सिद्धान्त के विरुद्ध दृष्टान्त दे रहा हूँ, और उस सिद्धान्त में निहित अनर्थ को सामने रख रहा हूँ।

दूसरा सिद्धान्त, उसे सिद्धान्त कहें अथवा और कुछ मुझे मान्य है।

तीसरे सिद्धान्त को मित्र ने जिस प्रकार रखा है उसमें तो मैं बहुत दोष देख रहा हूँ। उस सिद्धान्त का भयंकर नतीजा तो यह निकलता है कि जिस खेती के बिना मनुष्य जीवित ही नहीं रह सकता, वह खेती, अहिंसा–धर्म का पालन करने वाले को उसी पर निर्भर रहने के बावजूद त्याग ही देनी चाहिए। ऐसी स्थिति मुझे अतिशय पराधीनतापूर्ण और करुणाजनक प्रतीत होती है। खेती करने वाले असंख्य मनुष्य अहिंसा–धर्म से विमुख रहें और खेती न करने वाले मुट्ठी–भर मनुष्य ही अहिंसा को सिद्ध कर सकें, ऐसी स्थिति मुझे परम धर्म को शोभने वाली अथवा उसे सिद्ध करने वाली नहीं मालूम होती। इससे विपरीत, मुझे तो यह प्रतीत होता है कि सुज्ञ मनुष्य जब तक खेती का सर्वव्यापक उद्योग नहीं अपनाते तब तक वे नाममात्र के ही सुज्ञ हैं। वे अहिंसा की शक्ति का सच्चा माप निकालने में असमर्थ हैं। उनमें खेती–जैसे व्यापक उद्योग में लगे हुए असंख्य मनुष्यों को धर्म की राह पर लगाने की योग्यता नहीं है। यदि यह सचमुच सिद्धान्त में गिनी जाने वाली वस्तु हो तो अहिंसा के उपासक का कर्तव्य है कि वह उसके बारे में बार–बार विचार करे। खेती के दृष्टान्त का ज़रा विस्तार करें तो परिणाम हास्यजनक आता है।

सम्पूर्ण गाँधी वाङ्मय, खण्ड 37, पृ. 399–412,
नवजीवन (गुजराती), 21.10.1928

प्रवृत्ति और निवृत्ति

अब रहा प्रवृत्ति–निवृत्ति का झगड़ा। मैं निवृत्ति–धर्म को मानता हूँ। परन्तु यह निवृत्ति प्रवृत्ति में छिपी हुई होनी चाहिए। देह–मात्र प्रवृत्ति के बिना पल–भर भी टिक नहीं सकती, यह स्वयंसिद्ध वस्तु है। प्रत्येक साँस जो हम लेते हैं प्रवृत्ति–सूचक है, वहाँ निवृत्ति का अर्थ यही हो सकता है कि शरीर निरन्तर प्रवृत्त रहने पर भी आत्मा निवृत्त रहे, अर्थात् उसके विषय में अनासक्त रहे। इसलिए निवृत्ति–परायण मनुष्य सिर्फ़ परमार्थ के लिए ही अपनी प्रवृत्ति जारी रखें। अर्थात् मुझे तो यह प्रतीत होता है कि अनासक्त रहकर परमार्थ के लिए की गयी प्रवृत्ति है; फिर चाहे वह खेती हो, सूत कातना हो या अन्य कोई ऐसी प्रवृत्ति हो जो परमार्थ कही जा सकती हो। इसलिए इस प्रकार के निवृत्ति–धर्म को मानने वाले मुझ–जैसे व्यक्ति के लिए यह जानना और खोजना आवश्यक है कि देहधारी अहिंसा का पालन किस तरह और किस अंश तक कर सकता है। इस विचार को सादी भाषा में ही रख दूँ। मनुष्य जीवन के लिए खेती वग़ैरह अनिवार्य उद्योगों जैसे काम करने वाला अहिंसा–धर्म को कैसे जाने, उसका पालन किस भाँति करे, मुझे तो यही मालूम करना है। धर्म में सर्वव्यापक होने की शक्ति होनी चाहिए। धर्म जगत के शतांश का इजारा नहीं हो सकता, होना भी नहीं चाहिए। मेरा दृढ़ विश्वास है कि सत्य और अहिंसा, जगतव्यापी धर्म हैं। इसी से तो उसके अर्थ की खोज में जीवन खपाते हुए भी मैं रस लूट रहा हूँ और दूसरों को भी उस रस को लूटने का आमन्त्रण दे रहा हूँ।

सम्पूर्ण गाँधी वाङ्मय, खण्ड 37, पृ. 403,
नवजीवन (गुजराती), 21.10.1928

व्यक्तिगत और सामाजिक धर्म

एक प्रश्न कि, आप व्यक्तिगत और सामाजिक धर्म की भिन्न–भिन्न व्याख्या करते हैं, यह तो मैंने सुना है, लेकिन व्यक्तिगत धर्म के अनुसार ही सामाजिक धर्म की व्याख्या करने में क्या हर्ज़ है? आदर्श ध्येय तो सबके लिए सर्वश्रेष्ठ ही होना चाहिए न? उसका पालन न हो सके, न हो सकता हो, यह अलग बात है। यह बात तो व्यक्तिगत धर्म पर भी लागू होती है। आप ही ने कहा है कि अपने जीवन को जोख़िम में डालकर क्रूर पशु को भी बचाने की मेरी भावना है; लेकिन ऐसा प्रसंग आयेगा तब मैं क्या करूँगा, सो मैं नहीं कह सकता। सामुदायिक धर्म के लिए भी यदि हम यही आदर्श स्वीकार करें तो दोनों धर्मों की व्याख्या पृथक्–पृथक् करने की ज़रूरत ही कहाँ रह जाती है?

उपरोक्त प्रश्न के उत्तर में गाँधी लिखते हैं कि व्यक्तिगत और सामाजिक धर्म की व्याख्या मैंने अलग–अलग मानी ही नहीं है। धर्म का सिद्धान्त तो (दोनों के लिए) एक ही होता है लेकिन उस पर अमल करने की मर्यादा मैंने व्यक्ति और समाज के लिए भिन्न–भिन्न मानी है। वस्तुतः अमल करने की मर्यादा तो हर व्यक्ति की भी अलग–अलग होती है। ऐसे किन्हीं दो पुरुषों को मैं नहीं जानता जिनकी अहिंसा धर्म की व्याख्या समान होते हुए भी अहिंसा के पालन की सीमा एक ही हो। सामाजिक अमल की मर्यादा समाज के सब सदस्यों की क्षमता के औसत के अनुसार होती है। उदाहरण के लिए, जहाँ समाज का एक भाग दुग्धाहारी और दूसरा फलाहारी हो वहाँ इस सम्बन्ध में सामाजिक व्यवहार की मर्यादा दूध और फलाहार की मानी जायेगी अर्थात् दोनों अपनी–अपनी मर्यादा में रहकर व्यवहार करेंगे।

पत्र–लेखक ने दो जैन–सिद्धान्तों का निरूपण किया है; उसमें कहा गया है कि जैन–सिद्धान्त की रचना स्यादवाद के आधार पर की गयी है।

स्यादवाद को अनेकान्तवाद भी कहते हैं। स्यादवाद के अनुसार व्यवहार के लिए कोई निरपेक्ष नियम नहीं हो सकता।

गाँधी ने कहा कि, मतलब यह है कि अमुक परिस्थितियों में जिस कार्य–विशेष को हिंसा कहा जायेगा उसे ही भिन्न परिस्थितियों में अहिंसा माना जा सकता है। लेकिन प्रत्येक मनुष्य को विवेकपूर्वक और सोच–समझकर इस बात का निर्णय करना चाहिए। जैन समाज की दो शाखाओं, साधुओं और श्रावकों ने अपने–अपने धर्म की व्याख्या इस प्रकार की है: साधु–सर्वथा अहिंसक। अपने जीवन की रक्षा के लिए खाता भी नहीं; खाने के लिए पकाता भी नहीं–यहाँ तक कि एक क़दम भी नहीं उठाता। जो कुछ करता है कल्याण सिद्धि के लिए तथा जहाँ तक बन सके वहाँ तक दोषों से मुक्त रह सके। इन दोषों की संख्या 42 कही गयी है। साधु को जैन–दर्शन में निर्ग्रंथ कहा गया है; त्यागी, सर्वथा त्यागी कहा गया है। मेरा ख़याल है कि इस समय इस व्याख्या और कल्पना के अनुरूप एक भी साधु नहीं है (हो तो अपने अल्प ज्ञान के कारण मैं नहीं जानता)।

श्रावक निरपराधी होता है; उसे जिसकी ज़रूरत न हो और जिसमें उसका स्वार्थ न हो, ऐसे किसी भी जीव की वह हत्या नहीं करता। श्रावक संसारी है। इसलिए शास्त्रकारों ने ऐसा माना है कि वह इससे ज़्यादा दया का पालन नहीं कर सकता और आदर्श दया का माप (गणित की भाषा में) बीस मानकर ऐसा नियम निश्चित किया है कि साधु तो पूरी बीस अंश दया का पालन करेगा और श्रावक सवा अंश दया का पालन करेगा। यदि श्रावक इससे ज़्यादा दया का पालन करता है तो माना जायेगा कि साधुवृत्ति की ओर बढ़ रहा है। लेकिन श्रावकावस्था में इससे ज़्यादा दया का पालन करना असम्भव ही है।

इस निरूपण से मैं अपरिचित न था। मैं तो जानता ही हूँ कि मैंने जो मत प्रकट किया है वह जैन–सिद्धान्तों में स्वीकृत मत का विरोधी नहीं है। उपर्युक्त निरूपण यदि जैनों को मान्य हो तो मेरा मतलब उसी में से निकाला जा सकता है। लेकिन यह सिद्धान्त जैनों को मान्य हो या न हो, मेरी नम्र राय में मेरे द्वारा व्यक्त किये गये अभिप्राय का प्रतिपादन स्वतन्त्र रूप से हो सकता है और हुआ है।

सम्पूर्ण गाँधी वाङ्मय, खण्ड 32, पृ. 14–15,
नवजीवन (गुजराती), 7.11.1926

हिंसा मानव शक्ति का दुरुपयोग है

एक प्रश्न कि, जीवमात्र तड़प–तड़पकर मरता है। नरक में पड़ा हुआ व्यक्ति भी जीने की इच्छा रखता है। कुत्ते को भी मरना अच्छा नहीं लगता। इसलिए जो मनुष्य उसे मारता है वह उसे दुर्गति देने में सहायक होता है।

गाँधी ने कहा कि, एक मनुष्य दूसरे को मारकर उसे दुर्गति किस तरह देता है, यह मेरी समझ के बाहर है। मनुष्य ख़ुद ही अपने बन्धन और मोक्ष का कारण होता है, दूसरों के बन्धन और मोक्ष का नहीं। अहिंसा धर्म का पालन अपने मोक्ष के लिए होता है। जो मनुष्य अपने सुख के लिए हिंसा करता है वह अपनी शक्ति का दुरुपयोग करता है।

आगे गाँधी कहते हैं कि मैंने जहाँ भी कुत्तों के वध का सुझाव दिया है वहाँ कुत्तों का हित ही प्रधान हेतु है। उसमें मनुष्य का सुख भी है लेकिन वह गौण है। जो अपने सुख के लिए वध करता है वह तो हिंसा ही करता है।

दूसरा प्रश्न कि, यदि आप ऐसा मानते हैं कि जीव का तो नाश नहीं होता, नाश तो केवल देह का ही होता है, इसलिए उसका नाश जल्दी हो या देर से, इससे क्या फ़र्क़ पड़ता है, तो यह ठीक है, लेकिन इससे मनुष्य को दूसरों के प्राण लेने का अधिकार नहीं मिलता।

गाँधी लिखते हैं कि, इसके बारे में मुझे तनिक भी शंका नहीं है। ऐसी हिंसा भी हम अनिवार्य समझकर ही करते हैं; उदाहरण के लिए आहारादि के निमित्त होने वाली हिंसा। देह नाशवान होने से यद्यपि दूसरों के प्राण लेने का इज़ारा मनुष्य को नहीं मिलता लेकिन आवश्यकता पड़ने पर उसका नाश करने में संकोच करना देह के प्रतिक्षण होने वाले नाश को भूल जाने के समान है। सड़े हुए को काटने में देह का नाश है तथापि हम उसे काटते हैं। और यदि हम उस प्राणी के सुख का विचार करके उसे मारें तो यह भी मोह है। सुख–दुःख जैसी कोई चीज़ जगत में है

ही नहीं। आप दूसरे को तड़पता हुआ नहीं देख सकते, यह बात आपके अज्ञान की परिचायक है। दूसरों के सुख–दुःख का जिस पर असर नहीं होता वही भव्य आत्मा है और इससे वह किसी की भी हिंसा नहीं करता।

इस प्रश्न में निहित दलील में मैं विचार–दोष देखता हूँ–ऐसा विचार दोष जिसकी ओर शायद दलील करने वाले का ध्यान नहीं गया है। दूसरों के सुख–दुःख का जहाँ असर नहीं होता वहाँ न तो दया है, न धर्म और न अहिंसा ही है। दूसरों के सुख का शोध करने में अहिंसा का शोध हुआ है। मनुष्य ने जब अपने को दूसरों में देखा और दूसरों को अपने में देखा तब वह दूसरों के सुख में सुखी हुआ, और उनके दुःख में दुःखी। इसके फलस्वरूप उसने अपने ऐहिक सुख के त्याग में आत्मिक सुख का अनुभव किया और उसने अपने स्वार्थ के लिए मूक प्राणियों की हिंसा करना बन्द कर दिया।

प्रश्न कि संसारियों के दुःख को मिटाने का प्रयत्न करना–वह दृष्टि ही संसारमूलक है इसलिए उसमें ही हिंसा है। तो फिर उससे अहिंसा का प्रतिपादन कैसे हो सकता है?, के उत्तर में गाँधी ने लिखा कि, पत्र–लेखक का यह वाक्य ऐसा है जो उसे अथवा किसी को भी शोभा नहीं देता। हम सब संसार के दुःख को मिटाने का सतत प्रयत्न करते हैं। भूख, प्यास, सर्दी और गर्मी को मिटाने में हम अपना बहुत–सारा समय ख़र्च करते हैं। लेकिन जो अपनी ही भूख–प्यास आदि मिटाकर चैन से बैठ जाते हैं उन्हें स्वेच्छाचारी–भोगी कहा जाता है। वीतराग तो वही है जो दूसरों की भूख–प्यास मिटाकर अपनी मिटाने का अल्प प्रयत्न करता है।

एक अन्य मित्र प्रश्न करते हैं कि, आप रायचन्द्रभाई के लिखे को भूल गये जान पड़ते हैं। आपने उनसे पूछा था–"मुझे जब साँप काटने के लिए आये तब मुझे क्या करना चाहिए"? उन्होंने कहा था, "तुम अपनी देह को जाने दो लेकिन साँप को मत मारो"? अब कुत्तों के बारे में आप दूसरी नीति अपनाते जान पड़ते हैं। उत्तर देते हुए गाँधी कहते हैं कि, मैं दूसरी नीति नहीं अपना रहा हूँ। अपने लिए किसी को मारने की बात का मैंने समर्थन नहीं किया है। मेरा ऐसा प्रयत्न है कि मुझे साँप काटने के लिए आये अथवा कोई मारने के लिए आये, तब उसे मारकर मैं जीने की इच्छा न करूँ और भगवान मुझे देह को नष्ट होने देने की शक्ति प्रदान करे। हमारी यह चर्चा सामाजिक हित की और दुःख से तड़प रहे प्राणी के हित की दृष्टि से की जा रही है। कष्ट से पीड़ित सर्प को, जिसे जिलाने

का मेरे पास कोई इलाज नहीं है मारना चाहिए अथवा नहीं अथवा मेरे संरक्षण में रहने वाले किसी व्यक्ति को कोई सर्प काटने के लिए आये और उसे भगाने की मेरी शक्ति न हो तो रक्षित की रक्षा के लिए मुझे उस सर्प को मारना चाहिए अथवा नहीं यह प्रश्न मैंने रायचन्द्रभाई से पूछा होता तो रायचन्द्रभाई ने इसका क्या उत्तर दिया होता, यह बात हममें से कोई भी निश्चित रूप से नहीं कह सकता। अपने अभिप्राय के बारे में मेरे मन में कोई शंका नहीं है।

एक तीसरे भाई लिखते हैं कि, आपके लेखों के प्रति मेरे मन में बहुत श्रद्धा है। लेकिन आपके अभी हाल के लेखों से शंका उत्पन्न हुई है। श्रीमद् अमृतचन्द्र आचार्य जी के मत से आपका मत विरुद्ध दिखायी देता है हालाँकि आज तक आपका और आचार्य जी का मत मिलता मालूम होता था। वे कहते हैं:[1] इस एक जीव के मरने के बहुत जीवों की रक्षा होती है, ऐसा मानकर हिंसक जीवों की भी हिंसा नहीं करनी चाहिए। बहुत जीवों की हत्या करने वाले में जीव जीवित रहेंगे तो अधिक पाप का उपार्जन करेंगे, ऐसा मानकर दयावश भी हिंसक जीवों को मारना नहीं चाहिए। अनेक दुःखों से पीड़ित जीव शीघ्र दुःख से मुक्त हो जायें ऐसी विचाररूपी तलवार लेकर उसके द्वारा भी दुःखी जीवों को नहीं मारना चाहिए। इनमें और आपके अभी हाल के विचारों में मतभेद दिखायी पड़ता है। इसका स्पष्टीकरण 'पुरुषार्थ सिद्धुपाय' में है। मैं चाहता हूँ कि आप उसे देखने के बाद अपना अभिप्राय व्यक्त करें।

गाँधी कहते हैं कि 'पुरुषार्थ सिद्धुपाय' मुझे श्री रेवाशंकरभाई ने दक्षिण अफ्रीका में भेजा था तब मैं उसे पढ़ गया था। मेरे विचार अब किसी पर आधारित नहीं हैं। इन सब विचारों को मैंने पहले–पहल जहाँ से भी ग्रहण किया हो लेकिन इस समय तो वे मेरे जीवन के अंश हैं और उन्हें व्यक्त करने का अवसर उपस्थित हुआ है इसलिए मुझे उन्हें बताना पड़ता है। अहिंसा धर्म की ऐसी सूक्ष्म चर्चा से कोई बहुत ज़्यादा तात्कालिक लाभ होगा ऐसा मैं नहीं मानता। लेकिन मुझे लगता है कि उसके बारे में अभी इतना ज़्यादा अज्ञान फैला हुआ है कि यदि मैं किसी भय अथवा मोह के कारण अपने विचारों को छिपाऊँ तो दोष में पड़ता हूँ। इसी से लाचार हो मैं यह लेखमाला लिख रहा हूँ।

1. मूल संस्कृत श्लोक नहीं दिये जा रहे हैं।

मेरे मतानुसार उपर्युक्त श्लोकों में और मेरे विचारों में भेद नहीं है। परन्तु कदाचित ऐसा सिद्ध होता हो तो मुझे भी मेरे विचार अहिंसा धर्म के अनुकूल मालूम होते हैं।

उपर्युक्त श्लोकों का आशय मैंने यह समझा है कि मनुष्य को उनमें वर्णित भावना से प्रेरित होकर किसी का भी वध नहीं करना चाहिए। कारण स्पष्ट है। ऐसा वध अनिवार्य है और इसलिए स्वाभाविक होना चाहिए। भावना में इरादा और आरम्भ आते हैं और इरादा या आरम्भ में हिंसा का दोष है। जिसे 'गीता' निष्काम कर्म कहती है उस सहज–प्राप्त धर्म का अनुसरण करना मुमुक्षु का कर्तव्य है। उसे जगत के मोक्ष का विचार नहीं करना है अपितु अपने मोक्ष के मार्ग में आने वाली सेवा करनी है। मैले पानी के डबरे को मुझे पूरना चाहिए। लेकिन यह कार्य मेरे लिए स्वाभाविक होना चाहिए। उसे पूरते हुए मुझे ऐसा अभिमान नहीं रखना चाहिए कि "ऐसा करके मैं जगत की सेवा कर रहा हूँ।" आचार्य के वचनों में निरभिमानता, नम्रता, अल्पारम्भ इत्यादि की रक्षा है। जब ऐसा प्रसंग आये कि वध किये बिना काम ही न चले उस समय कैसी मानसिक स्थिति होनी चाहिए।

सम्पूर्ण गाँधी वाङ्मय, खण्ड 32, पृ. 74–76,
नवजीवन (गुजराती), 21.11.1926

अहिंसा की समस्याएँ

गाँधी ने लिखा कि बछड़े और बन्दरों के विषय में लेख[1] लिखकर मैंने आलोचकों का पर्याप्त रोष मोल ले लिया है। कोई गालियाँ देकर अपनी अहिंसा प्रकट कर रहा है, तो कोई सख़्त आलोचना करके मेरी अहिंसा की परीक्षा ले रहा है और कोई विवेकपूर्वक अपनी कठिनाइयाँ सामने रख रहा है। सभी पत्र–लेखकों को जवाब देने लायक समय मेरे पास नहीं है, और न जवाब देने की ज़रूरत है। ठेठ गालियों से भरे लेखों से मेरी सहन–शक्ति का माप निकालने के सिवा और कोई लाभ होने वाला नहीं है। दूसरे दो प्रकार के पत्रों में से कुछ तर्क लेकर मैं उन पर विचार करना चाहता हूँ।

उन तर्कों का उत्तर देने के पहले मैं लिखने वालों से एक विनती कर लूँ। वे मर्यादा का पालन करते हुए मेरी जो भूल हो सो मुझे बतलायें और अपनी जो भूलें दिखें, उन्हें देखें। ख़ूब तटस्थ रहने का प्रयत्न करते हुए भी :

1. अविवेकपूर्ण पत्रों से मैं बहुत नहीं सीख सकता।
2. पेंसिल से लिखे हुए ख़राब अक्षर वाले लेखों को पढ़ना अशक्य है।
3. लम्बे निबन्ध मेरे पास भेजना व्यर्थ है।

संक्षिप्त, सुन्दर अक्षरों में स्याही से लिखे गये पत्रों को पढ़ने और उन पर विचार करने के लिए मैं तैयार हूँ, उत्सुक हूँ। मैं एक नम्र शोधक हूँ। 'नवजीवन' के द्वारा सिर्फ़ सिखलाने का ही काम नहीं करता, सीखने का भी प्रयास करता हूँ। लेखकों के मुख्य तर्क और उपदेश इस प्रकार हैं :

1. अब आप अहिंसा के क्षेत्र से त्याग–पत्र दे दीजिए।
2. क्या आप अहिंसा–सम्बन्धी अपने विचार पश्चिम से नहीं लाये हैं?

---

1. देखिये 'पावक की ज्वाला', 30.9.1928

3. अगर आपके विचार सच्चे भी हों, तो भी जहाँ अनर्थ होने का भय हो, वहाँ उन्हें आपको प्रकट नहीं करना चाहिए।
4. यदि आप कर्मवाद को मानते हैं तो बछड़े के प्राण लेकर कर्म के नियम का विरोध करना निरर्थक है।
5. आपको यह मान लेने का क्या अधिकार था कि बछड़ा अब चंगा होगा ही नहीं; कदापि नहीं बचेगा? क्या आप नहीं जानते कि जिन्हें डाक्टर–वैद्यों ने चन्द मिनटों का मेहमान कहा था, वे भी अनेकों बार बच गये हैं?

अहिंसा के या किसी दूसरे क्षेत्र से त्याग–पत्र देने या न देने की बात तो ख़ुद मुझे ही विचारनी है। आदमी अधिकार से त्याग–पत्र दे सकता है; जो कर्तव्य से त्याग–पत्र दे, वह कर्तव्यभ्रष्ट हुआ गिना जायेगा। सच कहने और करने वाले के भाग्य में लोकनिन्दा तो प्रायः होती ही है। मैंने यह सीखा है कि अपने–आप को जो बात सच्ची जान पड़े, अगर वह प्रस्तुत हो तो उसे प्रकट करना सत्याग्रही का धर्म है। जब तक मुझे ऐसा लगे कि अहिंसा के विषय में मैंने जो कल्पना की है, वह सही है, तो मेरा उसे ज़ाहिर न करना कर्तव्यभ्रष्ट होना कहलायेगा।

बछड़े के बारे में मेरे विचार अगर पश्चिमी शिक्षा के परिणाम हों, तो मेरे लिए इसमें शर्म की कोई बात नहीं है। पश्चिम से ज्ञान लेना ही नहीं चाहिए, या वहाँ जो कुछ होता है सो सब बुरा ही है, मेरी ऐसी मान्यता नहीं है। पश्चिम से मैंने बहुत कुछ सीखा है। मैंने अहिंसा के स्वरूप के बारे में भी बहुत–कुछ वहाँ से सीखा हो तो इसमें आश्चर्य नहीं होना चाहिए। मेरे इन विचारों पर कौन–सा बाहरी प्रभाव पड़ा है, सो मैं नहीं जानता। हाँ, यह जानता हूँ कि अब तो वे मेरी अन्तरात्मा में बस गये हैं।

बात ऐसी नहीं है कि अपनी किसी भी राय को सच्ची मानने के कारण ही मैं उसे प्रकट कर देता हूँ। किन्तु बछड़े से सम्बन्धित मेरे विचारों के मूल में अहिंसा निहित है, इसलिए वे कल्याणकारी हैं, ऐसा मानकर मैंने उन्हें प्रकट किया था। मैं नहीं जानता, बन्दरों के बारे में मुझे क्या करना चाहिए; इसलिए उसे जानने की दृष्टि से मैंने वह चर्चा छेड़ी। मुझे ऐसे पत्र भी मिले हैं जो उस मामले को सुलझाने में सहायक होंगे। बन्दरों के बारे में मैं इतना कह दूँ कि जब कोई और उपाय ही नहीं रहेगा, तभी मैं उनके प्राणहरण तक जाऊँगा। मैं जानता हूँ कि उससे बचने का प्रयत्न करना मेरा धर्म है और इस चर्चा का उद्देश्य उससे बचना ही है।

कर्मवाद को मैं अवश्य मानता हूँ, किन्तु पुरुषार्थ को भी मानता हूँ। कर्म का सर्वथा क्षय करके मोक्ष प्राप्त करना परम पुरुषार्थ है। यों तो बीमार की सेवा में भी कर्म की गति को रोकने के मूढ़ प्रयत्न की गन्ध आती है, फिर भी हम मानते हैं कि जो रोगी की सेवा नहीं करता, उसे दवा नहीं देता, वह घोर हिंसा करता है। दैव और पुरुषार्थ के द्वन्द्व–युद्ध में शामिल न होते हुए जो कुछ सेवाकार्य हो सके, उसे कर लेना मैं धर्म मानता हूँ और उसके पालन का प्रयत्न करता हूँ।

मुझे ऐसा निश्चयात्मक ज्ञान तो नहीं था कि बछड़ा अब चंगा हो ही नहीं सकता। जिनसे डॉक्टर निराश हो गये थे, ऐसे रोगियों को चंगा होते हुए भी मैंने सुना है। महाअज्ञान में पड़ा हुआ मनुष्य जहाँ तक भविष्य के बारे में अनुमान कर सके, वहाँ तक करे और तद्नुसार बर्ताव करे। असंख्य कर्मों के सम्बन्ध में हम ऐसा ही करते हैं। किन्तु पता नहीं, हिन्दू–संसार को क्या हो गया है कि वह मौत के नाम से ही भड़क उठता है। वैसे मौत का कम–से–कम डर हिन्दू को होना चाहिए, क्योंकि हिन्दू धर्म में बचपन से ही आत्मा की अमरता और शरीर की क्षणभंगुरता की शिक्षा दी जाती है। बछड़े को मारने में यदि भूल हुई भी हो, तो भी मैं जानता हूँ कि उसकी आत्मा तो कुशल ही है। उसके कष्ट में डूबे हुए शरीर का दो घड़ी पहले नाश करने में शामिल होने में अगर त्रुटि रही हो तो मुझे उसकी सज़ा भोगने की भी तैयारी रखनी चाहिए किन्तु बछड़े को जो दो घड़ी कम समय तक श्वास लेने को मिला, मुझे इसका अपार दुःख नहीं होता। जो बात मैं बछड़े के बारे में कहता हूँ, वही अपने किसी प्रियजन के बारे में भी कह सकता हूँ। कौन जानता है कि अपने लालन–पालन के ढंग से, अपने मोह से, अपने ग़लत इलाज से हम अपने कितने सगे–सम्बन्धियों के प्राण समय से पहले जाने देने में मददगार नहीं हुए होंगे? इस प्रकार उनके प्राणहरण में सहायक होना और बाद में रोना–धोना, यह तो दया धर्म का पन्थ नहीं है। ऐसा करके हम अहिंसा को लजाते हैं। मुझे जो पत्र मिले हैं, वे मेरी यह राय दृढ़ करते हैं। मरण का भय अहिंसा को पहचानने में बड़ा भारी विघ्न है।

सम्पूर्ण गाँधी वाङ्मय, खण्ड 37, पृ. 352–354,
नवजीवन (गुजराती), 7.10.1928

क्रोधी मित्र को जवाब

गाँधी कहते हैं कि एक क्रोधी मित्र के प्रश्नों पर विचार करें : हमें तो लगता है कि आप पाश्चात्य देश के वातावरण में बहुत काल तक रहे हैं, आपने उसके साहित्य का अध्ययन किया है और उसके संस्कार आप के हृदय में घर कर गये हैं, इसी से आप मनुष्य के प्रति दयाभाव रखकर प्राणियों की जान लेना ज़्यादा इष्ट समझते हैं। इसलिए आप बहुत शान्ति से सोच–विचारकर अपनी भूल स्वीकार करें और संसार से क्षमा माँगें। संसार में महापुरुष माने जाने वाले व्यक्ति का यह कर्तव्य है। आपको अत्यन्त सूक्ष्मता से विचार करने के बाद ही जो इष्ट हो वह करना चाहिए लेकिन आपने तो चर्चा को बहुत तूल देकर अपने नाम को बट्टा लगाया है।

इस तरह के पत्रों में से मैंने यह एक अपेक्षाकृत सौम्य वाक्य उद्धृत किया है। मैंने विचार किये बिना अपनी राय देने में उतावली की है, ऐसी बात नहीं है। जो मनुष्य अपना मत स्थिर करते हुए अपने बड़प्पन का विचार करता है, वह सत्य का निर्णय नहीं कर सकता। उसके सामने तो उसका बड़प्पन होता है और यह सत्य का दर्शन करने में विघ्नरूप होता है।

मैं ऐसा नहीं मानता कि पश्चिम का सब कुछ त्याज्य है। पश्चिम की सभ्यता की मैंने कड़े शब्दों में निन्दा की है। मेरा मन अभी भी उसकी भर्त्सना करता है, लेकिन इसका अर्थ यह नहीं है कि पश्चिम का सब कुछ त्याज्य है। पश्चिम से मैंने बहुत–कुछ सीखा है और मैं उसका ऋणी हूँ। पश्चिम के रहन–सहन और उसके साहित्य ने मेरे ऊपर कुछ भी प्रभाव न डाला हो तो इसे मैं अपना दुर्भाग्य समझूँगा। लेकिन कुत्तों के बारे में मैंने जो मत व्यक्त किया है सो पश्मिम की शिक्षा के प्रभाव से किया है, ऐसा मैं नहीं मानता। पश्चिम–एक छोटे सम्प्रदाय को छोड़ दें तो यह सिखाता है कि मनुष्येतर प्राणिमात्र को मनुष्य की भलाई के लिए मारने में कोई दोष नहीं है। इसी से पश्चिम में जीवित प्राणियों को मनुष्य की भलाई के

लिए मारने में कोई दोष नहीं हैं। इसी से पश्चिम में जीवित प्राणियों की चीर–फाड़ को प्रोत्साहन दिया है। पश्चिम में स्वाद के लिए अनेक प्रकार की हिंसा करने में दोष नहीं माना जाता। इन बातों को मैं स्वीकार नहीं करता। पश्चिम के रिवाज के अनुसार तो जो निकम्मा हो गया हो ऐसे किसी भी प्राणी को मारने में पाप नहीं बल्कि पुण्य माना जाता है। मैंने जो विचार व्यक्त किया है, उसमें तो हर क़दम पर मर्यादा है। शाकाहार को मैं हिंसा मानता हूँ, यह शिक्षा पश्चिम की नहीं कहीं जा सकती। सिद्धान्त और उसके अमल का विचार करते हुए हमें व्यर्थ की दलीलों अथवा मिथ्यारोपों को स्थान नहीं देना चाहिए। मेरे मत की परीक्षा स्वतन्त्र रूप से जानी चाहिए। वह पश्चिम से आया हो अथवा पूर्व से, उसका मूल सत्य है अथवा असत्य, उसमें अहिंसा है अथवा हिंसा, इस पर विचार किया जाना चाहिए। मेरा विश्वास है कि उसका मूल सत्य और अहिंसा ही है।

सम्पूर्ण गाँधी वाङ्मय, खण्ड 32, पृ. 43–44,
नवजीवन (गुजराती), 14.11.1926

जीवदया परिषद् में भाषण[1]

भड़ौच, 21 अक्टूबर, 1917; जिस दिन से मैं श्री आनन्दशंकर ध्रुव के सम्पर्क में आया हूँ उसी दिन से उन पर मुग्ध हूँ। वे निस्सन्देह गुजरात के एक अनमोल रत्न हैं। सम्भवतः गुजरात उन्हें अभी पूर्ण रूप से नहीं जानता। इस संस्था ने जब श्री ध्रुव को अध्यक्ष–पद प्रदान किया तो मुझे लगा कि यह संस्था भी बड़ी प्रतिष्ठित होनी चाहिए। श्री ध्रुव ने समस्त हिन्दू संसार के सम्मुख सिद्ध कर दिया है कि 'अहिंसा परमो धर्मः' वचन सारे भारत का है। जैन और हिन्दू धर्म के बीच ऐसा कोई भेद नहीं है कि उन्हें भिन्न माना जाये। गौतम बुद्ध का बौद्ध धर्म वही बात कहता है कि हिन्दू धर्म कहता है।

श्री ध्रुव केवल गुजरात के ही रत्न नहीं हैं, वे सारे भारतवर्ष के रत्न हैं। वे गुजरात में लोगों के सामने नहीं आये इसलिए भारतीय जनता में सुप्रसिद्ध नहीं हो पाये। वे बड़े ही समर्थ विद्वान हैं! यह मैं उनके भाषणों से ही समझ गया हूँ। उनकी कार्यकुशलता व्यावहारिक जीवन के लिए अत्यन्त आवश्यक है। संसारी जीवन का मुझे भी बड़ा अनुभव है और मैंने सहन भी बहुत किया है। श्री ध्रुव की शुद्ध अन्तःआकांक्षा जाग गयी है।

श्री ध्रुव गुदड़ी के लाल हैं। उन्हें प्राचीन और अर्वाचीन हिन्दू जीवन का अच्छा अनुभव है। आज की जो पीढ़ी ऐशोआराम के वातावरण में पलकर बड़ी हुई और जो मनसूबों के दुर्ग बाँधती हुई (आधुनिक) सभ्यता के प्रवाह में बिना विचारे बह चली है, उसे समुचित और योग्य स्थान पर पहुँचाने के लिए श्री ध्रुव नौका–रूप हैं। वे ऐसे नेता हैं। बुजुर्ग लोग फूलों के महत्त्व को जानते हैं इसीलिए उन्होंने भी (नयी पीढ़ी की) ठीक क़द्र

---

1. सम्मेलन के दूसरे दिन गाँधीजी ने अध्यक्ष प्रो. आनन्द शंकर ध्रुव के प्रति धन्यवाद का प्रस्ताव किया।

की है और युवकों के साथ मिलकर अपने विचारों को उनमें किस प्रकार दृढ़तापूर्वक प्रतिष्ठित किया जाये इस सम्बन्ध में अपनी कार्यकुशलता का परिचय दिया है।

जीवदया मण्डल श्री ध्रुव को अपने अध्यक्ष पद पर मनोनीत कर सका है, यह इस बात का प्रमाण है कि यह संस्था बड़े सुदृढ़ पाये पर काम कर सकी है और जीवदया के अपने सिद्धान्तों का प्रचार भविष्य में भी जनता के बीच अधिकाधिक कर सकेगी तथा जनमत को इसके पक्ष में तैयार कर सकेगी। इतना कहकर मैं अध्यक्ष महोदय के प्रति धन्यवाद का प्रस्ताव पेश करता हूँ। मुझे उम्मीद है कि आप सब इसका समर्थन करेंगे।

सम्पूर्ण गाँधी वाङ्मय, खण्ड 14, पृ. 46–47,
मुम्बई समाचार (गुजराती), 23.10.1917

रेशम में अहिंसा

एक भाई पूछते हैं, रेशमी कपड़े का उत्पादन करने में कितने ही रेशम के कीड़ों का नाश होता है। क्या अहिंसावादी भाई–बहन उसका इस्तेमाल कर सकते हैं? यदि वे नहीं कर सकते तो गुजरात खादी प्रचारक मण्डल तो रेशमी कपड़े का प्रचार कर ही नहीं सकता!

यहाँ अहिंसावादी का अर्थ जानने की ज़रूरत है। यदि अहिंसावादी की अहिंसा कांग्रेस के कार्यक्षेत्र तक ही सीमित है तो उसके रेशम का इस्तेमाल करने में कोई दोष नहीं है, क्योंकि उसकी अहिंसा की प्रतिज्ञा केवल असहयोग तक ही सीमित है। लेकिन जो पूर्णतः अहिंसावादी है वह तो हिंसा करने से जितना बचे उतना कम है। जहाँ दृश्य–जगत हिंसा से ही भरा हुआ है और पग–पग पर हिंसा ही दिखायी देती है वहाँ शुद्ध अहिंसावादी का जीवन तो संयममय ही होना चाहिए। उसे तो, जितना त्याग उससे सम्भव हो सके, वह सब करना चाहिए और याद रखना चाहिए कि असली त्याग तो उसे अपने काम–क्रोधादि का ही करना है। कभी–कभी एक शब्दबाण में जितनी हिंसा होती है उतनी सम्भवतः रेशम के उपयोग में नहीं होती। ऊपर जो बारीक प्रश्न पूछा गया है, वैसे प्रश्न तो केवल उसी व्यक्ति को पूछने चाहिए जिसने अपनी समस्त इन्द्रियों पर संयम रखने का निश्चय किया हो और जिसे उसमें कुछ अंशों तक विजय मिली हो। वस्त्रों का अथवा आहार–सम्बन्धी संयम तभी दीप्त हो सकता है जब वह आन्तरिक संयम का सूचक हो, नहीं तो उसके मिथ्या होने की सम्भावना है। मेरे ये विचार यदि सच्चे हों तो गुजरात खादी प्रचारक मण्डल के रेशम बेचने में हिंसा दोष नहीं रह जाता। असहयोग की दृष्टि से विचार करने पर हमें रेशम बेचने का अवकाश ही नहीं हो सकता, इसलिए कांग्रेस के किसी भी विभाग में अगर रेशम बेचा जाता है तो उसका बचाव कदाचित यह कहकर किया जा सकता है कि ऐसा खादी

के प्रचार के लिए किया जाता है। मैं तो यह मानता ही नहीं कि खादी के प्रचार के लिए रेशम बेचने की ज़रूरत है। खादी को सुन्दर बनाने के लिए रेशम की कोर आदि बनाई जाये यह बात समझ में आ सकती है और इसे सहन किया जा सकता है।

सम्पूर्ण गाँधी वाङ्मय, खण्ड 23, पृ. 493,
नवजीवन (गुजराती), 20.04.1924

अहिंसा की जटिल समस्याएँ

एक मिल मालिक ने कुछ कुत्ते मरवा डाले क्योंकि उनमें से कुछ पागल हो गये थे और भय था कि वे किसी भी क्षण किसी कर्मचारी को न काट लें। किन्तु इससे अहमदाबाद के प्रभावशाली जैन समाज के कुछ सदस्य नाराज़ हो गये। उनमें बहुत से मेरे भी मित्र हैं जो अहिंसा के विषय में मुझे प्रामाणिक व्यक्ति मानते हैं। मुझे विवश होकर अनिच्छापूर्वक इस विवाद में पड़ना पड़ा। अब यह अहमदाबाद की गुजराती बोलने वाली जनता का ही मामला नहीं रहा; बल्कि उससे आगे बढ़ गया है। इसलिए मैं यथासम्भव अहिंसा के विस्तृत क्षेत्र को लेकर जो लेखमाला[1] लिख रहा हूँ उसका अनुवाद करके 'यंग इंडिया' के पाठकों को दे रहा हूँ। मुझे सन्देह नहीं कि 'यंग इंडिया' के बहुत से पाठक, जो अहिंसा के सिद्धान्त और विकास में रुचि रखते हैं, इस लेखमाला के अनुवाद का स्वागत करेंगे।

सम्पूर्ण गाँधी वाङ्मय, खण्ड 31, पृ. 535,
यंग इंडिया (अंग्रेज़ी), 21.10.1926

1. देखिये 'क्या यह जीवदया है?' 10.10.1926, 17.10.1926, 24.10.1926 और 31.10.1926

कुत्तों को मारना

सेठ अम्बालाल द्वारा कराये गये 60 कुत्तों के नाश को अनिवार्य समझने तथा उसे प्रकाशित करने में मैंने भूल भले ही की हो, लेकिन इस घटना से अब तक तो मैं लाभ ही होता देख रहा हूँ। ऐसे प्राणियों के प्रति हमारा क्या धर्म है यह हम अब शायद अधिक स्पष्ट रूप से समझेंगे। अभी तक अयोग्य होते हुए भी, बिना समझे–बूझे, दम्भ और लोकलाजवश काम चलता आया है–अब इस विषय में स्थिति कुछ अधिक स्पष्ट हो जायेगी।

गाँधी के नाम इस विषय में ढेरों पत्र आये; उनमें से कोई मीठा, कोई तीखा और कोई कड़ुवा है। गाँधी लिखते हैं कि, इन पत्रों से प्रतीत होता है कि मित्र भी सेठ अम्बालाल के कार्य के विषय में मेरा मत नहीं समझ सके हैं। मेरे दुर्भाग्य से जीवन में ऐसा हमेशा ही होता आया है। दक्षिण अफ्रीका में, ऊपरी तौर पर देखने से सिद्धान्त विरोधी लेकिन हक़ीक़त में सिद्धान्तानुकूल किये हुए कार्य के हेतु; जो बाद में सही सिद्ध भी हुआ, मुझे निर्दोष होने के बावजूद ज़िन्दगी तक की जोखिम उठानी पड़ी थी।[1] बारदोली की–'हिमालय' जैसी बड़ी 'भूल' की याद तो अभी ताज़ी ही है। बम्बई सरकार ने मेहरबानी करके यरवदा जेल में मुझे डाल दिया नहीं तो बहुत–सी लिखा–पढ़ी करने की परेशानी उठानी पड़ती। मुझे आज भी नहीं लगता कि बारदोली के निर्णय में कोई भूल थी। वरन् मैं उसे प्रौढ़ अहिंसा तथा मूल्यवान सेवा का एक कार्य मानता हूँ।

गाँधी ने लिखा कि, इन कुत्तों के सम्बन्ध में अपने मत के बारे में भी मुझे वैसा ही लग रहा है। मुझे लगता है कि अहिंसामय होने का दावा करते हुए भी इस मत का समर्थन किया जा सकता है। लेकिन शत्रु, मित्र और सुहृदय–सभी पाठकों को धैर्य तो रखना ही चाहिए। शत्रु

---

1. गाँधीजी पर 1908 में मीर आलम द्वारा किये गये हमले की ओर संकेत है। देखिये स.गाँ.वा. खण्ड 8, पृ. 74

के रूप में लिखने वालों ने मर्यादा त्याग दी है; उनके पत्रों में अविनय और रोष भरा है। उन्होंने मेरी स्थिति को समझने का प्रयत्न नहीं किया है। उन्हें मेरा मत असह्य लगा है। पत्र–लेखकों के निकट या तो मैं सुधारक तथा शिक्षक हूँ या फिर वे स्वयं मुझे शिक्षा देने की इच्छा रखते हैं। यदि वे मुझे शिक्षक मानते हों तो उन्हें चाहिए कि वे विनय, शान्ति और श्रद्धापूर्वक मुझसे प्रश्न करें और जो मैं लिखूँ उस पर मनन करें; यदि वे मुझे शिक्षा देना चाहते हों तो उन्हें मेरे ऊपर ममता रखकर प्रेम तथा धीरज से मुझे मीठे शब्दों में समझाना चाहिए। मैं क्रोध करके अपने संरक्षण में रहने वाले बालकों को कुछ नहीं सिखा सकता। मैं उनके प्रति प्रेम रखता हूँ, उनका अज्ञान सहन करता हूँ और उनके साथ हँसता–खेलता हूँ, तब उन्हें सिखाता हूँ। मैं इसी सहनशीलता, इसी प्रेम और इसी विनोद की आशा अपने क्रोधी शिक्षकों से करता हूँ। मैंने कुत्तों के विषय में अपना मत सद्‌भावना से तथा अपना धर्म समझकर दिया है। अगर उसमें कोई त्रुटि हो तो मेरे शिक्षक मुझे धैर्यपूर्वक तर्कपूर्ण ढंग से समझायें। अगर वे मुझ पर क्रोध करेंगे या मुझसे अनेक प्रकार के अप्रस्तुत प्रश्न करेंगे तो उनकी बात मेरी समझ में कैसे आयेगी?

एक भाई मुझसे असमय मिलने के लिए आये। मैं अतिशय कार्य व्यस्त रहता हूँ–यह बात वे जानते थे। उन्होंने मुझसे वार्तालाप किया, मुझे कटु बातें सुनायीं तथा मुझ पर क्रोध उतारा। मैंने उन्हें विनोद में तथा विवेकपूर्वक जवाब दिया। उन्होंने वार्तालाप को एक पत्रिका के रूप में छपवा लिया है और उसे बेच रहे हैं। उसकी एक प्रति मेरे पास पड़ी हुई है। उसमें सत्य की मर्यादा नहीं है–फिर विनय कैसे हो? उन्होंने मुझसे उस वार्तालाप को छपवाने की अनुमति नहीं ली और न मुझे उसे दिखाया ही। ऐसा करके वे मुझे क्या सिखा सकते हैं? जो सत्य को छोड़ता है, वह अहिंसा की जड़ काटता है। जो क्रोध करता है, वह ख़ून करता है। वह मुझे जीवदया कैसे सिखा सकता है?

लेकिन शत्रुतापूर्ण व्यवहार करने वालों सहित ये सब लोग मुझे आत्मनिरीक्षण करना सिखा रहे हैं। इससे मुझे यह देखने का मौक़ा मिलता है कि मैं क्रोध की प्रतिक्रिया से बच सका हूँ या नहीं। और अगर मैं उनके क्रोध का मूल खोजता हूँ तो उसकी तह में प्रेम ही पाता हूँ। उन्होंने मुझमें अपनी समझ के अनुसार अहिंसा की कल्पना कर ली थी। अब उनको अपनी कल्पना से उलटा दिखायी देता है। वे मुझे महात्मा मानते थे इसीलिए

वे मुझ पर क्रोध करते हैं, वे लोगों पर मेरा अपने अनुकूल प्रभाव पड़ता देखकर प्रसन्न होते थे। अब मैं उनको अल्पात्मा लगता हूँ। वे मेरे प्रभाव को कुप्रभाव मानकर दुःखी होते हैं और चूँकि उन्होंने क्रोध को जीतना नहीं सीखा इसीलिए उनका यह दुःख क्रोध में परिणत हो जाता है।

मैं उनके इस क्रोध का स्वागत करता हूँ; उसके पीछे जो भाव है, उसे मैं समझता हूँ। मैं उन्हें धीरज से समझाने का प्रयत्न करूँगा। उस प्रयत्न में सहायता करने के लिए मैं उनसे विनती करता हूँ कि वे अपने क्रोध को शान्त करें। मैं उनके क्रोध को समझ गया हूँ। मैं सत्य का पुजारी तथा शोधक हूँ। यदि मुझसे भूल हुई होगी तो मैं उसे देख लूँगा और चूँकि भूल को क़बूल करना मुझे प्रिय है, इसलिए उसे तुरन्त क़बूल करके सुधार लूँगा। शास्त्र का वचन है कि सत्यवादी एवं सत्याचरक की भूलों से भी जगत को क्षति नहीं पहुँचती। सत्य की महिमा ऐसी ही है।

मित्रों और सुहृदों के लिए बस इतना ही कहूँगा कि, मैंने आपके पत्र एक जगह रख लिए हैं। बहुतों को तो मैं सामान्यतया व्यक्तिगत रूप से उत्तर दे रहा हूँ। लेकिन इस विषय में इतने लोगों के और इतने लम्बे–लम्बे पत्र आये हैं कि उनका सविस्तार उत्तर देना अशक्य है। पत्रों की पहुँच दे सकने का अवकाश भी मेरे पास नहीं है।

कुछ लेखक तो अपने पत्रों को 'नवजीवन' में प्रकाशित कराना चाहते हैं। वे मुझे इस बोझ से मुक्त कर दें। मैं उनकी दी हुई दलीलों का उत्तर यथाशक्ति और यथामति देने का प्रयत्न अवश्य करूँगा। वे लोग इतने ही से सन्तोष मान लें। मैं उनसे इतनी ही प्रार्थना करता हूँ।

सम्पूर्ण गाँधी वाङ्मय, खण्ड 31, पृ. 543–545,
नवजीवन (गुजराती), 24.10.1926

आवारा कुत्तों को मारना

इस विषय पर पत्र तो अभी भी ढेरों चले आ रहे हैं, लेकिन इनमें एक भी नयी दलील अथवा विचार देखने को नहीं मिलता; वही पुराने प्रश्न पूछे जाते हैं और वही पुरानी दलीलें पेश की जाती हैं। अतः जो लोग इस प्रश्न पर विचार कर रहे हैं, उनसे मेरी प्रार्थना है कि वे इस लेखमाला को बार–बार पढ़ें। यह सुझाव देते हुए मुझे तनिक भी संकोच नहीं होता, क्योंकि इसमें मैंने उतावली में किये गये विचार नहीं, अपितु अपने अनेक वर्षों के अनुभव दिये हैं। मैंने उसमें कोई नये सिद्धान्त पेश नहीं किये हैं, पुराने सिद्धान्तों को ही स्पष्ट करने का प्रयत्न किया है; वे स्पष्ट हुए हों अथवा नहीं, वे मेरे प्रामाणिक विचार हैं इसलिए और अनेक बहन–भाई मुझसे अहिंसा के गूढ़ प्रश्न के समाधान की आशा रखते हैं इसलिए मैं इन भाई–बहनों को इस लेखमाला को बार–बार पढ़ जाने का सुझाव देता हूँ। अनेक पत्र–लेखक मेरे अधूरे वाक्यों को उद्धृत करते हैं और उनसे उत्पन्न समस्याओं का समाधान माँगते हैं।

एक भाई कहते हैं, "आप तो कुत्तों का वंश ही मिटाना चाहते हैं।" मैंने ऐसा कभी नहीं कहा। मैंने जो कहा है सो उस जाति की रक्षा के हेतु से ही कहा है। मैंने तो इतना ही कहा है कि अमुक कुत्तों को अमुक परिस्थितियों में मारा जा सकता है। इतना कहने में भी यदि दोष हो तो अलग बात है। लेकिन लेखक को अपनी दलील तो इस बात को ध्यान में रखकर ही पेश करनी चाहिए कि मेरे कथन में कुत्तों के मर्यादित वध की सूचना है, उससे अधिक कुछ नहीं।

कुछेक भाई मेरे पहले के उन कथनों को, जो उन्हें प्रिय हैं, उद्धृत करते हैं और मेरे आज के विचारों से उनका विरोध बताते हैं। मुझे ऐसा विरोध नहीं दिखता। अहिंसा का जैसा पक्षपाती मैं पहले था वैसा ही आज भी हूँ।

'पुष्प पांखड़ी ज्यां दुभाय
जिनवरनी नहि त्यां आज्ञाय।'

(अर्थात् फूल की पंखुरी को भी जिसमें कष्ट होता हो, ऐसी बात में जिनवर की अनुमति नहीं हो सकती।)

इन पंक्तियों को मैं अभी भी पहले जैसे शक्तिभाव के साथ गा सकता हूँ, लेकिन जैसे मैं पहले वनस्पति का, पुष्पों और फलों का उपयोग किया करता था, वैसे ही आज भी करता हूँ। हाँ, इस उपयोग के पीछे यह भावना निहित है कि बाद में मुझसे जितना हो सकेगा इनका उपयोग उतना कम करूँगा और देहाध्यास को क्षीण करूँगा।

लेकिन कोई कह सकता है कि 'पुष्प और कुत्तों की क्या तुलना?' इस आक्षेप को मैं चुपचाप सह लेता हूँ किन्तु यह तुलना प्रसंगवश की जा सकती है। भोग के लिए की जाये तो यह अधोगति को पहुँचायेगी; धर्म को समझने अथवा समझाने के लिए की जाये तो वह उचित हो सकती है। तुलना करने का मेरा उद्देश्य निर्मल है, इसलिए मैं सुरक्षित हूँ।

अहिंसाधर्मी की अक्षमता मेरे लिए दुःखदायी बन गयी है। अहिंसा निर्बलता नहीं है, उसमें शक्ति का अभाव नहीं है। अहिंसा तो प्रचण्ड शक्ति है। उसके पूर्ण तेज को हम देख नहीं सकते, उसे सहन नहीं कर सकते। हममें से किसी–किसी को ही उसकी झाँकी मात्र होती है।

अहिंसा जाग्रत आत्मा का विशेष गुण है। वह दूसरे अनेक गुणों का आधार है। इसलिए उसका पालन विचार, विवेक, वैराग्य, तपश्चर्या, समता और ज्ञान के बिना असम्भव है। उसमें कायरता नहीं चल सकती। जिसे अहिंसा समझनी है, उसे हिंसा में निहित अहिंसा को समझना ही होगा।

इस वाक्य का भले ही अनर्थ किया जाये–क्या ईश्वर के नाम का अनर्थ नहीं होता? उसके नाम से क्या हम राक्षस को नहीं पूजते? उसके नाम से क्या कम पाप, कम हत्याएँ हुई हैं? इससे क्या ईश्वर के नाम को कोई आँच आती है? इस कारण क्या हम ईश्वर का नाम किसी कोने में छिपकर लेंगे?

कर्म–मात्र सदोष है, क्योंकि उसमें हिंसा है। तथापि कर्म के क्षय के लिए भी हम कर्म ही करते हैं। देह–मात्र पाप है तथापि देह को तीर्थ क्षेत्र बनाकर उसके द्वारा हम देह मुक्ति के लिए प्रयत्न करते हैं। ठीक यही बात हिंसा–मात्र के बारे में समझनी चाहिए।

लेकिन यह हिंसा कैसी हो? उत्तर है : स्वाभाविक हो, अल्पतम हो, उसके पीछे केवल करुणा हो, विवेक हो, तटस्थता हो और वह सहज प्राप्त धर्म हो।

इस विचार सरणी का अनुकरण करते हुए हिंसा दिन–प्रतिदिन कम होती जायेगी। इसलिए जिस हिंसा का उद्देश्य अहिंसा के क्षेत्र की वृद्धि करना हो, जो हिंसा अनिवार्य हो, जिसका परिणाम बिना प्रयत्न के देखा जा सकता हो वह हिंसा क्षम्य होती है, कर्तव्य भी होती है। इसलिए यह कहना तनिक भी अनुचित नहीं है कि हिंसा में अहिंसा हो सकती है।

आश्रम में कुत्तों के प्रश्न पर आश्रम की स्थापना के समय से ही विचार किया जा रहा है। महाजन[1] की प्रवृत्ति से उनका उपद्रव बढ़ गया है। इस उपद्रव को अत्यन्त कष्ट के साथ सहन किया जा रहा है। आश्रम में हम पागल कुत्तों को मार देते हैं। ऐसे उदाहरण दस वर्ष में दो या तीन ही हुए हैं। अन्य किसी कुत्ते की हत्या नहीं की गयी है। हाँ, उन्हें जहाँ–तहाँ खाना देना बन्द कर दिया गया है। इस नियम का यदि पूरी तरह से पालन किया जाये तो मैं देखता हूँ कि इससे कुत्ते भी सुखी रहते हैं और हम भी। लेकिन इस नियम का पालन पूरी तरह से नहीं हो पाता। हर एक आश्रमवासी इस नियम को समझ नहीं सका है और वे सब उसके पालन के सम्बन्ध में पूरी तरह से जाग्रत भी नहीं है और फिर आश्रम में रहने वाले मज़दूर लोग तो भला इस नियम का पालन करेंगे ही क्यों?

कुछेक कुत्तों को लाचार होकर पालना पड़ता है। इस समय ऐसी दो कुतियों और उनके बच्चों का पालन हो रहा है। बच्चों को आवश्यक गर्मी मिले इसके लिए विशेष पेटी और टोकरी की व्यवस्था की गयी है। उन्हें दूध दिया जाता है, उनकी माँ के लिए ख़ास ख़ुराक बनाई जाती है।

दूसरी ओर आवारा कुत्तों को ले जाने के लिए हमने महाजन से विनती की है। उसने इसे मंजूर कर लिया है, लेकिन अभी तक महाजन की गाड़ी आयी नहीं है।

कुत्तों के प्रति हमारा क्या धर्म है, इसके सम्बन्ध में अपने विचार मैंने सबको समझाये हैं। लेकिन इस विषय में सबको बहुत कुछ अपनी अन्तः प्रेरणा के अनुसार कार्य करने की छूट भी है। कोई मारने के कर्तव्य को मुझसे ग्रहण नहीं कर सकता; परिस्थिति विशेष में मारने की छूट अवश्य

---

1. नगर के अन्य प्रतिष्ठित व्यक्तियों का संघ जो पिंजरापोल आदि चलाते हैं।

ले सकता है। मैंने उन्हें मर्यादाएँ ठीक–ठाक समझायी हैं। हर कोई अपने–अपने सामर्थ्य के अनुसार समझकर उसका पालन करता है और करेगा। मेरा आशय स्पष्ट रूप से समझ में न आया हो तो उसे समझाने के लिए ही मैंने आश्रम के आचार का, जोकि इस विषय में मेरे विचारों का अनुगामी है, उल्लेख किया है।

स्वयं दुःख उठाकर, यहाँ तक कि मृत्यु होती हो तो उसे भी स्वीकार करके दूसरों को सुख भोगने देने का नाम ही अहिंसा धर्म है। अमुक व्यक्ति किस हद तक दुःख उठाने को तैयार है, उसका अन्दाज़ कोई तीसरा व्यक्ति नहीं लगा सकता। धर्म एक है और अनेक भी है, क्योंकि आत्मा भी एकानेक है।

सम्पूर्ण गाँधी वाङ्मय, खण्ड 32, पृ. 372–374,
नवजीवन (गुजराती), 28.11.1926

दया धर्म का पालन

एक भाई ने लम्बा पत्र लिखा है। उसमें उन्होंने अपनी कठिनाइयों का वर्णन किया है और बाद में स्वयं श्रावक होने के नाते जैन–धर्म क्या बतलाता है, यह लिखा है। उनमें से एक प्रश्न यह है : आपने लिखा है कि "आवारा कुत्तों का पालन किया जा सकता है! और यदि ऐसा न किया जा सकता हो तो उनके लिए पिंजरापोल बनवाये जाने चाहिए। दोनों में से यदि एक भी सम्भव न हो तो उन्हें मारने के अलावा मैं और कोई उपाय नहीं देखता।" क्या आपके इस कथन का आशय यह है कि कुत्ता पागल न हो फिर भी, उपर्युक्त दोनों उपायों की अनुपस्थिति में आवारा कुत्तों को मार देना चाहिए?

उत्तर यदि 'हाँ' में हो तो जिन अनेक हानिकारक पशु–पक्षी और जन्तुओं को हम तब तक नहीं मारते जब तक वे मानव जीवन को सचमुच कोई नुकसान नहीं पहुँचाते, क्या यह सोचकर कि भविष्य में वे नुकसान पहुँचायेंगे, अब उन्हें देखते ही मारना शुरू कर दिया जाये? सवाल यह है कि इसमें दया धर्म का पालन कैसे होगा? प्राणिमात्र का भला चाहने वाला कोई व्यक्ति क्या ऐसा कर भी सकता है?

गाँधी ने कहा कि, ऐसे प्रश्न मेरा आशय ठीक–ठीक न समझने से ही उठते हैं। महज़ मारने की खातिर तो मैं पागल कुत्तों को भी मारने के लिए नहीं कहता। तो फिर आवारा कुत्तों की तो बात ही क्या? आवारा कुत्तों को देखते ही मार डालने का सुझाव भी मैंने नहीं दिया है। मैंने तो वैसा क़ानून बनाने की बात सुझायी है। यदि वैसा क़ानून बन जाये तो उसका स्वाभाविक परिणाम यह होगा कि दयालु लोग जाग जायेंगे तथा आवारा कुत्तों की रक्षा के लिए कुछ उपाय खोजेंगे। उनमें से कुछ को पाल लिया जायेगा, कुछ को एक स्थान पर इकट्ठा कर लिया जायेगा। यह उपाय

एक बार ही करना होगा। आवारा कुत्ते कोई आकाश से नहीं उतरते हैं। वे समाज के आलस्य की, शिथिलता की, अज्ञान की निशानी हैं। उनके उपद्रव का कारण ज्ञान और दया का अभाव है। यदि कोई आवारा कुत्ते को रोटी नहीं दे तो वह भाग जायेगा। मैंने जो उपाय सुझाया है उसमें यद्यपि समाज का स्वार्थ अवश्य है तथापि उसमें कुत्तों की भलाई का विचार भी है। कोई भी प्राणी आवारा न रहे, ऐसी इच्छा करना और इस दिशा में प्रयत्न करना दयाधर्मी का धर्म है। उसके पालन के लिए किसी–किसी अवसर पर कुत्तों का वध आवश्यक हो सकता है।

दूसरा प्रश्न यह है कि, जब–जब कुत्तों का उपद्रव हो तब–तब वे मनुष्य के हाथों मरेंगे, यह बात तो ठीक है। लेकिन आप तो यह भी कहते हैं कि वे पागल हों, तब तक राह देखने में दयाभाव नहीं है। इसका अर्थ यह हो सकता है कि चूँकि प्रत्येक कुत्ता भविष्य में पागल होने वाला ही है इसलिए सावधानी की ख़ातिर उन्हें उनकी अच्छी हालत में ही मार डालना चाहिए। इसके बारे में आश्रम में रहने वाले एक मित्र से मेरी बातचीत हुई है। उन्होंने आपसे पूछा था; और सुना है आपने उनसे यह कहा कि कुत्तों को देखते ही उन्हें ढूँढ़–ढूँढ़कर मारने की बात मैं नहीं कहता, लेकिन जब वे मनुष्य जीवन के लिए संकट का कारण बन जायें और उसके निवारण का अन्य कोई उपाय न हो तभी अन्तिम उपाय अनिवार्य होगा। अनिवार्य होगा, ऐसा भी आप नहीं कहते। आपके लेखों से ऐसा अर्थ आसानी से नहीं निकलता और तोड़–मरोड़कर निकालने में भी कठिनाई मालूम होती है। तो क्या आप इसके सम्बन्ध में अधिक स्पष्टीकरण नहीं करना चाहेंगे?

इस प्रश्न के उत्तर में गाँधी ने कहा कि, मेरे पहले के लेखों और उपर्युक्त उत्तर के बाद इसके विशेष स्पष्टीकरण की आवश्यकता नहीं रह जाती। हाँ, कुत्ते के पागल होने की राह नहीं देखी जा सकती–अपनी यह बात मुझे स्पष्ट करनी चाहिए। हर आवारा कुत्ता हानि का कारण है। यह उपद्रव शहरों में ही होता है और यह बन्द होना चाहिए। हम सर्प के काटने की राह नहीं देखते। कुत्ता काटता है–इसी में उसके पागल होने की बात छिपी हुई है। एक मित्र ने मुझे पागल कुत्तों के शिकार रोगियों के आँकड़े भेजे हैं। ये आँकड़े अहमदाबाद के सिविल अस्पताल में कुत्तों के काटे हुए रोगियों के हैं। ऐसे तो अन्य अनेक रोगी होंगे जो वहाँ आये ही न हों।

अवधि	शहरों के रोगियों की संख्या	अन्य रोगियों की संख्या	कुल संख्या
1925 (जनवरी से दिसम्बर)	194	923	1117
1926 (जनवरी से सितम्बर)	295	695	990

ये आँकड़े प्रत्येक समाज–हितेच्छु को चौंकाने वाले हैं : विशेष रूप से दयाधर्मी को। मैं जानता हूँ कि जितने कुत्ते काटते हैं वे सबके–सब पागल नहीं होते, लेकिन कौन–सा कुत्ता पागल है और कौन–सा नहीं, इसकी पहचान करना मुश्किल है और चूँकि कई मामलों में यह सिद्ध हुआ है कि काटने वाला कुत्ता पागल था अतः लोग डर के मारे अस्पताल दौड़े आते हैं। इस डर से उन्हें मुक्त करने का एक ही उपाय है और वह यह कि आवारा कुत्तों को आवारा न रहने दिया जाये। चालीस वर्ष पूर्व जब इंग्लैंड में पागल कुत्तों के काटने के उपद्रव के ख़िलाफ़ क़दम उठाये गये तब मैं वहाँ था। वहाँ आवारा कुत्ते तो थे ही नहीं। फिर भी कुत्ता पालने वालों के लिए सरकार ने यह क़ानून बनाया कि जिन कुत्तों के गले में पट्टी न होगी और उस पट्टी पर मालिक का नाम–धाम नहीं होगा और जिन कुत्तों के मुँह पर जालीदार जाबी नहीं होगी उन कुत्तों को मार दिया जायेगा। यह क़ानून केवल दया से प्रेरित होकर बनाया गया था। उसके परिणामस्वरूप दूसरे ही दिन लन्दन में सारे कुत्तों के गले में पट्टा और मुँह पर जाली दिखायी देने लगी; उन्हें मारने की ज़रूरत क्वचित ही पड़ी होगी। यदि हममें से कोई ऐसा मानते हों कि पश्चिम के लोगों में जीवदया नहीं है तो वे अज्ञान में हैं। जीवदया का आदर्श वहाँ नीचा है लेकिन जो आदर्श है उस पर वे हमसे ज़्यादा दृढ़ता के साथ अमल करते हैं। हम आदर्श की उच्चता से सन्तुष्ट हो जाते हैं और अमल के बारे में उत्साहहीन अथवा आलसी होते हैं। बेघरबार मनुष्यों, ढोरों और अन्य प्राणियों की ओर देखिये तो यह स्पष्ट हो जाता है कि हम घोर अन्धकार में पड़े हुए हैं। ये हमारे धर्म के नहीं अधर्म के चिह्न हैं।

सम्पूर्ण गाँधी वाङ्मय, खण्ड 32, पृ. 12–14,
नवजीवन (गुजराती), 7.11.1926

जीवों को मारना

अहमदाबाद 'जीवदया प्रचारिणी महासभा' की ओर से गाँधी के पास एक पत्र आया—सेठ जी द्वारा मिल में लगभग 60 कुत्तों को गोलियों से उड़वा देने की इस समय शहर—भर में बड़ी चर्चा हो रही है। बहुत से दयालु सज्जनों के हृदयों को इससे बहुत संताप हुआ है।

हिन्दू धर्मशास्त्रों में किसी भी जीव को मारना निषिद्ध है। उसमें कहा गया है कि जीवों को मारने से पाप लगता है। अब यदि इस भय से कि पागल कुत्ता मनुष्य को काटेगा तो उससे मनुष्यों को हानि पहुँचेगी या अन्य अच्छे कुत्तों को काटेगा तो पागल कुत्तों की संख्या बढ़ेगी, उन्हें मार दिया जाये तो हिन्दू धर्मशास्त्रों के उपर्युक्त दृष्टि से क्या आप इसे उचित मानेंगे? क्या आप ऐसा कह सकते हैं कि इससे हत्या करने या करवाने वाले को पाप नहीं लगता?

हमारी सभा (3 सज्जनों) के शिष्टमण्डल ने 28.9.1926 को मिल में सेठ जी से मुलाक़ात की थी। उस समय बातचीत में उन्होंने यह कहा कि 'एक पागल कुत्ते ने दूसरे अच्छे कुत्तों को काट खाया। इसलिए आदमियों की सलामती के लिए मैंने यह काम करना (कुत्तों को मरवाना) उचित समझा।'' इसके अलावा उन्होंने यह भी कहा, 'मैंने जिस दिन यह कृत्य किया, उस दिन रात को मुझे नींद नहीं आयी। मैं दूसरे दिन सुबह महात्मा जी से मिला और सारी बात बताकर उनकी सम्मति पूछी।' महात्मा ने कहा, इसके सिवा और किया ही क्या जा सकता था। क्या यह बात सच है? यदि आपने भी यही जवाब दिया हो तो हम लोग इसका क्या अर्थ समझें?

हम आशा करते हैं कि आप इसका समुचित स्पष्टीकरण करेंगे जिससे शहर में फैली हुई यह चर्चा बन्द हो जाये और हिन्दू धर्म के ऊपर इस आघात से एक प्रसिद्ध व्यक्ति का आदर्श उपस्थित हो जाने का कारण

जीवदया की प्रगति अवरुद्ध न हो और इसलिए यदि आपके विचार बताने योग्य हों तो उन्हें प्रकाशित करें।

यह भी सुनने में आया है कि अहमदाबाद नगरपालिका की बैठक में आवारा कुत्तों को खस्सी करने का प्रस्ताव पेश किया जाने वाला है। क्या यह उचित है? प्रकृति के बनाये हुए किसी भी प्राणी को इस प्रकार खस्सी करने में धार्मिक दृष्टि से क्या कोई दोष नहीं है? हम आशा करते हैं कि आप इस बारे में भी सच्चा मार्ग यानी अपने विचार बतायेंगे।

गाँधी ने कहा कि, मिल मालिक का नाम अहमदाबाद तो जानता ही है; किन्तु 'नवजीवन' अहमदाबाद के बाहर भी पढ़ा जाता है। इसलिए किसी सिद्धान्त की चर्चा करने में जहाँ तक हो सके नाम–ठाम न देने की अपनी प्रथा के अनुसार मैंने नाम छोड़ दिया है। जीवदया सभा का उठाया हुआ यह प्रश्न कठिन है। जब यह घटना घटी तभी या उससे भी पहले, इसके तत्त्व की 'नवजीवन' में चर्चा करने का मैंने विचार किया था; लेकिन पीछे वह विचार छोड़ दिया। यह पत्र मिलने पर तो इसकी चर्चा करने का दायित्व और कर्तव्य मेरे ऊपर आ ही पड़ा है।

मिल मालिक के साथ मेरा मधुर–अगर कह सकें तो–मित्रता का सम्बन्ध है। उन्होंने कुत्तों को मरवाने के बाद, मेरे पास आकर अपनी मनोव्यथा व्यक्त की थी और मेरी सम्मति पूछी थी। उन्होंने मुझसे कहा–"जब सरकार, नगरपालिका और पंच लोग, कोई भी मेरा छुटकारा न कर सके, तब मुझे यह काम करना पड़ा।" जिस उत्तर का इस पत्र में उल्लेख है, मैंने वैसा ही उत्तर दिया था।

बाद में विचार करने पर भी मुझे अपना उत्तर उचित मालूम होता है। पागल कुत्तों को मार डालने के सिवा, हम अपूर्ण मनुष्यों के पास कोई उपाय ही नहीं है। ख़ून करने पर उतारू मनुष्य को मारने का धर्म संकट कई बार अनिवार्य हो जाता है।

अगर हम शहरों के आवारा कुत्तों को रखने का हठ करेंगे तो उनको हमें खस्सी करना पड़ेगा या फिर मारना होगा। आवारा कुत्तों के विशेष पिंजरापोल रखना तीसरा उपाय है। लेकिन वह उपाय, उपाय कहने योग्य नहीं है। लावारिस गाय–भैंसों तक के लिए भी जहाँ काफ़ी पिंजरापोल नहीं, वहाँ आवारा कुत्तों के लिए अलग पिंजरापोल खोलने का विचार मुझे तो बहुत ही कठिन लगता है।

जीवों को मारने में पाप लगता है, इस विषय में हिन्दू धर्म में

मतभेद सुनने में नहीं आता। मेरा तो ऐसा मत है कि सभी धर्मों में इस सिद्धान्त को स्वीकार किया गया है। सिद्धान्त ढूँढ़ निकालने में कोई मुश्किल नहीं होती; सारी मुश्किल केवल उस पर अमल करने में ही आती है। सिद्धान्त का अर्थ है अमुक विषय की पूर्णता। किन्तु अमल करने वाले हम मनुष्य अपूर्ण हैं। अपूर्ण के द्वारा पूर्ण का अमल होना अशक्य होने के कारण, प्रतिक्षण सिद्धान्त के उल्लंघन की नयी मर्यादा बाँधनी पड़ती है। इसी कारण हिन्दू शास्त्रों में कहा गया है कि यज्ञार्थ की हुई हिंसा, हिंसा नहीं होती। यह एक अपूर्ण सत्य है। हिंसा तो सभी समय हिंसा ही रहेगी और हिंसा–मात्र पाप ही होगा किन्तु जो हिंसा अनिवार्य हो जाती है उसे व्यवहार–शास्त्र पाप नहीं मानता। इसलिए व्यवहार–शास्त्र ने यज्ञार्थ की गयी हिंसा का अनुमोदन किया है और उसे शुद्ध पुण्य कर्म तक मान लिया है।

किन्तु अनिवार्य हिंसा की व्याख्या नहीं की जा सकती; क्योंकि वह तो देश, काल और पात्र के अनुसार बराबर बदलती रहती है। एक काल में जो बात स्वीकृत मानी जाती है, दूसरे काल में वही अस्वीकृत। दुर्बल शरीर के मनुष्य के लिए पूरे जाड़े में शरीर की रक्षा के लिए लकड़ी या कोयला जलाने में होने वाली हिंसा अनिवार्य हो सकती है; किन्तु भर–गरमी में बिना–ज़रूरत जलाई गयी आग स्पष्ट हिंसा है।

हमने जन्तुनाशक दवाओं का उपयोग करके विषैले कीटाणुओं का नाश करना धर्म स्वीकार कर लिया है। आप जन्तुनाशक दवा को जाने भी दें। बन्द कोठरी में ज़हरीली हवा होती है। उसमें ज़हरीले कीटाणु होते हैं। उस कोठरी को खोलकर उसमें हवा और उजाले को दाख़िल करके, हम ज़हरीले कीटाणुओं का नाश करते हैं। शुद्ध हवा, उत्तम प्रकार की जन्तुनाशक दवा है।

ऐसे बहुत से उदाहरण दिये जा सकते हैं। जो नियम ऊपर के उदाहरणों में लागू होता है, वही नियम पागल कुत्तों को मारने या खस्सी करने में भी लागू होता है। पागल कुत्ते को मारना तो छोटी–से--छोटी हिंसा है। जंगल में रहने वाला, दया का सागर कोई मुनि, पागल कुत्ते का नाश नहीं करता। उसके पास दूसरी ही रामबाण दवा होती है। वह अपने कृपा कटाक्ष से कुत्ते का पागलपन नष्ट कर देता है। किन्तु वे गृहस्थ शहरी क्या करें, जिन्हें शहर और अपने बालकों की रक्षा का धर्म सौंपा गया है, और जिनमें मुनि के आदर्श गुण तो नहीं हैं; किन्तु पागल कुत्ते को मारने की शक्ति है? अगर मारते हैं तो पाप करते हैं, नहीं मारते हैं तो महापाप

होता है। वे पागल कुत्ते को मरवाने का अल्प पाप करके उसकी अपेक्षा महज़ पाप से बचते हैं।

मैं अपने को अहिंसामय मानता हूँ। अहिंसा और सत्य मेरे दो प्राण हैं। मैं यह मानता हूँ कि मैं उनके बिना जी नहीं सकता। किन्तु मुझे अहिंसा की महान शक्ति और मनुष्य की पामरता का क्षण–क्षण में अधिकाधिक स्पष्ट रूप से अनुभव होता रहता है। दयानिधि वनवासी मुनि भी पूर्णतः हिंसामुक्त नहीं हो सकता। वह अपने प्रत्येक श्वास–प्रश्वास में हिंसा करता है। यह देह तो हिंसा का स्थान ही है। इसीलिए सर्वथा देह–मुक्ति में ही मोक्ष और परमानन्द निहित है। इसी से मोक्ष के आनन्द को छोड़कर और सभी आनन्द अस्थिर हैं, सदोष हैं।

ऐसा होने से हमें हिंसा के कितने ही कड़वे घूँट पीने पड़ते हैं। परन्तु यही तो आश्चर्य है, यही तो खेद की बात है कि इस अहिंसा–प्रधान भूमि में कुत्ते आदि का सवाल भी भयंकर रूप धारण कर सकता है। मेरा यह दृढ़ विश्वास है कि हम अज्ञान के वश होकर आज अहिंसा के नाम पर हिंसा कर रहे हैं। पागल कुत्तों या उन कुत्तों को, जिनके विषय में यह भय है कि वे पागल कुत्तों के संसर्ग में आ सकते हैं, मारने में पाप भले ही हो, लेकिन उनके अस्तित्व की वास्तविक जवाबदेही हमारी और हमारे पंचों की है। पंच लोगों को चाहिए कि आवारा कुत्तों को यों ही नहीं भटकने दिया जाये। लावारिस कुत्तों को खाने को देना पाप है, इसे पाप माना जाना चाहिए। यदि हम इन लावारिस कुत्तों को मारने का क़ानून बनायें तो उससे हज़ारों कुत्तों की जान बचा सकेंगे। यदि आवारा कुत्तों को रोटी डालने वाले जुर्माना देना स्वीकार करें तो भी आवारा कुत्तों का उपद्रव मिट जायेगा।

जीवदया आत्मा का एक महान गुण है। थोड़ी चींटियों या थोड़ी मछलियों या थोड़े कुत्तों को बचाने में ही उसकी इतिश्री नहीं हो जाती; बल्कि उसमें पाप तक होता है। मेरे यहाँ चींटियों का उपद्रव है। उन चींटियों के छिद्रों पर आटा डालने वाला व्यक्ति आटा डालकर पाप करेगा। चींटी को तो ईश्वर कण देगा। किन्तु उस व्यक्ति के आटा छींटने से मुझे और मेरे कुटुम्ब को हानि पहुँच सकती है। कोई पंच–संघ कुत्तों को पिंजरे में बन्द करके मेरे खेत के पास छोड़कर स्वयं भले ही सुरक्षित हो जाये, किन्तु इस तरह कुत्तों को बचाने का अर्थ होता है, मेरी जान को ख़तरे में डालकर कुत्तों को मारने से भी बहुत बड़े पाप को मोल लेना।

जीवदया में विचार, विवेक, उदारता, अभय, नम्रता और शुद्ध ज्ञान की ज़रूरत है।

इस हिंसामय जगत में अहिंसारूपी तीखी तलवार की धार पर चलना सहज काम नहीं है। यह धन से सम्भव नहीं। क्रोध तो अहिंसा का वैरी है और अभिमान उसे खा जाने वाला राक्षस। इस धर्म के पालन में कितनी बार हिंसा, अहिंसा–सी जान पड़ती है।

इस जगत में जो वस्तु जैसी दिखलायी पड़ती है, उसका स्वरूप वैसा ही नहीं होता और जिसका जैसा स्वरूप होता है, वह वस्तु वैसी ही दिखलाई नहीं पड़ती अथवा यदि कोई उसे यथार्थ रूप में देख सकता है तो करोड़ों वर्षों की तपश्चर्या के बाद अन्त में देख सकता और अनुभव कर सकता है। उसे बता तो कोई नहीं सका है और बता सकता भी नहीं।

या निशा सर्वभूतानां तस्यां जागर्ति संयमी।
यस्यां जाग्रति भूतानि सा निशा पश्यतो मुनेः।।

सम्पूर्ण गाँधी वाङ्मय, खण्ड 31, पृ. 506–509, नवजीवन (गुजराती), 10.10.1926

छोटे जीवों की रक्षा

गाँधी के पास रोष भरे पत्र आ रहे थे। तीन भाई तो गाँधी से रात को ऐसे समय मिलने आ गये जब जैसे–तैसे उन्हें आराम की साँस लेने का समय मिला था। उन्होंने उसमें भंग डालकर और दया–धर्म को क्षण–भर त्यागकर मुझसे अहिंसा की चर्चा की। वे मुझसे जीवदया के नाम पर मिलने आये थे। अतः गाँधी लिखते हैं कि, वे उनसे मिलने से इनकार कैसे कर सकते थे?

मैं उनसे मिला। मैंने उनमें से एक भाई में क्रोध, कड़वापन और धृष्टता देखी। उनकी मेरे मन पर ऐसी छाप पड़ी कि वे मुझसे समाधान पाने के बजाय मुझे शिक्षा देने आये हैं। मुझे सुधारने का अधिकार सभी को है, किन्तु सुधारकों को मेरी न्यूनता तो समझ लेनी चाहिए। इन भाइयों ने ऐसा नहीं किया था।

इसमें उनका दोष नहीं था, दोष अधीरता का था। अब तो यह दोष व्यापक हो गया है। अधीरता हिंसा का लक्षण है। ये भाई अहिंसा के समर्थक थे, इसलिए मुझे उनकी अधीरता खटकी।

वे जैन होने का दावा करते थे। मैंने जैन धर्म का कुछ अभ्यास किया है। मैंने जैन धर्म में अहिंसा का जुदा ही रूप देखा है। इस भाई में मैंने उसका विपरीत रूप देखा। जैनियों को कुछ अहिंसा का इजारा तो मिला नहीं है। अहिंसा किसी एक धर्म का लक्षण नहीं है। धर्म–मात्र में अहिंसा है। उसका अमल सभी धर्मों में एक समान नहीं होता।

मुझे ऐसा नहीं लगा कि जैन लोग इस समय दूसरों की बनिस्बत अहिंसा का अधिक पालन करते हैं। जैनों के साथ मेरा सम्बन्ध तो इतना पुराना है कि बहुत से लोग मुझे जैन ही मानते हैं। महावीर दया की, अहिंसा की मूर्ति थे। मेरी इच्छा उनके भक्तों को भी वैसा ही देखने की है। लेकिन मेरी वह इच्छा सफल नहीं होती।

छोटे जीवों की रक्षा करना अहिंसा–धर्म का एक आवश्यक अंग अवश्य है। मगर इसकी समाप्ति वहाँ नहीं हो जाती, उससे तो वह आरम्भ ही होता है। किन्तु रक्षा का अर्थ केवल न मारना ही नहीं है। जीवों को कष्ट देना और जिन्हें बेमौत मरना पड़ेगा उनकी अनावश्यक उत्पत्ति में प्रत्यक्ष या अप्रत्यक्ष भाग लेना भी हिंसा ही है।

कुत्तों की वृद्धि अनावश्यक है। आवारा कुत्ते समाज के लिए हानिकर हैं और उनकी संख्या बढ़ने से समाज का जीवन जोखिम में पड़ता है–यदि हम चाहते हैं कि हम सुख से रह सकें तो शहर या गाँव में एक भी आवारा कुत्ता दिखायी नहीं पड़ना चाहिए। जिस प्रकार केवल पालतू गाय–भैंसें ही देखने में आती हैं, उसी प्रकार केवल पालतू कुत्ते ही देखने में आने चाहिए। जीवदया संस्थाओं को इस प्रश्न का धर्मसम्मत निर्णय करना चाहिए।

क्या आवारा कुत्तों का पाला जाना सम्भव है? अगर वे पाले न जा सकें तो क्या उनके लिए पिंजरापोल बनाये जायें? अगर इन दोनों में से एक भी उपाय सम्भव न हो तो उन्हें मार देने के सिवा मुझे कोई दूसरा उपाय दिखायी नहीं देता।

हम आँख मूँदकर, वस्तुस्थिति को देखकर भी अनदेखा करें तो इसमें न अहिंसा है, न विचार और न विवेक। जब तक कुत्तों का उपद्रव रहेगा, तब तक वे मनुष्य के हाथों मरेंगे ही। मैं गृहस्थ–धर्म में इसे अनिवार्य समझता हूँ। वे जब तक पागल न हो जायें तब तक राह देखना उन पर दया करना नहीं है। अगर कुत्तों की सभा की जा सकती होती तो वे क्या विचार करते, हम इसकी कल्पना उनकी तुलना अपने साथ करके कर सकते हैं। हम जैसे–तैसे जीते रहना कभी पसन्द न करेंगे। हम में से बहुत–से आदमी इसे पसन्द किये हुए हैं, किन्तु यह कोई सद्गुण नहीं है। चतुर मनुष्यों की सभा ऐसा निर्णय नहीं करेगी कि मनुष्य परस्पर पागल या आवारा कुत्ते के समान बर्ताव करें। जिस प्रकार हम कुत्तों के मालिक हैं, उसी प्रकार यदि कोई प्राणी हमारा मालिक हो तो हम उससे क्या आशा रखेंगे? हम क्या ऐसा न चाहेंगे कि वह हमें कुत्ते के समान रखने के बजाय मार ही डाले तो अच्छा? हम आवारा कुत्ते को रोटी का एक टुकड़ा या जूठन देकर कुत्तों की जाति से द्रोह और अपने पड़ोसियों के प्रति हिंसा करते हैं।

स्वयं दुःख सहकर सभी कुत्तों को जीने देना धर्म है; किन्तु वह धर्म उस गृहस्थ के लिए नहीं है, जिसे जीने की इच्छा है, जो वंशवृद्धि करता

है और जिसके ऊपर संसार चलाने का भार है। गृहस्थ तो कुछ कुत्तों को ही जीवित रहने देने का मध्यम मार्ग ग्रहण कर सकता है।

हम आज जिन प्राणियों को पालते हैं, वे पहले जंगली थे। भैंस तो एक इसी देश में पाली जाती है। जंगली प्राणियों को पालने में पाप है, क्योंकि उनसे मनुष्य अपना स्वार्थ साधन करता है। हम गाय–भैंसों का जो पालन करते हैं, सो उन पर कुछ दया नहीं करते। हम उन्हें अपने स्वार्थ के लिए ही पालते हैं और इसलिए गाय या भैंस को घूमते रहने की छुट्टी नहीं देते। वही नियम कुत्तों पर भी लागू होता है। इसीलिए मेरा निश्चित मत यह है कि अगर हम शुद्ध जीवदया–धर्म का पालन करना चाहते हों तो ऐसा क़ानून बनाया जाना चाहिए कि यदि कुत्ता किसी का हो, तो मालिक उसे अपने कब्ज़े में रखे और एक निश्चित अवधि के बाद लावारिस पाये जाने वाले कुत्ते मार दिये जायें। यदि पंच लोग सचमुच कुत्तों के ऊपर तरस खाते हों तो उन्हें सारे कुत्तों को अपने क़ब्ज़े में रखना चाहिए और जो उन्हें पालना चाहें वे उनमें बाँट दिये जाने चाहिए किन्तु कुत्तों की सार–सँभाल गायों की तरह करना तो मुझे अशक्य मालूम होता है।

कुत्तों को पालने का एक शास्त्र ही है। पश्चिम के लोगों ने उसे तैयार किया है। उन्होंने कुत्तों को पालने की ठीक विधि ढूँढ़ी है। उनसे वह सीखकर इस दोष की निवृत्ति का कोई उपाय मिले तो तद्नुसार व्यवहार करना उचित होगा। यह काम धीरज, विवेक और परिश्रम के बिना नहीं किया जा सकता।

इतना तो कुत्तों के विषय में हुआ। किन्तु अहिंसा–धर्म का क्षेत्र विशाल है। मैं उस पर विशेष विचार फिर करूँगा।

सम्पूर्ण गाँधी वाङ्मय, खण्ड 31, पृ. 527–529,
नवजीवन (गुजराती), 17.10.1926

मनुष्य के प्रति दयाभाव रखकर प्राणियों की जान बचायें

एक मित्र ने लेख लिखकर कई प्रश्न उठाये हैं और अपनी शंकाओं को अभिव्यक्त किया है। उन्होंने शुद्ध भाव से अपनी शंकाएँ प्रस्तुत की हैं। इस लेखमाला वाले 'नवजीवन' के अंकों को भी उन्होंने अपनी टिप्पणियों सहित भेजा है। मैं मानता हूँ कि इनके लेख में उठाये गये अनेक प्रश्नों का समाधान तो हो चुका तथापि प्रश्नों के समुचित उत्तर मैं यहाँ दे रहा हूँ।

मुझे लगता है कि इन प्रश्नों पर मैं तटस्थ भाव से विचार कर रहा हूँ। मुझसे हिंसा का पक्षपात तो हो ही नहीं सकता। अपने मतामतों का भी मुझे कोई पक्षपात नहीं है। पक्षपात तो मुझे सत्य का ही है और उसकी खोज मुझे अहिंसक मार्ग से ही करनी है। दूसरे मार्ग से वह कदापि नहीं मिल सकता, ऐसा मैंने अनुभव किया है। सत्य ही परम उद्दिष्ट है या नहीं और अहिंसा परम धर्म है अथवा नहीं, यह बात मेरे लिए विवादग्रस्त नहीं है। इसके बारे में अपने मन में शंका उठने की सम्भावना तक मैं नहीं मानता। लेकिन उसका पालन कैसे हो मेरे सम्मुख हमेशा यह प्रश्न रहता है। प्रतिक्षण नवीनताएँ दिखायी देती हैं। उसके पालन में भूलों का होना मैं अवश्य ही सम्भव मानता हूँ। वैसी भूलों से बचने के लिए मैं बहुत जाग्रत रहता हूँ फिर भी झपकी आ सकती है। इसलिए यदि किन्हीं मित्रों का विरुद्ध मत मुझे मान्य न हो तो वे मुझे दुराग्रही न मानें अपितु नासमझ जानकर क्षमा करें और धीरज रखें।

1. पागल कुत्ते के काटने से होने वाला रोग निमित्तमात्र है।
2. इस रोग के निवारण के लिए सरकार प्रयत्न करे अथवा नगरपालिका, लेकिन यह प्रयत्न एक ही दृष्टि से होगा। यदि महाजन[1] में सचमुच

1. जातीय पंचायत।

अहिंसा की भावना हो तो वह ही इसका सही उपाय ढूँढ़ सकती है। कुत्तों को न मारने के धर्म को सरकार स्वीकार नहीं करेगी। नगरपालिका में भी अनेक सम्प्रदायों के लोग होते हैं इससे वे भी इसका अहिंसक उपाय नहीं ढूँढ़ेंगे।

3. अहिंसक उपाय खोज निकालने का बोझ महाजन पर ही है। महाजन को निर्दोष अथवा निरुपाय मानना भूल है।
4. इस चर्चा के लिए पागल कुत्ते और ख़ूनी मनुष्य में मैं कोई भेद नहीं देखता। ख़ून करने की प्रवृत्ति भी एक रोग है। ख़ूनी अपना–आपा खो बैठता है तभी ख़ून करता है। दोनों दया के पात्र हैं लेकिन यदि वे दूसरों को कष्ट पहुँचाते दिखायी दें और उन्हें देहमुक्त करना उचित हो तो वैसा करके भी उन्हें रोकने का धर्म उत्पन्न होता है। यह धर्म अहिंसक व्यक्ति के लिए तो और भी ज़रूरी है।
5. कुत्तों को घर–घर पाला जाना चाहिए, मेरे कहने का ऐसा आशय ही नहीं है। मैं इतना ही कहता हूँ कि यदि कुत्ते रखने ही हों तो वे पालतू होने चाहिए। पालतू कुत्तों को रोग नहीं होता, ऐसा नहीं, लेकिन पालतू कुत्ते के लिए उसका स्वामी जवाबदेह होगा।
6. आज गलियों में घूमने वाले लावारिस कुत्ते सीधे–सादे नहीं हैं; कभी थे भी नहीं। पालतू कुत्ते वैसे होते हैं। वे सीधे–सादे रहें इसलिए ही यह चर्चा चल रही है।
7. आवारा कुत्तों को देखते ही मार दिया जाये, ऐसा विचार मैंने व्यक्त नहीं किया है लेकिन मैंने ऐसे क़ानून का सुझाव दिया है। इसमें कुत्ते के प्रति दया भाव निहित है। क्योंकि इससे दयालु मनुष्य अपना धर्म समझकर या तो कुत्तों को पालेंगे या दूसरा कोई उपाय ढूँढ़ निकालेंगे और ऐसे क़ानून बनने पर कुत्तों का यों ही मारे–मारे फिरना बन्द हो जायेगा। भिखारी को भिक्षा न देने का उद्देश्य भिखारी को मारना नहीं है; उसका उद्देश्य उसे स्वावलम्बी बनाना, मनुष्य बनाना है। कुत्तों को मारने का धर्म सन्दर्भ में मैंने जो परिस्थितियाँ बतायी हैं, उन्हीं में उत्पन्न हो सकता है। कुत्तों का मारना पाप है, ऐसा कहने में मेरे मत का खण्डन नहीं है क्योंकि मैंने उसके विरुद्ध मत व्यक्त ही नहीं किया है।
8. अम्बालाल सेठ ने क्या किया और जो किया वह उचित है अथवा नहीं, तथा मैंने जो मत व्यक्त किया है वह उचित था या नहीं, इसकी

चर्चा करना व्यर्थ है। हमारे पास उस घटना के सारे तथ्य भी नहीं हैं। उससे उत्पन्न होने वाली अहिंसा की महान समस्या ही चर्चा करने योग्य है और भाई अम्बालाल की बात छेड़ना मैं उस समस्या के समाधान में विघ्न रूप मानता हूँ।

9. सवाल इतना ही है कि अमुक परिस्थितियों में जब अन्य सब उपाय व्यर्थ सिद्ध हो जायें तब कुत्तों को मारना अहिंसा की दृष्टि से धर्म हो सकता है या नहीं? मैं मानता हूँ कि हो सकता है और इस बारे में दो मत नहीं हो सकते, ऐसा मैं अब भी मानता हूँ। वैसी परिस्थिति किसी समय है या नहीं, इसके सम्बन्ध में मतभेद हो सकता है लेकिन इतना समझ लेना काफ़ी है कि ऐसे अवसर बहुत ही कम होते हैं।

लेकिन मुझे एक मतभेद अवश्य दिखायी दे रहा है। जिनकी शंकाओं का समाधान करते हुए मैं यह लेख लिख रहा हूँ उनके लेखों में और अन्य अनेक लेखों में यह देखता हूँ कि उनके लेखकों को देह के आत्यन्तिक विनाश की बात, हर अवसर पर, भयंकर मालूम होती है। उदाहरण के लिए वे पागल कुत्तों को एक स्थान पर बन्द कर उन्हें कष्ट सहते हुए मरने देने का सुझाव देते हैं, जबकि मेरी दया भावना इस बात को कदापि स्वीकार नहीं कर सकती। मैं कुत्तों को अथवा मनुष्यों को तड़पता हुआ नहीं देख सकता। तड़पते हुए मनुष्य को मैं मारता नहीं क्योंकि मेरे पास उनके लिए आशाजनक उपचार है। किन्तु मैं तड़पते हुए कुत्तों को मारने के लिए राजी हूँ क्योंकि उनके लिए मेरे पास कोई आशाजनक उपचार नहीं है। मेरे बच्चे को पागल कुत्ते के काटने से होने वाला रोग हो जाये और उसके रोग के निवारण के लिए मेरे पास आशाजनक इलाज न हो और वह कष्ट से तड़प रहा हो तो उसकी देह का अन्त करना मैं धर्म समझूँगा। दैव पर आधार रखने की भी एक सीमा है। सारे प्रयत्न कर चुकने के बाद ही हम दैवाधीन बनते हैं। तड़पते हुए बालक के लिए अनेक उपचारों में अन्तिम उपचार देहमुक्त करने का भी है।

सम्पूर्ण गाँधी वाङ्मय, खण्ड 32, पृ. 41–43,
नवजीवन (गुजराती), 14.11.1926

बन्दरों का त्रास

एक पाठक[1] लिखते हैं : यह प्रश्न विचारणीय है। बन्दरों से केवल किसान त्रस्त नहीं है। वे प्रयाग और वृन्दावन आदि में शहरी लोगों को भी बहुत सताते हैं। यदि कोई मनुष्य बन्दरों को मारता अथवा उन्हें पकड़कर ले जाता है तो उससे त्रस्त लोग नाराज़ भी नहीं होते।

गाँधी लिखते हैं कि मैं बन्दरों से ऐसी परेशानी की बात स्वीकार तो करता हूँ, फिर भी मैं उन्हें एकाएक मारने का सुझाव नहीं दे सकता।

पागल कुत्ते और बन्दरों में कोई तुलना नहीं हो सकती। पागल कुत्ता तो पागल हो जाने से वैसे भी मर ही जायेगा। इसलिए जो उसको मारता है वह उसको बड़े भारी कष्ट और दूसरों को पागल होने के भय से मुक्त करता है। बन्दरों को मारने से बन्दरों का भला होगा, ऐसा तो कोई प्रश्न ही नहीं उठता। फिर बन्दरों के उपद्रव उनको मारे बिना नहीं रोके जा सकते हैं, ऐसा भी नहीं है।

प्रायः देखा गया है कि जिन जगहों में बन्दरों के उपद्रव होते हैं, वहाँ दोष हमारा भी होता है। लोग बन्दरों के प्रति दया–भाव दिखाते हैं, उनके सामने खाने–पीने की चीज़ें डालते रहते हैं और फिर वे किसी हद तक मनमानी करने लगते हैं। बन्दर बहुत चालाक होता है। हमारा आशय क्या है, वह इसे बहुत जल्दी समझ जाता है। मैंने वृन्दावन में देखा कि वे भारतीयों की बस्तियों में निर्भय होकर उपद्रव करते रहते हैं, किन्तु गोरों के मुहल्लों में कहीं दिखायी नहीं पड़ते। वहाँ जाने पर उनको मार खाने का भय जो रहता है। मार का भय भी हिंसा है। हमें यहाँ इस पेचीदा प्रश्न पर विचार करने की ज़रूरत नहीं है। यहाँ तो प्रश्न इतना ही है

1. यहाँ नहीं दिया जा रहा है। लेखक ने पूछा था कि क्या पागल कुत्तों की तरह बन्दरों को भी नष्ट नहीं किया जा सकता?

कि बन्दरों को अन्तिम हिंसा अर्थात् मृत्युदण्ड से बचाया जाये या नहीं। मुझे लगता है कि इस प्रश्न की हद तक तो वे शायद देहान्त–दण्ड से बचाये जा सकते हैं।

आजकल बन्दरों का व्यापार बड़े पैमाने पर चलता है। हज़ारों बन्दर यहाँ से अनेक प्रकार के प्रयोगों के लिए यूरोप ले जाये जाते हैं। वहाँ उनको मारने से पहले उन पर प्रायः अनेक प्रकार के निर्दयतापूर्ण प्रयोग किये जाते हैं। इसलिए बन्दरों की संख्या में वृद्धि रोकने के उपाय किये जा सकें तो वह उचित ही हैं।

अब रही उनको मारने की बात। यदि खेती की रक्षा करना धर्म हो और बन्दरों के उपद्रवों से खेती की रक्षा करने का अन्य कोई उपाय न हो तो बन्दरों को मारना आवश्यक हो सकता है, यह बात मेरी कल्पना से बाहर नहीं है। किन्तु यह अहिंसा नहीं है। खेती की रक्षा के लिए की गयी जीव हत्या भी हिंसा तो है ही। हम पग–पग पर यह अनुभव करते हैं कि इस प्रकार की हिंसा तो मानव–जीवन के साथ लगी हुई है और अनिवार्य है। बन्दरों की हत्या कब अनिवार्य हो सकती है, यह कहना कठिन है। किन्तु इस हत्या से बचने का प्रयत्न करना कठिन नहीं है। जब ऐसे प्रयत्नों के बाद भी बन्दरों के उपद्रव कम न हों तब सभी को यह सोचना चाहिए कि अब उनका अपना धर्म क्या है। बन्दरों की हत्या करना कोई अनिवार्य सार्वजनिक नियम नहीं हो सकता। हिंसा भी हर अवस्था में स्वतन्त्र धर्म नहीं है। स्वतन्त्र धर्म तो अहिंसा ही है। हिंसा मनुष्य की पामरता का माप है और अहिंसा उसका परम पुरुषार्थ।

सम्पूर्ण गाँधी वाङ्मय, खण्ड 37, पृ. 34–35 नवजीवन,
(गुजराती से) 8.7.1928

बन्दरों के विषय में

गाँधी ने लिखा कि, मेरे सामने अमेरिका से आये लगभग पचास पत्र पड़े हुए हैं। उनमें मुझसे कहा गया है कि जीवित प्राणियों की चीरफाड़ के प्रयोग के प्रयोजन से हिन्दुस्तान से बन्दरों के निर्यात का जो सिलसिला चल रहा है उसे बन्द कराने के लिए मैं जो कुछ कर सकता हूँ वह करूँ। इनमें से कुछ तो जीवदया–मण्डलों के और जीवित जानवरों की चीरफाड़ का विरोध करने वाली संस्थाओं के हैं। उन्होंने इससे सम्बन्धित कुछ मनोरंजक साहित्य भी भेजा है, जिसमें इस चीरफाड़ की भयंकर तस्वीरें और तफ़सीलें दी हुई हैं। प्रख्यात डॉक्टरों की रायें भी उन्होंने भेजी हैं, जिनमें उन्होंने इस क्रिया की उपयोगिता के ख़िलाफ़ अपना मत व्यक्त किया है। इसी तरह के एक पत्र में सन्त फ्रांन्सिस का चित्र भी है, जो पशु–पक्षियों को अपने भाई–बहनों की तरह प्यार करते थे। सन्त फ्रांन्सिस की नीचे लिखी एक प्रार्थना पाठकों को अवश्य पसन्द आयेगी।

प्रभो, मुझे अपनी शान्ति का साधन बना। द्वेष की जगह मुझे प्रेम के बीज बोने थे; अत्याचार के बदले क्षमा, शक़ और सन्देह के बदले विश्वास, निराशा के स्थान पर आशा, अन्धकार की जगह प्रकाश और विषाद की भूमि में आनन्द का संचार करने दे।

भगवन्, मुझे यह वरदान दे कि किसी को मुझे सान्त्वना देने की ज़रूरत ही न पड़े, बल्कि मैं लोगों को सान्त्वना दूँ; लोग मुझे समझें, इसके बजाय मैं ही उन्हें समझूँ; लोग मुझे प्यार करें, इसके बजाय मैं ही उनसे प्यार करना सीखूँ; क्योंकि देने से ही हमें प्राप्त होता है; क्षमा करने से ही हम क्षमा के पात्र बनते हैं और मरकर ही हम शाश्वत जीवन प्राप्त करते हैं।

गाँधी लिखते हैं कि, इन पत्र–लेखकों के साथ मेरी पूरी सहानुभूति है। मेरा वश चले तो हत्या या चीरफाड़ के लिए मैं एक भी बन्दर को बाहर न जाने दूँ। इन पत्र–लेखकों को मेरी यही सलाह है कि भारत सरकार

को उन्हें इस सम्बन्ध में प्रार्थना–पत्र भेजने चाहिए और यदि उनके प्रार्थना पत्रों को लोगों का पर्याप्त समर्थन प्राप्त होगा तो सरकार उस पर अवश्य ध्यान देगी। दूसरा उपाय स्पष्ट ही यह है कि बन्दरों को बाहर भेजने के ख़िलाफ़ देश में ज़ोरदार आन्दोलन किया जाये लेकिन जहाँ तक मैं समझता हूँ, यहाँ इस प्रवृत्ति की बहुत कम सम्भावना है। क्योंकि जनसाधारण को शायद इस बात का पता भी न हो कि बन्दरों को बाहर भेजा जाता है। मेरी समझ में नहीं आता कि मैं उन लोगों को बन्दरों को विदेश भेजने से कैसे रोक सकता हूँ जिनके लिए निजी तौर पर यह व्यापार बहुत फ़ायदेमन्द है। इसलिए इस सम्बन्ध में मैं तो केवल यही इच्छा व्यक्त कर सकता हूँ कि हिन्दुस्तान इस अमानुषिक व्यापार से दूर ही रहें। अगर यह सिद्ध भी हो जाये कि इस तरह की चीरफाड़ से हम मनुष्य जाति की पीड़ा को कम कर सकते हैं, तो भी निम्न श्रेणी के प्राणियों पर ऐसा अत्याचार करना सरासर अन्याय है। मनुष्य मात्र के दुःख को कम करने का ध्येय कोई ऐसा ध्येय नहीं है जिसके लिए मनुष्येतर प्राणियों की चीरफाड़ में निहित अमानुषिकता को उचित कहा जा सके। इसके विपरीत, मनुष्य जाति का उद्देश्य तो यह होना चाहिए कि वह कोमलता और दया को कभी न छोड़े। इसके परिणामस्वरूप अगर उसके कष्टों का सिलसिला क़ायम रहता है तो रहे, उसके कष्ट और भी बढ़ जाते हैं तो बढ़ें। मेरा तो यह कहना है कि दूसरे मनुष्यों अथवा मनुष्येतर प्राणियों के प्रति दया–धर्म रखने से हमारा दुःख और पीड़ा कम होती है, क्योंकि इससे हमें उस पीड़ा को सहने की शक्ति मिलती है।

सम्पूर्ण गाँधी वाङ्मय, खण्ड 66, पृ. 154–155,
हरिजन (अंग्रेज़ी), 18.09.1937

साँप को मारना

हमारे सामने ऐसा कोई प्रमाण नहीं है कि जहाँ अधिक साँप मारे जाते हैं, वहाँ औसतन अधिक लोग मरते हैं। बल्कि इसके विपरीत जहाँ एकमत होकर लोगों ने साँप को मारना अपना कर्तव्य मान लिया है। वहाँ मुश्किल से ही साँप देखने को मिलते हैं। किन्तु इस प्रमाण के आधार पर हिंसा को धर्म सिद्ध नहीं किया जा सकता। अहिंसा को प्रमाण देकर ही सिद्ध किया जा सकता है। मारने की प्रथा तो चलती ही आयी है। इस दृश्य को देखकर ही किसी वीर पुरुष को ग्लानि का अनुभव हुआ होगा और वह बोल उठा होगा : "यह धर्म नहीं, अधर्म है। अहिंसा ही सच्चा और शाश्वत धर्म है।"

यदि मैंने किन्हीं विशेष परिस्थितियों में साँप को मारने का सुझाव दिया हो तो वैसा मैंने अहिंसा–धर्म की उन्नति के लिए ही किया है, न कि उसका विनाश करने के लिए। अहिंसा मानसिक वृत्ति है। यदि मैं भयवश किसी साँप को मारूँ किन्तु मेरा प्रयत्न उससे मैत्री करने का हो तो इसमें मेरी अहिंसा को लज्जित होने का कोई कारण नहीं है। यदि मैं पूरी तरह से प्रयत्न करूँगा तो मेरा वह प्रयत्न सफल भी हो सकता है।

सर्पादि को न मारने में हम दया का उपयोग नहीं करते बल्कि रूढ़ि से बँधे होने के कारण हमें उसमें अहिंसा का आभास मिलता है, इसलिए साँप को नहीं मारते। हम ऐसा नहीं कह सकते कि मनुष्य जिनसे डरता है उन पर वह दया दिखाता है। जो बलवान होगा वही निर्बल पर दया दिखा सकता है। साँप से डर लगता है, इसलिए उसे पकड़कर दूर छोड़ आने में दया कहाँ है? ऐसा करते हुए हमारे मन में सामान्यतः इस बात का विचार तक नहीं आता कि किसी दिन हम साँप से मित्रता करेंगे। अहिंसा तो जाग्रत मनुष्य का धर्म है। अहिंसा के उपासक को उसका प्रतिक्षण ज्ञानपूर्वक उपयोग करना पड़ता है, क्योंकि हम चारों ओर से हिंसा से

घिरे हुए हैं। इस विकट परिस्थिति में से सबको यथाशक्ति अपना रास्ता बनाना पड़ता है।

अब हम साँप को न मारने की क्रिया की जाँच करें। यदि साँप हम पर हमला करने आये तो हम उसे अवश्य मार डालेंगे बशर्ते कि हममें वैसा करने की हिम्मत हो। सामान्यतः हम उसे नहीं मारते, क्योंकि वह हम पर हमला नहीं करता। वह अपने रास्ते जाते हुए भूले–भटके हमारे घर में पहुँच जाता है। इसलिए हम उसे पकड़कर दूर फेंक आते हैं और वह हम पर हमला न करे इस बात की सावधानी बरतते हुए उसे जितना दुःख देना आवश्यक हो उतना दुःख देते हैं। इसके पीछे दया काम नहीं करती, बल्कि अहिंसा के स्वीकृत धर्म का पालन न करने के कारण अगले जन्म में मिलने वाले दण्ड का भय काम कर रहा है। हमने साँप को न मारकर कोई बहादुरी नहीं दिखायी, और उसे मार देने में कोई पराक्रम भी न होता। (मारने और न मारने) दोनों कामों के पीछे भय की प्रेरणा है। यदि मुझमें सच्ची दया होगी तो मैं साँप को पकड़कर उससे मित्रता करूँगा और अन्य लोगों को भी उसके भय से मुक्त करूँगा। यह ठीक है कि ऐसा करने वाले साधुओं के क़िस्से हम सुनते हैं। सम्भव है कि ये सब गप्प हो, इनमें अतिशयोक्ति हो किन्तु यदि अहिंसा सच्ची वस्तु है तो साँप और मनुष्य के बीच ऐसी मित्रता होना असम्भव नहीं है।

यदि उपर्युक्त बातें पाठक को स्पष्ट हो गयी हों तो वह समझ जायेगा कि जिस वाक्य के बारे में शंका उठायी गयी है उसमें शंका की कोई गुंजाइश नहीं है।[1] किन्तु इसका यह मतलब नहीं कि जब तक साँप का भय चला न जाये तब तक उन्हें देखते ही मार देना चाहिए। किन्तु जहाँ साँपों का भय बना ही रहता है वहाँ उन्हें मारने में संकोच करने की आवश्यकता नहीं है, क्योंकि उक्त भय के पीछे मन की अतल गहराई में उन्हें मारने की इच्छा बनी ही हुई है। यदि कोई साँप को मार देता

---

1. पत्र–लेखक ने 14.7.1935 के हरिजनबन्धु में प्रकाशित महादेव देसाई के अनुवाद 'आदर्श और व्यवहार' से निम्न वाक्य उद्धृत किया था : "अहिंसा जीवन का नियम है, पर यदि मैं साँप से डरता हूँ तो उस समय मेरा क्या कर्तव्य है? मन से तो मैं पहले ही साँप का वध कर चुका; सिर्फ़ मेरी शारीरिक निर्बलता ही बाधा दे रही है। उस समय मेरा धर्म कहता है कि 'उसे मार ड़ाल। उसे मारने से बचने का तेरा जो यह मिथ्या प्रयत्न हैं, वह त्याग दे'।"

है तो वह निर्भयता अनुभव करता है। अहिंसक व्यक्ति के लिए इससे अधिक दयनीय अवस्था की कल्पना मैं नहीं कर सकता। सर्पादि को मित्र बनाने का प्रयास करने वाला व्यक्ति ऐसी समस्याओं को रिवाज के माफ़िक़ सुलझाकर ही सन्तुष्ट नहीं रहेगा, बल्कि ऐसे हिंस्र प्राणियों की किसी भी तरह से हिंसा न करके उनके भय से मुक्त होने का प्रयास करेगा।

सम्पूर्ण गाँधी वाङ्मय, खण्ड 61, पृ. 314–316,
हरिजनबन्धु (गुजराती), 28.07.1935

अहिंसा का पालन[1]

25 जून, 1932 : साँप को मारना चाहिए अथवा नहीं? स्त्री के साथ बलात्कार हो तब उस दुष्ट की हत्या की जानी चाहिए अथवा नहीं? खेत में हल चलाने से छोटे–मोटे जीव मर जाते हैं, यह जानने पर भी हल चलाना चाहिए अथवा नहीं? गाँधी कहते हैं कि अहिंसा का उपासक ऐसी समस्याओं को सुलझाने के चक्कर में नहीं पड़ता। इन समस्याओं को जब सुलझना होगा तब अपने आप सुलझ जायेंगी। इस भूलभुलैया में पड़ना अहिंसा को भूलने के समान है।

जिस व्यक्ति के मन में अहिंसा का पालन करने का उत्साह है उसे चाहिए कि वह अपने हृदय में झाँके और अपने पड़ोसी की ओर देखे। यदि उसके मन में द्वेष भरा हो तो वह समझ ले कि वह अहिंसा की प्रथम सीढ़ी ही नहीं चढ़ पाया है और जो अपने पड़ोसी के प्रति, साथी के प्रति अहिंसा का व्यवहार नहीं करता वह अहिंसा से हज़ारों योजन दूर है।

सम्पूर्ण गाँधी वाङ्मय, खण्ड 50, पृ. 93–94, गुजराती,
माइक्रोफ़िल्म, एम.एम.यू./2 से

साँप को मारे बिना यदि चल ही नहीं सकता तो मुझे उपर्युक्त सिद्धान्तानुसार उसे दूसरे से मरवाना चाहिए; चोर को सज़ा देकर भगाना अनिवार्य हो तो उस हालत में मुझे दूसरों से उसे दण्ड दिलाना चाहिए; मेरे संरक्षण में रहने वाले बालकों और बालिकाओं की अत्याचारी मनुष्यों से रक्षा करना अनिवार्य हो तो मुझे यह भी दूसरों से करवानी चाहिए, और इस प्रकार 'अहिंसा धर्म का पालन करना चाहिए'। मेरी दृष्टि में यह धर्म नहीं, अधर्म है; यह अहिंसा नहीं, हिंसा है; ज्ञान नहीं, मोह है। मैं स्वयं जब

1. यह लेख 'पत्र : नारणदास गाँधी को', 22/26.6.1932 के साथ भेजा गया था।

तक साँप का, चोर का, अत्याचारी का सीधे मुक़ाबला नहीं करता तब तक मैं भयमुक्त नहीं हो सकता और जब तक मैं भयमुक्त नहीं होता तब तक अहिंसा धर्म का पालन मेरे लिए बन्ध्या पुत्र के अस्तित्व जैसा ही रहेगा और अहिंसा धर्म का जो एक महापरिणाम निकलना चाहिए वह तो कभी निकल ही नहीं सकता। अहिंसा के विषय में शास्त्रों की शिक्षा तो यह है कि उसके सान्निध्य में चोर–चोरी छोड़ेगा, हिंसक मनुष्य अथवा दूसरा प्राणी हिंसा छोड़ेगा, जुल्मी जुल्म छोड़ेगा। इस शिक्षा का यत्किंचित् पालन करने से भी मैं सत्य का अनुभव कर सका हूँ। इसी से मुझे मालूम होता है कि तीसरे सिद्धान्त को प्रस्तुत करने के रूप में कुछ भूल हुई है और यदि भूल न हुई हो तथा यह वास्तव में जैन अहिंसा का सिद्धान्त हो तो भी मेरी बुद्धि या मेरा हृदय उसको कदापि स्वीकार नहीं कर सकता।

सम्पूर्ण गाँधी वाङ्मय, खण्ड 37, पृ. 403, नवजीवन (गुजराती), 21.10.1928

बकरों की बलि चढ़ाना

एक पत्र–लेखक ने सवाल उठाया कि देवी–देवताओं को चढ़ाने की ख़ातिर बकरों वग़ैरह का जो वध किया जाता है, क्या इस पर आपने विचार किया है? क्या आप यह नहीं जानते कि बकरों की बलि चढ़ाने वाले यह दावा करते हैं कि वे बकरों का कल्याण चाहते हैं?

इसके उत्तर में गाँधी कहते हैं कि मेरे कार्य का ऐसा दुरुपयोग होने की पूरी गुंजाइश है। मैं जानता था कि लोग ऐसा करेंगे भी। परन्तु जब तक पाखण्ड और मूर्खता इस जगत में हैं तब तक ऐसे दुरुपयोग होते ही रहेंगे। किस धर्म के नाम पर आज तक पाखण्ड और अधर्म नहीं फैला? इसलिए दुरुपयोग के डर से जो वाज़िब हो उसे करने में मनुष्य को डरना नहीं चाहिए, ऐसा सामान्य नियम है। बलिदान के रूप में बकरों का वध करने वालों के लिए मेरे दृष्टान्त की कोई ज़रूरत नहीं है। वे अपना कार्य शास्त्र के नाम पर करते हैं। सच्चा डर तो यह है : मेरे कार्य का दृष्टान्त देकर अपने माने हुए दुश्मनों का वध करने को भी कुछ–एक लोग तैयार होंगे। वे कहेंगे : "दुश्मन को मारकर हम जनता का और उसका दोनों का कल्याण करते हैं।" ऐसी दलीलें मैंने कई बार सुनी हैं। मेरे लिए तो इतना ही काफ़ी है कि मेरे दृष्टान्त और उल्लिखित कामों में कोई साम्य नहीं है। बकरे या दुश्मन के वध में दोनों में से एक की भी सम्मति की तो बात ही नहीं है और यदि वध न करने से बकरे तथा दुश्मन का कल्याण माना जाये तो उसमें वध करने वालों का स्वार्थ भी कम नहीं है। परन्तु जिनको आँख खोलकर देखना ही नहीं है, वे तो ऐसा स्पष्ट भेद भी नहीं देख सकेंगे। तुलना करने वाले यदि तुलना के नियमों का ही लोप कर दें तो उसका क्या उपाय किया जा सकता है?

सम्पूर्ण गाँधी वाङ्मय, खण्ड 37, पृ. 431,
नवजीवन (गुजराती), 28.10.1928

वेदों में गो–बलि

2 जून के 'यंग इंडिया' में श्रीयुत सी. वी. वैद्य का एक लेख प्रकाशित हुआ था जिसमें गाय और गो–वंश की रक्षा के बारे में कुछ मूल्यवान सुझाव दिये गये थे किन्तु उस लेख में विद्वान लेखक ने अपना यह मत व्यक्त किया था कि वैदिक काल में गाय की बलि देने और गो–मांस खाने की प्रथा प्रचलित थी। पण्डित सातवलेकर ने वैदिक काल में गो–बलि और गो–भक्षण के बारे में श्रीयुत वैद्य के कथन का खण्डन करते हुए मुझे हिन्दी में एक लेख भेजा है। चूँकि मेरी मंशा कोई अख़बारी विवाद खड़ा करने की नहीं बल्कि केवल सत्य को प्रकाश में लाने की थी, अतः मैंने उस लेख को श्रीयुत वैद्य के पास भेज दिया। उन्होंने सौजन्यपूर्वक तत्काल अपना उत्तर मुझे भेजा। मैंने इस उत्तर को पण्डित सातवलेकर के पास भेज दिया, और उन्होंने अपना प्रत्युत्तर मुझे भेजा। अब मैं पण्डित सातवलेकर के लेखों का महादेव देसाई द्वारा किया गया अनुवाद[1] और श्रीयुत वैद्य के उत्तर का मूल पाठ देता हूँ। पण्डित सातवलेकर ने 'वैदिक धर्म शीर्षक' से अपने दो लेखों में अपने मत के समर्थन में विस्तृत और व्यापक तर्क दिये हैं जिनके प्रमाण में उन्होंने वेदों में से बहुत से उद्धरण भी प्रस्तुत किये हैं। मैं जिज्ञासुओं को इन मूल्यवान लेखों को पढ़ने की सलाह देता हूँ। वेदों का स्वयं मैंने अध्ययन नहीं किया है अतः मैं इस उत्तम नियम का पालन कर रहा हूँ कि जहाँ तनिक भी सन्देह हो वहाँ सही बात की तरफ़ ही झुकना चाहिए, और इस मामले में यही विश्वास सही है कि जिन लोगों ने हमें 'वेद' दिये हैं वे गो–बलि देने या गो–भक्षण करने के, जोकि हमारे युग में अपराध प्रतीत होते हैं, दोषी नहीं थे। अन्यथा इस चर्चा का वर्तमान युग से कोई सम्बन्ध नहीं है क्योंकि हिन्दू हृदय में गाय के प्रति इतनी गहरी

---

1. यहाँ नहीं दिया जा रहा है।

श्रद्धा है कि वैदिक युग में गो–बलि या गो–भक्षण सिद्ध करने वाले किसी भी मत का भले ही वह कितना ही प्रामाणिक क्यों न हो, उस श्रद्धा पर कोई प्रभाव नहीं पड़ सकता। तथापि उन लोगों के लिए, जो ऐसा मानते हैं कि प्राचीनकाल में जो कुछ होता था उसे इस युग में भी हर वैध तरीक़े से आरम्भ कराया जाना चाहिए, इस चर्चा का महत्त्व केवल बौद्धिक ही नहीं हैं। ऐसे लोग, पण्डित सातवलेकर के जिन लेखों का मैंने उल्लेख किया है उन्हें तथा श्रीयुत वैद्य के प्रकाशित निबन्धों को, जो अंग्रेज़ी के साथ ही मराठी और हिन्दी भाषा में भी उपलब्ध हैं, पढ़ लें।

सम्पूर्ण गाँधी वाङ्मय, खण्ड 35, पृ. 58–59,
यंग इंडिया (अंग्रेज़ी), 29.09.1927

गो–रक्षा का उपाय

मौलाना मुहम्मद अली तथा मौलाना आज़ाद सोबानी के साथ मेरी बिहार–यात्रा का उद्देश्य गाय के प्रश्न पर फैली हुई ग़लतफ़हमी को रोकना था। कई स्थानों पर हमारे भाषण हुए। अपने भाषण के प्रारम्भ में गाँधी जी ने लोगों की 'चरण' छूने की आदत का उल्लेख करते हुए कहा कि यह मेरे लिए परेशानी की चीज़ बन गयी है। लोग इस कार्य को वीर–पूजा की भावना से करते हैं और ख़ासकर बिहार में यह वृत्ति बहुत ज़्यादा है। लोग मेरे अवतार होने की बात तक कह डालते हैं। हिन्दू होने के नाते मैं अवतारों में विश्वास ज़रूर करता हूँ। मेरा विश्वास है कि अपनी योजना पूरी करने के लिए परमात्मा समय–समय पर पृथ्वी पर अपने विशेष दूत भेजता रहता है। इनमें परमात्मा का तेज या प्रताप विशेष रूप से दृष्टिगोचर होता है। इन्हीं को हमारे शास्त्रों में अवतार का नाम दिया गया है। परन्तु प्रस्तुत परिस्थिति में यह बात लागू नहीं है। मेरे विचार में आज भारत की स्थिति ऐसी है कि यहाँ अभी किसी भी अवतार का अवतरित होना सम्भव नहीं। किसी अवतार के अवतरित होने की कल्पना तक करने से पहले, हमें सही रास्ते पर चलते हुए कठोर परिश्रम करना चाहिए तथा इस तरह अपने को तथा अपने देश को पवित्र बनाना चाहिए और आज के भारत को जो वस्तु चाहिए वह वीरपूजा नहीं अपितु सेवा है। उत्तरोत्तर अधिक संख्या में हमें देशसेवक चाहिए, जो स्वराज हम चाहते हैं उसका अर्थ वर्तमान राजा को ख़त्म करके किसी दूसरे व्यक्ति के शासन की स्थापना करना नहीं है–चाहे वह गाँधी हो या मेरे साथी मौलाना शौकत अली या मौलाना मोहम्मद अली। हम जानते हैं कि पिछले ज़माने में चाहे जो हुआ हो, परन्तु भारत अब इतना जाग चुका है कि अब इन बातों की पुनरावृत्ति होने वाली नहीं है। हम यह नहीं चाहते कि आदमी तो शासन करे और बाक़ी सब उसके दास बने रहें। हम काफ़ी दासता भोग

चुके हैं। हम जो चाहते हैं वह यह है कि अपनी निष्ठा के द्वारा लोगों में देशसेवा की सजीव भावना पैदा करें। हम चाहते हैं कि प्रत्येक भारतीय गाँधी बने, मौलाना शौकत अली बने, मौलाना मुहम्मद अली बने और तब हमारी कल्पना का स्वराज हमें मिल जायेगा—अपने सम्पूर्ण रूप में। इसलिए मेरा आपसे निवेदन है कि आप चरण छूकर या जयघोष करके अथवा अनावश्यक नारे लगाकर हमारे काम में बाधा न डालें। यह असम्भव है कि भीड़ का प्रत्येक व्यक्ति मुझे छू सके। परन्तु जब वे लोग जो मेरे निकट हैं मेरे पैरों पर झुकना आरम्भ कर देते हैं तो भीड़ भी ऐसा ही करने के लिए लालायित हो जाती है। इससे अकथनीय गड़बड़ी मच जाती है। इसलिए मेरे पास खड़े लोगों को मेरे पैर कदापि नहीं छूना चाहिए। उन्हें तो मेरा आदर करने के अभिप्राय से मेरे आगे झुकना भी नहीं चाहिए। यही नहीं कि मुझे ऐसी बातें पसन्द नहीं, बल्कि ऐसा करने से मुझे काफ़ी चोट पहुँचने की सम्भावना भी रहती है। मैं चाहता हूँ कि देश पंजाब एक्सप्रेस की गति से भी अधिक तेज़ रफ़्तार से चले। हमें स्वराज इसी वर्ष लेना है ताकि हम आगामी दिसम्बर तक उसकी ख़ुशियाँ मना सकें। मैं एक बार फिर आपसे सविनय प्रार्थना करता हूँ कि आप ऐसा कोई भी काम न करें जिससे हमारे काम में रुकावट पैदा हो, क्योंकि इससे रुकावट के प्रमाण में देश की हानि ही होती है, और कुछ नहीं।

अब मैं उस सवाल पर आता हूँ जिसके लिए हम लोग यहाँ आये हुए हैं। ज्यों ही मैं यहाँ पहुँचा मैंने लोगों से दरयाफ़्त किया कि यहाँ के हिन्दुओं और मुसलमानों में अनबन तो नहीं है। और जब मैंने यह सुना कि सासाराम के हिन्दुओं और मुसलमानों के बीच ज़रा भी मनोमालिन्य नहीं है, मुझे बहुत प्रसन्नता हुई। परन्तु मुझे बताया गया है कि इस नगर के लोग कांग्रेस के कार्य के प्रति दिलचस्पी नहीं रखते। यहाँ की कांग्रेस कमेटी तथा ख़िलाफ़त समिति, दोनों ही शिथिल हैं। इन दोनों से मेरा निवेदन यही है कि वे अपने—अपने कामों में ज़्यादा दिलचस्पी लें। मैं अन्य अनेक बातों के बारे में भी पूछताछ करने वाला था, परन्तु मैं इतना थका हुआ था कि ऐसा न कर सका। गो—रक्षा के सम्बन्ध में मेरा विचार तो यह है कि गाय की रक्षा करना हिन्दुओं का धर्म है। धार्मिक विश्वासों में तथा धार्मिक एवं सामाजिक रीति—रिवाजों में हिन्दुओं में आपस में ही बहुत अन्तर है, परन्तु गोरक्षा के विषय में सब हिन्दू एकमत हैं। मैं तो यहाँ तक कहने को तैयार हूँ कि गो—रक्षा हिन्दू धर्म की एक केन्द्रीय और सर्वमान्य वस्तु है;

यह एक ऐसी वस्तु है जो उसे दुनिया के दूसरे धर्मों से अलग करती है। भारतवर्ष में गो–रक्षा की बहुत बड़ी आवश्यकता है। लोग उसका दूध पीते हैं इतना ही नहीं, बल्कि उसकी नर सन्तान बैल से हम खेत जोतने का काम लेते हैं। हिन्दू लोग गाय के प्रति उतनी ही श्रद्धा रखते हैं जितनी ब्राह्मण के प्रति। परन्तु भारत के बाहर गाय के प्रति ऐसा भावना नहीं है। इसीलिए हमारे मुसलमान भाइयों के मज़हब में गो–वध निषिद्ध नहीं माना गया है। और अगर हमारा कोई मुसलमान भाई किसी दिन–जैसे ईदवाले दिन गो–वध करता है तो कोई हिन्दू उसे मारने के लिए हाथ कैसे उठा सकता है? क्या शास्त्रों में यह लिखा है कि गाय को बचाने के उद्देश्य से किसी मनुष्य के प्राण लिए जा सकते हैं? सच पूछिए तो शास्त्र ऐसा कोई आदेश नहीं देते। बल्कि ऐसा करना उनकी आज्ञा के विपरीत है। अंग्रेज़ लोग गो–मांस खाते हैं परन्तु इस बात को लेकर कोई भी हिन्दू किसी अंग्रेज़ पर हाथ नहीं उठाता और न कोई हिन्दू भारत में रहने वाले अंग्रेज़ों के लिए आवश्यक गो–मांस की पूर्ति के लिए कसाईखाने ले जायी जाने वाली लाखों गायों को ही वहाँ पहुँचने से रोकता है। मेरे कहने का तात्पर्य यह है कि गाय के प्राणों की रक्षा करने के लिए आप अपने प्राण न्योछावर कर सकते हैं, दूसरे के प्राण ले नहीं सकते और न आप उसके प्रति अपने मन में रोष ला सकते हैं। मेरे भाई मौलाना मुहम्मद अली ने आज दिये गये अपने भाषणों में से एक में जो बात कही उसे मैं बिलकुल ठीक मानता हूँ। इनका कथन है कि भारत में जो गो–वध हो रहा है उसके दोष का तीन–चौथाई भाग हिन्दुओं के हिस्से में आता है और मुसलमानों के हिस्से में केवल एक चौथाई भाग। इसका कारण यह है कि जिन गायों का वध किया जाता है वे हिन्दुओं से ही प्राप्त की जाती हैं। मैंने बम्बई में जहाज़ों पर लादी गयी हज़ारों गायों को क़त्ल के वास्ते विदेशों में भेजे जाते देखा है। हिन्दू ही गायों की बिक्री करते हैं, न कि मुसलमान लोग। मेरे भाई ने जो यह सुझाव दिया है कि गाय का कोई कृत्रिम मूल्य–जैसे सौ रुपये प्रति गाय–रख दिया जाये तो गो–वध स्वतः कम हो जायेगा, मुझे बहुत व्यावहारिक लगा है। सब कुछ हम हिन्दुओं पर ही निर्भर करता है। बम्बई में तिलक स्वराज–कोश के लिए भेंट की गयी एक गाय की क़ीमत पाँच सौ रुपये आयी और दूसरी उससे भी ऊँचे मूल्य पर बिकी। अगर ख़रीदने वाले तथा बेचने वाले दोनों की श्रद्धा को जगाया जाये तो यह सब काम बिलकुल सुगम और व्यावहारिक हो जायेगा। इसलिए

हिन्दुओं से मेरा यही निवेदन है कि यदि आप लोग वास्तव में गो–माता के प्राण बचाना चाहते हैं तो मुसलमान भाइयों से झगड़ा मत कीजिए बल्कि उनके साथ शान्तिपूर्वक रहिए। उनको किसी बात के लिए विवश मत कीजिए। उनके इस संकटकाल में, बदले की इच्छा किये बिना उनकी सेवा सच्चे दिल से कीजिए। मेरी नज़रों में मुसलमानों की ख़िलाफ़त की समस्या उतना ही महत्त्व रखती है जितना महत्त्व हिन्दुओं के लिए गो–रक्षा का प्रश्न रखता है। मेरा यह पक्का विश्वास है कि यदि पहली समस्या सुलझ गयी तो दूसरी अपने–आप सुलझ जायेगी। मेरा यह कथन किसी सौदेबाज़ी के भाव से प्रेरित नहीं है। यदि हम अपने मुसलमान भाइयों को जो सहायता अर्पित करना चाहते हैं वह हार्दिक है और स्वेच्छाप्रेरित है, यदि हम उनके मज़हब की हिफ़ाज़त की ख़ातिर अपनी जानों की बाज़ी लगाने को तैयार हैं तो इसमें कोई शक़ नहीं कि लेन–देन के क़ानून से कोई उच्चतर क़ानून प्रवर्तित होने लगेगा और भारत में गो–रक्षा की समस्या सुलझे बिना न रहेगी।

अपना कथन समाप्त करने के पहले मैं आपका ध्यान एक और बात की ओर दिलाना चाहता हूँ। मुझे मालूम हुआ है कि यहाँ पर लगभग 500 मुसलमान जुलाहा परिवार हैं। उनकी प्रवृत्ति अपना व्यवहार छोड़ने की हो रही है, क्योंकि दूसरे मुसलमान उनके प्रति हीनभाव रखते हैं। इस प्रवृत्ति की रोकथाम करना अत्यन्त आवश्यक है। हम हिन्दुओं में कर्म पर आधारित सामाजिक भेदभाव मौजूद हैं, परन्तु जहाँ तक मुझे मालूम है, इस्लाम ऐसे भेद को नहीं मानता। मुस्लिम समाज परिपूर्ण समानता पर आधारित है। इसलिए इन जुलाहों का समाज में अप्रतिष्ठित समझा जाना मुझे असंगत प्रतीत होता है। बुनकर का काम कोई ओछा काम नहीं है। मेरे विचार में भारत की बिलकुल अनिवार्य दो आवश्यकताएँ, जिन पर भारत का जीवन निर्भर हैं, कृषि तथा बुनाई का काम। भारत के लिए उनका वही महत्त्व है जो जीवित व्यक्ति के लिए उसके दो फेफड़ों का होता है। यदि इनमें से एक निकम्मा हो जाता है या उसमें कोई रोग लग जाता है अथवा कोई ख़राबी आ जाती है, तो दूसरा फेफड़ा कुछ समय तक तो काम अवश्य चला सकता है परन्तु अधिक समय तक नहीं। ठीक ऐसी ही अवस्था भारत की है। जैसे–जैसे बुनाई उद्योग समाप्त होता गया वैसे–वैसे हमारा देश भी कमज़ोर होता गया। और हमने स्वदेशी का जो कार्यक्रम आरम्भ किया है वह बीमार फेफड़े के उपचार जैसा है जिससे

कि कमज़ोरी ठीक की जा सके और नये रक्त का संचार हो सके और वह फेफड़ा स्वस्थ एवं शक्तिशाली बने। ज्यों ही भारत के लिए कृषि तथा बुनाई की नितान्त आवश्यकता हमारी समझ में आ जायेगी त्यों ही हम इन कामों की अवमानना या उनका तिरस्कार करना छोड़ देंगे और तभी हमारी समझ में आयेगा कि ये दोनों उद्योग हमारे सर्वोच्च आदर के पात्र हैं। हमें यह स्वीकार कर लेना चाहिए कि बुनकरों की मदद के बिना भारत में स्वदेशी के कार्यक्रम को सफलता नहीं मिल सकती। स्वदेशी से मेरा तात्पर्य है कि प्रत्येक प्रान्त अपना कपड़ा स्वयं तैयार करे। यदि आप अपने कपड़ों के लिए बम्बई पर निर्भर रहेंगे तो इसका मतलब यह होगा कि बिहार ने स्वदेशी का अमल नहीं किया। इसलिए कांग्रेस कमेटी से मेरी प्रार्थना है कि वह शीघ्रतिशीघ्र बिहार के प्रत्येक घर में चरखा पहुँचा दे। इस काम के पूरा हो जाने पर हमारा प्रत्येक घर कताई का कारखाना बन जायेगा। यदि इस पैमाने पर सूत काता जाये तो हम प्रत्येक गली को आसानी से बुनाई के कारखाने का रूप देने की उम्मीद कर सकते हैं। यह प्रश्न सारे भारत के लिए बहुत ज़रूरी है, किन्तु बिहार के लिए तो विशेष रूप से है, क्योंकि भारत के प्रान्तों में बिहार सबसे अधिक ग़रीब है। यहाँ मैं उड़ीसा को भी बिहार में ही शामिल कर रहा हूँ। किन्तु यदि इन्हें अलग मानें तो (ग़रीबों में) उड़ीसा का स्थान सबसे निम्न स्तर पर होगा तथा बिहार प्रान्त का बस उसके ऊपर। चम्पारण में अपना काम करते हुए मुझे बिहार की ग़रीबी का अनुमान हो गया था। मुझे उन्हीं दिनों पता लगा था कि बिहार की अधिकांश स्त्रियाँ केवल एक वस्त्र से ही काम चला लेती हैं। सच तो यह है कि जो वस्त्र वे पहनती हैं उसके अतिरिक्त उनके पास और कुछ होता ही नहीं। यह बात सीधे मुझे बताने में तो उन्हें शर्म लगती थी किन्तु उन्होंने मेरी पत्नी से कहा था कि यदि मैं उनके घर जाऊँ तो मुझे पुराने चिथड़ों के अतिरिक्त और कुछ नहीं मिलेगा। उन्होंने यह भी कहा था कि, "गाँधीजी हमें प्रतिदिन वस्त्र धोने को कहते हैं। किन्तु यदि उस वस्त्र को धोने के लिए जिससे हम अपना तन ढाँकती हैं, हमें नग्न होना पड़े तो यह काम हम गाँधीजी के कहने से भी नहीं कर सकतीं।" बिहार की ग़रीबी का यह हाल है! यदि इन स्त्रियों को चरखे दे दिये जायें तथा उन्हें दो–दो आना दैनिक मज़दूरी मिल जाया करे तो मुझे पूर्ण आशा है कि वे यह काम पूरे उत्साह से शुरू कर देंगी और उसमें पूरी शक्ति से लगी रहेंगी। मुझे मालूम है कि नील

की खेती कराने वाले जमींदार मज़दूरों को मज़दूरी में प्रतिदिन छह पैसे देते हैं। यदि उन्हें यह पता चले कि चरखे से उन्हें छह पैसे की जगह दो आना प्रतिदिन मिलेगा तो हमें समझाने–बुझाने की भी ज़रूरत नहीं होगी और बात अपने–आप बन जायेगी। हमें अपना कार्य इन तरीकों से तुरन्त आरम्भ कर देना होगा। बिहार से मुझे बहुत आशा है। उस पर मेरा विशेष अधिकार है। आशा है कि वह मुझे मेरे अधिकार से वंचित नहीं करेगा। मैं चाहता हूँ कि मैंने जो बातें कही हैं, आप लोग गाँवों में रहने वालों को समझायें। ये बातें शायद गाँववाले न समझ पायें, पर आप लोगों को, जो शहरों के रहने वाले हैं, आपको दुनिया का विस्तृत अनुभव है। इसलिए यह आपका कर्तव्य है कि आप गाँव के लोगों को ये बातें समझायें। स्वराज के आन्दोलन के लिए तीन बातें बहुत महत्त्व रखती हैं। इनको पूरा किये बिना हम अपने संघर्ष में आगे नहीं बढ़ सकते। पहली है सम्पूर्ण हिन्दू–मुस्लिम एकता। हिन्दुओं और मुसलमानों में भाईचारे की भावना पैदा होनी चाहिए। स्वराज आन्दोलन की सफलता की यह पहली शर्त है। दूसरी बात यह है कि हमारा यह शान्तिपूर्ण तथा अहिंसात्मक आन्दोलन हमेशा शान्तिपूर्ण तथा अहिंसात्मक ही रखा जाये। जो आदमी इस विषय पर थोड़ा–सा भी विचार करेगा, वही आसानी से समझ सकता है कि हम हिंसा द्वारा कभी भी सफल नहीं हो सकते। यदि हम तलवार खींचेंगे तो हम केवल अपनी ही हानि करेंगे, क्योंकि दूसरे कारणों को चाहे हम न मानें लेकिन यह तो मानना ही होगा कि हमारे पास हवाई जहाज़ आदि जैसे युद्ध के आधुनिकतम साधन नहीं हैं। इसलिए किसी भी परिस्थिति में आप शान्ति भंग न करें। हमें अंग्रेज़ों के साथ और स्वयं अपने बीच, सहयोगियों और असहयोगियों तथा जमींदार और रैयत के बीच मनसा, वाचा और कर्मणा शान्ति बनाये रखनी है। तीसरी बात यह है कि हमें विदेशी कपड़े का बहिष्कार तुरन्त ही करना है और अपनी आवश्यकता के लिए अपने घरों तथा गाँवों में कपड़ा उत्पादन करना है। तभी हम अपने तीन लक्ष्यों की प्राप्ति कर पायेंगे।

सम्पूर्ण गाँधी वाङ्मय, खण्ड 21, पृ. 75–79,
यंग इंडिया (अंग्रेज़ी), 08.09.1921

अखिल भारतीय गो–रक्षा मण्डल में गाँधी के वक्तव्य

अखिल भारतीय गो–रक्षा मण्डल के कार्यवाहक समिति की बैठक 17 दिसम्बर, 1926 को वर्धा में हुई थी। इस बैठक में सभी सदस्य उपस्थित नहीं थे। आधे घण्टे विलम्ब से बैठक शुरू की गयी। गाँधी ने इस अवसर पर कहा कि किसी भी संस्था में ऐसा नहीं होना चाहिए, हम लोगों को रचनात्मक कार्यों में कम अथवा तनिक भी दिलचस्पी नहीं होती इसलिए ऐसे कार्यों में यदि उसमें आर्थिक लाभ न हो तो बहुत ही कम लोग शामिल होते हैं।

मण्डल के कार्यों के सम्बन्ध में गाँधी कहते हैं कि इसका कार्य दुग्धालयों और चर्मालयों के द्वारा गो–रक्षा करना है इसलिए इसमें परिश्रम, पैसा, बुद्धि आदि की ही आवश्यकता है। यही कारण है कि इसमें लोग कम संख्या में उपस्थित होते हैं तथापि गो–रक्षा का प्रश्न धार्मिक और आर्थिक दृष्टि से महत्त्वपूर्ण है क्योंकि ढोरों की रक्षा और संवर्धन के बिना खेती नहीं हो सकती और खेती के बिना मनुष्य जी नहीं सकता। इसके अतिरिक्त ढोरों के बिना दूध नहीं मिल सकता और दूध के बिना जनता का जीवन दूभर हो जायेगा।

ढोरों की रक्षा और उसके संवर्धन का प्रश्न उनका ज्ञानपूर्वक पालन करने पर निर्भर है और यह ज्ञान उसके लिए परिश्रम के बिना सम्भव नहीं है। इसलिए अखिल भारतीय गो–रक्षा मण्डल का उद्देश्य प्रयोगों के द्वारा इस ज्ञान की वृद्धि करना है और चमड़े के व्यापार के तथा चमड़ा कमाने के धन्धे के प्रति जनता में जो घृणा है, उसे दूर करना है। इसलिए विचारवान स्त्री–पुरुषों को इसमें दिलचस्पी लेनी चाहिए। लेकिन बहुत से लोग लें अथवा कम लोग लें, पर ऐसे मण्डलों को दृढ़तापूर्वक अपना काम जारी रखकर अपनी श्रद्धा को सिद्ध करना चाहिए।

समिति ने निम्नलिखित चार प्रस्ताव पास किये। दुग्धालय और चर्मालय को चलाने के लिए एक–एक सज्जन निर्धारित किये गये और दोनों के अध्यक्ष को अलग–अलग पचास–पचास हज़ार रुपये ख़र्च करने की इजाज़त दी गयी। मण्डल के पास उस समय इतना पैसा नहीं था, मात्र दस हज़ार रुपये थे। गाँधी ने कहा कि यदि कार्य अच्छा है, अच्छे कार्यकर्ता मिलें तो धन भी मिल जाता है। उन्होंने इस कार्य के लिए गोसेवकों को आमन्त्रित किया और कहा कि इसमें पाई–पाई का हिसाब रखा जाता है और रखा जाता रहेगा। उसे समय–समय पर प्रकाशित किया जायेगा। कार्य की सफलता–असफलता का आधार परिस्थितियों पर है। उम्मीद तो यह है कि प्रयोग के अन्त में हम यह सिद्ध कर सकेंगे कि दुग्धालय और चर्मालय की ये दोनों प्रवृत्तियाँ स्वावलम्बी बनायी जा सकती हैं।

इस कार्य के लिए जिन कार्यकर्ताओं को नियुक्त किया गया है उनका परिचय मैं तनिक अनुभव प्राप्त करने के बाद देने का विचार रखता हूँ। यदि ये प्रयोग सफल होते हैं तो इनमें मैं गो–रक्षा के बीज देखता हूँ।

गाँधी ने कहा कि मण्डल के लिए अधिकारियों की नहीं बल्कि कार्यकर्ताओं की ज़रूरत है। समिति के जो सदस्य लगातार समिति की तीन बैठकों में अनुपस्थित रहेंगे उनका स्थान रिक्त हो जायेगा। श्री वालजी गोविन्दजी देसाई, जो गोसेवक और विद्वान थे, को दो सौ रुपये प्रतिमाह पर मण्डल का मन्त्री बनाया गया था, यह उनकी पारिवारिक ज़िम्मेदारियों के कारण दी गयी थी। गाँधी ने कहा कि इससे अच्छे मन्त्री की वे खोज नहीं कर सकते थे। उनसे सारा समय गो–रक्षा के कार्य के लिए समर्पित करने को कहा गया था पर बाद में गाँधी ने अनुभव किया कि इनके बचे समय का उपयोग साहित्य सेवा के लिए लिया जाये, उससे कुछ कमाई हो सकती है। श्री देसाई ने बाद में पचास रुपये से ज़्यादा नहीं लेने का विचार रखा।

सम्पूर्ण गाँधी वाङ्मय, खण्ड 32, पृ. 451–453,
नवजीवन (गुजराती), 26.12.1926

गो–रक्षा

गो–रक्षा के सम्बन्ध में अनेक भाई मुझे पत्र लिखते हैं। जो अन्तिम पत्र मेरे नाम आया है, उसमें लिखा है कि मुझे स्वदेशी–प्रचार का त्याग करके सबसे पहले गो–रक्षा का काम ही करना चाहिए, गो–रक्षा के सम्बन्ध में बहुत वर्ष हुए मैंने अपने विचार बना लिए थे। मेरे विचार चालू प्रयासों से बिलकुल पृथक हैं। मेरी धारणा है कि गो–रक्षा के नाम पर हम जाने–अनजाने गो–हत्या करते हैं। लेकिन इस समय गो–रक्षा के सम्बन्ध में अपने समस्त विचारों को पाठकों के सम्मुख नहीं रखना चाहता। मौलाना अब्दुल बारी ने मुझे जो पत्र लिखा है, आज उसमें से कुछ अंश उद्धृत कर देना चाहता हूँ। ये महोदय लिखते हैं : हिन्दू–मुस्लिम एकता के सम्बन्ध में ख़िलाफ़त के लिए नियत किये गये प्रार्थना–दिवस पर हमें जो सफलता मिली है उसके लिए मैं आपका आभार मानता हूँ। आपने इस सम्बन्ध में जो रास्ता अपनाया है उसका मुसलमानों पर, विशेषतया उन मुसलमानों पर जो धर्म के प्रति निष्ठावान हैं, गहरा असर पड़ा है। अनेक उलेमाओं ने आपको विशेष रूप से बधाई देने के लिए मुझे पत्र लिखे हैं। उनमें से एक फुलवारी के मौलाना सुलेमान साहब हैं। वे लिखते हैं कि उन्होंने भविष्य में स्वयं गो–हत्या न करने का निश्चय कर लिया है और दूसरों को भी गो–वध न करने के लिए समझाया है। यदि आप जैसे व्यक्ति एकता के लिए मेहनत करते रहें तो देश की उन्नति जल्दी होगी और झगड़े के कारण भी दूर हो जायेंगे।

एकता स्थापित करने में मेरा कितना हिस्सा है, उस पर हम विचार करना छोड़ देते हैं। मैं उपर्युक्त पत्र में से पाठकों के समक्ष जो सार उपस्थित करना चाहता हूँ वह तो इतना ही है कि हम यदि गो–रक्षा करना चाहते हैं तो वह मुसलमान भाइयों की सेवा के द्वारा ही सम्भव होगा। एक सज्जन ने मुझे सन्देश भेजा है कि मुसलमानों के साथ गो–रक्षा के

सम्बन्ध में शर्त करने के पश्चात् ही हमें ख़िलाफ़त के बारे में उनकी मदद करनी चाहिए। उपरोक्त पत्र में इन सज्जन के प्रश्न का उत्तर आ जाता है। यदि हम प्रतिदान लेकर किसी को मदद करते हैं तो उसमें न तो रस रहता है और न सार ही। ख़िलाफ़त के सम्बन्ध में मुसलमान भाइयों ने हमारी मदद नहीं माँगी है, लेकिन यदि हम उनको मित्र बनाना चाहते हों, और उन्हें भाई मानते हों तो उनकी मदद करना हमारा फ़र्ज़ है। उसके फलस्वरूप वे गो–हत्या बन्द कर दें तो यह बात अलग है। उसमें कोई अनोखापन नहीं है। लेकिन वे गो–वध बन्द करें इसी शर्त पर हम उनकी मदद करें सो नहीं हो सकता। कर्तव्य निबाहने में प्रतिदान के लिए स्थान कहाँ? लेकिन जिनके मन में गो–रक्षा के पक्ष में तीव्र भावना हो, उनका स्पष्ट कर्तव्य है कि वे ख़िलाफ़त के सम्बन्ध में मुसलमानों की पूरी–पूरी मदद करें।

ऐसी मदद का अवसर हमें दिसम्बर मास में पुनः प्राप्त होगा। 13 से 16 तारीख़ तक सुलह सम्बन्धी जश्न मनाये जायेंगे। मेरा पक्का विश्वास है कि जब तक मुसलमान भाइयों को सन्तोष नहीं होता तब तक हम उन जश्नों में भाग नहीं ले सकते। लड़ाई के परिणाम में जिनका भारी स्वार्थ निहित है, जब तक उनकी स्थिति स्पष्ट नहीं हो जाती, तब तक उन्हें अपनी स्थिति के बारे में पूरा भय बना हुआ है और उनके लिए सुलह–सम्बन्धी उत्सवों का कोई अर्थ नहीं हो सकता।

सम्पूर्ण गाँधी वाङ्मय, खण्ड 06, पृ. 315,
नवजीवन (गुजराती), 23.11.1919

ज्यों–ज्यों मैं गो–रक्षा की समस्या का अध्ययन करता हूँ त्यों–त्यों उसका महत्त्व मेरी समझ में अधिक आता जाता है। हिन्दुस्तान में गो–रक्षा का प्रश्न दिन–ब–दिन गम्भीर होता जायेगा, क्योंकि उसमें देश की आर्थिक स्थिति का प्रश्न छिपा हुआ है। मैं तो ऐसा मानता हूँ कि धर्म–मात्र में आर्थिक, राजनीतिक इत्यादि विषयों का समावेश है। जो धर्म शुद्ध अर्थ का विरोधी है, वह धर्म नहीं है; जो धर्म शुद्ध राजनीति का विरोधी है, वह धर्म नहीं है। दूसरी ओर धर्म–रहित अर्थ त्याज्य है। धर्म–रहित राजसत्ता त्याज्य है। अर्थ आदि से अलग धर्म नाम की कोई वस्तु नहीं है। व्यक्ति अथवा समाज धर्म के सहारे जीवित रहता है और अधर्म से नष्ट होता है।

सत्य के सहारे किया अर्थ–संग्रह अर्थात् व्यापार प्रजा का पोषण करता है। सत्यासत्य के विचार से रहित व्यापार प्रजा का नाश करता है। इस बात के अनेक दृष्टान्त दिये जा सकते हैं कि असत्य से, छल–कपट से अर्जित लाभ क्षणिक है और अन्त में वह हानिकारक ही है।

इसलिए गो–रक्षा के धर्म का विचार करते हुए हमें अर्थ का विचार करना ही पड़ेगा। यदि गो–रक्षा शुद्ध अर्थ के विरोध में हो तो उसका त्याग किये बिना चारा नहीं है। सच तो यह है कि उस स्थिति में हम यदि गो–रक्षा करना चाहेंगे तो भी वह असम्भव सिद्ध होगी।

गो–रक्षा के अन्दर छिपे अर्थ लाभ का विचार हमने नहीं किया, इसी से जिस देश के असंख्य लोग गो–रक्षा को धर्म मानते हैं, उसी देश में गाय और गोवंश भूखों मर रहा है। उनकी हड्‌डी–हड्‌डी बाहर निकली रहती है–ऐसी कि गिनी जा सकें। और उनका वध केवल हिन्दुओं की लापरवाही के कारण ही होता है। गो–रक्षा में हिन्दुस्तान की खेती का अस्तित्व भी समाहित है। यदि हिन्दू–मात्र गो–रक्षा का अर्थशास्त्र समझ लें, तो गोहत्या बन्द हो जाये। जितनी गायों की हत्या धर्म के नाम पर होती है, उससे सौगुना अधिक गायों की हत्या हिन्दुओं की मूर्खता के कारण होती है। जब तक हिन्दू ख़ुद गो–रक्षा का शास्त्र न समझेंगे तब तक करोड़ों रुपया ख़र्च करने पर भी गाय की रक्षा होने वाली नहीं है।

गुजरात के बनिये भाटिये और मारवाड़ी गो–रक्षा का प्रयत्न करते हैं। वे उसके लिए ख़ूब धन ख़र्च करते हैं। उनमें भी इस कार्य के लिए सबसे ज़्यादा उत्साह मारवाड़ी दिखाते हैं। हिन्दुस्तान में सबसे ज़्यादा गोशालाएँ मारवाड़ी व्यापारी ही चलाते हैं। वे उसमें लाखों रुपये ख़ुशी से देते हैं। और इसी से मैंने कहा है कि मारवाड़ियों के बिना गो–रक्षा का प्रश्न हल नहीं हो सकता। मैंने गोशालाएँ देखी हैं किन्तु उनमें से एक भी गोशाला के विषय में मैं यह नहीं कह सकता कि यह आदर्श गोशाला है।

ये विचार कलकत्ते की लिलुआ की गोशाला देखने से उत्पन्न हुए हैं। इस गोशाला पर हर वर्ष ढाई लाख रुपये ख़र्च होते हैं किन्तु उससे जो लाभ मिलता है, वह नहीं के बराबर कहा जा सकता है। जिसे हर वर्ष ढाई लाख रुपये मिलते हैं, उस गोशाला में हर साल कम–से–कम दस हज़ार नये जानवर तैयार होने चाहिए। इस संस्था में तो इतने जानवर पलते भी नहीं हैं। इसमें संचालकों का दोष नहीं है और न वे कोई धोखाधड़ी ही करते हैं। जो मन्त्री मुझे यह संस्था दिखाने ले गये, वे संस्था

की यथाशक्ति सेवा कर रहे हैं। किन्तु यहाँ पद्धति का दोष है। हममें ऐसी संस्थाओं के संचालन के ज्ञान का अभाव है। इसी से लोगों को ऐसी संस्थाओं से पूरा लाभ नहीं मिलता।

हमारे यहाँ धर्म कार्य में व्यवहार–कुशलता की आवश्यकता नहीं मानी जाती। ऐसी संस्था के संचालक यदि खुद पैसा नहीं खाते, तो इतने से ही यह मान लिया जाता है कि संस्था ठीक चल रही है। किसी भी ऐसे व्यापारिक कार्य में जिसमें हर साल ढाई लाख रुपये की पूँजी लगाई जाती हो, अच्छे–से–अच्छे वैतनिक कर्मचारी रखे जाते हैं, किन्तु यहाँ तो अपने निजी कामकाज में लगे व्यापारी लोग सेवा भाव से अपना थोड़ा समय इस संस्था को दे देते हैं। इस तरह अपना समय देने वाले धन्यवाद के पात्र हैं किन्तु इससे गोमाता की रक्षा नहीं हो जाती। गोमाता की रक्षा के लिए तो कार्यदक्ष मनुष्यों का एक–एक क्षण इसी कार्य को मिलना चाहिए; और अपना एक–एक क्षण या तो ज्ञानवान, तपस्वी और त्यागी ही दे सकते हैं, या फिर कार्यकुशल भोगी लोग उचित वेतन लेकर। धार्मिक दृष्टि से दान करने वाले लोग भले ही कार्य कुशल न हों, किन्तु जो धर्मार्थ संस्थाओं को चलाते हैं, उनमें तो व्यापारी से भी ज़्यादा कुशलता, उद्यम इत्यादि होने चाहिए। व्यापारियों के लिए जो नीति–नियम होते हैं, वे सब धर्मार्थ संस्थाओं पर भी लागू होने चाहिए। गोशालाएँ यदि व्यापारिक दृष्टिकोण से चलाई जायें तो उनमें उस शास्त्र का विशेष ज्ञान रखने वाले लोग काम करेंगे, और वे नित्य नये प्रयोग करके अधिकाधिक गायों की रक्षा करेंगे–गोशाला में पशु पालन के, दूध की स्वच्छता के, दूध बढ़ाने के अनेक प्रयोग करेंगे और यह तो स्पष्ट ही है कि पशु–पालन का जो ज्ञान गोशाला के द्वारा मिलता है, वह और कहीं नहीं मिल सकता। किन्तु गोशाला एक धर्मार्थ संस्था है, इसलिए वह चाहे जैसे ढंग से चलती रह सकती है, उसकी कोई फ़िक्र ही नहीं करता! वेद की पाठशाला में यदि वेदों का ज्ञान कम–से–कम मिले तो जिस प्रकार यह वेदों की अवमानना है, वैसी ही हालत वर्तमान गोशालाओं की भी है।

लिलुआ की गोशाला के लिए जो जगह चुनी गयी है, उसके उपयुक्त होने के विषय में मुझे सन्देह है। मुझ जैसा गोशाला शास्त्र से अनभिज्ञ व्यक्ति भी कह सकता है कि वहाँ की इमारतें ठीक नहीं हैं। वहाँ दूध इत्यादि की परीक्षा करने का कोई साधन नहीं है। यह भी कोई नहीं जानता कि गायें अभी जितना दूध दे रही हैं, उसमें कोई वृद्धि हो सकती

है या नहीं। ऐसा मालूम होता है मानो यह संस्था मालिक के होते हुए भी बिना मालिक की है। संस्था के संचालकों को मेरी तो यह सलाह है कि वे गोशाला संचालन के शास्त्रज्ञों की सलाह से वेतन देकर कुशल लोगों के द्वारा अपना कार्य करें। गोशाला में पशुओं और साँड़ों का पालन, बधिया करने की क्रिया में सुधार, पशुओं की खुराक, उसके बोने के साधन, दूध दोहने की स्वच्छ क्रिया, चमड़ा उतारकर उसे साफ़ करने की क्रिया–इन बातों का ज्ञान प्राप्त होना चाहिए। इस विषय में जब तक उदासीनता रहेगी, तब तक यही समझना चाहिए कि गोशाला का पूरा उपयोग सम्भव नहीं है। एक भी गाय या बैल का असमय में मरना या उसका बाहर भेजा जाना हमारे लिए शर्म की बात है। मेरा दृढ़ विश्वास है कि गोशालाओं की मार्फत यह काम सहज ही साधा जा सकता है।

सम्पूर्ण गाँधी वाङ्मय, खण्ड 28, पृ. 167–169,
नवजीवन (गुजराती), 06.09.1925

बैल हमारा भाई

गाँधी ने लिखा कि चि. छगनलाल, तुम्हारा पत्र मिला। खच्चर तो हम कभी नहीं रखेंगे। हमें बैल से ही काम लेना चाहिए और नाल जड़वाने आदि का ख़र्च उठाते रहना चाहिए। बैल भाई जितना काम दे उतने से हमें सन्तोष कर लेना चाहिए। गाय हमारी माता है इसलिए बैल सगा भाई हुआ है न? और जब तक हम अपने और पराये में भेद मानते हैं तब तक सगे भाई को भले ही वह लूला–लँगड़ा क्यों न हो, निभाने के सिवा और कोई चारा नहीं है।... पत्र को यहीं अधूरा छोड़ रहा हूँ। बापू के आशीर्वाद।

सम्पूर्ण गाँधी वाङ्मय, खण्ड 42, पृ. 85,
गुजराती (जी. एन. 5469) की फ़ोटो–नकल से, दिल्ली, 1.11.1929

गोवर्धन[1]

मथुरा से हम गोवर्धन गये और रास्ते में वृन्दावन। गाँधीजी ने गोवर्धन में जो हालत देखी उसे देखकर उन्हें मथुरा से भी ज़्यादा दुःख हुआ। गोवर्धन वे सुबह सात बजे पहुँचे। जब हम गोवर्धन की ख़ास सड़क से गुज़रे हमने बैलों और भैंसों की एक जोड़ी देखी; दोनों की हड्डियाँ निकली हुई थीं। सभा में लोग ऐसे दिखायी दे रहे थे, मानो अभी–अभी सोते से उठे हों। बच्चों के कपड़े गन्दे थे और उनकी आँख–नाक वगैरा नहीं धुली हुई थी; न उनकी आँखों में कोई चमक थी और न उनके चेहरे पर बुद्धि की तीक्ष्णता थी। इसके अलावा उन्हें इस बात से और भी दुःख हुआ कि जिस मन्त्री ने खादी के लिए थैली भेंट की उसने कहा : "यह जगह उन ब्राह्मणों से भरी है जो भिखारी हैं। इसलिए हम आपको कोई बड़ी थैली नहीं दे सकते।" इस बात से गाँधीजी को बोलने की प्रेरणा मिली और उनके भाषण में उनका गहरा दुःख व्यक्त हुआ। उन्होंने थैली का कोई उल्लेख नहीं किया और पैसे के लिए वैसी अपील भी नहीं की जो वे हर जगह हमेशा करते हैं। उन्होंने कहा : "आप मुझे जिस जगह ले आये हैं वहाँ आकर मुझे गहरा धक्का लगा है। मैं एक वैष्णव परिवार से आता हूँ। आपने बचपन से ही मुझे यह सिखाया गया है कि श्रीकृष्ण का जन्म–स्थान और क्रीड़ाभूमि ऐसा पवित्र स्थल है जहाँ जाने से व्यक्ति के पाप धुल जाते हैं। जब मैं यहाँ की गलियों से गुज़रा तो मुझे ऐसी कोई अनुभूति नहीं हुई। कहा जाता है कि यह वही स्थान है, जहाँ कृष्ण ने अपनी अँगुली पर गोवर्धन पर्वत उठा लिया था और अपने ग्वाले साथियों और उनके जानवरों को मूसलाधार वर्षा में डूबने से बचा लिया था। परन्तु यहाँ मुझे मानवता और इसकी संगिनी गाय के प्रति सेवा–भावना का अभाव

---

1. 7 नवम्बर को।

मिलता है। इसके बजाय मैं यहाँ जर्जर पशु और अपने सामने जीवनहीन और तेज़हीन लोग तथा बच्चे देखता हूँ। मुझे अभी बताया गया कि यहाँ के ब्राह्मण भिखारी हैं; मैं उन्हें वैसा ही देख भी रहा हूँ। प्राचीन काल में ब्राह्मण ऐसे तो नहीं थे। उन ब्राह्मणों ने तो ईश्वर का साक्षात्कार किया था और वे सभी लोगों को ईश्वर से साक्षात्कार करने का रहस्य बताते थे। वे अपने दिन किसी के दान पर नहीं काटते थे। जिन्हें वे दैवी ज्ञान की शिक्षा देते थे, वे लोग उनका भरण–पोषण करना अपना सौभाग्य समझते थे। कृष्ण के जमाने में ब्राह्मण सच्चे धर्म के रक्षक थे। वे स्वयं अपने आपको ऊँचा नहीं मानते थे; बल्कि मानवता की सेवा करने के कारण आदर सत्कार किया जाता था। मुझे गोवर्धन तीर्थ में इस तरह का कोई लक्षण नहीं दिखा।'' गोवर्धन की सभा में 20 मिनट से ज़्यादा नहीं लगे, क्योंकि अपने गन्तव्य स्थल वृन्दावन पहुँचने से पहले हमें कई जगह जाना था।

सम्पूर्ण गाँधी वाङ्मय, खण्ड 42, पृ. 165

वृन्दावन[1]

वृन्दावन में हम लोग प्रेम महाविद्यालय में ठहरे जो वीर देशभक्त राजा महेन्द्र प्रताप की दानशीलता का स्मारक है। फिर भी मैं इस संस्था का या रामकृष्ण मिशन या गुरुकुल का वर्णन नहीं करूँगा; गाँधीजी इन सभी जगहों पर गये। आम सभा में राजा साहब के चित्र का गाँधीजी ने अनावरण किया और प्रेम महाविद्यालय के विद्यार्थियों के सामने भाषण दिया। आचार्य जुगलकिशोर ने जानबूझकर विद्यालय का वार्षिकोत्सव गाँधीजी के दौरे के समय तक मुल्तवी कर दिया था। गाँधीजी ने अनावरण के मौक़े से लाभ उठाते हुए राजा महेन्द्र प्रताप को बड़ी प्रशंसा समर्पित की और उनके त्याग और देशभक्ति का दृष्टान्त सभी ज़मींदारों के लिए अनुकरणीय बताया। विद्यार्थियों से उन्होंने कहा : "यदि आप लोग अपने पड़ोसियों के लिए परिश्रम नहीं करते हैं तो आप राजा महेन्द्र प्रताप के इस अति उदार–दान के योग्य नहीं हैं। यदि आपकी शिक्षा कुछ महत्त्व रखती है, तो उसकी सुगन्ध आपके चारों ओर फैलनी चाहिए। आपको रोज़ थोड़ा समय अपने आसपास के लोगों की सेवा करने में लगाना चाहिए। इसलिए आपको फावड़ा, झाड़ू और बाल्टी उठाने के लिए तैयार रहना चाहिए। आपको स्वेच्छा से इस पवित्र स्थल की सफ़ाई करने वाले ही बन जाना चाहिए। आपकी शिक्षा का यही सबसे अच्छा अंग होगा; साहित्य लेख रटना नहीं। मुझे पता चला है कि वृन्दावन में ऐसी विधवाएँ बड़ी संख्या में हैं जो अधिकतर बंगाल से अपना शेष जीवन यहीं बिताने के विचार से आयी हैं। उनमें से जो ग़रीब हैं उन्हें सत्संग में राधेश्याम[1]

1. 7 नवम्बर को।

के पवित्र नामोच्चार के लिए थोड़ा–सा पैसा दिया जाता हैं। मैं यह आशा करता हूँ कि जो लोग इस दान के वितरण के लिए ज़िम्मेदार हैं वे इन विधवाओं को पवित्र नामोच्चार के बदले में ऐसा दान देने के बजाय कुछ काम देंगे। व्यर्थ ही नाम दुहराने में तो कोई पुण्य नहीं है।

सम्पूर्ण गाँधी वाङ्मय, खण्ड 42, पृ. 166,
यंग इंडिया (अंग्रेज़ी), 14.11.1929

1. सधन–सूत्र में राधा श्याम है।

पशुपालन का आर्थिक महत्त्व

दो साल पहले जब मैं बंगलौर में स्वास्थ्य–लाभ कर रहा था।[1] तब इम्पीरियल डेयरी विशेषज्ञ, श्री विलियम स्मिथ ने मुझे संक्षेप में उस विवरण का सार दिया था, जो उन्होंने पूना की कृषि समिति को भेजा था। मैं निम्नांकित जानकारी[2] उसी में से उद्धृत कर रहा हूँ। मैं भारत के आर्थिक कल्याण में दिलचस्पी रखने वाले हर व्यक्ति को इसे पढ़ने की सलाह देता हूँ।

यह बड़ी भारी समस्या है। हमें गाय की दुर्दशा की झलक लोगों की दरिद्रता में मिल जाती है। श्री स्मिथ ने दो बातों पर जो बल दिया है, उस पर पाठक ध्यान दें। गाय का दूध देने का गुण उसकी अच्छे मेहनती बैल देने की क्षमता पर किसी तरह का असर नहीं डालता। दीर्घ अनुभव पर आधारित श्री स्मिथ के विचार से दोनों चीज़ें साथ–साथ चलती हैं। वह गाय, जो पर्याप्त परिमाण में दूध देती है, बलिष्ठ बैल भी देगी। दूसरी बात जो श्री स्मिथ ने कही है, वह यह है कि ऊपर से देखने में भैंस व्यक्ति के लिए लाभकारी भले हो, किन्तु उससे गाय की हानि होती है और इसलिए कृषि को भी हानि पहुँचती है। ये दोनों महत्त्वपूर्ण चीज़ें तभी चतुराई से सुलझाई जा सकती हैं जब उन लोगों को जिनके पास पशु हैं, पर्याप्त शिक्षा दी जाये। निस्सन्देह यदि राज्य लोगों के वास्तविक कल्याण में दिलचस्पी ले, जैसा कि संसार के दूसरे बहुत–से भागों में उन्होंने किया है, तो कुछ सालों में ही इस समस्या को प्रभावपूर्ण ढंग से सुलझाया जा

---

1. 19 अप्रैल से 31 अगस्त, 1927 तक।
2. यहाँ नहीं दिया जा रहा है। विलियम स्मिथ ने दुधारू गौओं और बधिया बैलों की वर्तमान दशा के कारणों का विश्लेषण किया था और सुधार के उपाय सुझाये थे।

सकता है। परन्तु निजी प्रयत्न से भी हमारे पशुओं की बढ़ती हुई हानि को रोका जा सकता है। आज तो वे वरदान होने के बजाय आर्थिक बोझ ही बनते जा रहे हैं।

सम्पूर्ण गाँधी वाङ्मय, खण्ड 42, पृ. 39,
यंग इंडिया (अंग्रेज़ी), 24.10.1929

भौतिक और नैतिक गन्दगी

इसमें कोई शक नहीं है कि हरिद्वार और दूसरे प्रसिद्ध तीर्थस्थान एक समय सचमुच पवित्र थे। उन स्थानों के प्राकृतिक सौन्दर्य और उनकी परम्परागत लोकप्रियता से पता चलता है कि वे स्थान किसी समय हिन्दू धर्म की संशुद्धि और संरक्षण के गढ़ थे। धर्म के प्रति मेरे मन में सहज प्रेम है और प्राचीन संस्थाओं का हमेशा आदर करता हूँ और उनका औचित्य सिद्ध करना चाहता हूँ। लेकिन फिर भी इन तीर्थस्थानों में आदमी की बनाई किसी भी चीज़ में मुझे कोई आकर्षण दिखलाई नहीं दिया।

पहली बार जब सन् 1915 में मैं हरिद्वार गया था[1] तब मैं वहाँ सर्वेंट्स ऑफ़ इंडिया सोसाइटी के अध्यक्ष पण्डित हृदयनाथ कुंजरू के अधीन एक स्वयं सेवक की तरह गया था। इस कारण मुझे बहुतेरी बातें गहराई से देखने और कई लोगों के निकट परिचय में आने का अवसर मिला था। अन्यथा ऐसा घनिष्ठ परिचय पाना शायद कठिन होता। मैं बड़ी–बड़ी आशाएँ लगाकर और बड़ी श्रद्धा से प्रेरित होकर हरिद्वार गया था। लेकिन जहाँ एक ओर गंगा की निर्मल धारा और हिमाचल के पवित्र पर्वत शिखरों ने मुझे मोह लिया, वहीं दूसरी ओर इस पवित्र स्थान पर मनुष्य के कामों से मेरे हृदय को कुछ भी प्रेरणा नहीं मिली। मैंने हरिद्वार में देखा कि वहाँ नैतिक तथा शारीरिक दोनों की तरह की मलिनता है और यह स्थिति देखकर मुझे अत्यन्त दुःख हुआ। हाल की यात्रा में[2] भी मैंने हरिद्वार की इस दशा में कोई ज़्यादा सुधार नहीं पाया। पहले की भाँति आज भी धर्म के नाम पर गंगा की भव्य धारा दूषित की जाती है। अज्ञानी

1. देखिये खण्ड 13, पृ. 49; 08 अप्रैल, 1915 को गाँधी और बा गुरुकुल काँगड़ी, हरिद्वार गये थे।

2. 15 अक्टूबर, 1929 को।

एवं विवेक शून्य स्त्री–पुरुष गंगा तट पर, जहाँ ईश्वर दर्शन के लिए ध्यान लगाकर बैठना चाहिए, वहाँ पाखाना पेशाब करते हैं। इन लोगों का ऐसा करना प्रकृति, आरोग्य तथा धर्म के नियमों का उल्लंघन करना है। तमाम धर्म शास्त्रों में नदियों की धारा, नदी नट, आम सड़क और आमदरफ़्त के दूसरे सभी स्थानों को गन्दा करने की मनाही है। विज्ञानशास्त्र सिखाता है कि मनुष्य के मलमूत्रादि नियमानुसार उपयोग करने से बहुत बढ़िया खाद तैयार की जा सकती है। आरोग्य शास्त्री कहते हैं कि उक्त स्थानों में मलमूत्रादि का विसर्जन करना मानव–समाज की घोर अवज्ञा करना है। यह तो हुई आलस्य और अज्ञान के कारण फैलने वाली गन्दगी की बात। लेकिन धर्म के नाम पर जानबूझकर भी गंगाजल गन्दा किया जाता है। विधिवत् पूजा कराने के लिए मुझे गंगातट पर ले जाया गया। जिस पानी को लाखों लोग पवित्र समझकर पीते हैं, उसमें फूल, सूत, गुलाल, चावल, पंचामृत वग़ैरा चीज़ें इस विश्वास से डाली गयीं कि यह एक पुण्य कार्य है। मैंने इसका विरोध किया तो पण्डित सुलभ उत्तर मिला कि यह तो युगों से चली आ रही एक सनातन प्रथा है। इस सबके अलावा मैंने यह भी सुना है कि शहर की गन्दी नालियों का गन्दा पानी भी आकर नदी में ही मिलता है; यह एक बहुत बड़ा अपराध है।

यात्रियों की इतनी अधिक भीड़ के रहते हुए भी हरिद्वार का स्टेशन अब तक पुराने ढंग का और रद्दी है। स्टेशन पर यात्रियों के लिए बहुत ही कम सुविधाएँ हैं। शहर की गलियाँ सँकरी और गन्दी हैं, और मालूम होता है कि रास्तों की मरम्मत नहीं की जाती। इस तरह अधिकारियों और जनता ने हरिद्वार को गन्दा बनाने में कोई कसर उठा नहीं रखी है।

यह तो हरिद्वार की भौतिक गन्दगी की राम कहानी हुई। मुझे विश्वस्त सूत्र से पता चला है कि वहाँ की नैतिक गन्दगी इससे भी कहीं बढ़–चढ़कर है। हरिद्वार में रात–दिन होने वाले व्यभिचार की जो बातें मैंने सुनी हैं, उनका उल्लेख मैं इन स्तम्भों में नहीं कर सकता। पंडों ने मुझे जो मानपत्र दिया था, उसमें उन्होंने अपने भोलेपन के कारण स्पष्ट ही स्वीकार किया था कि शास्त्रों की आज्ञानुसार हरिद्वार शहर में पूर्ण ब्रह्मचर्य से रहना आवश्यक है, अतएव पूर्ण ब्रह्मचर्य का पालन न करने के कारण वे उस स्थान को यात्रियों के लिए छोड़कर स्वयं हरिद्वार की अंकित सीमा से बाहर रहते हैं। यह कहने की ज़रूरत नहीं कि हरिद्वार में इस तरह के आत्म–निग्रह के कोई लक्षण नहीं है।

इतना सब होते हुए भी कोई कारण नहीं कि हरिद्वार एक आदर्श तीर्थस्थल न बनाया जा सके। हिन्दू धर्म के प्राचीन संस्कृति का पुनरुत्थान करने के उद्देश्य से स्थापित तीन शैक्षणिक संस्थाएँ हरिद्वार में है; (ऋषिकुल, महाविद्यालय और स्व. श्रद्धानन्दजी का गुरुकुल)। इनके सिवाय हरिद्वार में और उसके आसपास अनेक धनाढ्य महन्त भी रहते हैं। ये सब, या इनमें से कोई एक ही संस्था, अगर चाहे तो, हरिद्वार को थोड़े ही समय में आदर्श तीर्थस्थान बना सकती है। जिस सार्वजनिक सभा[1] में मैंने हरिद्वार की भौतिक और नैतिक गन्दगी के सम्बन्ध में अपना दुःख प्रकट किया था, उसके सभापति आचार्य रामदेवजी ने प्रतिज्ञा करके मुझे आश्वासन दिया है कि वह अपने गुरुकुल काँगड़ी के द्वारा, जिसे हरिद्वार लाया गया है, इन सुधारों के लिए भरसक प्रयत्न करेंगे। कुछ स्थानीय कार्यकर्ता भी इस परिस्थिति को सुधारने के लिए यथाशक्ति कोशिश कर रहे हैं। जिस हरिद्वार में केवल स्वदेशी शक्कर का ही चलन है, वहीं हर साल सात लाख रुपयों के विलायती कपड़े का आयात किया जाता है। ज्वालापुर में, जो हरिद्वार का एक मुख्य भाग है, शराब और मांस की भी एक–एक दुकान है। कोई कारण नहीं कि हरिद्वार में पूर्ण मद्य–निषेद्य सफल न हो सके। हिन्दुओं के तीर्थस्थान में मांस की दुकान का होना तो आश्चर्य ही की बात है। आशावादी आचार्य को आशा है कि वे हरिद्वार को स्वच्छ बना सकेंगे और मांस, शराब तथा विदेशी वस्त्र को वहाँ से निकाल सकेंगे। उनकी यह आकांक्षा उनके अनुरूप है। ईश्वर करे यह पूरी हो। अगर गुरुकुल के विद्यार्थी अपने विद्याभ्यास के साथ–साथ धर्म और देश की इस तरह सेवा भी करेंगे तो उनके लिए वह सबसे सच्ची शिक्षा होगी।

सम्पूर्ण गाँधी वाङ्मय, खण्ड 42, पृ. 81,
यंग इंडिया (अंग्रेज़ी), 31.10.1929

1. देखिये खण्ड 41

खण्ड चार

स्वराज और हिंसावादिता

गाँधी की सर्वाधिक आलोचना भगत सिंह, सुभाष चन्द्र बोस आदि के सन्दर्भों में तथा उनके द्वारा अपनायी गयी हिंसक पद्धतियों में अविश्वास करने के कारण होती है जब गाँधी ने भारतीय राजनीति में क़दम भी नहीं रखा था यानी 1909 में उन्होंने हिंसा पन्थ की कटु आलोचना की थी। कुछ लोग कहते हैं कि हिन्द स्वराज लिखने के पूर्व चार माह का समय जो उन्होंने लन्दन में बिताया था और उस दरमियान हिंसा पन्थ को मानने वाले युवाओं के साथ, उनके जो विचार विनिमय हुए थे वह युवक सावरकर थे। लेकिन इतना सच है कि उस समय तक गाँधी का भारत में सार्वजनिक जीवन प्रारम्भ भी नहीं हुआ था लेकिन दक्षिण अफ्रीका में इन्हीं एशियाई लोगों के हित के लिए वे अहिंसा का सफलतम प्रयोग शुरू कर चुके थे। 1903–04 में इंडियन ओपिनियन का प्रकाशन प्रारम्भ हो चुका था। भारत में जिन सामूहिक प्रयोगों पर गाँधी ने बल दिया उन सबका प्राथमिक परीक्षण वे पूर्व में ही दक्षिण अफ्रीका में कर चुके थे। हिन्द स्वराज में गाँधी ने स्वीकार किया है कि पश्चिमी सभ्यता, आधुनिक सभ्यता, मशीनी सभ्यता, शैतानी सभ्यता है और यह साम्राज्यवाद की जड़ है। साम्राज्यवाद व्यापारिक हित के लिए स्थापित किया गया है, साम्राज्य के संसाधनों पर लूट और विश्व युद्ध में हिस्सेदारी के लिए हुआ। इन मूल संकल्पनाओं पर हम गाँधी के अहिंसा सम्बन्धी विचारों के साथ–साथ स्वतन्त्रता और स्वराज के सम्बन्ध में उसे प्राप्त करने के साधन के सम्बन्ध में समझ सकते हैं।

गाँधी जब कहते हैं कि अंग्रेज़ों ने जिस पद्धति का अवलम्बन कर साम्राज्य स्थापित किये हैं उसका मैं विरोध करता हूँ। मानव के परिवर्तन में विश्वास करने, ईश्वरीय आत्मा में आस्था आदि कारणों से वे मानते हैं कि अहिंसा ही वह साधन है जिससे आततायियों के हृदय को भी परिवर्तित किया जा सकता है। अगर हमने आज़ादी प्राप्त करने में

हिंसा का सहारा लिया तो हम आज़ादी के बाद भी हिंसा से बच नहीं सकेंगे। स्वतन्त्रता प्राप्ति और देश के विभाजन के बावजूद उन्होंने कहा कि हमें अच्छाई की तमाम ताक़तें देश के निर्माण में लगा देनी चाहिए। अगर हम अपनी स्वतन्त्रता को मूल्यवान मानते हैं तो हमें सामूहिक संघर्षों को सुलझाने के लिए अहिंसा के शस्त्र को पूर्णता प्रदान करनी होगी। यदि भारत तलवार के सिद्धान्त को अपनाता है तो उसकी विजय क्षणिक होगी और भारत अपना गौरव खो देगा। उन्होंने साफ़ कहा कि यदि भारत हिंसा को अपना धर्म मान लेता है और मैं जीवित रहता हूँ तो भारत मेरे अन्दर गौरव जगाना बन्द कर देगा। यों मैं भारत के साथ उसी तरह जुड़ा हूँ जिस तरह शिशु अपने माँ की छाती से चिपका रहता है। भारत से मुझे आध्यात्मिक पोषण मिलता है। हमें पश्चिम की नक़ल नहीं करनी चाहिए। अगर हम चाहें भी तो रक्षा व्यय में नकल नहीं कर सकते और न राष्ट्र को हिंसा की सहायता से अहिंसा के मार्ग पर चलाया जा सकता है। गाँधी पाते हैं कि समय–समय पर हम हिंसा की ओर प्रवृत्त हो रहे हैं। वातावरण में अधीरता व्याप्त है। कमज़ोरी के कारण ही हम हिंसा नहीं करते। पश्चिम की तड़क–भड़क हमें चकाचौंध कर रही है, उसे हम प्रगति मानकर उसके मोहपाश में बँधे हुए हैं जो हमें सर्वनाश की ओर ले जा रहा है। दरअसल पश्चिमी राष्ट्रों से उनकी शर्तों पर प्रतियोगिता करना आत्महत्या है जो हमें हिंसा की ओर धकेलता है, शोषण के लिए बाध्य करता है इसलिए गाँधी कहते हैं कि अगर भारत ने लड़ाई का रास्ता चुना तो गहरे पतन के गर्त में डूब सकता है अगर युद्ध के द्वारा इसने अपनी आज़ादी हासिल की तो इसकी हालत फ्रांस या ब्रिटेन से भी बदतर होगी। शान्ति का मार्ग लम्बा प्रतीत होता है लेकिन यह रास्ता छोटा है, इससे आन्तरिक समृद्धि और स्थिरता आती है। क्रूरता का जवाब क्रूरता से देना नैतिक और बौद्धिक दिवालियापन है जो दुष्चक्र को जन्म दे सकता है। गाँधी क़ायरों का नहीं, बलवानों की अहिंसा की बात करते हैं। हिंसा का जवाब हिंसा से नहीं देने का अर्थ है हाथ उठाने वालों को रोकते हुए उसकी माँग को मानने से इनकार करते हुए उसके आक्रमण को निष्प्रभावी बनाना। यों गाँधी आत्मरक्षा या अरक्षितों की रक्षा करने के लिए की गयी हिंसा कायरतापूर्ण आत्म समर्पण की तुलना में वीरतापूर्ण कार्य कहते हैं। संकट के समय भाग खड़ा होना मनुष्य और ईश्वर ही

नहीं, बल्कि स्वयं ही अपने आत्मविश्वाास को खो देना है। इतिहास ऐसे उदाहरणों में भरा पड़ा है। जिसमें साहस और करुणा से वशीभूत लोगों ने विरोधियों का परिवर्तन कर दिया है।

क्रान्तिकारियों की गतिविधियों की तुलना गुरु गोविन्द सिंह, वाशिंगटन, ग़ैरी बाल्डी या लेनिन से करना ख़तरनाक है। गाँधी ने कहा कि मुझे यह कहने में हिचक नहीं है कि यदि मैं उनके ज़माने में और उनके देशों में जीता होता तो उनके सफल और वीर योद्धा होने के बावजूद विभ्रान्त राष्ट्र कहता। इतिहास की घटनाओं से आचरण के निष्कर्ष स्वयं निकालना चाहिए जो तथ्य जीवन के नियम के विपरीत है। गाँधी इसकी पुनरावृत्ति करना नहीं चाहते। उन्होंने कहा कि मैं मुस्तफा कमाल पाशा और दे वलेरा के बारे में भी निर्णय नहीं ले सकता लेकिन युद्ध के प्रति उनकी आस्था के कारण वे मेरे जीवन के पथ–प्रदर्शक नहीं हो सकते। मुझे तो कृष्ण में विश्वास है जो ब्रह्माण्ड का स्वामी और हम सबका सृष्टिकर्ता, पालनकर्ता और संहारकर्ता है, वह सृष्टि करता है, इसलिए संहार भी कर सकता है।

गाँधी कहते हैं कि मुझमें अपने जीवन दर्शन की शिक्षा देने की योग्यता नहीं है लेकिन मैं जिस दर्शन में विश्वास करता हूँ उस पर आचरण करने की योग्यता है। क्रान्तिकारी उनके दर्शन को स्वीकार करने के लिए स्वतन्त्र है, लेकिन भारत की तुलना तुर्की, आयरलैंड या रूस जैसे देशों से नहीं की जा सकती। राष्ट्रीय जीवन के इस मोड़ पर क्रान्तिकारी गतिविधियाँ हर तरह से आत्मघातक हैं। इतने विशाल और बुरी तरह से विभाजित तथा घोर कंगाली व आर्थिक तंगी से त्रस्त जनता के देश में क्रान्तिकारी गतिविधियाँ सफल नहीं हो सकतीं।[1] गाँधी ने लिखा है कि मैं अराजकतावादी को उसके देशप्रेम के लिए सम्मान देता हूँ। मैं देश के लिए मर मिटने की उसकी तत्परता में वीरता के लिए उसका सम्मान करता हूँ। लेकिन मैं यह नहीं मान सकता कि हत्या सम्मानयोग्य कार्य है या सम्माननीय मौत के लिए कटार की ज़रूरत है।[2] उन्होंने बार–बार दोहराया है कि राजनीतिक हत्या भारत को नुकसान पहुँचाने वाली है। आज़ादी के लिए संघर्ष का इतिहास रक्त रंजित है लेकिन किसी भी राष्ट्र ने अपना अभ्युदय घोर परिश्रम के बग़ैर नहीं किया है। इस आधार पर

---

1. यंग इंडिया 09.04.1925, पृ. 124 एवं आर. के. प्रभु 'महात्मा गाँधी के विचार', पृ.126
2. आर. के. प्रभु, यू. आर. राव, 'महात्मा गाँधी के विचार', पृ. 133

कि आज़ादी के दीवानों ने विनाश के सभी उपायों का आश्रय लिया है। वे आतंकवाद का समर्थन नहीं करते।[1] क्रान्तिकारियों की वीरता और बलिदान ऐसे उत्तम ऊर्जा का अपव्यय हो रहा है और साथ ही बुरे उद्देश्य के लिए वीरता और बलिदान के दुरुपयोग को गौरवान्वित किया जा रहा है। इससे अच्छे उद्देश्य से लोगों का ध्यान हटता है। गाँधी कहते हैं कि मैं किसी भी एक निर्दोष का रक्त नहीं बहा सकता। एक निर्दोष व्यक्ति का आत्म बलिदान लाखों लोगों के बलिदान से ज़्यादा असर पैदा करता है। गाँधी ने कहा कि निर्दोष व्यक्ति का स्वेच्छया बलिदान घृष्ट क्रूरता का ईश्वर या मनुष्य द्वारा अभी तक सोचा गया सबसे अधिक शक्तिशाली प्रतिकार है।[2]

गाँधी ने क्रान्तिकारियों का ध्यान स्वराज की बाधाओं की ओर आकृष्ट किया और कहा कि चरखे का अपूर्ण प्रचार हिन्दू–मुसलमानों के मनमुटाव और दलित वर्गों के ऊपर अमानवीय अत्याचार को दूर करने में योगदान दें जिसके लिए धैर्य, मौन, सतत प्रयास की आवश्यकता है जो गुण महानतम क्रान्तिकारियों में मौजूद है। उन्होंने साफ़ कहा कि सरफरोशी की तमन्ना से भरकर फ़ाँसी के तख़्ते पर झूल जाने की अपेक्षा भूखी जनता के बीच उसके साथ–साथ, धीरे–धीरे और शानदार न दिखनेवाले तरीक़े से स्वेच्छापूर्वक भुखमरी का शिकार होना हर हालत में ज़्यादा वीरतापूर्ण कृत्य है।[3] दरअसल गाँधी मानव प्रकृति के बर्बरीकरण को रोकना चाहते थे। वे मानते हैं कि जो अपने विरोधी पर विजय पाने या दुर्बल लोगों का शोषण करने के लिए नृशंसता का व्यवहार करते हैं वे मानवता को पतन की ओर ले जाते हैं। फाँसी के तख्ते पर झूल कर मरने में कोई आकर्षण नहीं है। ऐसी मृत्यु को गाँधी मलेरिया ग्रस्त क्षेत्रों की उबाऊ और कड़ी मेहनत की ज़िन्दगी से आसान मानते हैं। गाँधी ने स्पष्ट रूप से क्रान्तिकारी मित्रों से कहा कि फाँसी की मृत्यु से देश का उपकार उसी स्थिति में हो सकता है जबकि उसका शिकार पूरी तरह बेदाग हो।[4] गाँधी गुप्त हत्याओं और अनुचित प्रयोग के तरीक़ों की निन्दा करते हैं और कहते हैं कि किसी

---

1. यंग इंडिया 24.12.1931, पृ. 408 एवं आर. के. प्रभु, यू. आर. राव, 'महात्मा गाँधी के विचार', पृ. 133
2. आर. के. प्रभु, यू. आर. राव, 'महात्मा गाँधी के विचार', पृ. 130
3. यंग इंडिया 12.02.1925, पृ. 60 एवं आर. के., 'महात्मा गाँधी के विचार', पृ. 130
4. यंग इंडिया 09.04.1925, पृ. 124

शैतानी प्रवृत्ति के विरुद्ध सशस्त्र षड्यन्त्र शैतान को शैतान से लड़ाना है। मैं शैतान की संख्या नहीं बढ़ाना चाहता। मेरे लिए तो एक ही शैतान काफ़ी है।[1] गाँधी कायरता और यहाँ तक कि दार्शनिक कायरता से भी नफ़रत करते हैं। उन्होंने कहा कि यदि क्रान्तिकारी कार्यवाही ने कायरता मिटा दिया है तो उस पद्धति से मेरा घृणा भाव कम हो सकता है लेकिन मैं सिद्धान्ततः उसका विरोध करता रहूँगा। वे किसी भी परिस्थिति में मारने, हत्या करने या आतंकवादी कार्यवाही करने को अच्छा नहीं मानते। यह अवश्य है कि शहीदों के ख़ून से विचार जल्दी परिपक्व होता है लेकिन जो व्यक्ति सेवा करते हुए ज्वर से पीड़ित होकर धीरे–धीरे मरता है, उसकी शहादत कम नहीं है।

गाँधी सरकार की संगठित हिंसा और जनता की असंगठित हिंसा से वास्ता नहीं रखते हुए दोनों के बीच पिस जाना चाहते थे क्योंकि वे सरकारी हिंसा और लोक हिंसा को अपने मार्ग की बाधा मानते हैं। सरकारी हिंसा का सामना किया जा सकता है परन्तु लोक हिंसा को नियन्त्रण करना अधिक कठिन है क्योंकि लोक हिंसा का सामना करते हुए समर्थन उस तरह प्राप्त नहीं किया जा सकता जितना कि सरकारी हिंसा में। हिंसा भलाई करती हुई प्रतीत होती है जो केवल अस्थायी है जबकि इसके कारण बुराई जड़ जमा लेती है इसीलिए उनका अटल विश्वास है कि जिस सीमा तक हिंसा का सहारा लक्ष्य पूर्ति के लिए लिया जायेगा उसी सीमा तक असफलता हाथ लगेगी। अपने विरोधी को कमज़ोर मानकर हमें अपनी झूठी सुरक्षा का आभास होता है। मूल कारण दूर नहीं होते। कुछ समय के बाद बाधा फिर खड़ी हो जाती है इसलिए वे बाधक की हत्या नहीं कर बाधा के कारणों की खोज करना उचित मानते हैं जिस कारण बाधा उत्पन्न हो रही है और उसका इलाज करते हैं। सशस्त्र विद्रोह जिन बुराइयों को दूर करने के लिए छेड़े जाते हैं वे उससे भी बुरे साबित होते हैं।

हम देखते हैं कि गाँधी ने प्रारम्भ से ही हिंसा पन्थ का विरोध किया है। निर्दोष अंग्रेज़ों की हत्या को वे उचित नहीं मानते हैं। हत्या करनेवाला दोषी उतना दोषी नहीं है, जितना वह परिस्थिति दोषी है, जिसने उसे हत्यारा बनाया है। अगर हमने हत्या के कारणों को दूर नहीं किया, उसके उपाय नहीं किये, उसका उपचार नहीं किया तो फिर दूसरा अन्यायी पैदा

---

1. यंग इंडिया 09.04.1925, पृ. 125

हो जायेगा और उससे मिलने वाला स्वराज यानी रक्तरंजित स्वराज, स्वराज ही नहीं होगा। इतिहास इस बात का साक्षी है कि रूस में जारशाही को समाप्त कर स्टालिन पैदा हुआ है। भारत ने अगर अहिंसक प्रयोग किये और साम्राज्यवाद तथा आन्तरिक विद्रुपताओं के कारणों को जड़ से निर्मूल करने की अहिंसक कोशिश भी की तो यह भारत ही नहीं, दुनिया के लिए एक आदर्श होगा। यों गाँधी पर भगत सिंह आदि क्रान्तिकारियों के फ़ाँसी की सज़ा को न रुकवाने, सुभाष चन्द्र बोस से कांग्रेस छोड़ने के लिए मजबूर करने का आरोप लगते रहे हैं यों इसमें ऐतिहासिक सच्चाई नहीं है। रास्तों की भिन्नता के बावजूद गाँधी ने वायसराय से लोकमत का सम्मान करने और फ़ाँसी की सज़ा को आजीवन कारावास में बदलने या ख़त्म कर उदारता की अपेक्षा की थी। वे यह भी नहीं चाहते थे कि जलियाँवाला हत्याकांड के बाद जिसने देश को अभय का एक पाठ पढ़ाया था, का बदला हिंसा से लिया जाये। इस तथ्य को भी सिद्ध किया जा सकता है कि भगत सिंह ने विधानसभा में जो बम फेंके वह किसी व्यक्ति को मारने के लिए नहीं था, वह तो बहरी जनता को जगाने का प्रयास था।

कांग्रेस का एकमेव साधन अहिंसा नहीं रहा, चौरा–चौरी की घटना इसे सिद्ध करती है कि देश की जनता का समर्थन क्रान्तिकारियों के कृत्यों को औचित्य प्रदान कर रहा था। यही कारण है कि सुभाष चन्द्र बोस गाँधी के मान्य उम्मीदवार को हराकर अध्यक्ष बन सके थे। यहाँ हम गाँधी की स्थिति को कमज़ोर होते देख सकते हैं। यह गाँधी की स्थिति नहीं अहिंसा के कमज़ोर होने की स्थिति थी। भारत एक राष्ट्र बनने की प्रक्रिया में था। आन्तरिक क्षेत्र में कई समस्याएँ मौजूद थीं। सभी वर्गों में अपने हक की लड़ाई के लिए समूह की निष्ठा पैदा करने की कोशिश हो रही थी। ऐसी स्थिति में एक राष्ट्र के रूप में भारत उभर नहीं सकता था। विविध धर्मों, विविध जातियों व विविधता से भरे हुए भारत की राष्ट्रीयता अहिंसा के आधार पर ही स्वराज की राह पकड़ सकती है इस पर गाँधी का पूरा विश्वास था। आज़ादी के समय का रक्तपात, खण्डित भारत की परिणति इसे सिद्ध करती है कि जितने दूर तक हमने हिंसा को बढ़ने दिया उस सीमा तक देश रक्तरंजित हुआ। अगर अहिंसा से आज़ादी हासिल की जा सकती है तो अहिंसा से उसकी रक्षा भी हो सकती है। अगर यह आस्था पैदा नहीं होती है तो वह अहिंसा तात्कालिक होगी। दरअसल गाँधी हिंसा के सभी कारणों को जड़ से दूर करना चाहते थे ऐसा स्वराज अहिंसा

पर आधारित हो जिसमें एक ग़रीब से ग़रीब, कमज़ोर से कमज़ोर व्यक्ति भी अपनी आवाज़ सक्षमता से रख सकेगा। 29 जनवरी, 1948 को अपने अन्तिम वसीयत में गाँधी लिखते हैं कि हमने आज़ादी हासिल कर ली। आज़ाद भारत में अगर नागरिक शक्ति कमज़ोर हुई तो सैनिक तानाशाही आयेगी। जन, समूह, लोक को अगर हिंसा के सहारे संगठित किया गया तो सरकारी हिंसा के सामने जो संगठित भी है और क़ानून का समर्थन भी प्राप्त है। उसे अत्यन्त क्रूर बनाने के लिए प्रोत्साहित करेगी। देश में गृहयुद्ध की परिस्थिति निर्मित्त होगी। गाँधी का स्वराज सभी प्रकार के शोषण से मुक्त जागरूक नागरिकों का है, जो अपनी समस्याओं के लिए सरकार के मुखापेक्षी नहीं है और अहिंसा ही उसका एकमात्र साधन है।

समाज परिवर्तन और न्याय के लिए प्रतिकार में हिंसा सर्वमान्य सिद्धान्त के रूप में प्रतिष्ठित रही है। इसका प्रयोग वैश्विक स्तर पर होता रहा है। व्यक्तिगत स्तर पर अहिंसक परिवर्तन के उदाहरण धर्मशास्त्र के इतिहास में भरे पड़े हैं। गाँधी ने उन्हीं प्रयत्नों को संगठित करने का प्रयास किया है। दक्षिण अफ्रीका में निष्क्रिय प्रतिरोध धीरे–धीरे सत्याग्रह के रूप में विकसित हुआ। 1909 तक गाँधी के मन में अहिंसा सम्बन्धी विचारों ने गहरा जड़ जमा लिया था। हिन्द स्वराज हिंसा और अहिंसा के अन्तर्द्वन्द्व को स्पष्ट करते हुए अहिंसा को सर्वमान्य बनाने के प्रयास का दस्तावेज़ है। गाँधी यह मानते हैं कि हिंसा के आधार पर कोई भी परिवर्तन सम्भव नहीं है। वे नौजवान जो हिंसा पन्थ में विश्वास करते हैं और भारत के स्वतन्त्रता के लिए अंग्रेज़ों से हिंसा के आधार पर लोहा लेना चाहते हैं, के देशप्रेम की सराहना करते हुए यह मानते हैं कि हिंसा से स्वराज प्राप्त करना सम्भव नहीं है। इस अध्याय में जहाँ एक ओर जलियाँवाला बाग़ हत्याकांड, भगत सिंह और उनके साथियों को फाँसी दिये जाने पर गाँधी के वक्तव्य, हत्या का अभिशाप के अलावा लन्दन में हुई हत्या को समाहित करते हुए राजनीतिक हिंसा की निरर्थकता सिद्ध की गयी है वहीं दूसरी ओर अंग्रेज़ सरकार के क्रूरतम व आतंक उत्पन्न करने वाली कार्रवाई की भी निन्दा को शामिल किया गया है।

06 से 13 अप्रैल तक हर साल पंजाब में राष्ट्रीय सप्ताह मनाया जाता रहा है। 13 अप्रैल, 1919 को जलियाँवाला बाग़ में जब भारत की सामान्य जनता ने अपने पैरों पर खड़ा होना सीखा था उसी दिन हिन्दू–मुसलमान और सिखों का ख़ून बहाया गया। गाँधी ने इस सम्बन्ध में अपने सन्देश में

कहा कि अंग्रेज़ों का शासन सेवा के लिए नहीं, शोषण के लिए है। भारत पर थोपे गये व्यापार की सुरक्षा के लिए है। अगर हम प्रतिकार करना चाहते हैं तो हमें विदेशी कपड़ा छोड़कर खादी पहनना चाहिए। भगत सिंह और उनके साथियों को फाँसी दिये जाने पर 23 मार्च, 1931 को गाँधी ने कहा कि वे शहीद बन गये हैं। मैं इन नवयुवक के देशभक्ति की प्रशंसा में उनके साथ हूँ। लेकिन देश के युवकों को उनके उदाहरण की नक़ल करने के विरुद्ध चेतावनी देता हूँ। सरकार ने लोकमत को ठुकराकर पशुबल का प्रदर्शन किया है। गाँधी ने कहा कि गुस्से में आकर ग़लत मार्ग पर नहीं जाने और शान्त गम्भीर जुलूस वाले तरीक़े से बढ़कर इन देशभक्तों का सम्मान दूसरा कुछ नहीं कर सकते।

गाँधी को इस बात पर गहरा दुःख था कि राजनीतिक हत्या को इस तरह के हिंसावाद की सामाजिक स्वीकृति थी। गाँधी हत्या के कृत्य से घृणा सिखाते हैं। वे मानते हैं कि हिन्दुस्तान में राजनीतिक हत्या नुक़सानदेह है। भारत की आज़ादी शान्तिपूर्ण उपायों से ही होगी। इक्के–दुक्के किसी अंग्रेज़ अफ़सर की हत्या से स्वतन्त्रता प्राप्ति में विश्वास करना निराधार है। गाँधी ने विधानसभा में बम फेंके जाने और मुस्लिम नामधारी व्यक्ति के द्वारा राजपाल की हत्या को पागलपन से भरे हुए बदले की कायरता पूर्ण कार्यवाही कही थी। लेकिन वे कहते हैं कि लोकमत की अवहेलना करके सरकार राष्ट्र को अधीर बना रही है। इस अधीरता में कुछ लोग ग़लत राह पकड़ रहे हैं। उन्होंने कहा कि अहिंसा में विश्वास करने वाले कांग्रेस सदस्य गुप्त सहानुभूति इस कार्य को न दें और साथ ही दोगुने उत्साह से अहिंसक गतिविधियों में शामिल हो जायें। लन्दन में सर माइकल ओ डायर की हत्या हो गयी। इसे भी गाँधी ने पागलपन कहा। उन्होंने कहा कि हमारे मतभेद उनसे थे लेकिन इसका यह अर्थ नहीं और न ही यह देशभक्ति का तकाज़ा है। हर देशभक्त को इस पर लज्जित होना चाहिए। हम प्रतिक्रियावादी नीति से लड़ेंगे। अंग्रेज़ से हमारी दुश्मनी नहीं बल्कि वह जिस सभ्यता, जिसे गाँधी ने 1909 में ही शैतानी सभ्यता कहा था, जो हमारे भीतर–भीतर जड़ जमाती जा रही है, उससे है और इसका प्रतिकार अहिंसक सभ्यता से दृढ़तर ही हो सकता है। इसीलिए भ्रम में पड़े हुए लोगों को यह समझ लेना चाहिए कि आधुनिक सभ्यता साम्राज्यवाद से बड़ी चुनौती खड़ी करती है। गाँधी आन्तरिक हिंसा से अत्यन्त व्यथित थे। कानपुर के दंगों पर उन्होंने वक्तव्य जारी किया। कराची कांग्रेस की

विषय समिति में भाषण दिये, उसमें उन्होंने कहा कि कौन दोषी है, यह तय करने की कोशिश नहीं करनी चाहिए। हमें यह भूल जाना चाहिए कि हम हिन्दू हैं और हम मुसलमान हैं हम सब भारतीय हैं।

1938–39 में सुभाष चन्द्र बोस दो बार कांग्रेस के अध्यक्ष चुने गये। उस समय यह लगा था कि लोगों का सौम्य अहिंसक प्रतिकार से विश्वास उठ गया है लेकिन हमें यह स्वीकार करना होगा कि हिंसक प्रतिकार होते रहे हैं। इसका व्यापक विस्फोट आज़ादी के नज़दीक आ जाने पर हुआ। भारत का विभाजन इसी का परिणाम है। यह मात्र विभाजन नहीं था यह दो भाइयों के ख़ून की स्याही से लिखा गया इतिहास है। जब हम एक बार तलवार उठाते हैं तो वह दुश्मनों के साथ–साथ अपनों पर भी चलती है। विश्व इतिहास भी इस बात का साक्षी है।

इस अध्याय में कुछ चुने हुए सन्दर्भ ही दिये गये हैं। जान–बूझकर सुभाष चन्द्र बोस एवं कुछ आन्तरिक हिंसक संघर्षों को छोड़ दिया गया है। जो पाठक अहिंसक पद्धति में विश्वास करते हैं और राष्ट्र निर्माण के लिए हिंसा को निरर्थक और घातक मानते हैं उन्हें तटस्थतापूर्वक स्वतन्त्रता आन्दोलन की वैचारिकी का अध्ययन करना चाहिए और स्वातन्त्र्योत्तर भारत की परिस्थिति का मूल्यांकन भी। स्वातन्त्र्योत्तर भारत आज भी हिंसा के उस भीषणतम स्वरूप का भुक्तभोगी है। कहीं नक्सलवाद के नाम पर कहीं आतंकवाद के नाम पर आज भी हिंसा जारी है। निरीह जनता किंकर्तव्यविमूढ़ है। समाज और जनता के पास सरकार की संगठित हिंसा के अलावा कोई उपाय नहीं है। गाँधी ने 29 जनवरी 1948 को ही कह दिया था कि आज़ाद भारत में अगर नागरिक शक्ति कमज़ोर होगी तो सैनिक तानाशाही आयेगी। लोक और जन की मज़बूती अहिंसा से ही हो सकती है। अन्याय का विरोध और आन्तरिक मामलों में अहिंसा के प्रयोग के अलावा दूसरा विकल्प नहीं है। हम इस खण्ड को विश्लेषित कर अपनी समझ इस दिशा में विकसित कर सकते हैं कि अहिंसक समाज रचना की प्रविधि क्या होगी–हिंसा या अहिंसा, सरकार या समाज।

आतंकवाद का सिद्धान्त

जनरल डायर ने हंटर कमेटी के एक सदस्य के प्रश्न का उत्तर देते हुए यह स्वीकार किया था कि जलियाँवाला बाग़ की योजना आतंक उत्पन्न करने के उद्देश्य से की गयी थी। यह स्वीकारोक्ति करके स्वर्गीय जनरल ने किसी नये सिद्धान्त का प्रतिपादन नहीं किया। दरअसल संसार की इस 'योग्यतम शासन सेवा' ने अपनी महानता का निर्माण आतंकवाद की नींव पर ही किया है।

इस अंक को छपने के लिए देते समय जो समाचार मिले हैं उनके अनुसार ऐसा जान पड़ता है कि इस सुविदित ब्रिटिश नीति के अनुसार बारदोली में किसानों को झुकाने के लिए उनके विरुद्ध फौरी कार्रवाई की जा रही है, क्योंकि बारदोली के कुछ सत्याग्रहियों पर ज़ब्ती के आठ शुरूआती नोटिस तामील किये गये हैं। इन लोगों के नाम सावधानी से चुने गये जान पड़ते हैं, क्योंकि संयोग से वे सभी प्रमुख बनिये हैं। यह चुनाव शायद इस आशा से किया गया है कि बनिये जो कमज़ोर डरपोक समझे जाते हैं ज़ब्ती के नोटिस देने से जल्दी घुटने टेक देंगे। अधिकारी सोचते होंगे कि इससे अधिक स्वाभाविक और क्या होगा कि बनियों के कमज़ोर हो जाने पर दूसरे भी कमज़ोर हो जायें। सत्याग्रहियों को आतंकवाद के इस प्रथम प्रदर्शन से चकित होने की आवश्यकता नहीं है। उनसे बार–बार कहा जाता रहा है कि उन्हें ज़ब्ती या इससे भी बुरी दूसरी कार्रवाइयों की अपेक्षा रखनी चाहिए। यदि उनमें शक्ति है तो वे अब उसे दिखायें।

सम्पूर्ण गाँधी वाङ्मय, खण्ड 36 पृ. 163,
यंग इंडिया (अंग्रेज़ी) 29.3.1928

हितों का संघर्ष

आख़िर जिसकी आशंका थी वह होकर रही। वायसराय ने जो बम विस्फोट किया है, उसका पूर्वाभास हमें अंग्रेज़ी अख़बारों से मिल गया था। यह उनकी ओर से हिन्दुओं के नव–वर्ष पर बंगाल को और बंगाल के माध्यम से सारे देश को दिया गया उपहार है! वायसराय महोदय के इस क़दम से हमें कोई आश्चर्य अथवा भय नहीं होना चाहिए। रौलट अधिनियम मर चुका है, लेकिन उसके पीछे जो भावना थी, वह तो बराबर तरोताज़ा बनी हुई है। जब तक अंग्रेज़ों के हित भारतीय हितों के विरुद्ध हैं तब तक वैकल्पिक अपराध या उनका ख़तरा क़ायम ही रहेगा और जब तक यह स्थिति बनी हुई है तब तक जवाब में रौलट अधिनियम के नये–नये संस्करण सामने आते ही रहेंगे। अहिंसात्मक असहयोग इसका एक उपाय था। लेकिन, हममें इसे दीर्घ काल तक और काफ़ी दूर तक आजमा कर देखने का धैर्य नहीं था। अब हम इस पर विचार करें कि अंग्रेज़ों के हित भारतीयों के हितों के विरुद्ध कैसे हैं। लंकाशायर की मिलें भारत की आर्थिक प्रगति के लिए सबसे अधिक बाधक हैं। स्पष्ट है कि भारत के हित का तकाज़ा है कि वह लंकाशायर का या कोई भी अन्य विदेशी कपड़ा या सूत गज–भर भी न मँगाये। लेकिन लंकाशायर के मिल–मालिक राजी ख़ुशी से और बिना संघर्ष के भला इस अनैतिक व्यापार को क्यों छोड़ेंगे? मैं इसे अनैतिक इसलिए कहता हूँ कि इसने भारतीय किसानों को बर्बाद कर दिया है और उन्हें भुखमरी के कगार पर लाकर छोड़ दिया है। भारत को मोटी–मोटी तनख़्वाहें पाने वाले अंग्रेज़ अधिकारियों के एक विशाल वर्ग का असह्य ख़र्च उठाना पड़ता है। स्पष्टतः उसके हित का तकाज़ा है कि ये अधिकारी चाहे जितने भी कार्य–कुशल हों, इनके स्थान पर भारतीयों को ही रखा जाये, चाहे वे कितने भी अकुशल क्यों न हों। आदमी उधार के फेफड़े से साँस नहीं ले सकता। भारत अंग्रेज़ सिपाहियों के

लिए प्रशिक्षण–स्थल का काम करता है और इसलिए भारत सरकार के सम्पूर्ण राजस्व के अर्धांश से भी अधिक को खपा लेने वाले फ़ौजी बजट के लिए पैसा जुटाने को कर के रूप में उसका रक्त शोषण ही किया जाता है। यहाँ फिर भारत के हित का साफ़ तकाज़ा यह है कि वह अपनी रक्षा करना सीखे–भले ही फ़िलहाल वह यह काम भी ठीक से नहीं कर पाये। वह अपनी बाह्य या आन्तरिक सुरक्षा के लिए विदेशियों पर वे विदेशी चाहे जितने भी समर्थ और नेकनीयत हों–निर्भर करे, इसका मतलब अपना तीन–चौथाई पौरुष गँवा देना है।

जो उचित है, उसे करने के लिए अंग्रेज़ ज़्यादा अच्छी स्थिति में हैं; क्योंकि वे शासक हैं। जो लोग सरकारी नौकरी में नहीं हैं उन्हें अर्थात् सामान्य अंग्रेज़ स्त्रियों और पुरुषों के विशाल समुदाय को– अंग्रेज़ी हुकूमत के भयंकर परिणामों को समझना चाहिए। कहते हैं, शान्ति और सुरक्षा अंग्रेज़ी हुकूमत का सहज वरदान है। किन्तु यह वरदान स्वतन्त्रता के अपहरण और निरन्तर बढ़ती ग़रीबी के मुक़ाबले कुछ नहीं है। वायसराय ने अपनी कार्रवाई का बड़ा लम्बा–चौड़ा कारण बताया है। लेकिन, फिर भी मैं कहूँगा कि परमश्रेष्ठ अपनी स्वेच्छाचारितापूर्ण कार्रवाइयों का औचित्य सिद्ध नहीं कर पाये हैं। बेशक हिंसात्मक कार्रवाई करनेवालों को सज़ा दी जानी चाहिए। मैं अराजकता का पक्ष–पोषक नहीं हूँ। मैं जानता हूँ कि इससे देश की कोई भलाई होने वाली नहीं है। लेकिन, अपराध करने के लिए या अपराध करने का प्रयत्न करने के लिए सज़ा देना एक बात है और अधिकारियों को बिना वारंट के और सो भी सिर्फ़ सन्देह पर किसी को गिरफ़्तार करने का मनमाना अधिकार देना बिलकुल दूसरी बात है। अभी जो कुछ हो रहा है, वह इतना ही है कि सन्दिग्ध लोगों को आतंकित किया जा रहा है। लेकिन, पिछला अनुभव बताता है कि जब कभी सरकार उतावलेपन और घबराहट में कोई काम करती है तो दोषी लोगों से कहीं अधिक संख्या में निर्दोष लोग ही सज़ा पाते हैं। हर व्यक्ति को मालूम है कि पंजाब में 1919 में[1] जिन लोगों को सज़ा दी गयी उनमें बहुत ज़्यादा संख्या ऐसे लोगों की थी जिन्होंने कभी भी वे अपराध किये ही नहीं थे, जिन्हें करने का उन पर आरोप लगाया गया था। जब कभी कोई सरकार सत्ता मनमाना उपयोग करती है तो उसका मतलब यही होता है कि जनमत उसके साथ नहीं है।

1. साधन–सूत्र में '1918' है।

देशबन्धु दास ने बंगाल कौंसिल में अपने कार्यों से यह साफ़ बात दिया है कि जनमत बंगाल सरकार के साथ नहीं है। इस सरकारी मान्यता को कभी भी स्वीकार नहीं किया जा सकता कि उन्होंने आतंकवाद का कोई सिलसिला क़ायम कर दिया है। इस आरोप के समर्थन में कोई प्रमाण नहीं है। आतंकवाद के बल पर सर्वसाधारण के बीच चुनाव नहीं जीते जा सकते और न किसी बड़े दल को ही एक करके रखा जा सकता है। उनमें ऐसी कोई सहज ख़ूबी अवश्य है जिसके कारण जनता ने उन्हें बंगाल के अपने विशाल दल का निर्विवाद अधिनायक बना रखा है। कारण स्पष्ट है। वे सत्ता जनता के लिए चाहते हैं। वे शासकों के सामने घुटने नहीं टेकते। वे इस तिहरे भार से बंगाल और भारत को मुक्ति दिलाने के लिए व्यग्र हैं। जिस क्षण वे कोई और राग अलापना शुरू करेंगे, ज्यों ही वे कहेंगे कि वे जनता की आज़ादी नहीं चाहते, त्यों ही वह आतंक–नीति, जिसका उन पर आरोप लगाया जाता है, उनके किसी काम नहीं आयेगी और वे अपना सारा प्रभाव खो बैठेंगे। यह ठीक है कि देशबन्धु से मेरे कुछ मतभेद हैं, किन्तु उनके कारण मैं उनकी ज्वलन्त देशभक्ति या महान त्याग की ओर से अपनी आँखें बन्द नहीं कर सकता। उन्हें अपने देश से उतना ही प्रेम है जितना कि हममें से अच्छे–से–अच्छे व्यक्ति को हो सकता है। जो लोग उनके दाहिने हाथ का काम करते थे, उन्हें उनसे अलग कर दिया गया है। वे सबके–सब बहुत प्रतिष्ठित लोग हैं। उनमें जनता का विश्वास है। उन्हें यह लाभ क्यों नहीं मिलना चाहिए कि उन पर सामान्य रीति के अनुसार अदालत में खुला मुक़दमा चलाया जाये? ऐसे लोगों को असाधारण अधिकारों के अधीन मनमाने गिरफ़्तार करना वर्तमान शासक–प्रणाली की बुराई को सबसे अच्छी तरह खोलकर रख देता है। मुट्ठी–भर लोगों का करोड़ों लोगों के बीच संगीनों, गोला–बारूद और असाधारण अधिकारों के बल पर रहना ग़लत और असभ्य आचरण है। इसमें सन्देह नहीं कि इससे संख्या में अधिक लोगों पर अपनी सत्ता की धाक जमाने की उनकी क्षमता प्रकट होती है, किन्तु साथ ही यह सभ्यता की पतली परत के नीचे छिपी उनकी बर्बरता का भी द्योतक है।

आज बंगालियों की कसौटी हो रही है। उनसे मैं आदरपूर्वक यही कहूँगा : यदि आप निर्दोष हैं और मैं मानता हूँ कि आपमें से अधिकांश निर्दोष ही हैं, तो अगर आप अपने कारावास को सही भावना से स्वीकार करेंगे तो उससे आपके देश का और स्वयं आपका भी कल्याण ही हो सकता

है। आप कष्ट सहन के बिना स्वतन्त्रता नहीं पा सकते। जो लोग सचमुच विप्लववादी हैं और हिंसा में विश्वास रखते हैं, उनसे मेरा यह निवेदन है : आपके देश प्रेम का मैं आदर करता हूँ, लेकिन साथ ही मैं कहना चाहूँगा कि आपके प्रेम में विवेक नहीं है। मेरे विचार से भारत को हिंसा बल के नहीं, बल्कि बदले में अपना हाथ उठाये बिना शुद्ध कष्ट सहन के द्वारा ही स्वतन्त्रता दिलायी जा सकती है। यह सबसे अचूक और सबसे जल्दी सफलता दिलाने वाला तरीक़ा है। लेकिन, अगर आप हिंसात्मक तरीक़े में अपने विश्वास पर क़ायम ही रहना चाहते हैं तो मेरा अनुरोध है कि आप खुले तौर पर यह कहने का साहस करें कि आप इस तरीक़े में विश्वास रखते हैं और उसका परिणाम, चाहे वह मृत्यु ही क्यों न हो, झेलने की हिम्मत दिखायें। इस तरह आप अपना साहस और ईमानदारी सिद्ध करेंगे और बहुत–से लोगों को अनिच्छापूर्वक कष्ट सहने से बचा लेंगे।

सम्पूर्ण गाँधी वाङ्मय, खण्ड 25, पृ. 293–296,
यंग इंडिया (अंग्रेज़ी), 31.10.1924

हिंसावादिता

सिख लीग की सभा में श्री पेडीकी[1] हत्या और श्रीमती कर्टिस[2] के हत्यारे का वीर के रूप के गुणगान किये जाने से इस दुःखद सत्य पर स्पष्ट प्रकाश पड़ता है कि आज भी हिंसावाद के बहुत–से पुजारी पड़े हुए हैं। हत्यारों की हद से ज़्यादा प्रशंसा की जा रही है। अगर हम हर हत्यारे का गुणगान इसलिए करते हैं कि हत्या करने में उसका हेतु राजनीतिक था तो हम इस काम की प्रशंसा करते–करते स्वयं भी वैसे काम करने लगेंगे। सज्जन सिंह को वीर कहकर उनकी प्रशंसा किये जाने से मुझे यह सन्देह हो रहा है कि कांग्रेस में भगत सिंह के बारे में मेरे द्वारा प्रस्ताव[3] का रखा जाना बुद्धिमानी की बात थी या नहीं? मेरा हेतु तो बहुत स्पष्ट था। उस कार्य की निन्दा और उसमें निहित वीरता और त्याग की भावना की प्रशंसा की गयी थी। ऐसा इसलिए किया गया था कि यह प्रस्ताव हमें कार्य और उसके हेतु में भेद कर सकने में मदद पहुँचायेगा और हम आख़िरकार राजनीतिक हत्या जैसे कृत्यों से घृणा करना सीखेंगे, फिर चाहे उसका हेतु कितना ही ऊँचा क्यों न हो। परन्तु कांग्रेस के प्रस्ताव का असर शायद बिलकुल उलटा ही पड़ा। लगता है मानो उसने लोगों को बेखटके हत्या की ही प्रशंसा करने का अधिकार दे दिया है। मैं फिर से अपना निश्चित और भली–भाँति सोचा–समझा यह मत दोहराता हूँ और कहता हूँ कि अन्य देशों के बारे में वस्तुस्थिति चाहे जो हो, कम–से–कम हिन्दुस्तान में तो राजनीतिक हत्या देश को नुक़सान ही पहुँचा सकती है। यह बात उस हालत में और भी ठीक है, जब यहाँ शान्तिपूर्ण उपायों से स्वतन्त्रता

1. मिदनापुर के मजिस्ट्रेट जिनकी 7 अप्रैल को गोली मारकर हत्या की गयी थी।
2. एक अंग्रेज़ी अफ़सर की पत्नी; इनकी हत्या 13 जनवरी को लाहौर में की गयी थी।
3. देखिये खण्ड 45, पृ. 385

प्राप्त करने का एक ऐसा बड़ा प्रयोग किया जा रहा है जैसा अभी तक की दुनिया में अभूतपूर्व ही है। आँखों वाले देख सकते हैं कि प्रयोग आशातीत रूप से उपयोगी सिद्ध हुआ है और अब सफल होने ही वाला है। मैं दावे के साथ कहता हूँ कि अगर इस प्रयोग के दरम्यान राजनीतिक हत्याओं और मन में समाई हुई तथा उससे कुछ कम भाषणों में तथा उससे कुछ कम असहयोगियों के कामों में प्रतिबिम्बित हिंसा ने खलल न डाला होता, तो अब तक भारत स्वतन्त्र हो चुका होता।

जिन लोगों का हिंसक तरीक़ों में पूरा और पक्का विश्वास है, उनसे मैं कहूँगा कि देश प्रेम का जितना दावा आप अपने बारे में करते हैं, उतना ही मुझे भी करने दें। अगर मेरा यह दावा आपको मेरी इस बात पर विश्वास कर लेना चाहिए कि अपने तरीक़ों को मेरे तरीक़ों के साथ मिलाकर आप देश के कष्टों को क़ायम रखने में मदद पहुँचाते हैं कि आप में से कुछ यह मानते हैं कि इक्के–दुक्के किसी अफ़सर की हत्या कर देना ध्येय प्राप्ति में सहायक है। पर यह विश्वास बिलकुल निराधार है। इसके विपरीत मैं तो यह जानता हूँ कि उनमें से एक–एक हत्या ने मेरे मार्ग में रोड़े अटकाये हैं। मैं जानता हूँ कि मेरी ही तरह आप भी, शायद आप कहेंगे, तमाम राजनीतिक क़ैदियों के छुटकारे के लिए, मुझसे ज़्यादा आतुर हैं। पर आपको यह मानना चाहिए कि आतंक फैलाने वाले तरीक़ों से उनकी मुक्ति का दिन दूर ही हट सकता है। इस सरकार का जैसा संगठन है–सभी सरकारों का ऐसा ही होता है–उसे देखते हुए यह साफ़ है कि जब तक राजनीतिक हिंसा होती रहेगी, वे उन राजबन्दियों को नहीं छोड़ेंगे, जिन पर हिंसा का आरोप सिद्ध हो चुका है। अतएव इन सब बातों का विचार करके यदि आपने मेरी सलाह और प्रार्थना को माना और मान कर अपने कार्यों को सारे राष्ट्र द्वारा मेरे प्रयोग की परीक्षा किये जाने की इस अवधि में मुल्तवी रखा, तो बड़ा अच्छा होगा।

सम्पूर्ण गाँधी वाङ्मय, खण्ड–46, पृ. 1–3,
यंग इंडिया (अंग्रेज़ी), 16.4.1931

बम और छुरी

अभी उस दिन (केन्द्र की) विधानसभा में कुछ हिन्दू नामधारी व्यक्तियों ने बम फेंका था और लाहौर में एक मुस्लिम नामधारी व्यक्ति ने छुरी से राजपाल की हत्या की थी। ये दोनों काम पागलपन से भरे हुए बदले की और कायरतापूर्ण ग़ुस्से की एक ही भावना के फल थे। आज़ादी के नाम पर बम फेंकनेवालों ने देश की आज़ादी के काम को नुक़सान पहुँचाया है, इस्लाम के नाम पर उन्मत्त होकर छुरी से हत्या करने वाले ने इस्लाम को बदनाम किया है। अगर सरकार भी इस मामले में धीरज छोड़कर पागलपन से काम लेगी तो मूर्ख ठहरेगी। अगर वह बुद्धिमान है, तो समझ जायेगी कि बम फेंकने वालों के पागलपन के लिए वह ख़ुद भी कुछ कम ज़िम्मेदार नहीं है। लोकमत की लगातार अवहेलना करके सरकार राष्ट्र को अधीर बना रही है, और इस अधीरता के चलते कुछ लोगों का ग़लत राह पर चल पड़ना अनिवार्य है। अहिंसा में विश्वास रखने वाली कांग्रेस के सदस्य इस कृत्य के प्रति गुप्त रूप से भी कोई सहानुभूति प्रकट न करें. उलटे अगर उन्हें अहिंसा में सच्चा विश्वास हो तो वे अपने तरीक़े पर दोगुने उत्साह के साथ काम शुरू कर दें।

राजपाल की हत्या ने उन्हें शहीद बना दिया है, और उन्हें वह कीर्ति प्राप्त हो गयी है, जिसके वह योग्य न थे। अपनी प्रकाशित किताब[1] द्वारा हुए नुक़सान की वह पूरी भरपाई कर चुके थे। उसके लिए वह कष्ट भी सह चुके थे। इस हत्या के कारण आज मौत के बाद उनका महत्त्व बढ़ गया है। मैं इन शहीद के परिवारवालों के साथ अपनी संवेदना प्रकट करता हूँ और आशा रखता हूँ कि न तो वे और न आर्यसमाजी भाई भी एक पागल व्यक्ति के कारण सारे मुसलमान समाज के प्रति अपने ख़याल

1. रँगीला रसूला (सं.गां.वां., खण्ड 40, पृ. 18)

बिगाड़ लेंगे। मुझे उम्मीद है कि समय आते ही हत्यारे को अपनी करतूत के लिए बड़ी–से–बड़ी सज़ा भोगनी पड़ेगी। हम यह आशा करें कि अब्दुल रशीद के जनाजे के वक़्त जो दुःखद दृश्य देखे गये थे उन्हें फिर से नहीं दोहराया जायेगा।

यह बिलकुल सच है कि काल्पनिक न्याय की प्राप्ति के उपाय के रूप में हिंसा में दुनिया का विश्वास ही बम और छुरी को जीवन–दान देता है। राष्ट्रों के दण्ड–विधान में विनाश अपराध नहीं माना जाता, महज़ इसलिए वह कोई कम अनैतिक वस्तु नहीं बन जाती। जिस बेहोश चाल से पश्चिमी राष्ट्र लड़ाई के लिए हर घण्टे नये–नये विनाशक हथियारों को ईजाद कर रहे हैं उसके कारण हिंसा की भावना से दुनिया का दम घुटा जा रहा है। इसमें कोई आश्चर्य की बात न होगी अगर किसी दिन दुनिया के तमाम देशों और धर्मों के कुछ गरम मिज़ाज लोग अपनी जान को ख़तरे में डाल कर भी क़ानून तोड़ने लगें। जब तक संसार का लोकमत युद्ध को बर्दाश्त करता रहेगा तब तक दुनिया में बम फेंकने वाले और हत्यारे भी बने रहेंगे। अगर स्थानीय जनता उनसे हमदर्दी न रखे, उनके कामों से नफ़रत करें, तो अवश्य ही उन पर अंकुश रखा जा सकता है।

छुरी की अपेक्षा बम का सवाल बहुत आसानी से तय हो सकता है। बम के लिए भारत में कोई अनुकूल नहीं है। अगर सरकार चाहे तो उसे आज ही बन्द कर सकती है; डर या आतंक से नहीं बल्कि उदारतापूर्वक, समय रहते, राष्ट्र की माँग को स्वीकार करके। लेकिन इसकी आशा करना तो दुराशामात्र है। सरकार केवल अपनी नीति बदल कर यह काम नहीं कर सकती, उसका हृदय बदलने पर ही यह हो सकता है। आज इस बात के कोई आसार नहीं दिखायी पड़ते कि सरकार यह सब करेगी।

हमारी सच्ची आशा तो राष्ट्र में और कांग्रेसजनों में निहित है। मैंने अपनी यात्रा में कहीं भी यह अनुभव नहीं किया कि राष्ट्रीय कार्यकर्ता हिंसा पूर्ण उपायों में विश्वास रखते हैं। हाँ, अहिंसात्मक साधनों में सजीव श्रद्धा के मुझे दर्शन नहीं हुए हैं। लोगों में अहिंसा के प्रति श्रद्धा की कमी मैंने देखी है। चारों ओर निराशा का वातावरण फैला हुआ दिखता है। मनुष्य को गिराने वाले इस अनिश्चय के कारण ही कार्यकर्ताओं में कांग्रेस द्वारा निश्चित कार्यक्रम को उल्लास के साथ पूरा करने का उत्साह नहीं

दीख पड़ता। वे यह नहीं देखते कि अगर आज़ादी पाने के लिए राष्ट्रीय कार्यों में अहिंसा को स्थान देना है तो कांग्रेस द्वारा निर्धारित कार्यक्रम ही उसका अनिवार्य और सहज परिणाम है। अगर हमें अपने कार्यक्रम में श्रद्धा हो, हम उसे लगन के साथ करते रहें, तो एक बड़ी हद तक हम बम फेंकने वालों पर अंकुश लगा सकते हैं।

सम्पूर्ण गाँधी वाङ्मय, खण्ड 40, पृ. 273–274,
यंग इंडिया (अंग्रेज़ी), 18.4.1929

लन्दन में हुई हत्या

सर माइकेल ओ डायर की हत्या[1] और लॉर्ड जेटलैंड, लॉर्ड लैमिंग्टन तथा सर लुइस डेन की हत्या के प्रयत्न का और भी जो विवरण अख़बारों के द्वारा प्राप्त हुआ है, उससे मेरी इस राय की पुष्टि होती है कि यह पागलपन का काम था। लेकिन इसी कारण यह कम मलामत के क़ाबिल नहीं है। सर माइकेल ओ डायर के साथ हमारा मतभेद ज़रूर था, लेकिन उनकी हत्या पर हमारे दुःखी होने या उनकी पत्नी और कुटुम्बियों के प्रति संवेदना प्रकट करने में उस मतभेद से कोई रुकावट नहीं होनी चाहिए। मैं चाहूँगा कि हर–एक देशभक्त भारतीय मेरी ही तरह इस कृत्य पर लज्जा अनुभव करे और इस बात पर हर्षानुभव करे कि तीन प्रतिष्ठित अंग्रेज़ों की जानें तो बच गयीं। लॉर्ड जेटलैंड से हमें शिकायत ज़रूर है। उनकी प्रतिक्रियावादी नीति से हमें लड़ना चाहिए, लेकिन हमारे प्रतिरोध में द्वेष या प्रति हिंसा नहीं होनी चाहिए। अख़बार हमें बताते हैं कि अभियुक्त जब अदालत और दर्शकों के सामने लाया गया तो उसने मस्ती–भरी बेपरवाही दिखायी। लेकिन मैं इसकी प्रशंसा नहीं करता। मेरे लिए तो यह पागलपन जारी रहने की ही निशानी है। अभियुक्त अपनी बहादुरी के मद में चूर है। मैं ऐसे लोगों को जानता हूँ जिन्होंने शराब के नशे में ऐसी अन्धाधुन्धी से काम किया जैसा वे अपने होश–हवास दुरुस्त होने पर नहीं कर सकते थे। यह भी मुझे मालूम हुआ है कि जिन सैनिकों को ख़ास तौर से ख़तरनाक कामों के लिए भेजा जाता है उनके लिए अतिरिक्त रम का इन्तज़ाम किया जाता है। उस काम के लिए मैं किसकी प्रशंसा करूँ–रम की या उसके असर की? 'एसेसिन' (हत्यारा) शब्द की व्युत्पत्ति ही मादक भंग 'हशीश' से है, जो भावी हत्यारों को इसलिए खिलाई जाती थी जिससे

1. देखिये 'वक्तव्य : समाचार–पत्रों को', पृ. 376–77 भी

उनका विवेक कुण्ठित हो जाये। अभियुक्त के इस सतत उन्माद से हमारे अन्दर तरस और रंज की भावना आनी चाहिए।

अगर हमें ईमानदारी और सच्चाई के साथ लड़ना है, तो हमें, जहाँ तक इनसान से मुमकिन है, ऐसा करना चाहिए जिससे हर–एक अंग्रेज़ यह महसूस करे कि हमारे बीच भी वह अपने घर की ही तरह सुरक्षित है। इस बात से मुझे बड़ी शर्म है और रंज होता है कि कम–से–कम कुछ समय तक तो लन्दन में हर–एक हिन्दुस्तानी को सन्देह की नज़र से ही देखा जायेगा। क्या हम सबके लिए यह महसूस करना सम्भव नहीं है कि हत्या के द्वारा जनसाधारण को कभी स्वन्त्रता नहीं मिलेगी? मैं चाहूँगा कि इन पंक्तियों को पढ़नेवाला हर–एक व्यक्ति यह जान ले कि ऐसे प्रत्येक कार्य से हमारी अहिंसात्मक लड़ाई को नुक़सान पहुँचता है, और इसलिए वह पागलपन के ऐसे कार्यों से मन ही मन या खुले तौर पर अपना कोई सम्बन्ध न रखें।

सम्पूर्ण गाँधी वाङ्मय, खण्ड 71, पृ. 391–392,
हरिजन (अंग्रेज़ी), 23.03.1940, रामगढ़, 17 मार्च, 1940

हत्या का अभिशाप

लाहौर के सहायक पुलिस अधीक्षक श्री सांडर्स की हत्या[1], इस बात को अलग रखकर भी कि उसके मूल में कोई राजनीतिक हेतु था कि नहीं, मेरी राय में एक बुजदिली का कृत्य हुआ। जबकि देश के वायुमण्डल में हिंसा भरी हुई है, इसमें कोई शक नहीं कि लोग इस कृत्य को मन ही मन पसन्द करेंगे। यदि इस ख़ून का कुछ सम्बन्ध स्व. लालाली और उनके बिलकुल निर्दोष सार्थियों पर हुए हमले से पाया गया तब तो यह बात और भी ठीक समझी जायेगी। उस हमले के कारण लोगों में भारी उत्तेजना तो पहले ही से थी, पर लालाजी की मृत्यु से वह दूनी हो गयी। पुलिस के उस आक्रमण से उनके दिल पर गहरा धक्का पहुँचा था और निस्सन्देह उसके कारण उनकी मृत्यु इतनी जल्दी हो गयी। कुछ लोग तो यहाँ तक कहेंगे कि लालाजी की मृत्यु उनकी छाती पर लगी चोट के ही कारण हुई है, और उनका ऐसा मानना बहुत हद तक ठीक भी हो सकता है। फिर पंजाब सरकार ने पुलिस की उस करतूत की जो हिमायत की, उससे लोग और भी उत्तेजित हो उठे थे। ऐसी दशा में यदि यह साबित हो कि यह ख़ून पंजाब सरकार की अत्याचार पूर्ण नीति का बदला लेने के लिए किया गया है, तो मुझे आश्चर्य न होगा।

मैं चाहता हूँ कि यदि जोशीली तरुणाई को यह समझाया जा सकता कि ऐसा बदला बिलकुल ही निरर्थक बात है, तो अच्छा होता। सहायक अधीक्षक (असिस्टेंट सुपरिंटेंडेंट) ने जो कुछ किया था, वह तो हुक्म की तामील–भर थी। उस हमले के लिए अथवा उसके बाद ऐसी और जो कार्रवाइयाँ हो रही हैं उसके लिए कोई एक आदमी पूरी तरह से ज़िम्मेवार

1. यह मामला लाहौर षड्यन्त्र केस के नाम से प्रसिद्ध। इसमें भगतसिंह, राजगुरू और सुखदेव को 17.12.1928 को फ़ाँसी दी गयी थी।

नहीं माना जा सकता। यह दोष तो शासन–पद्धति का है और इसके लिए व्यक्तियों को सुधारने की नहीं, बल्कि पद्धति को सुधारने की ज़रूरत है और जब देश के नवयुवक इस विषय में पक्का और सच्चा निश्चय कर लेंगे तब वे देखेंगे कि इस पद्धति को मिटा देना जितनी उनके हाथ की बात है उतनी और किसी के हाथ की नहीं।

अंग्रेज़ी पुस्तकों ने हमें चोरों, डाकुओं, बदमाशों और रेलगाड़ियाँ उलटनेवालों के कृत्यों को वीरता समझकर उनकी स्तुति करना सिखा दिया है। अख़बारों के स्तम्भ ऐसी जोशीली वास्तविक घटनाओं अथवा उनके अभाव में ऐसे कार्यों की कल्पित कथाओं से भरे रहते हैं और कुछ लोग तो किसी भी साहसपूर्ण कार्य को, फिर वह किसी भी हेतु से क्यों न किया गया हो अथवा उसका नतीजा कुछ भी क्यों न निकलता हो, बड़ी बहादुरी का कार्य समझकर उनकी स्तुति करने की विद्या में बड़े निपुण भी हो गये हैं।

इसे अशुभ लक्षण के अतिरिक्त और कुछ नहीं कहा जा सकता। कोई निरपराध धनी पुरुष तीर्थ–यात्रा के लिए निकला हो और दान देने के लिए अपने साथ पर्याप्त धन लेकर चला हो, और यदि उसे कोई जाकर लूट ले और फिर उसका ख़ून कर डाले तो इसको बहादुरी नहीं कह सकते। इसी तरह छिपकर उस निरपराध पुलिस अफ़सर का ख़ून करने में भी कोई बहादुरी नहीं है; क्योंकि वह अफ़सर तो अपना फर्ज अदा कर रहा था, भले ही उसका यह काम ख़ून करने वाले की जाति के लिए कितना ही बुरा साबित क्यों न हो। हमें यह बात नहीं भूलनी चाहिए कि पहले भी ऐसे कितने ही ख़ून किये गये हैं, फिर भी हमारे वर्तमान शासक गण अपनी शासन–पद्धति को जारी रखने में सफल हो ही रहे हैं। ब्रिटिश साम्राज्य के निर्माण का इतिहास भी क्या ऐसी शूरवीरता, साहस और इससे अच्छे कामों पर किये गये बलिदानों से खाली है? यदि हम श्री सांडर्स के इस ख़ून को कोई बहादुरी का काम मानें तो अंग्रेज़ लोग, मेरा ख़याल है, इसके जवाब में एक नहीं सैकड़ों ऐसे बहादुरी के कार्य करके दिखा सकते हैं। पर मेरी राय में वह समय आ गया है जब हम अपनी–अपनी जातियों या राष्ट्रों के भेदों को छोड़कर ऐसे कार्यों पर, फिर चाहे वे कितने ही साहस के हों पर जो संकीर्ण मनोवृत्ति से किये गये हों, अथवा जिनका फल और भी संकीर्ण निकला हो, दुःखित हृदय से

घृणा और नापसन्दगी प्रकट करें। हाँ, मैं जानता हूँ कि ऐसा करने के मानी होंगे बहादुरी, देशभक्ति, धार्मिकता तथा ऐसे ही दूसरे शब्दों को नये मूल्य देना। मेरा ख़याल है कि राष्ट्रपति ग्रोवर क्लीवलैंड[1] और कारनोट[2] के ख़ून के लिए कोई आदमी उन ख़ूनियों को भला नहीं कहता और न उन राष्ट्रों की बड़ाई करता है जिनके हित के लिए उन पागल व्यक्तियों ने ये बुरे काम किये। इस्लाम में खलीफाओं के इतने तमाम ख़ून और यदि ताज़ी मिसाल लें तो स्वामी श्रद्धानन्द जी का जो ख़ून हुआ है, उसके कारण इस्लाम की कोई बड़ाई नहीं करता। और न गोरक्षक कहलाने वाले हिन्दुओं के जिन पागल कृत्यों का वर्णन हम नित्य अख़बारों में पढ़ते रहते हैं, उनकी बदौलत हिन्दू धर्म की उच्चता बढ़ी है। सच तो यह है कि ख़ून तथा इससे मिलते–जुलते दूसरे दुष्कृत्यों के कलंक से मनुष्य जाति, धर्म और सच्ची सभ्यता किसी की वृद्धि नहीं होती।

भारत वर्ष के नवयुवकों को यह अच्छी तरह समझ लेना चाहिए कि लालाजी की मृत्यु का बदला भारत को आज़ादी दिलाकर ही चुकाया जा सकता है। किसी भी राष्ट्र को स्वतन्त्रता एक आदमी के सच्ची वीरता के कार्यों से कभी नहीं मिल सकती, फिर नाम–मात्र की वीरता की तो बात ही क्या? स्वतन्त्रता–देवी के मन्दिर के लिए हज़ारों–लाखों नर–नारियों और युवा–वृद्धों के धैर्य और बुद्धि से युक्त रचनात्मक उद्योगों की आवश्यकता है। ऐसे कार्य जिनकी हम आज निन्दा कर रहे हैं, शान्त रचनात्मक कार्यों की प्रगति को निश्चित रूप से पीछे हटाते हैं और कुछ नहीं तो वह उन असंख्य निर्माण कार्य में लगे रहनेवालों के चित्त में उद्वेग और विक्षोभ तो अवश्य ही उत्पन्न कर देते हैं।

सम्पूर्ण गाँधी वाङ्मय, खण्ड 38, पृ. 293–295,
यंग इंडिया (अंग्रेज़ी), 27.12.1928

1. 1837–1908 : संयुक्त राज्य अमेरिका के राष्ट्रपति।
2. 1837–1894 : फ्रांसिसी गणतन्त्र के चौथे राष्ट्रपति।

पंजाब के मृत्यु–दण्ड के मामले

पंजाब में मृत्यु–दण्ड के मामले पर गाँधी ने यंग इंडिया में लिखा कि, कांग्रेस की पंजाब उप–समिति द्वारा नियुक्त आयुक्तों ने अपनी रिपोर्ट में परमश्रेष्ठ वायसराय महोदय पर विचार–शक्ति की घोर कमी का आरोप लगाया है। परमश्रेष्ठ ने मृत्यु–दण्ड के पाँच में से दो मामलों में फाँसी की सज़ा कम करने से इनकार करके उक्त आरोप की सत्यता सिद्ध कर दी है। जैसे सैनिक अदालतों की कार्यवाही को अवैध मानकर रद्द कर देने से वे निर्दोष सिद्ध नहीं हो जाते, वैसे ही प्रीवी कौंसिल द्वारा उनकी अपील खारिज कर दिये जाने से[1] वे अपराधी नहीं सिद्ध होते। इसके अतिरिक्त पंजाब–सरकार ने शाही घोषणा[2] की जो व्याख्या की है, उसके अनुसार ये मामले इस घोषणा के अन्तर्गत आ जाते हैं। अमृतसर में जो हत्याएँ हुईं वे हत्यारों और मृतकों के बीच हुए किसी निजी झगड़े के कारण नहीं हुईं। यह अपराध गम्भीर तो था, किन्तु विशुद्ध रूप से राजनीतिक था और उत्तेजना के वशीभूत होकर किया गया था। हत्याओं और आगजनी का बदला लेने के लिए जितना–कुछ करना ज़रूरी था, सरकार उससे ज़्यादा कर चुकी है। इन परिस्थितियों में सामान्य समझदारी का तकाज़ा तो यही है कि मृत्यु–दण्ड की सज़ाएँ माफ़ कर दी जायें। आम जनता का ऐसा विश्वास है कि जिन लोगों को मृत्यु–दण्ड दिया गया है वे निर्दोष हैं और उनके मामलों की सही सुनवाई नहीं की गयी है। इन मृत्यु–दण्ड को कार्यान्वित करने में इतनी देर हो गयी है कि यदि अब उन्हें फ़ाँसी दी गयी तो भारतीय मानस को जबरदस्त आघात लगेगा। यदि कोई भी विचारशील वायसराय होता तो मृत्यु–दण्ड को कम करने की

1. देखिये 'अमृतसर की अपीलें', 3.3.1920
2. दिसम्बर 1919 की।

घोषणा तुरन्त कर देता। लेकिन लॉर्ड चेम्सफोर्ड भला ऐसा क्यों करने लगे? स्पष्ट है कि उनके विचार से, अगर कुछ लोगों को भी फ़ाँसी पर नहीं लटकाया गया तो न्याय की माँग पूरी नहीं हो सकेगी। हम सब भी यही आशा रखेंगे कि या तो वायसराय महोदय या श्री मांटेग्यू इन मृत्यु-दण्डों को कम कर देंगे।

गाँधी ने आगे लिखा कि अगर सरकार यह गम्भीर भूल कर ही जाती है, और वह इन सज़ाओं को कार्यरूप दे ही देती है तो जनता भी इन लोगों के फाँसी पर लटकाये जाने पर क्रोध अथवा दुःख करके उतनी ही बड़ी भूल करेगी। अगर हम ऐसा राष्ट्र बनना चाहते हैं जिसकी आवाज़ की दुनिया के राष्ट्रों के बीच क़द्र हो, अगर हम ऐसा ऊँचा दर्जा पाना चाहते हैं जिससे अधिक ऊँचा दर्जा दुनिया के और किसी राष्ट्र का न हो तो हमें एक हज़ार नहीं हज़ारों-हज़ार निर्दोष स्त्री-पुरुषों की हत्या को बर्दाश्त करने के लिए मन से तैयार रहना चाहिए। अतएव हमें आशा है कि सभी सम्बन्धित लोगों को, फ़ाँसी की सज़ा को जीवन की एक सामान्य बात मानते हुए, अपना साहस खोने के बजाय और अधिक साहस जुटाना चाहिए। (ऊपर की सामग्री टाइप करने के लिए देने के बाद मुझे यह दारुण समाचार मिला है कि आख़िरकार परमश्रेष्ठ वायसराय महोदय ने भारतीय मानस पर वह निर्मम आघात कर ही दिया है जिसकी आशंका थी। अब भारतीयों का काम है कि इस आघात के बावजूद वे हिम्मत बनाये रखें।) -सम्पादक, 'यंग इंडिया',

सम्पूर्ण गाँधी वाङ्मय, खण्ड 17, पृ. 338-339,
यंग इंडिया (अंग्रेज़ी), 7.4.1920

जलियाँवाला बाग़ हत्याकाण्ड

6 अप्रैल से 13 अप्रैल तक हर साल राष्ट्रीय सप्ताह मनाया जाता रहा है। 6 अप्रैल, 1919 को भारत की सामान्य जनता ने अपने पैरों पर खड़ा होना सीखा था।[1] इसी दिन सविनय अवज्ञा आन्दोलन का उद्घाटन हुआ था। इसका अहिंसात्मक स्वरूप उपवास और प्रार्थना से व्यक्त हुआ था। उस दिन हिन्दुओं और मुसलमानों ने जैसे भाईचारे का परिचय दिया वैसा उन्होंने इससे पहले कभी नहीं दिया था। लाखों व्यक्तियों ने स्वदेशी का व्रत लिया। 13 अप्रैल, 1919 को जलियाँवाला बाग़ का हत्याकाण्ड हुआ जिसमें हिन्दुओं, मुसलमानों और सिखों का ख़ून मिलकर बहा। राष्ट्रीय सप्ताह आत्म–शुद्धि के सप्ताह के रूप में मनाया जाता है। इस सप्ताह के दौरान खादी तथा ग्रामोद्योगों की अन्य वस्तुओं की बिक्री बड़े पैमाने पर की जाती है। मैंने पहले भी कहा है, और उसे फिर दोहराता हूँ कि सर्वसाधारण को खादी तथा अन्य ग्रामोद्योगों के ज़रिये ही स्वराज मिल सकता है, अन्य किसी प्रकार नहीं। कारण, बिना अनवरत रचनात्मक कार्य के अहिंसात्मक अवज्ञा सम्भव ही नहीं है। किसी ऐसे रचनात्मक कार्यक्रम के बिना, जिसमें कार्यकर्ताओं का सर्वसाधारण जनता से प्रायः प्रतिदिन सम्पर्क होता रहे, जनता के साथ जीवन्त और लगातार सम्पर्क और सम्बन्ध रखना असम्भव है। अतः मुझे आशा है कि आगामी राष्ट्रीय सप्ताह को सभी ईमानदार कार्यकर्तागण गम्भीरतापूर्वक मनायेंगे और बड़े पैमाने पर खादी तथा ग्रामोद्योगों द्वारा तैयार अन्य वस्तुओं की बिक्री करेंगे।

रामगढ़, 17 मार्च, 1940; सम्पूर्ण गाँधी वाङ्मय, खण्ड 71, पृ. 392, हरिजन (अंग्रेज़ी), 23.3.1940

---

1. देखिये सं.गां.वां., खण्ड 15, पृ. 189–94

यहाँ मैं इस विषय की गहराई में नहीं उतरना चाहता। जो अहिंसा को मानते हैं वे उसकी शक्ति को पहचानें और मन, वचन, कर्म से अहिंसक बनें। और जिन्हें अब तक न अहिंसक रीति की उपयोगिता में विश्वास है, और जो न हिंसा की अचूकता में ही विश्वास करते हैं, वे नीचे लिखी बातों पर विचार करें :

1. भारत के करोड़ो लोग हिंसक तरीक़ों के आदी नहीं हैं।
2. देश के ग्रामों के निवासियों ने कभी संगठित होकर किसी बड़े पैमाने पर हिंसा का उपयोग नहीं किया है।
3. उनके सामने भारत को एक राष्ट्र के रूप में समझकर उसकी स्वतन्त्रता की कोई निश्चित कल्पना नहीं है।
4. इसके विपरीत यूरोप में लोगों ने हिंसक तरीक़ों से अपनी स्वतन्त्रता प्राप्त की; और यह इसलिए कि उन्हें कम या ज़्यादा अंशों में हथियार चलाने का अभ्यास था।
5. फिर भी इसमें तो सन्देह है कि उन्हें जिनमें अंग्रेज़ भी शामिल हैं, सच्ची स्वतन्त्रता मिली है या नहीं। वहाँ की आम जनता आज भी यह महसूस करती है कि धनवान वर्ग के लोग उन्हें कुचल रहे हैं। क्योंकि शासन की बाग़डोर उनके हाथों में है। उनकी अनेक और नित्य अधिकाधिक उलझनपूर्ण होती जानेवाली समस्याओं पर विचार कीजिए।
6. दूसरी ओर हम जानते हैं कि भारत में वर्तमान असाधारण लोक–जागृति केवल अहिंसक रीति से ही हुई है, जिनमें स्त्रियों की जागृति भी शामिल है।
7. यह तो हमारे सामने साबित हो चुका है कि जहाँ लोगों ने ग़लती की है, और हिंसक हो उठे हैं, वहाँ उनकी हार हुई है; क्योंकि उनका नैतिक बल टूट गया और वे दबा दिये गये।

अगर मैं पिछले बारह महीनों के बारे में और अधिक विचार करूँ, तो इस सूची में और भी बातें जोड़ सकता हूँ।

सम्पूर्ण गाँधी वाङ्मय, खण्ड 46, पृ. 1–3

जलियाँवाला बाग़ के सम्बन्ध में सन्देश[1]

साबरमती आश्रम, 11 अप्रैल, 1926; आपके सचिव ने 13 तारीख़ के लिए जलियाँवाला बाग़ के सम्बन्ध में सन्देश माँगा है। सन्देश यह है कि, 13 अप्रैल, 1919 को जलियाँवाला बाग़ में जो नृशंस हत्याकाण्ड हुआ, वह हमें निरन्तर इस बात की याद दिलाता रहता है कि जब भी हम बन्धन मुक्त होने की इच्छा करेंगे और अपना सिर उठाने का प्रयत्न करेंगे तब हमेशा ऐसे हत्याकाण्ड की पुनरावृत्ति होगी। भारत पर अंग्रेज़ों का शासन उसकी सेवा के लिए नहीं, वरन् उसका शोषण करने के लिए थोपा गया है। वस्तुतः यह भारत पर थोपे गये व्यापार को सुरक्षा प्रदान करने के लिए है। इस व्यापार की मुख्य मद मैंचेस्टर का कपड़ा है। यदि हम जलियाँवाला बाग़ और 'रेंगेनेवाली गली' के अपमान का प्रतिकार करना चाहते हैं तो हमें कम–से–कम विदेशी कपड़ा पहनना छोड़ देना चाहिए तथा हाथ–कती खादी पहनने की प्रतिज्ञा करनी चाहिए। विदेशी कपड़ा पहनना छोड़ने से भारत में ब्रिटेन का व्यापार पंगु हो जायेगा और खादी पहनने की प्रतिज्ञा से हम उन ग़रीबों के नज़दीक आयेंगे, जिनकी हमने इतने दिनों तक उपेक्षा की है। यद्यपि हम संसार के अन्य देशों के शोषणकर्ता कभी नहीं रहे, परन्तु हमने अपने सुख और आराम के लिए अपने ही देश के किसानों का शोषण किया है। यदि हम विदेशी कपड़े का बहिष्कार करने से मुकरते हैं, यदि हमें खादी पहनना बहुत ही कष्टकर लगता है तो वैसी हालत में मुझे तो यही लगता है कि हमें सदा के लिए गुलाम बने रहने के लिए

---

1. यह सन्देश बम्बई प्रान्तीय कांग्रेस कमेटी के तत्त्वावधान में 13 अप्रैल को मारवाड़ी विद्यालय के अहाते में हुई सार्वजनिक सभा में श्रीमती सरोजिनी नायडू ने जो सभा की अध्यक्षा थीं, पढ़ा था।

तैयार रहना चाहिए। यदि हम अपने देश के लिए सुख और आराम तथा और भी बहुत–कुछ त्यागने से घबराते हैं तो भविष्य में हमें कितने भी सुधार हासिल हों, सब व्यर्थ सिद्ध होंगे।

श्रीमती सरोजिनी नायडू, ताजमहल होटल, बम्बई, अंग्रेज़ी प्रति (एस. एन. 19450) की फ़ोटो–नक़ल से। सम्पूर्ण गाँधी वाङ्मय, खण्ड 30, पृ. 293–294

भगतसिंह और उनके साथियों को फ़ाँसी दिये जाने पर गाँधी का वक्तव्य

भगतसिंह और उनके साथियों को फाँसी दिये जाने पर गाँधी ने 23 मार्च, 1931 को नयी दिल्ली में कहा कि, भगतसिंह और उनके साथी फ़ाँसी पाकर शहीद बन गये हैं। ऐसा लगता है मानो उनकी मृत्यु से हज़ारों लोगों की निजी हानि हुई है। इन नवयुवक देशभक्तों की याद में प्रशंसा के जो शब्द कहे जा सकते हैं, मैं उनके साथ हूँ। तो भी देश के युवकों को उनके उदाहरण की नक़ल करने के विरुद्ध चेतावनी देता हूँ। बलिदान करने की अपनी शक्ति, अपने परिश्रम और त्याग करने के अपने उत्साह का उपयोग हम उनकी तरह न करें। इस देश की मुक्ति ख़ून करके प्राप्त नहीं की जानी चाहिए।

सरकार के बारे में मुझे ऐसा लगे बिना नहीं रहता कि उसने क्रान्तिकारी पक्ष को अपने पक्ष में करने का सुनहरा अवसर गँवा दिया है। समझौते को दृष्टि में रखकर और कुछ नहीं तो फ़ाँसी की सज़ा को अनिश्चित काल तक अमल में न लाना उसका फ़र्ज़ था। सरकार ने अपने काम से समझौता को बड़ा धक्का पहुँचाया है और एक बार फिर लोकमत को ठुकराने और अपने अपरिमित पशु बल का प्रदर्शन करने की शक्ति को साबित किया है। पशु बल से काम लेने का यह आग्रह कदाचित अशुभ का सूचक है और यह बताता है कि वह मुँह से तो शानदार और नेक इरादे ज़ाहिर करती है, पर सत्ता नहीं छोड़ना चाहती। फिर भी प्रजा का कर्तव्य तो स्पष्ट है।

कांग्रेस को अपने निश्चित मार्ग से हटना चाहिए। मेरा मत तो यह है कि ज़्यादा से ज़्यादा उत्तेजना का कारण होने पर भी कांग्रेस समझौते को मान्य रखे और आशानुकूल परिणाम प्राप्त करने की शक्ति की परीक्षा होने दे।

गुस्से में आकर हमें ग़लत मार्ग पर नहीं जाना चाहिए। सज़ा में कमी करना समझौते का भाग नहीं था, यह हमें समझ लेना चाहिए। हम सरकार पर गुंडाशाही का आरोप तो लगा सकते हैं। मेरा निश्चित मत है कि सरकार द्वारा की गयी इस गम्भीर भूल के परिणामस्वरूप स्वतन्त्रता प्राप्त करने की हमारी शक्ति में वृद्धि हुई है और उसके लिए भगतसिंह और साथियों ने मृत्यु को भेंटा है।

थोड़ा भी क्रोधपूर्ण काम करके हम मौक़े को हाथ से न गँवा दें। सार्वजनिक हड़ताल होगी, यह तो निर्विवाद ही है। बिलकुल शान्त और गम्भीरता के साथ जुलूस निकालने से बढ़कर और किसी दूसरे तरीक़े से हम मौत के मुँह में जाने वाले इन देशभक्तों का सम्मान कर भी नहीं सकते।

सम्पूर्ण गाँधी वाङ्मय, खण्ड 45, पृ. 356–357,
गुजराती (गुजराती), 29.03.1931

कानपुर के दंगों पर गाँधी का वक्तव्य

कराची, 26 मार्च, 1931 : एसोशिएटेड प्रेस के प्रतिनिधि ने कार्य–समिति की सभा में उपस्थित गाँधीजी को कानपुर की परिस्थिति का विवरण दिया। गाँधी ने वक्तव्य दिया कि, कार्य–समिति ने कानपुर में चल रहे भयंकर साम्प्रदायिक झगड़े की रिपोर्ट पढ़ी है और उसे वहाँ की घटनाओं पर कष्ट और शोक हुआ है। मेरे पास इसकी भर्त्सना करने योग्य पर्याप्त कठोर शब्द नहीं हैं। निश्चय ही एक समिति कारणों की जाँच करेगी। परन्तु दूसरे ज़रियों से भी ऐसे इंगित मिलते रहे हैं जिनसे पता चलता है कि साधारण–सी बात से भी लोगों का मानसिक सन्तुलन बिगड़ जाता है। मैं तो केवल यह आशा ही कर सकता हूँ कि इस ज़हर को बना नहीं रहने दिया जायेगा और लोग शान्त रहेंगे तथा मधुर सम्बन्धों को बिगड़ने नहीं देंगे। मैं यह भी आशा करता हूँ कि कानपुर के स्थानीय नेता परस्पर परामर्श करेंगे और शीघ्र ही फिर से शान्ति की स्थापना कर लेंगे। जो लोग भारत की आज़ादी हासिल करने के लिए उतावले हैं, वे यह बात याद रखें कि ऐसे हर झगड़े से उस ध्येय के प्रति प्रगति अधिकाधिक कठिन होती जायेगी।

सम्पूर्ण गाँधी वाङ्मय, खण्ड 45, पृ. 366–367,
बॉम्बे क्रॉनिकल (अंग्रेज़ी), 27.3.1931

कानपुर के दंगों पर, कराची कांग्रेस की विषय–समिति में गाँधी के भाषण[1]

27 मार्च, 1931 : दोषी कौन हैं, यह तय करने की कोशिश नहीं करनी चाहिए। हम यह तथ्य भूल जायें कि हम हिन्दू और मुसलमान हैं। हम याद रखें कि हम भारतीय हैं। कानपुर की लज्जास्पद घटना सारे भारत के लिए लज्जाजनक है। जहाँ तक हिन्दुओं का सम्बन्ध है, समाचार–पत्रों का कहना है कि यह हो सकता है कि कसूर हिन्दुओं का ज़्यादा हो। पर यह सारा हत्याकाण्ड किसलिए? हम इतने कैसे हो सकते हैं? मुझे आपको यह बताते हुए दुःख हो रहा है कि ख़बर है कि गणेशशंकर विद्यार्थी लापता हैं; सम्भवतः वे मार डाले गये हैं। ऐसे सच्चे, उत्साही और निःस्वार्थ व्यक्ति की मृत्यु पर किसे शोक नहीं होगा? परन्तु इस मामले का दूसरा पहलू भी है। इसकी अपेक्षा कि कई छोटे–मोटे हिन्दू मारे जायें, क्या यह अधिक ठीक नहीं कि गणेशशंकर जैसे नेता की हत्या कर दी गयी? क्या अनेक असहाय मुसलमानों की मौत की अपेक्षा शान्ति और एकता के हित में डॉ. अन्सारी की मौत ज़्यादा स्वागतयोग्य नहीं है? यह इसलिए कि डॉ. अन्सारी के शरीर में छुरा घोंपने से ऐसा कुछ लगेगा जैसे हम सबके शरीर में छुरे घोंप दिये गये हों। इसलिए यह सौभाग्य की बात है कि गणेशशंकर विद्यार्थी ने जो अपनी साम्प्रदायिक निष्पक्षता के लिए प्रसिद्ध थे और जिनका अपना व्यक्तित्व महान था, और जो वहाँ के अग्रणी कार्यकर्ता थे, शान्ति के हित में अपने प्राण दे दिये। उनके महान उदाहरण से हम सबको प्रेरणा मिले। हम अपने कर्तव्य के प्रति सचेत हो जायें। मैं आपसे कहता हूँ कि आप इस मामले पर गम्भीरता से चिन्तन करें और इस विकट प्रश्न को सुलझाने में सहायता करें। कानपुर की लज्जास्पद घटना से हम सबक सीखें कि 300 पुरुषों या महिलाओं के प्राण त्याग से भी यदि स्थायी शान्ति प्राप्त हो सके तो यह कोई बड़ी क़ीमत नहीं है।

सम्पूर्ण गाँधी वाङ्मय, खण्ड 45, पृ. 375–376, यंग इंडिया (अंग्रेज़ी), 02.04.1931

---

1. महादेव देसाई की 'साप्ताहिक चिट्ठी' से उद्धृत।

खण्ड पाँच

युद्ध और शान्ति

युद्ध से युद्ध का अन्त करने की कोशिश होती रही है, परिणामस्वरूप शृंखलाबद्ध युद्ध का जन्म हुआ। आर्थिक हानि को छोड़ भी दिया जाये तो भी पाशविकता, भय और आतंक का समाज में बोलबाला बढ़ा है, इसने विकासशील देशों की कमर तोड़ दी। परिणामस्वरूप आज भी गुटवाद, कलह और शस्त्रीकरण की होड़ जारी है। नये अनुसन्धान ने पुराने औज़ारों को बेकार बना दिया है। काका कालेलकर ने कहा है कि यदि युद्ध द्वेष का अन्त नहीं कर सकता है तो युद्ध किस काम का। अन्तरराष्ट्रीय राजनीति का आधार शक्ति संघर्ष है। विश्व धीरे–धीरे जंगली व्यवस्था की ओर जा रहा है। हॉब्स की प्राकृतिक अवस्था में हम चले गये हैं। कमज़ोर शक्तिशाली का दास बन गया है। गाँधी ने प्रेम का समाजीकरण और सामान्यीकरण करने की कोशिश की। उनकी अहिंसा विश्व प्रेम है। वे हिंसा के मुख में अहिंसा को झोंककर हिंसा की भूख को ख़त्म करना चाहते थे। युद्ध का कारण शारीरिक और भौतिक मोह है। गाँधी की राष्ट्रीयता अन्तरराष्ट्रोन्मुख है। बल्कि यह कहा जाये कि उनकी राष्ट्रीयता और अन्तरराष्ट्रीयता में कोई भेद नहीं है। उनका देशप्रेम मानव प्रेम है। इसलिए भारत के हित की सेवा जर्मनी या इंग्लैंड का नुक़सान कर नहीं की जा सकती। (यंग इंडिया, 16.03.1921, मोहनदास करमचन्द 'गाँधी, मेरे सपनों का भारत', 1969, पृ.118)

गाँधी भारत का उत्थान इसलिए चाहते हैं ताकि उससे दुनिया लाभान्वित हो सके। विनोबा 'जय जगत में जय हिन्द' का दर्शन करते हैं। इस प्रकार उनकी देश की सेवा दुनिया की सेवा से असंगत नहीं है। जिस तरह देशप्रेम का धर्म हमें यह सिखाता है कि व्यक्ति को परिवार के लिए, परिवार को ग्राम के लिए, ग्राम को जनपद के लिए और जनपद को प्रदेश के लिए मरना सीखना चाहिए इसी तरह किसी देश को स्वतन्त्र

इसलिए होना चाहिए कि वह आवश्यकता पड़ने पर अपना बलिदान दे सके। (मोहनदास करमचन्द गाँधी, 'मेरे सपनों का भारत', पृ.119)

1928–29 में गाँधीजी ने युद्ध के प्रति अपना दृष्टिकोण 'यंग इंडिया' में प्रकाशित किया था, जिसमें उन्होंने बोअर युद्ध, जूलू विद्रोह और 1914 के प्रथम विश्वयुद्ध में किसी–न–किसी तरह अंग्रेज़ों को मदद करने के सम्बन्ध में स्पष्टीकरण दिया है। दरअसल एक फ्रेंच पत्रिका में गाँधी के इस कृत्य की आलोचना की गयी थी। गाँधी यह तर्क देते हैं कि जिस शासन प्रणाली से वे शासित थे उसकी शक्ति भर सहायता के लिए वे बाध्य थे। उन्होंने कहा है कि किसी व्यक्ति या समाज को ज़बरदस्ती अहिंसक नहीं बनाया जा सकता। कुछ तर्क देकर गाँधी अहिंसा के इस गूढ़ार्थ को समझाने की कोशिश करते हैं। 'युद्ध के विरुद्ध युद्ध' शीर्षक के अन्तर्गत वे यह बताने की कोशिश करते हैं कि वे युद्ध में अपनी सेवाएँ इसलिए नहीं दे रहे थे कि युद्ध में उनका विश्वास था। वे यह नहीं मानते हैं कि युद्ध में भाग लेकर युद्ध से बचा जा सकता है। 'युद्ध के कारण' शीर्षक के अन्तर्गत उन्होंने श्री पेज द्वारा लिखित पुस्तिका का वर्णन किया है जिसमें पाँच शीर्षकों के अन्तर्गत युद्ध के कारणों को विश्लेषित किया गया है–आर्थिक साम्राज्यवाद, सैन्यवाद, गठबन्धन, गुप्त कूटनीति और भय। 'युद्ध और शान्ति' शीर्षक में श्री पेज की पुस्तिका के निर्णायक तथ्यों को उद्धृत करते हुए यह बताया गया है कि युद्ध के लिए दोनों ही पक्ष बराबर के दोषी थे और दोनों ने ही बर्बर और अमानवीय कृत्य किये। 'युद्ध और शान्ति' शीर्षक में गाँधी भारत के सामने दोनों ही विकल्प को खुला छोड़कर दोनों के पीछे के तर्कों को उद्धृत करते हैं। गाँधी मानते हैं कि जो जहाँ जन्म लेता है वह उसका देश है। इसलिए वे कहते हैं कि फिजी, फिजीवालों के लिए है। उसी तरह सत्याग्रह के माध्यम से आक्रमण का अहिंसक प्रतिरोध के पक्ष में गाँधी तर्क देते हैं। वे राष्ट्रीय स्तर पर अहिंसा की व्यवहार्यता के लिए स्वाधीनता की अनिवार्यता पर बल देते हैं और लोकतन्त्र की तत्कालीन परिस्थितियों की आलोचना भी करते हैं, लेकिन सामाजिक एकता को अनिवार्य भी बताते हैं। गाँधी हृदय परिवर्तन में विश्वास करते हैं। उन्होंने कहा है कि प्रथम विश्वयुद्ध की पराजय का बदला लेने के लिए हिटलर पैदा हुआ। इसका कोई अन्त नहीं है। गाँधी अहिंसा को अन्तरराष्ट्रीय स्तर पर प्रयोग का अस्त्र बनाना चाहते थे। जुलाई, 1947 को इंडोनेशिया के राजदूत से बातचीत में गाँधी ने कहा

था कि अहिंसा असंख्य अणुबमों का मुक़ाबला कर सकती है। अकेला इंडोनेशिया रूस, अमेरिका, इंग्लैंड का मुक़ाबला करने का सामर्थ्य पैदा कर सकता है। 'अहिंसा और घबराहट' शीर्षक में गाँधी वीरों की अहिंसा को व्याख्यायित करते हैं। वे कहते हैं कि यह सोचना मूर्खता है कि भागकर कोई यमराज को झाँसा दे सकता है। 'ब्रिटेन की नैतिक सहायता', 'यदि मैं चेक होता', 'नाजीवाद का नग्न रूप हिटलरशाही का मुक़ाबला कैसे करें', 'अहिंसा और यहूदी' शीर्षक में गाँधी हिटलरशाही और द्वितीय विश्व युद्ध की स्थिति में भारत के कर्तव्य, अहिंसा की दृष्टि, नैतिक सहायता का अर्थ आदि उल्लेखनीय पक्षों को स्पष्ट करने की कोशिश करते हैं। 'यदि मैं चेक होता' में वे लिखते हैं कि लोकतन्त्र रक्तपात से भागता है। चेक के माध्यम से गाँधी संसार के छोटे या कमज़ोर माने जाने वाले राष्ट्र से कहना चाहते हैं कि उनको इंग्लैंड या फ्रांस का भरोसा छोड़कर अपनी अहिंसा की शक्ति पर विश्वास करना चाहिए।

'अहिंसा आत्मरक्षा का सबसे अचूक रास्ता है' शीर्षक में गाँधी यह स्वीकार करते हैं कि सम्मान और सुरक्षा के साथ रहने का अगर कोई रास्ता नहीं हो तो अपने प्राण छोड़कर दूसरे हिस्से में बचना उचित है। दरअसल गाँधी सीमाप्रान्त कबायलियों के बारे में बात कर रहे थे। सिंगापुर गया, रंगून जाता नज़र आ रहा है, कलकत्ता ख़तरे में है तो फिर क्या हम व्यापार के लालच में उसके हाथों स्वतन्त्रता बेच देंगे? आक्रमणकारी से दुश्मनी न करने, अधीनता स्वीकार न करने, हिम्मत नहीं छोड़ने और असहयोग करने की सलाह गाँधी देते हैं।

वैश्विक स्तर पर फासीवादी, नाज़ीवादी ताक़तों के उभरते रूपों पर गाँधी चुप्पी तोड़ते हैं। नाज़ीवाद के नग्न रूप में युवाओं के विचार और भावना से दरिद्र करने और पतित होकर यन्त्र बन जाने का विश्लेषण गाँधी ने किया है। एक डच मित्र की इस प्रतिक्रिया पर उनसे जर्मनी के विरुद्ध अहिंसा के प्रयोग की सम्भावना के क्रम में ये पूछते हैं कि यन्त्र मानव अहिंसा का वरण किस तरह कर सकता है? गाँधी ने कहा कि अपेक्षित प्रमाण में अहिंसक कार्यवाही हिटलर को भी प्रभावित करेगी। यन्त्र मानव शीर्ष सत्ता का बोझ उतरते ही समान स्थिति में आ जाता है। दरअसल, शक्ति तो ईश्वर से प्राप्त होती है। इनका स्पष्ट मानना है कि हिटलरशाही के मुक़ाबले हिटलरशाही को खड़ा करने से असीम उग्रता वाली हिटलरशाही का ही जन्म होगा। स्वतन्त्रता की क़ीमत सामूहिक

विनाश से चुकानी पड़ी तो यह संघर्ष हास्यास्पद ही है। हिटलर को भी सिकन्दर की तरह खाली हाथ जाना पड़ेगा। चेक, पोलैंड, फ्रांस और इंग्लैंड ने अगर अहिंसक प्रयोग को हिटलर के सामने किया होता तो आज यूरोप का इतिहास कुछ अलग होता। यूरोप नैतिक दृष्टि से काफ़ी उठा होता।

यहूदियों के लिए अलग देश की माँग, फिलिस्तीन लौटने की लालसा ग़लत है। गाँधी स्पष्ट कहते हैं कि फिलीस्तीन अरबों का है। इंग्लैंड अंग्रेज़ों का, फ्रांस फ्रांसीसियों का। यहूदियों ने जहाँ जन्म लिया है, पले–बढ़े हैं। उसे वे अपना देश मानें और वहाँ न्यायोचित व्यवहार की अपेक्षा करें। यहूदी संगठित और निर्लज्जतापूर्वक अत्याचार का मुक़ाबला ईश्वर में आस्था रखकर करते हैं तो वे अपने आप में सम्मान की रक्षा कर सकते हैं। प्रेमपूर्ण सेवा के आधार पर उन्हें पश्चिमी दुनिया का अछूत बनकर घृणा का पात्र नहीं बनना चाहिए। यहूदियों ने सभ्यता में जो योगदान दिया है। उसमें वे अहिंसक संघर्ष रूपी योगदान को जोड़ सकते हैं।

23 जुलाई, 1939 और 24 दिसम्बर, 1940 को गाँधी ने एडोल्फ़ हिटलर को पत्र लिखा था। उसमें उन्होंने साफ़ कहा कि वे साम्राज्यवाद व नाज़ीवाद का एक तरह से विरोध करते हैं। इन दोनों में सिर्फ़ मात्रा का फ़र्क़ है। हमने ब्रिटिश शासन की संगठित हिंसा का अहिंसक प्रतिरोध के तरीक़े पर काम किया है। उन्होंने अपील की कि वे अपने मामले को अन्तरराष्ट्रीय न्यायाधिकरण के सामने रखें।

यहूदियों के प्रति जर्मन के बर्ताव सम्बन्धी लेख पर गाँधी की काफ़ी आलोचना हुई। जिसका उन्होंने समुचित उत्तर दिया है। जिसे सं.गां.वा., खण्ड 68 के पृ. 268 पर देखा जा सकता है। उन्होंने यह साफ़ कर दिया कि वे स्वतन्त्रता को अहिंसात्मक व सत्य के साधनों से हासिल करेंगे। संयुक्त राष्ट्र संघ के द्वारा स्थायी शान्ति क़ायम करने का गाँधी को विश्वास नहीं था। वे कहते हैं कि संसार एक–दूसरे शक्ति परीक्षण की ओर बढ़ रहा है।

विश्व इतिहास युद्धों का इतिहास है। लेकिन शान्ति का इतिहास भी कम पुराना नहीं है। विज्ञान एक ओर मानव की सुख–सुविधाओं की वस्तुओं का निर्माण कर रहा है। दूसरी ओर विनाश का अस्त्र भी उसके पास मौजूद है। परमाणु युद्ध का ख़तरा बढ़ता जा रहा है। शीत युद्ध का सिलसिला जारी है। रास्तों के बीच अविश्वास और भय क़ायम है। इसी अविश्वास और भय ने राष्ट्रों में शस्त्रों की होड़ क़ायम की है। आज मानव

सृष्टि उत्पादक व सृष्टि संग्राहक शक्ति का मालिक बन गया है। शस्त्रों के इस उन्मुक्त दौर में हम वहाँ पहुँच चुके हैं जहाँ विजयी की विजय ही उसकी जीवित मृत्यु बन जायेगी। अहिंसा व विनाश में से हमें किसी एक को चुनना है। मनुष्यता विलुप्त होती जा रही है। शस्त्रों की होड़ विकासशील देशों में रहने वाले वैसे लोगों की क़ीमत पर की जा रही है, जो जीवन की मौलिक आवश्यकताओं के लिए मोहताज हैं। औद्योगिक क्रान्ति के बाद शस्त्र व्यापार एक बड़ा आर्थिक साम्राज्यवाद खड़ा करने का हथियार बन गया है।

विनोबा मानते हैं कि युद्ध का गति तत्त्व समाप्त हो चुका है। हिंसा व अहिंसा नज़दीक आ चुकी हैं उन्हें लाठी, तलवार व चाकू अधिक ख़तरनाक लगते हैं। उनका मानना था कि देश के स्तर पर अहिंसा का वरण करके हम सरकार की आवाज़ में ताक़त दे सकते हैं और विश्व की समस्याओं का शान्तिमय समाधान ढूँढ़ने का यही एक तरीक़ा है। निःशस्त्रीकरण अनिवार्यता बन गया है। निःशस्त्रीकरण के आर्थिक आधार तो हैं ही पर्यावरणीय कारण भी कम महत्त्वपूर्ण नहीं है। विश्व एक बार उग्र व संकुचित राष्ट्रवाद के गर्भ से उपजे फ़ासिस्ट व नाज़ीवाद के परिणाम को भोग चुका है। संकुचित राष्ट्रवाद में दूसरे राष्ट्र की शान्ति तो जाती ही है। स्वयं उस राष्ट्र के नागरिक की स्वतन्त्रता कुण्ठित हो जाती है। डॉ. रामजी सिंह कहते हैं कि राष्ट्र अन्तरराष्ट्रीयता कोई स्वप्न नहीं बल्कि यथार्थ है। अन्तरराष्ट्रीयता व राज्यवाद की बढ़ती दुःशंकाओं से आक्रान्त आज की विचारधारा अखण्ड सम्प्रभु सत्ता को चुनौती दे चुकी है (गाँधी दर्शन मीमांसा, पृ. 102)। इस खण्ड में हम गाँधीजी द्वारा शान्ति के लिए वैश्विक स्तर पर दिये गये विचारों को उन्हीं के शब्दों में जानने की कोशिश करेंगे।

जीवन का धर्म : अहिंसा और सत्य

रेवरेंड बी. द लिग्ट ने 'इवॉल्यूशन' नामक एक फ्रेंच पत्रिका में गाँधी के नाम एक खुला पत्र लिखा। उसका अनुवाद उन्होंने गाँधी को भी भेजा। गाँधी कहते हैं कि इस पत्र में बोअर युद्ध[1] और फिर 1914 के विश्वयुद्ध[2] में मेरे भाग लेने की कड़ी आलोचना की गयी है और मुझसे अहिंसा के सन्दर्भ में इस आचरण का स्पष्टीकरण करने को कहा गया है। कुछ अन्य मित्रों ने भी यही सवाल किया है। मैंने इन स्तम्भों में अपने उस आचरण का स्पष्टीकरण देने का कई बार प्रयत्न किया है।

यदि केवल अहिंसा की तुला पर ही तोलें तो मेरे उस आचरण का कोई औचित्य सिद्ध नहीं किया जा सकता। युद्ध में हथियार चलाने वालों और सेवा–सुश्रूषा का काम करने वालों में मैं कोई अन्तर नहीं मानता। युद्ध में तो दोनों ही हाथ बँटाते हैं और उसे प्रश्रय देते हैं। दोनों युद्ध करने के अपराध के दोषी हैं किन्तु इतने वर्षों तक आत्मनिरीक्षण करने के बाद भी मैं यही महसूस करता हूँ कि तब मैं जिन परिस्थितियों में पड़ गया था, उनमें जो रास्ता मैंने बोअर युद्ध और विश्वयुद्ध में–बल्कि 1906 में नेटाल के तथाकथित जुलू विद्रोह[3] के समय भी अपनाया उसके अलावा और कोई रास्ता ही नहीं था।

जीवन की गति अनेकानेक शक्तियों से निर्धारित होती है। यदि मनुष्य अपना आचरण केवल किसी ऐसे सामान्य सिद्धान्त के अनुसार निर्धारित कर सके जिसे किसी विशेष क्षण में कैसे लागू किया जाये, यह इतना स्पष्ट हो कि उसे क्षण–भर को भी सोचने की ज़रूरत न हो तब तो उसके मार्ग

---

1. देखिये सं.गां.वां., खण्ड 12, पृ. 318–39, 147–52, 157–58 और 235–41

2. देखिये सं.गां.वां., खण्ड 12, पृ. 519, 525–26 और 539–40 तथा सं.गां.वां., खण्ड 14, पृ. 360–62 और 422–26 भी

3. सं.गां.वां., खण्ड 5, पृ. 301, 372–73, 580–83

में कोई कठिनाई ही न रह जाये लेकिन मुझे तो ऐसा कोई आचरण याद नहीं आ रहा है जिसे इतनी आसानी से निर्धारित किया जा सका हो।

एक प्रबल युद्ध विरोधी व्यक्ति के नाते मौक़ा मिलने पर भी मैंने कभी हथियार चलाने की शिक्षा नहीं ली। शायद इसीलिए मैं मानव–जीवन के विनाश में प्रत्यक्षतः शामिल होने से बच सका लेकिन जब तक मैं शरीर–बल पर आधारित एक शासन प्रणाली के अधीन जी रहा था और अपनी इच्छा से उसके द्वारा सुलभ की गयी अनेक सुविधाओं और अधिकारों का लाभ उठा रहा था तब तक उस सरकार के युद्धरत हो जाने पर अपनी शक्ति–भर उसकी सहायता करने के लिए बाध्य था। हाँ, यदि मैं उस सरकार से असहयोग कर रहा होता और उसके द्वारा सुलभ की गयी सुविधाओं का अपनी क्षमता–भर अधिक–से–अधिक त्याग कर रहा होता तो बात दूसरी होती।

एक उदाहरण देकर गाँधी ने अपनी बात समझायी–मैं एक संस्था का सदस्य हूँ और उस संस्था के पास कुछ एकड़ ज़मीन है। उसकी फसलों को बन्दरों से बराबर ख़तरा बना रहता है। मैं प्राणिमात्र के जीवन को पवित्र मानता हूँ और इसलिए बन्दरों को कोई नुक़सान पहुँचाना मेरी दृष्टि में अहिंसा धर्म का उल्लंघन है। लेकिन फसलों को बन्दरों से बचाने के लिए मैं लोगों को उन्हें मार–पीटकर भगाने को प्रेरित करने और किस तरह यह काम किया जाये, यह बताने में कोई संकोच नहीं करता।

मैं इस बुराई से बचना चाहूँगा, लेकिन बच तभी सकता हूँ जब या तो इस संस्था को छोड़ दूँ या तोड़ दूँ। मैं वैसा नहीं करता, क्योंकि मैं यह आशा नहीं रखता कि मुझे कहीं कोई ऐसा समाज मिल सकेगा जहाँ खेती नहीं होती हो और इसलिए कुछ–न–कुछ जीवहत्या भी नहीं होती हो। सो मैं डरते–काँपते, विनम्र और पश्चात्तापपूर्ण मन से बन्दरों को मारने–पीटने के काम में शरीक़ होता हूँ–मन में यह आशा लिए हुए कि शायद किसी दिन इसका कोई हल निकल आये।

उन्होंने कहा कि इसी प्रकार मैंने उक्त तीनों लड़ाइयों में भी भाग लिया। मैं जिस समाज का सदस्य हूँ उससे मैं अपना सम्बन्ध नहीं तोड़ सकता था तोड़ना पागलपन होता और उन तीनों अवसरों पर मेरे मन में ब्रिटिश सरकार से असहयोग करने का कोई ख़याल नहीं आया था। आज उस सरकार के सम्बन्ध में मेरा दृष्टिकोण बिलकुल दूसरा है और इसलिए इसकी किसी लड़ाई में मैं स्वेच्छा से शरीक़ नहीं हो सकता और

यदि आज मुझे उसकी ओर से शस्त्र उठाने या उसके सैनिक अभियानों में किसी अन्य प्रकार से शामिल होने को मजबूर किया जाये तो मैं जेल जाने, बल्कि फ़ाँसी के तख़्ते पर चढ़ जाने का ख़तरा उठाने को भी तैयार हूँ।

लेकिन इस गुत्थी का पूरा समाधान अब भी नहीं हो पाया है। यदि इस सरकार के बजाय कोई राष्ट्रीय सरकार हो तो मैं किसी युद्ध में प्रत्यक्ष रूप से तो भाग नहीं लूँगा, किन्तु ऐसे प्रसंगों की कल्पना कर सकता हूँ जब सैनिक प्रशिक्षण प्राप्त करने की इच्छा रखने वाले लोगों को सैनिक प्रशिक्षण देने के पक्ष में मत देना मेरा कर्तव्य होगा। क्योंकि मैं जानता हूँ कि इस राष्ट्र के सभी सदस्य अहिंसा में उस सीमा तक विश्वाास नहीं रखते जिस सीमा तक मैं रखता हूँ। किसी व्यक्ति या समाज को ज़बरदस्ती अहिंसक नहीं बनाया जा सकता।

सम्पूर्ण गाँधी वाङ्मय, खण्ड 37, पृ. 281–282,
यंग इंडिया (अंग्रेज़ी), 13.9.1928

अहिंसा बड़े रहस्यमय ढंग से काम करती है। मनुष्य के अहिंसात्मक दिखने वाले कार्यों का विश्लेषण करने पर वास्तव में उन्हें अहिंसात्मक सिद्ध कर पाना अक्सर कठिन पाया जाता है, इसी प्रकार अक्सर ऐसा होता है कि जब उसका आचरण अहिंसा के विशुद्धतम अर्थों में सर्वथा अहिंसात्मक होता है और बाद में ऐसा ही सिद्ध भी होता है तब ऊपर से देखने में उसके कार्य हिंसात्मक प्रतीत होते हैं। इसलिए मैं जो–कुछ कह सकता हूँ वह यही कि उपर्युक्त प्रसंगों में मेरे आचरण के पीछे अहिंसा की ही प्रेरणा थी। क्षुद्र राष्ट्रीय अथवा अन्य हितों को साधने का कोई प्रश्न ही नहीं था। किन्हीं दूसरे हितों की बलि देकर राष्ट्रीय या किसी अन्य हित को साधने में मैं विश्वास नहीं रखता।

अपनी दलील को मैं और नहीं बढ़ाऊँगा। अपनी भाषा के माध्यम से कोई किसी भी हालत में अपने विचारों को पूरी तरह अभिव्यक्त नहीं कर सकता। मेरे लिए अहिंसा एक दार्शनिक सिद्धान्त–मात्र नहीं है। वह मेरे जीवन की नियामक शक्ति, उसकी साँस है। मुझे मालूम है कि अक्सर मुझसे चूक होती है–कभी–कभी जानते–बूझते, लेकिन प्रायः अनजाने ही। यह बुद्धि की नहीं, हृदय की चीज़ है। सच्चा मार्गदर्शन ईश्वर से निरन्तर प्रार्थना करते रहने से, अतीव विनम्रता तथा आत्मत्याग से तथा सदैव

आत्मोत्सर्ग के लिए तत्पर रहने से प्राप्त होता है। इसके आचरण के लिए प्रबल साहस और निर्भीकता की आवश्यकता होती है।

लेकिन मेरे अन्तर में जो दीप जल रहा है वह स्थिर है, स्पष्ट है। हमारे लिए सत्य और अहिंसा के अतिरिक्त और कोई रास्ता नहीं है, मैं जानता हूँ कि युद्ध ग़लत है, एक घोर बुराई है। मैं यह भी जानता हूँ कि इसे समाप्त होना चाहिए मेरा यह दृढ़ विश्वास है कि खूँरेजी और फ़रेब से जीती हुई आज़ादी, आज़ादी नहीं है। मेरे किसी कार्य के कारण लोग ऐसा मानें कि अहिंसा धर्म की यह सीमा है और इस तरह अहिंसा धर्म को बट्टा लगे अथवा वे मेरे बारे में ऐसी धारणा बनायें कि मैं अमुक रूप में हिंसा या असत्य के पक्ष में हूँ, इसके बजाय यह ज़्यादा अच्छा होगा कि जो कार्य करने का आरोप मुझ पर लगाया गया है, उनमें से किसी का भी औचित्य सिद्ध न किया जा सके। हमारे जीवन का धर्म हिंसा नहीं है, असत्य नहीं है; उसका धर्म है अहिंसा और सत्य।

सम्पूर्ण गाँधी वाङ्मय, खण्ड 37, पृ. 281–283,
यंग इंडिया (अंग्रेज़ी), 13.9.1928

युद्ध के प्रति गाँधी का दृष्टिकोण

'युद्ध के प्रति मेरा दृष्टिकोण' शीर्षक के अन्तर्गत 13 सितम्बर, 1928 के 'यंग इंडिया' में प्रकाशित उनके लेख[1] को लेकर उनके पास बहुत से पत्र आये और यूरोप के जो अख़बार युद्ध के विरुद्ध युद्ध छेड़ने के पक्ष में थे, उनमें भी बहुत–से पत्र छपे। व्यक्तिगत रूप से लिखे गये पत्रों में से एक पत्र टॉलस्टॉय के मित्र और अनुयायी वी. चैरकॉफ का था इस पत्र के लेखक का शान्ति–प्रेमी लोगों में अत्यन्त आदरपूर्ण स्थान था, इसलिए उनके पत्र को गाँधी ने छाप दिया है[2] :

आपके रूसी मित्र आपको अपना हार्दिक अभिनन्दन भेजते हैं और ईश्वर तथा मानव–जाति के लिए आपकी अनवरत सेवाओं की अधिकाधिक सफलता की कामना करते हैं। हम आपके जीवन, आपके विचारों और आपके कार्यों को बड़ी दिलचस्पी के साथ देखते रहते हैं और आपकी हर सफलता पर हर्ष मनाते हैं। हम महसूस करते हैं कि अपने देश में आपको जो उपलब्धि होती है वह साथ ही साथ हमारी उपलब्धि भी है, क्योंकि हमारी परिस्थितियाँ यद्यपि भिन्न हैं, तथापि हम दोनों एक ही उद्देश्य के लिए कार्य कर रहे हैं। आपने अपनी उपस्थिति से, अपने जीवन के उदाहरण द्वारा और अपने फलदायी सामाजिक कार्यों द्वारा जो–कुछ दिया है और दे रहे हैं, उसके लिए हम आपके प्रति कृतज्ञता अनुभव करते हैं। हम आपके साथ अत्यन्त गहरी और आनन्ददायी एकता का अनुभव करते हैं।

'यंग इंडिया' के 13 सितम्बर, 1928 के अंक में 'युद्ध के प्रति मेरा दृष्टिकोण' शीर्षक के अन्तर्गत प्रकाशित आपका लेख देखकर आपके

---

1. देखिये सं.गां.वां., खण्ड 37, पृ. 281–83
2. इस पत्र के केवल कुछ अंश ही यहाँ दिये जा रहे हैं।

अनेक प्रशंसकों और मित्रों को दुःख पहुँचा है और मैं इस विषय पर अपनी भावनाओं तथा अपने विचारों को व्यक्त करना आवश्यक समझता हूँ।...

ब्रिटिश सरकार द्वारा छेड़ी गयी पिछली तीन लड़ाइयों में आपने जो भाग लिया है उसे आप उचित बताते हैं। इसी विषय को लेकर कुछ वर्ष पहले अपने एक लेख में, अगर मुझे ठीक याद है तो, आपने कुछ दूसरी ही बात कही थी। उस समय आपने अपने काम को उचित नहीं ठहराया था बल्कि आपने तो पहले ही असंगति को भी स्वीकार किया था। और मुझे याद है कि अपनी पिछली भूल को जिस तत्परता से आपने स्वीकार किया था उससे मैं और यहाँ आपके अन्य मित्र बहुत प्रभावित हुए थे और हमें बड़ी सान्त्वना मिली थी। लेकिन अब उसके विपरीत आप युद्ध के समर्थन में सामान्य रूप से रखे जाने वाले तर्कों की चर्चा करते हुए अपने उन कार्यों को ठीक बताते हैं।...

और न ही इस प्रश्न को इस आधार पर तय किया जा सकता है कि किसी को अमुक सरकार से सहानुभूति है अथवा नहीं। फिर भी आप वही आधार स्वीकार कर रहे हैं, क्योंकि आप कहते हैं : "यदि कोई राष्ट्रीय सरकार हो तो मैं ऐसे प्रसंगों की कल्पना कर सकता हूँ जब सैनिक प्रशिक्षण प्राप्त करने की इच्छा रखने वाले लोगों को सैनिक प्रशिक्षण देने के पक्ष में मत देना मेरा कर्तव्य होगा।" इस तरीक़े से आप उन दूसरे लोगों को भी ठीक ठहराते हैं जो किसी दूसरी सरकार के साथ सहानुभूति रखने के कारण युद्ध की तैयारी का समर्थन करते हैं। इस प्रकार वह व्यक्ति जनता को कितने बड़े भ्रमजाल में डाल देता है, जो एक तरफ़ तो युद्ध का इतना कट्टर विरोधी है कि सेना में भर्ती होने से इनकार करता है, पर दूसरी ओर सैनिक शिक्षा का भी समर्थन करता है?

आगे आप कहते हैं कि "इसके सभी सदस्य अहिंसा में विश्वास नहीं रखते" और यह कि "किसी व्यक्ति या समाज को ज़बरदस्ती अहिंसक नहीं बनाया जा सकता।" लेकिन सैनिक शिक्षा के पक्ष में मत न डालकर तो मैं किसी को कुछ भी करने के लिए विवश नहीं करता, वैसे ही जैसे जेबकतरों को प्रशिक्षित करने के पक्ष में मत न डाल कर मैं जेब–कतरों के प्रति कोई हिंसा नहीं करता।

आपने बन्दरों द्वारा चट कर ली जाने वाली फसल की एक मिसाल दी है। लेकिन आप मनुष्यों की जगह बन्दरों की बात लाकर मामले को

गड़बड़ा देते हैं। यदि आपकी फसल पर पशुओं के बदले मनुष्य हमला करें, तो क्या आप मनुष्यों की जान लेने के बदले अपनी फसल की बलि दे देना ही अपना कर्तव्य नहीं मानेंगे?

आप कहते हैं कि आपके लिए उस समाज से सम्बन्ध–विच्छेद कर लेना, जिसके कि आप सदस्य हैं, पागलपन होगा और यह भी कि जब तक आप पशुबल पर आधारित किसी शासन–तन्त्र में रहते हैं और अपनी ख़ुशी से उन अनेकानेक सुविधाओं तथा विशेषाधिकारों का उपयोग करते हैं जो वह आपके लिए मुहैया करता है तब आपका यह कर्तव्य हो जाता है कि जब वह सरकार युद्ध में रत हो तो आप अपनी सामर्थ्य–भर उसकी सहायता करें।

पहली बात तो यह कि मेरे चारों ओर के अन्य लोग जो दुष्कर्म कर रहे हैं उसमें उनका समर्थन न करने से मैं न केवल उस समाज से जिसका कि मैं सदस्य हूँ अपना सम्बन्ध–विच्छेद नहीं करता बल्कि इसका ठीक उलटा करता हूँ। मैं अपने इस सम्बन्ध का उपयोग सर्वोत्तम ढंग से समाज की सेवा करने के लिए करता हूँ।

दूसरी बात यह कि मैं जिस प्रकार का जीवन जी रहा हूँ यदि उसका मौजूदा तौर–तरीक़ा बनाये रखने के लिए मुझे युद्ध में राज्य की सहायता करनी पड़े, तो मुझे जीवन का अपना वह तौर–तरीक़ा हर क़ीमत पर छोड़ देना चाहिए, भले ही ऐसा करने में मुझे अपने प्राणों का उत्सर्ग करना पड़े, किन्तु मुझे किसी भी प्रकार अपने भाइयों की हत्या करने में लोगों की मदद नहीं करनी चाहिए। इसके अलावा यह भी बिलकुल सम्भव है कि हम हिंसा के प्रयोग के बिना हासिल की जा सकने वाली सुविधाएँ सरकार से हासिल करें, उनका उपयोग करें, लेकिन साथ ही सरकार के कुकृत्यों का कोई समर्थन न करें।

शायद, यह ग़लतफ़हमी कुछ इस कारण भी पैदा होती है कि आपने हिंसा और हत्या के बीच कोई सुनिश्चित रेखा नहीं खींची। ऐसे भी मामले होते हैं जब बहुत सावधानी से विचार किये बिना वास्तव में यह स्पष्ट बताना कठिन होगा कि निश्चित रूप से हिंसा की जा रही है अथवा नहीं। लेकिन युद्ध के मामले में तो सन्देह की कोई गुंजाइश ही नहीं है कि इसका आधार मनुष्य की हत्या करना है। इस पर शायद हम दोनों सहमत हैं।...

गाँधी ने लिखा है कि मुझे श्री चैरकॉफ को यह विश्वास दिलाने की ज़रूरत नहीं कि मैं न केवल उनके इस पत्र का बुरा नहीं मानता बल्कि उनकी हार्दिकता के लिए और खरी ईमानदारी के लिए उनका स्वागत करता हूँ।

इस पत्र में उठाए गये मुद्दों का बहुत विस्तार से उत्तर देने का मेरा विचार नहीं है। मैं ऐसा मानता हूँ कि इस विषय पर एक सीमा से आगे बहस की गुंजाइश नहीं है। यह तो इस गहरे विश्वास का मामला है कि युद्ध विशुद्ध रूप से एक बुराई है। युद्ध से घृणा करने में मैं किसी से पीछे नहीं हूँ। लेकिन गहरा विश्वास एक चीज़ है और सही आचरण दूसरी चीज़। एक युद्ध विरोधी अपने ध्येय के हित में जो–कुछ करता है, मुमकिन है कि दूसरा युद्ध–विरोधी उसे पसन्द न करे और वह कोई ठीक उलटी चीज़ करे, फिर भी युद्ध के सम्बन्ध में दोनों का विचार एक ही हो। यह विरोधाभास मनुष्य–स्वभाव को चकरा देने वाली जटिलता के कारण उत्पन्न होता है। इसलिए मैं इतना ही कह सकता हूँ कि एक ही सिद्धान्त का प्रतिपादन करने वालों को भी परस्पर सहिष्णुता बरतनी चाहिए।

अब मैं पत्र में उठाये गये कुछ मुद्दों को लेता हूँ। मुझे अपना लिखा या कहा गया ऐसा कुछ याद नहीं आता जिसमें मैंने ब्रिटेन द्वारा चलाये गये युद्धों में भाग लेने पर पश्चात्ताप प्रकट किया हो। मैंने शायद इतना ही कहा होगा कि मुझे दुःख है कि मैंने ब्रिटेन की सहायता की, क्योंकि यह बात मुझे बाद में स्पष्ट हुई कि ब्रिटेन की नीति भारत के लिए अहितकर और मानवता के लिए ख़तरनाक थी। यदि मुझे युद्ध के रूप में उन तीनों युद्धों में भाग लेने पर पश्चाताप का अनुभव हुआ होता, तो मुझे उसकी याद रहती और मैं उसे बार–बार व्यक्त करता रहता–हाँ, इस बीच उन युद्धों में अपने भाग लेने के बारे में मेरी राय ही बदल गयी होती तो दूसरी बात थी।

कार्य–साधकता शब्द का हम जो अर्थ समझते हैं, उसके विचार से मैंने कोई काम नहीं किया। मैंने अपने किये जिन कार्यों का विवरण दिया है, वे सभी शान्ति के पक्ष को दृढ़ बनाने के उद्देश्य से किये गये थे, ऐसा मेरा दावा है। इसका यह मतलब नहीं कि उन कार्यों से शान्ति का पक्ष सचमुच मज़बूत हो ही गया। मैं तो केवल यह तथ्य रख रहा हूँ कि मेरा अपना मंशा शान्ति को बल पहुँचाना था।

हाँ, यह सम्भावना अवश्य है कि उस समय मैं मानसिक तौर पर इतना दुर्बल या अस्थिर रहा होऊँ और आज भी इतना दुर्बल या अस्थिर हूँ कि अपनी भूल को ठीक उसी प्रकार न देख पाया होऊँ जैसे एक अन्धा व्यक्ति वह नहीं देख सकता जो उसके पड़ोसियों को दिखायी पड़ता है। मैं रोज़ देखता हूँ कि हम आत्म–प्रवंचना में अत्यन्त ही सक्षम हैं। लेकिन फिलहाल मुझे किसी आत्म–प्रवंचना की प्रतीति नहीं है। मैं तो यही अनुभव करता हूँ कि जिस माध्यम से शान्ति को देख रहा हूँ उससे मेरे यूरोपीय मित्र सर्वथा अपरिचित हैं। मैं एक ऐसे देश का वासी हूँ जिसे बलात् निरस्त्र कर दिया गया है और जिसे सदियों से दासता में रखा गया है। इसलिए शान्ति के बारे में मेरा दृष्टिकोण आवश्यक रूप से यूरोपीय मित्रों से भिन्न होगा ही।

मैं एक दृष्टान्त लेता हूँ। मान लीजिए कि बिल्लियाँ और चूहे हृदय से शान्ति की इच्छा करते हैं। तब बिल्लियों को चूहों के विरुद्ध युद्ध छोड़ना पड़ेगा। लेकिन चूहे किस प्रकार शान्ति को बढ़ावा देंगे? वे क्या चीज़ छोड़ेंगे? उनका मत लेना आवश्यक भी है? और मान लीजिए कि बिल्लियाँ उस समझौते को नहीं मानतीं जिसे बिल्लियों की सभा में तय किया गया हो और चूहों का शिकार करती रहती हैं, तो चूहे क्या करेंगे? मुमकिन है उनमें कुछ ऐसे बुद्धिमान चूहे भी हों और वे कहें : "हम तब तक स्वेच्छापूर्वक अपनी बलि देते रहेंगे जब तक बिल्लियाँ पूरी तरह संतुष्ट नहीं हो जातीं और शिकार करने में उनको रस मिलना बन्द नहीं हो जाता।" चूहे अपने सिद्धान्त का प्रचार ख़ूब करें, लेकिन शान्तिप्रेमी होने के नाते उन चूहों के प्रति इनका क्या रवैया होना चाहिए जो अपने अत्याचारियों के सामने से भागने के बजाय यह फ़ैसला करते हैं कि वे शस्त्रास्त्रों से लैस होकर शत्रुओं का मुकाबला करेंगे? उनका यह प्रयास व्यर्थ हो सकता है, लेकिन जिन बुद्धिमान चूहों की मैंने कल्पना की है मुझे भय है कि वे कर्तव्यबद्ध होंगे कि अपना शान्ति का रवैया बरकरार रखते हुए भी अन्य चूहों को साहसी और शक्तिशाली बनने में सहायता दें। वे नीतिवश ऐसा नहीं करेंगे, बल्कि इसके पीछे उनकी नेक–से–नेक मंशा होगी। मेरा रवैया बिलकुल यही है। चूँकि हम लोग दुर्बल हैं इसलिए अहिंसा को समझना हमारे लिए आसान नहीं है, उस पर आचरण करना तो और भी कम आसान है। हम सबको प्रार्थनामय भाव से और विनम्रतापूर्वक काम करना चाहिए और ईश्वर से बराबर प्रार्थना करनी चाहिए कि वह हमें विवेक दृष्टि दे;

और हमें प्रतिदिन ईश्वरीय प्रेरणा और समझ के अनुसार आचरण करने को सदैव तत्पर रहना चाहिए। शान्ति के एक प्रेमी और समर्थक के नाते आज मेरा कर्तव्य यही है कि पुनः स्वतन्त्रता प्राप्त करने के संघर्ष में मैं अहिंसा के सिद्धान्त पर अविचल रूप से दृढ़ रहूँ। और यदि भारत इस प्रकार अपनी स्वतन्त्रता पुनः प्राप्त करने में सफल हुआ, तो विश्व–शान्ति के क्षेत्र में उसका यही सबसे बड़ा योगदान होगा। इसलिए अच्छा यही होगा कि यूरोपीय युद्ध–विरोधी लोग यूरोप में ऐसा लोकमत तैयार करें जो ब्रिटेन को अपने क़दम पीछे हटाने को और भारत का लगातार शोषण करने से रोकने को मजबूर कर दे।

सम्पूर्ण गाँधी वाङ्मय, खण्ड 39, पृ. 398–402,
यंग इंडिया (अंग्रेज़ी), 7.2.1929

युद्ध के विरुद्ध युद्ध

एक पत्र–लेखक लिखते हैं कि, युद्ध के सम्बन्ध में सत्य और अहिंसा के अनुयायी के रूप में अपनी 'आत्मकथा' के अध्याय में आपने जो मत व्यक्त किये हैं उससे बहुत से लोगों के विचारों में हलचल पैदा हो गयी है। मुझसे ज़्यादा क़ाबिल लोग शायद आपको इस सम्बन्ध में लिखेंगे। परन्तु कुछ पहलुओं को, जो मेरे दिमाग़ में आये हैं, को मैं सामने रखना चाहता हूँ। क्या यह मूलभूत सिद्धान्त नहीं है कि सत्य और अहिंसा के सच्चे पुजारी को बुरी चीज़ों में हाथ नहीं डालना चाहिए, चाहे वह उनका प्रतिरोध न कर सके। जैसा कि कुछ लोग कहते हैं युद्ध एक आवश्यक बुराई है, परन्तु इस आशा से कि युद्ध के बाद संसार को युद्ध छेड़ने की बुराई का आभास होने लगेगा, उक्त कथन को युद्ध के समर्थन का बहाना नहीं बनाया जा सकता। यह हो ही नहीं सकता। इसके विपरीत (युद्ध से) मनुष्य की क्रूरता और भी तीव्र हो जाती है और जीवन की पवित्रता का भाव नष्ट हो जाता है। अराजकतावादी, आपकी तरह ही तर्क देकर कह सकता है : हम यूरोपियों के आक्रमण और आतंकवाद को नहीं रोक सकते। हम आतंकवाद का जन–समुदाय की शक्ति से प्रतिरोध नहीं कर सकते। परन्तु यदि हम इन तरीक़ों का, उन्हीं के विरुद्ध प्रयोग कर इन तरीक़ों की बुराई का प्रदर्शन कर सकें, तो उन्हें अपनी मूर्खतापूर्ण प्रवृत्ति का पता चल जायेगा और हम स्वतन्त्र हो जायेंगे तथा हम संसार को भी आतंकवाद से छुटकारा दिला देंगे। जब तक हमारे शासक हिंसा का सहारा लेते हैं, और जब तक हम आतंकवाद से घृणा करते हैं, उन्हीं हथियारों का प्रयोग करने में क्या हानि है; बशर्ते कि हम उन्हें अपने आप पर हावी न होने दें? क्या वास्तव में महायुद्ध से राष्ट्रों का और 'ख़ास तौरपर' विजेताओं का कुछ हित हुआ है? विजय के परिणामस्वरूप उनकी भौतिक, नैतिक और सामाजिक दृष्टि से बड़ी भारी हानि हुई है। उनके नैतिक सिद्धान्त

डगमगा गये हैं। क्षणभंगुर जीवन के लिए संघर्ष में पड़कर अन्तरराष्ट्रीय व्यवहार में सच्चाई और ईमानदारी की उपेक्षा दिन–ब–दिन अधिकाधिक स्पष्ट होती जा रही है। युद्ध चाहे कितना भी न्यायसंगत क्यों न हो, क्या उससे कुछ भी भलाई हो सकती है? किसी भी तरीक़े से, सक्रिय अथवा निष्क्रिय रूप से, युद्ध के पक्ष में सहमति देने के बजाय क्या यह ज़्यादा अच्छा नहीं कि हम इसका विरोध करें चाहे उसकी वजह से हमें दुःख ही क्यों न उठाना पड़े? क्या आपको यक़ीन नहीं है कि शान्तिवादियों ने उन लोगों की अपेक्षा, जिन्होंने युद्ध में सक्रिय रूप से भाग लिया, (मानवता की) ज़्यादा सेवा की है? आप जो कुछ कहते हैं, वह शायद आपकी 1914 की मानसिक स्थिति का द्योतक है, जब आपका यह विचार था कि अंग्रेज़ों की मनोवृत्ति न्यायपरायणता की है। क्या आप अब भी समझते हैं कि वह ठीक था? यदि कल दूसरे युद्ध की घोषणा कर दी जाये, तो क्या आप इस आशा में कि आप युद्ध के बाद हालत को सुधार लेंगे, इंग्लैंड को स्वेच्छा से अपनी सहायता अर्पित करेंगे। मैं जानता हूँ कि मैंने अपना दृष्टिकोण अच्छी तरह प्रस्तुत नहीं किया है। परन्तु आप समझ सकते हैं कि मैं आपसे क्या कहने की कोशिश कर रहा हूँ। मुझे आपका उत्तर पाकर प्रसन्नता होगी।

मैं लेखक के इस कथन से सहमत हूँ कि उन्होंने अपने पक्ष को सर्वोत्तम रूप में प्रस्तुत नहीं किया है, किन्तु वे उन पाठकों का प्रतिनिधित्व करते हैं, जो गम्भीरतापूर्वक लिखे गये लेखों को भी केवल इसलिए सावधानी से नहीं पढ़ते कि वे संयोग से एक 'साप्ताहिक पत्र' में दिये गये हैं। यदि उक्त पत्र–लेखक के जैसे पाठक सम्बद्ध अध्याय को फिर से पढ़ेंगे तो वे उसमें से नीचे के निष्कर्ष निकाल सकेंगे :

1. मैंने अपनी सेवाएँ इसलिए अर्पित नहीं की थीं कि मैं युद्ध में विश्वास करता था। मैंने उन्हें इसलिए अर्पित किया था कि मैं उसमें अप्रत्यक्ष रूप से भाग लिए बिना तो रह नहीं सकता था।
2. मेरी स्थिति ऐसी नहीं थी कि मैं उसमें भाग लेने का प्रतिरोध कर सकूँ।
3. मेरा यह विश्वास नहीं है कि युद्ध में भाग लेकर युद्ध से बचा जा सकता है, ऐसे ही जैसे मेरा यह विश्वास नहीं है कि बुराई में भाग लेकर बुराई से बचा जा सकता है। किन्तु इसमें और उस स्थिति में अन्तर समझ सकने की ज़रूरत है जिसमें हमें उन कार्यों में सचमुच मजबूरन हिस्सा लेना पड़ता है, जिन्हें हम बुरा या अवांछनीय मानते हैं।

4. अराजकतावादी का तर्क असंगत है, क्योंकि यह आतंकवादी कार्यों में ज्ञानपूर्वक स्वेच्छा से और पहले से सोच–विचार कर हिस्सा लेता है।
5. युद्ध से निश्चय ही कथित विजेताओं का कोई हित नहीं हुआ है।
6. जिन शान्तिवादी प्रतिरोधियों ने जेल के कष्ट भोगे हैं, उन्होंने निश्चय ही शान्ति के उद्देश्य की ही सेवा की है।
7. यदि कल दूसरे युद्ध की घोषणा कर दी जाये तो मैं वर्तमान सरकार के सम्बन्ध में अपने मौजूदा विचारों के रहते किसी भी रूप में या किसी प्रकार से उसकी सहायता नहीं कर सकता, प्रत्युत मैं अपनी पूरी शक्ति से दूसरों को भी उसे सहायता न देने के लिए उकसाने का और अहिंसा को ध्यान में रखते हुए सरकार की हार करवाने का यथासम्भव प्रयत्न करूँगा।

सम्पूर्ण गाँधी वाङ्मय, खण्ड 36, पृ. 91–93,
यंग इंडिया (अंग्रेज़ी), 8.3.1928

युद्ध के कारण

एक अमेरिकी मित्र ने श्री पेज द्वारा लिखित एक पुस्तिका गाँधी को भेजी थी। इसकी भूमिका श्री हैरी एमर्सन फॉस्डिक ने लिखी है। इस निबन्ध में पिछले महायुद्ध के कारणों के बारे में काफ़ी ताज़ी–से–ताज़ी जानकारी जुटायी गयी है। इस महान उथल–पुथल के कारणों की जाँच करना एक ऐसा विषय है जो कभी पुराना नहीं पड़ सकता। यहाँ इस पुस्तिका में से कुछ बड़े मार्के के उद्धरण देने की कोई सफ़ाई देना ज़रूरी नहीं है। लेखक एक सच्चा ईसाई जिज्ञासु मालूम होता है। उसने युद्ध के कारणों को पाँच शीर्षकों के अन्तर्गत विभक्त किया है–आर्थिक साम्राज्यवाद, सैन्यवाद, गठबन्धन, गुप्त कूटनीति और भय। प्रथम शीर्षक के अन्तर्गत वह लिखता है[1]: दूसरे चार कारणों से सम्बन्धित उद्धरण बाद में स्थान उपलब्ध होते ही प्रकाशित किये जायेंगे।[2]

श्री पेज की पुस्तिका से ली गयी महायुद्ध के कारणों की दूसरी क़िस्त नीचे दी जाती है। मेरा मन पाद–टिप्पणियों के अलावा और कुछ निकालने के लिए नहीं हुआ।[3]

श्री पेज युद्ध से होने वाली क्षति के बारे में अपने अध्याय को इस प्रकार समाप्त करते हैं।[4] श्री पेज ने पुस्तिका के अन्तिम अध्यायों में युद्ध रोकने के उपायों पर विचार किया है। पाठक देखेंगे कि लेखक इन उपायों

---

1. उद्धरण यहाँ नहीं दिये जा रहे हैं।
2. पुस्तिका से उद्धरण यंग इंडिया में 21 क़िस्तों में प्रकाशित किये गये थे। अन्तिम क़िस्त 6.5.1926 के अंक में प्रकाशित की गयी थी। यहाँ पर उद्धरण नहीं, केवल क़िस्तों के साथ दी गयी गाँधीजी की परिचयात्मक टिप्पणियों को एक साथ दे दिया गया है। पुस्तिका की क़िस्तों की तारीख़ों के लिए देखिये परिशिष्ट 1
3. श्री पेज की पुस्तिका के इन उद्धरणों के लिए देखिये यंग इंडिया, 26.11.1925; 10.12.1925; 17.12.1925 तथा 18.2.1926
4. श्री पेज की पुस्तिका के इन उद्धरणों के लिए देखिये यंग इंडिया, 26.11.1925; 10.12.1925; 17.12.1925 तथा 18.2.1926

को इतने विश्वासोत्पादक ढंग से पेश नहीं कर पाया है किन्तु इसका कारण लेखक के अपने विश्वास में किसी कमी का होना नहीं है, बल्कि इसका कारण यह है कि यह हम सबके लिए एक नया विषय है। कोई भी नहीं चाहता कि युद्ध हो। किन्तु युगों पुरानी इस प्रथा को सहज में कैसे नष्ट किया जा सकता है? क्या इससे बिलकुल छुटकारा पाना सम्भव है? आइए हम देखें कि लेखक क्या कहता है। उसने पाँच उपाय सुझाये हैं। उनमें से पहला उपाय[1] मैं पाठकों के लिए 'यंग इंडिया' के इस अंक में प्रकाशित करता हूँ।

श्री पेज ने अपने अन्तिम अध्याय का शीर्षक दिया है : "युद्ध के बारे में विभिन्न धर्म और सम्प्रदाय क्या करेंगे?" मैंने उसे दूसरा नाम दे दिया है जो 'यंग इंडिया' के पाठकों को अधिक उपयुक्त लगेगा। वे देखेंगे कि श्री पेज के अधिकांश तर्क[2] सभी धर्मों पर लागू होते हैं।

चौथा अध्याय जिन खण्डों में विभक्त किया गया है, उनमें श्री पेज ने योग्यतापूर्ण ढंग से विभिन्न कारणों की जाँच की है और उन्हें संक्षेप में गिनाया है। इनमें पहला है—"जिस प्रकार का जीवन व्यतीत करने की ईसा ने हमें शिक्षा दी है, युद्ध उसका मूलतः और स्वभावतः घोर उल्लंघन करता है।" यद्यपि कट्टर ईसाइयों के लिए इस खण्ड में पढ़ने को काफ़ी सामग्री है, किन्तु साधारण पाठक उन सन्दर्भों को नहीं समझेगा जिन्हें कि लेखक ने संक्षिप्त रूप में दिया है। किन्तु लेखक यह बताता है कि आधुनिक युद्ध एक ऐसी विपत्ति है जिसे कोई भी नैतिक विवेक रखने वाला व्यक्ति विचलित हुए बिना देखता नहीं रह सकता। लेखक ने विंस्टन एस. चर्चिल के लेखों से यह उद्धृत किया है कि, यह युद्ध सभी प्राचीन युद्धों से इस बात में भिन्न था कि युद्धरत पक्षों की शक्ति अतुलनीय और विनाश के साधन भयावह थे।...सभ्यता तथा विज्ञान के हामी ईसाई देशों ने युद्ध में केवल दो ही बातें नहीं की हैं—मानव—भक्षण और यन्त्रणा देना।...

धर्मपरायण व्यक्तियों द्वारा युद्ध का विरोध होना ही चाहिए, इसका दूसरा कारण यह है कि यह "ईसा के साम्राज्य के विस्तार का कारगर साधन नहीं है और सम्भवतः अपने उद्देश्य को भी विफल बना देता है।"

---

1. 25.2.1926 के यंग इंडिया में "क्या यह रोका जा सकता है?" शीर्षक से प्रकाशित।
2. 22.4.1926 के यंग इंडिया में, "धर्म कैसे सहायक हो सकता है?" शीर्षक से प्रकाशित।

वे आगे कहते हैं[1] कि, हम अब श्री पेज की बहुमूल्य पुस्तिका की समाप्ति पर पहुँच रहे हैं। मैं अन्तिम तीन खण्डों को नहीं ले रहा हूँ, क्योंकि वे 'यंग इंडिया' के पाठकों को अधिक दिलचस्प नहीं लगेंगे। अन्तिम अध्याय के तीसरे खण्ड में यह दिखाने का प्रयत्न किया गया है कि "सरकारों को युद्ध की प्रणाली को त्यागने और सुरक्षा तथा न्याय हासिल करने के अधिक कारगर साधन खोजने के लिए मजबूर करने का सबसे सीधा रास्ता यही है कि सभी व्यक्ति, समुदाय और संघबद्ध संस्थाएँ युद्ध में पड़ने से बिलकुल इनकार कर दें।"[2]

सम्पूर्ण गाँधी वाङ्मय, खण्ड 29, पृ. 256–257,
यंग इंडिया (अंग्रेज़ी) 26.11.1925

1. देखिये यंग इंडिया, 29.4.1926
2. देखिये यंग इंडिया, 6.5.1926

युद्ध या शान्ति

विश्वयुद्ध पर श्री पेज की श्रेष्ठ पुस्तिका[1] के मुख्य अंशों को मैंने अकारण ही नहीं उद्धृत किया था। आशा है, पाठकों ने इन अध्यायों को समुचित ध्यान से पढ़ा होगा। श्री पेज ने निर्णयात्मक रूप से यह सिद्ध कर दिया है कि दोनों ही पक्ष बराबर दोषी थे, तथा दोनों ने बर्बर और अमानवीय कृत्य किये। हमें यह जानने के लिए श्री पेज की सहायता ज़रूरी नहीं थी कि इतिहास में वर्णित किसी भी युद्ध में इतनी जानें नहीं गयीं जितनी कि इस युद्ध में गयीं। नैतिक हानि तो और अधिक हुई। आत्मा का हनन करने वाली विषैली शक्तियों (झूठ और कपट) को भी इसमें उतना ही विकसित किया गया जितना कि मानव–शरीर को नष्ट करने वाली शक्तियों को। नैतिक दृष्टि से भी इसके परिणाम उतने ही भीषण सिद्ध हुए हैं जितने कि भौतिक दृष्टि से। युद्ध के कारण यौन–नैतिकता का जो पतन हुआ है, मानव–समाज पर पड़ने वाले उसके प्रभाव का अभी ठीक अन्दाज़ नहीं लगाया जा सकता। सद्‌गुण के सिंहासन पर दुराचार जमकर बैठ गया है। फिलहाल मनुष्य के अन्दर का पशु प्रबल हो उठा है।

परवर्ती प्रभाव सम्भवतः वास्तविक और तात्कालिक प्रभावों से भी अधिक भीषण हैं। यूरोप के एक भी राज्य में सरकार में स्थायित्व नहीं है। कोई भी वर्ग अपनी स्थिति से सन्तुष्ट नहीं है। हर वर्ग दूसरे वर्गों के नुक़सान के बल पर अपनी स्थिति सुधारना चाहता है। राज्यों के संघर्ष ने अब प्रत्येक राज्य में आन्तरिक संघर्ष का रूप ले लिया है।

भारत को अपना रास्ता चुनना है। वह यदि चाहे तो युद्ध का रास्ता चुनकर देख ले; नतीजा यही होगा कि जितनी गिरी हालत में वह अभी है उससे भी अधिक नीचे गिर जायेगा। लगता है, हिन्दू–मुस्लिम झगड़े

---

141. देखिये खण्ड 29, पृष्ठ 256–57

के रूप में वह युद्धकला का पहला पाठ पढ़ रहा है। यदि भारत युद्ध के ज़रिये स्वराज हासिल भी कर ले तो उसकी दशा फ्रांस और इंग्लैंड से अच्छी नहीं होगी, बल्कि शायद उनसे भी बदतर होगी। पुराने उदाहरण अब झूठे पड़ गये हैं। जापान द्वारा की गयी तुलनात्मक प्रगति भी हमारा मार्गदर्शन नहीं कर सकती, क्योंकि रूस–जापान युद्ध के बाद युद्ध–विज्ञान ने अब कहीं अधिक प्रगति कर ली है। इसके परिणामों का अध्ययन यूरोप की वर्तमान स्थिति से ही किया जा सकता है। हम बेखटके ऐसा कह सकते हैं कि यदि भारत युद्ध के द्वारा अपने ऊपर से ब्रिटिश शासन का जुआ उतार फेंकता है तो निश्चित है कि उसे अवश्य ही उन स्थितियों से गुज़रना पड़ेगा जिनका वर्णन श्री पेज ने इतने सजीव ढंग से किया है।

पर शान्ति का रास्ता भी उसके लिए खुला हुआ है। यदि वह धैर्य से काम ले तो उसकी स्वतन्त्रता सुनिश्चित है। शान्ति का वह रास्ता यद्यपि हमें अपनी आतुरतावश सबसे लम्बा लग सकता है, तथापि वह स्वतन्त्रता–प्राप्ति का सबसे छोटा रास्ता सिद्ध होगा। आन्तरिक विकास और स्थायित्व शान्ति के मार्ग के निश्चित वरदान हैं। हम इसको इसलिए अस्वीकार करते हैं कि हमें लगता है कि यह तो उस शासक की इच्छा के आगे झुकना है, जिसने अपने–आपको हमारे ऊपर जबरन लाद रखा है। लेकिन, जिस क्षण हमें इस बात का भान हो जायेगा कि केवल कहने भर को ही ब्रिटिश हुकूमत हम पर ज़बरदस्ती थोपी हुई है, किन्तु वास्तव में अपने जान–माल की क्षति सहने की अपनी अनिच्छा के कारण हम भी इसके थोपे जाने में शरीक़ हैं, उस क्षण हमें सिर्फ़ इतना करने की ज़रूरत रह जायेगी कि चुप रहकर प्रकारान्तर से इस ग़ुलामी को पोषण देने के अपने नकारात्मक रुख़ को बदल डालें। अपना रुख़ बदलने से हमें जो कष्ट सहने होंगे, वे युद्ध का रास्ता अपनाने का प्रयत्न करने पर होने वाली शारीरिक तथा नैतिक क्षति की तुलना में बहुत कम होंगे। युद्ध के कष्ट सहने से दोनों पक्षों को नुक़सान पहुँचता हैं। शान्ति का रास्ता अपनाकर जो कष्ट सहे जाते हैं, उनसे दोनों पक्षों को लाभ होता है। वे कष्ट तो शिशु–जन्म के आनन्ददायक कष्ट के समान होंगे।

हमें 1920–21 की घटनाओं से जल्दबाज़ी में कोई सामान्य निष्कर्ष निकालकर भ्रम में नहीं पड़ना चाहिए। उस शानदार अवधि की उपलब्धि महान थी, फिर भी यदि हम अपने अपनाये रास्ते पर ईमानदारी से चले होते और हममें आस्था होती तो जो उपलब्धि हुई होती, उसकी तुलना

में यह उपलब्धि कुछ भी नहीं है। हम मुँह से जब अहिंसा की दुहाई देते थे, तब हममें से बहुतेरे लोगों के दिलों में हिंसा थी। इस तरह यद्यपि हम अपने सिद्धान्त के प्रति, जहाँ तक हमने उसे स्वीकार किया था, झूठे थे, लेकिन हम दोष सिद्धान्त को देते थे और अपने–आपको दोष देने या सुधारने के बजाय हमने सिद्धान्त में विश्वास खो दिया। जो व्याधि हमारे अन्दर ज़हर फैला रही थी, चौरी–चौरा काण्ड उसका एक लक्षण था। हमारा दावा था कि हमारा रास्ता शान्ति–अहिंसा का रास्ता है। हम उस दावे को पूरी तरह सिद्ध नहीं कर पाये। हमें दुश्मनों के व्यंग्य वाक्यों की परवाह नहीं करनी चाहिए। वे तो जहाँ ज़रा–सी भी हिंसा नहीं थी, वहाँ भी हिंसा देखते थे। लेकिन हम अपने 'अन्तर की सूक्ष्म आवाज़' के निर्णय की अवहेलना नहीं कर सकते थे। वह अन्दर छिपी हिंसा को जानती थी।

शान्ति का रास्ता सत्य का रास्ता है। सत्यपरायणता शान्ति के पालन से भी ज़्यादा महत्त्वपूर्ण है। वस्तुतः मिथ्याभाषण हिंसा की जननी है। सच्चे आदमी की वृत्ति बहुत समय तक हिंसात्मक नहीं रह सकती। सत्य के अन्वेषण के दौरान वह देखेगा कि उसे हिंसा से काम लेने की कोई ज़रूरत नहीं है, और वह यह भी जान लेगा कि जब तक उसमें ज़रा भी हिंसा है, तब तक वह सत्य को नहीं पा सकेगा, जिसकी वह तलाश कर रहा है।

सत्य तथा अहिंसा के और असत्य तथा हिंसा के बीच का कोई रास्ता नहीं है। हो सकता है, हममें मनसा–वाचा–कर्मणा पूरी तरह से अहिंसक बनने योग्य शक्ति कभी नहीं आये, परन्तु हमें अपना लक्ष्य अहिंसा को ही बनाना चाहिए और उस दिशा में सतत प्रगति करनी चाहिए। स्वतन्त्रता की प्राप्ति व्यक्ति को, राष्ट्र अथवा विश्व को ठीक उसी अनुपात में होती है जिस अनुपात में उसकी वृत्तियाँ अहिंसात्मक हो पाती हैं। इसलिए आइए, जो लोग सच्ची स्वतन्त्रता की प्राप्ति के एकमात्र साधन के रूप में अहिंसा में विश्वास रखते हैं, वे अहिंसा की ज्योति को मौजूदा दुर्भेद्य अन्धकार में भी दीप्त रखें। जिस प्रकार हवा में भूसा उड़ जाता है उसी प्रकार करोड़ों लोगों का असत्य भी उड़ जायेगा और कुछ थोड़े–से लोगों का सत्य ही केवल टिका रह सकेगा।

सम्पूर्ण गाँधी वाङ्मय, खण्ड 30, पृ. 495–497,
यंग इंडिया (अंग्रेज़ी), 20.5.1926

फिजी फिजीवालों के लिए[1]

मुझे आशंका है कि यदि अंग्रेज़ साम्राज्यवादी शासक भारतीय प्रवासियों को संसार के किसी भी भाग में आने के लिए पर्याप्त प्रलोभन दें, तो भारतीय प्रवासी उसमें फँस जायेंगे और यह मान बैठेंगे कि वे 'समान भागीदार' हैं। उनकी समझ में यह नहीं आयेगा कि उनकी स्थिति मात्र 'श‍ृगाल' की है। किन्तु हम तो यही आशा करते हैं कि साम्राज्यवादी इतना प्रलोभन कभी न देंगे और भारतीय प्रवासी अपनी सहज बुद्धि द्वारा साम्राज्यवादियों की इस माया के झीने आवरण के उस पार जो वास्तविक्ता है उसे साफ़ देख लेंगे।

सम्पूर्ण गाँधी वाङ्मय, खण्ड 36, पृ. 148,
यंग इंडिया (अंग्रेज़ी), 22.3.1928

1. सी.एफ. एंड्रयूज़ का इस शीर्षक का लेख यहाँ नहीं दिया जा रहा है।

अहिंसक प्रतिरोध

युद्ध का ख़तरा फिलहाल टल गया है, इस पर सबको प्रसन्नता तो होनी ही चाहिए। लेकिन इसके लिए जो क़ीमत देनी पड़ी है वह क्या भारी भी साबित हो सकती है? क्या ऐसा भी सम्भव है कि इसके लिए सम्मान का सौदा करना पड़ा हो? क्या यह संगठित हिंसा की विजय है? क्या हर हिटलर ने हिंसा को संगठित करने की कोई ऐसी नयी युक्ति ढूँढ़ ली है जिससे वे ख़ून की एक बूँद बहाये बिना अपना उद्देश्य प्राप्त कर सकते हैं। मैं यूरोपीय राजनीति का जानकार होने का दावा नहीं करता। लेकिन मुझे यह अवश्य लगता है कि यूरोप के छोटे राष्ट्र अपना ऊँचा सिर रखकर नहीं जी सकते। उनके बड़े पड़ोसी उन्हें लीलकर रहेंगे। उन्हें सामन्ती राज्य बनकर रहना पड़ेगा।

चार दिनों की चाँदनी के लिए, इस क्षणभंगुर पार्थिव अस्तित्व के लिए यूरोप ने अपनी आत्मा को गिरवी रख दिया है। जो शान्ति उसने म्यूनिख में प्राप्त की है, वह हिंसा की विजय है; साथ ही वह यूरोप की पराजय भी है। यदि इंग्लैंड और फ्रांस को अपनी विजय का भरोसा होता तो निश्चय ही उन्होंने चेकोस्लोवाकिया को बचाने या उसके साथ ही मिट जाने का अपना कर्तव्य पूरा किया होता। लेकिन जर्मनी और इटली की संयुक्त हिंसा–शक्ति के सामने उन्होंने घुटने टेक दिये। मगर जर्मनी और इटली को क्या मिला। क्या उन्होंने मानव जाति की कोई नैतिक श्रीवृद्धि की?

ये पंक्तियाँ लिखते हुए मेरे मन में बड़ी शक्तियों का कोई ख़याल नहीं है। उनकी ऊँचाई तो मुझे चकाचौंध कर देती है। मगर चेकोस्लोवाकिया की जो दशा हुई वह मेरे लिए और हम भारतवासियों के लिए अच्छा सबक है। अपने दो शक्तिशाली मित्र देशों के किनाराकशी कर लेने के बाद चेक लोगों ने जो कुछ किया उसके अलावा वे कुछ भी नहीं कर सकते थे। फिर भी, मैं यह कहने की धृष्टता करूँगा कि यदि उन्हें राष्ट्रीय सम्मान

की रक्षा के लिए एक अस्त्र की तरह अहिंसा का उपयोग मालूम होता तो उन्होंने इटली सहित जर्मनी की समस्त शक्ति का सामना किया होता। उन्होंने इंग्लैंड और फ्रांस को शान्ति के लिए गिड़गिड़ाने की अपमानजनक स्थिति में पड़ने से बचा लिया होता जो वास्तव में शान्ति थी ही नहीं। अपने सम्मान की रक्षा के लिए उन लुटेरों के ख़ून की एक बूँद भी बहाये बिना उनमें से एक-एक ने अपने प्राण उत्सर्ग कर दिये होते। मैं यह मानने को तैयार नहीं हूँ कि ऐसी वीरता चाहिए तो कहिए ऐसा संयम मानव स्वभाव से परे है। मनुष्य अपने सच्चे स्वभाव का साक्षात्कार तो तभी पायेगा जब वह भली-भाँति समझ लेगा कि मनुष्य बनने के लिए पशुता या दानवता त्याग करना आवश्यक है। हमें मानव शरीर ज़रूर मिल गया है, किन्तु अहिंसा का सद्‌गुण प्राप्त किये बिना, गुण-धर्म की दृष्टि से, हम आज भी हमारे आदि पूर्वज माने जाने वाले उराँगउटाँगों के ही समान हैं।

ये शब्द मैं व्यर्थ ही नहीं लिख रहा हूँ। चेक भाइयों को मैं सूचित करना चाहता हूँ कि जिस समय उनके भाग्य का निबटारा किया जा रहा था, कार्य-समिति व्यथा से व्याकुल थी।[1] यह व्यथा एक तरह से सर्वथा स्वार्थजन्य थी। लेकिन इसीलिए वह अधिक यथार्थ भी है। कारण, यद्यपि जनसंख्या की दृष्टि से हम एक बड़े राष्ट्र के हैं किन्तु यूरोप के सामने, अर्थात् वैज्ञानिक आधार पर संगठित हिंसा-शक्ति के सामने, हम चेकोस्लोवाकिया से भी छोटे हैं। हमारी स्वतन्त्रता न केवल ख़तरे में पड़ी हुई है, बल्कि हम उससे वंचित हैं और उसे पुनः प्राप्त करने को संघर्षरत हैं। चेक लोग पूर्णतः शस्त्र-सज्जित हैं; हम सर्वथा निःशस्त्र। इसलिए

---

1. इस अवसर पर कांग्रेस की कार्य-समिति ने निम्नलिखित प्रस्ताव पास किया था : "यूरोप के घटनाक्रम की ओर कार्य-समिति बड़े ध्यान से देखती है। चेकोस्लोवाकिया की आज़ादी छीनने या उसे निस्सत्त्व बना देने के लिए जर्मनी निर्लज्जता के साथ जो प्रयत्न कर रहा है, उसे कार्य-समिति चिन्तातुर दृष्टि से देख रही है। अपनी स्वतन्त्रता की रक्षा के लिए चेकोस्लोवाकिया के बहादुर लोगों के संघर्ष के प्रति समिति हार्दिक सहानुभूति व्यक्त करती है। भारत स्वयं ही विश्व की बड़ी साम्राज्यवादी शक्ति के विरुद्ध अहिंसक, किन्तु प्रचण्ड और बड़े-बड़े बलिदानों की अपेक्षा रखने वाले संघर्ष में जुटा है। इसलिए चेकोस्लोवाकिया की स्वतन्त्रता की रक्षा में उसकी गहरी रुचि स्वाभाविक है। समिति आशा करती है कि मनुष्य जो कुछ श्रेष्ठ है, अब भी अपनी श्रेष्ठता दिखायेगा और मानवता को इस आसन्न विनाश से उबार ले जायेगा"।

कार्य–समिति इस बात पर विचार करने बैठी कि चेक लोगों के प्रति हमारा क्या कर्तव्य है? यदि युद्ध के बादल हम पर फट पड़े तो कांग्रेस क्या करे। तब क्या हमें इंग्लैंड के साथ अपनी स्वतन्त्रता के लिए सौदेबाज़ी करनी चाहिए और चेकोस्लोवाकिया के साथ मैत्री का दिखावा करना चाहिए? या कि हमें अपने सिद्धान्त पर दृढ़ रहकर विपदाग्रस्त मानवता की परीक्षा की घड़ी में यह कहना चाहिए कि अपने सिद्धान्त के अनुसार हम युद्ध में किसी प्रकार से भाग नहीं ले सकते, भले ही देखने में ऐसा लगे कि वह युद्ध चेकोस्लोवाकिया की रक्षा के लिए लड़ा जा रहा है– चेकोस्लोवाकिया, जिसका अस्तित्व ही ख़तरे में पड़ा है। यदि यह स्थिति है तो इसमें उसका कोई दोष नहीं है या है तो बस इतना कि वह इतना छोटा है कि अपने बूते पर अपनी रक्षा नहीं कर सकता। कार्य–समिति लगभग इस निष्कर्ष पर पहुँच चुकी थी कि वह इंग्लैंड से सौदेबाज़ी करने के अवसर का लाभ नहीं उठायेगी, बल्कि अपने कार्यों से दुनिया को यह बतायेगी कि सम्मानजनक शान्ति का रास्ता दोनों पक्षों के निर्दोष लोगों का संहार करना नहीं है, वरन् इसका एकमात्र सच्चा रास्ता अपने प्राणों तक की बलि चढ़ाकर संगठित अहिंसा का पालन करना है; और संसार को ऐसा बताकर वह विश्व–शान्ति में भी योगदान करेगी और चेकोस्लोवाकिया की रक्षा तथा भारत की स्वतन्त्रता में भी अपना योग देगी।

यदि कार्य–समिति को अपने सिद्धान्त के प्रति ईमानदार रहना था तो उसके लिए यह क़दम उठाना तर्कसम्मत और स्वाभाविक ही था। यदि भारत अहिंसा के बल पर अपनी आज़ादी हासिल कर सकता है और कांग्रेसियों को यह मानकर चलना है कि वह कर सकता है तो वह अपनी आज़ादी की हिफ़ाज़त भी उसी रास्ते से कर सकता है; और जब भारत ऐसा कर सकता है तो चेकोस्लोवाकिया जैसा छोटा देश तो और भी आसानी से कर सकता है।

अगर लड़ाई छिड़ जाती तो कार्य–समिति सचमुच क्या करती, मैं नहीं कह सकता। लेकिन लड़ाई अभी सिर्फ़ स्थगित हुई है। दम लेने भर को जो समय मिला है, उसके दौरान मैं चेक लोगों के स्वीकारार्थ अहिंसार्थ मार्ग सुझाता हूँ। उनके भाग्य में क्या लिखा है, अभी तक उन्हें मालूम नहीं है। अहिंसा के इस मार्ग को आजमाकर देखने में उन्हें कुछ गँवाना नहीं है। गणतान्त्रिक स्पेन का भाग्य अधर में लटका हुआ है। यही हाल चीन का भी है। अन्त में यदि इन सबकी पराजय होती है तो वह इसलिए नहीं

होगी कि इनका पक्ष न्यायसंगत नहीं है, बल्कि इसलिए होगी कि वे विनाश के विज्ञान में कम निष्णात हैं या इसलिए कि उनके पास संख्या–बल कम है। यदि गणतान्त्रिक स्पेन के पास फ्रैंकोवाली साधन–सामग्री हो तो उसे क्या मिल जायेगा, चीन के पास जापान के जैसा युद्ध–कौशल हो तो, उसे क्या हासिल हो जायेगा, या चेकों के पास हिटलरवाली कुशलता हो तो वही क्या प्राप्त कर लेंगे? मैं तो यह कहूँगा कि यदि चेकोस्लोवाकिया में प्रतिकूल से प्रतिकूल परिस्थिति में भी उसके एक–एक सपूत के मर मिटने तक लड़ने की शूरता है और वास्तव में है भी तो लड़ने से इनकार करने और साथ ही आततायियों के सम्मुख सिर न झुकाने में कहीं और बड़ा पुरुषार्थ है। जब दोनों स्थितियों में मृत्यु निश्चित है तो शत्रु के विरुद्ध अपने हृदय में कोई द्वेष रखे बिना खुले सीने पर उसके प्रहारों को झेलते हुए मृत्यु का वरण करना क्या अधिक श्रेयस्कर अधिक भव्य नहीं है?

सम्पूर्ण गाँधी वाङ्मय, खण्ड 67, पृ. 459–62,
हरिजन (अंग्रेज़ी), 8.10.1938

अहिंसात्मक प्रतिरोध

जापान हमारे द्वार तक आ पहुँचा है। अहिंसात्मक तरीक़े से हम इस सम्बन्ध में क्या कर सकते हैं? अगर हिन्दुस्तान आज़ाद होता तो जापान को देश में घुसने से रोकने के लिए अहिंसक उपायों से काम लिया जा सकता था। आज भी जापानियों के हमारी भूमि पर पैर रखने के साथ ही अहिंसक प्रतिरोध आरम्भ किया जा सकता है। उदाहरण के लिए, अहिंसक प्रतिरोधी उन्हें किसी भी तरह की मदद देने से इनकार करेंगे। पानी तक न देंगे। क्योंकि अपने देश को हड़पने में किसी की मदद करना उसका फ़र्ज़ नहीं। हाँ, अगर कोई जापानी रास्ता भूल गया हो और प्यास से मर रहा हो, और एक इनसान के नाते मदद माँगता हो, तो सत्याग्रही उस प्यासे जापानी को पानी दे देगा, क्योंकि अहिंसक प्रतिरोधी किसी को अपना दुश्मन नहीं मानता। मान लीजिए कि जापानी इन प्रतिरोधियों को पानी देने के लिए मजबूर करें, तो उस हालत में उन्हें उनका विरोध करते–करते मर मिटना होगा। यह सोचा जा सकता है कि वे तमाम प्रतिरोधियों को मौत के घाट उतार देंगे। हमारे इस अहिंसात्मक प्रतिरोध का आधार यह आस्था है कि आख़िर आक्रमणकारी अहिंसक प्रतिरोधियों को क़त्ल करते–करते मन और शरीर से भी थक जायेगा। वह सोच में पड़ जायेगा कि आख़िर यह कौन–सी नयी ताक़त है–उसके लिए तो यह नयी ही होगी–जो चोट पहुँचाने की कोशिश तक नहीं करती और फिर भी सहयोग देने से इनकार करती है; और शायद वह और अधिक क़त्ल न करेगा। लेकिन हो सकता है कि प्रतिरोधी जापानियों को अत्यन्त हृदयहीन पायें और देखें कि उन्हें इस बात की ज़रा भी चिन्ता नहीं है कि वे कितनों को क़त्ल करते हैं। उस हालत में भी जीत प्रतिरोधियों की ही रहेगी, क्योंकि उन्होंने झुकने के बजाय मर मिटना पसन्द किया।

जिस तरह मैंने लिखा है, उस तरह बिलकुल आसानी से यह सब नहीं हो जायेगा। आज देश में कम–से–कम चार पक्ष हैं। पहला पक्ष अंग्रेज़ों का और उनके द्वारा खड़ी की गयी फ़ौजों का है। जापानियों ने घोषणा की है कि हिन्दुस्तान पर उनकी कोई बुरी नज़र नहीं है, उनका झगड़ा सिर्फ़ अंग्रेज़ों के साथ है। इसमें उन्हें कई हिन्दुस्तानियों की, जो इस वक़्त जापान में हैं, मदद मिल रही है। उनकी तादाद का अन्दाज़ लगाना तो मुश्किल है, मगर निश्चय ही ऐसे लोगों की काफ़ी तादाद है जो जापानी घोषणा पर भरोसा करते हैं और मानते हैं कि जापानी उन्हें अंग्रेज़ी हुकूमत के जुए से आज़ाद करके अपने घर लौट जायेंगे। लेकिन यदि सबसे बुरी स्थिति भी आ जाये, तो भी वे अंग्रेज़ी हुकूमत का बोझ ढोते–ढोते इतने थक चुके हैं कि परिवर्तन की दृष्टि से वे जापानी जुए का स्वागत करने को भी तैयार हो सकते हैं। यह दूसरा पक्ष है। तीसरा पक्ष तटस्थ लोगों का है। वे अहिंसक तो नहीं हैं, फिर भी ब्रिटेन या जापान दोनों में से किसी को भी मदद करना नहीं चाहते।

चौथा और आख़िरी पक्ष अहिंसक प्रतिरोध करने वालों का है। अगर वे मुट्ठी–भर ही रहे तो उनका प्रतिरोध भविष्य के लिए एक उदाहरणस्वरूप ही रहेगा, इससे अधिक और कोई प्रभाव वह पैदा न कर सकेगा। ऐसे प्रतिरोधी, शान्ति के साथ अपनी–अपनी जगह पर अटल रहकर मर मिटेंगे, किन्तु आक्रमणकारी के आगे घुटने न टेकेंगे। वे वायदों के धोखे में नहीं फँसेंगे। वे किसी तीसरे पक्ष की मदद से अंग्रेज़ी हुकूमत से छुटकारा नहीं चाहेंगे। वे पूरी तरह अहिंसक युद्ध के अपने तरीक़े में ही विश्वास रखते हैं, दूसरे किसी में नहीं। उनकी लड़ाई उन करोड़ों बेज़ुबान लोगों के लिए है, जो जानते तक नहीं कि मुक्ति किसे कहते हैं। उनके हृदय में न तो अंग्रेज़ों के प्रति कोई द्वेष है और न जापानियों के लिए कोई प्रेम। वे उन दोनों का उसी तरह भला चाहते हैं जिस तरह और सबों का। वे तो यही चाहेंगे कि अंग्रेज़ तथा जापानी दोनों सही मार्ग पर चलें। वे मानते हैं कि सिर्फ़ अहिंसा ही सब हालतों में मानव को ठीक रास्ते पर चला सकती है। इसलिए यदि पर्याप्त साथियों के अभाव में अहिंसक प्रतिरोधियों का ध्येय सिद्ध न हो सके, तो भी वे अपना मार्ग नहीं छोड़ेंगे; बल्कि मरते दम तक उस पर डटे रहेंगे।

अहिंसा के साधकों के सामने आज एक कठिन काम उपस्थित है। लेकिन जिन्हें अपने ध्येय में श्रद्धा है, उन्हें कोई भी कठिनाई परास्त नहीं कर सकती।

एक विषम और लम्बी यातना का समय हमारे सामने है। अहिंसक प्रतिरोधियों को चाहिए कि वे असम्भव काम करने की कोशिश में न पड़ें। उनकी शक्तियाँ सीमित हैं। आज असम आसन्न संकट में है, लेकिन केरल के प्रतिरोधी की यह ज़िम्मेदारी नहीं कि वह उसकी रक्षा के लिए वहाँ दौड़ा जाये अगर असम में अहिंसात्मक वृत्ति है, तो वह अपने–आपको अच्छी तरह सँभाल लेगा और अगर उसमें वह चीज़ नहीं है तो केरल के अहिंसक प्रतिरोधियों का कोई भी जत्था उसकी या किसी दूसरे प्रान्त की मदद नहीं कर सकेगा। केरल वाले केरल में ही अपनी अहिंसा का परिचय देकर असम की मदद कर सकते हैं। अगर जापानी फ़ौज के पाँव हिन्दुस्तान में जम गये तो वह असम में ही नहीं अटकी रहेगी। अंग्रेज़ों को हराने के लिए उसे सारे देश में छा जाना होगा। अंग्रेज़ चप्पा–चप्पा ज़मीन के लिए लड़ेंगे। अगर हिन्दुस्तान उनके हाथ से निकल गया तो शायद यह कहा जा सकेगा कि उन्होंने अपनी पूरी–पूरी हार क़बूल कर ली है। लेकिन ऐसा हो या न हो, इतनी बात तो बिलकुल साफ़ है कि जापान तब तक दम न लेगा जब तक सारा हिन्दुस्तान उसके हाथ में न आ जायेगा। इसलिए अहिंसक प्रतिरोधियों को, वे जहाँ भी हों वहीं अपनी–अपनी जगह पर डटे रहना चाहिए।

यहाँ एक बात को स्पष्ट कर देना ज़रूरी है। जहाँ अंग्रेज़ी फ़ौज की 'दुश्मन' के साथ वास्तविक भिड़न्त हो रही हो, वहाँ सीधा अहिंसक प्रतिरोध करना शायद अनुचित होगा। अगर अहिंसक प्रतिरोध में हिंसा का मिश्रण हो जाये या वह हिंसा से गठबन्धन कर ले तो वह प्रतिरोध अहिंसक नहीं रहेगा।

इसलिए जो बात मैं बार–बार कहता रहा हूँ उसी को यहाँ फिर दुहराता हूँ। दृढ़ निश्चय के साथ रचनात्मक कार्यक्रम को चलाना ही अहिंसात्मक कार्रवाई की सबसे अच्छी तैयारी और अभिव्यक्ति भी है। जो भी कोई यह मानता है कि रचनात्मक कार्यक्रम के आधार के बिना भी वह परीक्षा के समय अहिंसक बल दिखा सकेगा, वह बुरी तरह नाकामयाब होगा। यह तो वैसी ही बात होगी कि कोई बिलकुल निहत्था और भूख का मारा आदमी किसी अच्छी तरह खाये–पीये हुए और हथियारों से लैस सिपाही का सामना अपनी शारीरिक शक्ति से करने की कोशिश करे। उसकी हार तो निश्चित ही है। मेरी राय में जिसे रचनात्मक कार्यक्रम में विश्वास नहीं है उसमें भूख से पीड़ित करोड़ों देशवासियों के प्रति कोई

ठोस भावना नहीं है और जिसमें यह भावना नहीं, वह अहिंसक लड़ाई नहीं लड़ सकता। व्यावहारिक जीवन में मैंने यह पाया है कि ज्यों–ज्यों मैं भूखे लोगों के साथ तद्रूप होता गया, त्यों–त्यों मेरी अहिंसा का विस्तार होता गया। अपनी कल्पना की अहिंसा से अब भी मैं दूर हूँ, क्योंकि मूक जनसाधारण के साथ तन्मय होने की अपनी कल्पना से मैं अब भी बहुत दूर नहीं हूँ क्या?

वर्धा जाते हुए रेल में, 5 अप्रैल, 1942; सम्पूर्ण गाँधी वाङ्मय, खण्ड 76, पृ. 5–7, हरिजन (अंग्रेज़ी), 12.4.1942

राष्ट्रीय स्तर पर अहिंसा का पालन

लॉर्ड लोथियन ने गाँधी को लिखा कि 'हरिजन' के हाल के अंकों को और यूरोप के संकट और पश्चिमोत्तर सीमा प्रान्त के बारे में आपने जो कुछ लिखा, उसे मैं बड़ी दिलचस्पी के साथ पढ़ता रहा हूँ। लेकिन अहिंसा की समस्या में एक बात ऐसी है, जिसके बारे में अगर समय होता तो मैं सेगाँव में ही आपसे बातचीत[1] करता, क्योंकि उसका उल्लेख आप या तो कभी करते ही नहीं, या कभी–कभार ही करते हैं। आप कहते हैं कि अहिंसात्मक असहयोग, जिस रूप में आपने उसे विकसित किया है, उस हिंसा का जवाब है जो अब सारे संसार का ध्वंस करने पर उतारू है। ऐसी भावना और ऐसे काम का महान प्रभाव हो सकता है, इसमें कोई सन्देह नहीं। लेकिन शत्रु–मित्र सबके लिए एक समान निःस्वार्थ प्रेम की अहिंसात्मक भावना की सफल होने के लिए क्या यह ज़रूरी नहीं है कि जहाँ वह प्रकट हो वहाँ शासन उदार, लोकतन्त्रात्मक और वैधानिक होना चाहिए? क़ानून और सरकार के बग़ैर साम्राज्य क़ायम नहीं रह सकता। अन्तरराष्ट्रीय शान्ति तब तक स्थापित नहीं हो सकती जब तक कि विभिन्न राष्ट्र वैधानिक शासन की एक ऐसी पद्धति को स्वीकार न कर लें जो उन्हें एकता और क़ानून प्रदान करके अराजकता का ख़ात्मा कर दे। इसमें कोई शक़ नहीं कि किसी–न–किसी दिन ईश्वरीय क़ानून मनुष्यों के दिल और दिमाग़ पर इस प्रकार अंकित हो जायेगा कि उसका पालन करने के लिए किसी मानवी क़ानून या शासन की कोई ज़रूरत नहीं होगी, बल्कि व्यक्तिगत रूप में वे ख़ुद ही उसके अभिव्यंजक बन जायेंगे। लेकिन वह तो चरम स्थिति है। इस दिव्य लक्ष्य की ओर बढ़ने का आरम्भ इस रूप में

---

1. लॉर्ड लोथियन 18 जनवरी से 20 जनवरी, 1938 तक सेगाँव में थे; देखिये सं.गां.वां., खण्ड 66, पृ 383–84

होना ज़रूरी है कि सबसे पहले विविध जातियाँ, धर्म और राष्ट्र एक ऐसे विधान के अन्तर्गत एक होने को रजामन्द हों, जिसके द्वारा उनकी एकता और पारस्परिक सदस्यता क़ायम रहे। जिन क़ानूनों के मातहत वे रहें, वे सार्वजनिक विचार–विमर्श के बाद और किसी–न–किसी रूप में बहुमत के निश्चय से जारी होने चाहिए और जहाँ उनका पालन स्वेच्छापूर्वक न हो, वहाँ समझाने–बुझाने और उदाहरण पेश करने से काम न चलने पर, उनका पालन युद्ध द्वारा नहीं बल्कि पुलिस द्वारा कराया जाये। सर्वप्रभुता सम्पन्न राष्ट्रों के बीच रचनात्मक अहिंसा की भावना को काम में लाने से हम संघ–शासन (फ़ेडरेशन) के किसी–न–किसी रूप पर ही पहुँचेंगे। क्योंकि ऐसा किये बग़ैर वह सफल नहीं हो सकती। वह प्रभावकारी रूप में क़ायम है, इसका सबूत संघात्मक पद्धति का उभरना ही होगा। इस प्रकार यूरोप की समस्या का एकमात्र सच्चा हल यही है कि वहाँ के 25 राष्ट्रों का एक लोकतन्त्रीय संविधान के मातहत संघ बनाया जाये, जो ऐसी सरकार का निर्माण करे जो यूरोप को प्रतिस्पर्धी और परस्पर विरोधी राष्ट्रों का एक समूह मानकर नहीं, बल्कि स्वायत्त भागों वाली एक पूर्ण इकाई मानकर उसकी समस्याओं पर विचार करे और उनके लिए क़ानून बनाये। इसी प्रकार भारतीय समस्या का एकमात्र हल यह है कि ग्रेट ब्रिटेन के नियन्त्रण के स्थान पर वहाँ लोकतन्त्रीय संविधान क़ायम किया जाये और जो बात यूरोप तथा भारत के लिए ठीक है, कालान्तर में वही सारी दुनिया के लिए भी ठीक है और युद्ध को रोकने का एकमात्र अन्तिम साधन है।

हो सकता है कि दिल और दिमाग़ में परिवर्तन लाने का, जिससे कि विभिन्न राष्ट्र संघीय लोकतन्त्रीय संविधान को स्वीकार कर सकें, अहिंसात्मक असहयोग सर्वोत्तम–शायद एकमात्र–साधन हो। लेकिन लोकतन्त्रीय संघ शासन की प्राप्ति आवश्यक है, उसी से इसकी (अहिंसात्मक असहयोग की) सफलता निश्चित होती है, उसके बिना यह सफल नहीं हो सकती। इस बात पर मैं हमेशा उत्सुकता से ध्यान देता रहा हूँ और आश्चर्य करता रहा हूँ कि आप यह सोचते मालूम पड़ते हैं कि अहिंसात्मक असहयोग ख़ुद अपने में ही काफ़ी है, और आप यह कभी नहीं कहते कि इसका लक्ष्य मनुष्यों, जातियों, धर्मों और राष्ट्रों को मिलाने वाली लोकतन्त्रीय शासन पद्धति की स्थापना ही होना चाहिए, हालाँकि उसकी प्राप्ति हृदय के आध्यात्मिक परिवर्तन के द्वारा ही सम्भव है, बल या हिंसा अथवा चालाकी से उसे प्राप्त नहीं किया जा सकता।

मैं यह सब भारतीय संविधान के पक्ष में परीक्षा रूप से तर्क करने के लिए नहीं लिख रहा हूँ, हालाँकि उस समस्या से भी स्पष्ट ही इसका सम्बन्ध है। भारत सरकार अधिनियम लोकतन्त्रीय संघ–शासन के सिद्धान्त का स्पष्टतः एक बहुत अपूर्ण रूप है और यदि उसको चलाना है तो तेज़ी के साथ उसका विकास होना आवश्यक है। उसके लिए जो ख़ास दलील हमेशा मैंने दी वह यह है कि मौजूदा हालात में प्रान्तों, रियासतों, मुसलमानों और हिन्दुओं को एक सूत्र में पिरोने वाले एकमात्र वैधानिक समझौते का वही ऐसा आधार है जिसको अमली रूप दिया जा सकता है और उसमें आमतौर पर जितने समझे जाते हैं, उससे कहीं ज़्यादा विकास के बीज मौजूद हैं। अगर आपका आध्यात्मिक सन्देश लोगों में घर कर ले, तो इसका विकास शीघ्रता से और आसानी के साथ हो सकता है। मेरा उद्देश्य इस वैधानिक समस्या के बारे में आपकी कोई राय प्राप्त करना नहीं है, लेकिन इस पत्र के पूर्व भाग में जो बृहत्तर प्रश्न उठाया गया है, उसका मैं ज़रूर जवाब चाहता हूँ।

लॉर्ड लोथियन का यह पत्र मुझे जनवरी के शुरू में मिला था, लेकिन आवश्यक कार्यों के कारण इससे पहले मैं इसमें उठाये गये महत्त्वपूर्ण सवाल की चर्चा नहीं कर सका।

सोच–समझकर अहिंसा पर आधारित समाज में शासन का रूप क्या हो, इस बारे में कुछ लिखने से मैं जानबूझकर बचता रहा हूँ। अहिंसा सारे समाज की एकता को उसी प्रकार क़ायम रखे हुए है जिस प्रकार गुरुत्वाकर्षण पृथ्वी को उसकी स्थिति में क़ायम रखे हुए है लेकिन जब गुरुत्वाकर्षण के नियम का पता लगा, तो उस खोज से ऐसे परिणाम निकले, जिनका हमारे पूर्वजों को कुछ ज्ञान न था। इसी प्रकार जब सोच–समझकर अहिंसा के नियमानुसार समाज का निर्माण होगा, तो उसका ढाँचा ख़ास–ख़ास बातों में आज से भिन्न होगा। लेकिन पहले से ही मैं यह नहीं कह सकता कि सम्पूर्णतया अहिंसा पर आधारित शासन का रूप कैसा होगा।

आज तो जो हो रहा है, वह यह कि अहिंसा के नियम की उपेक्षा करके हिंसा को सर्वोच्च स्थान प्रदान कर दिया गया है मानो वह एक शाश्वत नियम हो। इसलिए इंग्लैंड, अमेरिका और फ्रांस में जिन लोकतान्त्रिक प्रणालियों पर हम काम करते हुए देखते हैं, वे नाममात्र ही लोकतान्त्रिक हैं, क्योंकि वे भी हिंसा में नाज़ी जर्मनी, फ़ासिस्ट इटली या सोवियत रूस

से कुछ अलग नहीं हैं। फ़र्क़ सिर्फ़ यह है कि पिछले तीन देशों में हिंसा लोकतन्त्रीय देशों की बनिस्बत कहीं ज़्यादा अच्छे रूप में संगठित है। फिर भी हम देखते हैं कि शस्त्रास्त्रों के मामले में एक–दूसरे से आगे बढ़ने की आज पागलों की–सी होड़ मची है और संघर्ष होने पर, जिसका कि एक दिन होना अनिवार्य है, अगर इन लोकतन्त्रों की विजय हुई तो यह सिर्फ़ इसलिए होगी कि उनके पीछे यह सोचने वाली प्रजा का सहारा होगा कि अपने यहाँ के शासन में हमारी भी आवाज़ है। जबकि हो सकता है कि अन्य तीन राष्ट्रों में वहाँ की प्रजा ही अपने यहाँ की तानाशाहियों के ख़िलाफ़ विद्रोह कर दे।

मैं यह मानता हूँ कि अहिंसा को राष्ट्रीय पैमाने पर स्वीकृत किये बग़ैर वैधानिक या लोकतन्त्रीय शासन–जैसी कोई चीज़ नहीं हो सकती। इसीलिए अपनी शक्ति मैं इस बात को प्रतिपादित करने में लगाता हूँ कि अहिंसा हमारे व्यक्तिगत, सामाजिक, राजनीतिक, राष्ट्रीय और अन्तरराष्ट्रीय जीवन का नियम है। मैं समझता हूँ कि मैंने प्रकाश देख लिया है, हालाँकि देखा है कुछ धुँधले रूप में ही। सावधानी के साथ मैं इसलिए लिखता हूँ, क्योंकि मैं यह दावा नहीं करता कि मैंने उस सारे नियम को जान लिया है। जहाँ अपने प्रयोगों की सफलताओं को मैं जानता हूँ, वहीं अपनी असफलताओं का भी मुझे ज्ञान है। मगर सफलताएँ इतनी हैं कि मेरे अन्दर एक अमर आशा पैदा हो गयी है।

मैं अक्सर कहता रहा हूँ कि अगर साधनों की फ़िक्र रखी जाये तो ध्येय अपनी फ़िक्र ख़ुद कर लेगा। अहिंसा साधन है, और ध्येय है हर एक राष्ट्र के लिए पूर्ण स्वाधीनता। अन्तरराष्ट्रीय संघ तभी होगा जबकि उसमें शामिल होने वाले बड़े–छोटे सभी राष्ट्र पूरी तरह स्वाधीन हों। राष्ट्र अहिंसा को जितना आत्मसात् करेंगे, स्वाधीनता उतनी ही अधिक होगी। एक बात निश्चित है। अहिंसा पर आधारित समाज में छोटे–से–छोटा राष्ट्र भी अपने को बड़े–से–बड़े राष्ट्र के बराबर मानेगा। बड़े–छोटे का भाव बिलकुल समाप्त हो जायेगा।

इससे यह परिणाम निकलता है कि भारत सरकार अधिनियम तो सिर्फ़ कामचलाऊ चीज़ है, जिसका स्थान एक ऐसे अधिनियम को लेना चाहिए जो ख़ुद राष्ट्र के द्वारा ही बनाया जाये, जहाँ तक प्रान्तीय स्वराज का सम्बन्ध है, किसी हद तक उसको सँभालना सम्भव पाया गया है। वैसे उसके अमल का मेरा अपना जो अनुभव है, वह किसी भी प्रकार सुखद

नहीं है। कांग्रेसी सरकारों का जनता पर वैसा अहिंसात्मक प्रभाव नहीं है जिसकी मैंने उनसे आशा की थी।

लेकिन संघ–शासन का ढाँचा तो मेरे लिए सोचने के लायक भी नहीं है, क्योंकि उसमें असमानों की साझेदारी की कल्पना की गयी है, फिर वह चाहे शिथिल ढंग की ही क्यों न हो। रियासतें कितनी असमान हैं, इसका जिस बुरे रूप में प्रदर्शन किया जा रहा है उसके लिए मैं तैयार नहीं था। इसलिए भारत सरकार अधिनियम में जिस संघ–शासन की कल्पना है, उसे मैं बिलकुल असम्भव मानता हूँ।

इस प्रकार अपने–आप यह परिणाम निकलता है कि जब तक अहिंसा को खाली नीति के बजाय एक जीवित शक्ति, एक अलंघ्य सिद्धान्त के रूप में स्वीकार नहीं किया जायेगा, तब तक मुझ जैसों के लिए, जो अहिंसा के हामी हैं, वैधानिक या लोकतन्त्रीय शासन एक दूर का स्वप्न ही रहेगा। यद्यपि मैं विश्वव्यापी अहिंसा की हिमायत करता हूँ, पर मेरा प्रयोग हिन्दुस्तान तक ही सीमित है। यहाँ उसे सफलता मिली, तो संसार बिना किसी प्रयत्न के उसे स्वीकार कर लेगा। मगर इसमें एक बड़ा 'लेकिन' मौजूद है। पर विघ्नों की मुझे चिन्ता नहीं। अन्धकार जितना ही अभेद्य होता है, मेरा विश्वास भी उतना ही प्रखर होता है।

सेगाँव, 6 फरवरी, 1939 बापू के आशीर्वाद, सम्पूर्ण गाँधी वाङ्मय, खण्ड 68, पृ. 428–432, हरिजन (अंग्रेज़ी), 11.2.1939

अहिंसा और आत्मरक्षा

गाँधी से मिलने वाले कुछ लोगों ने पूछा कि अपनी सुरक्षा के लिए सीमा प्रान्त छोड़कर किसी अन्य हिस्से में बसना क्या उनके लिए उचित होगा? मैंने उनसे कहा है कि अगर सम्मान और सुरक्षा के साथ रहने का कोई और रास्ता न हो तो कहीं और जा बसना बिलकुल मुनासिब उपाय है। फिर, मुझसे यह शिकायत भी की गयी है कि पहले तो जहाँ हमले होते थे वहाँ के मुसलमान बाशिन्दे हमलावरों की मदद करते थे, लेकिन सीमा प्रान्त अपराध विनियमन अधिनियम के रद्द किये जाने के बाद से उन्होंने मदद करना छोड़ दिया है, जिससे हमलावरों को बढ़ावा मिला है। यह बात सच हो सकती है, लेकिन मैं आपको आगाह कर दूँ कि अगर आप अपनी सुरक्षा के लिए दूसरों की सशस्त्र शक्ति पर निर्भर रहते हैं तो आपको देर–सबेर अपने उन संरक्षकों की सत्ता के अधीन हो जाने को तैयार रहना चाहिए। बेशक़ आपको हथियारबन्द होकर अपनी रक्षा करने की कला सीखने का पूरा अधिकार है। आपको अपने बीच सहयोग की भावना पैदा करनी चाहिए। कायरता का आचरण तो आप किसी भी हालत में न करें। आत्मरक्षा हर आदमी का जन्मसिद्ध अधिकार है। मैं भारत में एक भी कायर आदमी नहीं देखना चाहता।

अहिंसा के मार्ग की राह मैं आपको सुझाना चाहता हूँ। यह आत्मरक्षा का सबसे अचूक रास्ता है। इस रास्ते पर चलकर आप कभी विफल हो ही नहीं सकते। अगर मेरा बस चले तो मैं कबायलियों के बीच जाकर रहूँ और उन्हें समझाऊँ–बुझाऊँ, और मुझे पूरा विश्वास है कि प्रेम और बुद्धिपूर्वक समझायी गयी बात का उन पर असर न पड़े, ऐसा नहीं हो सकता। लेकिन मैं जानता हूँ कि आज मेरे लिए वहाँ जाने का द्वार बन्द है। सरकार मुझे कबायली क्षेत्र में जाने की इजाज़त नहीं देगी।

कबायली लोगों को जैसे ख़ूँख़ार रूप में पेश किया जाता है, वैसे ख़ूँख़ार वे हो नहीं सकते। वे भी मेरी और आपकी तरह मनुष्य हैं और अगर उनके साथ मानवीय संवेदनापूर्वक पेश आया जाये तो उन पर उसका असर ज़रूर होगा, लेकिन आज तक तो उनके साथ हम इस तरह कभी पेश आये ही नहीं। आज दोपहर कई वजीरी मुझसे मिल गये हैं। मुझे तो ऐसा नहीं लगा कि उनका स्वभाव अन्यत्र रहने वाले आदमी के स्वभाव से कोई ख़ास अलग था।

मनुष्य स्वभाव से बुरा नहीं होता। पशु–स्वभाव को भी प्रेम के प्रभाव के वशीभूत होते देखा गया है। इसलिए हमें मानव–स्वभाव के सम्बन्ध में कभी हताश नहीं होना चाहिए। आप सब व्यापारी–जाति के लोग हैं। अपने व्यापार में से आप संसार की उस सर्वोच्च और सर्वाधिक मूल्यवान वस्तु को–अर्थात् प्रेम को–अलग न रखें। आप कबायली लोगों पर जितना प्रेम बरसा सकें, बरसायें। फिर आप देखियेगा कि बदले में आपको भी वैसा ही प्रेम मिल रहा है।

धमकी में आकर या अपने अपहृत लोगों को छुड़ाने के लिए हमलावरों को धन देकर सुरक्षा ख़रीदने की कोशिश करने का मतलब तो उन्हें और भी हमले करने का सीधा निमन्त्रण देना होगा। इससे आपका भी नैतिक पतन होगा और कबायलियों का भी। उनको इस तरह पैसा देने से समझदारी का रास्ता तो यह होगा कि आप उन्हें उद्योग–धन्धा सिखाकर उनकी दरिद्रता दूर करें और इस तरह उनको लूटमार की राह ले जाने वाले मुख्य कारण को ही मिटा दें।

इस विषय में ख़ुदाई खिदमतगारों से मेरी बातचीत चल रही है और ख़ान साहब के सहयोग से इसके लिए मैं एक योजना तैयार कर रहा हूँ। यदि यह योजना फलीभूत होती है और ख़ुदाई ख़िदमतगार सच्चे ख़ुदाई ख़िदमतगार बन जाते हैं तो उनके प्रेम और त्याग के उदाहरण का असर गुलाब की खुशबू की तरह कबायलियों तक पहुँचेगा, और हो सकता है, शायद उसी में से सरहद के सवाल का कोई स्थायी हल निकल आये।

सम्पूर्ण गाँधी वाङ्मय, खण्ड 68, हरिजन (अंग्रेज़ी), 5.11.1938

अहिंसा और स्वतन्त्रता

आज हमारे सिर पर एक बड़ा संकट मँडरा रहा है। सिंगापुर गया, रंगून जाता नज़र आता है, ख़ुद कलकत्ता ख़तरे में है। ऐसी हालत में अगर कल से कोई दूसरी ताक़त हिन्दुस्तान में आ पहुँचे, तो क्या पहले की तरह हम फिर अपने व्यापार के लालच से उसकी खुशामद करने लग जायेंगे और अपनी स्वतन्त्रता उसके हाथों बेच देंगे? अथवा यह कहेंगे कि हम इनकी गुलामी से निकलकर आपकी सरदारी को स्वीकार करना नहीं चाहते? जमनालाल जी की आत्मा आज हमसे यह सवाल पूछती है। इस सम्बन्ध में उनका अपना क्या जवाब होता, सो तो मैं उतनी ही अच्छी तरह से जानता हूँ जितना अपने की जानता हूँ।

एक विचारणीय बात। जो हमारा शत्रु बनकर आता है, हमसे द्वेष करता है, क्या हम उससे भी प्रेम करेंगे? उसके प्रति भी दया का भाव रखेंगे? आज हममें से कइयों के दिल में अंग्रेज़ों के लिए हिंसा और द्वेष का भाव भरा है, क्योंकि हम अहिंसा को पूरी तरह समझ नहीं पाये हैं। यह ठीक है कि दया उसी पर की जा सकती है, जिसे क्षमा करने की हममें ताक़त हो। चूहा बेचारा बिल्ली को क्या क्षमा करेगा? लेकिन अगर हम चूहे में बहादुरी की कल्पना कर सकें, तो वह बिल्ली का भक्ष्य न रह जायेगा, और बिल्ली तो उसका भक्ष्य बनेगी ही क्यों? आज हममें अंग्रेज़ों के लिए जो द्वेष है सो तो इसलिए है कि हम अपने दिल में अंग्रेज़ों से डरते हैं। यदि हम इस डर को निकाल सकें और निर्बल की अहिंसा को छोड़कर सबल की अहिंसा द्वारा अपनी स्वतन्त्रता प्राप्त कर सकें, तो फिर हमें संसार में किसी का भी डर न रह जायेगा—हम अजेय बन जायेंगे। मैं आपसे यह चाहूँगा कि आप आक्रमणकारी से दुश्मनी न करें, उसका बुरा न चाहें, लेकिन साथ ही उसकी अधीनता भी स्वीकार न करें। क्या आप इसके लिए तैयार हैं? आगे क्या होगा, सो तो भगवान ही जानता

है। अंग्रेज़ों की क़ौम एक बहादुर क़ौम है। इससे पहले वे कई बार ख़तरों से गुज़र चुके हैं। मगर उन्होंने हिम्मत कभी नहीं छोड़ी और तकदीर ने उनका साथ दिया। हमें उनसे संकट के समय में आख़िरी दम तक हिम्मत न हारने और बहादुरी के साथ आफ़त–मुसीबत का सामना करने का गुर सीख लेना चाहिए।

अब तक इस देश की आज़ादी को खोने में व्यापारी–समाज की ख़ास ज़िम्मेदारी रही है। जमनालाल जी को यह चीज़ बराबर खटका करती थी। इसीलिए आज आपके सामने मुझे ये सारी बातें रखनी पड़ी हैं। बीस साल पहले भी मैंने यही बात कही थी। मगर तब तो आज की इस हालत का किसी को सपना भी नहीं था। उस वक़्त तो लोगों को अंग्रेज़ों की हुकूमत 'यावच्चन्द्र दिवाकरौ' अटल–सी मालूम होती थी। परन्तु आज, जबकि जापान हिन्दुस्तान के दरवाज़े पर आ पहुँचा है, हमें अपना दिल टटोलकर यह जान लेना चाहिए कि वह क्या कहता है।

सम्पूर्ण गाँधी वाङ्मय, खण्ड 75, पृ. 381,
हरिजन सेवक, 8.3.1942 और 15.3.1942

अहिंसा का प्रभाव

अपने लेख पर हुई इस आलोचना का कि यहूदी तो पिछले 2,000 वर्षों से अहिंसक ही रहे हैं, मैंने जो जवाब[1] दिया था, उस पर एक सम्पादकीय लेख में 'स्टेट्समैन' ने लिखा है : पास्टर नीमोलर[2] और लूथरन चर्च पर हुए अत्याचारों की बात सारी दुनिया को मालूम है; अनेक पास्टरों (पादरियों) और साधारण ईसाइयों ने 'जनता' की अदालतों, हिंसा और धमकियों के कष्टों को बहादुरी के साथ बर्दाश्त किया और बदले या प्रतिहिंसा का विचार लाये बिना वे सत्य पर क़ायम रहे। लेकिन जर्मनी में कौन–सा हृदय परिवर्तन नज़र आता है? बाइबिल सचर्स लीग के जिन सदस्यों ने नाज़ी सैनिकवाद को ईसा के शान्ति सन्देश का विरोधी मानकर अस्वीकार किया, वे आज जेलखानों और नज़रबन्द कैम्पों में पड़े सड़ रहे हैं और पिछले पाँच सालों से उनकी यही दुर्दशा हो रही है। कितने जर्मन ऐसे हैं, जो उनके बारे में कुछ जानते हैं या जानते भी हैं तो उनके लिए कुछ करते हैं?

अहिंसा, चाहे वह निर्बल की हो या बलवान की, किन्हीं अत्यन्त विशेष परिस्थितियों को छोड़कर सामाजिक के बजाय व्यक्तिगत प्रयोग की चीज़ मालूम पड़ती है। मनुष्य अपनी मुक्ति के लिए क्या करे, यह सम्बन्धित व्यक्ति के विचार का विषय है। पर राजनीतिज्ञों का सम्बन्ध तो कारणों, सिद्धान्तों और अल्पसंख्यकों से है। गाँधी जी का कहना है कि हिटलर को उस साहस के सामने झुकना पड़ेगा जो उसके 'तूफ़ान दस्तों' द्वारा प्रदर्शित साहस से निश्चितरूपेण श्रेष्ठ है। अगर ऐसा होता, तो वॉन ओसिट्ज़्की[3] जैसे मनुष्य

---

1. देखिये 'आलोचनाओं का जवाब', खण्ड 76, पृ. 211–13

2. नाजी विरोधी प्रोटेस्टैंट धर्मशास्त्रविद् मार्टिन नीमोलर गेस्टापो द्वारा गिरफ़्तार कर लिए गये थे और उन्हें एक नज़रबन्दी कैम्प में क़ैद करके रखा गया था।

3. कार्ल वॉन ओसिट्ज़्की (1889–1938), जर्मन शान्तिवादी और लेखक। उन्हें राज्य के शत्रु के रूप में गिरफ़्तार करके जेल में डाल दिया गया था। जेल में रहते हुए उन्हें शान्ति का नोबेल पुरस्कार दिया गया था। हिटलर इस बात से इतना नाराज़ हुआ कि उसने जर्मनों के लिए ऐसे पुरस्कार स्वीकार करने की मनाही कर दी थी।

की उसने ज़रूर तारीफ़ की होती। मगर नाज़ियों के लिए साहस उसी हालत में गुण मालूम पड़ता है जबकि उनके अपने ही समर्थक उससे काम लें; अन्यत्र वह 'मार्क्सवादियों–यहूदियों का घृष्टतापूर्ण उत्तेजक कार्य' हो जाता है। बड़े–बड़े राष्ट्र इस विषय में अभी तक कुछ भी नहीं कर पाये, यह देखकर गाँधी ने अपना नुस्खा पेश किया है। बड़े राष्ट्रों की यह ऐसी असमर्थता है जिसके लिए हम सबको अफ़सोस है और हम सब चाहते हैं कि यह दूर हो। यहूदियों को गाँधी की सहानुभूति से तसल्ली मिल सकती है, लेकिन उनके उत्थान में इससे ज़्यादा मदद मिलने की सम्भावना नहीं है। ईसा मसीह का उदाहरण अहिंसा का सर्वश्रेष्ठ उदाहरण है और उन्हें जिस बुरी तरह मारा गया, उससे हमेशा के लिए यह सिद्ध हो गया है कि सांसारिक और भौतिक रूप में यह बड़ी बुरी तरह असफल हो सकती है।

मैं तो नहीं समझता कि पास्टर नीमोलर और दूसरे व्यक्तियों का कष्ट–सहन बेकार साबित हुआ है। उन्होंने अपने स्वाभिमान को क़ायम रखा है और यह साबित कर दिया है कि उनकी श्रद्धा किसी भी कष्ट सहन से विचलित नहीं हो सकती। हिटलर के दिल को पिघलाने के लिए वे काफ़ी साबित नहीं हो सके, इससे केवल यही ज़ाहिर होता है कि हिटलर का दिल पत्थर से भी अधिक कठोर चीज़ का बना हुआ था। मगर, सख़्त–से–सख़्त धातु भी पर्याप्त गर्मी से पिघल जाती है, उसी प्रकार सख़्त–से–सख़्त दिल भी अहिंसा की गर्मी से पिघल जायेगा और गर्मी उत्पन्न करने की अहिंसा की ताक़त की तो कोई सीमा ही नहीं।

हर एक कार्य बहुत–सी ताक़तों का परिणाम है, चाहे वे एक–दूसरे के विरुद्ध असर करने वाली ही क्यों न हों। ऊर्जा कभी ज़ाया नहीं होती। यह हम यान्त्रिकी की किताबों में पढ़ते हैं। मनुष्य के कामों में भी यह उसी तरह से लागू है। अन्तर यह है कि पहले मामले में हमें आमतौर पर यह मालूम होता है कि वहाँ कौन–कौन सी ताक़तें काम कर रही हैं और ऐसी हालत में हम हिसाब लगाकर उसका नतीजा भी पहले ही से बता सकते हैं। जहाँ तक मनुष्य के कामों का ताल्लुक है, वे ऐसी ताक़तों के संयोग का परिणाम होते हैं जिनमें से बहुत–सी ताक़तों की हमें कोई जानकारी नहीं होती। लेकिन हमें अपने अज्ञान को इन ताक़तों की क्षमताओं पर अविश्वास करने का कारण नहीं बनाना चाहिए। होना तो यह चाहिए कि अज्ञान के कारण हमारा इनमें और भी ज़्यादा विश्वास हो जाये चूँकि अहिंसा, दुनिया की सबसे बड़ी ताक़त है और काम भी यह बहुत छुपे ढंग

से करती है, इसलिए इसमें बहुत ज़्यादा श्रद्धा रखने की ज़रूरत है। जिस तरह ईश्वर में हमारा विश्वास श्रद्धा पर आधारित है, उसी तरह अहिंसा में हमारा विश्वास श्रद्धा पर आधारित होना चाहिए।

हिटलर मात्र एक आदमी ही तो है और उसकी ज़िन्दगी एक औसत आदमी की स्वल्प ज़िन्दगी से बड़ी नहीं है। अगर जनता उसका साथ देना छोड़ दे, तो वह एक़दम अशक्त हो जाये। मैंने यह आशा नहीं छोड़ी है कि मानव समाज के कष्ट सहन का, चाहे इन कष्टों का कारण वह स्वयं ही हों उसके हृदय पर असर पड़ेगा। मगर, यह तो मैं मान ही नहीं सकता कि जर्मनों के पास दिल नहीं है या संसार की दूसरी जातियों की अपेक्षा वे कम सहृदय हैं। अगर समय रहते उसकी आँखें नहीं खुलीं तो वे एक–न–एक दिन अपने इस नेता के ख़िलाफ़, जिसकी वे इतनी पूजा कर रहे हैं, विद्रोह कर देंगे। और जब उसकी आँखें खुलेंगी या वे विद्रोह करेंगे तब हम देखेंगे कि मार्टिन नीमोलर और उसके साथियों की मुसीबतों और कष्ट–सहन ने इस जागृति को पैदा करने में कितना काम किया है।

सशस्त्र संघर्ष से जर्मनों की शस्त्र–शक्ति को नष्ट किया जा सकता है, पर जर्मनी के दिल को नहीं बदला जा सकता। पिछले महायुद्ध में उनकी पराजय हुई थी पर उससे भी उनके दिल तो नहीं बदले थे। उसने एक हिटलर पैदा किया, जो विजयी राष्ट्रों से बदला लेने पर तुला हुआ है और यह बदला कैसा भयानक है। इसका जवाब वही होना चाहिए जो स्टीवेनसन ने अपने साथियों को दिया था, जो गहरी खाई को पाटने से हताश हो गये थे और जिसको भरने के बाद ही पहली रेलवे लाइन का निकलना मुमकिन हो सका था। उसने अपने साथियों से जिनमें विश्वास की कमी थी, कहा कि–"विश्वास बढ़ाओ और गड्ढे को भरे चले जाओ। वह अथाह नहीं है और इसलिए वह ज़रूर भर जायेगा।" इसी तरह मैं भी इस बात से मायूस नहीं हुआ हूँ कि हिटलर या जर्मनी का दिल अभी तक नहीं पिघला है। इसके बरख़िलाफ़, मैं यही कहूँगा कि मुसीबतों पर मुसीबतें सहते चले जाओ, जब तक कि अन्धे को भी यह नज़र न आने लगे कि दिल पिघल गया है। जिस तरह पास्टर नीमोलर ने मुसीबतें बर्दाश्त करके अपनी महिमा बढ़ायी है, उसी तरह अगर एक यहूदी भी बहादुरी के साथ डटकर खड़ा हो जाये और हिटलर के हुक्म के आगे सर झुकाने से इनकार कर दे, तो उसकी शान भी बढ़ जायेगी और वह अपने भाई यहूदियों के लिए मुक्ति का रास्ता साफ़ कर देगा।

मेरा यह विश्वास है कि अहिंसा सिर्फ़ व्यक्तिगत गुण नहीं है, बल्कि एक सामाजिक गुण भी है जिसे कि दूसरे गुणों की तरह विकसित करना चाहिए। इसमें कोई शक़ नहीं कि समाज अपने आपस के कारोबार में अहिंसा का प्रयोग करने से ही व्यवस्थित होता है। मैं जो कहना चाहता हूँ वह यह है कि इसे एक बड़े राष्ट्रीय और अन्तरराष्ट्रीय पैमाने पर काम में लाया जाये।

'स्टेट्समैन' द्वारा ज़ाहिर की गयी इस राय से मुझे आश्चर्य हुआ है कि ईसा मसीह की मिसाल ने हमेशा के लिए यह साबित कर दिया है कि अहिंसा सांसारिक बातों में नाकामयाब साबित होती है। हालाँकि मैं साम्प्रदायिक अर्थ में अपने–आपको ईसाई नहीं कह सकता, मगर ईसा मसीह ने अपनी कुर्बानी से जो उदाहरण क़ायम किया है, उससे अहिंसा में मेरी अखण्ड श्रद्धा और भी बढ़ गयी है और अहिंसा के इसी सिद्धान्त के अनुसार ही मेरे तमाम धार्मिक और सांसरिक काम होते हैं। मुझे यह भी मालूम है कि सैकड़ों ईसाई ऐसे हैं, जिनका ऐसा ही विश्वास है। अगर ईसा मसीह से हमें अपने सम्पूर्ण जीवन को विश्व प्रेम के सनातन सिद्धान्त के अनुसार ढालने की शिक्षा नहीं मिली, तो उनका जीवन और बलिदान बेकार है।

बारदोली जाते हुए रेलगाड़ी में, 2 जनवरी, 1939; सम्पूर्ण गाँधी वाङ्मय, खण्ड 68, पृ. 304–307, हरिजन (अंग्रेज़ी), 7.1.1939

अहिंसा और घबराहट

एक पत्र के निम्न अंश को उद्धृत करते हैं जो उन्हें लिखा गया था। जब से मित्र–राष्ट्र हारने लगे हैं, देश में घबराहट फैल गयी है। ब्रिटेन की विफलता के परिणामों के बारे में सोचकर लोग भयभीत हो उठे हैं। उन्हें गृहयुद्ध साम्प्रदायिक दंगों, लूटपाट, आगजनी और गुण्डागर्दी की आशंका है। आप अहिंसा के दूत हैं और कम–से–कम बीस वर्षों से लोगों को उसकी शिक्षा देते आ रहे हैं। जहाँ तक मैंने समझा है, आप तो सबल की अहिंसा की शिक्षा देते हैं, जो सबके प्रति शत्रु या हमलावर के प्रति भी सद्भावना से जन्म लेती है।...लेकिन...देखता हूँ, आपके अधिकतर अनुयायियों में इस प्रकार की अहिंसा का अभाव है। वे अहिंसक इसलिए हैं कि वे मानते हैं, यदि वे अन्यायी का प्रतिरोध करने के लिए हिंसा का प्रयोग करेंगे तो वह और भी भड़क उठेगा, और फलतः और भी हिंसा से काम लेगा, जिसको शायद वे झेल न पायें। उनकी अहिंसा की यही पृष्ठभूमि प्रतीत होती है, और स्पष्ट है कि वह प्रेम से नहीं, बल्कि भय और कायरता से उत्पन्न है। क्योंकि उसके पीछे किसी उच्चतर उद्देश्य के लिए अपनी जान को जोख़िम में डालने का नहीं, वरन् उसे बचाने का विचार है।...

मेरा निश्चित विश्वास है कि घबराहट और सब जगह फैले भय के इस आलम में आपकी क़लम से निकले चन्द लेख हमारे नौजवानों का सारा भय दूर कर देंगे, और उनमें ऐसी भावना का संचार करेंगे जिससे वे समाज के गुण्डा–तत्त्वों का मुक़ाबला कर पायेंगे। इस तरह एक लेख[1] 'हरिजन' के पिछले अंक में प्रकाशित भी हो चुका है; लेकिन मेरी अर्ज यह है कि शारीरिक दृष्टि से समर्थ लेकिन घबराहट में पड़े लोगों में साहस और बहादुरी का संचार करने के लिए पूरी एक लेखमाला की ज़रूरत है। मेरी राय में तो यदि आप 'हरिजन' में हर हफ्ते इस विषय पर चन्द लेख

1. देखिये 'हिटलरशाही का मुकाबला कैसे करें', पृ. 213–15

लिखने की कृपा करें तो सारा भय और घबराहट दूर हो जायेगी। हमारे भय से हमारे बीच गुण्डों को शह मिल रही है। इसके मिटते ही हमारे समाज के गुण्डे और धौंसिये भी लुप्त हो जायेंगे।

गाँधी लिखते हैं कि यह पत्र औसत कांग्रेसजन की मनोवृत्ति की सही तस्वीर पेश करता है। इसमें जिस अहिंसा का वर्णन किया गया है वह कदापि हमें अपने लक्ष्य तक नहीं पहुँचा सकती। यदि हम इस अहिंसा को आधार बनाकर सबल की सच्ची अहिंसा का, विश्व की प्रबलतम शक्तियों के संयुक्त बल को अकेले चुनौती देते हुए डटी रहनेवाली अहिंसा का विकास कर सकें तो माना जायेगा कि इस अहिंसा से भी हमें ठीक लाभ हुआ। सभी कांग्रेसजन अपने मन से यह पूछकर देखें कि क्या उनमें सबल की अहिंसा को अपनाने का साहस है। उस परम वांछनीय स्थिति को प्राप्त करने के लिए अपने उद्देश्य की ख़ातिर अपना सब कुछ दाँव पर लगा देने के संकल्प के अतिरिक्त और किसी चीज़ की ज़रूरत नहीं है। जो व्यक्ति किसी और कष्ट से बचने के लिए जेल गया उसकी अहिंसा ने तो स्वयं उसको ही हानि पहुँचाई और उस उद्देश्य को कलंकित किया जिसका इस्तेमाल उसने मृत्यु से बचने के लिए एक ढाल की तरह किया। स्वराज लाने वाले लोग इससे कठिन धातु के बने होते हैं और यह तो आसानी से समझा जा सकता है कि विरोधी को मारे या मन में उसे मारने की इच्छा रखे बिना भी यदि हम बहादुरी के साथ मृत्यु का सामना कर सकते हैं तो हमने स्वराज प्राप्त करने और उसे बरकरार रखने की योग्यता हासिल कर ली।

पत्र–लेखक भाई ने गाँधी से घबराहट की भर्त्सना करते हुए एक लेखमाला लिखने को कहा। गाँधी कहते हैं कि मेरे कुछ भी लिखने–भर से घबराहट रुकने वाली नहीं है। ज़रूरत कथनी से ज़्यादा करनी की है। मैं कह चुका हूँ कि जो नगरवासी घबराहट के वशीभूत हो गये बताये जाते हैं वे जब जेल गये तब भी अहिंसक नहीं थे। कांग्रेस द्वारा छेड़े गये सत्याग्रह आन्दोलनों में हमारे नगरवासियों ने जेलयात्रियों के रूप में ख़ासा योग दिया। अब उन्हें चाहिए कि वे दृढ़तापूर्वक अपनी–अपनी जगह डटे रहकर डरपोक लोगों को काल्पनिक अथवा वास्तविक ख़तरे से बचने के लिए भाग निकलने का लोभ संवरण करने का साहस प्रदान करें। ऐसा सोचना मूर्खता है कि भागकर कोई यमराज को झाँसा दे सकता है। हमें मृत्यु को यमदूत मानने के बजाय अपना हितकारी देवदूत मानना चाहिए।

वह जब भी आ जाये, हमें उसका सामना और स्वागत करना चाहिए। मेरे मेज़बान सेठ घनश्यामदास बिड़ला ने मुझे बताया है कि अभी कुछ ही महीने पहले एक पूरा–का–पूरा व्यापारी परिवार अपने नोटों से सोना ख़रीदकर उस क़ीमती सोने के साथ रेलगाड़ी में यात्रा कर रहा था कि गाड़ी दुर्घटनाग्रस्त हो गयी और वे सब–के–सब मृत्यु के ग्रास बन गये। सच पूछिये तो वह सोना ही उस परिवार का मृत्युपाश साबित हुआ। युद्ध हो या न हो, हममें से हर एक को मृत्यु तो एक–न–एक दिन आयेगी ही। लेकिन उस अटल घड़ी के आने से पहले ही हम रोज़–रोज़ क्यों मरें?

नयी दिल्ली, 1 जुलाई, 1940; सम्पूर्ण गाँधी वाङ्मय, खण्ड 72, पृ. 255–256, हरिजन (अंग्रेज़ी), 6.7.1940

ब्रिटेन को नैतिक सहायता

एक भारतीय मित्र ने गाँधी को लिखा उसका कुछ अंश उद्धृत किया जो निम्न है–कल रायटर की रिपोर्ट में बड़े करुण शब्दों में वर्णन किया गया है कि बमों और मशीनगनों की गोलियों की बौछार के बीच नॉर्वेवासी किस प्रकार बिलकुल पस्तहिम्मत और आतंकित होकर शहरों को खाली कर रहे हैं।...हिंसा की निरर्थकता और साथ ही...उसकी अस्थायी प्रभावकारिता भी सिद्ध हो रही है।...हम आशा करें हिंसा की निरर्थकता अन्ततः सबकी समझ में आ जायेगी और विश्व में एक नया गुण अवतीर्ण होगा। लेकिन क्या हम सचमुच विश्व समस्या के समाधान में अहिंसक योग दे रहे हैं? नॉर्वे, स्वीडन और डेनमार्क के लिए हमारी अहिंसा किस काम की है? क्या हम वस्तुतः जर्मनी को इस तरह चालाकी करने का मौक़ा नहीं दे रहे हैं ? यह सच है कि ब्रिटेन को हम सिर्फ़ परेशान कर रहे हैं– इससे ज़्यादा कुछ नहीं, और शायद हम यह भी कह सकते हैं कि ऐसी परेशानी अनिवार्य है और हम जान–बूझकर उसे परेशानी में नहीं डाल रहे हैं।...ब्रिटेन का हृदय परिवर्तन करने में हमारे सफल होने की सम्भावना नहीं दिखायी देती और नॉर्वे जैसे आक्रान्त देश कभी भी हमारे रुख़ के औचित्य को नहीं समझ पायेंगे। हमारे वर्तमान रुख़ को देखते हुए अगर बाहरी दुनिया अतीत में चीन और स्पेन जैसे आक्रान्त देशों को हमारे द्वारा दी गयी सहायता का ग़लत अर्थ लगाये तो उसमें कुछ अनुचित नहीं होगा। क्या आज के आक्रान्त देशों की अपेक्षा वे हमारी सहायता के अधिक उपयुक्त पात्र थे? अगर नहीं थे तो फिर यह भेद–भाव क्यों?...आपने पिछले युद्ध के दौरान सेना में लोगों को भरती करने में बड़ा ज़ोरदार हिस्सा लिया था, लेकिन अपने उस आचरण पर आपने कभी भी खेद प्रकट नहीं किया है। आपका इस बार का रुख़ उस समय के रुख़ से बिलकुल भिन्न है, यद्यपि आप कहते यह हैं कि दोनों रुख़ सही हैं।

गाँधी ने लिखा कि डेनों और नॉर्वेवासियों जैसे संस्कृत तथा निरीह लोगों पर जो कुछ बीत रहा है, पत्र–लेखक भाई उस पर विलाप करने वाले अकेले व्यक्ति नहीं हैं। यह युद्ध हिंसा की निरर्थकता दिखा रहा है। अगर हिटलर मित्र राष्ट्रों पर विजयी हो जाते हैं तो भी वे कभी भी इंग्लैंड और फ्रांस को अपना गुलाम नहीं बना पायेंगे। इसका मतलब दूसरा युद्ध होगा। और अगर मित्र राष्ट्र ही विजयी हो जाते हैं तो उससे भी दुनिया की दशा कोई सुधर नहीं जायेगी। वे अधिक शिष्टता से भले काम लें, लेकिन निष्ठुरता में पीछे नहीं रहेंगे। हाँ, अगर वे युद्ध के दौरान अहिंसा का सबक ले लें, और हिंसा से प्राप्त लाभ का त्याग कर दें तो बात दूसरी होगी। अहिंसा की पहली शर्त जीवन के सभी क्षेत्रों में सर्वतोमुखी न्याय है। मानव–स्वभाव को देखते हुए उससे ऐसी आशा करना शायद बहुत ज़्यादा हो। लेकिन मैं ऐसा नहीं सोचता। मनुष्य जाति की ऊपर उठने या नीचे गिरने की क्षमता के सम्बन्ध में किसी को कोई अटल सिद्धान्त तय करने की हिमाकत नहीं करनी चाहिए।

सुसंस्कृत पाश्चात्य शक्तियों को भारत की अहिंसा से कोई राहत नहीं मिली है तो इसीलिए कि उसकी अहिंसा अब भी अकिंचन कोटि की ही है। इसकी व्यर्थता को देखने के लिए हम उतनी दूर क्यों जायें? कांग्रेस की अहिंसा की नीति के बावजूद हम भारतीयों में आपस में ही कलह क्लेश मचा हुआ है। ख़ुद कांग्रेस को अविश्वास की दृष्टि से देखा जाता है। जब तक कांग्रेस या ऐसी कोई और जन संस्था अपने आचरण द्वारा सबल की अहिंसा को साकार करके नहीं दिखाती तब तक दुनिया को इसकी छूत नहीं लग सकती।

स्पेन और चीन को भारत ने केवल नैतिक सहायता दी थी। जो स्थूल सहायता दी गयी थी वह तो नैतिक सहायता का प्रतीक–मात्र थी। शायद ही कोई भारतीय हो जो बात की बात में अपनी स्वतन्त्रता गँवा बैठने वाले नॉर्वे और डेनमार्क के प्रति वैसी ही सहानुभूति नहीं रखता हो जैसी सहानुभूति वह चीन और स्पेन के प्रति रखता था। यद्यपि डेनमार्क और नॉर्वे का मामला चीन और स्पेन के मामले से भिन्न है, किन्तु इन दोनों की तबाही उनकी अपेक्षा शायद बहुत अधिक हुई है। यों तो चीन और स्पेन के बीच भी काफ़ी अन्तर है, लेकिन जहाँ तक अपने प्रति सहानुभूति की बात है, दोनों में कोई अन्तर नहीं है। दरिद्र भारत के पास इन देशों को भेजने के लिए सिवाय अहिंसा के और कुछ नहीं है। लेकिन जैसा कि

मैंने कहा है, अभी तक यह भी कहीं भेजी जाने लायक वस्तु नहीं बना पायी है। जब भारत अहिंसा के मार्ग से स्वतन्त्रता प्राप्त कर लेगा तब वह अवश्य वैसी वस्तु बन जायेगी।

अब रहा ब्रिटेन का मामला। कांग्रेस ने उसे किसी तरह परेशान नहीं किया है। मैं पहले ही घोषित कर चुका हूँ कि मैं ऐसा कुछ नहीं करूँगा जिससे ग्रेट ब्रिटेन को परेशानी हो। अगर भारत में अराजकता हो तो यह ब्रिटेन के लिए परेशानी की बात हो सकती है। और जब तक कांग्रेस मेरे अनुशासन में है तब तक वह अराजकता को कोई समर्थन नहीं देगी।

कांग्रेस अगर नहीं कर सकती है तो यह कि वह ब्रिटेन को अपने नैतिक प्रभाव का लाभ दे। नैतिक प्रभाव का लाभ यन्त्रवत् दिया भी नहीं जा सकता। उसे तो ब्रिटेन को ख़ुद ही हासिल करना होगा। शायद ब्रिटिश राजनयिक यह मानते ही नहीं हैं कि कांग्रेस के पास देने को ऐसी कोई पूँजी है। शायद वे मानते हैं कि इस युद्धरत विश्व में उन्हें कुल आवश्यकता केवल भौतिक सहायता की ही है। अगर वे ऐसा मानते हैं तो बहुत ग़लत नहीं करते। युद्ध में तो नैतिकता निशिद्ध वस्तु है। पत्र–लेखक भाई यह कहकर ब्रिटेन के सम्बन्ध में अपना पूरा पक्ष ही हार बैठे हैं कि "ब्रिटेन का हृदय परिवर्तन करने में हमारे सफल होने की सम्भावना नहीं दिखायी देती" मैं इंग्लैंड का बुरा नहीं चाहता। ब्रिटेन की हार से मुझे बहुत दुःख होगा। लेकिन जब तक ब्रिटेन भारत के सम्बन्ध में अपना दामन पाक नहीं कर लेता तब तक उसे कांग्रेस के नैतिक प्रभाव का लाभ नहीं मिल सकता। नैतिक प्रभाव अपना काम कर सकें, उसकी कुछ शर्तें होती हैं और उन शर्तों में कभी कोई परिवर्तन नहीं हो सकता।

मेरे मित्र को खेड़ा में भरती के सम्बन्ध में मैंने जो काम किया था उसमें और आज मेरा जो रुख़ है उसमें निहित अन्तर दिखायी नहीं देता। पिछले विश्व युद्ध के दौरान नैतिक प्रश्न नहीं उठाया गया था। कांग्रेस तब अहिंसा के लिए प्रतिबद्ध नहीं थी। आज जन साधारण पर उसका जो नैतिक प्रभाव है वह तब नहीं था। उस समय मैंने जो कुछ किया, अपनी ओर से और अपनी ज़िम्मेदारी पर किया। यहाँ तक कि मैं युद्ध परिषद् में शामिल हुआ था और मैंने जो बात कही थी उसे ईमानदारी से पूरा कर सकूँ, इसके लिए अपने स्वास्थ्य को ख़तरे में डालकर भी मैं भरती का काम कर रहा था। मैंने लोगों से कहा कि अगर आप हथियार बन्द होना चाहते हैं तो सेना में काम करना उसका सबसे सुनिश्चित रास्ता

है। लेकिन अगर आप मेरी तरह अहिंसक हैं तो फिर मैं आपसे कुछ नहीं कहूँगा। जहाँ तक मुझे मालूम है, मैं जिन श्रोता समूहों के सामने बोला उनमें कोई भी अहिंसक आदमी नहीं था। उनकी अनिच्छा का कारण ब्रिटेन के प्रति उनकी दुर्भावना थी। इस स्थिति में धीरे–धीरे विदेशी शासन का जुआ कन्धे पर से उतार फेंकने के प्रबुद्ध संकल्प का विकास हो रहा था।

जो बात तब थी वह अब नहीं है। पिछले युद्ध के दौरान ब्रिटेन को भारत से जो सर्वसम्मत सहायता और समर्थन मिला उसके बावजूद उसने भारत के प्रति अपने रुख़ का परिचय रौलट अधिनियम और ऐसे ही दूसरे क़दमों के रूप में दिया। ब्रिटेन के इस आतंक का मुक़ाबला करने के लिए कांग्रेस ने अहिंसक असहयोग का रास्ता अपनाया। जलियाँवाला बाग़, साइमन आयोग, गोलमेज परिषद्, चन्द लोगों के दुष्कृत्यों के लिए सम्पूर्ण बंगाल को भीरु और पुंसत्वहीन बनाने की कार्रवाई, इस सबकी स्मृति जनमानस में क़ायम है। कांग्रेस ने अहिंसा को स्वीकार कर लिया है; इसलिए अब मुझे रंगरूट भरती करने के लिए जनता के बीच जाने की ज़रूरत नहीं रह गयी है। कांग्रेस के माध्यम से मैं थोड़े–से रंगरूटों की अपेक्षा निश्चय ही बहुत बड़ा योगदान दे सकता हूँ। स्पष्ट है कि ऐसे योगदान की ब्रिटेन को ज़रूरत नहीं है। सो मैं ब्रिटेन की सहायता करने का इच्छुक होते हुए भी लाचार हूँ।

सेवाग्राम 30 अप्रैल, 1940; सम्पूर्ण गाँधी वाड्मय, खण्ड 72, पृ. 32–34, हरिजन (अंग्रेज़ी), 4.5.1940

यदि मैं चेक होता

हर हिटलर के साथ की गयी व्यवस्था को 'सम्मान–रहित शान्ति' कहने में मेरी मंशा ब्रिटेन या फ्रांस के राजनेताओं को दोष देना नहीं था। मुझे तो इसमें कोई सन्देह नहीं है कि श्री चेम्बरलेन इससे किसी बेहतर व्यवस्था के बारे में सोच ही नहीं सकते थे। वे अपने राष्ट्र की सीमाओं को जानते थे। यदि युद्ध से किसी तरह बचा जा सकता तो वे बचना चाहते थे। युद्ध में तो वे नहीं उतरे, लेकिन इसके अलावा वे चेक लोगों के पक्ष में जो कुछ कर सकते थे, वह सब उन्होंने किया। सो अगर सम्मान की रक्षा न हो पायी तो उसमें उनका कोई दोष नहीं था। और हर हिटलर या महाशय मुसोलिनी के साथ जब भी ऐसा कोई संघर्ष चलेगा, वही होगा जो अब हुआ है।

अन्यथा कुछ हो भी नहीं सकता। लोकतन्त्र रक्तपात से भागता है, ये दोनों तानाशाह जिस दर्शन को लेकर चल रहे हैं उसमें हत्या और रक्तपात से भागना कायरता है। संगठित नरसंहार की प्रशस्ति में वे काव्य–कला का भंडार रीता किये दे रहे हैं। उनकी कथनी या करनी में किसी प्रकार का कोई दुराव–छिपाव नहीं है। वे युद्ध के लिए सतत सन्नद्ध हैं। जर्मनी या इटली में उनको रोकने वाला कोई नहीं है। उनका शब्द ही क़ानून है।

श्री चेम्बरलेन या महाशय क्लादिआर[1] की स्थिति सर्वथा भिन्न है। उन्हें अपनी–अपनी संसदों, अपने–अपने चेम्बरों को सन्तुष्ट रखना है। उन्हें अपने–अपने दलों के परामर्श का ध्यान रखना है। यदि उनकी भाषा में लोकतन्त्र का स्वर बना रहना है तो वे सदा युद्ध के तेवर नहीं दिखा सकते।

युद्ध शास्त्र मनुष्य को तानाशाही की राह ले जाता है। उसे शुद्ध लोकतन्त्र की राह तो केवल अहिंसा शास्त्र ही ले जा सकता है। इंग्लैंड,

1. एटुअटै क्लादिआर, कांग्रेस के तत्कालीन प्रधानमन्त्री। सं. गां. वा., खण्ड 68, पृ. 29

फ्रांस और अमेरिका को इन दो में से कोई एक रास्ता पसन्द करना है। इन दो तानाशाहों की यही चुनौती है।

रूस अभी मैदान से अलग है। रूस में भी एक तानाशाह का शासन है, मगर वह तानाशाह शान्ति के स्वप्न देख रहा है और मानता है कि वह लहू की नदी तैर कर उस दुनिया में पहुँच जायेगा। रूसी तानाशाही दुनिया को क्या देने वाली है, अभी कोई नहीं कह सकता।

चेकों और उनके माध्यम से संसार के 'छोटे या कमज़ोर' माने जाने वाले अन्य सभी राष्ट्रों से मैं कुछ कहना चाहता हूँ और उसे कहने के लिए यह पूर्व पीठिका प्रस्तुत करना आवश्यक था। चेकों से अपने मन की मैं इसलिए कहना चाहता हूँ कि उनकी दुर्दशा ने मुझे इतना विचलित कर दिया कि मेरा शरीर और मस्तिष्क भी व्यथित हो उठा और मुझे लगा कि जो विचार मेरे अन्दर में उफन–उमड़ रहे हैं उन्हें यदि मैं चेकों पर प्रकट न करूँ तो यह कायरता होगी। स्पष्ट है कि छोटे राष्ट्र या तो तानाशाहों के संरक्षण में आ जायें या आने को तैयार हो जायें अथवा यूरोप की शान्ति के लिए एक स्थायी ख़तरा बने रहें। समस्त सद्भावनाओं और शुभेच्छाओं के बावजूद इंग्लैंड और फ्रांस उन्हें बचा नहीं पाये। यदि वे हस्तक्षेप करते हैं तो उसका परिणाम ऐसा भयंकर विनाश होगा जैसा दुनिया ने आज तक नहीं देखा होगा। इसलिए यदि मैं चेक होऊँ तो मैं इन दोनों राष्ट्रों को अपने राष्ट्र की रक्षा के दायित्व से मुक्त कर दूँ। फिर भी, अपना अस्तित्व क़ायम रखने का प्रयत्न तो मुझे करना ही होगा। पर उसके लिए मैं किसी राष्ट्र या व्यक्ति का दाबेदार नहीं बनूँगा। या तो पूरी आज़ादी से जीऊँगा या इस कोशिश में मर मिटूँगा। यदि विजय की आशा से हथियार उठाकर संघर्ष में कूद पड़ूँ तो वह मेरा दुस्साहस ही होगा। लेकिन अपनी स्वतन्त्रता के अपहर्ता को चुनौती देते हुए यदि मैं उसके आदेशाधीन होने से इनकार कर दूँ और स्वतन्त्रता की रक्षा के लिए उसका निःशस्त्र प्रतिरोध करते हुए मर मिटूँ तो इसे दुःसाहस न कहा जायेगा। इसमें मैं अपने प्राण तो गँवा दूँगा, लेकिन अपनी आत्मा को अपने सम्मान को बचा लूँगा।

इस अपमान भरी शान्ति को मैं अपने लिए अपना जौहर दिखाने का एक अवसर मानूँ। अपने आचरण द्वारा मैं इस अपमान से ऊपर उठने की कोशिश करूँ और सच्ची स्वतन्त्रता प्राप्त करूँ।

लेकिन सान्त्वना देते हुए हतोत्साह करने वाले एक भाई कहते हैं,

"हिटलर में कोई दया–माया नहीं है। उसके सामने आपके आध्यात्मिक प्रयत्नों से कुछ बननेवाला नहीं है।"

मेरा उत्तर है : "हो सकता है, आपका कहना सही हो। इतिहास में किसी राष्ट्र द्वारा अहिंसात्मक प्रतिरोध का तरीक़ा अपनाये जाने का उदाहरण नहीं मिलता। यदि मेरे कष्ट सहन का हिटलर पर कोई असर नहीं होता है तो उससे मुझे कोई फ़र्क़ नहीं पड़ता। कारण उससे मैं ऐसा कुछ नहीं खोऊँगा जो सुरक्षित रखे जाने के योग्य है। सुरक्षित रखे जाने लायक तो केवल मेरा सम्मान ही है। उसका हिटलर की दया–माया से कोई सम्बन्ध नहीं है लेकिन अहिंसा के पुजारी के नाते अहिंसा की सम्भावनाओं को सीमित करके देखना मेरे लिए उचित नहीं होगा। अब तक तो वे और उन जैसे अन्य व्यक्ति जो कुछ करते आये हैं वह अपने इस निरपवाद अनुभव के आधार पर करते आये हैं कि मनुष्य बल प्रयोग के आगे झुक जाता है। निहत्थे पुरुषों, स्त्रियों और बच्चों द्वारा, अत्याचारियों के प्रति मन में कोई दुर्भावना रखे बिना, अहिंसक प्रतिरोध हिटलर जैसा के लिए एक नया अनुभव होगा। कौन कह सकता है कि उच्चतर और सूक्ष्मतर शक्तियों से प्रभावित होना उनके स्वभाव में नहीं है? उनमें भी तो वही आत्मा है जो मुझमें है।"

इस पर ऐसे ही एक अन्य सज्जन कहते हैं : "आप जो कुछ कह रहे हैं वह आपके लिए तो ठीक है लेकिन आपके लोग इस नये प्रकार के आह्वान का उत्तर देंगे, यह आप कैसे कह सकते हैं? अब तक तो उन्होंने लड़ने की ही शिक्षा पायी है। व्यक्तिगत शूरता में वे संसार की किसी भी जाति के लोगों से कम नहीं है। ऐसी अवस्था में आप उनसे शस्त्रास्त्रों को फेंक कर अहिंसात्मक प्रतिरोध का प्रशिक्षण लेने को कहें, यह तो निरर्थक प्रयत्न–सा ही मालूम होता है।"

गाँधी ने कहा कि "आपकी बात सही हो सकती है लेकिन मेरी अन्तरात्मा ने मुझे जो आदेश दिया है उनके सम्बन्ध में मुझे तो जो ज़रूरी है, करना ही है। मैं तो अपना सन्देश लोगों को दूँगा ही। यह अपमान मेरे अन्तर में इतना गहरा चुभ गया है कि इसके निराकरण के लिए कुछ किये बिना मैं रह ही नहीं सकता। मुझे तो जो प्रकाश दिखायी दिया है, उसके अनुसार काम करना ही है।"

"यदि मैं चेक होऊँ तो मैं मानता हूँ कि मैं यही आचरण करूँ। जब मैंने पहले–पहल सत्याग्रह आरम्भ किया, उस समय मेरा कोई साथी

सहयोगी नहीं था। हम स्त्री, पुरुष और बच्चे मिलकर केवल तेरह हज़ार लोग एक सम्पूर्ण राष्ट्र के विरुद्ध खड़े थे—ऐसे राष्ट्र के विरुद्ध जिसमें हमें कुचलकर हमारा नामोनिशान मिटा देने की सामर्थ्य थी। मैं नहीं कह सकता था कि कौन मेरी बात सुनेगा, कौन नहीं। यह बात बिजली की कौंध की सी तेज़ी से मेरे मन में आयी। तेरहों हज़ार में से सब के सब नहीं लड़े। बहुत से लोग पीछे हट गये। लेकिन राष्ट्र के सम्मान की रक्षा हो गयी। दक्षिण अफ्रीका के सत्याग्रह से एक नया इतिहास लिखा गया।

शायद इसके अधिक उपयुक्त दृष्टान्त हैं—ख़ान साहब अब्दुल गफ़्फ़ार ख़ाँ, जो अपने को ख़ुदाई खिदमतगार कहते हैं और जिन्हें लोग फ़क्र—ए—अफ़गान कहकर खुश होते हैं। ये पंक्तियाँ लिखते समय वे मेरे सामने बैठे हुए हैं। इन्होंने अपने हज़ारों भाई बन्धुओं से शस्त्र—त्याग करवाया है। उनका ख़याल है कि उन्होंने अहिंसा के सिद्धान्त को अपने जीवन में उतार लिया है। अपने भाई बन्धुओं के बारे में वे निश्चयपूर्वक कुछ कहने की स्थिति में नहीं हैं। उनके सैनिक जो प्रतिज्ञा लेते हैं वह मैं अन्यत्र दे रहा हूँ। सीमा प्रान्त मैं इसलिए आया हूँ या यों कहिए कि वे मुझे इसलिए यहाँ ले आये हैं कि उनके लोग क्या कर रहे हैं, यह मैं अपनी आँखों से देखूँ। मैं उनको निकट से देखे बिना एकदम कह सकता हूँ कि इन लोगों को अहिंसा का बहुत कम भान है। इनके पास यदि कुछ है तो अपने नेता के प्रति श्रद्धा ही है। इन शान्ति सैनिकों का उल्लेख मैं अहिंसा के सर्वांगपूर्ण दृष्टान्त की तरह नहीं कर रहा हूँ। इसका ज़िक्र तो मैं एक सेनानी द्वारा अपने सह सेनापतियों को अपने शान्ति मार्ग पर लाने के निमित्त पूरी निष्ठा से किये जा रहे प्रयत्न के दृष्टान्त के रूप में कर रहा हूँ। मैं इस बात की साक्षी भर सकता हूँ कि यह निष्ठापूर्ण प्रयत्न है। अन्त में चाहे यह सफल हो या विफल, भावी सत्याग्रही इससे अवश्य सबक सीख सकेंगे। मेरा प्रयोजन इतने से ही सिद्ध हो जायेगा कि मैं इनके हृदय तक पहुँच कर इन्हें यह समझा सकूँ कि जितनी शूरता का अनुभव करते हैं, यदि अहिंसा का वरण करने से आप उससे अधिक शूरता का अनुभव न करते हों, तो आपको अहिंसा जो उस हालत में कायरता का ही दूसरा नाम होगी छोड़कर फिर से शस्त्र उठा लेने चाहिए, क्योंकि सिवाय इनकी इच्छा के इन्हें फिर से शस्त्र उठाने से रोकने वाली और कोई चीज़ तो है नहीं।

---

1. डॉ. एडवर्ड बेनिस, चेकोस्लोवाकिया के राष्ट्रपति।

सो मैं डॉ. बेनिस[1] के समक्ष कमज़ोरों का नहीं, बल्कि बहादुरों का हथियार प्रस्तुत कर रहा हूँ। किसी पार्थिव शक्ति के समक्ष—चाहे वह शक्ति कितनी ही बड़ी हो घुटने टेकने से दृढ़तापूर्वक इनकार करना और मन में कोई कटुता रखे बिना और इन सम्पूर्ण श्रद्धा के साथ कि केवल आत्मा ही चिर है, शेष सब अचिर और न वर हैं, इससे बड़ी शूरता कुछ नहीं है।

पेशावर, 6 अक्टूबर, 1938; सम्पूर्ण गाँधी वाङ्मय, खण्ड 67, पृ. 448–452, हरिजन (अंग्रेज़ी), 15.10.1938

नाजीवाद का नग्न रूप

एक डच मित्र लिखते हैं[1] : आपको शायद याद होगा कि 1931 में रोमाँ के घर मैंने आपका एक चित्र बनाया था।...मैं डच हूँ और कई वर्ष जर्मनी में रहा हूँ, जहाँ एक कलाकार के रूप में जीविकोपार्जन करता था। जब सात वर्ष पूर्व जर्मनी पर नाजीवाद की सत्ता स्थापित हुई तब मेरी अन्तरात्मा तरह–तरह की शंकाओं से ग्रस्त हो उठी।...

ठीक साल भर पहले म्यूनिख का अपना घर छोड़कर कुछ समय हॉलैण्ड में बिताने आ गया था।... 10 मई को, हर सम्भव छल–छद्म का उपयोग करके, हॉलैण्ड को परास्त कर दिया गया। चार दिनों की अत्यन्त निर्ममतापूर्ण बमबारी के बाद हम भागकर इंग्लैंड चले गये, और अब जावा जा रहे हैं, जहाँ मेरा जन्म हुआ था और जहाँ कोई काम पाने की आशा रखता हूँ।...

...हिटलर का उद्देश्य समस्त नैतिक मूल्यों का विनाश है, और अधिकतर जर्मन युवकों के सम्बन्ध में तो वे अपने इस उद्देश्य में सफल भी हो चुके हैं।

जर्मनीवासी यहूदियों की समस्या के सम्बन्ध में 'हरिजन' में प्रकाशित आपका लेख मुझे ख़ासतौर से रुचा था, क्योंकि वहाँ बहुत–से यहूदी मेरे मित्र थे। उसमें आपने कहा है कि अगर कोई लड़ाई उचित मानी जा सकती है तो वह जर्मनी के ख़िलाफ़ यह लड़ाई है। लेकिन उसी लेख में आपने यह भी लिखा है कि अगर आप यहूदी होते तो अहिंसा द्वारा नाजियों के हृदय को द्रवित करने का प्रयत्न करते।[2] हाल में आपने ब्रिटेन तथा ब्रिटेनवासियों को भी यही सलाह दी कि सैन्य बल से प्रतिरोध

1. यहाँ कुछ अंशों का ही अनुवाद दिया जा रहा है।
2. देखिये सं.गां.वां., खण्ड 68, पृ. 153–57

किये बिना वे अपना सुन्दर द्वीप इस जर्मन आक्रमणकारी के हवाले कर दें, और बाद में अहिंसा द्वारा उस पर विजय प्राप्त करें।[1] पूरे इतिहास में शायद एक भी ऐसा व्यक्ति नहीं हुआ है जिसे अहिंसा के आचरण का आपसे बेहतर ज्ञान हो। आपके विचारों ने न केवल भारत में, बल्कि बाहरी दुनिया में भी लाखों लोगों के हृदय में आपके प्रति श्रद्धा और प्रेम के भाव जाग्रत कर दिये हैं।...

नाजीवाद के कारण जर्मन युवा–जगत विचार तथा भावना की समस्त व्यक्तिगत विशेषता गँवा बैठा है। युवकों का बहुत बड़ा वर्ग हृदय का गुण खो बैठा है और पतित होकर यन्त्र की अवस्था में पहुँच गया है। जर्मन युद्ध संचालन पूर्णतः यान्त्रिक है। यन्त्रों का संचालन ऐसे लोग करते हैं जो हृदय गुण खोकर सचमुच यन्त्र मानव बन चुके हैं। स्त्रियों और बच्चों को अपने टैंकों के नीचे कुचलते, खुले शहरों पर बमबारी करके लाखों स्त्री बच्चों की हत्या करते और प्रसंग आने पर अपनी आगे बढ़ती सेना के लिए रक्षावरण के रूप में उनका उपयोग करते, या ज़हर–मिला भोजन वितरित करते उनकी अन्तरात्मा उन्हें कभी नहीं कचोटती। ये सब तथ्य हैं, जिनकी सच्चाई की मैं साक्षी भरता हूँ। जर्मनों के विरुद्ध अहिंसा के प्रयोग की सम्भावना के विषय में मैंने आपके बहुत–से अनुगामियों के साथ चर्चा की है। मेरा एक मित्र है, जिसका काम इंग्लैंड में जर्मन युद्ध बन्दियों से जिरह करना है। पूछताछ के दौरान इन युवकों की मानसिक संकीर्णता तथा हृदय हीनता की जानकारी पाकर उसके मन को गहरा आघात लगा और उसे मेरी बात से सहमत होना पड़ा कि इन यन्त्र मानवों के ख़िलाफ़ अहिंसा का प्रयोग तनिक भी सफल नहीं हो सकता। गाँधी लिखते हैं कि इन मित्र ने अपना नाम और पता भी भेजा है। लेकिन नाम पता मैं नहीं दे रहा हूँ, क्योंकि मुझे आशंका है कि उनके अनावश्यक प्रकाशन से वे मुसीबत में पड़ सकते हैं। पत्र का मूल्यांकन उसके अपने वास्तविक गुण–दोषों के आधार पर होना चाहिए।

लेकिन उनके नाजीवाद के वर्णन से मेरा उतना सरोकार नहीं है जितना उनकी इस मान्यता से कि हिटलर या जर्मनों पर, जिन्हें हिटलर ने यन्त्र मानव बना दिया है, अहिंसात्मक कार्रवाई का शायद कोई असर न हो। अगर अहिंसक कार्रवाई अपेक्षित प्रमाण में की जाये तो हिटलर

1. देखिये सं.गां.वां., खण्ड 72, पृ. 261–64

पर भी उसका असर अवश्य होगा और भ्रम में डाल दिये गये जर्मनों पर तो बहुत आसानी से होगा। किसी भी मनुष्य को सदा के लिए यन्त्र नहीं बनाया जा सकता। अपने सिर से सत्ता के भारी बोझ के उतरते ही वह सामान्य रीति से काम करने लगता है। मेरे मित्र ने जैसी सर्वसामान्य ढंग की मान्यता प्रस्तुत की है उस तरह की मान्यता पेश करने से अहिंसा की कार्य–पद्धति से उनकी अनभिज्ञता प्रकट होती है। ब्रिटिश सरकार ऐसा कोई ख़तरा नहीं उठा सकती, ऐसा कोई प्रयोग नहीं कर सकती जिसमें उसका कम–से–कम कामचलाऊ विश्वास न हो। लेकिन अगर मुझे कभी अवसर दिया गया तो अपनी शारीरिक अक्षमता के बावजूद मैं उस असम्भव प्रतीत होने वाली चीज़ को आजमाकर देखने में संकोच नहीं करूँगा। कारण, अहिंसा के क्षेत्र में अहिंसा का उपासक अपनी शक्ति से काम नहीं करता है। शक्ति तो उसे ईश्वर से प्राप्त होती है। इसलिए अगर मेरे लिए रास्ता खोल दिया जाये तो वही मुझे शारीरिक सहन–शक्ति देगा और मेरे शब्दों को आवश्यक शक्ति से अनुप्राणित करेगा। जो भी हो, मैं जीवन–भर इसी श्रद्धा से काम करता रहा हूँ। मैंने ऐसा कभी नहीं माना कि मुझमें स्वतन्त्र रूप से कोई शक्ति है। जिनका ख़ुद अपनी शक्ति से किसी उच्चतर शक्ति में विश्वास नहीं है वे इसे शायद मेरा एक दोष और मेरी असहायावस्था का द्योतक मानें। अगर इस वृत्ति को अहिंसा की कमज़ोरी ही माना जाये तो मैं स्वीकार कर लूँगा कि उसमें यह कमज़ोरी है।

सेवाग्राम 06 अगस्त, 1940; सम्पूर्ण गाँधी वाङ्मय, खण्ड 72, पृ. 404–406, हरिजनबन्धु (अंग्रेज़ी), 18.08.1940

हिटलरशाही का मुक़ाबला

आज हिटलरशाही का जो अर्थ सामने आया है, वह है—नग्न और नृशंस पशुबल, जिसे विशुद्ध विज्ञान का रूप दे दिया गया है और जिसका प्रयोग भी वैज्ञानिक परिशुद्धता के साथ किया जा रहा है। उसका प्रभाव प्रायः दुर्निवार है।

दक्षिण अफ्रीका में जब सत्याग्रह का प्रारम्भिक दौर चल रहा था और जब वह अनाक्रामक प्रतिरोध के नाम से ही जाना जाता था उन दिनों जोहानिसबर्ग के पत्र 'स्टार' ने सर्वथा निःशस्त्र और चाहने के बावजूद संगठित हिंसा का सहारा लेने में असमर्थ मुट्ठी—भर भारतीयों को प्रचुर शस्त्रास्त्रों से सज्जित सरकार के मुक़ाबले खड़े देखकर एक व्यंग्यचित्र प्रकाशित किया था, जिसमें सरकार को दुर्निवार शक्ति के प्रतीक स्टीम रॉलर के रूप में और अनाक्रामक प्रतिरोध को ऐसे हाथी के रूप में चित्रित किया गया था जो अपनी जगह बड़े आराम से अविचलित बैठा हुआ था।[1] उस हाथी को अचल शक्ति बताया गया था। व्यंग्य चित्रकार को दुर्निवार और अचल शक्तियों के उस द्वन्द्व युद्ध के मर्म की पहचान थी। वह बीच की स्थिति थी। आगे जो कुछ हुआ, वह हमें मालूम ही है। जिस चीज़ को दुर्निवार चित्रित किया गया था और जो वैसी प्रतीत भी होती थी, उसका सत्याग्रह की हम चाहें तो कह सकते हैं, प्रतिकार में अपना हाथ उठाये बिना कष्ट सहन की अचल शक्ति ने सफल प्रतिरोध किया था।

जो बात तब सच सिद्ध हुई वह आज भी उतनी ही सच साबित हो सकती है। हिटलरशाही के मुक़ाबले हिटलशाही को खड़ा करने से वह कभी हार नहीं सकती। वैसा करने में तो उलटे मौजूदा हिटलशाही से बढ़ी—चढ़ी और असीम उग्रता वाली नयी हिटलरशाही का जन्म होगा।

---

1. देखिये सं.गां.वां., खण्ड 8, पृ. 32 के सामने।

आज हमारी आँखों के सामने जो कुछ हो रहा है वह हिंसा और उसी प्रकार हिटलरशाही की विफलता का प्रमाण है।

मैं स्पष्ट कर दूँ कि हिटलरशाही की विफलता से मेरा तात्पर्य क्या है। उसने छोटे राष्ट्रों की स्वतन्त्रता का अपहरण किया है। उसने फ्रांस को शान्ति की याचना करने पर विवश किया है।[1] मेरी दलील के लिए तो फ्रांस का पतन ही काफ़ी है। मेरी राय में, अनिवार्य को शिरोधार्य करके तथा मूर्खतापूर्ण पारस्परिक संहार में भागीदार बनने से इनकार करके फ्रांस के राजनेताओं ने विरल साहस का परिचय दिया है। जो चीज़ दाँव पर लगी हुई है, यदि सचमुच वही नष्ट हो जाती है तो फ्रांस के इस संघर्ष से विजयी होकर निकलने का कोई मतलब नहीं रह जायेगा। यदि स्वतन्त्रता की क़ीमत उसका उपभोग करने वालों के सामूहिक विनाश के रूप में चुकानी पड़े तो उस स्वतन्त्रता के लिए संघर्ष करना हास्यास्पद ही होगा। उस स्थिति में तो वह महत्त्वाकांक्षा की तुच्छ तृप्ति–भर बनकर रह जायेगी। फ्रांसीसी सिपाहियों की वीरता विश्वविख्यात है। लेकिन अब दुनिया फ्रांसीसी राजनेताओं की उस श्रेष्ठतर बहादुरी को भी जान ले जिसका परिचय उन्होंने शान्ति की याचना करके दिया है। मैंने ऐसा माना है कि फ्रांसीसी राजनेताओं ने यह क़दम सच्चे सिपाहियों को शोभा देने वाली सर्वथा सम्मानजनक रीति से उठाया है। मैं आशा करता हूँ कि श्री हिटलर फ्रांसीसियों पर अपमानजनक शर्तें नहीं ला देंगे, बल्कि दिखा देंगे कि यद्यपि वे लड़ाई बिना करुणा–दया के कर सकते हैं, लेकिन शान्ति स्थापना में उसका सहारा लिए बिना नहीं रह सकते।

हिटलर विजय लेकर करेंगे क्या? क्या वे इतनी शक्ति को हजम कर सकेंगे? वे ख़ुद उसी तरह खाली हाथ जायेंगे जैसे कुछ सदियों पहले सिकन्दर गया था। जर्मनों के लिए वे एक विशाल साम्राज्य का स्वामी होने का सुख नहीं बल्कि उनके सिर उसे सँभालने का कमरतोड़ बोझ छोड़ जायेंगे। कारण, विजित राष्ट्रों को वे सदा अपने अधीन नहीं रख पायेंगे और मुझे तो नहीं लगता कि जर्मनों की भावी पीढ़ियाँ उन कृतित्वों पर विशुद्ध गर्व का ही अनुभव करेंगी जिनके लिए हिटलरशाही

---

1. युद्ध विराम के लिए फ्रान्सीसियों की प्रार्थना हिटलर को 16 जून को भेजी गयी थी। युद्ध विराम के लिए हिटलर की शर्तें उन्हें 20 जून को सूचित की गयी। 22 जून को उन्होंने जर्मनों की शर्तें मान लीं और 25 जून को युद्धविराम लागू हो गया।

को ज़िम्मेदार ठहराया जायेगा। वे एक मेधावी और बहादुर व्यक्ति के रूप में, अद्वितीय संगठन–कर्ता तथा और भी बहुत–से गुणों से युक्त पुरुष के रूप में श्री हिटलर का सम्मान करेंगी लेकिन मैं तो यही आशा करूँगा कि जर्मनों की भावी पीढ़ियाँ अपने वीर पुरुषों के सम्बन्ध में भी गुण–दोष के आधार पर निर्णय करने की कला सीख चुकी होंगी। जो भी हो, मैं समझता हूँ, हिटलर द्वारा जितना ख़ून बहाया गया उसके अनुपात में विश्व की नैतिक ऊँचाई में रंच–मात्र वृद्धि नहीं हुई है।

इसके विपरीत, कल्पना कीजिए कि आज यूरोप की स्थिति क्या होगी, यदि चेकों, पोलैण्डवासियों, नॉर्वेवासियों, फ्रांसीसियों और अंग्रेज़ों ने हिटलर से कहा होता : 'विनाश के लिए ये तमाम वैज्ञानिक तैयारियाँ करने की तुम्हें कोई ज़रूरत नहीं है। हम तुम्हारी हिंसा का मुक़ाबला अहिंसा से करेंगे। इसलिए हमारी अहिंसक सेना को तुम टैंकों, युद्ध–पोतों और युद्धक विमानों के बिना भी नष्ट कर सकते हो।' इसके जवाब में कहा जा सकता है कि उस हालत में फ़र्क़ सिर्फ़ इतना होता कि जो चीज़ हिटलर ने रक्तरंजित युद्ध से प्राप्त की उसे वे बिना युद्ध के प्राप्त कर लेते। बात बिलकुल ठीक है किन्तु तब यूरोप का इतिहास कुछ और ढंग से लिखा जाता। शायद (लेकिन शायद ही) अहिंसक प्रतिरोध के मुक़ाबले भी हिटलर ने उसी प्रकार सभी देशों पर क़ब्ज़ा कर लिया होता जिस प्रकार अकथ्य बर्बरता मचाने के बाद किया है। अहिंसक प्रतिरोध में मृत्यु के ग्रास केवल वही लोग बनते जिन्होंने ज़रूरत पड़ने पर, किसी को मारे बिना और किसी के प्रति अपने मन में दुर्भावना को स्थान दिये बिना, मृत्यु का वरण करने के लिए अपने को प्रशिक्षित किया होता। मैं यह कहने की धृष्टता करूँगा कि उस हालत में यूरोप ने अपनी नैतिक ऊँचाई की अच्छी–ख़ासी अभिवृद्धि की होती और मैं मानता हूँ कि अन्ततः महत्त्व की चीज़ नैतिक मूल्य ही है बाक़ी सब तो निरर्थक वस्तु है।

ये पंक्तियाँ मैंने यूरोपीय राष्ट्रों के लिए लिखी हैं लेकिन ये हैं स्वयं हमारे लिए। यदि मेरी दलील ठीक लगी हो तो क्या आज वह समय नहीं है जब हमें सबल की अहिंसा में अपनी अविचल आस्था की घोषणा करनी चाहिए और कहना चाहिए कि हम अपनी स्वतन्त्रता की रक्षा शस्त्रबल से नहीं करना चाहते, बल्कि हम उसका बचाव अहिंसक शक्ति से करेंगे?

सेवाग्राम 18 जून, 1940; सम्पूर्ण गाँधी वाङ्मय, खण्ड 72, पृ. 213–215,
हरिजन (अंग्रेज़ी), 22.6.1940

अहिंसा और यहूदी

ऐसे बहुत पत्र प्राप्त हुए हैं जिनमें गाँधी से फिलिस्तीन की अरब यहूदी समस्या और जर्मनी में यहूदियों पर किये जा रहे अत्याचार के सम्बन्ध में अपने विचार प्रकाशित करने को कहा गया है। अत्यन्त कठिन प्रश्न पर मैं झिझकते हुए अपने विचार तो व्यक्त कर रहा हूँ।

यहूदियों से मुझे पूरी सहानुभूति है। अपने दक्षिण अफ्रीका प्रवास काल में मैंने उन्हें निकट से जाना है। उनमें से कुछ तो मेरे जीवन–भर के साथी बन गये हैं। इन मित्रों से मुझे उन पर युगों से होते आ रहे अत्याचारों के बारे में काफ़ी कुछ मालूम हुआ है। वे ईसाई–समाज के अस्पृश्य माने जाते रहे हैं। उनके प्रति ईसाइयों के व्यवहार और अस्पृश्यों के प्रति हिन्दुओं के व्यवहार में बहुत समानता है। दोनों ही समुदायों के साथ किये जाने वाले अमानवीय व्यवहार का औचित्य सिद्ध करने के लिए धर्म की दुहाई दी गयी है। इसलिए यहूदियों के साथ अपनी मैत्री की बात को अलग रखूँ तो भी उनके प्रति मेरे मन में सहानुभूति होने के व्यापकतर कारण मौजूद हैं।

लेकिन मेरी सहानुभूति इस बात की ओर से मेरी आँखें बन्द नहीं कर सकती कि न्याय के तकाज़े क्या हैं? यहूदियों के लिए एक अलग देश की माँग मुझे कोई ख़ास नहीं जँचती। इस माँग का समर्थन 'बाइबिल' के हवाले से और यहूदियों की फिलिस्तीन लौटने की सतत और तीव्र लालसा की चर्चा करके किया जाता है। लेकिन संसार की अन्य अनेक जातियों की तरह वे भी उसी देश को अपना देश और अपना घर क्यों नहीं बना लेते जहाँ उनका जन्म हुआ और जहाँ वे जीविकोपार्जन करते हैं?

फिलिस्तीन अरबों का है–ठीक उसी तरह जिस तरह इंग्लैंड अंग्रेज़ों का और फ्रांस फ्रांसीसियों का है। यहूदियों को अरबों के सिर थोप देना ग़लत और अमानवीय कार्य है। आज फिलिस्तीन में जो कुछ हो रहा है

वह नैतिक आचरण के किसी भी नियम के अनुसार उचित नहीं साबित किया जा सकता। (राष्ट्र संघ द्वारा दिये गये) शासनाधिकार का पिछले युद्ध के परिणाम के अतिरिक्त और कोई आधार, कोई औचित्य नहीं है। यहूदियों के वतन के रूप में फिलिस्तीन उन्हें पूर्णतः या अंशतः वापस मिल जाये, इसके लिए स्वाभिमानी अरबों को तबाह करना निश्चय ही मानवता के विरुद्ध अपराध होगा।

ज़्यादा अच्छा रास्ता तो यह होगा कि यहूदी लोग जहाँ भी जन्म लें और पलें–बढ़ें वहाँ उनके साथ न्यायोचित व्यवहार पर आग्रह रखा जाये। जिस अर्थ में फ्रांस में जन्मे ईसाई फ्रांसीसी हैं, बिलकुल उसी अर्थ में वहाँ जन्मे यहूदी भी फ्रांसीसी है। यदि यहूदियों का फिलिस्तीन के अलावा अपना कोई वतन नहीं है तो क्या वे यह पसन्द करेंगे कि वे दुनिया के जिस अन्य हिस्सों में बसे हों वहाँ से उन्हें उखाड़कर फिलिस्तीन में ही जा बसने को मजबूर किया जाये? या कि वे दोहरा वतन चाहते हैं, ताकि अपनी इच्छानुसार चाहे जहाँ जाकर बस सकें? अलग वतन के इसी माँग ने जर्मनों को जर्मनी से यहूदियों को निकाल बाहर करने का एक बहाना दे दिया है।

लेकिन जर्मनी में यहूदियों पर जो अत्याचार किया जा रहा है वह तो इतिहास में बेमिसाल जान पड़ता है। आज हिटलर जैसे पागल बन गये जान पड़ते हैं, वैसा पागलपन तो प्राचीन काल के आततायियों ने भी नहीं दिखाया था। और वे यह सब धार्मिक जुनून से कर रहे हैं। कारण, वे एक नये धर्म का प्रतिपादन कर रहे हैं–वर्जनशील और उग्र राष्ट्रीयता के धर्म का, जिसके नाम पर किया जाने वाला हर दानवी कृत्य ऐसा परम मानवीय कृत्य हो जाता है जिससे कर्ता के इहलोक और परलोक दोनों के सुधरने का विश्वास दिलाया जाता है। एक सिरफिरे किन्तु दुस्साहसी नौजवान के अपराध के लिए अविश्वसनीय खूँखारपन के साथ उसकी पूरी जाति को दण्डित किया जा रहा है। यदि मानवता के नाम पर और मानवता के निमित्त सचमुच कोई युद्ध औचित्यपूर्ण हो सकता है तो जर्मनी को एक सम्पूर्ण जाति को मनमाने ढंग से तबाह करने से रोकने के लिए उसके ख़िलाफ़ युद्ध छेड़ना सर्वथा उचित होगा। लेकिन मैं युद्ध में विश्वास नहीं करता। इसलिए ऐसे किसी युद्ध के पक्षापक्ष पर विचार करना मेरे विचार–क्षितिज से या मेरे क्षेत्र से बाहर की चीज़ है।

यदि यहूदियों के ख़िलाफ़ किये जा रहे ऐसे घोर अपराध के कारण भी जर्मनी के विरुद्ध युद्ध छेड़ना उचित नहीं होगा तो उसके साथ कोई सन्धि–सम्बन्ध करना भी निश्चय ही किसी भी प्रकार उचित नहीं हो सकता। न्याय और लोकतन्त्र का रक्षक होने का दावा करने वाले राष्ट्र और न्याय तथा लोकतन्त्र के जगविदित शत्रु के बीच कोई सन्धि कैसे हो सकती है? या कि हम यह मानें कि इंग्लैंड भी शस्त्र–सज्जित तानाशाही और तज्जनित समस्त बुराइयों को गले लगाने जा रहा है?

जर्मनी दुनिया को यह दिखा रहा है कि शुद्ध हिंसा–ऐसी हिंसा जो पाखण्ड या अपनी दुर्बलता को छिपाने के लिए मानवता की झूठी दुहाई देने की प्रवृति से मुक्त हो–कैसे–कैसे कमाल कर सकती है। साथ ही वह हमें यह भी दिखा रहा है कि अपने नग्न रूप में हिंसा कैसा घृणित, कितनी भयंकर और कैसी विकराल है।

क्या यहूदी लोग इस संगठित और निर्लज्जतापूर्ण अत्याचार का मुक़ाबला कर सकते हैं? क्या कोई ऐसा रास्ता है जिसे अपनाकर वे अपने आत्मसम्मान की रक्षा कर सकें और असहाय, उपेक्षित और अकेला महसूस न करें। मेरा निवेदन है, हाँ, ऐसा रास्ता है। जिसकी ईश्वर में आस्था है वह असहाय या अकेला क्यों महसूस करें ? तत्त्वतः देखा जाये तब जो ईश्वर एक ही है, वह अद्वितीय और वर्णनातीत है, किन्तु विभिन्न धर्मों में उसकी जो कल्पना की गयी है उस दृष्टि से यहूदियों का ईश्वर जेहोवा ईसाइयों, मुसलमानों या हिन्दुओं के ईश्वर से अधिक वैयक्तिक है। चूँकि यहूदी ईश्वर में वैयक्तिकता का आरोप करते हैं और मानते हैं कि वह उनके प्रत्येक कर्म का नियामक है, इसलिए उन्हें असहाय तो नहीं महसूस करना चाहिए। यदि मैं यहूदी होता और मेरा जन्म जर्मनी में हुआ तथा वहीं जीविकोपार्जन कर रहा होता तो जर्मनी को अपना वतन कहने का जितना दावा जर्मन जाति का कोई बड़े–से–बड़ा आदमी कर सकता है उतना ही दावा मैं भी करता और अत्याचारियों से कहता कि ठीक है, तुम मुझे गोली से उड़ाना चाहो तो उड़ा दो, काल–कोठरी में डालना चाहो तो डाल दो; मैं सब कुछ बर्दाश्त कर लेता लेकिन जर्मनी छोड़ने को या भेदभावपूर्ण व्यवहार को सिर झुकाकर स्वीकार करने को तैयार न होता। और यह क़दम उठाने के लिए मैं उस दिन की प्रतीक्षा नहीं करता रहता जब शेष यहूदी भी मेरे साथ सत्याग्रह करने को तैयार होंगे, बल्कि इस विश्वास के साथ अपने मार्ग पर आगे बढ़ चलता कि अन्त में सभी मेरा

अनुकरण करेंगे ही। यदि एक या बहुत–से यहूदी इस उपाय को अपना लें तो इससे उस एक या उन बहुत–से यहूदियों की स्थिति कम–से–कम आज की अपेक्षा अधिक बुरी तो नहीं हो जायेगी और ख़ुशी–ख़ुशी कष्ट सहन करने से उन्हें एक ऐसी आन्तरिक शक्ति और आनन्द प्राप्त होगा जो उनके प्रति सहानुभूति व्यक्त करते हुए जर्मनी से बाहर के देशों द्वारा पास किये गये सैकड़ों प्रस्ताव भी उन्हें नहीं दे सकते। सच तो यह है कि यदि ब्रिटेन, फ्रांस और अमेरिका जर्मनी के ख़िलाफ़ युद्ध का आह्वान करें तो उससे भी यहूदियों को उस आन्तरिक शक्ति और आन्तरिक आनन्द की प्राप्ति नहीं हो सकती। दूसरी ओर युद्ध के इस आह्वान का पहली प्रतिक्रिया के रूप में हिटलर अपनी योजनाबद्ध हिंसा को यहूदियों के क़त्लेआम का रूप दे सकते हैं लेकिन अगर यहूदियों के मानस को ख़ुशी–ख़ुशी कष्ट सहने के लिए तैयार किया जा सके तो जिस क़त्लेआम की मैंने कल्पना की है उसे भी जेहोवा द्वारा यहूदी जाति के लिए, अत्याचारी को ही निमित्त बनाकर, खोला गया मुक्ति का द्वार मानकर भक्तवत्सल प्रभु की महान कृपा के रूप में उल्लासपूर्वक स्वीकार किया जा सकता है। ईश्वर से डरनेवाले को मृत्यु का भय नहीं होता। उसके लिए तो मृत्यु जागरण के बाद आनेवाली यह सुदीर्घ निद्रा है जो उसे और भी ताजगी और स्फूर्ति देगी।

यहाँ यह बताने की तो ज़रूरत नहीं है कि मेरे इस सुझाव पर चलना चेकों की अपेक्षा यहूदियों के लिए बहुत आसान है और दक्षिण अफ्रीका में भारतीयों द्वारा चलाये गये सत्याग्रह आन्दोलन के रूप में उनके सामने एक बिलकुल ठीक दृष्टान्त भी है। वहाँ भारतीयों की स्थिति ठीक वही थी जो जर्मनी में यहूदियों की है। वहाँ उन पर जो अत्याचार किया जा रहा था उस पर भी धर्म का एक मुलम्मा चढ़ाया गया था। राष्ट्रपति क्रूगर कहा करते थे कि गोरे ईसाई ईश्वर के वरद पुत्र हैं और भारतीय उनके सामने तुच्छ लोग हैं, जिनका सर्जन गोरों की सेवा करने के लिए ही किया गया है। ट्रांसवाल के संविधान की एक बुनियादी धारा यह थी कि गोरों और एशियाइयों सहित अश्वेत लोगों के बीच समानता नहीं बरती जानी चाहिए। भारतीयों को भी यहूदी बस्तियों (घेटों) के ढंग की अलग बस्तियों में सीमित कर रखा गया था जिन्हें 'लोकेशन' कहते थे। उन पर थोपी गयी दूसरी निर्योग्यताएँ भी लगभग वैसी ही थीं जैसा कि जर्मनी में यहूदियों पर लगाई गयी हैं। इन परिस्थितियों में उन मुट्ठी–भर भारतीयों ने सत्याग्रह

का सहारा लिया और अपने इस संघर्ष में उन्हें बाहरी दुनिया या भारत सरकार का भी कोई समर्थन प्राप्त नहीं थां। उलटे ब्रिटिश अधिकारियों ने सत्याग्रहियों को वह क़दम उठाने से विमुख करने की कोशिश की।

लेकिन सच तो यह है कि जर्मनी के यहूदी दक्षिण अफ्रीकावासी भारतीयों की अपेक्षा बहुत अधिक शुभ संयोगों में सत्याग्रह कर सकते हैं। जर्मनी के यहूदी एक सुसंगठित और ऐक्यबद्ध समाज के रूप में रह रहे हैं। वे दक्षिण अफ्रीकावासी भारतीयों की अपेक्षा बहुत अधिक प्रतिभाशाली हैं। इसके अलावा, विश्व का संगठित लोकमत उनके पीछे है। मेरा निश्चित विश्वास है कि यदि उन्हें अहिंसक संघर्ष में नेतृत्व प्रदान करने के लिए उनमें से कोई साहसी और सही दृष्टिवाला आदमी आगे आये तो उनकी निराशा के शिशिर को क्षण–भर में आशा के बसन्त में परिवर्तित किया जा सकता है और आज जिस चीज़ ने कुत्सित मानव आखेट का रूप धारण कर रखा है, उसी को जेहावो प्रदत्त–ईश्वर की दी हुई–कष्ट सहन की शक्ति से युक्त निःशस्त्र स्त्री–पुरुषों द्वारा किये जाने वाले शान्त और संकल्पमय प्रतिरोध का रूप दिया जा सकता है। वह सच्चे अर्थों में धार्मिक प्रतिरोध होगा–मानवीय गुणों से वंचित नास्तिक लोगों के उन्माद का सच्चा धार्मिक प्रतिरोध। इस तरह जर्मन यहूदी, जर्मन ग़ैर–यहूदियों पर सच्ची विजय प्राप्त करेंगे। धार्मिक और वह इस रूप में कि वे उन्हें मनुष्य की गरिमा को पहचानना सिखायेंगे। इस प्रकार वे अपने जर्मन भाइयों की भी सच्ची सेवा कर पायेंगे और यह सिद्ध कर सकेंगे कि आज जो लोग–चाहे अनजाने में ही जर्मन जाति के नाम पर कलंक लगा रहे हैं उनकी तुलना में वे कहीं अधिक सच्चे जर्मन हैं।

अब दो शब्द फिलिस्तीन के यहूदियों के बारे में। मुझे इस बात में तनिक भी सन्देह नहीं है कि जो रास्ता उन्होंने अपनाया है वह ग़लत है। 'बाइबिल' में वर्णित फिलिस्तीन कोई भौगोलिक क्षेत्र नहीं है। वह तो उनके हृदय में हैं। लेकिन अगर उन्हें भौगोलिक फिलिस्तीन को अपना देश मानना ही है, उसे स्वदेश के रूप में देखना ही है तो ब्रिटेन को संगीनों की छाया में उसमें प्रवेश करना तो उनका बिलकुल ग़लत तरीक़ा है। कोई धर्म–कार्य संगीनों और बमों के बल पर कैसे किया जा सकता है। वे फिलिस्तीन में अरबों में सद्भावना के सहारे ही बस सकते हैं। उन्हें अरबों का हृदय परिवर्तन करने की कोशिश करनी चाहिए। जो ईश्वर यहूदियों के हृदय का नियामक है वही अरबों के हृदय का भी है।

वे अरबों के सामने सत्याग्रह करते हुए उन्हें इस बात के लिए आमन्त्रित कर सकते हैं कि हम तो तुम्हारे ख़िलाफ़ अपनी उँगली भी नहीं उठायेंगे, तुम चाहे जो करो–चाहो तो हमें गोलियों से उड़ा दो या उठाकर यहीं मुर्दा सागर में फेंक दो। फिर वे देखेंगे कि उनकी इस धार्मिक आकांक्षा को विश्व जनमत का कैसा समर्थन मिल रहा है। अरबों को समझाने के हज़ार रास्ते हैं, बशर्ते कि यहूदी ब्रिटेन की संगीनों का सहारा लेना छोड़ दें। लेकिन अभी तो वे उन लोगों को तबाह करने में ब्रिटेन के साझीदार बने हुए हैं जिन्होंने उनका कुछ नहीं बिगाड़ा है।

कोई यह नहीं समझे कि मैं अरबों के ज़ोर–जुल्म को सही ठहराने की कोशिश कर रहा हूँ। कितना अच्छा होगा, अगर उन्होंने उस कार्रवाई का प्रतिरोध करने के लिए, जिसे वे ठीक ही अपने देश पर बिना किसी कारण या औचित्य के किया गया हमला मानते हैं, अहिंसात्मक मार्ग अपनाया होता। लेकिन न्याय–अन्याय के सर्वमान्य नियमों के अनुसार अत्यन्त प्रतिकूल परिस्थितियों से जूझ रहे अरबों के इस प्रतिरोध के ख़िलाफ़ कुछ नहीं कहा जा सकता।

यहूदी लोग, जो अपने को ईश्वर की विशेष प्रिय जाति के लोग बताते हैं धरती पर अपने स्वत्व की प्रतिष्ठा के लिए अहिंसा का मार्ग अपनाकर अपना यह दावा सिद्ध करें। हर देश–फिलिस्तीन भी उनका घर है, लेकिन आक्रमण और ज़ोर–ज़बरदस्ती के बल पर नहीं बल्कि प्रेमपूर्ण सेवा के आधार पर। एक यहूदी मित्र ने मुझे सेसिल रॉथ की लिखी 'ज्यूइश कन्ट्रीब्यूशन टु सिविलाइजेशन' नाम की एक पुस्तक भेजी है। इसमें साहित्य, कला संगीत, नाटक, विज्ञान, चिकित्सा शास्त्र, कृषि आदि के क्षेत्रों में यहूदियों के योगदान का विवरण दिया गया है। यदि यहूदी लोग यह संकल्प कर लें कि उन्हें पश्चिमी दुनिया के ऐसे समाज–बहिष्कृत अछूत बनकर नहीं रहना है जिनसे या तो घृणा की जा सकती है या जिनपर तरस ही खाया जा सकता है, तो कोई भी उनके साथ वैसा व्यवहार नहीं कर सकता। जो तेज़ी से पशु बनते जा रहे हैं और जिनको ईश्वर ने त्याग दिया है, ऐसे मनुष्य बनने के बजाय, यदि वे सच्चे अर्थों में मनुष्य, ईश्वर के विशेष कृपापात्र मनुष्य बन जायें तो वे सबके स्नेह और सम्मान के भाजन हो सकते हैं। यदि वे चाहें तो विश्व को अपनी देन की लम्बी सूची में अहिंसात्मक संघर्ष रूपी यह सर्वोपरि देन भी जोड़ सकते हैं।

सेगाँव, 20 नवम्बर, 1938; सम्पूर्ण गाँधी वाङ्मय, खण्ड 68, पृ. 153–157, हरिजन (अंग्रेज़ी), 26.11.1938

एडोल्फ हिटलर को गाँधी का पत्र–1[1]

20 जुलाई, 1939 को गाँधी ने हिटलर को लिखा : प्रिय मित्र, मित्रों का यह आग्रह रहा है कि मानवता की ख़ातिर मैं आपको कुछ लिखूँ। लेकिन मैं उनके अनुरोध को अस्वीकार करता रहा हूँ, क्योंकि मैं यह महसूस करता हूँ कि मेरा आपको पत्र लिखना धृष्टता होगी। लेकिन मुझे कुछ ऐसा लगता है कि इस मामले में मुझे हिसाब–किताब करके नहीं चलना चाहिए और मुझे आपसे अपील करनी ही चाहिए, चाहे वह जिस लायक हो।

यह बात बिलकुल स्पष्ट है कि आज संसार में आप ही एक ऐसे व्यक्ति हैं जो उस युद्ध को रोक सकते हैं, जो मानव–जाति को बर्बर अवस्था में पहुँचा सकता है। क्या आपको किसी उद्देश्य के लिए इतना बड़ा मूल्य चुकाना चाहिए, फिर चाहे वह उद्देश्य आपकी दृष्टि में कितना ही महान क्यों न हो? क्या आप एक ऐसे व्यक्ति की अपील पर ध्यान देंगे जिसने सोच–विचार कर युद्ध के तरीक़े का त्याग कर दिया है और इसमें उसे काफ़ी सफलता भी मिली है? जो भी हो, मैं यह मान लेता हूँ कि यदि मैंने आपको पत्र लिख कर कोई भूल की है तो उसके लिए आप मुझे क्षमा कर देंगे?[2]

सम्पूर्ण गाँधी वाङ्मय, खण्ड 70, पृ. 23,
अंग्रेज़ी की फ़ोटो–नकल (जी.एन. 1510) से।

---

1. सरकार ने इस पत्र को जाने नहीं दिया।
2. देखिये वक्तव्य : समाचार–पत्रों को 5.9.1939 भी।

एडोल्फ हिटलर को गाँधी का पत्र–2[1]

गाँधी ने 24 दिसम्बर, 1940 को वर्धा से एडोल्फ हिटलर को पत्र लिखा कि, मैं किसी औपचारिकतावश आपको मित्र कहकर सम्बोधित नहीं कर रहा हूँ। मैं किसी को अपना शत्रु नहीं मानता। पिछले 33 वर्षों से मेरे जीवन में एक ही काम रहा है : जाति, रंग या धर्म का भेद किये बिना मानव–जाति को मित्र बनाकर सारी मानव–जाति की मैत्री प्राप्त करना।

मानव–जाति का एक बहुत बड़ा भाग विश्व–बन्धुत्व के इस सिद्धान्त से प्रभावित रहा है। मुझे आशा है, आपको यह जानने की इच्छा होगी और आपके पास इसके लिए समय भी होगा कि आपके कार्यों के बारे में मानव–जाति का यह भाग क्या सोचता है। हमें आपकी वीरता या देशभक्ति में सन्देह नहीं है, और न हम यही मानते हैं कि आपके विरोधी आपको जिस तरह राक्षस के रूप में चित्रित करते हैं आप वैसे हैं किन्तु आपके अपने और आपके मित्रों और प्रशंसकों के लेखों और वक्तव्यों से इस बात में कतई सन्देह नहीं रहता कि आपके बहुत–से कार्य राक्षसी हैं और मनुष्य की गरिमा के योग्य नहीं हैं–ख़ासकर मुझ–जैसे विश्व–मैत्री में विश्वास रखनेवाले लोगों की निगाह में तो वे ऐसे ही हैं। चेकोस्लोवाकिया का पद–दलन, पोलैण्ड पर बलात्कार और डेनमार्क को हड़पना–ये आपके कुछ ऐसे ही कार्य हैं। मैं जानता हूँ कि आपके जीवन दर्शन के अनुसार लूट–मार के ये काम सत्कार्य हैं। लेकिन हमें बचपन से यही सिखाया गया है कि ऐसे काम इनसान को उसकी इनसानियत से गिराते हैं। इसलिए हम आपकी फ़ौजों की सफलता की कामना नहीं कर सकते।

किन्तु हमारी स्थिति कुछ अनोखी है। हम ब्रिटिश साम्राज्यवाद का भी उतना ही विरोध करते हैं जितना नाजीवाद का। अगर कुछ फ़र्क़ है

1. इस पत्र को तत्कालीन भारत सरकार ने दबा दिया था; देखिये 'पत्र : एगथा हैरिसन को' 17.1.1941 तथा अगला शीर्षक भी। इससे पूर्व गाँधीजी ने एडोल्फ हिटलर को एक पत्र 23 जुलाई, 1939 को भी लिखा था; देखिये सं.गां.वां., खण्ड 70, पृ. 23

तो मात्रा का। पूरी मानव–जाति के पंचमांश को जिन तरीक़ों से ब्रिटेन के अधीन किया गया, वे ग़लत और निन्दनीय तरीक़े थे। ब्रिटिश शासन का हम विरोध करते हैं, किन्तु इसका अर्थ यह नहीं कि हम ब्रिटेन के लोगों को कोई नुक़सान पहुँचाना चाहते हैं। हम उन्हें युद्ध क्षेत्र में पराजित करना नहीं चाहते, बल्कि उनका हृदय–परिवर्तन करना चाहते हैं। हमारा विद्रोह ब्रिटिश शासन के विरुद्ध निःशस्त्र विद्रोह है। हम उनका हृदय–परिवर्तन कर सकें अथवा न कर सकें, लेकिन हम अपने अहिंसक असहयोग के ज़रिये उनके शासन को असम्भव बना देने पर आमादा हैं। यह तरीक़ा ऐसा है जो अचूक है। यह तरीक़ा इस ज्ञान पर आधारित है कि कोई भी लुटेरा तब तक अपना इष्ट सिद्ध नहीं कर सकता जब तक उसे अपने शिकार हुए व्यक्ति की ओर से इच्छा या अनिच्छा–वश थोड़ा–बहुत सहयोग नहीं मिलता। हमारे शासक हमारी ज़मीन और हमारे शरीर पर अधिकार भले कर लें, किन्तु हमारी आत्मा पर अधिकार नहीं कर सकते। हमारी ज़मीन और हमारे शरीर पर अधिकार वे तभी कर सकते हैं जब वे प्रत्येक भारतीय पुरुष, स्त्री और बच्चे का सम्पूर्ण नाश कर दें। यह सही है कि सभी लोग शायद ऐसी वीरता न दिखा सकें और आतंक द्वारा विद्रोह की कमर तोड़ी जा सकती है, लेकिन यह तर्क अप्रासंगिक होगा। कारण, यदि भारत में ऐसे स्त्री–पुरुष काफ़ी बड़ी संख्या में मिल सकें जो घुटने टेकने के बजाय लुटेरों के प्रति बिना कोई द्वेष–भाव रखे अपने प्राण न्यौछावर करने को तैयार हों, तो वे हिंसा के आतंक से स्वतन्त्र होने का मार्ग दिखा देंगे। आप विश्वास करें कि आपको भारत में ऐसे स्त्री–पुरुष अप्रत्याशित रूप से बड़ी संख्या में मिलेंगे। वे पिछले 20 वर्षों से इसी चीज़ का प्रशिक्षण प्राप्त करते रहे हैं।

पिछले पचास सालों से हम ब्रिटिश शासन को उखाड़ फेंकने की कोशिश करते रहे हैं। स्वतन्त्रता का आन्दोलन जितना मज़बूत इस समय है उतना पहले कभी नहीं था। सबसे शक्तिशाली राजनीतिक संगठन–मेरा अभिप्राय भारतीय राष्ट्रीय कांग्रेस से है–इस लक्ष्य को प्राप्त करने का प्रयत्न कर रहा है। अहिंसात्मक प्रयत्नों से हमें काफ़ी–कुछ सफलता प्राप्त हो चुकी है। ब्रिटिश सत्ता संसार की सबसे अधिक संगठित हिंसात्मक सत्ता है और इसका मुक़ाबला करने के लिए हम किसी सही उपाय की तलाश कर रहे थे। आपने उसी ब्रिटिश सत्ता को चुनौती दी है। अब यह देखना है कि कौन ज़्यादा सुसंगठित है–जर्मन सत्ता या ब्रिटिश सत्ता।

हम जानते हैं कि ब्रिटिश सत्ता के पैरों तले रहने का हमारे लिए और दुनिया की ग़ैर–यूरोपीय जातियों के लिए क्या मतलब है। लेकिन हम जर्मनों की मदद से ब्रिटिश शासन का अन्त करना कभी नहीं चाहेंगे। हमें अहिंसा के रूप में एक ऐसी शक्ति प्राप्त हो गयी है जिसे यदि संगठित कर लिया जाये तो वह संसार–भर की सभी प्रबलतम हिंसात्मक शक्तियों के गठजोड़ का मुक़ाबला कर सकती है। इसमें कोई सन्देह की गुंजाइश नहीं है। जैसा कि मैंने कहा, अहिंसात्मक तरीक़े में पराजय नाम की कोई चीज़ है ही नहीं। यह तरीक़ा तो बिना मारे या चोट पहुँचाये 'करने या मरने' का तरीक़ा है। इसका इस्तेमाल करने में धन की लगभग कोई ज़रूरत नहीं है और उस विनाश–शास्त्र की सहायता की तो नहीं ही जिसे आपने पूर्णता के चरम–बिन्दु पर पहुँचा दिया है। मुझे यह देखकर आश्चर्य होता है कि आप यह भी नहीं देख पाते कि विनाशकारी यन्त्रों पर किसी का एकाधिकार नहीं है। अगर ब्रिटिश लोग नहीं तो कोई और देश निश्चय ही आपके तरीक़ों से ज़्यादा बेहतर तरीक़ा ईजाद कर लेगा और आपके ही तरीक़ों से आपको नीचा दिखायेगा। आप अपने देशवासियों के लिए कोई ऐसी विरासत नहीं छोड़ रहे हैं जिस पर उन्हें गर्व होगा। वे एक क्रूर कर्म की चर्चा करने में गर्व का अनुभव नहीं करेंगे, फिर भले ही वह कृत्य कितनी ही निपुणतापूर्वक नियोजित क्यों न किया गया हो। अतः मैं मानवता के नाम पर आपसे युद्ध रोक देने की अपील करता हूँ। आपके और ब्रिटेन के बीच जो विवाद के मुद्दे हैं यदि आप उन्हें किसी ऐसे अन्तरराष्ट्रीय न्यायाधिकरण के सामने रख दें जिसे आप और ब्रिटेन दोनों मिलकर पसन्द करें, तो ऐसा करके आप कुछ खोयेंगे नहीं। यदि आपको युद्ध में सफलता मिल जाती है तो इससे यह सिद्ध नहीं होगा कि आपका पक्ष सही था। उससे केवल इतना ही सिद्ध होगा कि आपकी विनाश–शक्ति अपेक्षाकृत ज़्यादा प्रबल थी। इसके विपरीत, एक निष्पक्ष न्यायाधिकरण द्वारा किया गया फ़ैसला यह सिद्ध करेगा कि कौन–सा पक्ष न्याय पर था।

आप जानते हैं कि कुछ ही समय पहले मैंने मेरा अहिंसात्मक प्रतिरोध का तरीक़ा अपनाने की हर ब्रिटेनवासी से अपील[1] की थी। मैंने ऐसा इसलिए किया था कि अंग्रेज़ जानते हैं कि यद्यपि मैं विद्रोही हूँ तो भी उनका मित्र हूँ। आपके और आपके देशवासियों के लिए मैं अजनबी हूँ। मैंने हर ब्रिटेनवासी से जो अपील की थी, वैसी अपील आप से करने का

1. देखिये सं.गां.वां., खण्ड 72, पृ. 261–4

साहस मुझमें नहीं है। ऐसी बात नहीं कि वह अपील आप पर भी उसी प्रभावकारी ढंग से लागू नहीं होगी जिस ढंग से अंग्रेज़ों पर होती है। बल्कि बात यह है कि मेरा मौजूदा प्रस्ताव कहीं ज़्यादा सीधा–सादा है, क्योंकि वह ज़्यादा व्यावहारिक और जाना–पहचाना है।

इस मौसम में, जब यूरोपवासियों के दिल शान्ति के लिए ललक रहे हैं, हमने ख़ुद अपना शान्तिपूर्ण संघर्ष भी स्थगित कर दिया है।[1] क्या इस समय आप से शान्ति के लिए कोशिश करने को कहना बहुत ज़्यादा होगा? यह ऐसा समय है जिसका व्यक्तिगत रूप से आपके लिए भले ही कोई महत्त्व न हो, लेकिन करोड़ों यूरोपवासियों के लिए इसका बहुत महत्त्व है। मेरे कान करोड़ों मूक लोगों की पुकार सुनने के अभ्यस्त हैं, और मैं अपने इन्हीं कानों से करोड़ों यूरोपवासियों की शान्ति की मूक पुकार सुन रहा हूँ। मैंने सोचा था कि आपके और श्री मुसोलिनी के नाम मैं एक संयुक्त अपील निकालूँगा। श्री मुसोलिनी से मैं गोलमेज–सम्मेलन के एक प्रतिनिधि की हैसियत से अपनी इंग्लैंड–यात्रा के अवसर पर रोम में मिला था।[2] मैं आशा करता हूँ कि मेरी इसी अपील को आवश्यक परिवर्तनों के साथ वे अपने नाम लिखी गयी अपील समझेंगे। हृदय से आपका मित्र, मो.क.गाँधी।

सम्पूर्ण गाँधी वाङ्मय, खण्ड 73, पृ. 275–277,
अंग्रेज़ी की नकल (सी.डब्ल्यू. 7861) से। सौजन्य : घनश्यामदास बिड़ला

---

1. गाँधीजी ने बड़े दिन के दौरान सत्याग्रह–आन्दोलन स्थगित करने की आशा दी थी; देखिये पृ. 26–61

2. 12 दिसम्बर, 1931 को; देखिये सं.गां.वां. खण्ड 48, पृ. 475, 480–81 और 514

महिलाएँ तथा युद्ध

पश्चिम में युद्ध के ख़िलाफ़ एक प्रभावशाली आन्दोलन सुस्थिर गति से प्रगति कर रहा है, और यहाँ की महिलाएँ इस आन्दोलन में, अगर मुख्य नहीं तो, अत्यन्त महत्त्वपूर्ण भूमिका अवश्य निभा रही हैं। 'विमेन्स इन्टरनेशनल लीग फॉर पीस एंड फ्रीडम' ने 4 जनवरी को फैंकफर्ट ऑन मेन में हुए अपने सम्मेलन में निम्नलिखित प्रभावशाली अपील जारी की :[1]

हम बहुत ग़रीब हैं और किसी प्रकार की आर्थिक मदद देने की स्थिति में नहीं हैं। इसके अलावा हमारे राष्ट्र को किसी युद्ध में भाग भी नहीं लेना है। जब तक हम स्वाधीन सत्ता नहीं प्राप्त कर लेते तब तक हमें उस युद्ध का शिकार तो होना ही पड़ेगा, जो विश्व में छिड़ सकता है लेकिन युद्ध जैसे साधनों के स्थान पर अहिंसात्मक साधनों द्वारा स्वतन्त्रता प्राप्त करके इस आन्दोलन को नैतिक तथा आर्थिक मदद से भी कहीं ज़्यादा बड़ी मदद दे सकना हमारे लिए सम्भव है। मैं विश्व–शान्ति के समर्थकों को यह बताना चाहता हूँ कि 1920 में कांग्रेस ने यह घोषणा करके शान्ति की दिशा में एक ज़बरदस्त क़दम उठाया था कि वह स्वराज को अहिंसात्मक और सत्य के साधनों के बल पर हासिल करेगी और मेरा यह निश्चय है कि अगर हम अपने लक्ष्य की सिद्धि के लिए इन साधनों का दृढ़तापूर्वक पालन करते हैं तो विश्व–शान्ति की स्थापना में यह हमारा सबसे बड़ा योगदान होगा।

सम्पूर्ण गाँधी वाङ्मय, खण्ड 40, पृ. 178, यंग इंडिया (अंग्रेज़ी), 21.3.1929

---

1. अपील यहाँ नहीं दी गयी है। इसमें निरस्त्रीकरण आन्दोलन के लिए नैतिक समर्थन और आर्थिक मदद की माँग की गयी थी।

फिलिस्तीन समस्या का समधान

एक प्रश्न कि क्या आप विश्वास करते हैं कि संयुक्त राष्ट्र संघ, जैसा कि उसका वर्तमान गठन है, स्थायी शान्ति क़ायम रख सकता है? के उत्तर में गाँधी कहते हैं कि, नहीं। मुझे डर है कि संसार एक–दूसरे शक्ति–परीक्षण की ओर बढ़ रहा है। यह भय बहुत से लोगों में व्याप्त है। लेकिन अगर भारत में सबकुछ ठीक रहता है तो विश्व में लम्बे समय तक शान्ति रह सकती है। यह बहुत कुछ इस बात पर निर्भर करेगा कि भारत इसे किस रूप में लेता है। और यह अधिकांश रूप से ब्रिटिश राजनीतिज्ञता पर निर्भर होगा।

फिलिस्तीन समस्या का क्या समाधान है? का जवाब देते हुए गाँधी कहते हैं कि यह एक ऐसी समस्या बन गयी है जिसका लगभग कोई हल ही नहीं है। अगर मैं यहूदी होता तो मैं उनसे कहता : "आतंक का आश्रय लेने की बेवकूफ़ी मत करो क्योंकि तुम केवल स्वयं अपने ही पक्ष को हानि पहुँचा रहे हो जो कि अन्यथा सही होता।" और अगर यह केवल एक राजनीतिक ललक है तो मैं समझता हूँ कि इसका कोई मूल्य नहीं है। वे फिलिस्तीन के लिए क्यों लालायित हैं? वे एक महान जाति के लोग हैं और उनमें बड़ी प्रतिभाएँ हैं। दक्षिण अफ्रीका में, मैं कई सालों तक यहूदियों के साथ रहा हूँ। अगर यह धार्मिक आकांक्षा है तो निश्चय ही इसमें आतंक के लिए कोई स्थान नहीं है। उन्हें चाहिए कि वे अरबों से मिलें, उनसे मित्रता करें और वे सिवाय उसके जो उन्हें यहोवा से विरासत में मिला है, ब्रिटिश सहायता, अमेरिकी सहायता या अन्य किसी सहायता पर निर्भर न रहें।

सम्पूर्ण गाँधी वाङ्मय, खण्ड 87, पृ. 431,
हरिजन (अंग्रेज़ी), 18.5.1947; और हिन्दू, 6.5.1947

लड़ाई का अर्थ

ट्रांसवाल की लड़ाई का तीसरा दौर शुरू हो गया है। कुछ भारतीय घुटने टेकने लगे हैं। उनमें कुछ फूट भी है। इससे दुःखी होने की कोई बात नहीं है। ऐसा तो हमेशा हरएक लड़ाई में हुआ करता है। आख़िरी सीढ़ी चढ़ना बहुत कठिन होता है। बहुत कम घोड़े दौड़ में शामिल होते हैं, परन्तु सब अन्त तक नहीं दौड़ते–दौड़ सकते नहीं। कुछ सुस्त होने के कारण नहीं दौड़ते। कुछ थककर दौड़ना छोड़ देते हैं। कुछ दौड़ते–दौड़ते जान छोड़ देते हैं; और थोड़े ही सही–सलामत अन्त तक पहुँच पाते हैं। ऐसा ही हर जाति के इतिहास में होता है। इसलिए ऊपर लिखे अनुसार घटनाएँ होती हैं तो उनमें निराश होने की कोई भी बात नहीं है। दो वर्ष तक हज़ारों भारतीय ज़ोर–शोर से लड़ते रहे। इस लड़ाई में आख़िर तक पहुँचनेवाले मनुष्य होंगे ही।

हमें अभी यह ख़ूनी क़ानून रद्द करवाना है और पढ़े–लिखे लोगों के हकों की रक्षा करनी है। परन्तु हमारी लड़ाई का अर्थ इतना ही नहीं है।

हमें संघर्ष करते हुए शिक्षा प्राप्त करनी है, चतुर बनना है, और दिखा देना है कि हम नामर्द नहीं, मर्द हैं। यह भी लड़ाई का एक अंग है। इस लड़ाई का मुख्य हेतु तो यह है कि हम मर्द बनें, एक जाति बनना सीखें, आज जो हम बकरे बने हुए हैं, इस स्थिति से निकलकर शेर बनें, और दुनिया को दिखा दें कि हम एक हैं, हम भारत के सपूत हैं और उसके लिए मिटने को तैयार हैं।

महान थोरो कह गये हैं कि एक खरा आदमी एक लाख खोटे लोगों से बढ़कर है। खरा होना सीख लेना क़ानून को तोड़ने से कहीं ज़्यादा महत्त्वपूर्ण है। दूसरों को झुकते देखकर ख़ुद भी हिम्मत हार बैठना बुरा है। यही नामर्दी है।

गोरी जातियाँ हम पर यह आक्षेप करती हैं कि हम आरम्भ में तो बहादुरी दिखाते हैं, लेकिन समय आने पर ढीले पड़ जाते हैं। हम यह

सिद्ध कर देना चाहते हैं कि ऐसी कोई बात नहीं है। हमें ट्रांसवाल की शक्तिशाली सरकार मोम नहीं बना सकती। यही सीखना सच्चा धर्म है इसीलिए हम इस धर्म–युद्ध में अपने प्राण अर्पण करने के लिए तैयार हैं। यह बात बता देना इस लड़ाई का एक अंग है।

ऐसी महान विजय प्राप्त करने के लिए महान पराक्रम की आवश्यकता है। इस पराक्रम के लिए क्या किया जाये? ट्रांसवाल में दुकानदार बड़े–से–बड़े भारतीय हैं। उन्हें अपनी योग्यता का परिचय देना है, और इसके लिए उन्हें भिखारी बनना है। भिखारी बनने में ही उनका तथा जाति का हित है। जिस राज्य में राजा अत्याचारी होता है उस राज्य में अत्याचार में भाग लेने वाली प्रजा ही सुखी या पैसेवाली हो सकती है। लुटेरे राज्य में अच्छे आदमी पैसा इकट्ठा नहीं कर सकते। ऐसे राज्य में सीधे लोग तो केवल दुःख सह कर ही रह सकते हैं। आज ट्रांसवाल के भारतीयों की दशा ऐसी ही है। ट्रांसवाल की सरकार भारतीयों की मान–मर्यादा और सम्पत्ति लूट लेना चाहती है। उसे भारतीय कैसे लुटकर जाने देंगे? पुराने ज़माने में लोग जब–कभी अत्याचारी सरकार के विरुद्ध लड़ते थे तब वे अपनी स्त्रियों की मान–मर्यादा बचाने के लिए पहले उन्हें मार डालते थे। ट्रांसवाल के भारतीय आज सत्याग्रह की लड़ाई लड़ रहे हैं। उन्हें अपने धन को उन्हीं स्त्रियों की तरह कुर्बान करना होगा। यदि वे ऐसा नहीं करेंगे तो उनकी लाज जायेगी और उनका धन तो कड़वा विष बन जायेगा। किसी भी धर्म में परमेश्वर और पैसा, दोनों की पूजा एक साथ (सम्भव) नहीं मानी गयी। सभी धर्म सिखाते हैं कि यदि ईश्वर की उपासना करनी है तो धन को तिलांजलि देनी पड़ेगी। यदि हमने यह लड़ाई ईश्वर का स्मरण करके और उस पर विश्वास रखकर छेड़ी है तो फिर धन का त्याग करना ही होगा। जब हमें धन की आवश्यकता पड़ेगी, तब वही ईश्वर हमारे पास धन भेज देगा।

इटली में अपनी सम्पत्ति–सहित दब कर तीन लाख व्यक्ति मर गये, यह ईश्वर की लीला है। इसे ध्यान में रखकर हमें सदा अपनी मान–मर्यादा की रक्षा करनी चाहिए। मान–रक्षा अपने हाथ की बात है; धन की रक्षा अपने हाथ में नहीं है। आशा है, भारतीय धन का त्याग करके मान की रक्षा करेंगे।

सम्पूर्ण गाँधी वाङ्मय, खण्ड 9, पृ. 160–161,
इंडियन ओपिनियन (गुजराती), 23.1.1909

बड़ी शक्तियाँ

चेकोस्लोवाकिया की दुरवस्था पर लिखे मेरे हाल के लेखों[1] की जो आलोचना हुई है उनमें मुझे एक चीज़ ऐसी देखने को मिली है जिसका जवाब देना ज़रूरी है। कुछ आलोचकों का कहना है कि यदि मेरा सुझाया अहिंसक उपाय इंग्लैंड, फ्रांस या अमेरिका जैसे शक्तिशाली राष्ट्रों के लिए नहीं, बल्कि केवल चेकोस्लोवाकिया जैसे छोटे और इसलिए अपेक्षाकृत कमज़ोर राष्ट्रों के लिए ही है तो इसका कोई ख़ास महत्त्व नहीं है।

यदि ये आलोचक मेरे लेखों को दोबारा ध्यान से पढ़ें तो पायेंगे कि मैंने जो इन शक्तिशाली राष्ट्रों को यह उपाय नहीं सुझाया, उसका कारण उनका शक्तिशाली होना, या दूसरे शब्दों में उनके सामने ख़ुद मेरे मन की झिझक थी। लेकिन उनको लक्षित करके अपनी बात न कहने का इससे एक बड़ा कारण भी था। वे किसी संकट में नहीं थे और इसलिए उन्हें इससे उबरने के उपाय की भी कोई ज़रूरत नहीं थी। यदि चिकित्सा शास्त्र की शब्दावली में कहूँ तो वे चेकोस्लोवाकिया की तरह रुग्ण नहीं थे। चेकोस्लोवाकिया की तरह उनके अस्तित्व को कोई ख़तरा नहीं था। इसलिए इन शक्तिशाली राष्ट्रों से मेरा कोई अनुरोध करना थोथे और अनचाहे उपदेश के समान होता।

अनुभव से मैंने यह भी जाना है कि केवल नेकी की ख़ातिर मनुष्य नेक कदाचित् ही है। उसे नेक बनाती है उसकी अपनी ज़रूरत। और परिस्थितिवश ही अगर मनुष्य नेक बन जाये तो इससे बुरा क्या है? हाँ, यदि वह सिर्फ़ नेकी की ख़ातिर नेक बन जाये तो यह स्थिति बेहतर तो होगी ही।

---

1. देखिये सं.गां.वां., खण्ड 67 'यदि मैं चेक होता', पृ. 449–452 और 'तर्कसम्मत निष्कर्ष', पृ. 459–62

चेक लोगों के सामने दो ही रास्ते थे–या तो जर्मनी की शक्ति के आगे शान्तिपूर्वक घुटने टेक दें या अकेले लड़कर निश्चित विनाश का ख़तरा उठायें। यही वह अवसर था जब मुझ जैसे आदमी के लिए उन्हें एक ऐसा उपाय सुझाना आवश्यक हो गया जिसकी प्रभावकारिता बहुत–कुछ ऐसी ही परिस्थितियों में अन्यत्र सिद्ध हो चुकी थी। मेरी राय में तो चेक लोगों से वैसा अनुरोध करना उतना ही संगत था जितना कि बड़ी शक्तियों से करना असंगत होता।

इस पर मेरे आलोचक बख़ूबी पूछ सकते हैं कि जब आप भारत में ही अहिंसा को शत–प्रतिशत सफल बनाकर नहीं दिखा सके और ख़ासकर अब जबकि कांग्रेसी अपने अहिंसा–धर्म या अहिंसा–नीति का सचमुच आचरण कर रहे हैं या नहीं, इन सम्बन्ध में खुद आपके ही मन में गम्भीर शंका पैदा हो गयी है तब आप अपने ऊपर खुद ही लगाई मर्यादा को तोड़कर एक पाश्चात्य राष्ट्र को उपदेश क्यों देने लेगे। सच तो यह है कि मेरे मन में इस मर्यादा का ख़याल था और कांग्रेस की स्थिति के सम्बन्ध में आज जो अनिश्चितता चल रही है उसका भी मुझे ध्यान था। लेकिन वह लेख लिखते समय अहिंसात्मक उपाय में मेरी श्रद्धा सदा की भाँति दीप्त और दृढ़ थी। और मुझे लगा कि चेक लोगों की परीक्षा की इस सबसे कठिन घड़ी में यदि मैं अहिंसात्मक उपाय स्वीकारार्थ उनके सामने प्रस्तुत न करूँ तो यह मेरी कायरता होगी। जो लोग अनुशासनहीन हों और जिन्हें सामूहिक रूप से कष्ट–सहन करने का अभ्यास पड़ने भी लगा हो तो अभी कुछ ही दिनों से, ऐसे लोगों के राष्ट्र के लिए जो चीज़ स्वीकार करना अन्ततः असम्भव साबित हो सकता है, उसी चीज़ को स्वीकार करना किसी छोटे, ऐक्यबद्ध, अनुशासित और सामूहिक कष्ट–सहन के अभ्यस्त राष्ट्र के लिए सम्भव भी हो सकता है। भारत के अतिरिक्त कोई अन्य राष्ट्र तो अहिंसामय संघर्ष करने के योग्य है ही नहीं, अपने मन में ऐसा कोई दम्भमय विश्वास पालने का अधिकार मुझे नहीं था। वैसे मैं यह स्वीकार करता हूँ कि मैं मानता था और आज भी मानता हूँ कि अहिंसात्मक संघर्ष के बल पर अपनी स्वतन्त्रता प्राप्त करने की दृष्टि से भारत सबसे उपयुक्त राष्ट्र था। यद्यपि आज कुछ प्रतिकूल लक्षण दिखायी दे रहे हैं, फिर भी मैं मानता हूँ कि यदि भारत की सम्पूर्ण जनता, जो निश्चय ही कांग्रेस से बहुत बड़ी है, किसी प्रवृत्ति के प्रति ठीक उत्साह दिखा सकती है तो वह अहिंसात्मक प्रवृत्ति ही है। ऐसी प्रवृत्ति के लिए जितनी तैयार वह है उतनी

अन्य किसी राष्ट्र की जनता नहीं। लेकिन जब सामने एक ऐसा प्रसंग आ गया जिसमें इस उपाय का प्रयोग तत्काल होना था तो मैं इसे चेक लोगों के स्वीकारार्थ पेश करने का लोभ संवरण नहीं कर पाया।

लेकिन अगर बड़ी शक्तियाँ इसे अपनाना चाहें तो किसी भी दिन इसे अपनाकर परम यश की भागी और भावी पीढ़ियों की स्थायी कृतज्ञता का पात्र बन सकती हैं। यदि वे या उनमें से कोई भी अपने विनाश का भय छोड़ दे और सारे शस्त्रास्त्र उठाकर फेंक दे तो उससे स्वभावतः अन्य राष्ट्र भी विवेक से काम लेने को प्रेरित होंगे। लेकिन तब इन महाशक्तियों को अपनी साम्राज्यवादी आकांक्षाओं और दुनिया के तथाकथित असभ्य या अर्ध–सभ्य राष्ट्रों के शोषण का त्याग करना होगा और अपनी जीवन–पद्धति बदलनी होगी। इसका मतलब है पूर्ण क्रान्ति, आमूल परिवर्तन। महाशक्तियों से सामान्य परिस्थितियों में तो ऐसी कोई आशा करना मुश्किल ही है कि वे आज तक जिस दिशा में चलती रही हैं और जिस दिशा में चलकर उन्होंने–उनकी दृष्टि से देखें तो विजय पर विजय प्राप्त की है, उस दिशा को छोड़कर वे उससे उल्टी दिशा में चलने लग जायें। लेकिन चमत्कार पहले भी हुए हैं और आज की इस नीरस दुनिया में भी होते हैं। ईश्वर की अन्याय के निराकरण की शक्ति की सीमा कौन जानता है? एक बात निश्चित है। अगर शस्त्रीकरण की यह पागलपन–भरी होड़ क़ायम रहती है तो एक–न–एक दिन ऐसा भीषण नरसंहार अवश्य होगा, जैसा आज तक नहीं हुआ। यदि उसमें से कोई विजयी होकर निकल भी पायेगा तो वह विजय उस विजेता राष्ट्र के लिए जीते जी मृत्यु के समान होगी। अहिंसा के समस्त गूढ़ार्थों के साथ उसे बहादुरी से बिना किसी शर्त के अपना लेने के सिवा उस महाविनाश से बचने का और कोई उपाय नहीं है। लोकतन्त्र और हिंसा, दोनों साथ–साथ नहीं चल सकते। जो राज्य आज कहने को लोकतान्त्रिक है उन्हें या तो खुल्लमखुल्ला सर्वसत्तात्मक राज्य बन जाना होगा या यदि उन्हें सचमुच लोकतान्त्रिक राज्य बनना है तो साहस के साथ अहिंसा को अपनाना होगा। अहिंसा का आचरण केवल व्यक्ति ही कर सकता है और राष्ट्र, जो आख़िर व्यक्तियों से ही बना हुआ है, उसका आचरण कभी नहीं कर सकता, ऐसा कहना तो सत्य का अपलाप है।

पेशावर, 5 नवम्बर, 1938, सम्पूर्ण गाँधी वाङ्मय, खण्ड 68, पृ. 103–105, हरिजन, 12.11.1938

जर्मन आलोचकों को जवाब

यहूदियों के प्रति जर्मनों के बर्ताव से सम्बन्धित मेरे लेख[1] पर जर्मनी ने जो रोष ज़ाहिर किया है उसके लिए यह बात नहीं कि मैं तैयार नहीं था। यूरोप की राजनीति के बारे में अपनी अज्ञानता तो मैं ख़ुद ही स्वीकार कर चुका हूँ पर यहूदियों को उनकी बहुत–सी मुसीबतों को दूर करने के उपाय सुझाने के लिए मुझे यूरोपीय राजनीति के सही ज्ञान की ज़रूरत भी नहीं थी। उन पर जो जुल्म हुए हैं, उनके बारे में मुख्य तथ्य बिलकुल निर्विवाद हैं। मेरे लेख पर पैदा हुआ रोष जब दब जायेगा और थोड़ी शान्ति हो जायेगी, तब अत्यन्त क्रुद्ध जर्मन को भी यह मालूम हो जायेगा कि मेरे लेख की तह में जर्मनी के प्रति मित्रता की ही भावना थी, द्वेष की भावना हरगिज नहीं।

क्या मैंने बार–बार यह नहीं कहा है कि विशुद्ध प्रेम–बन्धुत्व की भावना ही सक्रिय अहिंसा है? यदि यहूदी लाचारी और आवश्यकतावश अहिंसा को ग्रहण करने के बजाय सोच–समझकर सक्रिय अहिंसा, यानी ग़ैर–यहूदी जर्मनों के प्रति बन्धुत्व की भावना को अपना लें, तो वे जर्मनों को कोई हानि नहीं पहुँचा सकते और मुझे पूरा विश्वास है कि जर्मनों का पत्थर दिल भी पसीज जायेगा। संसार की प्रगति में यहूदियों की बहुत बड़ी देन रही है, परन्तु उनका यह महान कार्य उनकी सबसे बड़ी देन होगी और युद्ध एक अतीत की चीज़ बन जायेगा।

यह बात मेरी समझ में ही नहीं आती कि मेरे उस बिलकुल निर्दोष लेख पर कोई जर्मन क्यों नाराज़ हो? निस्सन्देह, जर्मन आलोचक भी, दूसरों की तरह, यह कहकर मेरा मज़ाक़ उड़ा सकते थे कि यह तो केवल एक स्वप्नदर्शी का प्रयत्न है, जिसका असफल होना निश्चित है। इसलिए

1. देखिये 'यहूदी लोग', सं.गां.वां., खण्ड 68, पृ. 153–7

मैं उनके इस रोष का स्वागत ही करता हूँ, हालाँकि मेरे लेख पर उनका यह रोष बिलकुल नामुनासिब है। क्या मेरे लेख का कोई असर हुआ है? क्या लेखक को यह लगा है कि मैंने जो उपाय सुझाया है, वह ऊपर से जैसा हास्यास्पद लगता है असल में वैसा हास्यास्पद नहीं है बल्कि बिलकुल व्यावहारिक है, बशर्ते कि बदले की भावना जिसमें नहीं है, ऐसे कष्ट सहन करने के सौन्दर्य को हम समझ लें?

मैंने ये लिख–लिखकर अपनी, अपने आन्दोलन की और जर्मन भारतीय सम्बन्धों की कोई भलाई नहीं की है, इस कथन में धमकी भरी हुई है, और इसलिए यह कथन अनुचित न भी हो तो अप्रासंगिक तो ज़रूर है। जिसे मैं अपने अन्तरतम में सौ फ़ीसदी सही सलाह समझता हूँ, उसे देने में यदि मैं इस डर से पसोपेश करूँ कि इसमें मेरे देश पर या मुझ पर या जर्मन भारतीय सम्बन्धों पर कोई आँच आ सकती है तो मुझे अपने को कायर ही समझना चाहिए।

बर्लिन के लेखक ने निश्चय ही यह एक अजीब सिद्धान्त निकाला है कि जर्मनी से बाहर के लोगों की जर्मन–कार्रवाई पर टीका–टिप्पणी नहीं करनी चाहिए; उनका उद्देश्य अत्यन्त मैत्रीपूर्ण हो तब भी उन्हें ऐसा नहीं करना चाहिए। जर्मन या दूसरे बाहरी लोग यदि हिन्दुस्तानियों के बारे में हमें दिलचस्प बातें बतलायें, तो अपनी तरफ़ से मैं निश्चय ही उनका स्वागत करूँगा। अंग्रेज़ों की ओर से मुझे कुछ कहने की कोई ज़रूरत नहीं है लेकिन ब्रिटिश लोगों को अगर मैं थोड़ा भी जानता हूँ तो वे भी ऐसी बाहरी आलोचना का, जो अच्छी जानकारी के साथ की जाये और द्वेष से मुक्त हो, स्वागत ही करते हैं। इस युग में, जबकि दूरियाँ मिट रही हैं, कोई भी राष्ट्र 'कूपमण्डूक' बनकर नहीं रह सकता। कभी–कभी तो दूसरों के दृष्टिकोण से अपने को देखना बड़ा लाभकारक होता है। इसलिए अगर जर्मन आलोचकों की नज़र मेरे इस जवाब पर पड़े, तो मैं उम्मीद करता हूँ कि वे न केवल मेरे लेख के बारे में अपनी राय ही बदल देंगे, बल्कि बाहरी आलोचना के महत्त्व को भी महसूस करेंगे।

सेगाँव, 08 दिसम्बर, 1938; सम्पूर्ण गाँधी वाङ्मय, खण्ड 68, पृ. 209–10,
हरिजन (अंग्रेज़ी), 17.12.1938

आलोचनाओं का जवाब

कुछ मित्रों ने मेरे पास अख़बारों की दो कतरनें भेजी हैं, जिनमें यहूदियों के नाम मेरी अपील की आलोचना की गयी है। दोनों आलोचकों का कहना है कि यहूदियों के साथ जो अन्याय हो रहा है उसके प्रतिकार के लिए अहिंसा का उपाय सुझाकर मैंने कोई नयी बात उनके सामने नहीं रखी है, क्योंकि पिछले दो हज़ार वर्षों से वे अहिंसा का ही तो पालन कर रहे हैं। ज़ाहिर है कि इन आलोचकों को मैं अपना आशय स्पष्ट नहीं कर पाया हूँ। जहाँ तक मैं जानता हूँ, यहूदियों ने अहिंसा को अपना धर्म सिद्धान्त या सुविचारित नीति भी बनाकर उसका पालन कभी नहीं किया। वस्तुतः उनके ऊपर यह कलंक लगा हुआ है कि उनके पूर्व–पुरुषों ने ईसा मसीह को सूली दी थी। क्या यह नहीं माना जाता है कि वे 'जैसे के साथ तैसे' की नीति में विश्वास करते हैं? अपने ऊपर अत्याचार करने वालों के प्रति क्या उनके दिलों में हिंसा का भाव नहीं है? क्या वे यह नहीं चाहते कि उनपर हो रहे अत्याचार के लिए तथाकथित लोकतन्त्रात्मक राष्ट्र जर्मनी को दण्ड दें और उन्हें उसके अत्याचार से मुक्त करें? अगर वे ऐसा चाहते हैं, तो उनके दिलों में अहिंसा नहीं है। उनके अन्दर तथाकथित अहिंसा हो भी, तो वह कमज़ोर और असहायों की अहिंसा है।

मैंने जिस बात पर ज़ोर दिया है वह तो यह है कि दिल से भी हिंसा निकाल दी जाये और इस महान त्याग से उद्भूत शक्ति काम में लायी जाये। एक आलोचक का कहना यह है कि अहिंसा को कार्यान्वित करने के लिए उसके पक्ष में लोकमत का होना ज़रूरी है। स्पष्टतया ऐसा लिखते हुए उसके ख़याल में अनाक्रामक प्रतिरोध ही है, जिसे कमज़ोरों का शस्त्र समझा जाता है। लेकिन मैंने कमज़ोरों के निष्क्रिय प्रतिरोध और बलवानों के सक्रिय अहिंसात्मक प्रतिरोध में फ़र्क़ रखा है। इसमें से दूसरा भयंकर–से–भयंकर विरोध के बावजूद काम कर सकता है। लेकिन वह

अधिक–से–अधिक सार्वजनिक सहानुभूति जगाता है। हम यह जानते हैं कि अहिंसात्मक रूप में कष्ट सहन करने से संगदिल भी पसीज जाते हैं। मैं यह कहने का साहस करता हूँ कि यहूदी अगर उस आत्म–शक्ति की मदद पा सकें जो केवल अहिंसा से प्राप्त होती है, तो हिटलर उनके ऐसे साहस के सामने, जैसा उसने मनुष्यों में बड़े पैमाने पर अभी तक कभी नहीं देखा है, सिर झुका देगा और वह यह स्वीकार कर लेगा कि वह उसके सर्वोत्तम तूफ़ानी दस्तों की वीरता से भी बढ़कर है। ऐसा साहस केवल वही दिखा सकते हैं जिनका कि सत्य और अहिंसा अर्थात् प्रेम के ईश्वर में जीता–जागता विश्वास हो।

निस्सन्देह आलोचक यह दलील दे सकते हैं कि मैंने जिस अहिंसा का चित्रण किया है वह सर्वसाधारण मनुष्यों के लिए सम्भव नहीं है, बल्कि सिर्फ़ बहुत थोड़े से बहुत विकसित मनुष्यों के लिए ही सम्भव है। लेकिन मैंने इस विचार के ख़िलाफ़ हमेशा यह कहा है कि उपयुक्त प्रशिक्षण और नेतृत्व मिलने पर सर्वसाधारण भी अहिंसा का पालन कर सकते हैं।

फिर भी मैं यह देखता हूँ कि मेरे कहने का यह ग़लत अर्थ लगाया जा रहा है, क्योंकि मैंने पीड़ित यहूदियों को अहिंसात्मक प्रतिरोध की सलाह दी है, इसलिए लोकतन्त्रात्मक राष्ट्रों से मैं इस बात की आशा करता हूँ अथवा उनको मैं सलाह दूँगा कि वे यहूदियों की ओर से हस्तक्षेप न करें। मुझे इस आशंका का जवाब देने की ज़रूरत नहीं है। मेरे कुछ कहने से ही बड़े–बड़े राष्ट्र कोई कार्रवाई करने से रुक जायेंगे, ऐसा निश्चय ही कोई ख़तरा नहीं है। यहूदियों को अमानुषिक अत्याचारों से मुक्त करने के लिए जो कुछ वे कर सकते हैं वह तो वे करेंगे ही, क्योंकि ऐसा करने के लिए वे बाध्य हैं। मेरी अपील का ज़ोर तो इस बात में है कि बड़े राष्ट्र अपने को प्रभावकारी ढंग से यहूदियों की मदद करने में असहाय महसूस कर रहे हैं। इसलिए मैंने यह उपाय पेश किया है, जो अगर ठीक ढंग से अपनाया जाये तो मेरी समझ में अचूक रहेगा।

मगर इस सम्बन्ध में जो सबसे संगत आलोचना मुझे मिली वह यह है : जब मैं यह जानता हूँ कि हिन्दुस्तान में ही, जहाँ कि मैं ख़ुद काम कर रहा हूँ और जहाँ मैं अपने को स्वयं नियुक्त सेनापति कहता हूँ, इस नुस्ख़े को पूर्णतया स्वीकार नहीं किया गया है, तो फिर यहूदियों द्वारा इसे स्वीकार करने की आशा कैसे की जा सकती है? मेरा जवाब यह है कि वे

लोग सौभाग्यशाली हैं जो किसी बात की आशा नहीं करते। कम–से–कम इस मामले में मैं उन्हीं की श्रेणी में हूँ। यह नुस्ख़ा पा जाने और इसके असर के बारे में निस्संशय हो जाने पर मुझे ऐसा लगा कि जिन मामलों में इसे प्रभावकारी ढंग से प्रयुक्त किया जा सकता है, उनमें यदि मैं लोगों का ध्यान इसकी तरफ़ न ख़ीचूँ, तो वह मेरी ग़लती होगी।

अभी तक यूरोप की राजनीति की चर्चा से मैं बचता ही रहा हूँ। मेरी सामान्य स्थिति अब भी वही है। अबीसीनिया के मामले में मैंने यह उपाय लगभग दबी हुई आवाज़ में पेश किया था। चेकों और यहूदियों का मामला मेरे लिए अबीसीनियों के मामले से अधिक स्पष्ट था। इसलिए मैं इस बारे में लिखे बग़ैर न रह सका। डॉ. मॉट ने उस दिन मुझसे यह ठीक ही कहा था कि चेकों और यहूदियों के बारे में मैंने जैसे लेख लिखे हैं वैसे मुझे ज़्यादा–से–ज़्यादा लिखने चाहिए, क्योंकि और कुछ नहीं तो उनसे मुझे हिन्दुस्तान की लड़ाई में तो मदद मिलेगी ही। उन्होंने कहा था, अहिंसा का सन्देश सुनने के लिए पाश्चात्य राष्ट्र जितने इस समय तैयार हैं, उतने पहले कभी नहीं थे।

सेगाँव, 9 दिसम्बर, 1938, सम्पूर्ण गाँधी वाङ्मय, खण्ड 68, पृ. 211–213,
हरिजन, 17.12.1938

इण्डोनेशिया के राजदूत से अपनी रक्षा के सम्बन्ध में बातचीत

9 जुलाई, 1947; को इण्डोनेशिया के राजदूत से बातचीत में गाँधी ने कहा कि अहिंसा ही एक ऐसी चीज़ है जो असंख्य अणु बमों का मुक़ाबला कर सकती है किन्तु मुझे लगता है कि आप लोगों को अहिंसा का ज्ञान ही नहीं है। मैं आपसे पूछता हूँ कि मान लीजिए रूस, अमेरिका और इंग्लैंड तीनों एकसाथ मिलकर आप पर हमला करते हैं तो आप अपनी रक्षा कैसे करेंगे? मुझे लगता है कि इन तीनों के विरुद्ध यदि सारा एशिया आपकी मदद को आये, तभी आप टिके रह सकते हैं अन्यथा नहीं। तब भी यूरोप के शस्त्रास्त्र आप लोगों से अधिक बढ़–चढ़कर होंगे। लेकिन यदि आप निडर बनें और आपमें मरने की बहादुरी आ जाये और आप अहिंसा को अपनाये तो अकेला इण्डोनेशिया ही इन तीनों देशों का मुक़ाबला कर सकता है। हाँ, आपका एक–एक व्यक्ति इसमें होम हो जायेगा लेकिन आपको कोई गुलाम नहीं बना सकेगा। हमने अपने यहाँ जिस अहिंसा का परिचय दिया है वह बहादुरों की अहिंसा न थी। वह तो 'पैसिव रेजिस्टेंस' (निष्क्रिय प्रतिरोध) था। यदि हमने शूरों की अहिंसा का परिचय दिया होता तो आज भाई–भाई में जो क़त्लेआम हो रहा है, वह न होता। शारीरिक शूरता से हृदय की शूरता अधिक महत्त्वपूर्ण है। अतएव भारत के साथ–साथ अगर समस्त एशिया इस वीरता को अपना ले तो संसार के देशों में आज उसका स्थान भिन्न होगा लेकिन दुर्भाग्य से हिंसा की लहर हमारे हिन्दुस्तान में ही फैल गयी है। तथापि एक बात मुझे स्वीकार करनी होगी और वह यह कि यदि हममें ऐसी अहिंसा का विकास नहीं होता तो हिन्दुस्तान के लिए मैंने जो बड़ी–बड़ी आशाएँ बाँधी हैं वे सब तिरोहित हो जायेंगी। और मुझे ईश्वर से इतनी उम्मीद तो ज़रूर है कि वह मुझे उस दिन के लिए जीवित नहीं रखेगा।

सम्पूर्ण गाँधी वाङ्मय, खण्ड 88, पृ. 280

टिमोथी टिंगफांग ल्यू, वाई. टी. यू. और पी. सी. शूको से गाँधी की भेंट[1]

1 जनवरी, 1939[1]; चीनी शिष्टमण्डल के सदस्यों ने सूक्ष्म प्रश्न पूछे... उनमें से एक ने पूछा : "क्या यह ज़रूरी नहीं है कि व्यक्ति पहले अपने जीवन में, अन्य व्यक्तियों के साथ अपने व्यवहार में, अहिंसा का पालन करें?"

इसके उत्तर में गाँधी ने कहा कि अन्यथा सोचना तो भ्रम ही होगा। यदि कोई व्यक्ति दूसरों के प्रति अपने निजी सम्बन्धों में अहिंसा का व्यवहार नहीं करता और बड़े मामलों में इसका व्यवहार करने की आशा करता है तो यह उसकी भारी भूल है। उदारता की तरह ही अहिंसा भी घर से शुरू होती है। परन्तु यदि व्यक्ति के लिए अहिंसा में प्रशिक्षित होना ज़रूरी है, तो राष्ट्र के लिए तो यह और भी ज़रूरी है। ऐसा नहीं हो सकता कि कोई व्यक्ति अपने निजी दायरे में तो अहिंसक रहे और बाहर वह हिंसक हो उठे। अन्यथा वह अपने दायरे में भी अहिंसक नहीं होगा; उसकी अहिंसा अहिंसा का दिखावा मात्र ही होगी। जब कोई प्रतिद्वन्द्वी विरोध में खड़ा होता है, तभी, उदाहरण के तौर पर किसी चोर या हत्यारे के सामने आने पर ही आपकी अहिंसा की परीक्षा होती है। उस हालत में आप चोर का सामना उसी के शस्त्रों से करने की कोशिश करते हैं या आपको वैसी कोशिश करनी चाहिए, अथवा आप प्यार से उसे निरस्त करने की कोशिश करते हैं। शालीन लोगों के बीच रहते हुए अहिंसा की परीक्षा का अवसर आता ही नहीं; अतः उस स्थिति को अहिंसात्मक नहीं कहा जा सकता।

---

1. प्यारेलाल के 'एक वर्ल्ड इन एगोनी' से उद्धृत।

2. प्यारेलाल के अनुसार ताम्बरम् सम्मेलन के सदस्य "वर्ष के अन्तिम दिन तथा नये साल के दिन सेगाँव में थे"। ल्यू पहले दिन गाँधीजी से अलग से मिले (देखिये पृ. 288–90) और 'बाद में' उन सभी लोगों ने एक साथ गाँधीजी से बातचीत की। ऐसा अनुमान है कि जनवरी की पहली तारीख़ थी।

पारस्परिक सहनशीलता अहिंसा नहीं है। इसलिए जैसे ही आपको यह विश्वास हो जाये कि अहिंसा जीवन का नियम है, आपको उनके प्रति अहिंसा का आचरण करने लगना चाहिए जिनका व्यवहार आपके प्रति हिंसात्मक रहा है। यह नियम राष्ट्रों और व्यक्तियों पर समान रूप से लागू होता है। निस्सन्देह इसमें प्रशिक्षण ज़रूरी है। आरम्भ सदा स्वल्प से ही होता है, परन्तु यदि विश्वास दृढ़ हो तो शेष बाद में स्वयं होता चलता है।

एक प्रश्न कि, क्या हिंसा के व्यवहार में यह ख़तरा नहीं रहता कि व्यक्ति में 'शहादत की भाव ग्रन्थि' उत्पन्न हो जाये या इसके कारण उसमें कुछ अभिमान घर कर जाये? के उत्तर में गाँधी कहते हैं कि, यदि किसी में वैसा अभिमान और अहंमन्यता का भाव हो तो वह अहिंसा नहीं है। नम्रता के बिना अहिंसा आ ही नहीं सकती। मेरा अपना यह अनुभव है कि जब कभी मैंने अहिंसात्मक रूप से कार्य किया है, मुझे उसकी प्रेरणा किसी अदृश्य शक्ति से मिली है और उसी के बल पर मैं उसमें लगा रहा हूँ। यदि मैं अपनी ही इच्छा शक्ति पर निर्भर रहता तो मैं बुरी तरह असफल हो जाता। जब मैं पहली बार जेल गया तो यह सोचकर कि अब क्या होगा, मेरा दिल धड़कने लगा था। जेल–जीवन के विषय में मैंने भयावह बातें सुनी थीं। परन्तु ईश्वर की शरण में मुझे विश्वास था। हमारा अनुभव यह था कि जो लोग प्रार्थना की भावना से जेल गये, वे विजयी होकर वापस लौटे; और जो अपनी ही शक्ति के भरोसे गये, वे असफल हुए। जब आप यह कहते हैं कि ईश्वर आपको शक्ति देता है तो उसमें आत्मदया की भी कोई गुंजाइश नहीं रहती। आत्मदया तभी आती है जब आप कोई ऐसा काम करते हैं, जिसके लिए आप दूसरों से मान्यता की आशा रखते हैं। परन्तु यहाँ तो मान्यता का कोई प्रश्न ही नहीं है।

दूसरे मित्र ने अपने मन की उलझन इस तरह सामने रखी : "मेरा अहिंसा पर दृढ़ विश्वास है। आठ साल पहले मैंने आपकी पुस्तक 'माई एक्सपेरिमेंट्स विद ट्रुथ' पढ़ी और ... उसका चीनी भाषा में अनुवाद किया। उसके बाद जापानी आक्रमण हुआ। अहिंसा पर मेरे विश्वास की कड़ी परीक्षा हुई। ...एक ओर तो मैं यह महसूस करता था कि मैं अपने ही लोगों को अहिंसा का उपदेश नहीं दे सकता, जिनका ...यह विश्वास था कि शक्ति से प्रतिरोध करना ही एकमात्र उपाय है। ...परन्तु दूसरी ओर जब मैं सहानुभूतिपूर्ण रुख़ अपनाने की कोशिश करता हूँ और ऐसी स्थिति में कुछ सहायता–कार्य करने की कोशिश करता हूँ तो मुझे लगता है कि जिसे मैं परम धर्म मानता हूँ ...उसके विरुद्ध प्रत्यक्ष या अप्रत्यक्ष रूप में मैं

नैतिक और भौतिक दोनों तरह का समर्थन दे रहा हूँ।''

गाँधी कहते हैं कि, आपकी स्थिति कठिन है। ऐसी कठिनाइयाँ मेरे सामने कई बार आयी हैं। बोअर युद्ध में मैंने एम्बुलेंस दस्ता तैयार करके अंग्रेज़ों के पक्ष में भाग लिया। तथाकथित जुलू–विद्रोह के वक़्त भी मैंने ऐसा ही किया। तीसरी बार महायुद्ध के दौरान भी ऐसा ही हुआ। तब मेरा अहिंसा में विश्वास था। मेरा उद्देश्य पूर्णतः अहिंसात्मक था। इस असंगत आचरण से मुझे शक्ति मिली। दूसरे लोग अनुसरण के लिए मेरा उदाहरण नहीं अपना सकते। इन तीनों अवसरों पर आचरण पर दृष्टिपात करते हुए मुझमें कोई पश्चात्ताप की भावना नहीं है। मुझे यह भी मालूम है कि इन अनुभवों के कारण मेरी अहिंसात्मक शक्ति में कोई कमी नहीं आयी है। विशेषकर जुलू–विद्रोह के दौरान जो असली काम मुझे सौंपा गया वह बिलकुल लोकोपकार का ही काम था। मुझे और मेरे साथियों को यह सौभाग्य प्राप्त हुआ कि हमने ज़ख़्मी जुलूओं की मरहम–पट्टी करके उन्हें फिर से जीवन दान दिया। यह कहा जा सकता है कि यदि उन्हें हमारी सेवाएँ नहीं मिलतीं तो उनमें से कुछ एक तो मर ही जाते। मैं इस अनुभव का उल्लेख इसलिए नहीं कर रहा हूँ कि मैंने उसमें चाहे कितने ही अप्रत्यक्ष रूप से भाग लिया हो, वह युक्तिसंगत था। मैं यह उल्लेख यह दिखाने के लिए कर रहा हूँ कि उस अनुभव से मुझमें अहिंसा का भाव और भी दृढ़ हो गया और महान जुलू जाति के लिए मेरे मन में पहले से ज़्यादा प्रेम–भाव उत्पन्न हुआ। मुझे यह समझने का अवसर भी मिला कि अश्वेत जातियों के विरुद्ध गोरों के युद्ध का क्या अभिप्राय है।

इससे आपको यह सबक सीखना है कि आप अत्यन्त अल्पसंख्यकों की स्थिति में हैं, इसलिए आप अपने लोगों से हथियार छोड़ देने के लिए तब तक नहीं कह सकते जब तक कि उनका हृदय परिवर्तन न हो जाये और हथियार रख देने पर वे अपने–आपको ज़्यादा उत्साही और बहादुर न महसूस करने लगें। परन्तु लोगों को युद्ध से विमुख करने की चेष्टा न करते हुए भी आप निजी तौर पर अहिंसा का पूर्ण पालन कीजिए और युद्ध में किसी तरह से भी भाग लेना अस्वीकार कर दीजिए। अपने हृदय में जापानियों के लिए प्यार बढ़ाइए। आप आत्म–निरीक्षण करें कि क्या आप उन्हें सममुच प्यार करते हैं? और क्या उनके नुक़सान पहुँचाने के बावजूद आपके मन में उनके प्रति कोई दुर्भाव तो नहीं है? इतना ही काफ़ी नहीं है कि उनके गुणों का स्मरण करके उन्हें प्यार किया जाये। उनके बुरे कारनामों के बावजूद आपको चाहिए कि आप उनसे प्यार करें। यदि आपके दिलों में जापानियों

के प्रति वैसा प्यार हो तो आप अपने आचरण में ऊँचा हौसला दिखायेंगे जो सच्ची अहिंसा का उच्चतम मापदण्ड है और जिसे आपके चीनी मित्र अवश्य देख पायेंगे और उसे पहचानेंगे। क्योंकि आप जापानियों से प्यार करते हैं इसलिए आप जापानी शस्त्र–बल की विजय नहीं चाहेंगे। इसी प्रकार चीनी शस्त्र–बल की विजय के लिए भी प्रार्थना नहीं करेंगे। जब दोनों ओर से शस्त्रों का प्रयोग हो रहा हो तो यह निर्णय कर पाना कठिन है कि किस पक्ष को सफलता मिलनी चाहिए। इसलिए आप केवल यही प्रार्थना करेंगे कि सही पक्ष की ही विजय हो। यद्यपि आप अपने–आपको सब तरह की हिंसा से दूर रखेंगे, फिर भी आप ख़तरे से मुँह नहीं मोड़ेंगे। अपने जीवन की रत्ती–भर भी परवाह किये बिना आप मित्र और शत्रु की सेवा समान भाव से करेंगे। यदि कहीं कोई महामारी फूट पड़े या आग बुझाई जानी हो तो वहाँ आप दौड़े हुए जायेंगे और अपने अपरिमित उत्साह और अहिंसापूर्ण बहादुरी से अपना नाम रोशन करेंगे। परन्तु आप यह नहीं चाहेंगे कि ईश्वर जापानियों का बुरा करें। यदि संयोगवश कुछ जापानी सिपाही या हवाबाज़ चीनियों के हाथ लग जायें और चीनियों की क्रुद्ध भीड़ द्वारा उनका वध कर दिये जाने का ख़तरा हो या किसी दूसरी तरह उनसे दुर्व्यवहार हो रहा हो तो अपने लोगों से उनके पक्ष में बहस करेंगे और यदि ज़रूरत पड़े तो अपना जीवन देकर भी उनकी रक्षा करेंगे। आप एमिली हॉबहाउस की कहानी जानते हैं। वह अंग्रेज़ महिला थी, फिर भी वह साहसपूर्वक बोअर बन्दी शिविरों में जाती थी। वह बोअर लोगों को प्रोत्साहित करती थी कि वे हौसला न छोड़ें और कहा जाता है कि यदि उसने बोअर महिलाओं के दिल उस तरह अपने ही तरीक़े से मज़बूत न किया होता तो शायद युद्ध कोई अलग रुख़ अख़्तियार कर लेता। उसका हृदय अपने लोगों के प्रति रोष से भरा था; उनके बारे में एक भी अच्छी बात उसके मुँह से कभी नहीं निकली। आप उसके अपरिमित रोष की नक़ल मत कीजिए जिसकी वजह से उसकी अहिंसा कुछ दोषपूर्ण हो गयी थी, परन्तु आप 'शत्रु के' प्रति स्नेह की नक़ल कीजिए जिसके कारण उसने अपने देशवासियों के बुरे कारनामों की निन्दा की। आपके उदाहरण का चीनियों पर प्रभाव पड़ेगा और शायद कुछ जापानियों को शर्म भी आये। वही लोग जापानियों में आपका सन्देश ले जानेवाले होंगे।

सम्भवतः आप कहेंगे कि यह प्रक्रिया तो बहुत धीमी है। सम्भवतः वर्तमान विपरीत परिस्थितियों में आरम्भ में तो ऐसा ही होगा। परन्तु आप जैसे आगे बढ़ेंगे लगातार उसका वेग अकल्पित गति से बढ़ता जायेगा और उसमें तेज़ी आयेगी। मैं एक दुर्दमनीय आशावादी हूँ। मेरा आशावाद हरदम

विश्वास पर आधारित है कि व्यक्ति में अहिंसा के विकास के लिए अपरिचित सम्भावनाएँ हैं। जितना ज़्यादा अपने अन्दर इस अहिंसा–भावना को विकसित करेंगे, उतनी ही यह ज़्यादा फैलेगी और अन्त में यह आपके इर्द–गिर्द सब जगह छा जायेगी और शायद क्रमशः सारे संसार में व्याप्त हो जायेगी।

एक प्रश्न कि, मेरा अहिंसा में विश्वास है; मैं प्रायः अनुभव करता हूँ कि विभिन्न प्रेरणाएँ मुझे एक साथ प्रेरित करती हैं। युद्ध में एक जनरल को भी विभिन्न प्रेरणाएँ प्रभावित करती हैं। क्या यह सम्भव नहीं है कि शत्रु को प्यार करते हुए उसके साथ युद्ध किया जाये? क्या ऐसा नहीं हो सकता कि हम अपने मन में प्यार रखते हुए शत्रु को गोली मारें?, के उत्तर में गाँधी कहते हैं कि, प्रायः हम विभिन्न प्रेरणाओं से प्रभावित होते ही हैं। परन्तु वह अहिंसा नहीं होगी। हिंसा की अवस्थाएँ हो सकती हैं, अहिंसा की नहीं। अहिंसा के पुजारी का अनवरत प्रयत्न यह रहा है कि वह तथाकथित शत्रु के प्रति घृणा की भावना अपने मन से बिलकुल निकाल बाहर कर दें। प्यार के शत्रु को गोली मारने–जैसी कोई बात, जैसा कि आप सुझाते हैं, नहीं हो सकती।

श्री पी. सी. शू ने अन्त में अपनी समस्या गाँधी जी के सामने रखी कि, मैं ईमानदारी से कह सकता हूँ कि मेरे मन में जापानियों के प्रति घृणा का भाव नहीं है परन्तु मैं महसूस करता हूँ कि उनकी सैनिक पद्धति ही बुरी है। ...मुझे आशा थी कि ताम्बरम् में कदाचित! पारस्परिक सद्‌भावना और शान्ति के आधार पर दोनों के बीच कोई अन्तरराष्ट्रीय सम्बन्ध स्थापित हो जायेगा। परन्तु निराशा ही मेरे हाथ लगी। ...हमारी कठिनाई यह है : यद्यपि हम ईमानदारी से अहिंसा पर विश्वास करते हैं तो भी इसे प्रभावपूर्ण बनाने का तरीक़ा हम नहीं खोज पाये हैं।

गाँधीजी कहते हैं कि उससे क्या कोई कठिनाई होनी चाहिए? एक व्यक्ति जो अपने समय की किसी विशेष बुराई को समझता है और देखता है कि यह बुराई उस पर हावी हो रही है तो वह प्रेरणा के लिए अपने हृदय की गहराई में प्रवेश करता है और जब उसे प्रेरणा मिल जाती है तब वह दूसरों को भी वैसी प्रेरणा देता है। सभाएँ और वर्ग–संगठन तो ठीक है। उनसे कुछ मदद मिलती है। परन्तु वह बहुत कम होती है। वे एक ढाँचे के समान है, जिसे वास्तुकार खड़ा करता है–वह एक अस्थायी और कामचलाऊ उपाय है। वास्तविक महत्त्व तो उस अजेय निष्ठा का है जिसे कभी दबाया नहीं जा सकता।

निष्ठा विकसित की जा सकती है। केवल वह साधन, जिसके द्वारा निष्ठा का विकास किया जा सकता है और जिस तरह यह फलवती होती

है, हिंसा के लिए अपनाये गये साधन से भिन्न है। आप प्रार्थना द्वारा हिंसा का विकास नहीं कर सकते। दूसरी ओर निष्ठा को विकसित करने का प्रार्थना के अतिरिक्त और कोई दूसरा उपाय है ही नहीं।

अहिंसा तभी सफल होती है जब हमारा ईश्वर में जीवन्त विश्वास हो। बुद्ध, ईसा, मुहम्मद अपने–अपने तरीक़े से शान्ति के योद्धा थे। संसार के इन शिक्षकों द्वारा अपने पीछे छोड़ी गयी इस परम्परा को हमें समृद्ध करना है। ईश्वर अपनी योजनाएँ अपने आश्चर्यजनक तरीकों से कार्यान्वित करता है और अपने साधन स्वयं जुटाता है। पैगम्बर और अबूबक्र एक गुफा में फँस गये थे। एक मकड़ी ने, जिसने उस गुफा के प्रवेश–द्वार पर ही अपना जाला बुन रखा था, उन्हें आततताइयों से बचा लिया था। आपको मालूम होना चाहिए कि संसार में जितने भी धर्म संस्थापक हुए हैं उन्होंने अपना कार्य शून्य से आरम्भ किया है!

प्रश्न कि, ईसा–जैसा अन्तःकरण रखनेवाले लोग कहीं इक्के–दुक्के मिलते हैं क्योंकि उनमें भी एकता और संगठन नहीं है इसलिए उनकी बात अरण्यरोदन बनकर रह जाती है। मेरे मन में यह बात आती है कि क्या प्यार संगठित किया जा सकता है? यदि हाँ, तो कैसे?, का जवाब देते हुए गाँधी का स्पष्ट कहना है कि, पुराने तरीक़े से संगठन तो शायद सम्भव नहीं होगा परन्तु यदि संगठित होकर अहिंसात्मक कार्रवाई की जाये तो उसमें कोई बन्धन नहीं है। मैं प्रयोगों की एक श्रृंखला द्वारा यह दिखाने की कोशिश कर रहा हूँ कि यह सम्भव है। इसका अपना एक तरीक़ा है।

यदि चीन युद्ध में विजयी होता है तो उन विजय के कारण उसकी हालत बेहतर होगी या ख़राब? जैसे सवाल के जवाब में गाँधी कहते हैं कि यदि चीन जीत जाये और जापानी तरीक़ों की नक़ल करने लगे तो वह जापान को उसी की बाज़ी में पछाड़ देगा। परन्तु चीन की विजय से संसार को कोई नयी आशा नहीं मिलेगी। क्योंकि तब चीन जापान का ही परिवर्तित रूप होगा। चीन चाहे जीते या हारे, आपकी कार्रवाई की दिशा स्पष्ट है। यदि चीन लड़ाई के मैदान में हार जाये तो भी आपकी अहिंसा निर्भय रहेगी और उसका फ़र्ज़ पूरा हो चुकेगा। यदि चीन जीत जाता है तो जापान के तरीक़ों की नक़ल करने से चीन को रोकने के प्रयास में आपको फ़ाँसी के तख्ते पर झूलना होगा।

सम्पूर्ण गाँधी वाङ्मय, खण्ड 68, पृ. 295–99,
हरिजन (अंग्रेज़ी), 28.01.1939

❑❑